品牌建设与管理经典译丛
The Classic Translated Series of Brand Building and Management

总主编 杨世伟

Routledge
Taylor & Francis Group

品牌关系指南

［美］德博拉·J. 麦金尼斯（Deborah J. MacInnis）
［美］C. 惠恩·帕克（C. Whan Park）◎编
［美］约瑟夫·R. 普里斯特（Joseph R. Priester）

贺远琼 等◎译

HANDBOOK OF BRAND
RELATIONSHIPS

经济管理出版社
ECONOMY & MANAGEMENT PUBLISHING HOUSE

北京市版权局著作权合同登记：图字：01-2017-2191

图书在版编目（CIP）数据

品牌关系指南/(美) 德博拉·J. 麦金尼斯（Deborah J. MacInnis），(美) C. 惠恩·帕克（C. Whan Park），(美) 约瑟夫·R. 普里斯特（Joseph R. Priester）编；贺远琼等译. —北京：经济管理出版社，2017.11
（品牌建设与管理经典译丛）
ISBN 978-7-5096-5204-6

Ⅰ.①品… Ⅱ.①德… ②C… ③约… ④贺… Ⅲ.①品牌战略 Ⅳ.①F273.2

中国版本图书馆 CIP 数据核字（2017）第 148623 号

组稿编辑：梁植睿
责任编辑：梁植睿
责任印制：司东翔
责任校对：张晓燕

出版发行：经济管理出版社
　　　　　（北京市海淀区北蜂窝 8 号中雅大厦 A 座 11 层　100038）
网　　址：www. E-mp. com. cn
电　　话：(010) 51915602
印　　刷：玉田县昊达印刷有限公司
经　　销：新华书店
开　　本：710mm×1000mm/16
印　　张：27
字　　数：530 千字
版　　次：2017 年 11 月第 1 版　2017 年 11 月第 1 次印刷
书　　号：ISBN 978-7-5096-5204-6
定　　价：78.00 元

序　言

2014年5月，习近平总书记在河南视察时提出，要推动"中国制造向中国创造转变、中国速度向中国质量转变、中国产品向中国品牌转变"。习总书记"三个转变"的精辟论述将品牌建设提高到了新的战略高度，尤其是在国际经济环境不确定和当前中国经济发展多起叠加背景下，意义更是十分重大，为中国品牌建设指明了方向。

2016年6月，国务院办公厅发布的《关于发挥品牌引领作用推动供需结构升级的意见》（国办发〔2016〕44号）明确提出：按照党中央、国务院关于推进供给侧结构性改革的总体要求，积极探索有效路径和方法，更好发挥品牌引领作用，加快推动供给结构优化升级，适应引领需求结构优化升级，为经济发展提供持续动力。以发挥品牌引领作用为切入点，充分发挥市场决定性作用、企业主体作用、政府推动作用和社会参与作用，围绕优化政策法规环境、提高企业综合竞争力、营造良好社会氛围，大力实施品牌基础建设工程、供给结构升级工程、需求结构升级工程，增品种、提品质、创品牌，提高供给体系的质量和效率，满足居民消费升级需求，扩大国内消费需求，引导境外消费回流，推动供给总量、供给结构更好地适应需求总量、需求结构的发展变化。

2017年3月，李克强总理在2017年政府工作报告中明确提出，广泛开展质量提升行动，加强全面质量管理，健全优胜劣汰质量竞争机制。质量之魂，存于匠心。要大力弘扬工匠精神，厚植工匠文化，恪尽职业操守，崇尚精益求精，培育众多"中国工匠"，打造更多享誉世界的"中国品牌"，推动中国经济发展进入质量时代。

改革开放以来，中国在品牌建设实践中积累了丰富的成功经验，也经历过沉痛的失败教训。

中国企业从20世纪80年代中期开始了品牌建设的实践。1984年11月，双星集团（前身是青岛橡胶九厂）时任党委书记汪海举行了新闻发布会，这成为国有企业中第一个以企业的名义召开的新闻发布会，集团给到会记者每人发了一双高档旅游鞋和几十元红包，这在当时是前所未有的。此事件之后，"双星"品牌红遍全国。1985年12月，海尔集团的前身——青岛冰箱总厂的张瑞敏"砸冰箱"事件，标志着中国企业开始自觉树立品牌的质量意识。从那时起，海尔坚持通过品牌建设实现了全球的本土化生产。据世界权威市场调查机构欧睿国际（Euromonitor）发布的2014年全球大型家用电器调查数据显示，海尔大型家用电器品牌零售量占全球市场的10.2%，位居全球第一，这是海尔大型家电零售量第六次蝉联全球第一，占比更首次突破两位数。同时，海尔冰箱、洗衣机、冷柜、酒柜的全球品牌份额也分别继续蝉联全球第一。

改革开放以来，我们在品牌建设过程中也经历过沉痛的失败教训。早在20世纪80年代，在利益的驱动下，政府颁发奖项名目繁多，十年评出6000多个国家金奖、银奖和省优部优，这种无序的系列评选活动被国家强制叫停。国家层面的评奖没有了，社会上"卖金牌"的评审机构如雨后春笋，达到2000多个，这严重误导了消费，扰乱了市场秩序。21世纪初国务院批准评选中国名牌和世界名牌，直到2008年"三鹿奶粉"恶性质量案件的披露，导致评选中国名牌和世界名牌的工作瞬间叫停。

正如中国品牌建设促进会理事长刘平均在2017年"两会"采访时所说，由于缺乏品牌的正能量引导，消费者变得无所适从，再加上假冒伪劣问题屡见报章，消费者逐渐对国产品牌失去信任，出现了热衷于消费海外产品的现象。打造和培育知名品牌，引领产业升级和供给侧改革，是当务之急。要尽快建立健全我国国内知名品牌和国际知名品牌的产生机制，把李克强总理所说的"打造享誉世界的中国品牌"落到实处。

2011年，《国民经济和社会发展第十二个五年规划纲要》提出了"推动自主品牌建设，提升品牌价值和效应，加快发展拥有国际知名品牌和国际竞争力的大型企业"的要求。为贯彻落实这个规划精神，工信部、国资委、商务部、农业部、国家质检总局、工商总局等部门非常重视，分别从不同的角度发布了一系列品牌建设的指导意见。工信部等七部委于2011年7月联合发布了《关于加快我国工业企业品牌建设的指导意见》，为工业企业品牌建设引领了方向并提供了政策支撑。国家质检总局于2011年8月发布了《关于加强品牌建设的指导意见》，明确了加强品牌建设的指导思想和基本原则、重点领域、主要措施和组织实施。国务院国有资产监督管理委员会于 2011 年 9 月发布了《关于开展委管协会品牌建设工作的指导意见》，为委管协会品牌建设工作明确了方向。这一系列相关政策的发布，在政策层面上为中国品牌建设给予了保障，为全面加强中国品牌建设、实施品牌强国战略、加快培育一批拥有知识产权和质量竞争力的知名品牌明确了原则和方向。

进入 21 世纪后，尽管中国品牌工作推进缓慢，但中国企业在品牌建设上做了诸多尝试。以联想集团收购 IBM-PC 品牌、吉利汽车集团收购沃尔沃品牌为标志，开始了中国企业收购国外品牌的过程。这说明中国的经济实力在增强，中国的企业在壮大，也说明了中国的品牌实力在增强，实现了从无到有和从小到大的转变。

品牌是企业生存和发展的灵魂，品牌建设是一个企业长期积淀、文化积累和品质提升的过程，一个成功的品牌需要经历品牌建设和管理，品牌建设包括品牌定位、品牌规划、品牌形象、品牌扩张等。中国的品牌崛起之路也不会一蹴而就，需要经历一个培育、发展、成长、成熟的过程。

在世界品牌实验室（World Brand Lab）发布的 2016 年"世界品牌 500 强"排行榜中，美国占据 227 席，仍然是当之无愧的品牌强国，继续保持明显领先优势；英国、法国均以 41 个品牌入选，并列第二；日本、中国、德国、瑞士和意大利分别有 37 个、36 个、26 个、19 个和 17 个品牌入选，位列第三阵营。从表 1 中可以看出，美国在 2016 年"世界品牌 500 强"中占据了近 45.4%，中国只占 7.2%，而中国制造业增加值在世界占比达到 20% 以上，由此可以看出，中国还是一个品牌弱国，中国在品牌建设与管理的道路上还有很长的路要走，有大量的工作要做。但是从 2013~2016 年的增长来看，中国品牌入选排行榜的数量的增长趋势是最快的，从 25 个升至 36 个，而其他国家则基本微弱增长或减少。

表 1　2013~2016 年"世界品牌 500 强"入选数量最多的国家

排名	国家	入选数量（个）				代表性品牌	趋势
		2016 年	2015 年	2014 年	2013 年		
1	美国	227	228	227	232	谷歌、苹果、亚马逊、通用汽车、微软	降
2	英国	41	44	42	39	联合利华、汇丰、汤森路透、沃达丰	升
3	法国	41	42	44	47	路易威登、香奈儿、迪奥、雷诺、轩尼诗	降
4	日本	37	37	39	41	丰田、佳能、本田、索尼、松下、花王	降

续表

排名	国家	入选数量（个）				代表性品牌	趋势
		2016 年	2015 年	2014 年	2013 年		
5	中国	36	31	29	25	国家电网、工行、腾讯、中央电视台、海尔	升
6	德国	26	25	23	23	梅赛德斯–奔驰、宝马、思爱普、大众	升
7	瑞士	19	22	21	21	雀巢、劳力士、瑞信、阿第克	降
8	意大利	17	17	18	18	菲亚特、古琦、电通、法拉利、普拉达	降
9	荷兰	8	8	8	9	壳牌、飞利浦、喜力、TNT、毕马威	降
10	瑞典	7	7	7	7	宜家、H&M、诺贝尔奖、伊莱克斯	平

为了实现党中央、国务院关于推进供给侧结构性改革提出的总体要求，发挥品牌引领作用推动供需结构升级，着力解决制约品牌发展和供需结构升级的突出问题。必须加快政府职能转变，创新管理和服务方式。完善标准体系，提高计量能力、检验检测能力、认证认可服务能力、质量控制和技术评价能力，不断夯实质量技术基础。企业加大品牌建设投入，增强自主创新能力，追求卓越质量，不断丰富产品品种，提升产品品质，建立品牌管理体系，提高品牌培育能力。加强人才队伍建设，发挥企业家领军作用，培养引进品牌管理专业人才，造就一大批技艺精湛、技术高超的技能人才，切实提高企业综合竞争力。坚持正确舆论导向，关注自主品牌成长，讲好中国品牌故事。

中国品牌建设促进会确定了未来十年要打造 120 个农产品的国际知名品牌，500 个制造业的国际知名品牌，200 个服务业国际知名品牌的目标。加强品牌管理和品牌建设将成为推进供给侧结构性改革的总体要求下经济发展的重要举措。

为了推进中国品牌建设和品牌管理工作，借鉴发达国家的品牌管理理论研究和品牌管理实践，中国企业管理研究会品牌专业委员会组织国内专家学者翻译一系列品牌建设和品牌管理相关著作，愿本套丛书的出版能为中国的品牌建设和品牌管理提供有价值的思想、理念和方法。翻译是一项繁重的工作，在此对参与翻译的专家学者表示感谢，但囿于水平、能力，加之时间紧迫，如有不足之处，希望国内外专家学者批评指正。

丛书总主编　杨世伟

2017 年 3 月 15 日

前　言
为什么讨论品牌关系？

德博拉·J.麦金尼斯，C.惠恩·帕克和约瑟夫·R.普里斯特
(Deborah J. MacInnis, C. Whan Park, and Joseph R. Priester)

　　研究者和营销实践者都对品牌关系话题饶有兴趣，这些话题包括什么是品牌关系、为什么需要建立品牌关系、如何建立品牌关系、品牌关系对消费者和市场有着怎样的影响、它何时会消失、为何会不复存在。围绕这些问题，本书各章节对品牌关系的研究脉络及发展现状进行了系统梳理，并为未来研究描绘出新的方向，以试图揭开这一快速发展领域的神秘面纱。如图Ⅰ.1所示，品牌关系领域的研究话题星罗棋布，本书各章节将逐一展开介绍。

品牌关系

　　如图Ⅰ.1所示，品牌关系的构念非常复杂。品牌关系不仅可以划分为多种类型，而且每种类型的品牌关系都关联着不同的情感与规范。以不同维度表征的品牌关系类型将通过不同的过程进行演化发展。尽管市场营销人员对在消费者与品牌间建立深厚且持久的关系颇感兴趣，但并非所有关系都能被视为"坚定的伙伴关系"。有的类似于最好的朋友，而有的则类似于普通熟人、相互依赖伙伴或秘密情人。与坚定的伙伴关系一样，品牌关系会有多种形式。品牌关系既可以被注入丰富情感而令人着迷，也可以仅是简单习惯性地而不用受情感及认知意识的控制。一些品牌关系被认为是交易性关系，因为它们只是基于经济交换规范而发生的一次性事件。另一些品牌关系则被认为是共有关系，这种关系则是基于互惠主义、利他主义及回应他人需求的规范而建立的。除此之外，品牌关系还包括其他一些维度，如多冲突或无冲突、永久性或暂时性、相互依赖或彼此独立等。

消费者和品牌关系

　　如图Ⅰ.1所示，消费者是出于某种目的而建立品牌关系。其中一个关键目的是品牌关系会帮助消费者自我发展及自我对话：弄清他们过去是谁、现在又是谁、将来想成为怎样的人而又不想成为怎样的人，发展个体身份认同是消费者构

建品牌关系的动机之一。品牌还能为消费者提供功利及情感上的双重利益。除此之外，高品质的品牌关系还能帮助消费者解决实际问题、产生良好的自我感觉、塑造更好的形象、遵从内心价值观进行行动、与他人保持和谐的关系等。简而言之，品牌在为消费者提供满足需求的资源时，还能帮助他们实现目标，并在其日常生活中激励他们。

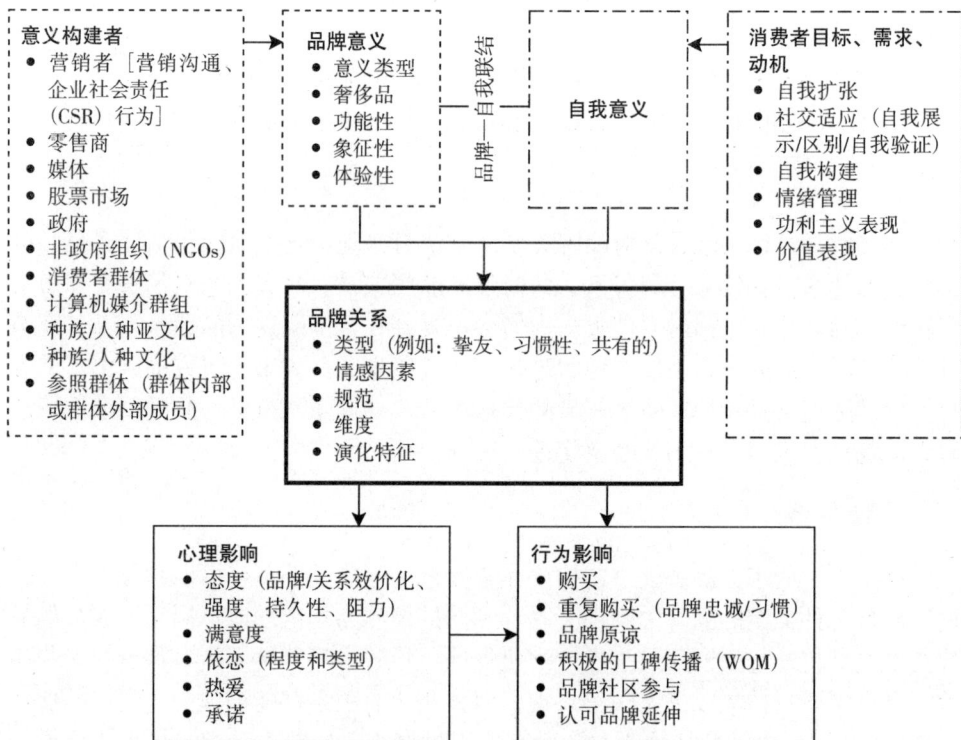

图 I.1　品牌关系研究中的重要话题

品牌意义和品牌—自我联结

消费者—品牌关系是建立在消费者与品牌之间联系基础之上的。品牌—自我联结不仅基于个人，还基于消费者赋予品牌的意义。消费者可以通过他们与品牌的关系及个人经历赋予品牌独一无二的意义。而且，这种意义的发展会贯穿品牌关系的始终。然而，不仅只有消费者会赋予品牌意义，市场营销人员也会通过营销沟通、企业社会责任行为及相关活动等，在品牌意义建立初期发挥关键作用。诸如营销相关组织（如零售商、媒体）、外部公众（如股票市场、政府、非政府组织）、消费者团体（如消费者集体、文化、亚文化、参照群体）等众多其他个体也会为定义一个品牌而贡献力量。市场营销人员所设计的品牌拥有意义（如奢侈品或者象征性地位）的程度，取决于大量其他各方的投入。

品牌关系的结果

正如品牌关系包含诸多特征、意义和激励因素一样，品牌关系也有着多种多样的结果。消费者—品牌关系是否会引起诸如品牌忠诚、品牌原谅、积极的口碑传播、品牌社区参与、认可品牌延伸等行为，很大程度上取决于对某一品牌关系的心理暗示。那些基于既不强烈又不持久的积极态度的品牌关系，在面对市场竞争活动、品牌流言或其他负面宣传时会显得短暂且脆弱。另一些基于长期的强品牌态度而构建的品牌关系，则可以抵御竞争打击和负面市场新闻，并能抵御外部影响。除了对品牌的积极态度，消费者还可能产生强烈的品牌依恋，品牌依恋的特点是强烈的品牌—自我联结和显著的品牌思想。这种强烈的心理依恋与诸如品牌挚爱、维持品牌关系的心理承诺等强心理结果息息相关。如图Ⅰ.1中所提到的品牌原谅、认可品牌延伸等行为结果，都会揭示消费者的这类心理承诺。

本书的组织架构

《品牌关系指南》一书向我们详尽阐述了图Ⅰ.1中提及并列出的相关问题。主要内容由以下4部分组成。第1部分重点介绍品牌关系的概念以及表征该关系的不同类型和维度。第2部分介绍消费者建立品牌关系的动机及品牌在发展自我身份中的作用。第3部分重点关注影响消费者与品牌间联结类型及本质的不同意义构建者。第4部分验证了不同强度、依恋程度和热爱程度的品牌关系所产生的心理及行为影响机制。

第1部分　品牌关系中的基本事项

在第1章"消费者与品牌间关系的经验总结"中，品牌关系领域研究的先驱者 Susan Fournier 提出了关于品牌关系有用性、复杂性及其发展演化的三个中心原则。这些原则能有效指导品牌关系领域的各类研究。第一个原则是品牌关系具有目的性，它能提供帮助人们过好生活的资源和意义。Fournier 承认关于个体和品牌身份的研究非常有助于理解品牌关系，她也强调应从更广阔的视角来理解品牌关系的功能。从本质上来说，品牌关系是为了实现更高层次的目标（例如，"通过什么获得"、与他人联系、情感安慰），而这些目标包括但不局限于身份认同。品牌意义和品牌关系则是在理解品牌与需求目标的共鸣中得以认知。第二个原则是关于品牌关系的复杂性，品牌关系包括多元的维度及各类形式。Fournier 识别出50多个维度，认为品牌关系可以是合作的或竞争的、情感的或功能性的、深度的或肤浅的，还可以是积极的（如坚定的合作伙伴、最好的朋友）、中立的（如普通熟人）或消极的（如奴役）。Fournier 提出关系现象的契约视角可以帮助洞悉品牌关系，因为该视角提供了大量引导关系发展、维持和瓦解的规则及规范。由此进一步引出第三个原则，该原则描述了关系建立与发展的过程。品牌关系的演化特征很大程度上并未被有效挖掘。Fournier 总结出一个重要观点：如果围绕品牌关系的工作是提前布局，我们则必须从简单的关系描述中脱离出来，致力于为管理者提供测量和影响这些关系的深入见解，而这些见解能够通过整合不同领域的观点来实现。

在第 2 章"利用关系规范理解消费者—品牌互动"中，Pankaj Aggarwal 回顾了其聚焦于关系规范的研究项目。他指出，正如在处理人际关系时拥有规范一样，消费者在处理品牌关系时同样拥有规范。其中，品牌关系规范主要包括两类。一方面，某些品牌关系从市场交易的视角出发，在整个关系进程中有如下行事准则：获得特殊收益后及时回馈；付出后希望得到及时报答；实时追踪关系伙伴在交易中的收获与付出等。另一方面，一些关系从社会共有的视角出发，在关系进程中有如下行事准则：当有需要时提供帮助（不期待金钱上的报酬）；较少追踪关系伙伴的收获与付出；不在乎立即的回报反馈等。Aggarwal 经研究发现，消费者对品牌的评价会受到品牌（市场营销者）行为与关系规范是否一致的影响。因此，交易关系下的消费者对金钱回报及回馈的及时性（相对于延迟）更为敏感。Aggarwal 指出，关系规范不仅影响消费者对规范违背行为的反应，还影响消费者如何看待品牌及品牌代表，以及如何与其互动。共有关系中的消费者对程序公平问题更为敏感，这意味着对待此类消费者的方式与在交易关系中完全相反。相比较而言，交易关系中的消费者对分配公平问题更为敏感，也就是说，他们更关注利益如何分配给消费者。共有关系中的消费者也倾向于处理更抽象的品牌信息。

在第 3 章"品牌忠诚不等于习惯"中，Leona Tam、Wendy Wood 和 Mindy F. Ji 研究了通过习惯而建立的关系。虽然重复购买行为可能会暗示着忠诚的品牌关系，但区分忠诚关系和基于习惯的关系非常重要。基于习惯的品牌关系是指"被相关情境线索激发出惯性反应的行为倾向"，它与被目标、态度或主观意愿驱动的行为完全相反。上述情境线索包括时间、空间和社交情境。另外，品牌忠诚被认为是一种蕴含积极或消极回应的可预估倾向，它蕴含着对品牌的承诺且隐含着强烈、积极的品牌态度。相对于习惯的无意识发生，品牌忠诚是经过深思熟虑过程后才有的回应，这个过程涉及对品牌自身以及与竞品相比较的思考、感觉和信念。同时，与习惯易受情境线索暗示相比，品牌忠诚则对环境更为独立且不易受情境线索的影响。作者认为，品牌忠诚可能存在一个隐形水平，这意味着消费者可能没有意识到对相关品牌的偏好。然而，即便是隐形的态度仍会影响行为意愿，并通过灵活的导向表现出来，但习惯实质上却更为死板而不易改变，即表现为面对特定情境时会有着标准化的回应。总之，基于习惯的关系和基于忠诚的关系都能为公司带来积极的结果并对消费者产生影响（这或许与 Fournier 划分的依赖关系类型有所相似）。因此，Tam 及其同事研究了管理这两类关系对管理层及消费者的重要意义。

第 2 部分　促进品牌关系的目标、需求和动机

在第 4 章"自我扩张动机和将品牌纳入自我——针对品牌关系的理论"中，Martin Reimann 和 Arthur Aron 拓展了 Fournier 的第一条原则——品牌关系的目的性本质。他们表示品牌关系本质上是具有激励作用的，因为它们能帮助消费者实现目标。Aron 的自我扩张（self-expansion）理论假定人们（有意识或者无意识地）被鼓励通过增强他们的能力来实现各种更高或更低的目标以扩张自己，而与他人建立关系则是个人扩张自我的重要方法。通过与伙伴建立关系，个体可以将伙伴的资源、身份、观点等视为自身所拥有。Reimann 和 Aron 做出这样的假定，"品牌能为消费者提供扩张自我感知的机会"，因此，尽管在品牌关系情境中使用自我扩张理论的实证研究很有限，但是自我扩张构念能提供一种解释消费者为何成为品牌忠诚的有用机制。此外，消费者重视品牌价值，还因为他们会将品牌所提供的资源、身份和观点视为自我（或许会促进品牌—自我联结）的一部分。作者假定新的品牌关系会具有强烈情感，并能创造自我扩张的强大潜力（尽管这种自我扩张可能会随着品牌关系的发展而衰退）。这种自我扩张的减少在低涉入度产品中更为敏感。 xiv

Laurence Ashworth、Peter Dacin 和 Matthew Thomson 在第 5 章"消费者究竟为何要与营销人员建立关系？——理解品牌关系的功能"中同样探究了 Fournier 的第一个原则，有效检验了引导品牌关系的动机。Ashworth 和同事开发了测量品牌关系的六个潜在功能的量表。具体而言，他们认为消费者发展品牌关系是受到某些因素的激励，如品牌关系：①能帮助消费者适应某一群体；②是实际且有用的；③能激发积极的感受；④符合消费者的价值观及自我感知；⑤能激发亲近及亲密的感觉；⑥会促进对日常生活的理解。作者将如上因素各自称为社会适应、功利主义、享乐主义、从属关系、价值表达和知识激励。除了知识激励外，所有这些都被证实与关系强度存在正相关关系。有趣的是，不同的激励因素会导致不同的关系结果。例如，在控制了关系强度后，社会适应和功利主义动机与品牌质量感知呈正相关关系，而享乐主义和价值表达动机与品牌质量感知呈负相关关系。

在第 6 章"自我—品牌联结——参照群体和代言人在创造品牌意义时的作用"中，Jennifer Edson Escalas 和 James Bettman 回顾了其关于品牌—自我联结的研究项目。他们聚焦于消费者发展品牌—自我联结中的社会动机，认为消费者使用品牌是为了自我构建、社会融合、自我区别以及自我呈现。同时还考虑到了消

费者发展品牌——自我联结的过程。利用先前的理论，作者提出，品牌意义的维持是通过与各类志同道和、有关联或无关联的参照群体和（或）名人相联系来实现的。当品牌拥有这些联系，且消费者渴望模仿相关群体或者名人时，他们就建立了品牌——自我联结。当品牌与参照群体内部成员观念一致，并与参照群体外部成员观念相反时，品牌——自我联结更容易被观察到。有趣的是，作者的研究表明拥有自我强化（self-enhancement）目标的消费者（即在他人看来想让自己变得更好的消费者），更有可能与志同道和或渴望模仿的品牌群体产生品牌——自我联结。相反地，拥有自我验证（self-verification）目标的消费者（即渴望验证自我形象的消费者）更有可能与实际参照群体发展品牌——自我联结。这些影响在具有象征性意义的品牌中尤其强烈。

在第 7 章"当品牌从内而生——得到喜好和评价的社会身份途径"中，作者认为消费者拥有各式各样的社会身份（表明"他们是谁"的标签）。Americus Reed Ⅱ、Joel B. Cohen 和 Amit Bhattacharjee 假定不同的自我身份在不同时间节点是有显著差异的。虽然并非所有的身份在任何节点都显著突出或产生作用，但个体的身份集合始终是自我概念（self-concept）的一部分。作者提出，出于身份考虑的态度建立过程会比不考虑身份的态度建立过程更加多元化。因此，不同沟通策略的有效与否取决于其态度是否基于身份考虑。以往的态度形成模型考虑了影响态度的社会因素，更多关注的是对态度的规范性和信息性影响，而不是基于身份的考量。而且，对品牌的态度会依赖于在特定时间所显现的特殊身份。不同的情境会激发不同的身份，这意味着消费者对广告中品牌的评价不仅只与品牌本身相关，还与该情境下所显现的关系身份相关。作者的这一分析指出了消费者—品牌关系的社会适应功能。对市场营销者而言，他们的任务则是通过赋予品牌社会身份使之与消费者的自我身份产生共鸣，从而建立起品牌——自我联结。

在第 8 章"基于群体的品牌关系和说服力——认同的多重角色及认同差异"中，Monique A. Fleming 探讨了以品牌—自我联结为形式的社会身份认同是如何影响消费者品牌态度的。针对"当劝说信息与消费者归属的群体相一致时，品牌态度会更为有利"的观点，作者反问道这种劝说为什么会发生而又是如何发生的。为此，Fleming 在拥有高度群体认同的个体中识别出此类劝说的深思熟虑与未经思考的过程基础。

第 3 部分　品牌意义与意义制造者

第 9 章"集体品牌关系"的作者 Thomas O'Guinn 和 Albert M. Mūniz Jr. 讨论了在研究中关注品牌意义的重要性。品牌意义是差异化竞争中最有力的形式。O'Guinn 和 Mūniz Jr. 指出，仅仅关注品牌和消费者是极其有限的。这种方法将意义制造者仅仅等同于市场营销者，而忽略了那些发展、维持和改变品牌意义的参与者、机构和公共组织。除了市场营销者，意义制造者及变更者还包括消费者、消费者集体（面对面的群体）、基于网络的群体，或诸如媒体、零售商、股票市场、政府组织及非政府组织等。作者指出品牌意义产生于一系列过程中，包括适应（即市场营销者所提出的意义在一定程度上被消费者接受）、谈判（意义制造者在品牌意义及品牌归属等问题上的协商）、整合全球消费者以培育品牌意义、政治组织（如通过政治或革新团体促进变革或发展）、流言、瓦解（品牌意义受到社会中经济、人口及其他环境因素突变的影响）。作者反对将品牌视作人类，而认为品牌本身没有关系和个性。但是他们承认品牌是社会身份的制造者。基于此，当对品牌意义的依赖能缓和角色转换的矛盾时，品牌转换则显得更为重要了。虽然市场营销者在构建品牌意义时扮演了重要角色，但品牌意义并不仅归其所有。相反，品牌意义还能被消费者所拥有，并通过不同的实体和流程所形成。

市场营销者经常使用广告等传统活动及其他营销沟通方式来传播品牌意义。 xvi 然而，企业还能通过企业社会责任（corporate social responsiblity）行为来成为品牌意义制造者。在第 10 章"通过企业社会责任建立品牌关系"中，Sankar Sen、Shuili Du 和 C.B. Bhattacharya 回顾了企业社会责任导致的关系结果是什么、为什么会产生及何时更可能产生等相关文献。作者认为，企业社会责任活动是企业与消费者间关系从交易性向交换性转化过程中的一部分。企业社会责任能帮助市场营销者在企业、品牌和消费者间建立意义联结。作者假定企业社会责任活动会比传统市场营销活动更加有效地激发珍贵的、持久的消费主张；这类结果的产生是因为企业社会责任活动赋予了企业人格化特征，对企业及其品牌创造了身份认同；市场营销者也需要意识到调节企业社会责任与这些活动之间关系的诸多因素。促进企业社会责任活动取得成功的因素主要有：消费者对这些活动的认识，消费者对于企业社会责任项目促进消费福利的有效性及有用性方面的信念，以及消费者是否将企业社会责任活动归因于企业的内部动机而非简单的外部动机等。如果消费者能充分了解企业的社会责任活动，并对其抱以积极的信念与态度，他们将对企业产生认同并建立起强烈的品牌—自我联结，进而带来购买忠诚、面对负面信息的恢复力及品牌拥护等正面结果。而这些正面结果同样因情况而异，其调节因素则包括：消费者是否认为企业与其社会责任活动彼此匹配，市场营销者是否对其社会责任活动进行过分的自我宣传，企业是否在特定类别中被视作社会责任品牌，以及消费者与企业社会责任所带来利益的接近程度。

在第 11 章"种族、人种和品牌联结"中，David W. Schumann、Edith F. Davidson 和 Bridget Satinover 提出了人种（基于生理差异的分类）与种族（基于文化意义及文化群体间心理联系的分类）的概念区分。作者详细描述了在美国的西班牙裔、非裔和华裔人口的规模及增长，以及营销者长期以来在市场细分及目标人群划分方面所做的努力。三类基于人种的目标市场策略可描述为：针对特定人种群体开发产品和品牌的初级市场策略；改变某个特定产品的相关信息以吸引感兴趣人群的次级市场定位；最大化实现不同人种及种族群体目标锁定的包容性市场策略。作者不仅回顾了在营销沟通中不同人种群体的品牌联系，还回顾了种族消费者由于独特使用某产品而导致的自我—品牌联结。他们进一步指出文化意义和文化象征是从文化向消费者自我认同转移的。作者通过语言、种族、音乐、流派、配色方案、家族代表、传统、与种族组织的联系等区分了诸多类型的种族—品牌联结，同时还研究了如何创造基于人种和种族的品牌—自我联结来使市场营销者获利。

在第 12 章"文化价值维度与品牌——国际品牌形象存在吗？"中，Susan Forquer Gupta、Doan Winkel 和 Laura Peracchio 研究了文化是如何对消费者赋予品牌意义产生影响的。由于文化是习得的，并且是一个适应性系统，某一文化内和跨文化间的品牌意义总是在发生变化。国家的文化价值观会影响品牌意义以及消费者赋予不同品牌意义的重要性。诸如个人主义和集体主义、权力距离、男权/女权主义、不确定规避和时间导向等价值观都会影响消费者是否重视不同的品牌意义。文化还会影响品牌个性，以及诸如品牌态度、偏好、品牌延伸接受度等品牌关系结果。

当消费者—品牌关系强烈且积极时，市场营销者能通过品牌延伸来发挥关系的作用。研究表明，消费者对品牌延伸的评价部分取决于品牌延伸与母品牌是否相匹配。在第 13 章"理解品牌延伸评价中的文化差异——分析性思维和整体性思维的影响"中，Alokparna（Sonia）Monga 和 Debbie Roedder John 关注了文化对消费者赋予品牌意义以及品牌延伸接受度的影响。具体来说，西方消费者被认为是分析性思维风格，他们关注目标的属性、目标所属的类别，并更偏好于划分类别成员的规则。相反地，亚裔消费者更具整体性思维风格，他们关注客观事物间的关系，更偏好基于这些关系来解释和预测这个世界。于是作者假定（并发现）亚裔消费者相对西方消费者而言，更能够寻找到母品牌与低相似度延伸品牌之间的匹配关系，并选择喜欢这类品牌。Monga 和 John 还发现来自两种不同文化背景下的消费者对于同一品牌延伸会产生不同类型的观点，这些观点是文化差异对品牌延伸评估的中介影响机制。作者的这一研究结果与先前关于亚洲和西方消费者思维过程存在差异的观点完全一致。

品牌能传播多种与地位和声誉相关的象征意义。在第 14 章"奢侈品品牌化"中，Vanessa M. Patrick 和 Henrik Hagtvedt 发现奢侈品市场正发生着转移，这种转移是指由中间市场消费者（middle-market consumers）所带动的"新奢侈品"的出现。与老牌奢侈品牌基于地位和声誉所不同的是，新奢侈品牌更加关注为消费者创造愉悦的情感体验和与品牌联结。总而言之，新奢侈品牌呈现了从象征主义（关注外在）到享乐主义（关注内在）的过渡。回顾 Fournier 的开篇章节，这一关注品牌关系中享乐主义动机的视角有效补充了本书其他章节一贯采用社会视角（social-based perspectives）的不足。此外，这类品牌被视为提供了独特、特殊享乐性及令人情感满足的"最高规格的"体验。它们给消费者所带来的难得而又独特的好处促使消费者愿意为其支付高昂费用。个体差异（如享乐主义、文化根源）和情境因素（如目标启动）都会影响奢侈品牌消费的感受性。尽管建立品牌是一种常用的战略选择，但是 Patrick 和 Hagtvedt 也指出，现有关于奢侈品牌的研究是有限的，因此带来了更多的研究机会。他们指出了三个未来研究方向：①奢侈构念的重新定义及对消费者在奢侈品消费中价值来源的深层理解；②分析如何对奢侈品牌进行评价：通过 Reed 所提出的基于自我身份认同的品牌评价机制；③探讨如何更好地管理奢侈品牌。

第 4 部分　强品牌关系的心理和行为影响

在第 15 章 "态度是品牌关系的基础——精细加工、元认知和偏见修正的作用"中，Duane T. Wegener、Vanessa Sawicki 和 Richard E. Petty 通过测量态度和行为的特征、其他社会因素的影响（理性行为理论，Theory of Reasoned Action）、行为制定的个人控制感（计划行为理论，Theory of Planned Behavior）等研究，探讨了态度和行为之间的相关性。作者认为类似的因素会影响消费者对品牌关系的态度和消费者维持与品牌长期关系意愿之间的关系。回顾态度强度相关文献发现，强态度建立于深思熟虑的进程并能更好地预测态度—行为间的联系、态度的抵抗力和持久性。与强态度相关的属性包括：关于态度对象的知识程度、态度的可得到性以及所持有态度的确定性。作者回顾了精细加工模型（elaboration likelihood model）和态度形成及变化过程中说服变量的作用，关于基于精细加工的水平（高、中、低），以及处理过程是有偏还是无偏。作者强调了元认知（思想的思想）的作用。关于态度（基本认知），消费者会有一些观点，包括观点的对象、起源、效价①（valence）、观点的数量及此态度究竟是好是坏等。与所持态度的自信评估同样能被视为元认知的一种形式。确定性能被下列因素所影响，即对态度对象的直接体验、态度的重复表达、便于产生态度一致性的观点，以及对个人态度无条件支持等。当人们认为抵制住了某种说服企图，但由于欠缺辨明能力而仍旧做出相应行为时，他们对自己态度的信心会明显降低。当人们被要求在针对"某品牌为什么是个好品牌"的抗辩中寻找错误时，他们的自信心会增加。

对于第 16 章 "将情境效应置于情境中——被评价性判断的态度强度所调节的建构与检索（CARMAS）模型"，虽然根据偏好态度能推测出强品牌关系，但

---

① 效价是指行为目标对于满足个体需要的价值，即个体对行为结果的重视程度。——译者注（本书所有脚注均为译者注）

xix 是大量研究一直在讨论管理态度形成过程的基本流程。部分研究认为态度是经过深思熟虑后可储存且可评价判断的，最终能指导相关行为。其他研究则认为态度是不能储存的，而是当下情境信息实时构建的。Dhananjay Nayakankuppam 和 Joseph R. Priester 在一系列研究中详细描述了态度形成过程受态度强度调节的整个过程。强态度与自信息息相关。相对于弱态度而言，强态度更易获得、更加持久且更能抵御竞争性企图进而引导选择。作者认为，由于强态度的易得性和需要努力的思考，它们相较于弱态度更具诊断性和相关性，因而更有可能产生如图 I.1 所示的行为影响。在测量和操纵态度强度的研究中，作者找到了强态度是被检索获取而弱态度是被构建的支持依据。同时，不同的态度强度测量方法均能得到这些结果。

第 17 章"显著联结的依恋模型（CPAM）——品牌依恋的概念和方法探究"详细阐述了品牌依恋的概念。C.Whan Park、Joseph R. Priester、Deborah J. MacInnis 和 Zhong Wan 将依恋描述成一种心理构念，类比于品牌关系与坚定的伙伴关系。作者阐述了依恋构念所依托的两类概念特性：品牌—自我联结和显著的品牌思维及感知。经过三项研究的探讨，作者基于上述构念特性开发出兼具聚合效度、判别效度和预测效度的品牌依恋测量量表，并将其有效区别于依恋这一可替代构念的测量方式。有趣的是，以往研究已经强调了品牌—自我联结作为强品牌关系基础的重要性，Priester 和同事们认为通过将强品牌—自我联结与显著品牌思维和感受的联合，可以有效揭示品牌依恋。

在第 18 章"爱、渴望和认同——对事物之爱的情境整合理论"中，Aaron C. Ahuvia、Rajeev Batra 和 Richard P. Bagozzi 用爱来描述品牌关系特征。基于对 69 名专业人士的访谈，作者发现大多数消费者拥有所爱之物（Loved Objects, LOs），而这些所爱之物与消费者自身紧密相关。受访者采用"爱"这一概念来描述能影响或表达自己、能被视为自我延伸及适合进行经历分享的对象。这种自我与爱的对象间的联系不仅反映在受访者将爱的对象想象成理想自我的拟人化进程中，还反映在受访者用自我相关情绪描述爱的对象的事实中，以及对象遗失所表现出的分离痛苦中。Ahuvia 及其同事报告了所爱之物与自我产生联系的两种过程。一种类似于 Reimann 和 Aron 的自我扩张模型，认为对所爱之物的激情促使产生了与自我（身体上、认知上和身份上）整合的多种方式。虽然通过此类整合过程而形成的关系最初非常强烈，但随着时间的流逝，此类关系会从热爱变得平和并最终冷却。另一种爱的对象关系建立于自我产生的过程。相比于前一种与原

xx 始自我相整合的方式，此类所爱之物更像是从自我中产生，因为这类关系是由使用者所创造。爱的对象所带来的内在价值可归因于如下一些因素：它们被认为是杰出的（有着高度的关系质量）；它们存在固有的回报特性；它们能满足高水平的需求；它们与各类消费者意义与利益息息相关。最后，作者提出当描述所爱之

物究竟是真爱还是隐喻的爱时，主要在于所爱之物能否激发出强烈的转变体验。正如 Fournier、Ahuvia 及同事们理解的，爱的对象不可能在真空中产生。一个对象能被喜爱是因为它能与真实世界的需求与价值产生关联。

随着时间的流逝，品牌关系失败和犯错的概率将会大大增加。在第 19 章"消费者对关系违背的应对反应——依恋理论的方法"中，Marcel Paulssen 和 Richard P. Bagozzi 提出消费者是否对喜欢或不喜欢的关系违背采取反抗回应取决于他们的依恋导向。他们假定拥有安全型依恋导向（例如，有自愿依赖或者信任商家品牌的，也有渴望与商家和员工建立紧密联系的……）的消费者不易受到关系违背的伤害。的确，拥有安全型依恋的消费者不易因为关系违背生气，也不易将违背行为归因于品牌或企业。这些并不极端的负面反应及归因太可能促使消费者参与负面口碑传播，或忽略甚至退出已有关系。总而言之，拥有较高安全型依恋的消费者会更好且更具建设性地应对关系违背行为。此后，在人际关系研究中同样发现了类似的效应，由此可以看出消费者—品牌关系和人际间关系存在着极高的相似性。

第 5 部分　结论与未来研究方向

在第 20 章"关于强品牌关系的未来研究方向"中，根据前面章节所提到的想法和研究话题，提出了关于强品牌关系的一些研究建议。C.Whan Park、Deborah J. MacInnis 和 Joseph R. Priester 将他们的讨论限制在 Fournier 所描述的强品牌关系维度中，认为这种维度对给消费者创造幸福及为公司带来期望利润有着极大的潜力。作者也提出这种强关系是消费者依恋品牌的最佳特征。因此，他们考虑的关系是 Fournier 所描述的类似于坚定的伙伴关系或最佳朋友关系等类型，以及 Aggarwal 提出的共有关系视角和 Ahuvia 及同事们提出的包括喜爱的关系。根据第 17 章中所表述的依恋测量方法，作者认为品牌依恋是以强品牌—自我联结和显著品牌思想为特征的。通过这些概念性想法，作者还提出了一些初步研究设想，如依恋是如何在概念与实证研究上与强品牌态度、承诺、喜爱、忠诚等概念区别开，这些问题需要进一步的实证验证。作者同时也提出以强依恋为特征的品牌关系可能显示出如寻求亲密和分离痛苦的独特行为。进一步地，相较于其他强品牌态度，依恋与图 Ⅰ.1 中提出的行为结果有着更强的相关性。作者认为，有必要开展关于不同意义制造者在促进品牌依恋中作用的研究，而对于依恋动机及其他驱动因素的探讨同样至关重要。他们还建议研究品牌依恋与企业从品牌关系中获得资产净值间的关联性。最后，有必要研究强品牌依恋关系在发展、衰退及最终终止的各阶段中所表现出的特征。

结论

品牌关系的研究领域极其复杂，存在大量不同类型的品牌关系，以及表征这些品牌关系的不同维度。它们包含多元化的类型、情感强度和规范化过程。品牌关系的产生动机是不同的，联结消费者和品牌的关系强度有差异，以及意义制造者创造、建立和扩展品牌与自身关系的作用也是不同的。此外，品牌关系的心理和行为结果同样非常复杂。本书系统梳理了关于品牌关系的研究脉络，我们期望它能够帮助读者了解品牌关系这一高产且重要的研究领域，并在此基础上开展更多的研究工作。

目　录

第 1 部分　品牌关系中的基本事项

第 2 部分　促进品牌关系的目标、需求和动机

第 5 部分　结论与未来研究方向

PART **1** | 第 1 部分

品牌关系中的基本事项

| 第1章 |
消费者与品牌间关系的经验总结

苏珊·福尼尔
(Susan Fournier)

自"消费者与品牌：发展消费者研究中的关系理论"一文发表以来已有十余
年（Fournier，1998）。① 在这期间，学者们对消费者与品牌间关系的性质和作用，
以及这一关系在消费者和营销者手中发展的历程已颇有研究。基于"消费者是主
动的意义构建者"这一基础观点，品牌关系研究为当前品牌营销中的共创模式奠
定了基础（Allen，Fournier and Miller，2008）。最近的研究（如本书所涉及的研
究）依然是以基本的关系原理为重要的基石。当然，消费者与品牌间关系的研究
领域仍存在着许多尚未解决的问题和难题，而随着一些意料之外和原始理论中尚
未提及的重要事实的出现，笔者对消费者与品牌间关系的思考也逐步深入。接下
来的部分，则是笔者根据自身研究论文所依托的大理论框架，所总结出的关于消
费者与品牌间关系建立的经验原理，其中某些观点的表达将借助于笔者和同事目
前正在进行的研究。

原理1：有目的的关系

原理1：关系是有目的的，核心内容是向参与者提供意义。

本研究的一个核心观点是消费者与品牌间关系的目的性：品牌关系是意义丰
富的资源，人们建立这类关系是为了过好自己的生活。根据这一原理，只有通过

---

① 关系营销在成为一种新的营销范式（Grönoos，1994）并逐渐取代传统的交易型营销以后，就一直
受到学术界和业界的重视。20 世纪 90 年代以来，关系营销的概念被运用到品牌和产品层面，并形成了品
牌理论研究的前沿课题——品牌关系。"消费者与品牌：发展消费者研究中的关系理论"（Fournier，1998）
一文是这一领域的核心文献。在该文中，Fournier 深化了品牌关系研究并开创性地采用隐喻的方法，将品
牌关系类比为人际交往中的 15 种关系模式，即包办婚姻、临时朋友、权宜婚姻、专一伙伴、最佳友谊、
有区别的友谊、血缘关系、回弹关系、儿时友谊、求爱关系、依赖关系、放纵关系、敌意关系、奴役关系
和私密关系；这一关系的发展包括注意、了解、共生、相伴、分裂和复合六个阶段。Fournier（1998）还
通过深度访谈提炼出品牌关系质量的六个维度，分别是爱情与激情、自我概念关联、个人承诺、相互依
赖、亲密关系、品牌的伴侣品质。

识别品牌或企业究竟为消费者的生活提供了什么，才能理解品牌与消费者之间所形成的关系。在研究中，我们常犯将品牌关系具象化的错误，忽视了关系本身其实不是目的，而仅仅是促进因素。强关系的发展并不依靠品牌涉入[1]的推动，而是基于品牌对人们过好自身生活的有效支持。

6　　研究者和管理者常会陷入这样一个陷阱，即假定品牌关系都是关于身份的表达：认为品牌关系的驱动因素与试图通过品牌来塑造身份或得到地位等这些目的有关。这一逻辑使关系现象存在一个自然边界，即上述观点只有在适用身份风险的高可见度和高涉入度类别里才是有意义的。通过处理根深蒂固的辩证式身份主旋律[2]以及实现重要的人生项目与任务[3]，品牌关系能服务于高阶身份目标。然而，对当前实际问题的解决，亦使品牌关系满足于需求层次中的低层次需求。卡伦是我们研究中一位努力奋斗的单身妈妈。她购买汰渍（Tide）、沃尔（All）、喜瑞（Cheer）这些品牌，是因为当她需要它们的时候，这些值得信赖的大众品牌一定有一个在打折。对这些"隐形品牌"（invisible brands, Chang Coupland, 2005）[4]的习惯性购买构成了卡伦的品牌组合，这些关系也促使卡伦得以扩展自身资源，并培养出她过日子所需的技能和办法。卡伦的这种基础商业交换仍被理解为品牌关系，或许不那么富有感情，也不那么明显，但它们仍属于品牌关系。

品牌关系的功能性体现在其关注于从企业和品牌中获取更多的交换价值。所谓忠实客户建立关系的初衷，往往并不是出于热心传播品牌口碑，而是出于对获得会员身份的渴望，因为只有会员关系才能享受到更有利的交易和特别待遇。在此，品牌关系不再是身份表达的驱动因素，而是作为满足功能需求的副产品出现。

品牌关系究竟是手段还是目的，从社区层面的品牌关系角度来看最为清楚。品牌社区长达七年的研究表明，相对于去探讨允许建立联系的品牌，人们往往对源自品牌关系的社会关联更感兴趣（Cova and Cova, 2002；见第9章）。为获取新的社会联结或维持现有关系，人们常常采用某些重要方式来发展品牌关系。品牌关系还能提供情感支持、建议、陪伴和友情。正如所谓"季军品牌"（Rosenbaum et al., 2007）研究指出的那样，强品牌关系是结果而不是原因，它们是由源自品牌关系的社会关系所造成的。作为研究者，我们感到抱歉，不仅是因为我

---

[1] Zaichkowsky（1985）将涉入定义为某决策与个体的基本价值观、目标和自我概念之间所具有的个人性相关程度。目前在营销学中对产品或品牌涉入的概念化存在多种形式，但一般都将其与自我相关性特质联系起来，并把它定义为一个产品或品牌对于个人的相关性或重要性。

[2] 辩证式身份包括边缘的/重要的、依靠的/独立的、稳定的/改变的。

[3] 人生项目涉及显著改变自我概念的重要生活角色的形成、维护和消失，包括改变角色的事件（如大学毕业），以年龄分级的事业（如退休）和阶段转换（如中年危机）。

[4] "隐形品牌"指被看作普通的、融入家居环境的品牌，其意义在于品牌存储的过程，而不在于消费者的身份或一个明确定义的消费者与品牌间关系。

们将对身份需求优先于那些更为实用的需求，还因为相对于支持品牌的群体关系，我们格外关注特殊关系。

稳健的品牌关系不是基于品牌本身，而是基于对人以及他们的实用需求和情感需求的细致理解来建立的。事实上，人们在生活中有着许多关系需求，且有效的关系能为人们提供广泛支持。表 1.1 列出了一些品牌关系的不同用途。在第 5 章中，Ashworth、Dacin 和 Thomson 还会为人们与品牌间关系的用途提供另一个视角。无论人们真实需求是个人的还是集体的，那些全面认识并去满足了这些真实需求的品牌关系投入都将会得到回报。

表 1.1　关系需求和供给的例子

超越我的网络	提高我的互动质量
建立根基	追求没有内疚感的奢侈品
保护隐私	维持我的激情
把握当下	探索自我身份的不同部分
得到帮助以把事情做好	表达忠诚
培养兴趣和技能	通过共同拥有加深联系
保持冒险精神	渴望成为自己的主人
管理我的期望	帮助从整体上定位自己
支持我独特的 DNA	维持我的关系
帮助化解"我是谁"的不安	远离不想要的自我
实现重要的角色转换	通过惯例和仪式让自己舒适
帮助我为"大善"做出贡献	从公司得到特别待遇
建立合法性和克服难为情	从我的品牌投资得到更多
在避风港休息	得到技术支持和建议
获得情感支持和鼓励	阐明我的价值

对"具象化问题"的解决还需阐明品牌关系形成的条件。当理论被过度推导——暗示所有消费者在任何环境下都会形成同等程度关系时，我们就会失去应有的支持者。一些研究者借助依恋理论，将其中安全型、焦虑矛盾型和逃避型关系风格作为关系活动中个体层面的调节因素（见第 19 章）。笔者和同事在研究中开发出一个针对商业关系的依恋构念，该构念为预测品牌关系倾向提供了可能。消费者表现出的不同关系风格（独立的、有辨识能力的、可获得的，Matthews，1986）、导向（权利或亲密，McAdams，1984）和驱动因素（McAdams，1988），同样预示着影响人们与品牌间关系的边界条件是存在的。

为了避免对品牌关系的胡乱应用，我们还需要某种方法来识别给定品牌的关系潜力。类别涉入的概念能达到部分目的，但消费者对其并不敏感，而品牌拟人化在此方面的作用虽然得到大量研究，但该因素的易误导性也已被证实，即使在最简单的情形下同样存在争议。我们不需要将品牌的"人格特质"作为识别品牌关系潜力的方法，因为所有品牌，无论拟人化与否，都是通过营销组合决策产生作用，而此决策使品牌推测得以形成（Aaker, Fournier and Brasel, 2004; Aggarwal, 2004）。因此，更为有效的判断标准应源自人们的生活情境，而不是基于产品类别和品牌特性。这种方法基于这样一个认识，即在品牌关系中，消费者作为意义建构者发挥着主动作用，他们改变和适应营销者的品牌意义以匹配他们的人生项目、关注点和任务。其关键在于理解品牌意义如何在现实生活中获得和实现。在当前研究中（Fournier, Solomon and Englis, 2008），基于对"有意义的问题"进行探索，这一问题已被逐步理解，其答案反映在品牌意义共鸣[①]这一构念中。为理解共鸣及其作为关系强度的中介作用，图 1.1 提供了一个多层面的模型。共鸣迫使我们转变思维，从品牌意义的显著性、独特性、受欢迎度和优势等以企业和竞争为中心的标准，转向品牌意义在个人和社会文化世界中的反响和重要性。共鸣关注的不是品牌意味着什么，而是品牌如何对使用它们的消费者产生意义。它强调了消费者与品牌间关系发生及维持的发展机制。

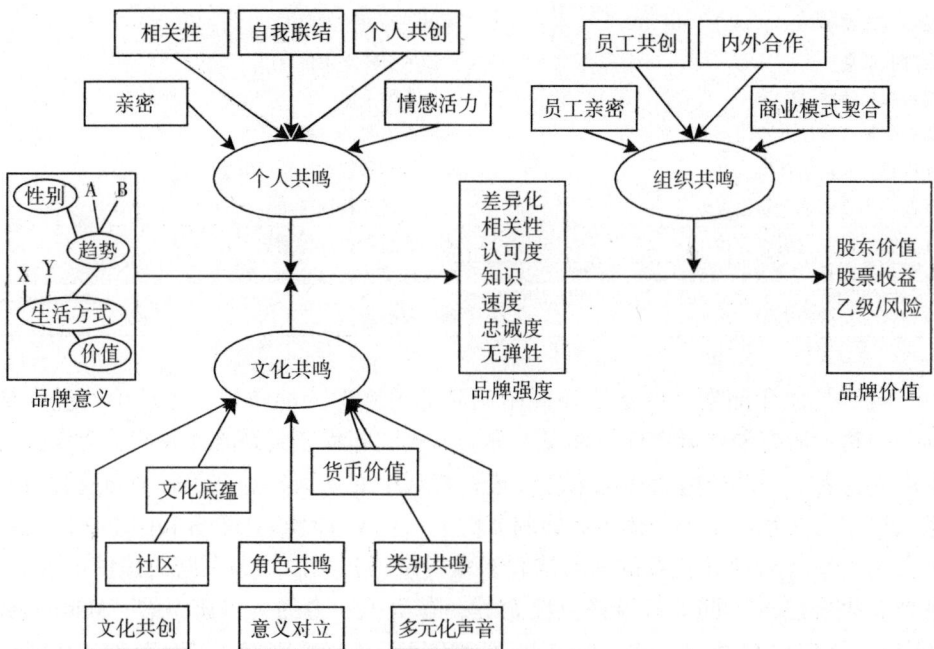

图 1.1 共鸣：意义如何有意义

[①] 品牌共鸣（Brand Resonance）是品牌所有者与品牌消费者，以及品牌消费者之间以品牌为媒介所产生的不同心灵之间的共同反应。

在帮助理解激活品牌共鸣的文化进程方面，Holt（2004）和其他学者（见第9 章；如 Schroeder and Salzer–Mörling，2005；Thompson, Rindfleisch and Arsel, 2006；等等）做出了巨大贡献。他们的研究提供了一个关键视角，即将注意力从消费者与品牌间的关系转移到品牌与文化间的关系上来。一些可预见的社会心理因素能通过快速搜寻共鸣的品牌意义来触发关系活动（Fournier，1998；见第9 章）。例如，在诸如成年、为人父母和婚姻状况改变等自我定义的时刻，个体身份会经历结构性转变。那些能预期到此类转变，并为此提供有意义的品牌纽带的公司，将给消费者的生活增加其迫切需要的延续性，而作为回报，这些公司也会从中获得来自消费者的强关系活动。消费者格外渴望品牌意义的这段时期是有价值的，研究者可以对此时期，以及在个体与品牌关系形成中涉及的过程进行大量研究。

更进一步说，共鸣和基于此的"有意义的关系"原理，对我们如何思考某品牌关系的强度和质量产生了影响。此外，由于评估品牌关系个体满意度和承诺深度的标准是以公司为中心，我们已深受其害。但那些产生共鸣的关系有一个与此前不同的主目标：它们旨在使人们活得更轻松、更好、更快乐。积极心理学领域中的主观幸福感构念（Diener，Kesebir and Lucas，2008）在这点上亦能提供许多参考意义。

原理 2：关系多样性

原理 2：关系是一种多元化现象，其包含多个维度及多种形式。

原理 2 聚焦于关系多样性的事实。在此研究领域，我们围绕品牌忠诚展开了广泛研究，并始终热衷于探索强关系与弱关系间的对比。但是，关系还可以被有效区分为多种不同的类型和形式，如层级关系与平等关系、强制关系与自愿关系（主从式层级关系和童年友情等）。主流的关系研究认为，消费者与品牌间的关系非常复杂，需要根据操作定义的不同而区别对待。

关系的多样性现象使其非常适合开发营销指标，既能测量不同品牌关系的强弱水平，也能验证不同的关系类型与形式。品牌依恋①（Thomson，MacInnis and Park，2005）为测量关系强度提供了方法，而品牌关系质量（Brand–Relationship Quality，BRQ）构念同样能实现类似目标（Fournier，1998）。借鉴人际间关系的相关内容，品牌关系质量在常用于测量品牌关系的承诺与情感（爱/激情）层面之外，还包括五个测量品牌关系的维度，即亲密关系、品牌的伴侣品质、相互依赖、个人承诺及自我概念关联。在过去几年中，为开发一套兼具信度与效度的品牌关系质量测量量表，笔者开展了广泛的研究。表 1.2 则展示出一项针对 2250

---

① 品牌依恋即消费者对品牌的情感依恋（Thomson，MacInnis and Park，2005），见本书第 17 章。

名问卷调查受访者的品牌关系质量测量题项，该调查采用了 3（包装产品、服务、耐用品）×2（产品类型）×3（品牌类型）的研究设计。数据分析结果基本验证了该量表的聚合效度、判别效度及预测效度，并将其与忠诚度、满意度、品牌态度等其他相似概念进行了有效区分。最终形成了多层次的品牌关系质量量表，其拥有七个相关的一阶因素和一个潜在变量。

表 1.2　品牌关系质量量表

	R²	标准载荷	平方复相关系数	信度
相互依赖				
需要品牌并依赖于其提供的利益	0.79	0.89[a]	0.79	0.89
品牌是日常生活中不可分割的部分	0.70	0.84[a]	0.71	
依赖于品牌	0.69	0.83[a]	0.69	
爱情/个人承诺				
我和品牌彼此完美契合	0.78	0.88[a]	0.77	
我真心喜欢该品牌	0.76	0.87[a]	0.76	
一想到不能使用该品牌我就很困扰	0.72	0.85[a]	0.72	
我对品牌非常忠诚	0.71	0.85[a]	0.72	0.95
为持续使用该品牌我宁愿做出牺牲	0.70	0.83[a]	0.69	
我对品牌有独特感情	0.68	0.83[a]	0.69	
我再也不会关注其他可替代品牌	0.64	0.80[a]	0.64	
品牌的伴侣关系				
该品牌非常关心我	0.72	0.85[a]	0.72	
该品牌会倾听我的心声	0.71	0.84[a]	0.71	
该品牌懂得弥补错误	0.66	0.82[a]	0.67	0.91
期望品牌能做对我最有利的事情	0.65	0.81[a]	0.66	
该品牌能对我的关注点做出反应	0.64	0.80[a]	0.64	
自我概念关联				
品牌已成为我的一部分	0.75	0.86[a]	0.74	
能详细阐述出什么对我最重要	0.74	0.86[a]	0.74	
品牌与我的关联会激励我前行	0.73	0.85[a]	0.72	
与我的生活目标或困难相契合	0.68	0.83[a]	0.69	
使用品牌使我成为了共享社区的一部分	0.68	0.82[a]	0.67	
与使用品牌的其他人发展关系	0.65	0.80[a]	0.64	0.93
怀旧的物件	0.83	—	—	
对品牌有感伤的情愫	0.70	0.83[a]	0.69	
该品牌让我想起以往生活的阶段	0.59	0.77[a]	0.59	
品牌理念饱含个人回忆	0.56	0.74[a]	0.55	

	R^2	标准载荷	平方复相关系数	信度
亲密关系（消费者对品牌）				
了解品牌的历史/背景	0.64	0.80	0.64	
了解品牌所代表的内涵	0.61	0.78	0.61	0.81
比一般消费者更了解品牌	0.54	0.73	0.53	
亲密关系（品牌对消费者）				
企业理解我的需求	0.71	0.84[a]	0.71	
足够了解我并能为我设计产品	0.67	0.82[a]	0.68	0.86
企业对我个人有足够了解	0.62	0.79[a]	0.62	

注：a 表示其在 p = 0.001 上显著。
资料来源：Fournier（2000）。

　　虽然品牌关系质量量表（BRQ）试图通过测量给定品牌关系的强度来阐释关系的复杂性问题，但事后发现其在应用范围上存在着普适化偏差。在此研究领域，我们仍狭隘地关注于能最大程度传递公司价值的一类关系，即具有高度忠诚与情感的"婚姻式"理想关系。这种偏差潜存于包含激情、个人承诺、亲密关系和多重自我支配等的 BRQ 测量中。根据以往经验，测量指标必须对当前所考量的关系类型相对敏感：因为你不可能独立于关系类型之外而测量出其强度和活跃度。

　　然而，10 年来，我们对品牌关系空间复杂性的理解进展缓慢。区分了交换关系与共有关系[①] 的消费者研究，使该领域在正确方向上迈出了重要一步（Aggarwal，2004）。当我们最终倾向于将交换归于"非关系情形"时，该研究所接触的也仅是关系多变性的冰山一角，即便前期研究已经关注到商业关系的其他形式，如商业友情（Price and Arnould，1999）、私密关系（Goodwin，1992）和虐待关系（Hill，1994；Hill and Kozup，2007）。然而，仅考虑上述关系及其他潜在高价值或普通消费者关系形式的关系激发理论是不足的。如今的消费者与品牌关系图谱与 20 年前对 B2B 关系的观察颇为相似。"区分商业、工作及婚姻浪漫关系还有很多工作要做，并且，当前研究模型仅停留在理论层面，缺乏详细的构念及关键变量操作化的有效途径"（Dwyer，Schurr and Oh，1987，p.20）。

　　考虑多样化标准的第一步研究是识别关系的各种维度，这样我们可以描绘出消费者与品牌间的关系空间。虽然在实践情形中，关系强度可能占绝对优势，但它只是衡量关系变化的众多重要维度之一。目前，笔者已经归纳出区别人们感知

---

　　① 交换关系指给予他人利益是为了获得回馈，强调礼尚往来，讲究平衡与对等；共有关系指给予他人利益是为了展示对他人需求的关心，讲究需求法则，而且不期望对方做出对等的回报（Aggarwal，2004）。

品牌关系的 52 项指标（见表 1.3），并启动采用制图技术[①] 的问卷研究来识别人们的关系感知架构。在最近一次调查中，我们征集到 225 名 MBA 学生，要求他们基于上述 52 个关系方面，利用七分语义差异量表对某国家和地区的前 35 强品牌进行规范关系感知。每个主体对 12 个方面进行评级，除 4 个量表题项相同外，其他的题项则被划分到 4 个平行调查集中。另外，150 名 MBA 学生则用同样的维度对 11 个原始人际关系指标进行评级，同时仍然将所有指标均分成 3 个调查集并分别让被试者完成，以减少调查时受访者的倦怠程度。根据 INDSCALE[②] 的多维度测量发现，在品牌关系评级中，其中 7 个维度总计占到了 78% 的解释方差，分别是：合作、和谐关系与竞争关系、敌对关系；情感、既定身份关系与功能导向关系；强关系、深层关系与弱关系、表层关系；平等、平衡关系与单边、多层关系；长期、持久关系与短期关系；互动、相互依赖关系与独立关系；灵活、自愿关系与约束、强迫关系。其中前 4 个维度在整个人际关系评级中占到了 58% 的解释方差。图 1.2 从关系强度和奖励类型两个维度描绘出了品牌与人际关系的分布。

12   **表 1.3　关系维度概略**

- 情感亲密的/情感疏远的
- 亲密的/不亲密的
- 深层的/表层的
- 基于相互喜欢的/不基于喜欢的
- 高度信息共享的/限制性信息共享的
- 长期的/短期的
- 常规性/非常规性
- 稳定的/转瞬即逝的
- 单边的/相互的
- 活跃的/沉寂的
- 深度互动的/表面互动的
- 相互依赖的/独立的
- 民主的/独裁的
- 对所有参与个体同样重要的/对部分参与个体更为重要的
- 权力平等的/权力不平等的
- 循环往复的/非循环往复的
- 和谐的/冲突的
- 高成本及高责任的/低成本及低责任的
- 温暖的/冰冷的

---

① 制图技术借鉴于概念图技术（Concept-mapping Techniques）。概念图是指一种图形表示，它包括代表概念的节点以及表示两个节点之间关系的标记线。概念图的生成过程即概念图技术，常见的概念图技术有两类：图形填充（Fill-in-the-map）和图形构造（Construct a map）（Ruiz-Primo and Shavelson, 1996）。

② INDSCALE 是一种保留了个体差异的多维标度技术。它将在 N 维空间中的每一个个体对象视作一个点，而点与点之间的距离代表了个体间的相似度，距离越近，相似度越高（Carroll and Chang, 1970）。

- 值得信赖的/不值得信赖的
- 真诚的/不真诚的
- 支持的/不支持的
- 承诺的/非承诺的
- 吸引力导向的/排斥导向的
- 功利主义和任务导向/情感的
- 频繁的/不频繁的
- 有助于表达自我的/不利于表达自我的
- 强烈感知的/表层感知的
- 情感的/非情感的
- 分层级的/不分层级的
- 正式的/非正式的
- 公平的/不公平的
- 秘密的/公开的
- 隐藏的/公诸于众的
- 友好的/敌对的
- 目标与期望兼容的/目标与期望不相容的
- 生产性的/破坏性的
- 轻松的/紧张的
- 灵活的/死板的
- 难以打破的/容易打破的
- 有趣的/无聊的
- 可靠的/不可靠的
- 积极情感的/消极情感的
- 容易解决冲突的/难以解决冲突的
- 无私的/自私的
- 主动请求的/未经请求的
- 强迫的/自愿的
- 合作的/竞争的
- 高风险的/低风险的
- 选择导向的/机会导向的
- 容易进入的/难以开始的
- 临时的/永久的

　　一个更易操作的描述验证性研究方法是考虑构成人们感知的高阶关系模型。Fiske（1991）的关系模式理论提出了一个已被大量实证支持的有用框架，该理论提出了相互分享、权力排序、平等匹配和关系市价四种相互独立的关系类型。[1]另一个相似的实证操作利用因子分析方法对上述品牌图谱数据进行了考察，识别

　　[1] 关系模式理论（Relational Models Theory）提出了描述、理解、评估和构建社会关系的四个基本认知模型（即相互分享模型、权力排序模型、平等匹配模型、关系市价模型）。任何一类社会关系均不能由单一模型进行描述，而需要综合四个模型进行共同分析。其中，相互分享模型侧重编组关系中的集体归属感和团结性；权力排序模型侧重编组关系的不对称性；平等匹配模型侧重编组关系的平衡性程度；关系市价模型侧重编组关系的金钱价值比重（Haslam and Fiske，1999）。

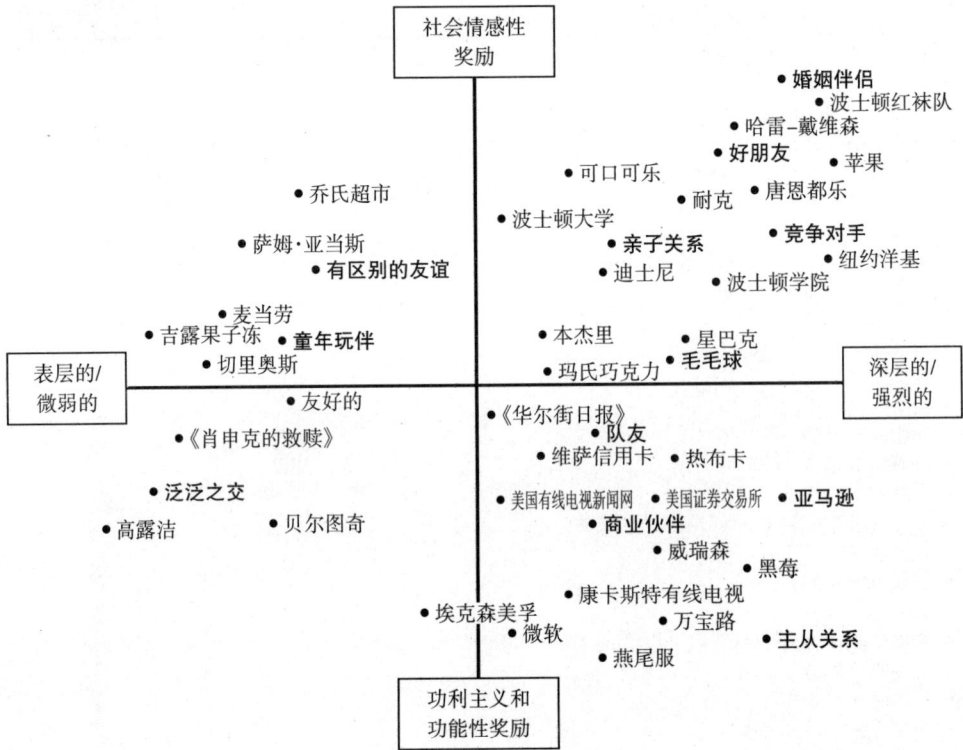

图 1.2 品牌关系图谱

出消费者与品牌间的三类关系形式：伙伴关系（和谐的、互动的和感性的活动）、良性相识关系（和谐却功能化和浅表的从属关系），以及消极的、繁杂的关系。迄今为止，消极的品牌关系仅仅通过后现代主义的社会批判展开研究，而这些品牌关系往往缺乏管理应用（例外情况如 Hill，1994；Hill and Kozup，2007；Thompson et al.，2006）。管理上成效明显的关系应用倾向于聚焦积极且强大的或较容易被加强的品牌关系，而本章图谱强调的则是负面品牌关系在商业市场中起到的核心作用。因此，一个适用于诠释消费者与品牌间关系行为的理论视角，必须摒弃虚假的乐观主义，还应包含不正常的关系形式。①

13　　关于品牌关系空间图谱的第二步研究逻辑是发展对主要关系形式的翔实描述。基于情感要素能有效区分人类关系（Guerrero and Andersen，2000；Kayser，Schwinger and Cohen，1984）这一视角，笔者和 Chris Allen、Felicia Miller 采用

---

① 功能失调的关系是一种负面的关系形式，其特点体现为建立关系的恶意意图，如恶意欺骗、破坏、骚扰等（Scandura，1998）。

包含投射技术①、隐喻抽取技术②的深度访谈和问卷调查方法识别出七个著名品牌关系的情感特征元素，即人们在交换关系中很愉快和满意；真正的伙伴会体验到幸福、增值和成就感；对手会在与他们的品牌关系中感到愤怒、生气和怀疑。正如人们对品牌的私密情缘，部分关系可以由情感元素来被特别定义。

现有研究的第三个主流（Fournier, Avery and Wojnicki, 2004）则是从契约理论的视角来探讨关系现象。契约和关系概念在本质上是相互融合的。"契约"一词来源于拉丁语，其含义是"相互接近，进入某一段关系"（《韦氏法律词典》1996 年版）。关系从本质上是契约化的：当双方共同期望能长期向对方提供或从对方收获资源时，关系则得以建立（MacNeil, 1980）。虽然契约理论已经被广泛应用于 B2B 营销情境中，但契约的社会心理状况使其也十分契合消费者行为情境。关系契约是一种仅存在于"旁观者眼里和脑海里"（Rousseau and McLean Parks, 1992, p.19）的心理现象（MacNeil, 1985）。Lusch 和 Brown（1996）实证表明了 B2B 关系并不是由它们之间明确界定好的合同条款所管理的，而是由关系双方当事人行为构成的隐形合同条款所管理。

契约化视角为明晰消费者与品牌间关系现象提供了许多有用的构念。关系契约很大程度上是由引导特定关系中观念、态度、推断、判断乃至行为的规则或规范所组成（MacNeil, 1985；Rousseau and McLean Parks, 1992）。关系规则声明了规定、禁止或允许的特殊行为类型，它为合作者的行为提供行为准则并对相似行为进行解释说明（Metts, 1994）。同一个社会群体中共享的关系规则被称为规范，关系规范在消费者情境中的应用已经得到实证支持（Aggarwal, 2004；Aggarwal and Law, 2005；Aggarwal and Zhang, 2006）：消费者往往会将人际关系中的规范引入到他们的品牌关系中。

研究表明，特定的关系规则和规范仅适用于特定的关系类型。最为著名的是治理交换关系和共有关系这一对立类别的利益交换的规范（Clark and Mills, 1979）。机会主义——"利用诡计寻求私利"——是管理商业交换关系的全球性规范（Williamson, 1975）；关系规范取代机会主义来加强相互依赖关系（MacNeil, 1980）。Heide 和 John（1992）定义了制造商和供应商关系情境中关系规范的三

---

① 投射技术是指调研人员通过各种非结构化、间接的询问方式，激励被试者投射出他们潜藏的动机、信仰、态度或情感，以了解他们对某一事端的心理状态，是一种隐形的市场调研方式（Haire, 1950）。

② 隐喻抽取技术是哈佛商学院萨尔特曼（Gerald Zaltman）教授于 20 世纪 90 年代提出的一项研究技术，它是同时结合非文字语言（图片）与文字语言（深度访谈）的一种消费者研究方法。该技术主要通过要求被试者描绘出能代表他们对某件事物想法及情感的图画，在此基础上透过个人深度访谈，进而抽取出被试者认为的构念及构念间关系，最终得出阐释消费者感觉及想法并促使其产生行动或决策的心智模式地图（Coulter and Zaltman, 1994）。

种类型：灵活性、信息交换和团结性①。心理学研究为特定形式的共有关系提供
了独特规则集，如友情规则、婚姻规则、亲属规则、职场规则、市场关系规则等
（Argyle and Henderson, 1984; Davis and Todd, 1982; Kayser, Schwinger and
Cohen, 1984; O'Connell, 1984）。实践中的关系模式也规定了适用于该关系类
型的特定高级规范。例如：友情关系基于平等规范，爱情关系基于需要规范，职
场关系基于贡献规范（Deutsch, 1975; Schwinger, 1980）。当前研究（Fournier,
Avery and Wojnicki, 2004）提出了管理消费者与品牌间关系契约的规范拓展概
念。这个拓展概念不仅包括在交换/共有关系中被双方广为熟悉的互惠奖励规则，
还包括关系营销情境中的相关规则，如互动维护规则，以及管理亲密度、承诺、
信任等关系规则。

　　针对某个关系契约的内容会超出实践中的规则和规范，关系契约指出了关系
中基本的"付出"与"获得"：为获得某实物商品而承诺做好某事（或避免做好
某事）（Rousseau and McLean Parks, 1992）。关系契约包括可操作的关系发展目
标和基本资源交换（Fitzsimons and Bargh, 2003; Kayser, Schwinger and Cohen,
1984），评价满意度的标准（Baucom et al., 1996），关系成功或失败的基本信念
（Baucom et al., 1989），预期风险和收益（Sabatelli and Pearce, 1986），超出容
忍区间（Rusbult et al., 1991），信任形式和基础（Rousseau et al., 1998）以及面
对关系破裂时适当的缓和建议（Metts, 1994）。关系模板可以看成提供可行关系
应用理论的脚本或范本（Andersen, 1993; Baldwin, 1992）。当前研究通过放大
顾客所使用的关系范式来阐述多样化标准（Fournier, Avery and Wojnicki,
2004）。例如所谓的合作伙伴模板，优先考虑的互帮互助规范。合作伙伴无私奉
献，在公司交易中展现出灵活性，以及秉承"让我们携手同行"的问题解决方
式。我们研究中的另一个重要模板是"最佳顾客"，这个模板是基于特权规范。
最佳顾客期望得到区别于其他顾客的特殊对待和内部地位；在他们期望进行偏颇
的权益会计法②中，该方法可能不需要支出就能产生收益。某些消费者将自己视
为主从契约中的主人，期望高高在上且无条件的服务。这类关系中的企业被期望
能预测需求，看到而不是听到，坚持规则，并（以良好的礼仪）在该说话时说
话。作为主人的消费者与这类关系中的奴隶企业绝不会亲密，并且永远自认为是
对的。

　　笔者将这一思想应用到了对哈雷-戴维森公司的管理咨询中，该公司在识别
"最佳友情"这种主要关系模板中发现了重要价值。哈雷-戴维森的长期经营是基

---

　　① 灵活性是指对关系双方能乐意适应环境变化的双边期望；信息交换是指关系各方能主动为合作伙伴
提供有用信息的双边期望；团结性是指对关系中所包含高价值的双边期望。
　　② 权益会计法是指一家企业将其拥有权益的联营公司的利润的一部分记入自身账目的一种会计方法。

于它们处于承诺伙伴关系的业务中这一假设。虽然图谱证据发现友情和婚姻均占据着"右上方象限"的思维空间，但这两者间的契约化差异仍相当显著。婚姻关系是一种社会支持契约，契约双方无论情境可预见与否都应在一起。婚姻契约的核心驱动因素是承诺、爱和激情。相比之下，"最佳友情"则是双方为促进社会情感目标而完全自愿的相互依赖关系。最能表达友情的特征维度包括互助和亲密关系（以及亲密关系的脆弱性）。伙伴也是朋友，但它们的驱动因素包括不同于亲密关系层面的相互依赖。可见，这些不同关系中"能做"和"不能做"的规则有着鲜明对比，甚至某些时候有着本质冲突（见表 1.4）。

表 1.4　顺应规则：婚姻与友谊

	婚姻对象	最佳朋友	伙伴
可做的	• 建立联盟 • 协商契约 • 口头表达需求 • 尽力满足需求 • 提供惊喜 • 消除障碍	• 促进其他友谊 • 自我暴露 • 倾听 • 询问及互惠 • 值得信赖，可预测	• 随活动而区分 • 展露部分自我 • 有相互影响 • 容易建立/消失
不可做的	• 违反忠诚 • 忘记亲密的细节	• 泄密 • 讨论内在的契约 • 试图改变对方 • 施加外部压力 • 消除障碍	• 建立亲密、深层广泛的关系 • 鼓励情感交流 • 提要求或是增加责任 • 在未获邀请时拜访 • 使用未经允许的物品

原理 3：动态关系

原理 3：关系是一种过程性的现象，它们在一系列的相互作用中发展和变化，并且随着环境的改变而改变。

原理 3 主要强调消费者与品牌间关系的动态性及相互依赖性。从简化及实用的层面上讲，关系会经历一系列不同的时间阶段，即建立期、成长期、维持期以及衰退期。它们呈现出特有的发展轨迹，如生物性的生命周期、短暂流行、周期性的复苏以及避免冲突。随着熵与压力①因素急速衰退，个体、品牌和环境因素的波动推动着关系的进化。关系作为动态的、暂时性的现象，我们需要对它进行及时的主动管理。

16

———————

① 熵是表征关系生命活动过程质量的一种度量。熵模型认为：关系的恶化与瓦解源于未能自觉主动地维持关系，其瓦解轨迹通常以微妙平缓的"逐步消失"为特征。压力模型认为：关系的恶化与瓦解主要由来自外部环境（如关系所需物理环境的变化、其他替代者闯入等）、合作者导向（如关系中个体角色、需求、价值等发生变化，或管理决策的临时改变等）或双边关系中断（如强加未写明的关系规则、违背信任、诺言）等压力源所造成，关系瓦解轨迹表现为突然的显著下降（Fournier，1998）。

抛开品牌关系的基本过程质量不谈，也鲜有建立在这些广泛定义上的发展模型。尽管我们在设计培育顾客忠诚项目上已经花费数年，但是顾客如何通过发展、维持与品牌的关系从而达成承诺的机制才刚刚公诸于世。态度可获得性的理论（见第 16 章）、态度改变的理论（见第 15 章）、自我构建的理论（见第 4 章）以及关于习惯的理论（见第 3 章）为（关系建立及发展）过程研究提供了前景明朗的发展方向。

详述过程的另一个有效方法是识别出某品牌关系的驱动介质，并且公开能代表关系建立及发展历程的里程碑式事件和机制。比如，对哈雷-戴维森（哈雷摩托）公司的研究发现，"成为一名骑手"这一历程可由诸多彰显地位的文化资本（如知识、技术、经验、社会联系等）的过程性积累来解释（见图 1.3）。关于哈雷车主会成员的模型主要强调了系统内权力和影响力的积累，以及就这一点而言能为他们提供地位象征的重要经验。这个案例告诉我们把关系发展作为一个逐渐加深关系联系的过程去理解并不总是最好，有时，关系是基于某个对于它非常重要的基础而发展来的。

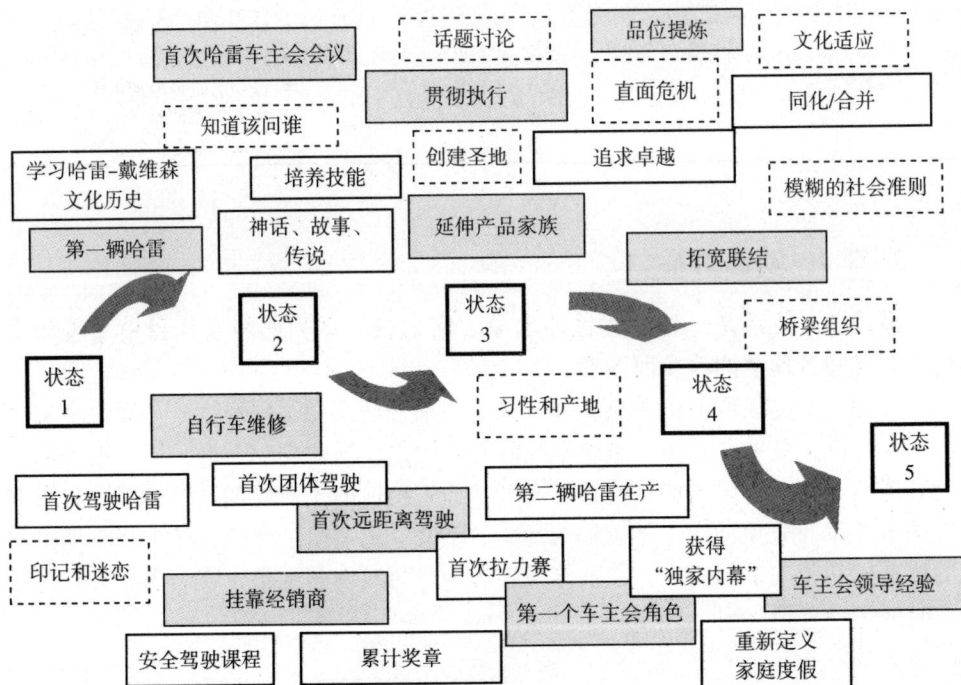

图 1.3 哈雷-戴维森品牌关系发展的文化资本模型

关系契约视角也为研究塑造品牌关系的发展机制提供了一个有价值的切入点。使契约作用凸显的关系中断，尤其是违约，会极大地影响关系发展的轨迹和进程。但是品牌做的任何事都能影响到关系，小到公司网站所用的暗示个性的颜色和字体，又或是品牌的色调（Aaker et al.，2004）。大量研究发现顾客会从品 17 牌行为中发现小的"信号"而做出推论，从而对关系契约的类型进行解读。

当前研究证实了相关性以及在规则和规范形成时将关系发展理解为契约释放信号的过程是有价值的（Fournier，Avery and Wojnicki，2004）。图 1.4 呈现了此过程中多种与契约相关机制的一个可行模型。其中，两个子过程尤其令人感兴趣，因为它们能说明消费者研究中长期存在的某些问题。首先，超契约过程，涉及超出契约要求的角色外行为，这些行为是消费者（或品牌）自愿地、有目的地进行，以表明其将关系朝更新更深层次方向转变的渴求。在我们所得数据中，超契约以口碑倡议、积极的顾客招募、品牌公民行为以及员工赠送等形式出现。忠诚也能被理解为消费者与品牌间相互促进的超契约行为。其次，契约不一致，强调了相互依赖关系中固有的内在风险。心理契约理应是双方共享的，但是两方都有各自的解读，都认为各自的契约是与心理契约一致的，为此，研究者开发出规范契约①（normative contract）这一概念来捕捉该理念的精髓（Rousseau，1989）。我们的研究揭露了消费者与企业间契约不一致现象的普遍存在及显著影响，尤其 18 当消费者把自己看作企业最佳顾客时。相对于加剧关系中断的不一致契约而言，客户关系管理策略更注重某个顾客的成本和收入情况。随着市场实践中解雇顾客已成为一种流行，我们在理解这些关系时是否感到自在变得异常关键。只有通过研究消费者和品牌在协调关系时的行为和含义，回到内容和过程的核心问题，我

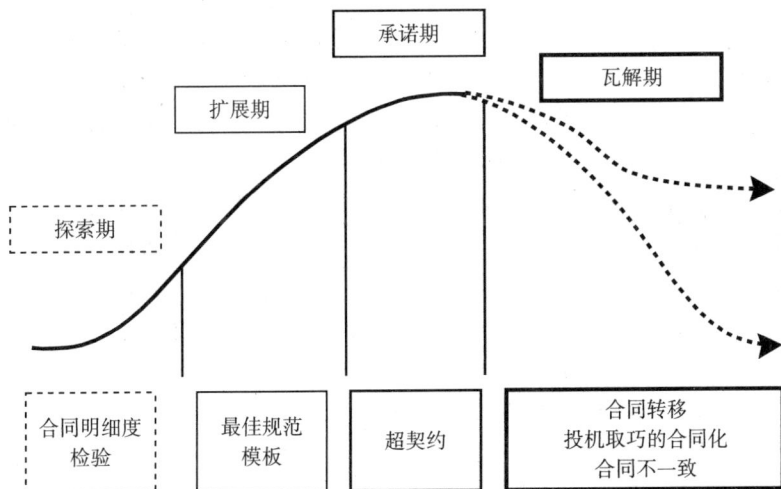

图 1.4 关系契约过程机制

① 规范契约即一个群体或组织所共同持有的心理契约（Rousseau，1989，1995）。

们才能推动关系理论和实践的发展。

结论

在推动消费者与品牌间关系成为一门科学时会面临很多挑战。一些学者质疑如此具有特质性的事物能否具有科学所需的普适性。尽管揭示关系最好是通过研究个体或者集体实例，但这并不意味着能付诸实施的关系系统不存在。个体和集体展现出来的关系原理是可以被证明具有普适性的，我们只需要适应这些目标。为了发挥作用，消费者—品牌关系理论必须从"大量描述"向"提供模型"发展，这些模型不仅要促进科学发展，还要对企业切实可行（见第 20 章）。为了反驳"消费者—品牌关系研究仅仅是一个利用隐喻的尝试"这一批评，这些框架是
19　十分必要的。

其他批评者指责说，用关系理论去理解消费者—品牌行为的效用已经减弱，且关系理论的这一应用只适用于品牌以自我为中心、有较少社会意识的阶段，但现在这个阶段已不复存在。这不是适用性的问题，而是分析视角的问题。人们可与反品牌（antibrands）（见第 9 章）和企业（见第 10 章）建立关系；文化可与市场中的品牌建立关系（Holt，2004）；品牌关系可以是负面且令人讨厌的；关系就其核心也带有目的性。如今，构建品牌关系与构建营销形象之间的联系不如以往紧密，但这种联系仍然存在。

当我们进入品牌关系研究的第二阶段时，跨学科、跨范式研究所带来的机遇则凸显出来。品牌关系这一特质性的概念最初是建立在心理学理论基础之上的，如今已发展成为融合心理学、社会学及文化的概念。品牌关系受到社会文化背景下的个体因素影响，它们体现在一个整体的、相互影响的系统内。在该系统中，品牌与文化的关系影响了消费者与品牌的关系，反之亦然。品牌关系现象显然已超越了一对一的关系，虽然这一理解在初期促进了营销中该概念的发展。如今品牌关系现象已包括品牌社区关系中的一对多关系，以及将消费者群体看成整体的多对多关系。社会文化是消费者与品牌间关系中很重要的一部分，这是毋庸置疑的（见第 6 章、第 7 章、第 11 章）。超越了所谓的行为和消费者文化理论范式的关系研究，可以将品牌关系的社会心理方面以一种真实有效的方式整合起来。

整合另一常见概念也是未来的研究方向之一。关系隐性和显性地受到契约的约束。关系和契约在 B2B 中的研究可谓源远流长（Heide，1994；Williamson，1975，1996），但由于这样或那样的原因，这些已发表的研究并没有被利用起来。例如，直接相关的有 Heide 和 John（1992）对营销关系规范的研究，Heide 和 Wathne（2006）对朋友和商人间关系角色现象的探索，以及 Narayandas 和 Rangan（2004）关于能促进和发展关系纽带的超契约行为研究。

第三种形式的整合也与品牌关系的第二步研究有关：理论及实质性的整合。

　　尽管品牌关系这个概念是有基础性实践意义的，但是这点并没能促进消费者与品牌间关系研究的发展。向前推动该领域研究时有两点很重要：一是解决消费者与品牌间关系的"那又怎样"的问题；二是阐释清楚它是如何、为什么对参与的企业产生影响。在所谓腐化和被开发利用的营销世界中，理论驱动但羞于重视关系的实用性应用时代已经过去。消费者与品牌间关系研究必须有意识地扩展其对营销领域实践的影响和意义，这样才能发挥其作用。

　　同样地，应用顾客关系管理（CRM）视角来研究品牌关系的学者还未利用基于顾客的关系理论。极端地说，顾客关系管理中缺少了"人"这一部分。当前的顾客关系管理理论及其应用主要借鉴了经济学领域，即关注如何基于潜在收益和服务成本来划分和区别对待顾客。顾客关系管理研究的错误不仅在于它对企业底线问题的关注，而且在于其对经济学显著的痴迷，有时忽略甚至混淆了参与商业关系消费者的生活体验。将消费者关系视作一种提高企业盈利的商业工具，顾客关系管理研究则失去了关于商业关系一个重要见解：关系提供这样的意义，即帮助消费者过好自己的生活。以经济利益为中心的企业为了公司利益把消费者看作一种"资产"，并用"老式的、不动感情的成本/利润分析"的方式进行管理（Landry，2005，p.28），而不是如关系营销理论本意指的那样（Peppers and Rogers，1993），把消费者当作学习、参与、互惠的共创伙伴。有报告指出这种不以顾客为中心的方式在顾客关系管理的实施中是失败的（Boulding et al.，2005；Nelson，2004）。为了在营销中起到最初的桥梁作用，顾客关系管理研究和战略必须使人优先于在关系活动中获益的企业（Fournier，Dobscha and Mick，1998）。我们必须把各种形式的消费者和品牌及企业关系的生活经验都巧妙地纳入考虑范围。

　　当我们大力发展实质性的消费者—品牌关系理论时，必须对这个理论应用的营销环境保持关注和敏感度。若要使品牌关系理论发挥应有作用，就不能简单挪用已有人际关系理论中的概念和观点，而是阐述清楚这些概念和观点在品牌领域的应用。从关系角度去理解消费者——这一借用隐喻的观点已经建立并被反复论证。用 Martha Stewart 的话来说，这是"一件好事"。但是第二阶段的贡献要求我们做得更多，不仅是用一个不同的量表或视角去证实已知关系原理的表现。像本章中阐述的实质性贡献会对关于人们是如何与品牌产生联系的这一新理论的产生有促进作用。

参考文献

　　Aaker, Jennifer, Susan Fournier, and Adam Brasel（2004）. "When Good Brands Do Bad," *Journal of Consumer Research*, 31（June）, 1–25.

　　Aggarwal, Pankaj（2004）. "The Effects of Brand Relationship Norms on Consumer Attitudes and Behavior," *Journal of Consumer Research*, 31（1）, 87–101.

Aggarwal, Pankaj, and Sharmistha Law (2005). "Role of Relationship Norms in Processing Brand Information," *Journal of Consumer Research*, 32 (3), 453–464.

Aggarwal, Pankaj, and Meng Zhang (2006). "The Moderating Effect of Relationship Norm Salience on Consumers' Loss Aversion," *Journal of Consumer Research*, 33 (3), 413–419.

Allen, Chris, Susan Fournier, and Felicia Miller (2008). "Brands and their Meaning Makers." In *Handbook of Consumer Psychology*, ed. Curtis Haugtvedt, Paul Herr, and Frank Kardes. Mahwah, NJ: Lawrence Erlbaum, 781–822.

Andersen, Peter A. (1993). "Cognitive Schemata in Personal Relationships." In *Individuals in Relationships* (*Understanding Relationship Processes*, volume 1), ed. S. Duck. Newbury Park, CA: Sage Publications, 1–29.

Argyle, Michael, and Monika Henderson (1984). "The Rules of Friendship," *Journal of Social and Personal Relationships*, 1, 211–237.

Baldwin, Mark W. (1992). "Relational Schemas and the Processing of Social Information," *Psychological Bulletin*, 112 (3), 461–484.

Baucom, Donald H., Norman Epstein, Lynn A.Rankin, and Charles K. Burnett (1996). "Assessing Relationship Standards: The Inventory of Specific Relationship Standards," *Journal of Family Psychology*, 10 (1), 72–88.

Baucom, Donald H., Norman Epstein, Steven Sayers, and Tamara Goldman Sher (1989). "The Role of Cognitions in Marital Relationships: Definitional, Methodological, and Conceptual Issues," *Journal of Consulting and Clinical Psychology*, 57 (1), 31–38.

Boulding, William, Richard Staelin, Michael Ehret, and Wesley J. Johnston (2005). "A Customer Relationship Management Roadmap: What is Known, Potential Pitfalls, and Where to Go," *Journal of Marketing*, 69 (4), 155–661.

Chang Coupland, Jennifer (2005). "Invisible Brands: An Ethnography of Households and the Brands in their Kitchen Pantries," *Journal of Consumer Research*, 32 (1), 106–118.

Clark, Margaret S.and Judson Mills (1979). "Interpersonal Attraction in Exchange and Communal Relationships," *Journal of Personality and Social Psychology*, 37 (1), 12–24.

Cova, Bernard, and Veronique Cova (2002). "Tribal Marketing: The Tribalisation of Society and Its Impact on the Conduct of Marketing," *European Journal of Marketing*, 36 (5/6), 595–620.

Davis, Keith E., and Michael J. Todd (1982). "Friendship and Love Relationships," *Advances in Descriptive Psychology*, 2, 79–122.

Deutsch, Morton (1975). "Equity, Equality, and Need: What Determines Which Value Will Be Used as a Basis for Distributive Justice?" *Journal of Social Issues*, 31, 137–150.

Diener, Ed, Pelin Kesebir, and Richard Lucas (2008). "Benefits of Accounts of Well–Being: For Societies and for Psychological Science," *Applied Psychology*, 57 (July), 37–53.

Dwyer, F. Robert, Paul H. Schurr, and Sejo Oh (1987). "Developing Buyer–Seller Relationships," *Journal of Marketing*, 51 (2), 11–26.

Fiske, Alan Page (1991). *Structures of Social Life: The Four Elementary Forms of Human Relations*. New York, NY: Free Press.

Fitzsimons, Grainne M. and John A. Bargh (2003). "Thinking of You: Non–conscious Pursuit of Interpersonal Goals Associated with Relationship Partners," *Journal of Personality and Social Psychology*, 84 (1), 148–164.

Fournier, Susan (1998). "Consumers and their Brands: Developing Relationship Theory in Consumer Research," *Journal of Consumer Research*, 24 (March), 343–373.

——(2000). "Dimensionalizing Brand Relationships through Brand Relationship Strength." Presentation at Association for Consumer Research Conference. Salt Lake City, Utah.

Fournier, Susan, Jill Avery, and Andrea Wojnicki (2004). "Contracting for Relationships." Presentation at Association for Consumer Research Conference, Portland, Oregon, October 8.

Fournier, Susan, Susan Dobscha, and David Mick (1998). "Preventing the Premature Death of Relation-

21

ship Marketing," *Harvard Business Review*, 76 (January), 42–51.

Fournier, Susan, Michael Solomon, and Basil Englis (2008). "When Brands Resonate." In *Handbook of Brand and Experience Management*, eds. Bernd H.Schmitt and D. L. Rogers, Cheltenham, UK and Northampton, MA: Edward Elgar, 35–57.

Goodwin, Cathy (1992). "A Conceptualization of Motives to Seek Privacy for Nondeviant Consumption," *Journal of Consumer Psychology*, 1 (3), 261–284.

Guerrero, Laura K., and Peter A. Anderson (2000). "Emotions in Close Relationships." In *Close Relationships: A Sourcebook*, ed. C. Hendrick and S. Hendrick. Thousand Oaks, CA: Sage Publications, 171–183.

Heide, Jan B. (1994). "Interorganizational Governance in Marketing Channels," *Journal of Marketing*, 58 (1), 71–85.

Heide, Jan B., and George John (1992). "Do Norms Matter in Marketing Relationships?" *Journal of Marketing*, 56 (2), 32–44.

Heide, Jan B., and Kenneth H. Wathne (2006). "Friends, Businesspeople, and Relationship Roles: A Conceptual Framework and Research Agenda," *Journal of Marketing*, 70 (July), 90–103.

Hill, Ronald Paul (1994). "Bill Collectors and Consumers: A Troublesome Exchange Relationship," *Journal of Public Policy & Marketing*, 13 (1), 20–35.

Hill, Ronald Paul, and John Kozup (2007). "Consumer Experiences with Predatory Lending Practices," *Journal of Consumer Affairs*, 41 (1), 29–46.

Holt, Douglas B. (2004). *How Brands Become Icons: The Principles of Cultural Branding*. Boston, MA: Harvard Business School Press.

Kayser, Egon, Thomas Schwinger, and Ronald L.Cohen (1984). "Laypersons' Conceptions of Social Relationships: A Test of Contract Theory," *Journal of Social and Personal Relationships*, 1, 433–458.

Landry, John T. (2005). "Reviews," *Harvard Business Review*, 83 (10), 28.

Lusch, Robert E., and James R. Brown (1996). "Interdependency, Contracting, and Relational Behavior in Marketing Channels," *Journal of Marketing*, 60 (4), 19–38.

MacNeil, Ian R. (1980). *The New Social Contract*. New Haven, CT: Yale University Press.

——(1985). "Relational Contracts: What We Do and Do Not Know," *Wisconsin Law Review*, 483–525.

Matthews, Sarah (1986). *Friendships through the Life Course: Oral Biographies in Old Age*, vol. 161. Beverly Hills. CA: Sage Library of Social Research.

McAdams, Dan P. (1984). "Human Motives and Personal Relationships." In *Communication, Intimacy, and Close Relationships*, ed. V. Derlega. New York, NY: Academic Press, 41–70.

——(1988). "Personal Needs and Personal Relationships." In *Handbook of Personal Relationships: Theory, Research, Interventions*, ed. S. Duck. New York, NY: Wiley, 7–22.

Merriam Webster's Dictionary of Law (1996). Springfield, MA: Merriam Webster Inc.

Metts, Sandra (1994). "Relational Transgressions." In *The Dark Side of Interpersonal Communication*, ed. W. Cupach and B. Spitzberg. Hillsdale, NJ: Lawrence Erlbaum, 217–239.

Narayandas, Das, and V. Kasturi Rangan (2004). "Building and Sustaining Buyer–Seller Relationships in Mature Industrial Markets," *Journal of Marketing*, 68 (July), 63–77.

Nelson, Scott D. (2004). "CRM iS Dead; Long Live CRM," Stamford, CT: Gartner Group.

O'Connell, Lenahan (1984). "An Exploration of Exchange in Three Social Relationships: Kinship, Friendship, and the Marketplace," *Journal of Social and Personal Relationships*, 1, 333–345.

Paulssen, Marcel, and Susan Fournier (2008). "Attachment Security and the Strength of Commercial Relationships." Working Paper, Boston University.

Peppers, Don, and Martha Rogers (1993). *The One to One Future*. New York, NY: Doubleday.

Price, Linda L., and Eric J. Arnould (1999). "Commercial Friendships: Service Provider–Client Relationships in Context," *Journal of Marketing*, 63(4), 38–56.

Rosenbaum, Mark S., James Ward, Beth A.Walker, and Amy L. Ostom (2007). "A Cup of Coffee with a Dash of Love: An Investigation of Commercial Social Support and Third–Place Attachment," *Journal of Service Research*, 10 (1), 43–59.

22

Rousseau, Denise M. (1989). "Psychological and Implied Contracts in Organizations," *Employee Respon-sibilities and Rights Journal*, 2 (2), 121–139.

Rousseau, Denise M., and Judi McLean Parks (1992). "The Contracts of Individuals and Organizations," *Research in Organizational Behavior*, 15, 1–43.

Rousseau, Denise M., Sim B. Sitkin, Ronald S. Burt, and Colin Camerer (1998). "Not So Different After All: A Cross-Discipline View of Trust," *Academy of Management Review*, 23 (3), 393–404.

Rusbult, Caryl E., Julie Verette, Gregory A.Whitney, Linda F. Slovik, and Isaac Lipkus (1991). "Ac-commodation Processes in Close Relationships: Theory and Preliminary Empirical Evidence," *Journal of Person-ality and Social Psychology*, 60 (1), 53–78.

Sabatelli, Ronald M., and John Pearce (1986). "Exploring Marital Expectations," *Journal of Social and Personal Relationships*, 3, 307–321.

Schroeder, Jonathan, and Miriam Salzer-Mörling (2005). *Brand Culture*. London: Routledge.

Schwinger, Thomas (1980). "Just Allocations of Goods: Decisions among Three Principles." In *Justice and Social Interaction*, ed. G. Mikula. New York, NY: Springer-Verlag, 95–125.

Thompson, Craig J., Aric Rindfleisch, and Zeynep Arsel (2006). "Emotional Branding and the Strategic Value of Doppelganger Brand Image," *Journal of Marketing*, 70 (January), 50–64.

Thomson, Matthew, Deborah MacInnis, and C.Whan Park (2005). "The Ties that Bind: Measuring the Strength of Consumer's Emotional Attachments to Brands," *Journal of Consumer Psychology*, 15 (1), 77–91.

Williamson, Oliver E. (1996). *The Mechanisms of Governance*. New York, NY: Oxford University Press.

——(1975). *Markets and Hierarchies*. New York, NY: The Free Press.

23

第 2 章

利用关系规范理解消费者—品牌互动

潘卡伊·阿加瓦尔
(Pankaj Aggarwal)

　　尽管长期以来营销实践者已给品牌赋予人类特征，使其达到更讨喜、有特色 24
及合乎消费者心意的直观目标，但营销学者近期才开始从品牌拟人化这一视角认
识消费者行为。这些来自社会心理学的见解，不仅将品牌重塑为能被消费者关注
和评判的消极化、经济性概念，还将其视作社会关系的参与者。Fournier（1998）
率先公开指出，消费者—品牌关系概念是一种非常类似于人际关系的双向关系。
不同于数据库营销人员通常用一种被动的方式来对待消费者，Fournier 的开创性
工作强调了理解消费者视角的重要性，并由此展开了探索消费者—品牌关系不同
方面的研究（Aaker，Fournier and Brasel，2004；Aggarwal，2002；Ji，2002；
Swaminathan，Page and Gurhan-Canli，2007）。笔者的研究对这一系列工作进行
了延伸，主要探讨了复杂的消费者—品牌关系的一个特定维度，并试图开发概念
性工具，从而更好地理解消费者—品牌互动的本质。

　　笔者的研究提出了一个理论性和预测性的框架，即当消费者与品牌建立关系
时，它们会以两种独特的方式作为关系中的行为规范来指导自身与品牌之间的互
动：①评估品牌行为的视角；②引导自身行为的工具。笔者发现关系规范对消费
者反应的影响，既取决于品牌行为是被视作违背还是符合这些规范（Aggarwal，
2004），也取决于消费者受到不公正对待的程度（Aggarwal，2008）。此外，关系
规范同样影响消费者所关注的品牌相关信息类型（Aggarwal and Law，2005），以
及他们表现出的损失厌恶程度（Aggarwal and Zhang，2006）。这一系列研究的主
要观点是，理解消费者—品牌互动的关键在于更深入地理解这些管理特定消费
者—品牌关系的规范。在研究中，笔者关注的不仅是关系规范对消费者态度和行
为的影响，还包括理解潜在过程。笔者的研究有一个具体目标，即使营销人员具
备对消费者行为做出预测的能力，而这一目标是不能通过利用现有的品牌个性、 25
品牌忠诚和品牌形象理论实现的。在本章节中，笔者总结了四个不同研究项目的
主要结论，它们都利用了关系比喻以更好地理解消费者—品牌互动。

行为规范及其在社会互动中的作用

笔者在这里讨论的所有研究项目，其关键前提是社会关系中存在着期望关系伙伴遵循的行为规范。规范产生于与他人的互动中，它们可能被或不被明确阐述出来，并且违背规范将受到来自社交网络而非法律系统的处罚。这些规范包括社会对个体行为的普遍期望，个体对他人行为的期望，以及个体对自身行为的期望。Cialdini 和 Trost（1998）认为，这些规范是处于社会环境中的人们在长期的社会化过程中所获得的。当这些规范被内化时，它们对日常行为将起到非常有价值的引导作用，并且使人们在一些新的情境下知道该如何去做。这样，当面对新的社交情境时，人们便会利用此时显著的规范去指导自身做一些"对"的事。此外，人们也会使用这些规范去评价别人的行为。因此，特定行为可能在一段关系中符合它的规范且被一个人视为是适宜的，而同样的行为在另一段关系中可能严重违背了它的规范而被另一个人认为不合时宜。例如，密切关注一个人在关系伙伴身上花费多少金钱这一行为，在商业交换中可能被视为是合适的，但在家庭互动中则是不合适的。当我们与一位关系伙伴互动时，我们会从遵循或违背潜在关系规范的角度进行评价。

关系比喻可以帮助我们更好地理解消费者行为，这一观念的认知基础在于：当消费者将品牌视作关系伙伴时，他们会调用特定社会关系下的规范。如果消费者感知到与品牌间建立的关系类型是不同的，那么对消费者来说显著有效的行为规范也会不同。因此，当特定关系的规范显著时，消费者会使用这些规范来衡量品牌和评价品牌行为，这些规范同样能帮助消费者引导他们的自身行为，即告诉消费者什么样的行为是合适的。这就是研究中所探索的关系规范在影响消费者行为时的双重角色。

共有关系规范和交换关系规范

笔者的研究主要借鉴了社会心理学中交换关系和共有关系的类型划分，这种划分的依据在于管理关系伙伴间利益分配的规范有所不同（Clark and Mill, 1979）。在交换关系中，个体为关系伙伴提供利益的同时期望能够得到相应的利益作为回报；接受利益也会引发未来回报与之相当利益的债务或义务。在这类关系中，人们会考虑与付出相对等的收获，以及对伙伴还亏欠多少。陌生人之间或者以商业目的进行交往的人之间，其关系通常是交换关系。然而在共有关系中，主要考虑的是伙伴间的相互支持。在这种关系中，人们向他人提供利益来展示对他人的关心和表达对他人需求的关注。他们同样期望他人能对自身的需求展现出类似的关注。大部分亲情、爱情和友情关系都属于这种类型。需要注意的是，共有关系并不完全排除互惠和互相给予。每个个体的互动并不为了交易的平衡。反之，这个关系会在更长的时间里得以评估。表 2.1 总结了 Clark 等（1979）列出的两种关系下的行为规范。

表 2.1　交换关系 vs. 共有关系

交换关系	共有关系
1. 期望对所获得具体利益的及时回报	不期望对所获得具体利益的及时回报
2. 乐于给予"相应"利益作为获取利益的回报	较不乐于给予"相应"利益作为获取利益的回报
3. 更可能对给予的利益要求回报	更不可能对给予的利益要求回报
4. 更可能在共同任务中关注个人的付出与结果	更不可能在共同任务中关注个人的付出与结果
5. 不太关注他人的需求	更关注他人的需求
6. 依据个体投入和贡献分配报酬	依据个体需要和要求分配报酬
7. 更不可能帮助他人	更可能帮助他人
8. 更不可能寻求帮助	更可能寻求帮助
9. 更倾向寻求有偿帮助	更倾向寻求无偿帮助
10. 对他人的感情状态更少回应	对他人的感情状态更多回应

资料来源：Clark（1981）；Clark（1984）；Clark and Mills（1979）；Clark and Mills（1993）；Corcoran（1989）；Clark and Taraban（1991）；Clark and Mills（1982）．

　　交换关系涉及一个详尽的成本—收益评估，且重点在于关注收支；共有关系重点在于相互支持合作，因此超越了单纯地强调自我利益。然而，这两种类型的关系并不必须相互排斥，有可能与同一个人同时存在共有关系和交换关系。比如，与自己的兄弟进行商业合作有可能导致共有关系规范和交换关系规范同时显著。在实践中，此类关系难以管理的原因在于人们可能不确定在特定情形下应使用哪种规范。有趣的是，考虑到消费者—品牌关系的商业本质，几乎所有的这些关系本质上都是类似于交换的。然而，一些营销者致力于把他们的品牌定位为关注消费者的福利，而不是关注自身利益最大化。因此，这样的品牌可能在充满了商业交易的交换规范之上又覆盖了共有规范。在研究中，笔者关注的是在消费者—品牌互动中交换规范和共有规范的相对显著性。此外，与先前社会心理学研究相一致，笔者将它们看作一个维度的两端而不是两个正交的维度。为此，在保证构念效度与方法效度的基础上，笔者的研究探讨了关系类型对消费者行为的影响机制。

　　正如先前提到，关系规范会通过两种不同且重要的方式影响消费者行为：①评价他人行为；②引导自身行为。本章接下来的部分将在两个不同情境下探讨关系规范对消费者品牌评价及品牌行为评价的影响。随后进一步阐述两个关于关系规范作用的研究：规范是如何引导消费者自身行为和活动的。总之，这里总结的四个研究项目会帮助我们更好地理解不同类型的消费者和品牌关系，更具体地说是不同的关系规范将如何影响消费者—品牌间的互动。

使用关系规范评价品牌

关系规范的一个重要作用是作为评价关系伙伴行为的视角。在这一作用中，规范会帮助消费者建立一个最初的预期，而随后品牌及其代表的行为会比照该预期进行衡量。根据品牌行为是否被看作与关系规范一致，对品牌的评价正面与否将会有所差别。因此，我们将在两种不同的情境下对这一总体假设进行检验。

规范违背及其对品牌评价的中介作用

第一个研究通过直接检验关系规范违背的中介作用，探究了消费者—品牌关系对消费者态度和行为的影响（Aggarwal，2002；Aggarwal，2004）。本章的模型提出当消费者与品牌间建立关系时，品牌将被当作某一文化的成员受到评价，因此，品牌必须遵守这一文化的规范。如果品牌行为违背了关系规范，品牌评价将会变得负面，但是当品牌行为遵守了关系规范时，品牌评价则更为正面。

本研究使用求助（或者提供利益）的情境去检验关系类型对消费者对某一特定营销活动反应的影响。我们选择这个情境是因为交换关系和共有关系的主要区别在于向关系伙伴提供利益的动机不同——而求助情境正好抓住了这一区别的精髓。随后，我们开展了三个实验，每一个实验旨在检验求助行为的某一具体方面。首先，参与者会被置身于一个简要的关系情境描述中，以操纵其处于共有关系规范或交换关系规范中。其次，给参与者呈现一个关于求助情境的描述，并记录他对这个营销行为的反应及对品牌的总体评价。在这三个实验中，品牌行为会被设计成违背某一种关系规范而遵循另外一种关系规范。参与者关于品牌及其行为的评价最终会作为主要因变量。

实验1检测的是参与者对品牌为消费者特定需求提供服务是否收费的反应。对需求提供付费帮助遵循的是交换关系规范，因为它遵守了同等交换原则。相反，提供免费服务遵循的是共有关系规范，它更关心关系伙伴的内心需求。为了检验这个假设，首先，给参与者提供了一份关于消费者与一家虚拟银行间关系的描述，以此来激发共有关系规范或是交换关系规范。其次，描述了以下情境：一位消费者向银行寻求帮助，他需要银行给他的公用事业公司写一封信，因为某笔款项已在银行付清而此单位还没有收到付款。随后，参与者被告知，银行一周后通知他们，这个关于公用事业公司的问题已被免费解决，或以20美元的费用解决。

银行对求助行为的收费要求违背了共有关系规范，因为这种帮助是由于付费才给予而不是出于对消费者的关心。然而，这种行为遵循交换关系规范，因为付费行为强调了交换关系等价交换的本质。因此，我们预测消费者对收费的反应会因两种关系类型的不同而不同，共有关系下的消费者会比交换关系下的消费者对品牌行为的评价更为负面。这里存在两个具体的因变量：对品牌行为的反应（三个测量问项：支付意愿，恰当的行为，好的商业实践）和品牌评价（三个测量问项：不喜欢的/喜欢的，不满意的/满意的，不讨人喜欢的/讨人喜欢的）。

　　如表 2.2 所示，实验结果为我们的假设提供了支持，结果显示：相对于品牌行为遵循交换关系规范而违背共有关系规范的情境（即服务收费），当品牌行为遵循共有关系规范而违背交换关系规范（即服务免费）时，共有关系情境下的参与者会比交换关系情境的参与者对品牌及其活动做出更为正面的评价。此外，参与者填写的包括 20 个问项的积极—消极情感量表（Postive and Negative Affect Schedule，PANAS）（Watson，Clark and Tellegen，1988）在不同组间并无显著差异，随即排除了情感作为其他解释的可能性。 29

表 2.2　共有关系导向和交换关系导向的参与者对求助的反应平均值

实验 1	收费的		免费的	
	共有导向	交换导向	共有导向	交换导向
对品牌行为的反应	1.37	2.57	5.27	5.30
品牌评价	3.33	4.60	6.04	5.27
实验 2	相当的		不相当的	
	共有导向	交换导向	共有导向	交换导向
对品牌行为的反应	5.57	6.38	6.20	5.53
品牌评价	6.67	7.37	6.34	5.60
实验 3	即时的		延迟的	
	共有导向	交换导向	共有导向	交换导向
对品牌行为的反应	5.87	6.09	6.08	5.16
品牌评价	6.07	6.16	6.17	5.51
违背规范	3.53	2.98	3.00	3.65

　　实验 2 检测消费者对给予一个品牌帮助之后接受相当（即比得上或能够相抵）或不相当品牌利益回报的反应。给予利益会产生一项特定债务，而直接相当的回报相对于不相当的回报能更充分地消除交换伙伴所拥有的这项债务，因为相当的回报符合了交换关系中的等价交换原则。反之，不相当的回报证明了伙伴的需求是特别的，而给予这样的利益符合共有关系规范，这种规范的潜在动机在于关心伙伴的需求。因此，本实验探讨了互助规范中的另一个不同方面。

　　与实验 1 一样，实验 2 的参与者首先被给予了一个关于健身俱乐部的简要描述，目的是激发共有或交换关系规范。之后，该健身俱乐部希望消费者能通过完成一份问卷，来帮助它们开发一个关于健康生活的网站。该问卷会占用消费者一小时时间（非经济型帮助），或者捐赠 15 美元以支持网站发展（经济型帮助）。作为回报，该品牌承诺会向消费者提供一张免费使用健身器械一小时的优惠券（非经济回报），这与耗时要求是相当的，但与经济型帮助是不相当的，或者是一张 15 美元折扣的优惠券（经济回报），这与参与者的耗时要求不相当，但与经济型帮助相当。随后，参与者会填写测量两个因变量的问项：对品牌活动的反应（三个测量问项：帮助意愿，帮助热情，对未来相似项目的支持）和品牌评价（三个测量问项：不喜欢的/喜欢的，不满意的/满意的，不讨人喜欢的/讨人喜欢的）。

实验 2 的结果支持了关系与互惠利益的相当性存在显著交互作用的主假设。结果说明品牌行为引起消费者的不同评价取决于品牌行为是否遵循消费者—品牌关系下的潜在规范（见表 2.2）。在交换关系中，提供利益同时期望能够得到相当利益作为回报，任何类似的给予（现金或其他）都被认为遵循了该类型的关系规范。相反，在共有关系中，给予帮助是为了显示对伙伴需求的关心。相当的利益通过把关系转变成为等价交换的关系模式则违背了共有关系规范，而不相当的利益通过分离给予和得到的利益且强调伙伴的独特需求则遵循了共有关系规范。

实验 3 旨在探讨互助规范的另一方面，以及检验关系规范违背的中介作用。为了达到此目的，我们直接测量了被试者的规范违背感知，并对其进行了中介效应分析，以探讨被试者体验到的规范违背程度是否确实对品牌评价存在影响。该实验检测了寻求帮助到给予帮助间的时间长度是如何促使两种关系中的被试者做出回应。如果关系一方的求助请求能立即得到回应，初始求助方也能立即支付相关费用，这种被视作交换条件的回报请求则符合交换关系的规范。然而，滞后的回应请求难以与对初始求助请求的回应相关联，容易被视作另一个向合作伙伴获取免费帮助的方式，进而是对交换关系规范的违背。因此，交换关系导向的消费者会更倾向于即时而非滞后的请求回应。

另外，即时的回报请求更易被视作对初始求助的偿还，因此这样会违背共有关系规范。相反，延迟的回报请求不会被联系到初始求助，并且有可能被视作成员真实需求的一种表达，因此是符合共有关系规范的。这样，共有关系导向的消费者应该更偏好延迟的请求，而不是在初始请求提出后立即做出回报请求。

与之前的实验一样，参与者会阅读关于一间虚拟咖啡厅品牌的简介，用于操纵共有关系或交换关系；随后，参与者阅读以下情境：该品牌要求消费者在校园中张贴宣传资料，用以回应消费者提出想要新鲜咖啡的需求。情境区别在于，品牌的这一要求是在消费者提出需求之后立即做出还是一周后再做出的。预期结论是，当品牌的要求是延迟而非立即提出时，相对于共有关系中的参与者，在交换关系中的参与者对该品牌的要求会给出消极评价。因变量是：①同意该请求的可能性；②品牌评价（与之前相同，三个测量问项）；③规范违背 [六个测量问项：感到走投无路的、感到恼火、感到被利用、关心他们（反向）、乐意帮助（反向）、要求是合适的（反向）]。

与预期相同，结果显示了消费者的回应取决于在与品牌互动时显著的关系规范类型（见表 2.2）。具体而言，结果表明，与规范违背的原理相符，相较于共有关系下的消费者，交换关系下的消费者对做出延迟要求的品牌评价更不正面，而对做出即时要求的品牌评价更为正面。进一步讲，这个实验的结果指出，感知规范违背的水平对消费者对品牌及其行为评价的影响起到了完全中介作用。

　　由于共有关系承载着更多的情感（见第 17 章），因此，检验情感依恋而非关系规范是否导致了这些结果显得尤为重要。为了排除这一解释，这三个实验使用了 PANAS 模型（Watson et al.，1988）来测量感知情感。此外，三个实验中的主要假设都是基于交互效应——关系的主效应既不被期望也没有被找到。最终，如果依恋或情感是主要的驱动因素，实验 3 的结果则应该相反。总之，所有三个实验的结果都支持违背或遵循关系规范会影响消费者的品牌评价这一理论。另外，实验还排除了两种关系间经济利益独特性及关系质量感知差异性作为相关备择解释的可能。

关系规范和消费者对互动公平的回应

　　第二个研究项目检验了关系规范对消费者对品牌及其行为评价的影响，它探究了在消费者—品牌互动情境下的公平性问题（Aggarwal，2008）。组织行为的研究已经发现，当人们评估一个行为总体的公平性时，他们首先会关注分配公平，即最终结果的分配公平。公平的这一方面涉及利益与成本的分配。此外，人们同样也关心互动公平问题，即在解决冲突时人们是怎么被对待的。这类型的公平涉及其他人是否展现出尊敬人的、敏感的和正当的行为。先前研究已经关注到，人们对最终分配的关注程度取决于最终分配是如何形成的。也就是说，在分配公平和互动公平之间存在一个交互效应：相较于结果分配公平，当结果分配不公时，人们被对待的方式会对他们的态度和行为有更大的影响。本课题直接检测了消费者与营销人员互动背景下规范的影响，并且探讨了关系规范对分配公平和互动公平间交互作用的调节作用。需要注意的是，尽管概念上有所区分，分配公平往往与结果的有利性密切相关，而互动公平往往与卓越的服务导向密切相关。

　　当分配公平的感知水平较低时，在与品牌互动中显著的关系规范类型（共有关系或交换关系）将影响消费者对互动公平各个方面的回应（即消费者是如何被他人所对待的）（Aggarwal，2008）。该研究的潜在前提是，由于共有关系是基于彼此间相互关心与关注，对品牌低水平的互动公平感知（如被不公正地对待），甚至如果同时伴有低水平的分配公平感知时，将会被视为对消费者的漠视，以及对潜在关系规范的违背。然而，高水平的互动公平感知会让消费者对共有关系里真诚的关心感到放心，因此就算面对低水平的分配公平感知也是遵循共有规范的。相反地，交换关系遵从等价交换：人们首先关注和最关注的是他们通过给予能从伙伴那里得到些什么。低水平的分配公平感知意味着交换关系中的消费者最在意的部分并不能实现，则交换关系下潜在的规范已经被违反了。最终，不论互动公平的感知水平是高还是低，对这些消费者均无足轻重。因此，在低水平的分配公平感知的条件下，相对于交换关系，共有关系下的消费者面对高水平的互动公平感知会对品牌做出更正面的评价。

两个实验检测了这一假设。由于这一效应仅被假设存在于低水平的分配公平感知条件下，第一个实验在虚拟的消费者—营销者情境中，研究了关系类型、分配公平和互动公平三者的交互作用。第二个实验则使用了一个真实的品牌情境和对互动公平不同的操作化再次验证了实验1的主要结论。实验2还特别检测了对潜在关系规范的感知违背程度对这些效应的中介作用。

在实验1中，首先给参与者简要描述了一个虚拟的外卖餐厅，以此来使共有或交换关系规范显著。参与者随后阅读了与这家餐厅的一个互动情境，目的在于引起对分配和互动（不）公平的感知。这个情境描述的是一位消费者刚在这家餐厅点了餐，但收到的是一份辣的不能入口的食物。这位消费者向餐厅经理投诉，最终得到全额退款或没有赔偿，这分别对应的是高水平和低水平分配公平感知的操纵。此外，互动公平的高低水平操纵是通过设置来自餐厅的回应是非常礼貌且尊重的态度或非常粗鲁而不尊重的态度。预期结论是，相对于交换关系下的参与者，共有关系下的参与者在被礼貌尊敬地对待时，对品牌的评价更加正面，特别是当参与者没有获得退款时（即低水平的分配公平感知）。

主要的因变量包括：①品牌评价（四个测量问项：不喜欢的/喜欢的，不满意的/满意的，不讨人喜欢的/讨人喜欢的，对品牌的信任程度）；②未来意愿［三个测量问项：再次使用品牌、赞赏品牌、抱怨品牌（反向）］。此外，还对关系类型、分配公平和互动公平的操纵有效性进行了检验。结果支持了假设的关系规范、分配公平和互动公平三者间的交互作用（见表2.3）。具体而言，结果显示，在低水平的分配公平感知条件下，当面对高水平而非低水平的互动公平感知时，相较于那些启动了交换关系规范的消费者，启动了共有关系规范的消费者对品牌的评价和未来意愿更为积极。

33

为了在一个更真实的情境下重现实验1的主要结论，实验2使用了一个真实品牌：星巴克，而后则是测量而非操纵消费者与品牌之间的共有关系或交换关系规范。进一步讲，实验2检测了对关系规范违背的感知作为潜在过程变量的作用。最后，互动公平会通过不一样的方式操纵，即通过在解决冲突中投入的努力程度而非品牌表现出的礼貌。

在实验2中，参与者会看到星巴克这一品牌名称、印有星巴克标志的咖啡杯，并被鼓励着去回忆自己与星巴克的互动、感受及联系。参与者随后会回答关于星巴克的系列问题，这被用来将他们分类为共有关系导向或交换关系导向的消费者。参与者之后阅读到的情境是：某消费者点了一杯脱咖啡因拿铁但拿到的仍是一杯常规甚至不热的咖啡。当消费者向商家投诉时，问题根本没有尝试被解决

表 2.3　共有关系导向和交换关系导向的参与者对互动公平和分配公平回应的平均值

实验 1	共有导向				交换导向			
	高分配公平		低分配公平		高分配公平		低分配公平	
	高水平 互动公平	低水平 互动公平	高水平 互动公平	低水平 互动公平	高水平 互动公平	低水平 互动公平	高水平 互动公平	低水平 互动公平
品牌评价	6.26	4.25	5.87	3.39	6.35	4.18	5.25	3.83
未来意愿	6.11	4.15	5.65	3.12	6.25	3.84	4.79	3.59
实验 2	共有导向				交换导向			
	高水平互动公平		低水平互动公平		高水平互动公平		低水平互动公平	
品牌评价	4.03		3.09		2.22		2.53	
未来意愿	3.40		2.64		2.02		2.63	

注：高分配公平（hi dist）；低分配公平（lo dist）；高水平互动公平（hi inter）；低水平互动公平（lo inter）。

（低水平的互动公平感知），或是售货员极为真诚地尝试解决问题（高水平的互动公平感知）。对所有的消费者来说，最终的结果都是相同的——消费者必须为这杯不新鲜的普通咖啡买单且没能得到退款。因变量与实验 1 中相同：①品牌评价（四个测量问项）；②未来意愿（三个测量问项）。同样测量了对关系规范违背的感知（三个测量问项：违背原则，破坏约定，违背规则）。对关系规范和互动公平进行了操纵检验。

实验 2 重现了实验 1 的结果，发现在低水平的分配公平感知条件下，当面对高水平而非低水平的互动公平感知时，相较于那些感知交换关系的消费者，感知到与品牌间是共有关系的消费者对品牌有着更加正面的评价以及更加积极的未来意愿分值（见表 2.3）。实验 2 的结论很有意义，因为它们是在一个真实品牌和真实的关系情境下获得的。更重要的是，这个研究表明，关系类型和互动公平对品牌评价的交互作用受到消费者感知品牌关系规范违背程度的完全中介作用。

总体来说，这两个研究项目——对求助的回应和公平问题——强调了在消费者评估品牌和/或其代表行为时关系规范的重要作用。这两个研究的结果表明，相较于那些遵循关系规范的行为，违背潜在消费者—品牌关系规范的品牌行为可能会导致一个更不正面的品牌评价。重要的是，被感知到与关系规范是否一致会引起对同样行为的不同评价。这表明并不是行为本身而是行为是否与特定关系下的期望保持一致决定了对行为和品牌的评价。有趣的是，这两个实验结果与之前对基于期望确认①的消费者满意度的研究是一致的（Oliver，1980）。将关系规范

① 期望确认理论（Expectation Confirmation Theory）是研究消费者满意度的基本理论，主要的概念为消费者是以购前期望与购后绩效表现的比较结果，判断是否对产品或服务满意，而满意度成为下次再度购买或使用的参考。

看作设置消费者期望是较为合理的，而之后将品牌行为评价为是好是坏取决于期望随后是否被确认，即是遵循还是违背了关系规范。因此，从规范的角度探讨消费者—品牌关系，为研究特定消费者—品牌互动情境下的顾客满意度提供了新的视角。

使用关系规范指导自身行为

关系规范第二个重要作用是当与品牌或其代表互动时，帮助消费者指导自身的行为。当处于一种关系中，该关系规范告诉消费者"正确"的行为方式。结果是，在一个特定的关系中消费者的表现可能会与其在另外一个关系中非常不同。下面的章节总结了两个研究项目，这两个研究检验了在消费者与品牌互动时，关系规范是如何被用于指导消费者自身行为和活动的。

关系规范在处理品牌信息时的作用

这个研究探讨了在处理品牌相关信息时消费者策略的不同（Aggarwal and Law，2005）。特别地，这个研究表明相对于交换关系规范，共有关系规范会使人们在一个更高的抽象水平下处理品牌信息。之前的研究表明交换关系下的消费者会比共有关系下的消费者更加关注信息的各个方面，具体地说，他们更有可能去关心伙伴的投入而不是需求（Clark，1984）。在一个消费者—品牌情境中，我们预期，在交换关系中对他人投入的关心会转变成对品牌本质细节的关心，这会使消费者追寻他们的付出与收获之间的平衡。相反，因为在共有关系下的消费者不追求立即的等价交换（Clark and Mills，1933），他们更可能从整体评价品牌，即在更高的抽象水平下关注品牌的全部特性。更进一步说，该研究指出消费者不必为显示这种效应而与品牌建立关系，而只要在某一情境下关系规范显著存在，其影响仍旧会起作用，并且这种效应将在后续不相关的行为中得以评估。我们用了三个研究来检测关系类型对品牌信息抽象水平的影响。实验对抽象水平使用了不同的操作方法，以对关系规范在消费者信息处理策略上的调节作用提供大量证明。实验1建立在前人分类研究的基础上，通过改变延伸产品与原始产品的相似性进行抽象水平的操纵；实验2使用对不同抽象水平的品牌特征的识别和反应时间等记忆测验；实验3使用参与者的开放式回答来检测参与者列出的品牌特征是否在抽象水平上有所不同。

在实验1中，产品延伸的远近被用来检验消费者处理假定产品延伸时的抽象水平。这里的逻辑是，在共有关系中，人们会采用更高的抽象水平去处理信息，甚至把较远的延伸感知为与原始产品类别类似，并且对这些延伸的评价相对正面。相反，在交换关系中，人们会采用较低的抽象去处理品牌信息，对产品延伸和原始产品的感知差异较大，并且相较共有关系下的个体更不可能对远的产品延伸做出正面评价。然而，当延伸类似于原始产品时，我们预期关系间没有差异，因为两种关系下的消费者都可能看到两者之间的共同点。

对两个人之间假定关系的情境描述被用来操纵共有和交换关系规范。同时进行了操纵检验和 PANAS 量表的测量（Watson et al.，1988），以确认操纵有效且情感不是影响因素。在一个看起来无关的任务中，参与者会对产品的某一延伸进行评价。冰茶和太妃糖分别是可乐产品较近和较远的延伸，又分别是口香糖较远和较近的延伸。另外一对延伸是计算器（近/远）和时尚饰品（近/远）作为笔/牛仔裤制造商的延伸。延伸用一个四项量表进行测量（不喜欢的/喜欢的，坏的/好的，低质量的/高质量的，不愉快的/愉快的）。

结果表示，关系规范调节了远的延伸产品与原始产品相似的程度，正如对延伸产品评价的差异结果一样：当共有关系规范而不是交换关系规范显著时，人们对远的延伸评价更加正面（见表 2.4）。由于共有关系导致信息在高抽象水平下被处理，参与者能够看到与原始产品类别相对较远延伸中的相似性。相反，当交换关系规范显著时，人们关注的是产品具体明确的特性，因此他们更不可能看到这些明显相似之处以外的其他相似点。这些结果支持了在两种关系类型下消费者会使用不同信息处理策略的假设。有趣的是，这些结论与 Monga 和 John 的发现是一致的（见第 13 章），他们报告了在独立和互依文化中消费者处理信息方式的差异。因为互依文化中的消费者更关心他人，他们的处理策略类似于共有导向的消费者。相反地，独立文化的消费者更关注他们自身的利益，这类似于交换关系导向的消费者。尽管没有直接检验，实验 1 中的结论表明，共有关系下的消费者处

36

表 2.4　共有关系导向和交换关系导向的参与者在评估抽象和具体信息时的均值

实验 1	共有导向		交换导向	
对近延伸的评价	4.10		4.56	
对远延伸的评价	3.48		2.86	
实验 2	应答比例		应答时间	
	共有导向	交换导向	共有导向	交换导向
具体信息				
正确	0.61	0.76	4959	5802
不正确	0.39	0.24	6803	7438
抽象信息				
正确	0.53	0.63	9375	11314
貌似可信	0.40	0.31	9859	13350
不正确	0.07	0.07	8474	10494
实验 3	共有导向		交换导向	
特征抽象的均值	4.87		4.32	

理方式与互依文化下的消费者相似，而交换关系与独立文化更为相似。两种文化取向下不同的关系类型则是未来有意思的研究方向。

实验2采用了记忆测验来直接检测关系类型在信息处理中引起的差异。如果共有关系规范比交换关系规范更能使个人处理抽象或者整体的品牌信息，那么编码差异会在之后的记忆测验中反映出来。这样的推断是合理的。相应地，当同时呈现抽象和具体的（或有形的）品牌信息时，在共有关系下的个体会主要编码抽象信息，而交换条件下的个体会更关注具体的品牌信息。

我们给参与者展示了一个新的服装商店品牌的描述，同时包括具体的和抽象的品牌信息。随后对参与者进行记忆测验。记忆测验主要测量对具体产品信息的记忆准确度，对抽象信息的准确记忆和对没有出现但可推测信息的记忆。我们预期，在交换关系下的消费者能更准确地识别具体信息并且准确察觉出不准确的信息。然而，关系类型对抽象品牌信息和推测信息记忆的影响更为复杂，这些信息均用对品牌的识别效果来加以测量。因为共有关系的参与者能简单地从记忆中回忆起信息，而交换关系的参与者能利用对于具体信息的记忆来生成信息，我们预期这两种关系类型识别任务的准确率不会有差异。然而，由于交换导向的消费者被假定为需要依靠生成的抽象和推测信息，相对于共有导向的消费者而言，他们在识别信息时会表现出更缓慢的响应延迟。

首先，我们对参与者进行了同实验1中完全相同的关系操纵。其次，参与者会阅读一篇450字的包括具体和抽象的品牌信息的虚拟服装品牌商店的描述（例如，"在39个国家设有门店"或"它是一个国际品牌"等）。之后进行填空测验，参与者在电脑上完成一个选择题形式的识别任务。总共有14个问题，前两题是练习题，后12题是关键问题。其中6个题项检测参与者对先前所展示具体品牌信息的记忆，另外6个题项检测参与者对抽象信息的记忆。每一个问题都有4个可能的选项。6个关于具体品牌信息的问题其选项有一个准确的，3个不准确的。6个关于抽象品牌信息的问题其选项有一个准确的，一个不准确的，还有两个看似合理的推论。每道题只能选择一个答案，要求参与者尽可能快且准确地答完12题。

结果显示，同预期的一样，交换关系下的参与者相较于共有关系下的参与者有更高可能性接受具体准确的品牌信息，有更低可能性会接受不准确的具体信息（见表2.4）。更进一步说，在不同条件下对抽象信息的准确、不准确和貌似可信的选择比例是没有差别的。然而，在共有关系下的参与者，相对于在交换关系条件下的参与者，能更快找到准确的抽象品牌信息和看似合理的推论，这表明他们尤为关注高抽象水平的品牌信息。另外，交换关系下的参与者需要额外的时间，大概是用于从具体的品牌信息中构建抽象的品牌信息。尽管共有关系和交换关系下的参与者在识别具体品牌信息所需时间上没有显著的差异，但他们的准确率是显著不同的。这就表明在编码用时上，交换关系下的参与者相对于共有关系下的参与者更关注具体的品牌信息，并且在检索时能获取更多相关信息。这些发现共同支持了总体假设，即共有关系下的消费者比交换关系下的消费者会采用更高的抽象水平处理品牌相关信息。

实验 3 的假设如下：如果消费者—品牌关系的类型影响了对品牌特征处理的抽象化水平，那么类似的抽象化差异在消费者对第三方描述品牌时会被显示出来。这个实验使用了一个虚拟钢笔品牌的情景描述来操纵共有或交换关系。接着，每一个参与者都被要求向一位朋友描述钢笔的特点。我们预期，相对于交换关系下的消费者，共有关系下的消费者会列出钢笔高抽象水平的特点。与实验 1 和实验 2 中一样，首先对参与者的关系类型进行操纵，这包括阅读一个情境。然而不同于之前的两个实验，本实验的情境描述了个人与产品（一个虚拟的钢笔品牌）间的互动。这里主要的因变量是参与者所描述钢笔的不同特点。

为了关注到最重要的特征，我们把分析限定在参与者提到的前三个特征。两位独立的打分者用 7 分"具体—抽象"量表为参与者描述的特征打分，分值越高表示越抽象。比如，"钢笔颜色"或者"书写流利"这样的特征会得到一个低分（1 分、2 分或 3 分），但是像"高端"或者"风格"会得到一个高分（5 分、6 分或 7 分）。先对所有参与者得分取均值，再将两位打分者值的均值作为三个特征的得分。把两种关系情况下的均值进行对比。结果显示，与预期的一样，相较于交换关系下的参与者，共有关系下的参与者列出的品牌特征更为抽象（见表 2.4）。控制组排除了基于情感、描述抽象性的差异、感知质量、努力程度和潜在需求效应的其他可能解释。

这三个实验共同支持了假设，即相较于交换关系规范，共有关系规范引导消费者在更高抽象化水平下处理品牌相关信息。该研究强调的不是关系规范对消费者如何进行品牌评价的影响，而是强调规范如何引导并建议消费者以合适的方式参与到与品牌的互动当中。最终，正如实验 1 和实验 2 所用方法上展示的那样，本研究还表明，关系规范的影响扩大到了那些规范不显著的情境中。即使规范是在随后一种与品牌互动无关的情境中显著存在，这些关系规范仍会影响消费者的行为。

关系规范和消费者的损失规避[①]

39

在证实关系规范的显著性影响了消费者处理策略的研究之后，另一项研究

① 损失规避（Loss Aversion）是指人们总是强烈倾向于规避损失，且一定量的损失给人们带来的效用降低要多过相同的收益给人们带来的效用增加。因此，人们在决策过程中对利害的权衡是不均衡的，对"避害"的考虑远大于对"趋利"的考虑。比如，白捡的 100 元所带来的快乐，难以抵消丢失 100 元所带来的痛苦。

（Aggarwal and Zhang，2006）通过评估消费者损失规避的任务复制了关系规范在激发情境外重要的延续效应。特别地，该研究认为，相对于交换关系规范，共有关系规范会使消费者更多的损失规避，这有两个主要原因：

第一，在两种关系条件下消费者与品牌互动的潜在目的是不同的，关系规范被预期会改变消费者的认知观念，这将导致如何对待获得与损失时的重要差异。因为交换关系遵从等价交换——获得是以放弃的东西来衡量的，所以交换关系下的消费者更关心收支平衡（Clark and Mills，1993）。另外，交换关系下的人们更有可能去用交易的观点计算收支后的净利而不是单独看待收入与支出，并且损失的价值函数比收入的价值函数更加陡峭，因此，合计收支会削弱损失规避的程度。然而，把具体的投入与随后的产出配对违背了共有关系规范。共有关系下的人们避免将收入与损失联系起来，同样避免计算出损益净额。因此，共有关系规范会导致分开评估收入和损失（并不是合计），导致消费者更强程度的损失规避行为。

第二，关系规范可能导致对所拥有物品[①]情感依恋上的差异，这会引起两种类型消费者对损失本身的差别体验。特别是，相对于交换关系规范，共有关系规范下更可能会放大感知损失的程度。当共有关系的规范显著时，消费者把伙伴看作亲密的朋友或者家庭成员，这说明打破这种关系需要更高的代价。因此，当共有关系规范显著时，消费者会表现出对他们当下选择更强的赞同与承诺，并会对放弃它表现更强的抗拒——证明损失规避相对变强。相反，交换规范认为被赋予的选择应对其能换来什么而受到重视。放弃这样一件物品可能没那么痛苦，这引起低水平的损失规避。这说明相对于交换关系，损失本身的体验在共有关系下会更强，导致消费者损失规避上的差异。

这同样表明，当消费者有机会与产品互动时（比如他们已拥有某产品），比起他们没机会时（比如他们没有某产品），关系规范的影响很可能会更强：不同关系类型下损失规避的差异是由卖出价而不是买入价驱动的。更深一步，当买入和卖出更多地被看成一种商业交易，没经过任何关系操纵的控制组参与者很可能与交换关系下的消费者类似，而不是共有关系下的消费者。不同的是，相对于先前提及的交换关系，在共有关系下表现出更高水平的接受意愿（Willingness to Accept，WTA），主要是由于共有规范激发了更强烈的损失规避，而非交换规范对损失规避的抑制作用。

实验使用情境描述去操纵共有或交换关系规范，对控制组不进行操纵。参与

40

[①] 禀赋效应（The Endowment Effect）是由 Thaler（1980）提出，指当个人一旦拥有某项物品，那么他对该物品价值的评价要比未拥有之前大大增加，即自己作为买者或者卖者的身份会影响自己对商品的价值评估，这一现象可以用行为金融学中的"损失规避"理论来解释。

者被假定为一个普通咖啡杯的买方或者卖方，类似于典型的禀赋效应研究。咖啡杯从一个折扣商店以 99 美分买来。买卖价格从 0.25 美元到 6 美元间分了 24 个等级（以 25 美分为一增量单位）。最后，实验随机产生了一个成交价格，并且完成了所有能成交的交易。因变量便是买方卖方各自的成交价格。

结果表明，共有关系规范增强了消费者的损失规避程度，这是通过更高的接受意愿发现的。控制组参与者与交换关系组中参与者的行为是无差异的——比起共有关系组他们显示出更低的接受意愿（共有关系 = $5.32，交换关系 = $3.60，控制组 = $3.42）。然而，支付意愿在三组间无显著差异（共有关系 = $1.88，交换关系 = $2.02，控制组 = $2.23）。这些结果表明，当激发的是共有关系而不是交换关系时，共有规范和交换规范的差异是由与平均水平不同的消费者导致的。同样，共有规范引起的不是对产品的整体更高估值，因为接受意愿有差别而支付意愿无差别。最终，这一研究强调的是关系规范的情境影响，因为即使当评价物体和关系没有关联时，损失感知仍会被影响。这个研究和对于处理策略的研究共同突出了关系规范在帮助消费者决定与品牌互动时适当行为的重要作用。

结论

本章所总结的在消费者—品牌互动情境下探讨类人际关系的四个研究，对消费者行为的不同方面提出了进一步的见解。指导以上研究的观点是，每一个关系都会附带一套其特有的规范，并且当消费者感知到与品牌的某种关系时，特定关系下的规范会被激发，以用于指导他们的行为、评价品牌及其关系伙伴。最初两个研究（求助请求和公平）强调了规范显著性对消费者品牌评价的影响，而另外两组研究设计（处理策略和损失规避）强调了规范显著性在指导消费者自身行为时的作用。总之，本研究强调了使用关系比喻去更好地理解消费者—品牌互动的价值。关系规范框架不仅对理解而且对预测消费者行为提供了一个关键工具，这是用其他方式无法做到的。

我们可能会被问及很多重要的问题，比如首先规范是如何建立的，以及为什么相同品牌消费者有的建立共有关系而有的建立交换关系。诚然，不同的人、产品和具体情境因素都会影响消费者与品牌间特定关系的形成。一些消费者本质上更倾向于共有导向，而他人可能只将商业交换当作等价交换。一些商品分类可能会从本质上更具共有性，比如病患与医生间的商业交换，或者学校与学生间的交换。除了这些典型例子，那些用员工作为代表的品牌，例如大部分服务（如酒店、航空服务等），那些将服务与产品结合起来作为核心的品牌（如餐厅和在线商店），以及那些提供一对一销售的品牌，可能更容易被看作共有关系下的伙伴。显然，营销经理有很多有效的方法来发展他们想与消费者建立的关系类型。其中，决定与消费者最终成为何种关系最重要的工具是品牌在消费者心中是如何定

41

位的。此外，通过广告、互动媒体、直邮、电话、品牌吉祥物及代言人这些被营销者推崇的动态和重复的互动加强了品牌和消费者之间已存在关系的强度。

共有—交换关系框架不是唯一可以被用在消费者—品牌关系下的框架。其他的框架，比如菲斯克于 1992 年提出的框架，则提出了更为复杂的关系类型。这个和其他关于关系类型的框架，都可在未来研究中用于检验关于消费者行为更为细致的假设。更重要的是，正如这里强调的四个研究呈现的多样性一样，人际关系的比喻是一个通用的框架，未来对于消费者—品牌间的互动研究仅仅受到研究者想象力的限制。

致谢

感谢笔者的论文导师 Ann L. McGill 对笔者在消费者—品牌关系各项研究中的指导和她对本章的评论。同样要感谢本章所讨论四个研究中的两位研究合作者。

参考文献

Aaker, Jennifer L., Susan Fournier, and Adam Brasel (2004). "When Good Brands Go Bad: The Effects of Brand Personality and Transgressions on Consumer-Brand Relationships," *Journal of Consumer Research*, 31 (June), 1–16.

Aggarwal, Pankaj (2002). "The Effects of Brand Relationship Norms on Consumer Attitudes and Behavior." Doctoral Dissertation, Graduate School of Business, University of Chicago.

——(2004). "The Effects of Brand Relationship Norms on Consumer Attitudes and Behavior," *Journal of Consumer Research*, 31 (June), 87–101.

——(2008). "Interactional Fairness and Consumer Responses: The Moderating Role of Relationship Norms." Working Paper, University of Toronto.

Aggarwal, Pankaj, and Sharmistha Law (2005). "Role of Relationship Norms in Processing Brand Information," *Journal of Consumer Research*, 32 (December), 453–464.

Aggarwal, Pankaj, and Meng Zhang (2006). "The Moderating Effect of Relationship Norm Salience on Consumers' Loss Aversion," *Journal of Consumer Research*, 33 (December), 413–419.

Cialdini, Robert B., and Melanie R.Trost (1998). "Social Influence: Social Norms, Conformity and Compliance." In *The Handbook of Social Psychology*, vol.2 (4th ed.), ed. Daniel T. Gilbert and Susan T. Fiske. New York, NY: McGraw-Hill, 151–192.

Clark, Margaret S., (1981). "Noncomparability of Benefits Given and Received: A Cue to the Existence of Friendship." *Social Psychology Quarterly*, 44 (4) December, 375–381.

——(1984). "Record Keeping in Two Types of Relationships," *Journal of Personality and Social Psychology*, 47 (3) September, 549–557.

Clark, Margaret S. and Judson Mills (1979). "Interpersonal Attraction in Exchange and Communal Relationships," *Journal of Personality and Social Psychology*, 37 (1), 12–24.

——(1993). "The Difference Between Communal and Exchange Relationships: What It Is and Is Not," *Personality and Social Psychology Bulletin*, 19 (6), 684–691.

Clark, Margaret S., Judson Mills, and David M. Corcoran (1989). "Keeping Track of Needs and Inputs of Friends and Strangers," *Personality and Social Psychology Bulletin*, 15 (4), 553–542.

Clark, Margaret S., and Carolyn Taraban (1991). "Reactions to and Willingness to Express Emotion in Communal and Exchange Relationships," *Journal of Experimental Social Psychology*, 27 (4), 324–336.

Fiske, Alan Page (1992). "The Four Elementary Forms of Sociality: Framework for a Unified Theory of

Social Relations," *Psychological Review*, 99 (4), 689–723.

Fournier, Susan (1998). "Consumers and Their Brands: Developing Relationship Theory in Consumer Research," *Journal of Consumer Research*, 24 (March), 343–373.

Ji, Mindy F. (2002). "Children's Relationships with Brands," *Psychology and Marketing*, 19 (4), 369–387.

Mills, Judson, and Margaret S. Clark (1982). "Communal and Exchange Relationships." In *Review of Personality and Social Psychology*, ed. Ladd Wheeler.Beverly Hills, CA: Sage, 121–144.

Oliver, Richard L. (1980). "A Cognitive Model of the Antecedents and Consequences of Satisfaction Decision," *Journal of Marketing Research*, 17 (4), 460–469.

Swaminathan, Vanitha, Karen L.Page, and Zeynep Gurhan–Canli (2007). "'My' Brand or 'Our' Brand: The Effects of Brand Relationship Dimensions and Self–Construal on Brand Evaluations," *Journal of Consumer Research*, 34 (2), 248–259.

Watson, David, Lee A.Clark, and Auke Tellegen (1988). "Development and Validation of Brief Measures of Positive and Negative Affcet: The PANAS scales," *Journal of Personality and Social Psychology*, 54 (6), 1063–1070.

第 3 章

品牌忠诚不等于习惯

利昂纳·谭，温蒂·伍德和明迪·F. 吉
(Leona Tam，Wendy Wood and Mindy F. JI)

重复购买的顾客是宝贵的顾客资源，大多数消费者行为都是具有重复性的。基于面板数据的研究我们已经识别了消费者购买和消费中的周期性模式（Ehrenberg，1991；Khare and Inman，2006）。比如，在不同购物行为中，针对同一品牌的大量习惯性重复购买是普遍存在的现象（Seetharaman，2004）。关于消费者所购买物品的自我报告研究揭示了一个类似的重复购买模式（Bettman and Zins，1977）。通过这些研究的估计，重复性购买在消费者购买行为中占有相当大的比例。

品牌绩效数据阐述了理解重复光顾行为的重要性。市场研究者已经注意到重复光顾有利于长期财务绩效和品牌绩效，其中包括增加品牌的市场份额、顾客终生价值和顾客份额[1]（Baumann，Burton and Elliott，2005；Ehrenberg，Goodhardt and Barwise，1990；Wirtz，Mattla and Lwin，2007）。重复购买与营销结果间关系强调了理解促成重复购买的心理因素的重要性。通过理解这个心理机制过程，市场营销者可以利用重要的品牌结果。

什么是重复性购买或消费某个特定品牌的心理机制？传统的答案会援引品牌忠诚抑或是其他一些积极的品牌关系。当人们形成对特定品牌的喜好并形成依恋时，这些有利的评价会导致重复性购买和消费。在本章，我们认为并不是所有的重复行为都是依据这些偏好。人们通常也出于习惯而采取重复性购买和消费。我们解释了理解习惯产生的心理机制是如何帮助营销者管理消费者行为的原理。

关于两个大学生快餐支付特征的研究阐述了习惯和品牌忠诚的区别。霍莉报告说几乎每天下课后她都会去校园内的赛百味（Subway）[2]吃午餐。重复性地在

---

① 顾客份额（share of wallet），是指一个企业为某一顾客所提供的产品和服务在该顾客同类产品和服务消费总支出中所占的百分比。

② 赛百味，是一家起源于美国的跨国快餐连锁店，主要贩售三明治和沙拉。

同一位置购买午餐是她午后的常规。相反，扎克在其快餐购买与消费上则更为多变。他有时在上班的路上买赛百味的三明治，其他时间则会在课后选择学校内的赛百味就餐。这两个学生都是赛百味的宝贵客户，但是他们展示出完全不同的重复光顾模式。

假设霍莉会在稳定环境中定期地重复某个行为，她更可能形成一个在赛百味购买和消费快餐的习惯。品牌习惯是有助于在对购买和消费一个品牌的反应与反复出现的情境线索之间形成记忆的各种联系（如霍莉的惯例是在早课后，在校园的赛百味购物）。这种联系在重复性的经历后缓慢地形成了程序化的意识。扎克的反应则是更为变化的，因为他并没有在任何一个特殊的环境中购买快餐，也没有将之作为一种日常习惯。因此，尽管有频繁的重复购买和消费，他并没有可能发展长期光顾的习惯。他持续购买品牌的行为应该是依赖于对赛百味快餐的偏好所激活而形成的。

一旦形成这种习惯，对过去行为产生环境的简单感知会激发记忆中的相关反应。如果在赛百味吃饭已经被嵌入霍莉中午的惯例，它会在每天合适时间点从意识中被激活。相反地，扎克的重复光顾导致一种品牌偏好或者是忠诚。这个评估可以通过详细的、审慎的判断（如仔细地评价不同品牌间的脂肪含量）或者通过更加有效的过程（如依靠偏好规则，例如赛百味是我的品牌；对赛百味的积极评价激发了最浅的意识）来引导就餐选择。因此，霍莉和扎克相似的重复光顾行为展现出不同的心理机制，即习惯和品牌忠诚。

习惯和品牌忠诚的定义

在本章中，我们基于近期发展的行为控制和重复回应的心理理论，构建了一个关于重复光顾的理论（Neal et al.，2006；Wood and Neal，2007）。在我们的分析中，重复购买和消费可以反映一种习惯，这里的习惯被定义为可由相关情境线索直接激发的反应的行为倾向，或者是品牌忠诚，这里的品牌忠诚被定义为正面评价品牌的心理倾向（见图3.1）。正如我们的解释，重复光顾可以反映出很强烈的习惯，并通过稳定的购买和消费环境特征所暗示，重复光顾可以反映出品牌忠诚度并受到强烈的正面品牌评价所影响（该品牌评价会指导重复购买和消费的意愿）。

我们模型中重复购买的决定因素来源于营销中的现有观点。总体来说，与我们关注行为重复一致的是，扫描面板数据的模型评估了消费者在购物时重复购买的比例和顺序（Seetharaman，2004）。然而，这些模型没有识别任何促进重复反应的特殊心理因素。营销领域至今还没有就在扫描数据中驱动重复购买的倾向达成一致意见。已有研究将扫描面板数据中的重复购买解释为习惯（例如，Seetharaman，2004）和品牌忠诚（Raj，1985）。

购买消费习惯

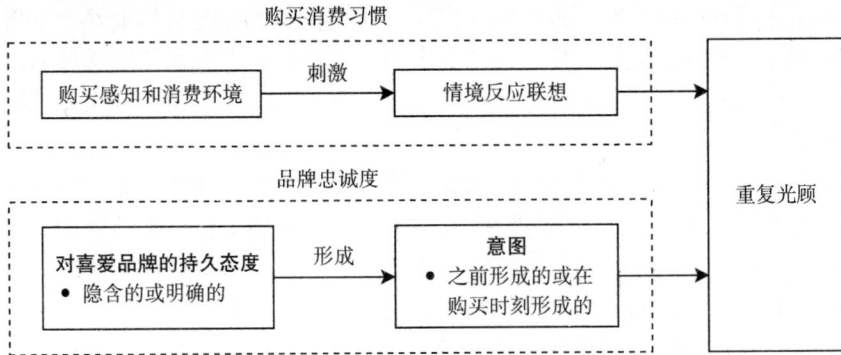

图 3.1　重复光顾的两个决定因素：习惯和品牌忠诚

　　我们对习惯的定义反映并改进了现有的营销观点。在常见的定义中，习惯反映了重复的以往购买（Seetharaman，2004）。因此，习惯可以通过以往购买频率（Kaas，1982）、先前的品牌选择（Roy，Chintagunta and Haldar，1996）、连续的品牌购买（Seetharaman，2004）和购买的品牌数量（Chaudhuri，1995）等来测量。有时，习惯又被定义为消费者用于做不太重要也不太积极的购物决定时的简单线索（如"我要买最知名的品牌"）（MacDonald and Sharp，2000）。然而，消费者做决定时利用的启发性原则并不能等同于习惯。具体而言，认知心理的研究表明简单原则和习惯依赖于独特的学习系统，甚至具有独特的神经基础（Ashby and Maddox，2005）。Beatty 和 Kahle（1988）与我们的观点接近，他们将习惯定义为一种具有行为内容的习得性模式。他们强调在购买和消费过程中的因素与反应之间发展形成的心智联系。当这些联系反映出一种习惯，它们发挥的作用是为暗示重复反应提供线索。

　　我们对于品牌忠诚的定义建立在营销现有观点之上。研究人员普遍同意品牌忠诚包括两个部分。其一是购买忠诚，这是代表愿意购买品牌的行为构念。其二是态度忠诚，态度忠诚刻画了消费者对于某品牌的偏好。许多研究人员将行为忠诚和态度忠诚当成是更广义忠诚构念的组成部分（Chaudhuri and Holbrook，2001；Dick and Basu，1994；Jacoby and Chestnut，1978；Kim，Morris and Swait，2008）。Oliver（1997：392）对忠诚的定义特别有影响力，他将忠诚定义为"一个根深蒂固的在未来对重新购买或重新光顾某个偏好的产品或服务的承诺，尽管环境的影响和营销努力有可能潜在导致转换行为"。"忠诚是偏好"这个观点与我们的定义是一致的，但是，正如我们将会解释的，这种偏好的强度不仅被承诺所增强，还被诸如态度的可获得性等态度强度的其他方面所增强。消费者对品牌评价的强度决定了它是否可以指导重复购买或消费者，以及它是否抵御变化（Petty and Krosnick，1995）。

在本章中，我们认为由习惯引发的重复购买有别于由品牌忠诚引发的重复购买。我们识别了心理过程，通过这些过程习惯会保持消费者购买和消费，并且我们将习惯的机制与品牌忠诚的相关机制区分开来。我们也会阐释上述区别对于促进重复光顾的重要性。消费者重复购买行为的成功改变需要理解重复行为是否反映了习惯或偏好。我们呈现了证据，即习惯改变和基于正面品牌评估的行为改变需要不同的改变策略。

因为习惯而重复

根据通俗解释，习惯常常是在缺乏评估、意愿和目的的情况下表现出来的。"我控制不住，这只是一个习惯，"人们一般都将这个作为坏习惯（如慢性嗜食）或者无意行动（如当想要去商店时意外开车上班）的借口。实证证据累积起来支持了这个观点（Wood and Neal，2007）。一旦习惯形成，反应受到情境线索所激发，并且不需要态度、目标和行为意愿的指导。习惯独立于动机构念的观点与行为预测研究的结果是一致的，但是不理解促进基于习惯的重复行为的心理因素则是非常奇怪的。在这一部分，我们呈现了证据，即习惯直接被环境所激发，不需要态度、目标或者意愿的支持。

在标准的行为预测研究中，人们会被问到，比如，关于他们在下周购买快餐的意愿和他们购买习惯的强度（基于稳定环境中过去行为表现的频率）。在一周结束时，他们被问及实际购买快餐的频率。当研究者运用意愿和习惯的最初测量来预测随后的行为频率，典型的结果是意愿（和关联态度）对于还没有形成很强习惯的人来说是有预测作用的，因为有着很强习惯的人们会忽略他们的意愿而在过去重复表现（Danner，Aarts and de Vries，2008；Ferguson and Bibby，2002；Ji and Wood，2007；Wood，Tam and Guerrero Witt，2005）。因此，品牌评估和相关意愿可以预测那些还没有形成强烈品牌习惯的顾客的重复购买和消费活动。然而，评估和意愿并不能驱动习惯性顾客的购买和消费频率。因此他们的重复性回应与态度和意愿没有太大关联。

行为预测研究仅仅提供了习惯重复不依赖于偏好和相关购买意愿的相关证据。因此，预测结果似乎有很多可供选择的解释。我们最近的工作已经排除了对于习惯影响的一些解释。特别地，我们发现习惯的预测效果并不是由于以下因素：

- 习惯预测指标（过去的行为）和行为标准（未来行为；Ajzen，2002；Sheeran，2002）之间的同源方差（Ajzen，2002；Sheeran，2002）。这一人为因素可以解释在预测未来行为时过去行为的主效应，但是不能解释习惯和意愿的交互影响，在这个交互影响中，只有当习惯很弱时，意愿才能有预测作用。

- 对于那些经常重复行为的人来说，在意愿或行为方面的变化范围是有限的（Ji and Wood，2007）。

●与行为重复相关的其他因素。行为预测研究通常会控制意愿在预测未来行为中的作用。此外，Outllette 和 Wood（1998，研究 2）报告称，在控制了以下因素后：①一个人呈现出某行为的自我概念；②感知行为控制和效能；③根据做出判断的反应时间的态度可获得性等，习惯可以预测未来的表现。

●测量意愿方面的缺陷（Ajzen，2002）。与这种可能性相反的是，即拥有很强习惯的人报告他们的意愿是很确定的，尽管这些意愿不能预测未来行为（Ji and Wood，2007）。

●通过具体或抽象的方法来表达意愿。当人们重复行为时，他们会很少想到具体的表现细节，但是会更多地考虑抽象的目标和行为结果（Vallacher and Wegner，1987）。然而，习惯的影响没有出现，这是因为意愿的测量表达过于具体。因此，习惯是预测未来行为的重要因素，无论意愿是用具体的、抽象的，还是个人独特的方式（Ji and Wood，2007）。

因此，拥有习惯的人们更倾向于在没有考虑他们的意愿时就重复过去的购买和消费行为。这个研究结果似乎并不是行为预测研究中方法论方面的人为因素。

在预测研究中对行为意向逐渐降低的依赖与在认知神经科学领域中发现的一个模式相似，即由于回应不断被重复，成为了习惯，因此与目标相关的大脑区域涉入度逐渐降低。在习惯形成的一个典型神经影像学研究中，任务表现的神经相关物是通过被试重复一项运动任务直到它变成了习惯被监测到的。是否变成习惯是根据一些行为标准（如双任务干扰效果没有了）来判断。重复和习惯性控制的后续发展往往与前额叶皮层的激活减弱相关，并且伴随着对包括基底神经节和小脑在内的皮层下结构依赖的增加［见 Jonides（2004）的综述，以及 Kelly 和 Garavan（2005）］。前额叶皮层是大脑中与目标选择和追求相关的区域。因此，习惯形成过程中前额叶皮层的脱离是与远离行为意向与目标一致的，因为回应不断被重复，成为了习惯。

关于目标和意愿在引导习惯中不具有因果作用的另外证据来自于 Neal、Wood 及其同事的一系列实验。例如，Neal、Wood、Lally 和 Wu（2009，研究 3）证明了一个简单的行为习惯（演讲强度）可以通过暴露在相关情境中被激活，而不需要激活目标。在这个研究中关于对习惯强度的测量是参与者报告他们在近期去过体育场的次数。经常去体育场的人们在一定情境中往往会形成某个典型的行为习惯，例如说话声音很大。当向参与者展示他们经常去的体育场的图片时，那些有着更强习惯的人们通常说话声音更大。更重要的是，这个习惯激发并不依赖于大声说话的目标或者动机的激活。也就是说，尽管与大声说话的目标或动机没有变化，那些有着经常去体育场习惯的人说话声音会更大。只有在一些独立的实验环境下，即该环境直接启动了参与者意识之外大声说话的目标（如通过一个标准的句子重连任务），参与者才报告他们有大声说话的意愿。这个实验验证了每

48

天大声说话的习惯可以直接通过情境来激发，而这些情境并不需要目标的指导。

通过对吃爆米花习惯的研究我们又得到了习惯不需要来自目标指导的其他证据（Neal et al.，2009，研究 4）。这项研究以看电影的人群为实验对象，参与者会在观看影片时收到一盒免费的爆米花。这些盒子会在电影结束后都被收集起来并称重。在观影者不知情的情况下，一些人收到的是新鲜的爆米花，一些人收到的是不新鲜的爆米花（如一周前的爆米花）。当后来被问及他们是否喜欢爆米花时，他们都不喜欢不新鲜的，而喜欢新鲜的爆米花。这个研究的问题是对爆米花的评估是否会引导他们吃爆米花的行为。只有对于那些没有很强的在电影院吃爆米花习惯的人来说，行为会反映顾客对爆米花的评估。正如我们预测的，那些拥有较弱吃爆米花习惯的观影者会更关注味道，相对于新鲜爆米花，他们对于不新鲜爆米花吃得更少。但是，那些拥有较强习惯的观影者则不管爆米花的新鲜程度，他们对新鲜和不新鲜爆米花吃得一样多，即他们吃了大量的不新鲜爆米花，也吃了大量的新鲜爆米花。这项研究证明，习惯性的饮食可以直接被环境所激发，而且这可以经常发生，不需要评估或者行为意愿的支持。尽管拥有较强吃爆米花习惯的参与者不喜欢不新鲜的爆米花，但他们还是吃了，就像他们无法修改对目前环境作出的反应。总体来说，这些研究都指出，人们的习惯记忆都与人们的目标和意愿相隔离，习惯表现不需要激活反应目标，而且它也不会随着评估或目标的变化而灵活调整。

读者可能会对习得性习惯机制的价值产生疑惑，假定习得性习惯机制可以促进过去的行为以固定的方式进行重复，这种方式对人们当前目标的变化并不敏感。习惯是一种无意识的智慧。它们的功能一部分来自于他们最先实现的目标。因为人们倾向于重复一些有奖励的回应或者能满足目标的回应，习惯往往是过去目标的长期累积结果。习惯激发的逻辑在于，当情境保持稳定时，那些在过去值得重复的回应更有可能值得在未来重复进行。因此，一个有着在棒球场购买花生食品习惯的体育粉丝，需要处理多次重复的经历。最初的重复大概因为反应的实用性而产生——购买和吃坚果可能是喝啤酒的好伴侣。在之后不断重复的选择购买经验中慢慢不断形成的习得性习惯，因为只有那些一致的、经常重复的模式才会在形成习惯联系的过程记忆中被编码（Gupta and Cohen，2002）。

习惯的功能性还表现在习惯保留了过去经历再次发生的特点。如果那些在经验基础上缓慢累积的信息很容易被新信息改写得过多，这对于更重要的知识来说是危险的（McClellan，McNaughton and O'Reilly，1995）。因此，习惯是有帮助的，因为它们抓住了重复的过去经历的共同特征，习惯记忆确保了学习可以保留下来供未来使用。习惯激活（通过情境来直接激活相关的反应）是唯一一种促进重复光顾的方法。在下一部分，我们将考虑品牌忠诚如何引起重复购买和消费。

49

因为品牌忠诚而重复

品牌忠诚反映了一种正面的评估，这种评估拥有足够的强度和稳定性来促进重复的正面品牌回应。正如图 3.1 所示，消费者的品牌偏好通过对行为意愿产生积极影响来促进重复购买和消费。特别是，忠诚被视为对某一特定品牌的偏好。此外，Dick 和 Basu（1994）认为，如果用某品牌与其他品牌的相对偏好来概念化品牌忠诚的话，那么品牌忠诚有更好的预测力。尤其是消费者在几个正面评估的品牌中进行选择时，品牌忠诚则是一个不同品牌之间的相对判断。

一个忠诚的顾客对一个品牌的偏好至少可以由三个传统的态度元素反映出来，即认知、情感和意动（conation）（Dick and Basu，1994；Oliver，1997）。认知忠诚建立在品牌的想法和理念上，例如支持产品或品牌属性的信念。情感忠诚关注消费者积极的品牌和产品感受、情绪和情感，以及他们对品牌的依恋（见第 17 章）。尽管意动忠诚时常被认为是独立地反映消费者过去的喜好行为和行为期望，我们更倾向于将意动元素视为认识和情感的结果（Eagly and Chaiken，1993）。

认知和情感并不总是同等重要。一些研究者已经提出，品牌偏好是一个主要基于关于品牌的信念的认知判断（Fournier and Yao，1997），然而另一些研究者发现情感忠诚，作为消费者在感知或消费品牌基础上的情绪反应结果，也在促进重复行为中发挥作用（Evanschitzky et al.，2006）。同时一些人建议，只有那些态度反映正面的认知和情感忠诚的消费者才可能形成再次购买意愿（Oliver，1997）。其中不同的观点是研究者们对于情感忠诚是否显著影响消费者偏好的评估。

50

我们相信有理由将情感和认知看成忠诚的构成要素。特别地，情感态度和认知态度被发现是独立影响总体消费者态度（Kim and Morris，2007；Kim，Morris and Swait，2008）。例如，情感态度和认知态度显著影响了消费者对电脑软件的偏好（Kim and Morris，2007）。在多个消费购买领域，包括名牌太阳眼镜、高度流行的手表、甜甜圈、软饮料等，对相关品牌的情感和认知评估都单独影响了再次购买意愿（Kim et al.，2008）。因此，不能忽略品牌忠诚的情感要素。一般来说，我们感觉每个忠诚要素的重要性在不同态度客体中是不同的（Eagly and Chaiken，1993）。对于那些与享乐经验相关的态度客体（如咖啡品牌），忠诚可能是更多基于情感反应，然而对于其他态度客体（如火花塞），忠诚则更多依赖于认知的信念。

品牌忠诚作为一种态度有助于促进重复购买。对某个特定品牌忠诚的消费者相信购买和使用这个品牌可以得到积极的结果，因此他们更可能再次光顾。作为例证，Bandyopadhyay 和 Martell（2007）在测量了消费者对一些知名牙膏品牌的喜好后开展了一项为期 6 个月的关于牙膏购买的纵向研究。一开始就对一个品牌有着更多偏好的消费者会在研究期间有着更加频繁的重复购买。研究表明品牌忠诚的这些效应依赖于行为意愿,品牌偏好对行为意愿的积极影响表现在许多不同产品和服务中,包括化妆品(Chiou and Droge, 2006),电脑软件(Kim and Morris, 2007),名牌太阳眼镜、高度流行的手表、甜甜圈、软饮料(Kim et al., 2008),食品(Hansen, 2006),信用卡(Wirtz, Mattila and Lwin, 2007)和零售银行业(Baumann, Burton and Elliott, 2005)。

消费者持有的品牌态度在强度或者效能上有所不同,态度强度对于理解消费者何时采取积极的购买意愿是非常重要的。强态度的原因很多,包括它们的认知可获得性、高精细加工、高涉入、广泛的知识基础、高承诺和极端的评估(见15章;Krosnick and Petty, 1995)。承诺是最常在品牌忠诚文献中被提到的强度组成要素,正如我们在本章前文中提到的,承诺甚至被纳入忠诚的部分定义(Kim et al., 2008;Oliver, 1997)。然而,态度强度可以由不同来源的因素所引起,承诺被理解为是品牌忠诚的一个方面。

为什么强度对于理解品牌忠诚很重要呢?像其他一些强态度一样,强烈的忠诚有一些典型的影响,包括它们"将一直保持并抵制住相反方向的引导,将会对相关感知和信念的形成施加影响,将最精确地预测行为决策"(Converse, 1995)。也就是说,更强烈的品牌忠诚在不同时间和地点都会更加稳定,会更好抵制住其他品牌的吸引力,促进更积极的品牌感知和信念,并且更可能影响行为。

对营销者而言,抵制其他品牌是非常重要的,即使忠诚的消费者也会由于受到竞争品牌提供优惠券和其他奖励计划的诱惑而转换品牌。在一个关于包括肥皂、厕纸、巧克力、咖啡、牙膏、洗涤液的家用产品的研究中,Jensen 和 Hansen(2006)发现消费者品牌忠诚对实际重复品牌购买的影响是双重的:①更强的品牌偏好降低了尝试其他品牌的多样化寻求的倾向;减少的多样化寻求倾向会导致再次购买同一品牌的积极行为意愿。②更强的品牌忠诚增加了消费者在有诱惑情况下对购买和消费替代品牌的抵抗力,包括当喜爱的品牌脱销,当竞争品牌提供销售促销等情况。对竞争品牌的抵抗力导致更弱的购买其他不同品牌的行为意愿。因此,忠诚的强度可以导致更积极的购买偏好品牌以及抵制其他替代品的行为意愿。

品牌忠诚可以是内隐的

品牌忠诚通常被认为是外显的,因为人们会意识到他们具有某种偏好或者意识到这些偏好通过某种方式影响了购买和消费。但是人们并不总是意识到他们的品牌偏好。忠诚有时是含蓄的。当(对品牌的)忠诚是含蓄的时候,消费者并没有意识到他们对品牌的偏好或者他们没有意识到品牌偏好对重复光顾的影响。就像其他含蓄的态度和动机,含蓄的品牌忠诚会由对产品的感知自动触发(Dijksterhuis et al., 2005)。

含蓄的品牌忠诚不同于习惯。在某种程度上,这是因为含蓄忠诚包括一个自动激活的评估，而习惯包括一个自动激活的反应。当触发含蓄的忠诚时（如含蓄的评估，Ben & Jerry① 的冰激凌好吃），人们可以采取各种品牌相关的行为意向和行为来灵活应对（如吃冰激凌时推荐给朋友、从商店购买它）。因为这种灵活性、含蓄的忠诚可以触发新的行为意向或以往的行为意向。例如，高含蓄的品牌忠诚可能会激励一个人尝试新品牌延伸产品，这（种行为）被认为是共享品牌的积极评价。实证证据支持这个观点，即含蓄态度和其他含蓄动机促进了行为灵活性（Gollwitzer et al., 2008）。

　　与含蓄忠诚的灵活性评价相比，习惯是相对严格的，并包含对重复出现的情境线索的一种特定回应的激活（Neal et al., 2009）。因此，在习惯的影响下，相同的反应（如去赛百味吃午饭）会在感知到线索（如早课结束）后被重复激活。习得的习惯性反应往往是每次都以同样的方式发生。因为习惯缺乏高一级评价要素，习惯性购买一个产品或品牌不太可能通过与其他产品或品牌的积极关联而转移或推广。

　　关于习惯和含蓄忠诚可以被自动激活的观点看起来似乎让人觉得困惑。然而在现代的自动性理论（theories of automaticity）中，自动响应有多种形式（Bargh, 1994；Moors and De Houwer, 2006）。对于营销人员来说，习惯和品牌忠诚的关键区别在于重复购买和消费是否反映了某个特定反应（习惯）的重复，或者它们是否反映了一种评价倾向，这种评价倾向能够指导各种品牌的重复反应（忠诚）。将习惯与品牌忠诚混淆起来可能导致管理习惯顾客和忠诚顾客的策略无效或者适得其反。接下来，我们将讨论由品牌忠诚和习惯所导致重复光顾的不同管理方法。

管理重复光顾

　　假定消费者会由于习惯或强品牌忠诚而重复购买和消费，营销人员面临的问题是如何管理这些不同类型的消费者。是否有一些营销计划可以改变由品牌忠诚导致的重复光顾，但是不影响由习惯导致的重复光顾？是否有其他计划可以改变消费者的光顾习惯但不影响由忠诚导致的光顾？假定重复光顾（的现象）后面有不同的机制，不可能运用相同的营销工具来管理消费者重复购买和消费的所有情况。

　　关于消费者的重复行为，营销人员的目标包括两方面：①增加偶尔顾客的重复光顾；②保持忠诚顾客和习惯性顾客的重复光顾。我们建议需要不同的策略来满足每个目标（见图 3.2）。管理消费者光顾的标准方法是建立并维护客户忠诚。因为忠诚消费者会由于强烈的正面品牌评价而购买和消费，营销人员关注于改变或维持这些评估。然而，习惯性消费者会由于感知触发线索而购买和消费。因

---

　　① Ben & Jerry，美国冰激凌品牌，以口感香醇和口味新奇而出名。

此，相对于那些通常典型用于管理忠诚的项目，管理习惯性客户则需要不同的项目。管理习惯包括改变或维持线索或对线索的反应。

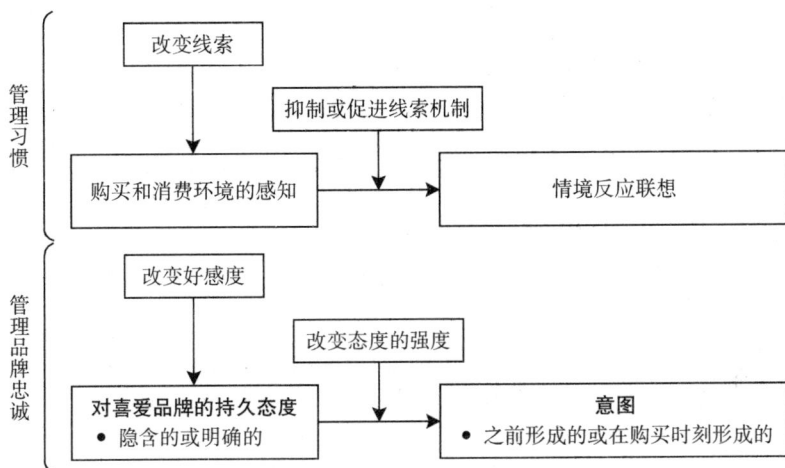

图 3.2　管理习惯和品牌忠诚

对于品牌忠诚，管理品牌态度

假定品牌忠诚可以引导重复购买和消费，营销人员的标准方法是改变和维护忠诚。他们可以通过营销组合变量（4P 营销组合，即产品、价格、渠道、促销）的变化来这样做（Keller and Lehmann，2006；Kumar and Shah，2004）。正如我们在品牌忠诚的讨论部分所提到的，持有强烈的正面品牌偏好的消费者可能会有购买该品牌的行为意愿，并可能实施该行为。因此市场营销人员有理由利用营销工具来提高和维护品牌偏好。例如，在广告中使用名人代言可以转移名人与品牌关联的积极影响（Till，Stanley and Priluck，2008）。通过正面刺激与品牌间匹配所引起的正面态度改变会在年轻品牌中建立积极的品牌偏好（Kim，Allen and Kardes，1996），并维持成熟品牌的品牌忠诚，在成熟品牌中消费者已经与该品牌建立了坚实的品牌偏好（Gibson，2008）。

除了提高品牌的喜爱度，营销项目需要确保忠诚有足够强度来对重复购买产生影响。几个营销组合变量会影响品牌忠诚的强度，尤其是评价的可获得性和态度中信息的精细加工。例如，在售卖点的销售促进可以增加积极的品牌联想的可获得性，并促进非忠诚客户的品牌偏好，维护忠诚客户的品牌偏好。例如，在营销促销中（如隔热杯套、毛巾）提供给消费者的不同激励措施会影响品牌关联的检索，以及提高如苏打水等包装品的重复购买行为（Roehm，Bolman Pullins and Roehm，2002）。产品差异化也会加强消费者品牌偏好，从而促进重复购买意愿（Jensen and Hansen，2006）。

通过这类干预措施，营销者试图通过改善品牌偏好的好感度和强度来增加再次购买意愿。在本领域中这种做法是促进重复光顾的标准方法和核心内容。简而言之，它涉及在保持这些忠诚顾客品牌偏好的同时，改善非忠诚消费者的品牌偏好。

尽管营销人员成功地灌输和维护忠诚，但这样的项目并不总是有效的。事实上，有充分的证据表明，改变意愿的项目在改变某些类型的行为上并不有效，尤其是那些在稳定情境中重复（的行为）而形成习惯。这种模式的证据来自于由 Webb 和 Sheeran（2006）的元分析。在该分析中所有研究使用了有说服力的信息和其他成功改变人们行为意愿的干预措施。核心问题是干预是否会在实际行为中产生变化。答案取决于所研究的行为是否可能成为一种习惯。当行为只是偶尔发生且不容易重复成为习惯时，干预会改变行为和意愿。例如，那些向游客劝说的在旅游目的地一家餐馆的高质量食品广告，有助于建立在该餐馆进食的积极意向，从而增加光顾。然而，如果信息涉及的行为可以被重复并足以形成习惯，那么改变的意愿对行为的影响是有限的。例如，那些向人们劝说饮食健康重要性的广告会降低人们在喜爱的快餐店进食的意愿，但不会影响光顾那家餐厅。因此，习惯性反应并不会通过改变意愿的信息干预而轻易改变。这种效应遵循我们对习惯的定义：它们不会受到评估和意愿的影响，但是会被情境中熟悉的线索所激活。

Webb 和 Sheeran（2006）的研究结果对于管理客户忠诚的启示是清晰的：改变或维持品牌评价的干预措施对那些由于习惯而再次购买产品的消费者是不可能有效的。相反，如图 3.2 所示，管理习惯性购买和消费需要理解引发这样回应的线索。

对于习惯，管理环境线索和行为

在情境环境中一系列广泛的线索可以触发习惯，包括物理环境、他人存在、心情、每天的时间和先于习惯性响应的即刻行动等（Ji and Wood，2007；Wood and Neal，2007）。因此，上午 10 点左右的办公室环境会触发去星巴克的行程，或在晚餐时间拜访家庭会触发去 Olive Garden① 的行程。当形成习惯，对熟悉信号的感知激活了存在于记忆中的习惯性反应的表现（Neal et al.，2009）。假定这依赖于线索，当线索在情境中保持稳定，消费者的习惯仍然保持不变。当线索改变或者消费者被鼓励并能够抑制他们对线索的自动反应时，习惯就会改变。如果营销人员想维持现有顾客的习惯或者改变消费者使用竞争品牌的习惯，这些管理建议是有帮助的。

改变情境线索

即使消费者打算尝试新品牌且改变他们已经建立起的品牌习惯时，当环境中

---

① Olive Garden，意大利连锁餐厅。

的稳定特征自动激发了消费者反应时，消费者（仍）可能继续重复过去的购买和消费活动。回想起习惯性客户霍莉每天下课后自己在校园内的赛百味吃午餐。她惯例性地在赛百味吃东西的响应显然是通过时间（中午）、位置（校园）以及她在上午的日常行动（课程结束）等线索所触发的。根据行为预测研究的发现，人们继续习惯性行为，与他们的意愿无关（Ji and Wood，2007；Danner et al.，2008），霍莉想尝试其他品牌而不是赛百味的愿望并不总是转化为改变她的午餐选择。因为在适当的环境中习惯被自动地进入脑海中，习惯会反复进行，除非人们愿意并且能够施加有效的控制来抑制所激活的反应从而做出一个新选择（Pascoe，Neal，Toner and Wood，2009）。

如果消费者习惯不一定随着行为意愿的变化而变化，市场营销人员能做些什么来引起这种变化呢？一种可能是利用习惯不连续的效应，或者利用人们在生活情境改变时自然而然出现的习惯中断现象。随着情境的变化，习惯性行为可能不再会自动地出现在脑海中，人们的表现可能会与他们的意愿相一致。据此，Verplanken 和 Wood（2006）提议，市场营销者应该着眼于在人们经历自然发生的情境变化时偶尔进行的行为来改变干预。

关于习惯不连续性的实证证据来源于 Wood、Tam 和 Guerrero Witt（2005）对一些大学转校生的研究。转校生受到特别关注是因为学校的变化会打破支撑他们过往习惯的环境。在转校的一个月前和一个月后，学生们报告了他们的锻炼意愿、典型的锻炼频率和锻炼地点。研究重点是学生们在新学校的锻炼习惯什么时候会受到他们意愿的引导？什么时候是基于他们在旧学校所建立的习惯的影响？一些学生在旧学校建立了极强的与锻炼相关的习惯（如在健身房进行锻炼）。对于这些学生来说，如果新学校和旧学校的情境能保持稳定，旧的习惯就会得以保持。当运动环境改变时（如学生不能在健身房进行锻炼），运动习惯就会被打断。需要注意的是，当地点改变，学生的行为会受到意愿的控制，并能通过他们的意愿作出预测。学生们如果愿意就会在新学校锻炼，如果不愿意就会放弃。可以推测，没有旧的环境线索来自动激发经常性行为，学生们会被激励做出关于锻炼的决定。这些发现表明，情境的改变会改变消费者习惯，打破自动化的模式。因此购买和消费变得更深思熟虑且受到消费者意愿的引导。

习惯不连续性的其他证据源自于 Verplanken 等（2008）关于环境价值观与汽车驾驶习惯之间关系的研究。该研究的一些参与者最近迁居了，因此他们的驾驶线索也发生了改变。伴随着这一改变，驾驶行为从环境的控制中解放出来，人们可以按照他们的环境价值观判断行事。具体而言，那些迁居的人们因为对环境有更多的担忧，会使得他们更少开车去单位工作。但是，对于那些没有迁居的人们，他们的驾驶模式更少依赖于他们的环境价值观。

为了利用习惯的不连续性，市场营销者可以通过干预来改变人们在迁居后由　56

于无法接触旧的零售渠道和相关品牌而使用竞争产品的习惯。例如，一些大城市的交通服务企业尝试通过为新居民提供免费车票和路线信息来增加对公共交通的乘坐。新居民会对此有积极的反应，因为他们刚刚迁居，还没有在新的居住地建立相关的驾驶习惯。此外，为了提高品牌忠诚度，增加习惯性购买，Home DePot、Bed Bath 和 Beyond 等品牌会通过提供折扣的方式来吸引新居民的光顾。这一策略可以有效地吸引那些因为迁居而打破原有消费习惯的竞争品牌的消费者。

控制对行为的线索影响

习惯性消费者并不会任由环境的摆布。他们也能改变对情境线索的反应。例如，强烈希望改变不健康饮食习惯的消费者会刻意选择不对那些使他们保持这种习惯的激励因素做出反应。他们会被激励选择一些提供健康饮食的餐厅，而非他们常吃的快餐店。为了带来这种改变，消费者需要控制对那些能触发想要改掉的坏习惯线索的反应。

习惯可以通过控制对刺激物的反应来改变，这一观点是一些行为修正模型的核心观点（Follette and Hayes，2000）。尤其是当习惯非常强烈时，线索控制涉及努力抑制被激发的反应（Wood and Neal，2007）。也就是说，控制习惯线索包含抑制那些自动激发的不需要的反应，然后选择和实施其他反应（或不反应）。

消费者需要被激励来发挥自制力去抑制那些不需要的习惯。市场营销者可以通过一些方式来提供激励，例如，提供被消费者看重的品牌联想。因此，将自身定位为具有生态敏感性的，或"绿色的"品牌，会为越来越多关注环境的消费者提供动机。但是，积极的动机还不够，对强习惯的抑制需要消费者具有充足的自我控制资源，以及他们使用自我控制策略，这些策略是抑制习惯线索的最佳方式。

足够的自我控制资源。为了发挥自我控制或意志力和抑制反应，人们会利用发挥肌肉功能有限容量的心理资源，因为这些资源会被消耗，但是休息之后可以再次产生（Muraven and Baumeister，2000）。关于习惯抑制需要自我控制资源的证据来自于一些实验，在实验中参与者首先要执行一个需要很强自我控制的任务（如看喜剧电影不许笑），随后不太能够抑制强烈的习惯（如自我表现的习惯性模式）（Vohs，Baumeister and Ciarocco，2005）。也就是说，在自我控制资源减少后，人们没有足够的自我控制来抑制第二个任务中的习惯。关于习惯抑制需要自我控制资源的其他证据来自于 Pascoe 等（2009）对日常行为管理的为期四天的日记研究。当参与者自我控制能力降低时，他们无法抑制不需要的习惯，例如学习时买糖果。因此，抑制强习惯似乎取决于足够的自我控制能力的可获得性。基于这些研究结果，在一天的自我控制资源消耗事件后（如开会时不说话，抑制精力分散从而按期完成），消费者很难改变去快餐店吃晚餐的习惯。

假定需要自我控制资源来抑制不需要的习惯，当存在自我控制资源时，消费者改变既定的品牌购买和消费模式的努力是可能最成功的。因此，当消费者在日常生活中没有经历其他自我控制资源消耗的事件时（如在工作日早餐，他们必须赶去上班），消费者可能会从一个旧的、习惯性使用的品牌转换到一个新的品牌。

习惯抑制需要自我控制的另一个意义在于，营销者希望通过促销和其他的推销活动来实现顾客频繁采购和使用品牌，进而促进养成消费习惯。一旦形成习惯，这种习惯不容易改变，因为会需要大量的努力去改变它。试想一下这样的一个促销活动，作者之一最近在邮箱中收到某新食品杂货店的 6 张 10 元优惠券。每张优惠券只有一星期的使用期限，并且优惠券促销活动持续 6 周时间。为了使用这些优惠券，她每天去那家食品杂货店，尽管她另有心仪的店铺。6 周过后，当所有优惠券使用完毕，她发现自己不自觉地在下一次采购中选择了这家新商店。她已经形成了光顾这家商店的习惯，特别是在一天忙碌的工作后，遵循这个习惯比抑制该习惯而选择其他商店是比较容易的事情。

使用正确的策略。为了抑制不想要的习惯性回应，除了需要足够的控制力之外，消费者还需要使用有效的抑制策略。有一些策略在抑制习惯方面似乎是更成功的。

Quinn、Pascoe、Neal 和 Wood（2009）检查了许多习惯控制策略的有效性，包括通过想些其他事情来分散注意力等。尝试使用这种分散注意力方法的实验参与者并没有特别成功地控制习惯。尽管想些其他事情而不是刺激物可以帮助抵御诱惑（Metcalfe and Mischel，1999），但是将注意力远离习惯线索（那些能引起你习惯的东西）这种方法不能完全让你改变这种习惯。例如，消费者只吃一半在餐厅点的蛋糕来试图减少糖分的摄入。如果这个消费者在吃东西的时候与他人交谈或者看电视，她/他并不会注意到自己吃了多少，而且原来把盘子食物吃干净的老习惯就会被盘子里剩下的食物所激发。事实上，当人们的注意力被分散并且不关注自己在做什么的时候，这些改变不想要习惯的行为是可能成功的（Reason，1990）。因此分散注意力并不是一个有效的习惯控制策略。

控制习惯最成功的策略是加强监控来确保线索不会在不经意间引起不想要的习惯（Quinn et al.，2009）。监控之所以有效是因为这种形式的意志力确保了不想要的反应不会在不经意间被激发。有两个研究发现监控是唯一使参与者成功控制不想要习惯的方法。这两个研究分别是：①评估人们在日常生活中不由自主控制习惯策略的日记研究；②指导参与者警惕性监控错误的实验。

总体来说，通常的观点是足够的动机和愿望可以克服习惯，与这个观点相反的是，研究表明用于实施这个动机和抑制不想要习惯线索的自我控制资源对于成功改变习惯是非常关键的。当人们拥有足够的自我控制能力，以及当人们采取警惕监控的控制策略来确保不采取不想要的反应时，人们更可能可以抑制强烈的习惯性反应。

总之，需要不同的方法来管理消费者由于品牌忠诚和习惯所产生的重复光顾行为。当消费者光顾是由于品牌忠诚所产生的，改变消费者偏好的喜爱度以及相关行为意愿的标准营销方法是合适的。然而，偏好的喜爱度和强度对习惯性购买和消费只有很小的影响。相反，习惯可以通过维持或改变情境线索以及被线索激发的反应来进行管理。为了从竞争对手那里吸引习惯性顾客，营销人员可以利用线索改变，并且他们要确保维持现有顾客线索的稳定性。购买和消费的稳定线索可以最小化地消耗竞争对手产品和服务的习惯性消费者。

结论

在本章中，我们研究了重复光顾行为的两个决定因素。虽然习惯和品牌忠诚都会产生重复购买和消费，但是这两种形式重复背后的不同心理过程强调了区分习惯和忠诚所影响的两种重复光顾行为的重要性。当市场营销者没有区分习惯性顾客和忠诚顾客时，他们则不会使用最佳的策略来管理消费者行为和市场。

由品牌忠诚导致的重复购买可以通过消费者对品牌的态度来维持或改变。为了提高品牌忠诚，营销人员可以使用广告和促销等常规营销策略来改变品牌评价的好感度和强度，以及这些评价与购买和消费意愿的关系。相比之下，由习惯导致的重复购买是通过激发消费者品牌购买和消费情境的改变与否来维护或改变。保持环境稳定性将促进持续的习惯性重复消费。反过来讲，通过改变竞争品牌的习惯性顾客所处环境，营销人员可以获得吸引新客户到他们自己品牌和产品的机会。

当营销人员管理客户关系项目或者调整诸如定价、分销、广告和促销等营销组合变量时，我们要求他们认识到消费者习惯。习惯性顾客对这些为影响品牌偏好和购买/消费意愿而设计的变量似乎并不敏感。反而，与其他人相比，习惯性消费者似乎对价格不那么敏感（Farley, Lehmann and Winer, 1987）。因此，当价格改变了，习惯性消费者可能极少调整他们重复购买的频率。

尽管我们关注品牌忠诚和习惯作为重复光顾的决定因素，但是仍有其他一些重要因素会有助于维持重复购买和消费行为。例如，转换成本① 会使得人们使用与过去相同的服务或产品。当人们反复购买和消费一个品牌时，他们建立结构化和心理因素来维护品牌光顾，并阻止因转换品牌或产品而导致的成本变化（Murray and Häubl, 2007）。阻碍变化的因素包括诸如搜索成本等体力成本（Stigler and Becker, 1977）、财务成本（Shapiro and Varian, 1999），诸如为重复购买提供折扣的人为成本（Klemperer, 1987）。阻碍变化的其他因素包括随着人们增加对某产品、品牌货商店的个人体验并发展用户技能而构建的认知成本。为了解释

---

① 转换成本，指消费者从一个产品或服务的提供者转向另一个提供者时所产生的一次性成本。这种成本不仅是经济上的，也是时间、精力和情感上的。

认知成本，Johnson、Bellman 和 Lohse（2003）发现对购买环境了解程度的增加可以提高之前消费者选择的吸引力。除了习惯和品牌忠诚，转换成本同样可以用来解释人们的品牌重复光顾行为（Fornell，Robinson and Wernerfelt，1985）。

　　本章讨论了由习惯和品牌忠诚导致的重复购买和消费的差异，并提出管理这两种不同来源的重复购买和消费行为的策略。尽管很多研究已经在关注消费者重复行为，但是习惯和品牌忠诚在促进重复购买和消费中扮演的独特角色尚未被广泛地认可。诸如旨在提高品牌忠诚的忠诚计划等营销工具有助于鼓励最初的重复购买，但是可能会扰乱习惯性消费者的再次购买行为。通过理解消费者的习惯，营销人员将能够更好地管理这些不同类型重复购买的顾客。

参考文献

Ajzen, Icek (2002). "Residual Effects of Past on Later Behavior: Habituation and Reasoned Action Perspectives," *Personality and Social Psychology Review*, 6(2), 107–122.

Ashby, F. Gregory, and W. Todd Maddox (2005). "Human Category Learning," *Annual Review of Psychology*, 56, 149–178.

Bandyopadhyay, Subir, and Michael Martell (2007). "Does Attitudinal Loyalty Influence Behavioral Loyalty? A Theoretical and Empirical Study," *Journal of Retailing and Consumer Services*, 14(1), 35–44.

Bargh, John A. (1994). "The Four Horsemen of Automaticity: Awareness, Intention, Efficiency, and Control in Social Cognition." In *Handbook of Social Cognition*, ed. Robert S.Wyer Jr.and Thomas K. Skull. Hillsdale, NJ: Lawrence Erlbaum, 1–40.

Baumann, Chris, Suzan Burton, and Greg Elliott (2005). "Determinants of Customer Loyalty and Share of Wallet in Banking," *Journal of Financial Services Marketing*, 9(3), 231–248.

Beatty, Sharon E., and Lynn R. Kahle (1988). "Alternative Hierarchies of the Attitude–Behavior Relationship: The Impact of Brand Commitment and Habit," *Journal of the Academy of Marketing Science*, 16(2), 1–10.

Bettman, James R., and Michel A. Zins (1977). "Constructive Processes in Consumer Choice," *Journal of Consumer Research*, 4(2), 75–85.

Chaudhuri, Arjun (1995). "Brand Equity or Double Jeopardy?" *Journal of Product and Brand Management*, 4(1), 26–32.

Chaudhuri, Ariun, and Morris B. Holbrook (2001). "The Chain of Effects from Brand Trust and Brand Affect to Brand Performance: The Role of Brand Loyalty," *Journal of Marketing*, 65(2), 81–93.

Chiou, Jyh–Shen, and Cornelia Droge (2006). "Service Quality, Trust, Specific Asset Investment, and Expertise: Direct and Indirect Effects in a Satisfaction–Loyalty Framework," *Journal of the Academy of Marketing Science*, 34(4), 613–627.

Converse, Philip E. (1995). "Foreword." In *Attitude Strength: Antecedents and Consequences*, ed. Richard E. Petty and Jon A. Kronsnick. Mahwah, NJ: Lawrence Erlbaum, xi–xvii.

Danner, Unna, Henk Aarts, and Nanne K.de Vries (2008). "Habit vs. Intention in the Prediction of Future Behavior: The Role of Frequency, Context Stability and Mental Accessibility of Past Behavior," *British Journal of Social Psychology*, 47(2), 245–265.

Dick, Alan S., and Kunal Basu (1994). "Customer Loyalty: Toward an Integrated Conceptual Frameworklink," *Journal of the Academy of Marketing Science*, 22(2), 99–113.

Dijksterhuis, Ap, Pamela K. Smith, Rick B.van Baaren, and Daniel H. J. Wigboldus (2005). "The Unconscious Consumer: Effects of Environment on Consumer Behavior," *Journal of Consumer Psychology*, 15(3), 193–202.

Eagly, Alice H., and Shelly Chaiken (1993). *The Psychology of Attitudes*. Philadelphia, PA: Harcourt

60

Brace Jovanovich.

Ehrenberg, Andrew S. C. (1991). "New Brands and the Existing Market," *Journal of the Market Research Society*, 33 (4), 285–299.

Ehrenberg, Andrew S. C., Gerald J. Goodhardt, and T. Patrick Barwise (1990). "Double Jeopardy Revisited," *Journal of Marketing*, 54 (2), 82–91.

Evanschitzky, Heiner, R. Iyer Gopalkrishnan, Hilke Plassmann, Joerg Niessing, and Heriben Meffert (2006). "The Relative Strength of Affective Commitment in Securing Loyalty in Service Relationships," *Journal of Business Research*, 59, 1207–1213.

Farley, John U., Donald R.Lehmann, and Russell S. Winer (1987). "Stability of Membership in Market Segments Identified with a Disaggregate Consumption Model," *Journal of Business Research*, 15 (4), 313–328.

Ferguson, Eamonn, and Peter A. Bibby (2002). "Predicting Future Blood Donor Returns: Past Behavior, Intentions, and Observer Effects," *Health Psychology*, 21 (5), 513–518.

Follette, William C., and Steven C. Hayes (2000). "Contemporary Behavior Therapy." In *Handbook of Psychological Change: Psychotherapy Processes and Practices for the 21st Century*, ed C. R. Snyder and R.E. Ingram.New York, NY: Wiley, 381–408.

Fornell, Claes, William T. Robinson, and Birger Wernerfelt (1985). "Consumption Experience and Sales Promotion Expenditure," *Management Science*, 31 (9), 1084–1105.

Fournier, Susan, and Julie L. Yao (1997). "Reviving Brand Loyalty: A Reconceptualization within the Framework of Consumer–Brand Relationships," *International Journal of Research in Marketing*, 14 (5), 451–472.

Gibson, Bryan (2008). "Can Evaluative Conditioning Change Attitudes toward Mature Brands? New Evidence from the Implicit Association Test," *Journal of Consumer Research*, 35 (1), 178–188.

Gollwitzer, Peter M., Elizabeth J. Parks–Stamm, A. Jaudas, and Pascal Sheeran (2008). "Flexible Tenacity in Goal Pursuit." In *Handbook of Motivation Science*, ed. James Shah and W. Gardner. New York, NY: Guilford, 325–341.

Gupta, Prahlad, and Neal J. Cohen (2002). "Theoretical and Computational Analysis of Skill Learning, Repetition Priming, and Procedural Memory," *Psvchological Review*, 109, 401–448.

Hansen, Torben (2006). "Determinants of Consumers' Repeat Online Buying of Groceries," *International Review of Retail, Distribution, and Consumer Research*, 16 (1), 93–114.

Jacoby, Jacob, and Robert W. Chestnut (1978). *Brand Loyalty: Measurement and Management*. New York, NY: Wiley.

Jensen, Fan Moller, and Torben Hansen (2006). "An Empirical Examination of Brand Loyalty," *Journal of Product and Brand Management*, 15 (7): 442–449.

Ji, Mindy F, and Wendy Wood (2007). "Purchase and Consumption Habits: Not Necessarily What You Intend," *Journal of Consumer Psychology*, 17 (4), 261–276.

Johnson, Eric J., Steven Bellman, and Gerald L. Lohse (2003). "Cognitive Lock–In and the Power Law of Practice," *Journal of Marketing*, 67 (2), 62–75.

Jonides, John (2004). "How Does Practice Make Perfect?" *Nature Neuroscience*, 7 (1), 75–79.

Kaas, Klaus Peter (1982). "Consumer Habit Forming, Information Acquisition, and Buying Behavior," *Journal of Business Research*, 10 (1), 3–15.

Keller, Kevin Lane, and Donald R.Lehmann (2006). "Brands and Branding: Research Findings and Future Priorities," *Marketing Science*, 25 (6), 740–760.

Kelly, A.M.Clare, and Hugh Garavan (2005). "Human Functional Neuroimaging of Brain Changes Associated with Practice," *Cerebral Cortex*, 15 (8), 1089–1102.

Khare, Adwait, and J. Jeffrey Inman (2006). "Habitual Behavior in American Eating Patterns: The Role of Meal Occasions–link," *Journal of Consumer Research*, 32 (4), 567–575.

Kim, John, Chris T.Allen, and Frank R. Kardes (1996). "An Investigation of the Mediational Mechanisms Underlying Attitudinal Conditioning," *Journal of Marketing Research*, 33 (3), 318–328.

Kim, Jooyoung, and Jon D. Morris (2007). "The Power of Affective Response and Cognitive Structure in

61

Product-Trial Attitude Formation," *Journal of Advertising*, 36 (1), 95-106.

King, Jooyoung, Jon D. Morris, and Joffre Swait (2008). "Antecedents of True Brand Loyalty," *Journal of Advertising*, 37 (2), 99-117.

Klemperer, Paul (1987). "Markets with Consumer Switching Costs," *The Quarterly Journal of Economics*, 102 (2), 375-394.

Krosnick, Jon A., and Richard E. Petty (1995). "Attitude Strength: An Overview." In *Attitude Strength: Antecedents and Consequences*, ed. Richard E. Petty and Jon A. Krosnick. Mahwah, NJ: Lawrence Erlbaum, 1-24.

Kumar, V., and Denish Shah (2004). "Building and Sustaining Profitable Customer Loyalty for the 21st Century," *Journal of Retailing*, 80 (4), 317-329.

MacDonald, Emma K., and Byron M. Sharp (2000). "Brand Awareness Effects on Consumer Decision Making for a Common, Repeat Purchase Product: A Replication," *Journal of Business Research*, 48 (1), 5-15.

McClelland, James L., Bruce L. McNaughton, and Randall C. O'Reilly (1995). "Why There are Complementary Learning Systems in the Hippocampus and Neocortex: Insights from the Successes and Failures of Connectionist Models of Learning and Memory," *Psychological Review*, 102, 419-457.

Metcalfe, Janet, and Walter Mischel (1999). "A Hot/Cool-System Analysis of Delay of Gratification: Dynamics of Willpower," *Psychological Review*, 106, 3-19.

Moors, Agnes, and Jan De Houwer (2006). "Automatic Processing of Dominance and Submissiveness," *Experimental Psychology*, 52 (4), 296-302.

Muraven, Mark, and Roy F. Baumeister (2000). "Self-Regulation and Depletion of Limited Resources: Does Self-Control Resemble a Muscle?" *Psychological Bulletin*, 125 (2), 247-259.

Murray, Kyle B., and Gerald Häubl (2007). "Explaining Cognitive Lock-In: The Role of Skill-Based Habits of Use in Consumer Choice," *Journal of Consumer Research*, 34, 77-88.

Neal, David T., and Wendy Wood (2008). "Automaticity in situ and in the Lab: Direct Context Cuing of Habits in Daily Life." In *The Psychology of Action*, vol.2, *Mechanisms of Human Action* ed. E. Morsella, John A. Bargh, and Peter M. Gollwitzer. New York, NY: Oxford University Press.

Neal, David T., Wendy Wood, Philippa Lally, and Mengju Wu (2009). "Do Habits Depend on Goals? Perceived versus Actual Role of Goals in Habit Performance," manuscript under review.

Neal, David T., Wendy Wood, and Jeffrey M. Quinn (2006). "Habits: A Repeat Performance," *Current Directions in Psychological Science*, 15 (4), 198-202.

Oliver, Richard L. (1997). *Satisfaction: A Behavioral Perspective on the Consumer*. New York, NY: McGraw Hill.

Ouellette, Judith A., and Wendy Wood (1998). "Habit and Intention in Everyday Life: The Multiple Processes by Which Past Behavior Predicts Future Behavior," *Psychological Bulletin*, 124 (1), 54-74.

Pascoe, Anthony T., David T. Neal, Kaitlin Toner, and Wendy Wood (2009). "Habits as External Self-Regulation," manuscript under review.

Petty, Richard E., and Jon A. Krosnick (1995). *Attitude Strength: Antecedents and Consequences*. Mahwah, NJ: Lawrence Erlbaum.

Poldrack, Russell A., J. Clark, J. Paré-Blagoev, D. Shohamy, J. Creso Moyano, C. Myers, and M. A. Gluck (2001). "Interactive Memory Systems in the Human Brain," *Nature*, 414, 546-550.

Quinn, Jeffrey M., Anthony Pascoe, David Neal, and Wendy Wood (2009). "Think You Can't Control Yourself? Monitor those Bad Habits," manuscript under review.

Raj, S. P. (1985). "Striking a Balance between Brand 'Popularity' and Brand Loyalty," *Journal of Marketing*, 49 (1), 53-59.

Reason, James T. (1990). *Human Error*. Cambridge, UK: Cambridge University Press.

Roehm, Michelle L., Ellan Bolman Pullins, and Harper A. Roehm (2002). "Designing Loyalty-Building Programs for Packaged Goods Brands," *Journal of Marketing Research*, 39 (2), 202-213.

Roy Rishin Pradeep K. Chintagunta, and Sudeep Halder (1996). "A Framework for Investigating Habits, 'The Hand of the Past,' and Heterogeneity in Dynamic Brand Choice," *Marketing Science*, 15 (3), 280-299.

62

Seetharaman, P. B. (2004). "Modeling Multiple Sources of State Dependence in Random Utility Models: A Distributed Lag Approach," *Marketing Science*, 23 (2), 263–271.

Shapiro, Carl, and Hal R. Varian (1999). "The Art of Standard Wars," *California Management Review*, 41 (2), 8–32.

Sheeran, P. (2002). "Intention–Behavior Relations: A Conceptual and Empirical Review." In *European Review of Social Psychology*, ed. W. Stroebe and M. Hewstone, 12, 1–36.

Stigler, George J., and Gary S. Becker (1977). "De gustibus non est disputandum," *The American Economic Review*, 67 (2), 76–90.

Till, Brian D., Sarah M. Stanley, and Randi Priluck (2008). "Classical Conditioning and Celebrity Endorsers: An Examination of Belongingness and Resistance to Extinction," *Psychology and Marketing*, 25 (2), 179–196.

Vallacher, Robin R., and Daniel M.Wegner (1987). "What Do People Think They're Doing? Action Identification and Human Behavior," *Psychological Review*, 94, 3–15.

Verplanken, Bas, Ian Walker, Adrian Davis, and Michaela Jurasek (2008). "Context Change and Travel Mode Choice: Combining the Habit Discontinuity and Self–activation Hypotheses," *Journal of Environmental Psychology*, 28(2), 121–127.

Verplanken, Bas, and Wendy Wood (2006). "Interventions to Break and Create Consumer Habits," *Journal of Public Policy and Marketing*, 25 (1), 90–103.

Vohs, Kathleen D., Roy F. Baumeister, and Natalie J. Ciarocco (2005). "Self–Regulation and Self–Presentation: Regulatory Resource Depletion Impairs Impression Management and Effortful Self–Presentation Depletes Regulatory Resources," *Journal of Personality and Social Psychology*, 88 (4), 632–657.

Webb, Thomas L., and Paschal Sheeran (2006). "Does Changing Behavioral Intentions Engender Behavior Change? A Meta–Analysis of the Experimental Evidence," *Psychological Bulletin*, 132 (2), 249–268.

Wirtz, Jochen, Anna S. Mattila, and May Oo Lwin (2007). "How Effective Are Loyalty Reward Programs in Driving Share of Wallet?" *Journal of Service Research*, 9 (4), 327–334.

Wood, Wendy, and David T. Neal (2007). "A New Look at Habits and the Habit–Goal Interface," *Psychological Review*, 114 (4), 843–863.

Wood, Wendy, Jeffrey Quinn, and Deborah Kashy (2002). "Habits in Everyday Life: Thought, Emotion, and Action," *Journal of Personality and Social Psychology*, 83, 1281–1297.

Wood, Wendy, Leona Tam, and Melissa Guerrero Witt (2005). "Changing Circumstances, Disrupting Habit," *Journal of Personality and Social Psychology*, 88 (6), 918–933.

PART **2** 第 2 部分

促进品牌关系的目标、需求和动机

第4章
自我扩张[①]动机和将品牌纳入自我
——针对品牌关系的理论

马丁·赖曼，阿瑟·阿伦
(Martin Reimann and Arthur Aron)

正如人与人之间的关系，消费者与品牌间的关系也是生活的一个主要部分。
有学者认为，类似于人与人的交往，消费者通过购买品牌商品来构建他们的自我
概念，在此过程中也就创造了自我—品牌关系（Escalas and Bettman，2005）。为
了加深对这一基本过程的了解，学者们已在了解及描述消费者与品牌间不同关系
方面做了大量研究（Aaker, Fournier and Brasel，2004；Carroll and Ahuvia，
2006；Escalas and Bettman，2005；Fournier，1998）。在营销及消费者研究的文
献中有一些关于消费者—品牌关系的概念和相关测量，这些概念可以基于关系的
强弱将消费者进行分类（Fournier，1998），主要包括品牌依恋（Thomson，
MacInnis and Park，2005）、品牌承诺（Warrington and Shim，2000）、品牌联结
（Winterich，2007）、品牌推崇[②]（Matzler, Pichler and Hemetsberger，2007）、品
牌至爱（Ahuvia，2005；Albert, Merunka and Valette-Florence，2001；Carroll
and Ahuvia，2006；Fournier，1998）、品牌忠诚（Chaudhuri and Holbrook，2001；
Jacoby and Chestnut，1978）、品牌热情（Bauer, Heinrich and Martin，2007）和
品牌信任（Chaudhuri and Holbrook，2001）等。本书进一步对品牌关系做了一个
宽泛的评估，例如从人与物之间的爱（见第17章）和依恋（见第17章）方面
入手。

这些概念都有与关系相关的成分，但学者认为它们是不同的构念。比如，有

---

① 自我扩张模型（Self-expansion Model，Aron and Aron，1986）提出人类具有自我扩张的动机，自我
扩张的一种方式就是通过关系将他人纳入自我，包括他人的资源、观念和身份。该模型是一个概念框架，
为研究与关系相关的心理学现象提供了一个理论平台。

② 品牌推崇是指一群消费者对特定品牌的认同和忠诚达到传道狂般的水平，不仅自己持续消费该品
牌，而且积极推荐他人购买该品牌，甚至可能诋毁竞争品牌（袁登华等，2016）。

学者认为品牌至爱是品牌忠诚的驱动因素（Carroll and Ahuvia，2006）。也有学者认为品牌承诺反映的是一个品牌被视为一个产品类别中唯一可接受选择的程度，而品牌忠诚则是对单一品牌的不断重复购买（Warrington and Shim，2000）。

尽管在营销与消费者研究的文献中已经大量呈现了品牌关系的多个方面，然而以前的研究并没有确定一个能统一前人思想的理论。但是，描述消费者—品牌关系的这一基础过程，能使我们更好地理解消费者是如何与品牌相关的。在本章，我们希望通过自我扩张模型这一新的视角来研究这一主题，这个视角也许能解释品牌关系中以前未被考虑到的主要方面，也能对一些不同的发现进行整合。之前部分研究已经把自我扩张模型与和品牌相关的关系联系起来（Carroal and Ahuvia，2006）。但我们认为自我扩张模型的这一应用非常有用，本章在超越先前研究仅关注于某一方面的基础上，把模型应用到了消费者—品牌关系更为广泛的方面。

我们认为，这种方式不仅做出了理论贡献，还为品牌管理提供了深刻见解，并且能指导企业促进特定品牌与消费者之间的密切关系。尽管我们的研究重点是品牌，但是我们在本章提出的假设在具有显著人—物关系的相关领域也能得到应用，比如说政治心理学（如人与政治实体的关系）、健康心理学（如人与健康行为和过程的关系）以及环境心理学（如人与自然及特定自然区域的关系）。

本章主要按以下四个部分展开。首先，我们讨论了自我扩张模型及其在社会心理学中人与人之间亲密关系（人—人关系）背景下的发展。其次，为了理解品牌关系（人—物关系）的发展和维持，我们探讨了与模型相关的基本概念和研究发现的应用。再次，给出了一些基于自我扩张模型的品牌关系研究命题。最后是未来研究方向和品牌管理启示。

理论背景：自我扩张模型

自我扩张模型是一个试图描述人们在亲密关系中如何思考、感受和行动的概念框架。它最先由 Aron 和 Aron（1986）提出，并且将东方对于自我进化和爱的本质的心理学观点与现代西方关于动机与认知的心理学研究相融合。自我扩张模型有两个基本观点：①基本的自我扩张动机；②将亲密他人纳入自我。

自我扩张动机

人们试图通过提高自己完成目标的能力来扩张自我，这有助于实现更大的目标或人生目的。西方心理学把这种基本动机描述为探索、效能、好奇、竞争或自我改善（Bandura，1977；Deci and Ryan，2000；Gecas，1989；Taylor，Neter and Wayment，1995；White，1959）。自我扩张模型强调了人们渴望通过获取资源、观念和身份认同来增强目标实现能力的核心动机（Aron，Aron and Norman，2003；Aron，Norman and Aron，1998；Aron，et al.，2000）。与其他自我相关的

动机一样，自我扩张可能是有意识的，也可能是无意识的。人们可能经常会意识 67
到一种"自我扩张"的感觉，以及对促进自我扩张的特定目标的苦苦追求。然
而，自我扩张通常也是一种无意识目标。另外，在形成一段新爱情或者经历一个
新生命的降生时常会产生快速的自我扩张。研究认为，快速自我扩张会产生大量
令人兴奋的积极情绪，这与之前针对快速接近某一目标时情绪状态的影响研究在
结论上是一致的（Carver and Scheier，1990）。

　　Lewandowski 和 Aron（2002）编制的自我扩张问卷（Self-expansion Question-
naire，SEQ）有助于将这些抽象的概念更加具体化。这个问卷评估了个体体验到
他的同伴为自己带来的知识、技能、婚姻价值、积极人生转变和新奇经验等方面
的增加程度。最具有代表性的三个问题是："你的同伴为你提供了多少积极体
验？""你的同伴在多大程度上使你成为了一个更好的人？"以及"你在多大程度上
将你的同伴看作增强自己能力的一种方式？"

　　一些研究项目对基于自我扩张模型动机方面的假设提供了支持。例如，有一
个与初始吸引力有关的启示。"相似—吸引效应"（Similars Attract）（Byrne，1971）
是人际吸引文献中的一个经典发现。从自我扩张模型的视角来说，"相似—吸引"
部分是因为任何关系都会扩张自我，且人们意识到与相似的人发展关系是最容易
的（Aron et al.，2006）。

　　模型的另一个启示是发展一段新的关系会扩张自我。因此，Aron、Paris 和
Aron（1995）对 325 名学生进行了为期 10 周、每隔两周半测一次的五次测试。
每次测试中参与者要回答一系列问题，包括表明他们是否在上一次测试到这一次
测试期间"陷入了爱河"的问项，以及一个开放性的问题："今天你是谁？"正如
预期，与在测试之前已经恋爱或始终未恋爱的参与者相比，在测试期间陷入爱河
的参与者会用更多样的词语来描述自我。基于同一逻辑，其他研究通过一系列问
卷和实验发现一段关系的自我扩张性越强，这段关系破裂时自我概念的减少越多
（Lewandowski et al.，2006）。

　　这个模型在动机方面的另一个重要启示是，关于"快速扩张的过程会产生积
极情绪"（Strong and Aron，2006）的观点已引起了很多研究。基于此观点的研究
大多认为，共同参与一些自我扩张性的活动能够增加长期关系中的满意度。这一
研究是出于对一个典型现象的考虑——"在蜜月之后关系满意感会急剧下降，并
在随后数年一直维持低水平"（Tucker and Aron，1993）。当两个人开始进入一段
关系时，他们会花费数小时交谈，冒着很大的风险来进行自我揭露，这是一段初
始的令人兴奋的时期。根据自我扩张模型，这段初始的令人兴奋的时期是双方通
过大量交换而快速扩张自我的过程。在他们对彼此相当了解之后，这种类型的进 68
一步快速扩张机会就不可避免地减少了。

　　当快速扩张发生时，满意度会很高；当扩张很慢或不存在时，则很少涉及情

绪，有时甚至会厌烦。如果在快速扩张期后进入缓慢扩张期，愉悦情绪的丧失是令人失望的，并可能造成关系的缺陷。事实上，这种模式在以前利用日记、实地实验和实验室实验等的研究中已经被证实。例如，处于长期关系中的情侣们参加了三个实验室实验，包括填写问卷以及在交谈时被录像。这些情侣认为自己参加的是一个评估。参与者完成问卷后，共同参加会被录像的任务，接着完成更多的问卷。任务前后的问卷分别作为前测和后测。任务是被操控的，一些情侣参与到了扩张活动中（活动新奇且有挑战性），控制组的情侣活动则相对普通。在所有三个实验中，正如预期，不论是通过自我报告测量还是对情侣的事前和事后语音交谈内容进行第三方分析，在扩张情境下的情侣关系满意度相较控制组有显著大幅提升（Aron et al., 2000）。

总体来说，自我扩张模型的动机方面提出，人的一个主要动机是对扩张个人完成目标能力的渴望，这一动机出现在包括亲密关系的不同情境下。

将亲密他人纳入自我

也许人们自我扩张最重要的方式就是通过亲密关系将他人纳入自我。根据自我扩张模型，在一段亲密关系中，个体能体验到亲密他人的资源、观念和身份认同，这在某种程度上就像感受到自我的一样。

那些可能被纳入自我的他人"资源"，包括有助于个人达成目标的物资、与知识相关的资产（即概念性的、信息性的和程序性的资产）和社会资产（例如社会地位和角色）。纳入一个关系对象的资源意味着认为自己能使用或是占有对方的资源，即从某种程度上来说，把他人的资源当成自己的（比如，"我能这样做是因为我的伙伴会告诉我怎么做"或是"我有很高的地位是因为我的伙伴地位高"）。这种对对方资源的感知纳入就动机方面而言是尤为重要的，因为这代表着他人引起的结果（即奖励和成本）某种程度上能被当作自己的结果。这同样意味着他人资源上的获得或损失在某种程度上会被体会成自身资源的得失（Aron and Aron, 1986；Aron et al., 2003）。所以，正如在接受者并不知道人们分配决策的博弈试验中，人们会给关系近的人分配与自己相近的数量，对关系远的人则不会（Aron et al., 1991）。

有研究发现，人们会不自觉地对亲密伙伴的得失感同身受。一个针对热恋关系中情侣的研究发现了标准公平效应（standard equity effect）（即在关系中获益水平既不显著低于他人，也不显著高于他人的个体将会获得最大的关系满意度），但此效应对那些认为自身关系拥有较高关联性水平的个体而言则明显较弱（Medvene, Teal and Slavich, 2000）。即这位作者提出的规律是建立在以下观点基础之上的，如果把对方看作自身的一部分，那么对方的利益就是自己的利益，如果双方对彼此的结果并不加以区分，那么在关系中获得超过还是低于对方利益的意义就不那么重要了。类似的是，一些研究发现，在对方很亲近的时候或是通过操纵建立了亲密度的时候，社会比较过程会戏剧性地转变为自我比较过程（Beach et al.，1998；Mcfarland，Buehler and MacKay，2001；O'Mahen，Beach and Tesser，2000；Stapel and Koomen，2001）。例如，通过启动将他人纳入自我完全减弱了伙伴胜过自己所带来的负面效应，并且对亲密伙伴成功的祝贺程度与将他人纳入自我的程度有关（Gardner，Gabriel and Hochschild，2002）。

将他人"观念"纳入自我意味着在某种程度上有意或无意地通过他人的视角来认识世界。这意味着当把他人纳入自我时，许多与自我相关的归因偏差和认知偏差也适用于对方。比如，当两人关系亲密时，或者说是好朋友或是恋人时，在进行情境或特质性归因时常见的行动者—观察者偏差（Jones and Nisbett，1971）会减弱（Aron et al.，1991；Aron and Fraley，1999；Sande，Goethals and Radloff，1988）。其他运用回忆法的研究结果表明，对关系亲密者的事件回忆就像对自我事件的回忆一样，并不如对关系疏远者事件回忆那般的强烈（Aron et al.，1991）。这些研究表明，就像在感受关系时会基于自我观念一样，人们也会将从关系亲密者获得的感受作为感受关系的出发点，关系越近，这种说法越能成立。

用另一种方式考虑这个观点，研究者调查了人们是否会将一个常见于自我的效应应用到亲密他人身上，即当回忆过去时，会把成功看得比实际更近，而把失败看得比实际更久远一些。与纳入亲密他人观念的观点相一致，当要求个体回忆伴侣往事时这一效应同样存在，但这仅仅适用于这些情侣关系很亲密而不是很疏远的时候（Konrath and Ross，2003）。

"身份"是指把自己和其他人区别开来的一些特征，包括特质、记忆和其他能在社会和物理上定位人的一些特征。因此，将对亲密他人的认同纳入自我后，人们很容易会把自己的特征和记忆与亲密他人的相混淆。从广义的认知层面来讲（即观念和认同），自我扩张模型认为自我与亲密他人存在一些共享认知（Aron and Fraley，1999）。因此，长期以来对于"自我参照效应"（Self-reference Effect）的一致结论是值得仔细考虑的。自我参照效应认为，我们会对与自我和与他人相关的信息进行更好的回忆和更快的加工。但对这一效应的元分析发现，当他人与自己关系亲密时，自己和他人在回忆上的差异会显著减小（Symons and Johnson，1997）。

自我扩张模型特别指出，自我的结构在一段亲密关系中会有所改变，自我会将他人纳入到自己的结构中，即亲密他人的知识结构实际上会与自身的知识结构合用一些部分（或者说是激活潜力）（Aron et al.，1991）。比如，验证这一观点的一个范式是，先呈现给个体一系列描述特征的形容词，让个体评价自己和亲密他人是否具有这些特质，然后再用这些描述特质的词语对个体进行"我—非我"反应的测量（即这个特征是否能够描述我）。多个研究发现，相较于呈现双方不一致的特质时（特征只符合一方），当呈现双方是一致的特质（特质双方都符合

70

或都不符合）时，"我—非我"判断的反应会更快（Aron et al., 1991；Aron and Fraley, 1999；Smith, Coats and Walling, 1999）。而且，这个效应的大小很大程度上与自我报告的亲密度有关，在一个研究中，这一效应的大小预测到在为期三个月的时间内自我报告的亲密度有显著提高。

其他研究用了一个不同的范式，他们让参与者对自身的一些特征、对一个亲密对象的一些其他特征和一个非亲密对象（如媒体人物）的一些其他特征进行了评估（Mashek, Aron and Boncimino, 2003）。参与者接下来需要完成一个意料之外的认知任务，参与者需要指出给定的特征刚刚是被用于给哪个对象评估。结果关注的是混淆性，即那些被弄错了评估对象的特征。结果与预期相一致。比如，当参与者没有正确地识别那些最初用来评价自己特征的时候，他们更可能认为这些词是用来形容亲密对象，而不是媒体人物。类似地，如果参与者没有正确地识别那些最初用来评价对象的特征时，他们更可能认为这些词是用来形容自己而不是媒体人物。

总体来说，自我扩张模型中"将亲密对象纳入自我"这一观点认为，在一段亲密关系中，个人会在一定程度上把对方的资源、观念及身份当作自己的一部分。

在品牌关系中的应用

在这部分，我们把由人与人之间亲密关系形成和维持背景下发展出来的自我扩张模型的主要观点应用于消费者与品牌间的关系。因而我们观察了消费者自我扩张的典型过程，旨在为品牌关系提供一个改进的理论基础。我们想要指出的是，用人际关系来促进品牌关系是相对直接的方法，比如当我们知道亲近的朋友或者欣赏的人（广告代言人）选择了某一特定品牌时，这个品牌在这些情境下可能被视作扩张了自我，或者通过人际关系的延伸而被纳入自我。这种间接体验的过程也出现在群体身份的背景下，"延伸接触效应"（extended contact effect）的一些研究认为，当个体感知到内群成员在外群体中有很亲密的朋友时，对外群体的态度会更为正面（Wright et al., 1997）。然而，本章主要关注于直接的人与品牌间关系。

品牌与自我扩张动机

新获得品牌带来的快速自我扩张

在人际关系中，快速的自我扩张常在形成一段新的恋爱关系时出现，它能引起高水平的令人兴奋的积极情绪。像前面所说的一样，这一观点与之前关于朝一个目标快速行动而给情绪状态带来影响的研究是一致的（Carver and Scheier, 1990）。这一观点也意味着，相应地，自我快速的"非扩张"（de-expansion）能导致强烈的负面情绪，比如配偶的突然离世带来感知潜在效能的快速损失。我们认为在消费者与品牌间，新使用的品牌会产生快速扩张。比如，如果消费者买了一块劳力士（Rolex）的手表，这个品牌现在是一个高级手表品牌，对这块手表的购买和拥有能引起高水平的令人兴奋的积极情绪。此次购买同时能够形成消费者与品牌间一种新的亲密关系。如果所有者丢失了这块表，那会导致自我的快速非扩张。

我们认为这种情况不仅出现在高价格高名气的产品类别下，对于日常品牌同样适用。比如，如果消费者购买咖啡时由某不知名品牌转换为雀巢（Nescafe）旗下的 Taster's Choice 品牌，那么拥有和使用这个商品也会引起一些自我扩张。并且，如果消费者买不到这个品牌，则可能会引起失望的情绪。当然，如上例所示，相对于高级的、高涉入度的商品（如瑞士的腕表），日常的、低涉入度的产品（如速溶咖啡）扩张的强度更小。

作为一个概括，我们沿用以前研究（Zaichkowsky，1985）关于品牌涉入度的定义，涉入度是指个体基于内在需求、价值和兴趣对一个物体（如一个品牌）的感知相关性。以前关于涉入度的研究区分了持久涉入（不受具体情境影响的持续的涉入）和情境涉入（即仅在某特定情境下出现的涉入）（Houston and Rothschild，1978）。两者都表现出了对于物体的一种唤醒的、有兴趣的状态，但是它们在动机以及出现的时间模式上会有所区别。除了持久涉入与情境涉入的这一种分类，涉入度构念还有低水平和高水平的区分（Howard and Kerin，2006；Zaich-knowsky，1985，1994）。涉入度高的消费者会有更强的搜寻信息（如质量）的意愿。涉入度低的消费者，在处理信息时更倾向使用较容易被理解的（Chen and Chaiken，1999）或简单的直觉对相关线索进行判断（Howard and Kerin，2006；Meyers-Levy and Peracchio，1996）。 ⁷²

关于品牌和自我扩张动机，我们主要关注对品牌的持久涉入（Houston and Rothschild，1978），并且进一步把它分为高涉入度和低涉入度（Howard and Kerin，2006）。研究认为当与一个人一起进行令人兴奋的活动时，个体会更珍惜这个人（Aron et al.，2000）。这也许可以同样应用到高/低涉入度品牌的关系上。即当一个人能与一个品牌做一些令人兴奋的（即新奇的、有挑战的）活动时，则他对这个品牌的评价会更为正面。比如说，欧米茄（Omega），另一个高端手表制造商，将它的海马品牌（Seamaster Brand）定义为航海这项极限运动的终极工具。那些常被用于新奇且富有挑战情境的产品品牌，如工具品牌或乐器品牌，也有可能显示这一效应。我们认为，一段与一个品牌相伴的新奇且富有挑战的体验远远不止体验本身，哪怕是通过间接感受或幻想拥有这种体验都能与品牌建立强烈的联系。总的来说，这些观点能够得出下列命题：

P₁：对于新获得的品牌，消费者会快速地自我扩张，因而增加自我定义的内容，提升自我效能，以及感受到正面情绪。这种效应对高涉入度产品的品牌更强，对低涉入度产品的品牌更弱。

已使用品牌的自我扩张会随时间降低

我们还认为，对于那些被重复购买、拥有和使用的品牌，自我扩张的速度会随时间而降低，因而正面情绪和与品牌相关的价值也会降低。从新品牌带来的快速自我扩张状态开始，我们假设，通常来说（即除非品牌能持续提供新奇和有挑战的活动）自我扩张的量会平稳下降。比如前文提到的劳力士例子，拥有一块劳力士表多年以后仍然可能感受到令人兴奋的正面情绪，因为劳力士是永恒的，但是它带来的正面情绪程度又比不上最新款的、更漂亮、更高科技的劳力士表，或者说也比不上一个新买的老款表。对于普通的低涉入度的产品来说，自我扩张的程度在品牌关系开始时就较低，但其下降的速度可能比高涉入度产品更快。重复购买这一品牌可能引起的自我扩张是最少的，即它变成了一个常规购买。因此，我们认为：

P₂：品牌关系持续得越久，这一品牌带来的自我扩张越少。这一跨时间的效应对低涉入度产品的品牌更强，对高涉入度产品的品牌更弱。

73　　然而，我们还认为，除了品牌关系时长，与品牌互动的强度也会发挥作用。这就是说，关系长度产生的习惯性过程（即常规购买或者长期持有）只是习惯的一个方面。对于人际关系来说，关系时长是关系是否亲密最不重要的决定因素之一；更为重要的是，一个人和另一个人一起干了多少特别的事情，以及他们每天相处了多少时间（Berscheid, Snyder and Omoto, 1989）。应用到品牌关系上，我们认为与一个品牌的互动强度也会降低快速自我扩张的速度。因此，互动强度能作为之前提出的关系长度效应的催化剂。我们因此提出了下列命题：

P₃：与一个品牌的互动强度越强，品牌带来的自我扩张随时间会减少得越多。这个效应对低涉入度产品的品牌更强，而对高涉入度产品的品牌更弱。

图 4.1 说明了与新品牌的关系会带来较高水平的自我扩张（如快速自我扩张），以及这些品牌带来的自我扩张随时间和互动强度的下降水平。它同时说明

74

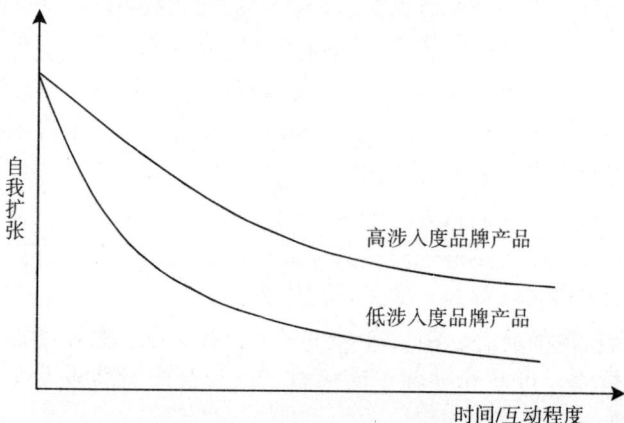

图 4.1　品牌和自我扩张动机

了，高涉入度产品的快速自我扩张初始水平普遍较高，而日常的低涉入度产品普遍较低。我们还认为，相对高涉入度产品，自我扩张、时间与互动强度之间的关系对于低涉入度产品更为陡峭。即低涉入度产品的品牌会比高涉入度产品的品牌更快地引起低水平的自我扩张。

但是，与先前的人际关系研究相一致，我们认为当消费者在与一个品牌的长期关系中产生了大量的自我扩张时，与这个品牌"分手"会使他更为沮丧（Lewandowski et al., 2006）。比如，当可口可乐推出新品牌 New Coke 时，忠诚顾客会变得非常不高兴，因为原来的品牌被取代了，他们甚至抵制了新品牌的销售。这使得可口可乐公司迅速重新推出原来的品牌。把这运用到品牌关系中，我们假设，对一个品牌进行大量的自我扩张能够引起品牌忠诚（Carroll and Ahuvia, 2006），尤其是心理忠诚（即对长期品牌关系的承诺）。我们因此假设：

P₄：关于一个品牌感受到的自我扩张越多，品牌忠诚度越高。

将亲密品牌纳入自我

品牌作为"资源"

我们认为品牌能作为资源被消费者纳入自我。首先，对于那些已经象征身份的品牌——比如说拉尔夫·劳伦马球男装①（Polo Ralph Lauren）的选手刺绣 T 恤或是万宝龙大班系列②（Montblanc Meisterstuck）的功能性钢笔——消费者根据这些物质资源进行推断，当他们拥有这些品牌产品之后，最终会把它们纳入自我。观测性的证据表明，将这些亲密品牌纳入自我的消费者的确会很骄傲地使用这些品牌，并且将它们展示给别人。在纤薄的苹果笔记本电脑③（Apple MacBook）上打字，通过最新的黑莓手机④（Blackberry）快速地回复邮件，或是在会议上用皮质的菲洛法克斯⑤（Filofax）笔记本做笔记，这些都向他人展示出了品牌与使用者间的联系。通过向他人展示这种联系，品牌的资源就被感知为使用者的资源。也就是说，品牌的部分身份与使用者的身份获得了匹配和关联。因此，忽然失去一个亲近的品牌会像损失了自身的资源。尽管普遍来说品牌关系不会像人际关系那样忽然消失（比如死亡或者离异），但据汽车的狂热爱好者反映当他们在事故

---

　　① 拉尔夫·劳伦马球男装（Polo Ralph Lauren）是美国著名高品位时装品牌拉尔夫·劳伦（Ralph Lauren）旗下的两大子品牌之一，另一个子品牌是拉尔夫·劳伦女装（Lauren Ralph Lauren）。拉尔夫·劳伦有着款式高度风格化的特点，主要消费阶层为中等或以上收入的消费者和社会名流。

　　② 万宝龙（Montblanc）是德国著名的钢笔品牌，其产品家族中的"大班系列"（Meisterstuck）更是品牌旗下的旗舰产品。

　　③ MacBook 是美国著名高科技公司苹果公司（Apple）于 2006 年出品的笔记本电脑品牌，已于 2011 年被后续新产品所淘汰。

　　④ 黑莓手机（Blackberry）是加拿大黑莓公司旗下的一家手提无线通信设备品牌，于 1999 年创立。

　　⑤ 菲洛法克斯（Filofax）是世界著名的笔记本品牌。它的成功在于不仅是一本普通笔记本，更是一本能帮助管理人士合理安排商务事件、科学使用时间的管理手册。

中失去爱车（他们自己的品牌产品）的时候，他们感到非常痛心。其次，从理论上讲，品牌在它们有用的程度内能为完成目标提供资源。因此，那些感知具有高品质的品牌（即提供了更大的效用）尤为容易促使自我扩张。

75　　总体来说，品牌至少提供了两类能让消费者纳入自我的资源：①源于人们知晓自身拥有这个品牌的社会地位或角色可得性（role availability）（即作为一个拥有那种品牌的那类人的感知）；②通过拥有某个品牌而带来的实际利益（如实用性）。因此，我们假设：

P₅：品牌能被当成资源。消费者把这些资源纳入自我，并把他们当作自身的资源。

此外，如果品牌提供了被纳入自我的资源，则品牌的得失也就意味着自身的得失。因此，购买了某品牌的消费者很可能会向他人推荐品牌，且会抵制那些认为品牌有问题的观点。实际上，在品牌竞争的背景下，可能会出现诋毁竞争品牌的现象。因此，我们提出了以下命题：

P₆：品牌能够作为资源。消费者越把品牌资源当成自身资源（品牌被越多地纳入自我），他们就越会站在品牌的角度做出行动。

品牌作为"观念"

进一步地，我们认为消费者可能会有意或无意地从他们所持有品牌（已经纳入自我的）的角度来体验这个世界。消费者可能会有与品牌相关的一些归因偏见和认知偏见。比如，宝马①（BMW）品牌多年来把自己定位为"终极驾驶机器"。相应地，宝马的拥有者被发现比其他汽车品牌的拥有者驾驶地更为激进。尽管梅赛德斯–奔驰②（Mercedes-Benz）通常在尖端技术和设计上与宝马在同一个层次，但是奔驰的司机不被认为像宝马司机一样激进。因此我们认为消费者在一定程度上是通过持有品牌的观念去观察这个世界，甚至也是这样行动的。我们假定在消费以及使用品牌期间尤其如此。对在高档酒店举行的结婚派对的观察表示，当人们穿着昂贵的阿玛尼③（Armani）或普拉达④（Prada）套装、礼服和皮鞋时，会表现得与几个小时前穿着阿贝克隆比⑤（Abercrombie）短裤和人字拖进入酒店时

---

① 宝马是德国驰名世界的汽车品牌之一，拥有 1-7、X、Z 等众多产品系列。一百年来，宝马汽车已从最初的一家飞机引擎生产厂发展成为以高级轿车为主导，并生产享誉全球的飞机引擎、越野车和摩托车的企业集团。

② 梅赛德斯–奔驰是德国驰名世界的高档汽车品牌之一，以完美的技术水平、过硬的质量标准、推陈出新的创新能力及一系列经典跑车款式令人称道。

③ 阿玛尼是世界知名的服装奢侈品牌，主要以使用新型面料及优良制作而闻名。

④ 普拉达是意大利著名的奢侈品牌，主要提供男女成衣、皮具、鞋履、眼镜及香水等产品，并提供量身定制服务。

⑤ 阿贝克隆比 & 费奇（Abercrombie & Fitch）是 1892 年创立于美国纽约的百年老店品牌，目前已发展为引领全球时尚旋风的美国休闲第一大牌，在美国青少年心中极富影响力，旗下共有 Abercrombie & Fitch、Abercrombie Kids、Hollister、Gilly Hicks 四个子品牌。

完全不同。一旦人们改变了穿着，他们在签到时那些松懈的行为也就转换成了正式的举动，就算对于亲戚也是一样的。另外，购买那些与环保相关的品牌［如普锐斯①（Prius）的混合动力车或是伊卡瓦②（Ecover）的洗碗皂］会使消费者对环保产生一种支持的态度。这引出了以下命题：

P₇：品牌能作为观念。消费者用他们已纳入自身的品牌观点来观察世界，即他们从品牌感知拥有者的角度来认知世界。

品牌作为"身份"

以前的研究已经考虑了消费者—品牌关系中身份的重要性（Reed Ⅱ，2004）。有研究进一步认为，品牌关系可以被看作消费者身份的一种表达（Escalas and Bettman，2005）。例如，消费者与梅赛德斯-奔驰的关系能建立在表达个体层面独特身份需求的基础上，而与本土品牌（如福特）的关系可能与群体层面的爱国民族身份相关（Swaminathan，Page and Gürhan-Canli，2007）。其他品牌关系的研究认为，描述和区分个人特性与描述和区分品牌特性之间匹配性越强，对品牌的偏爱就越大（Malhotra，1988；Sirgy，1982；Swaminathan et al.，2007）。在人际关系的背景下，自我扩张模型认为，亲密他人的身份被纳入了自我，从某种意义上说，亲密对象的认知表征实际上变成自我认知表征的一部分。作为结果，在认识、记忆和特性等方面，亲密他人就像自己一样。正如先前的总结，当某一特征并不符合关系亲密者时，人们能更快速地将其识别为自我特征（Aron et al.，1991）。相似的是，人们在自我和亲密他人之间会发生来源记忆③混淆（Mashek et al.，2003），当屏幕上的图片是在自己的照片和亲密他人的照片中变换时，相比于与非亲密他人的照片变换，人们识别自己的速度会更慢（Riela et al.，2008）。把这一观点延伸到品牌，我们认为：

P₈：品牌能被当作身份。当与一个品牌建立了亲密关系时，品牌的身份变成了自我认知结构的一部分。

总体来说，将亲密品牌纳入自我的三个方面的主要差别在于，品牌的"资源"可以看作拥有者自身资源的一部分，而"观念"则意味着通过品牌的视角来观察世界，"身份"则指的是品牌身份变成拥有者认知结构的一部分。

我们也假设，相对于低涉入度产品的品牌，持续自我纳入的效果对高涉入度产品的品牌更为陡峭。然而，自我纳入的增加在一段时间后会表现出下降速率。原因之一是被纳入的品牌为拥有者自身仅提供边际额外效用。这样的话，随着时

---

① 普锐斯是世界著名汽车制造商丰田汽车公司旗下的一款混合动力轿车品牌。
② 伊卡瓦公司于 1980 年成立于比利时马莱（Malle），是全球最大的生态清洁用品及洗涤用品生产商，其产品充分体现生态环保概念，旨在为全球环保家庭带来安全、可靠和持续发展的生活理念。
③ 有关事件背景的记忆称为来源记忆（source memory）。

间推移，品牌资源能大部分被纳入拥有者自身，并且，品牌的观念和身份也能随着时间而与拥有者自身的观念和身份相融合。我们也认为，相对于高涉入度的产品品牌，低涉入度产品品牌的自我纳入下降速率会更大。也就是说，一个低涉入度产品的亲密品牌（如雀巢速溶咖啡）会比高涉入度产品的品牌（如劳力士的腕表）纳入地更快。因此，高涉入度产品的品牌会比低涉入度产品的品牌带来更长时间的额外效用。我们认为：

77 　　**P9：尽管速率下降，与品牌的关系持续时间越长，品牌被纳入自我的程度越高。随着时间推移，纳入自我的效果对于高涉入度产品的品牌整体更强，对低涉入度产品的品牌更弱，且自我额外纳入的下降速率对低涉入度产品的品牌更强。**

　　我们也认为不仅是关系时长，与品牌的互动强度对纳入自我同样发挥着作用。我们由此提出了以下命题：

　　P10：尽管速率下降，与品牌的互动强度越大，品牌纳入自我的程度越高。当自我纳入的效果整体对高涉入度产品的品牌更强，对低涉入度产品的品牌更弱，自我额外纳入的下降速率对低涉入度产品的品牌更强。

　　图 4.2 说明了我们关于将亲密品牌纳入自我随时间和互动强度增加的观点，
78 并且我们指出相对于高涉入度产品的品牌，低涉入度产品的品牌自我额外纳入会下降更多。

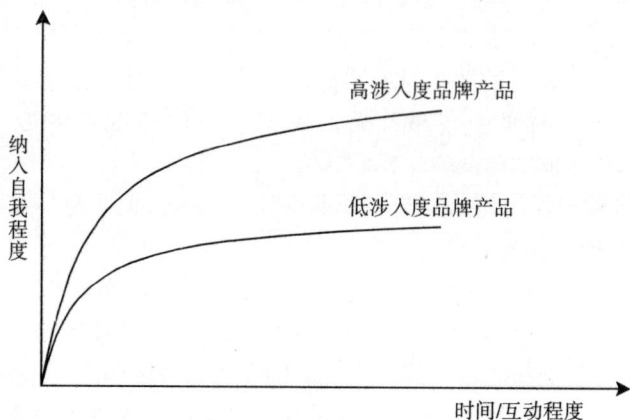

图 4.2　将品牌纳入自我

讨论

　　尽管关系视角作为一个理解消费者—品牌关系的理论基础已经变得越来越流行，且一些品牌关系方面在文献中已被强调，但是以前的研究并没有给出一个关于品牌关系的普遍理论。本章率先探讨了自我扩张模型这个视角的广泛应用，这些应用也许能解释品牌关系中以前未被考虑的核心方面。我们同时尝试整合了之前品牌关系研究中的不同发现。

亲密品牌关系的定义。 作为将自我扩张模型运用于品牌的一个结果，我们把亲密的品牌关系定义为当品牌已变成拥有者自身一部分时的品牌关系。

对未来研究的启示。 我们把自我扩张模型运用于品牌，这为品牌关系领域提供了一些未来的研究方向。具体而言，我们的多个命题（或其他基于我们这些思考的命题）可以运用多种方法来检测，在很多情况下只需把那些常在人际关系背景下检验自我扩张模型的研究放在品牌环境中进行。

对品牌管理的启示。 本章的研究命题在业界也有一些应用。品牌管理往往强调品牌传递人类身份的这一作用（Swaminathan et al.，2007）。但是，基于我们理论的评估，我们发现品牌同样可以作为资源和观念，这些都是建立和管理品牌时需考虑的重要方面。我们的论述还建议应该对高/低涉入度产品的品牌加以区分，即相对于低涉入度产品的品牌，消费者在高涉入度产品品牌的情形下自我扩张得更多。更进一步，自我纳入在不同的涉入种类间也有不同。随着时间推移，相较于低涉入度产品的品牌，对高涉入度产品品牌的自我纳入的整体速度更快，纳入得到的额外效用也更大。尤其是对低涉入度产品的品牌来说，在消费者将亲密品牌纳入自我时，管理者应实施能维持高水平的自我扩张和一个较缓慢递减的额外效用的策略。比如，在旧产品的自我扩张程度降低很多之前，这可以通过定期推出新产品或额外的产品特性来实现。

总体来说，我们希望通过将自我扩张模型运用至品牌关系的思考，不仅能为扩展品牌研究的深度和广度提供一定帮助，而且能使得自我扩张模型在这个领域的资源、观念和身份等方面得到应用。

79

参考文献

Aaker, Jennifer L., Susan Fournier, and S. Adam Brasel (2004). "When Good Brands Do Bad," *Journal of Consumer Research*, 31 (1), 1–16.

Ahuvia, Aaron C. (2005). "Beyond the Extended Self: Loved Objects and Consumers' Identity Narratives," *Journal of Consumer Research*, 32 (1), 171–184.

Albert, Noël, Dwight Merunka, and Pierre Valette –Florence (2007). "When Consumers Love Their Brands: Exploring the Concept and Its Dimensions," *Journal of Business Research*, 61 (10), 1062–1075.

Aron, Arthur and Elaine N.Aron (1986). *Love and the Expansion of Self: Understanding Attraction and Satisfaction.* New York, NY: Hemisphere.

Aron, Arthur, Elaine N. Aron, and Christina C.Norman (2003). "Self–Expansion Model of Motivation and Cognition in Close Relationships and Beyond." In *Self and Social Identity*, ed. Marilynn B. Brewer and Miles Hewstone. Oxford, UK: Blackwell, 100–123.

Aron, Arthur, and Barbara Fraley (1999). "Relationship Closeness as Including Other in the Self: Cognitive Underpinnings and Measures," *Social Cognition*, 17 (2), 140–160.

Aron, Arthur, Christina C. Norman, and Elaine N.Aron (1998). "The Self–Expansion Model and Motivation," *Representative Research in Social Psychology*, 22, 1–13.

Aron, Arthur, Christina C. Norman, Elaine N.Aron, Colin McKenna, and Richard E. Heyman (2000). "Couples' Shared Participation in Novel and Arousing Activities and Experienced Relationship Quality," *Journal of Personality and Social Psychology*, 78 (2), 273–284.

Aron, Arthur, Meg Paris, and Elaine N. Aron (1995). "Falling in Love: Prospective Studies of Self–Concept Change," *Journal of Personality and Social Psychology*, 69 (6), 1102–1112.

Aron, Arthur, Jodie L. Steele, Todd B. Kashdan, and Max Perez (2006). "When Similars Do Not Attract: Tests of a Prediction from the Self–Expansion Model," *Personal Relationships*, 13 (4), 387–396.

Aron, Arthur, Michael Tudor, and Greg Nelson (1991). "Close Relationships as Including Other in the Self," *Journal of Personality and Social Psychology*, 60, 241–253.

Bandura, Albert (1977). "Self–Efficacy: Toward a Unifying Theory of Behavioral Change," *Psychological Review*, 84 (2), 191–215.

Bauer, Hans H., Daniel Heinrich, and Isabel Martin (2007). "How to Create High Emotional Consumer–Brand Relationships? The Causalities of Brand Passion." In *Australian and New Zealand Marketing Academy*, Dunedin, New Zealand, 2189–2198.

Beach, Steven R. H., Abraham Tesser, Frank D. Fincham, Deborah J.Jones, Debra Johnson, and Daniel J. Whitaker (1998). "Pleasure and Pain in Doing Well, Together: An Investigation of Performance–Related Affect in Close Relationships," *Journal of Personality and Social Psychology*, 74 (4), 923–938.

Berscheid, Ellen, Mark Snyder, and Allen M. Omoto (1989). "The Relationship Closeness Inventory: Assessing the Closeness of Interpersonal Relationships," *Journal of Personality and Social Psychology*, 57 (5), 792–807.

Byrne, Donn E. (1971). *The Attraction Paradigm.* New York, NY: Academic Press.

Carroll, Barbara A., and Aaron C. Ahuvia (2006). "Some Antecedents and Outcomes of Brand Love," *Marketing Letters*, 17 (2), 79–89.

Carver, Charles S., and Michael F. Scheier (1990). "Origins and Functions of Positive and Negative Affect: A Control–Process View," *Psychological Review*, 97 (1), 19–35.

Chaudhuri, Arjun, and Morris B. Holbrook (2001). "The Chain of Effects from Brand Trust and Brand Affect to Brand Performance: The Role of Brand Loyalty," *Journal of Marketing*, 65 (2), 81–93.

Chen, Serena, and Shelley Chaiken (1999). "The Heuristic–Systematic Model in Its Broader Context." In *Dual–Process Theories in Social Psychology*, ed. Shelley Chaiken and Yaacov Trope. New York, NY: Guilford Press, 73–96.

Deci, Edward L. and Richard M.Ryan (2000). "The 'What' and 'Why' of Goal Pursuits: Human Needs and the Self–Determination of Behavior," *Psychological Inquiry*, 11 (4), 227–268.

Escalas, Jennifer E. and James R. Bettman (2005). "Self–Construal, Reference Groups, and Brand Meaning," *Journal of Consumer Research*, 32 (3), 378–389.

Fournier, Susan (1998). "Consumers and Their Brands: Developing Relationship Theory in Consumer Research," *Journal of Consumer Research*, 24 (4), 343–353.

Gardner, Wendi L., Shira Gabriel, and Laura Hochschild (2002). "When You and I Are We, You Are Not Threatening: The Role of Self–Expansion in Social Comparison," *Journal of Personality and Social Psychology*, 82 (2), 239–251.

Gecas, Viktor (1989). "The Social Psychology of Self–Efficacy," *Annual Reviews in Sociology*, 15 (1), 291–316.

Houston, Michael J., and Michael L. Rothschild (1978). "Conceptual and Methodological Perspectives on Involvement." In *Research Frontiers in Marketing: Dialogues and Directions.* Chicago, IL. 184–187.

Howard, Daniel J., and Roger A. Kerin (2006). "Broadening the Scope of Reference Price Advertising Research: A Field Study of Consumer Shopping Involvement," *Journal of Marketing*, 70 (4), 185–204.

Jacoby, Jacob, and Robert W. Chestnut (1978). *Brand Loyalty: Measurement and Management.* New York, NY: Wiley.

Jones, Edward E., and Richard E. Nisbett (1971). "The Actor and the Observer: Divergent Perceptions of the Causes of Behavior." In *Attribution: Perceiving the Causes of Behavior*, ed. Edward E. Jones. Morristown, NJ: General Learning Press, 79–94.

Konrath, S. H., and M. Ross (2003). "Our Glories, Our Shames: Expanding the Self in Temporal Self

Appraisal Theory." *American Psychological Society Conference*, Atlanta, GA.

　　Lewandowski Jr., Gary W., and Arthur Aron (2002). "The Self-Expansion Scale: Construction and Validation." *Third Annual Meeting of the Society of Personality and Social Psychology*, Savannah, GA.

　　Lewandowski Jr., Gary W., Sharon Bassis, and Johnna Kunak (2006). "Losing a Self-Expanding Relationship: Implications for the Self-Concept," *Personal Relationships*, 13 (3), 317–331.

　　Malhotra, Naresh K. (1988). "Self Concept and Product Choice: An Integrated Perspective," *Journal of Economic Psychology*, 9 (1), 1–28.

　　Mashek, Debra J., Arthur Aron, and Maria Boncimino (2003). "Confusions of Self with Close Others," *Personality and Social Psychology Bulletin*, 29 (3), 382–392.

　　Matzler, Kurt, Elisabeth A. Pichler, and Andrea Hemetsberger (2007). "Who Is Spreading the Word? The Positive Influence of Extraversion on Consumer Passion and Brand Evangelism." In *2007 AMA Winter Educators' Conference*, San Diego, CA, 25–32.

　　McFarland, Cathy, Roger Buehler, and Laura MacKay (2001). "Affective Responses to Social Comparisons with Extremely Close Others," *Social Cognition*, 19 (5), 547–586.

　　Medvene, Louis J., Cayla R. Teal, and Susan Slavich (2000). "Including the Other in Self: Implications for Judgments of Equity and Satisfaction in Close Relationships," *Journal of Social and Clinical Psychology*, 19 (3), 396–419.

　　Meyers-Levy, Joan, and Laura A. Peracchio (1996). "Moderators of the Impact of Self-Reference on Persuasion," *Journal of Consumer Research*, 22 (4), 408–423.

　　O'Mahen, Heather A., Steven R. H. Beach, and Abraham Tesser (2000). "Relationship Ecology and Negative Communication in Romantic Relationships: A Self-Evaluation Maintenance Perspective," *Personality and Social Psychology Bulletin*, 26 (11), 1343–1352.

　　Reed Ⅱ, Americus (2004). "Activating the Self-Importance of Consumer Selves: Exploring Identity Salience Effects on Judgments," *Journal of Consumer Research*, 31 (2), 286–295.

　　Riela, Suzanne, Sarah Ketay, Arthur Aron, and Julian P. Keenan (2008). "Including a Close Other's Face in the Self: A Morphing Experiment." In *Society for Personality and Social Psychology Annual Meeting*.

　　Sande, Gerald N., George R.Goethals, and Christine E. Radloff (1988). "Perceiving One's Own Traits and Others': The Multifaceted Self," *Journal of Personality and Social Psychology*, 54 (1), 13–20.

　　Sirgy, M. Joseph (1982). "Self-Concept in Consumer Behavior: A Critical Review," *Journal of Consumer Research*, 9 (3), 287–300.

　　Smith, Eliot R., Susan Coats, and Dustin Walling (1999). "Overlapping Mental Representations of Self, In-Group, and Partner: Further Response Time Evidence and a Connectionist Model," *Personality and Social Psychology Bulletin*, 25 (7), 873–882.

　　Stapel, Diederik A., and Willem Koomen (2001). "I, We, and the Eﬀects of Others on Me: How Self-Construal Level Moderates Social Comparison Effects," *Journal of Personality and Social Psychology*, 80 (5), 766–781.

　　Strong, Greg, and Arthur Aron (2006). "The Effect of Shared Participation in Novel and Challenging Activities on Experienced Relationship Quality: Is It Mediated by High Positive Affect?" In *Intrapersonal Processes In Interpersonal Relationships*, ed. Kathleen D.Vohs and Eli J. Finkel. New York, NY: Guilford, 342–359.

　　Swaminathan, Vanitha, Karen L. Page, and Zeynep Gürhan-Canli (2007). "'My' Brand or 'Our' Brand: The Eﬀects of Brand Relationship Dimensions and Self-Construal on Brand Evaluations," *Journal of Consumer Research*, 34 (2), 248–259.

　　Symons, Cynthia S., and Blair T. Johnson (1997). "The Self-Reference Effect in Memory: A Meta-Analysis," *Psychological Bulletin*, 121 (3), 371–394.

　　Taylor, Shelley E., Efrat Neter, and Heidi A.Wayment (1995). "Self-Evaluation Processes," *Personality and Social Psychology Bulletin*, 21 (12), 1278–1287.

　　Thomson, Matthew, Deborah J. MacInnis, and C. Whan Park (2005). "The Ties That Bind: Measuring the Strength of Consumers' Emotional Attachments to Brands," *Journal of Consumer Psychology*, 15 (1), 77–91.

　　Tucker, Paula, and Arthur Aron (1993). "Passionate Love and Marital Satisfaction at Key Transition Points in the Family Life Cycle," *Journal of Social and Clinical Psychology*, 12 (2), 135–147.

Warrington, Patti, and Soyeon Shim (2000). "An Empirical Investigation of the Relationship between Product Involvement and Brand Commitment," *Psychology and Marketing*, 17 (9), 761–782.

White, Robert W. (1959). "Motivation Reconsidered: The Concept of Competence," *Psychological Review*, 66, 297–333.

Winterich, Karen P. (2007). "Self-Other Connectedness in Consumer Affect, Judgments, and Action." Dissertation, University of Pittsburgh, Joseph M.Katz Graduate School of Business, Pittsburgh, PA.

Wright, Stephen C., Arthur Aron, Tracy McLaughlin-Volpe, and Stacy A. Ropp (1997). "The Extended Contact Effect: Knowledge of Cross-Group Friendships and Prejudice," *Journal of Personality and Social Psychology*, 73 (1), 73–90.

Zaichkowsky, Judith L. (1985). "Measuring the Involvement Construct," *Journal of Consumer Research*, 12 (3), 341–352.

——(1994). "The Personal Involvement Inventory: Reduction, Revision, and Application to Advertising," *Journal of Advertising*, 23 (4), 59–70.

第 5 章

消费者究竟为何要与营销人员建立关系？
——理解品牌关系的功能

劳伦斯·阿什沃思，彼得·达兹和马修·汤姆森
(Laurence Ashworth，Peter Dacin and Matthew Thomson)

消费者与品牌之间的关系在营销和消费者行为领域中一直备受关注。近年来　82
学者们不仅研究了消费者—品牌关系现象的普遍特征，还阐述了这一关系所带来
的重要营销结果。例如营销方面研究表明，消费者—品牌关系对重复购买、口碑
和支付意愿等重要的营销相关结果有相当大的影响（Stern，1997；Sheth and
Parvatiyar，1995）。

除了研究消费者—品牌关系对这些结果的影响以外，学术研究还识别了体现
消费者—品牌关系重要方面的其他构念，如关系强度和关系质量。这些构念是我
们理解消费者与品牌间联系的基础（Fournier，1998）。

然而，尽管学者们对消费者—品牌关系有着浓厚的兴趣，但是对消费者为什
么发展、维持与品牌之间的关系却缺乏理解。令人惊喜的是，营销学者通过在态
度研究领域中探讨潜在动机，由此得到了些许见解。在态度领域，态度功能[①]的
研究（即为什么消费者持有态度）深入探讨了态度形成和劝说等话题（Katz，
1960；Shavitt，1990）。

在人际关系的文献中，个体为什么形成、维持关系的研究增进了学者们对关
系的理解，这远远超出了通过单纯识别这种关系的产出所能得到的内容。因此，
有意思的是，营销和消费者行为领域的学者还未从理解消费者—品牌关系为消费
者提供功能这一视角（有一个例外，见第 4 章）探讨消费者—品牌关系。随着消
费者—品牌关系领域的研究持续发展，推进这一领域的下一步显然是理解消费者
进入这些关系的动机。

理解消费者—品牌关系发挥的潜在功能，对于进一步探索关系强度和质量等　83

---

① 态度功能（Attitude Functions）观点认为，态度为个体提供了特定功能。

重要概念也是非常重要的。在消费者—品牌关系研究以及态度研究中，"某一给定的消费者—品牌关系在一个给定的消费者生活中发挥着什么样的功能"，对这一问题的回答好像与我们对于关系的本质、强度和质量的理解相互交织在一起。

从这一点看来，我们的研究就尝试识别和测量消费者形成、维持与品牌间关系的多种原因进行了初步探索。为此，我们提出并实证检验了消费者—品牌关系的一种方法，即消费者形成、维持与品牌的关系部分是因为这些关系提供了一种机制，使消费者能够实现一些高层次目标。

首先，我们简要概述了消费者—品牌关系意味着什么，讨论了广义的消费者—品牌关系功能概念，以及这一概念带来的某些重要结果。基于这个讨论，我们借鉴了大量的文献，以期从概念上识别潜在的消费者—品牌关系功能，并深入挖掘体现这些潜在功能的一系列问项。

其次，我们描述了在开发这些消费者—品牌关系功能量表时遵循的步骤，并且描述了各种用于修正这些量表的心理测验结果，和我们对于消费者—品牌关系概念化的结果。我们还呈现出了探索性研究的成果，这些研究表明消费者—品牌关系功能对于我们理解这些关系的建立和维持提供了重要见解。

最后，本章讨论了消费者—品牌关系在营销实践中的一些应用，以及其在营销领域的研究。

消费者—品牌关系

营销和消费者行为研究表明，一些消费者与品牌形成关系的方式和他们与其他个体形成关系的方式在很大程度上是相同的，并且这些关系的特征对不同消费者是不同的（Fournier，1998；Muniz and O'Guinn，2001）。Fournier 在其研究中指出，消费者和多种日常用品之间存在着有意义的关系（Fournier，1998；Fournier and Mick，1999；Fournier and Yao，1997）。这些关系的特征可以呈现出一系列强度，包括形成一种与品牌非常紧密的联系，和在某些极端情况下，形成一种往往只与亲密的朋友家人圈子相关的激情（Aggarwal，2004）。

关系概念已成为了一个越来越重要的研究主题，部分是因为企业能享受到经济上的优势，这些优势是强消费者—品牌关系的结果之一。这些优势包括减少营销开支、易于接近和获得新顾客、维持客户关系、品牌资产，以及最终增加利润（Blackston，2000；Dowling，2002；Reichheld，1996；Winer，2001）。以往研究除了探索消费者—品牌关系相关结果外，还考察了不同类别个人—品牌关系的特征和性质（Aaker and Founier，1995；Aggarwal，2004），以及影响这些关系解除的因素。

认真考虑关系是非常重要的，因为它们是企业未来收益和利润的最可靠来源之一（Lemon，Rust and Zeithaml，2001：21）。关系被认为可以通过增强现金流、降低波动性、建立进入壁垒以及提供增加价格和市场份额的可能性等途径来改善企业地位 (Srivastava, Shervani and Fahey, 1998)。类似地，"当消费者认为现有品牌在关键的产品特性方面是相似的时候，客户关系管理工作方面的任何竞争优势都将会影响消费者选择" (Barone et al., 2000：258)。因此，消费者关系上的优势是一项有可能预测绩效和抵抗竞争 (resilience to competition) 的商业资产。

虽然关系十分重要，大量的研究和文字都在宣传关系的益处，但是关于如何概念化或测量关系强度依然鲜有共识。也许强度最基本的思考方式是考虑一个人多久会购买一次特定品牌，通过频率或者一类购买中的比例来表现，但是这个相对无创造性的观点忽略了关系的心理学基础，关系的心理学基础或许更具意义和预测性。

大量研究已关注到关系的一个维度——品牌关系质量 (Brand Relationship Quality, BRQ)，且试图用这一维度捕捉消费者—品牌关系的心理体验 (Fournier, 1998)。基于这一概念，更强烈的、更有意义的关系被刻画成了爱、激情、亲密以及承诺等感觉 (Fournier, 1998)。其他学者对关系强度进行了替代性测量，如通过使用满意度、信任度以及承诺的组合体 (Gregoire and Fisher, 2008)，但需要注意的是，这三个中的每一个也都已经或隐或显地被作为强度的单一指标提出来了 (Fournier, 1998；Oliver, 1999)。尽管这些观点促进了这个领域的发展，但没有一个是充分的。例如，消费者有可能与一个品牌形成一个强关系，但是并不一定会产生亲密或者激情的感觉。当机会出现时消费者也有可能会换掉一个满意的品牌 (Liljander and Roos, 2002)。此外，消费者不必要为了对品牌感到满意而与品牌保持一个强关系 (Barnes, 1997)。

学者们也探讨了其他方法。一些学者主要利用认同和依恋概念描述关系。认同一般被用来指消费者和某些实体之间的联系，反映了消费者用定义某些实体的相同属性来定义他们自身的程度 (Aqueveque, 2005；Einwiller et al., 2006；Brown, Bradley and Lang, 2006；Smith, Morgan and White, 2005；Losier and Koestner, 1999)。认同代表着"营销者不断追求与消费者建立那种密切而有意义的忠诚关系的主要心理学基础" (Bhattacharya and Sen, 2003：76)。依恋一般被用来描述一个人与一个特定的、被该人认为是特殊的或不可替代的人或物的情感联系 (Bowlby, 1979；Kleine and Baker, 2004)。实验证明，消费者对品牌会形成依恋，且这些依恋的强度可能是强关系的一个较好指标 (Keller, 2001；Thomson, MacInnis and Park, 2005；Thomson, 2006；Ball and Tasaki, 1992)。学者们也用其他术语解释了强关系，如涉入度 (Park and McClung, 1986；Zaichkowsky, 1985)、情感承诺 (Bergami and Bagozzi, 2000)、品牌承诺 (Ahluwalia, BurnKrant and Unnava, 2000；Beatty, Kahle and Homer, 1988)、忠诚感 (Rust et al., 2004)、信任 (Trust) (Delgado-Ballester and Munuera-Aleman,

2001）、态度忠诚或态度强度（Ahluwalia, Burnkrant and Unnava, 2000；Bizer and Krosnick, 2001）、自我关联性（Chung and Darke, 2006；也可见第 6 章）和爱（见第 18 章）。

这些术语中的一些，如认同（Ahearne et al., 2005），主要是反映了价值观和信念的认知构念，这些构念会引起情感联系，其他的构念如依恋和情感涉入，基本是情感方面的，这些构念会触及爱、钟情、喜爱和归属感等感觉（Bergami and Bagozzi, 2000）。两种类型的构念在开发更好的品牌强度测量的提议中都有被提到（Lassar, Mittal and Sharma, 1995），它们也能作为强关系的指标，因为它们评估的是人与品牌间的内在联系（Ashmore, Deaux and Mclaughlin-Volpe, 2004；Kyle and Mowen, 2005；Kim and Kaplan, 2005）。虽然关于什么是测量关系强度最好方法的观点很多，但只有当这些构念有了些许合理的解释，并且对这些构念的各种预测指标、效果和测量等有了一个检验方法之后，这个领域才可能会快速发展。

总体来说，关系已由许多不同方式阐释，这些方式描述了关系的各种成分以及其自身可能的不同前因。检验了消费者—品牌关系的大多数工作的一个含蓄假设是，这种关系服务于消费者的一些功能或者目标，或者说，品牌对消费者持有的特定系列目标的持续满足导致了这种关系的形成。综观关系的不同阐释，很显然，这些目标可能十分多元化。例如，品牌认同概念认为，消费者可能培养与品牌关系的原因之一，是因为品牌对于消费者希望去发展和维持的身份所能贡献的能力。

类似地，依恋和亲密概念认为，某些消费者可能指望品牌来满足重要的归属需求［像他们有时指望明星一样，见 Thomson（2006）］。我们认为，对于消费者与品牌的关系，更完整的理解需要深刻洞悉关系下的目的或功能。具体而言，我们认为，关系能服务于一系列高阶目标①，而且这些目标的本质有可能会影响关系的本质，以及它对重要营销结果的影响。在下一部分，我们尝试去概述一系列我们认为在消费者—品牌关系情境下可能十分重要的目标。高阶目标的概念在营销中并非不常见（Shavitt, 1990，在态度的情境中）。与该项工作一致的是，我们主要借鉴了态度功能的研究（如 Katz, 1960；Shavitt, 1990），以及人类基本动机这类更为基础性的研究。

消费者—品牌关系的功能

消费者态度和信念能为实现高阶目标服务的观点，在心理学和营销学中已被

---

① Shavitt（1990）在其文章中提到，态度提供了一种基础的功能，即认知理解功能，帮助组织和构建个体的环境，在参考框架中提供一致性（helping to organize and structure one's environment and provide consistency in one's frame of reference）。态度还能服务于更高的目标，如功利主义（Utilitarian）、社会认同（Social Identity）和自尊（Self-esteem）。

广泛接受。态度的功能最初是由 Smith、Bruner 和 White（1956）以及 Katz（1960）概念化的，这一方法强调了人们态度的动机基础（如他们态度的功能基础）。这些年来，这些领域的一些作者已撰写了态度的功能，以及他们提供的用于理解个体为什么会形成特定态度和信仰的见解（Bhat and Reddy，1998；Chitturi，Raghunathan and Mahajan，2007；Deci and Ryan，2000；Katz，1960；Maio and Olson，1995a，1995b；Okada，2005；Park，MacInnis and Jaworski，1986；Shavitt，1990；Shavitt and Nelson，2002；Sheldon et al.，2001；Voss，Spangenberg and Grohmann，2003）。例如，Shavitt（1990）指出，在改变态度上，与消费者对特定产品态度的功能相匹配的营销沟通比不匹配的营销沟通更加有效。换句话说，除了态度的其他特性之外（例如，效价、强度、极点等），理解态度的功能为透彻分析如何最好地改变某一态度提供了思路——我们讨论的这些也可能被应用到关系中。

　　Smith 等（1956）最早提出了三个态度功能：对象评估、外部化以及社会适应。随后 Katz（1960）提出了四种某种程度上不同的功能：功利主义、认知理解、自我防御以及价值表达。两种分法之间有大量重叠和一定程度的相似。因此，基于本章的目的，我们主要关注 Katz 提出的四种功能。

　　Katz（1960）提出，态度服务于四种基本潜在功能中的一个或多个：它们暗示了某一物品与奖励或惩罚相联系的程度（功利主义功能；Shavitt，1989）；它们能起到保护自己不受关于自己的"基本事实"和"外在世界的残酷现实"的伤害（Katz，1960；自我防御功能）；它们能允许个体表达自己的价值观和自我概念中他们满意的方面（价值表达功能）；以及最后，它们可以与一种基本需求——对个人环境达到一个有意义、稳定而有序的理解——相联系（认知理解功能）。

　　正如 Fazio（1989）指出的那样，所有态度在一定程度上都发挥了认知理解的功能。换言之，可以说所有态度在某种程度上，都是为了帮助个体以一个有意义且心理上有用的模式来概括信息。就这点而论，态度的这种功能似乎不会立即被应用于关系。但是，应该注意的是，认知理解功能的这一广义理解也许与 Katz 的初始构想有点不同。他的观点是，态度可特定地被理解、寻求意义和保持态度一致性等需求所激发。基于更近的研究，我们可以说，这种功能与许多不同的潜在心理需求相关，包括理解原因和搞清楚情况的需要（Stevens and Fiske，1995），以及对一致（Festinger，1957）、认知（Cacioppo and Petty，1982）、好奇和探寻（Kashdan，Rose and Fincham，2004）的需求等。换句话说，态度的某些限制性功能、有用性功能及知识解释功能，能概述特定知识相关的动机，这些动机是态度产生的原因而非对所有态度的一般性总结。在关系中，我们相信这些相关需求中最可行的是理解和搞清楚处境的需求。换句话说，消费者—品牌关系的

87

存在，可能是因为它帮助消费者搞清楚了自己的处境。我们还不确定这样的功能在解释消费者—品牌关系的基础上是否一定是重要的，虽然如此，我们将认知理解功能作为这些关系的一个可能基础来进行研究。

Katz 所概述态度的功利性功能，认为对某确切存在物体的态度源自于与其互动过程中产生的有益或惩罚性结果。正如知识激励功能一样，可以说这个功能足够广泛以至于能包含大多数的（如果不是全部）态度。在关系的情境下，功利性功能认为关系是基于有益（或惩罚性）的结果才得以培育（或终止）。当然，这种关系，就像态度目标一样，可以因为大量的原因来进行奖励（或惩罚）——比如说因为它们支持自尊，或是因为关系伙伴互动起来很有意思，也可能是因为它们与个人的自我观念相关。换句话说，与客体相交互的结果本质是不足以将关系可能有的其他更为具体的功能和这个功能加以区分。

这并不是说这样一个功能没有作用，而是需要将它加以提炼而变得有用。在这里，我们从区分享乐性和所谓实用性产品的文章中进行了借鉴。Hirschman 和 Holbrook（1982）定义享乐消费为一种包含"产品使用体验里多重感官的、虚幻的以及表现感情层面"的消费。类似地，Chitturi、Raghunathan 以及 Mahajan（2008）最近将享乐产品的特性定义为"美学的、经验上以及享乐相关的"，与实用特性"功能性的、有帮助的和实用的"相对立。尽管事实上很多研究应用了类似的区分（Dhar and Wertenbroch，2000；Kivetz and Simonson，2002；Okada，2005；Voss，Spangenberg and Grohmann，2003），并且消费的享乐层面是合理清晰的——直接导致积极的情感反应的特征——"实用"的特征和产品的组成相对而言没那么清晰。"实用的"和"功能性的"表明产品或者特征在达到某个特定的目标是有用的；它们也能用于描述目标是享乐的产品（或者其他任何目标）。"工具性"表明为其他某些目标服务——是一种手段，而不是结果本身。这样一种特征可能把它与消费的享乐特征更好地区分开来。享乐特征能直接达到情感的最终目标，然而功利特征允许消费者去实现一些情感或非情感的其他目标。

88　　关键点在于产品的实用特征并不是能直接激发情感的，但能使对其他目标的追求成为可能。实际上，一个品牌的实用层面指的是在设计产品时它的核心功能（而并非消费者所认为的产品主要功能）。比如说，一辆汽车可能会因为拥有令人兴奋的速度而被购买（在这种情况下，享乐动机是产品为消费者提供的主要功能），但其设计的最初核心功能，即购买的功利基础却是运输——有了运输功能的存在，才能促成其他更多功能的实现。这样的定义进而也区分了基于实用基础所建立的关系和其他关系间的差异。为此，我们将实用性关系定义为以旨在持续而可靠地帮助实现其他目标的品牌能力为基础的品牌关系。

提出享乐性和实用性特征和产品的区分，表明一些消费者与品牌间关系可能是基于品牌直接满足消费者享乐需求的能力——对快乐、有趣、刺激甚至冷静和放松的需求（尽管在激发机制上不同，我们可以把这些都归类于代表奖励最终状态的正面效价的情感回应）。因此，我们认为消费者与品牌间关系可能起到的是享乐功能的作用。换句话说，这种关系存在是因为产品能够可靠并持续地激发消费者的一个积极反应能力。

正如 Katz 和其他人指出的那样（如 Schlosser，1998；Shavitt，1990），对特定客体的态度能为个体自我概念的发展和维持而服务（见第 4 章）。Katz 将这种功能称为价值表达，并且认为态度之所以存在是因为它代表着与个体的个人价值和自我身份相一致。将这个功能和印象管理目标相区分是有必要的，印象管理目标中态度是其中一个被设计来创造或避免特定印象的线索。事实上，Katz（1960）特别提到了这并不是他所说的价值表达功能所希望捕捉的："这些例子中对人的奖励不是说得到社会认同或金钱奖励而是建立他自己自我身份和证实他是他自己所认为的那种人。"将这些应用到关系的情境下，我们相信消费者与品牌间关系能存在的一个原因是与品牌涉及的价值与消费者自身价值和身份的匹配。与 Katz 所使用的说法相一致，我们把这称为关系的价值表达功能。

与一个内在驱动的身份匹配功能相反（价值表达功能），消费者也许会因为其他原因而受到外在驱动从而与品牌建立关系，其中包括源于创造他人看重并尊重的形象所带来的社会接受程度（见第 9 章）。这些目标在自我呈现和印象管理的章节中已经学习过了（Leary，1995；Schlenker，1980）。在态度功能的文献中，印象管理的目标被很典型地与身份一致目标捆绑到一起。例如 Smith 等（1956）把两种目标都称为社会适应功能。这些目标能被明晰地紧密联系起来。

对于自我发展的研究阐明了他人对于个体的观点会塑造个体的自我概念（Shrauger and Schoeneman，1979）。"应该自我"这一理念表明了在一定程度上我们会被其他人希望我们成为怎样所激励。此外，"理想自我"包括两方面内容，即个人天生认为很重要的状态（与 Maslow 自我实现的观点一致，1954）以及他们认为可以获得他人尊重的状态。简而言之，坚持和表达这些价值（通过态度和关系）的动机能够为自我相关和他人相关的目标服务。对这些目标进行区分是不合适的，至少在初期个体认同的重要价值观很可能因为其他人对那些价值观的支持而存在。尽管区分自我和其他驱动的行为很困难，但我们仍然相信存在着消费者—品牌关系的例子，因为关系使得个体融入重要团体或得到社会认可（与内在价值感知匹配而存在的关系相反）。注意到我们并没有区分团队成员资格动机和一般的社会支持动机。在关系的情境下，重要的是关系的功能是作为与品牌相关联的结果影响消费者被他人看待的方式。我们把这种功能看作社会适应功能，与 DeBono（1987）所用术语相一致，能把这个功能与价值表达功能区分开来。

　　在某种程度上，受 Freudian 关于需求和身份、超我① 价值观间冲突概念的启发后，Katz 将最后一个功能定义为自我防御。他提出这种功能的原因是他相信某些态度的存在主要是为了保护个体不受意料之外的与自身相关的真相或外部世界残酷现实的伤害。基于这个功能，Shavitt（1990）描述了态度的自尊维持功能，在此功能下态度不但能保护个体的自尊，还能够通过与相关社会团体建立联系来支撑这种自尊。简而言之，某些态度可作为保护以及支撑自尊的机制而存在。在关系情境下，这个概念化的问题是关系可以通过一系列不同的机制来影响自尊，包括一些我们先前提到的功能。例如因为品牌带来的满足社会适应（如印象管理）目标的能力而存在的消费者与品牌间关系很可能是自尊的一部分来源，充当价值表达（或者身份匹配）功能的消费者与品牌间关系也是。换句话说，自尊可以被概括为能够被一些更详细的、可能更具适应性的行为和结果所满足的广泛的需求。这个概念与目前关于自尊的研究相一致，目前研究表明大量因素会对自尊需求起作用（Crocker and Wolfe, 2001; Healtherton and Polivy, 1991; Leary et al., 1995; Lemay and Ashmore, 2006）。我们认为这样一个目标是通过一系列其他或者低阶目标来得到满足，尤其是价值表达和社会适应目标，而不是假定消费者与品牌间关系的广泛自尊维持功能。但是，我们也相信这种关系可以通过从属关系直接服务于自尊需求。

90　　在人类关系的情境中，发展和维持这样一种关系的显著动机是从属（Bowlby, 1969）。群居被普遍认为是人类生存的必要条件（Stevens and Fiske, 1995），如此关系形式下不断接纳和归属应该获得奖励。沿着这条思路，Baumeister 和 Leary（1995）提出了一个引人注目的观点，人类持有一种去归属的基本需求，大量研究者（Baumeister, Twenge and Nuss, 2002; Downey et al., 1998; Leary et al., 1995）阐述了对待拒绝的强有力消极心理反应。这表明关系可以获得奖励的一个原因是它们让关系中的个体产生了归属感。因此，我们假设关系的另一个基本功能是他们能够满足从属需求。尽管这样一个功能可能会对自尊产生较大影响，但是考虑到其他功能也可能影响消费者自尊，这个功能不等同于自尊维持。反之，我们提出某些消费者与品牌间关系是受到与品牌互动而得到的从属关系和友谊的感觉所驱使。

　　总之，我们相信只要存在态度有功能，便会存在消费者与品牌间关系的功能。换句话说，消费者发展和维持与品牌间关系是受一系列的原因所驱使。理解这些原因会帮助我们清晰地理解消费者与品牌间关系的本质以及与那些关系相关

---

　　① 本我（id）、自我（ego）和超我（superego）是弗洛伊德精神结构模型中精神的三大部分，以解释意识和潜意识的形成和相互关系。"本我"（完全潜意识）代表欲望，受意识遏抑；"自我"（大部分有意识）负责处理现实世界的事情；"超我"（部分有意识）是良知或内在的道德判断。

的概念，例如关系质量和关系强度。具体而言，我们提出了六种可能的关系功能：*知识激励*——因为给消费者提供了关于自身处境的内在理解而存在的关系；*实用*——基于品牌为顾客持续及可靠地帮助实现其他目标能力的关系；*享乐*——基于品牌直接激发一系列积极情感反应能力的关系；*价值表达*——基于与品牌相关价值和消费者核心价值（与概念"身份识别"类似，这个概念在关系文献中被定义）一致性的关系；*社会适应*——关系的存在是因为消费者与品牌的联系创造出了所期望的形象；*从属关系*——满足个人对友谊和归属的基本需求的关系。明显地，这一系列功能并不详尽，只是基于态度功能和目前存在的关系概念而建立的。在下一部分，我们将讨论开发消费者与品牌间关系功能测量的途径，并将呈现研究的结果，以此来阐述这个概念的用处。

消费者与品牌间关系功能的测量

为了开发和检验消费者—品牌间关系功能这一概念对营销文献的潜在贡献，发展和提炼每个功能的测量方法是很有必要的。我们从先前本章引用的关于品牌、态度以及消费形式的概念性和经验性研究中收集、改编以及创造了问项（Maio and Olson，1995a，1995b；Shavitt，1990；Shavitt and Nelson，2002；Chitturi，Raghunathan and Mahajan，2007；Bhat and Reddy，1998；Katz，1960；Okada，2005；Park，MacInnis and Jaworski，1986；Voss，Spangenberg and Grohmann，2003；Deci and Ryan，2000；Sheldon et al.，2001）。 91

我们使用了加拿大一家大型市场研究企业所拥有的在线渠道开展了一项问卷调查，该问卷包括了与潜在消费者—品牌关系功能相关的大量问项。为了确保被试者熟悉调查主题，在开端的说明中要求被试者思考并列出他们现在或者曾经拥有的品牌名称。进一步地，向被试者明确指示"基于与这个品牌的经验，可以说与品牌存在某种'关系'"。根据这些指示，询问被试者一些利用了品牌关系多种功能的问题。最后的样本由 515 个被试者组成，在性别、年龄、教育水平和地理分布方面大致平均。

就关系功能而言，其挑战在于确保每个功能所代表的不同概念以及每个功能相应的测量是否合理。因此，我们对六个功能相应问项进行了一系列的因子分析。尽管我们最初所包含的问项多于最终我们在测量中对每个概念使用的问项，但是我们的目标是建立一个可靠的、有效的以及简化的由大约每个功能五个问项构成的量表。为了简便，我们只在表 5.1 中提供了最终的因子分析结果。

第一个因子（$\alpha = 0.94$，$M = 2.65$，$SV = 1.65$）是社会适应，其捕捉到了消费者与品牌间关系的社会原因，换句话说，品牌促进了与他人的社会互动。样本问项包括"它帮助我更好地融入我的朋友"以及"这个品牌帮助我融入一些重要的社交场合"。第二个因子描述品牌的实用性、功能性（功利）层面（$\alpha = 0.96$，$M = 5.92$，$SV = 1.26$），以及包括了如"这个品牌非常便利以及非常好用"和"这

表 5.1 关系功能因子得分（统计汇总）

项目："我与这个品牌有关系是因为……"	成分					
	社会适应	功利	享乐	价值表达	从属关系	知识激励
它对于我社交的人群有意义	0.98					
我的朋友喜欢这个品牌	0.93					
它帮助我融入朋友	0.93					
它是我群体身份象征的重要组成部分	0.89					
这个品牌帮助我融入重要的社交场合	0.75					
这个品牌非常便利以及非常好用		0.94				
它的功能很好		0.94				
这是一个非常实用的品牌		0.92				
这个品牌有一个实用的目的		0.91				
这个品牌使用与预期的一样好		0.91				
使用这个品牌给我带来了很多的欢乐			0.94			
在使用这个品牌的时候让我感觉非常好			0.92			
这个品牌使用起来真开心			0.87			
我真的喜欢从使用这个品牌中得到的积极情感			0.86			
我在使用这个品牌时有持续的积极反应			0.84			
这个品牌和"真正的我"相一致				0.92		
这个品牌真的反映出了我是什么样的人				0.89		
这个品牌与我认为的重要的价值紧密关联				0.89		
我的身份和这个品牌非常适合				0.82		
我感觉我和这个品牌具有相同的品质				0.82		
这个品牌就像是我一个亲密的朋友					0.97	
我觉得这个品牌和我就像伙伴一样					0.96	
我觉得这个品牌和我很近					0.92	
我从我对这个品牌的亲密个人关系中得到满足					0.87	
我对这个品牌有一种亲密感					0.78	
这个品牌让我更加容易的构建、组织我的日常生活						0.99
这个品牌让我觉得我的世界更好预测						0.93
这个品牌帮助我了解日常生活中发生的事情						0.71
这个品牌让我在这个不确定的世界中感到安全						0.50
α	0.94	0.96	0.96	0.95	0.96	0.90
M	2.65	5.92	4.65	4.00	3.09	3.14
SV	1.65	1.26	1.76	1.78	1.90	1.76

注：采用主成分分析，Promax 转轴法；n=515；所有载荷系数均大于 0.4。

个品牌有一个实用的目的"等问项。第三个因子是享乐（$\alpha = 0.96$，$M = 4.65$，$SV = 1.76$），指的是与拥有或使用一个特定品牌相联系的积极情感，其包含了如"使用这个品牌让我感觉非常好"和"这个品牌使用起来真开心"等问项。

第四个因子是价值表达（$\alpha = 0.95$，$M = 4.00$，$SV = 1.78$），其描述了个人和其使用的品牌反映出的身份和价值的对应关系。样本问项包括"我是谁与这个品牌非常匹配"和"这个品牌能真的反映出我是什么样的人"。第五个因子是从属关系（$\alpha = 0.96$，$M = 3.09$，$SV = 1.90$），直接涉及个人和品牌间亲密的合作关系，其包含了如"这个品牌就像是我的朋友"和"我对与这个品牌的亲密个人关系感到满足"的问项。第六个因子是知识激励（$\alpha = 0.90$，$M = 3.14$，$SV = 1.76$），指这种关系给消费者带来的关于自身处境的理解以及将被试者从不确定中解放出来。它包含了如"这个品牌让我觉得我的世界更好预测"和"这个品牌让我更加容易构建、组织我的日常生活"。

消费者与品牌关系的功能影响

93

除了消费者与品牌间关系的问项外，我们包含了一系列的因变量测量，大部分是营销研究中非常流行的常规结果。这些结果包括感知质量、态度支持、口碑行为、社会责任感知以及保护品牌意愿等。我们通过使用三个问项来询问被试者目标品牌的感知质量：低质量/高质量；次等品/优等品；非常坏的质量/非常好的质量（Keller and Aaker，1992；Agarwal and Teas，2001）。我们通过三个问项（item）来测量态度支持：坏的/好的；令人不快乐/讨人喜欢的；负面的/正面的（Batra and Stayman，1990）。

我们通过两种方式来评估口碑行为。第一种方式是评估消费者是否会呈现一种压抑的被动口碑形式（WOM$_P$），这捕捉了准备对品牌说好话的情形。但是，与主动形式相反的是，被动形式不能捕捉到具体的口碑相关行为。呈现出这样一种准备状态的消费者，事实上可能并不会主动推销品牌，而在被问到时可能会正面评价品牌。我们使用了两个问项去捕捉这种形式的口碑，即"我对这个品牌只有正面的评价"和"我会将这个品牌推荐给其他人"。

第二种方式是对口碑的评估捕捉了一种更加主动的推荐形式（WOM$_A$）。我们使用了七个问项来评估这种形式的口碑。这些问项聚焦于大量的主动口碑行为、频率以及那些行为细节的程度。主动形式口碑的问项包括"当我将这个品牌告诉其他人时，我倾向于将它描述得很详细""我放任自己去向其他人介绍这个品牌"和"我经常提起这个品牌的名字"。观察指标的统计汇总如表 5.2 所示。

我们也希望评估被试者对目标品牌的社会责任的感知程度。为了测量它，我们使用了从先前研究中得到或改编的六个问项来让被试者报告他们的感知（Sen and Bhattacharya，2001；Bhattacharya and Sen，2003），包括"这是个有社会责任的品牌/公司"和"这个品牌/公司对社会幸福比其他品牌/公司更加有利"。

表 5.2　观察指标的统计汇总

变量	问项的数量	信度	均值	标准差
感知质量	3	0.91	6.05	1.14
态度支持	3	0.97	6.11	1.24
口碑，被动的	2	0.74	5.53	1.38
口碑，积极的	7	0.93	3.07	1.54
社会责任	6	0.83	4.99	1.10
保护意愿	2	0.80	4.47	1.56

94　　　　最后，关于结果，被试者通过回答一个假设的问题来表明他们保护这个品牌的意愿（"假如你听到某个你认识的人说了一些该品牌的负面消息"），然后询问这个被试者"通过描述品牌的正面事件来维护品牌"和"代表品牌来证明这个人说的是不正确"的程度。

　　为了阐述把消费者与品牌关系的功能性基础引入到营销研究中的潜在贡献，我们认为阐明这个贡献同样对解释关系力度或强度来说十分重要，因此，我们对后者需要获得一种有效且相当广泛的测量。考虑到文献中有很多不同的评估关系强度的策略，我们在研究中包含了其中的七种，以确保我们能够给出广泛且公正的关系强度的呈现。所有的问项和统计汇总在附表 5.1 中。

　　特别地，我们包含了新的问项以及从先前关于涉入度文章中改编的问项（如Zaichkowsky，1985），进而直接评估消费者眼中关系的存在与否及其强度大小（重要性）。问项包括："这个品牌对你有多重要？"和"在什么样的程度下你会说你和这个品牌有关系？"我们也在问项中评估购买（"购买"）和使用（"使用"）的信息，如"你多长时间购买一次这个品牌？"和"在何种程度上你会说你大量地使用了这个品牌？"我们也通过三个步骤来捕捉了关系强度的情感和行为组成。第一步，我们评估了消费者对这品牌有多忠诚（"承诺"；Aaker, Fournier and Brasel，2004；Beatty, Kahle and Homer，1988；Washburn and Plank，2002），他们有多相信这个品牌（"信任"；Chaudhuri and Holbrook，2001，2002；Fletcher, Simpson and Thomas，2000），以及他们对这个品牌有多依恋（"依恋"；Thomson, MacInnis and Park，2005）。我们这样做的目标并不是去证明每个概念或成分是相同的，实际上，鉴于先前的研究，它们之间有很大的差别。我们并未提出哪一个方法更好——那很明显已经超出了本章的范围。但是，每一个都代表了一种评估关系强度的方法，无论是在购买惯性、体验、认知、情感或者行为上，因此我们将它们都包括在了我们的分析中。通过使用这样一个宽泛的关系强度的度量，这一步仍然代表着对消费者与品牌关系功能潜在贡献的一种保守性检测。

　　接下来，我们在 AMOS 中利用 SEM 建立了一个测量模型，以反映所有的消费者—品牌关系功能及先前提及的功能结果。我们最初的目的是在控制关系强度下，检验每个关系功能在解释六种结果的方差的贡献度。但是，我们使用的模型也可以作为每个功能和每个产出之间的直接路径和经过关系强度的非直接路径的中介模型来解释（见图 5.1）。除了因变量，模型中所有变量都是潜变量，测量问项如表 5.1 所示。每个预测变量的误差项在模型中被设置成显著相关，并且关系强度用关系、重要性、购买、使用、信任、承诺以及依恋等来表示。这些结构方程模型的结果如表 5.3 所示。因为所有问项在对应的潜变量上都是显著的，我们将会着重讨论这些变量之间的关系。同时也因为知识激励和关系强度之间的路径并不显著，知识激励便从这个分析中被剔除掉了。

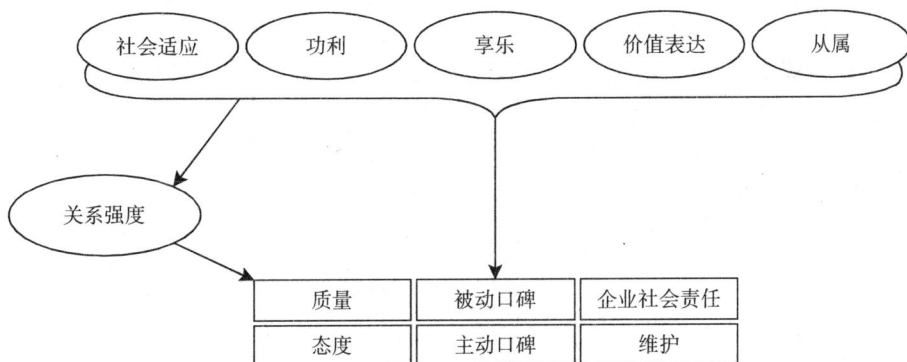

图 5.1　概念模型

表 5.3　结构方程模型关键结果

| 路径起点 | 路径终点 | | | | | | | | | | | | 保护意愿 | |
| | 关系强度 | | 感知质量 | | 态度支持 | | 被动口碑 | | 主动口碑 | | 社会责任 | | | |
	γ	p<	γ	p<	γ	p<	γ	p<	γ	p<	γ	p<	γ	p<
关系强度	—	—	0.87	0.01	0.82	0.01	0.81	0.01	0.32	0.01	0.58	0.01	0.81	0.01
社会适应	−0.19	0.01	0.09	0.01	0.04	0.50	−0.01	0.82	0.30	0.01	0.08	0.16	0.19	0.01
功利	0.47	0.01	0.15	0.01	0.07	0.21	0.17	0.01	−0.07	0.15	0.07	0.18	−0.11	0.05
享乐	0.13	0.01	0.05	0.01	0.09	0.16	0.11	0.04	0.13	0.01	−0.04	0.49	0.08	0.18
从属	0.41	0.01	−0.38	0.01	−0.36	0.01	−0.24	0.01	0.15	0.02	−0.12	0.11	−0.14	0.07
价值表达	0.38	0.01	−0.31	0.01	−0.29	0.01	−0.20	0.01	0.03	0.61	0.15	0.02	−0.16	0.02

注：卡方 =2928.71；DF =621；CMIN/DF =4.72；NFI =0.87；RFI =0.84；CFI =0.89；RMSEA =0.085，WOM =口碑；DF=自由度；CMIN/DF=最小样本差异除以自由度；NFI=拟合指数；RFI=相对拟合指数；CFI=比较拟合指数；RMSEA=近似误差均方根。

保留下来的五个功能都是关系强度（RS）的显著指标。具体而言，社会适应负相关地预测了 RS（$\gamma = -0.19$，$p < 0.01$），然而实用（$\gamma = 0.47$，$p < 0.01$）、享乐（$\gamma = 0.13$，$p < 0.01$）、从属（$\gamma = 0.41$，$p < 0.01$）以及价值表达（$\gamma = 0.38$，$p < 0.01$）都正相关地预测了 RS。反过来，RS 是一个对质量（$\gamma = 0.87$，$p < 0.01$）、态度支持（$\gamma = 0.82$，$p < 0.01$）、被动口碑（$\gamma = 0.81$，$p < 0.01$）、主动口碑（$\gamma = 0.32$，$p < 0.01$）、社会责任（$\gamma = 0.58$，$p < 0.01$）以及维护意愿（$\gamma = 0.81$，$p < 0.01$）等概念很好的预测指标。这一结果在本质上对现有成熟研究领域的复制，该领域共同强化了消费者—品牌强关系的影响力（如 Fournier，1998；Sheth and Parvatiyar，1995）。

尽管控制了 RS 对结果的影响，这些关系的功能基础对结果仍有显著的影响。换句话说就是 RS 对功能的影响并没有完全中介作用，在直接受功能影响的结果中仍然存在大量未被解释的方差。具体而言，实用功能是一个对消费者感知质量（$\gamma = 0.15$，$p < 0.01$）的正向预测指标，然而从属（$\gamma = -0.38$，$p < 0.01$）和价值表达（$\gamma = -0.31$，$p < 0.01$）都是显著的负向预测指标。同样地，态度被从属（$\gamma = -0.36$，$p < 0.01$）及价值表达（$\gamma = -0.29$，$p < 0.01$）所负向影响。就口碑而言，存在这一个混合的结果。被动口碑（WOM$_P$）由实用（$\gamma = 0.17$，$p < 0.01$）和享乐功能（$\gamma = 0.11$，$p < 0.04$）所正向预测，但是被从属（$\gamma = -0.20$，$p < 0.01$）和价值表达功能（$\gamma = -0.24$，$p < 0.01$）所负向预测。更主动的口碑形式（WOM$_A$）被社会适应（$\gamma = 0.30$，$p < 0.01$）、享乐（$\gamma = 0.13$，$p < 0.01$）和从属功能（$\gamma = 0.15$，$p < 0.02$）所正向预测。品牌的社会责任只被价值表达功能（$\gamma = 0.15$，$p < 0.02$）所正向预测。最后，消费者在基于社会适应功能建立起的关系中更愿意（$\gamma = 0.19$，$p < 0.01$）维护品牌，而在基于实用性（$\gamma = -0.11$，$p < 0.05$）和价值表达功能下（$\gamma = -0.16$，$p < 0.02$）建立起的关系中较少去维护品牌。从属和维护意愿的路径是负相关的，但并不显著（$\gamma = -0.14$，$p < 0.07$）。

讨论

从根本上而言，我们的数据表明不论关系强度，消费者与品牌间关系的基础对重要的营销结果有一定的影响，结果通过一系列完善的营销度量进行了测量。进一步而言，强关系更多是基于一系列的功能，且在对各种有关消费者目标的追求中得以存在。我们数据中第一个有意思的结果是强关系似乎可以基于纯实用目标或者功能而建立。换句话说，当这个产品用着很好但没有其他社交、价值表达及其他需求的作用时，强关系仍然可以建立。在营销研究中存在着大量的讨论说到品牌应该如何去促进自我表达和满足社会需求，并且有研究表明客观性能可能是建立强关系的先决条件（Fournier，1998），但是这个结果是首个阐明有意义的消费者与品牌间关系可以不建立在任何东西的基础上，而只要品牌做得好。而且使用术语"功能性的"来谈论品牌是非常具有挑战的，因为所有品牌都服务于某些功能、目标或需求服务。如同知识激励功能并不能预期强关系，功能这个术语可能同样显得过于宽泛：当被囊括在预测模型中时这个词语可能捕捉到了其他功能的一些方面，这将会使一般功能的贡献无效。但是，当限制到如"便利的"和"实用的"具体层面，实用功能的确起到很重要的作用。因此，进一步理解具体的子目标以及对术语的具体化可能会更好地加深我们对关系如何开展的理解。

购买获取

在其他关系功能被控制的情况下，印象管理事项与强关系呈负相关预测关系。表面上看，使用或购买某一品牌的个体会厌恶该品牌，或仅仅因为该品牌能促成更多重要的事项（即被朋友所接受，或与其他群体产生互动）。换言之，社会适应可能代表着充满了积极和消极情绪的目标。品牌就是给予消费者获得某些社会利益的门票，但当消费者有获得这些利益的直接渠道时，他们可能会后悔对这个品牌的需求。

建立质量声誉

一个希望提高对品牌高质量感知的公司似乎最好只宣传它的实用效益，并积极避免去售卖品牌的从属和价值表达效益。看到品牌将自身定位在从属或价值表达层面的消费者，同样也可能将其视作无谓之谈或障眼法。这强调了营销行业在许多方面基于情感联系来追求强关系，但是忘记了过多的定位、广告以及其他策略相当于二次粉饰。营销的核心在于提供至少是好用的产品或服务——产品或服务至少应当适度地具备实用性或者提供直接的享乐体验。公司为了让人感到高质量，应该首先建立或者维护客观性能，之后才能转移到赢得朋友、管理形象等方面。

让消费者"销售"

如果公司对如何提高消费者谈论该公司品牌的次数或者频率（用一种正面方式）感兴趣，这里有几个方法可以选择。公司可以将品牌宣传为是具有社会适应、享乐以及从属功能的。这些功能都与正面形式的口碑有更强、更公开的关联。在某种意义上，基于我们的结果，特别是社会适应功能以及更低程度的从属功能，似乎能使人最大程度地谈论品牌（因此带来强关系）。进一步说，享乐功能看上去相关是因为与享乐特征相关的积极体验更可能引起令人愉悦的结果（Chitturi et al., 2007）。同样地，相对于让人满意的事物，消费者更喜欢谈论让人愉快的事物。

相反地，价值表达和实用功能看上去并不是有效的促进因素。尽管它也不必如此，因为价值表达通常来说是相对私密的，这正与消费者参与到公开宣传和推销品牌背道而驰。而对于仅仅是在核心功能上表现良好的品牌，即履行了其实用功能，让消费者变得十分狂热是有难度的。Chitturi 等（2007）发现实用特征更

98

有可能导致满意而不是愉悦，而满意并不像愉悦一样是口碑的一个好指标。因此，我们对享乐关系以及口碑之间的正相关关系以及实用与口碑并无正相关关系的发现与这个视角保持一致。总而言之，我们的主要发现是与品牌相关的社会适应、享乐以及从属功能很大程度上能帮助消费者对品牌保持积极和热情。

如何"做好"

在此有两种方法来解释与企业社会责任相关的发现。一方面，如果一个公司希望让自己的品牌维持一个对社会负责的形象，那么我们研究的一个主要结果就是把品牌与消费者的身份联系起来可能会有效。在这种情况下，一个能表达消费者所信奉价值观的品牌将被认为是好的品牌，而几乎没有其他功能在这种流行中直接发挥作用。如果一个公司希望让自己的公司被认为是道德的，那么它可以将帮助其与消费者相关的价值关联起来——也许因为消费者可以通过维护公司的道德本质来重申他们自身的价值，或者也许是因为那些价值对消费者足够重要以至于与之相关的任何人任何事都被认为是好的。尽管这明确强调了进行利益细分以及了解消费者价值的必要性，它同样也提出了消费者—品牌关系中某种可能的匹配假设。获得社会责任声誉的企业就是那些与符合消费者身份相连的企业。另一方面，或许是那些消费者就是被具有社会负责的企业所吸引（相对于关系自身提供了对品牌的偏见）。无论哪一方面，这个问题对未来的研究都是时机成熟的。

结论

本章为识别及测量消费者为何要建立并维持与企业间关系的诸多原因的相关研究奠定了基础。基于其他文献已有的证据，我们相信这一理解是我们对消费者与品牌间关系理解缺失部分的关键。基于下列假设，即消费者发展以及维持关系在某种程度上是因为关系提供了让消费者能够加强以及实现几个更高目标的机制，我们能够明确和发展消费者形成和维持与品牌关系潜在原因，并发展测量。我们将那些原因标注为潜在的消费者与品牌间关系的功能。

考虑到我们研究的探索性性质，我们识别出的消费者与品牌间关系的功能很显然并不详尽。但是，即使有这个限制，我们的初步证据表明消费者与品牌间关系的功能为与消费者和企业所形成关系的重要营销相关结果提供了额外的见解。这一贡献的强大之处在于，即便已经能解释消费者—品牌关系的强度，它仍旧得以诞生。

很明显，我们需要对消费者与品牌间关系的功能进行更多研究，尤其是对这些重新定义的功能以及他们对重要营销相关结果的影响。尽管本章仅是第一步，但它也帮助阐明了消费者与品牌间关系功能带给营销的潜在贡献。我们希望其他人能被这条研究方向所带来的潜在贡献所鼓舞。

附表 5.1　关系强度指标（统计汇总）

成分	项目	统计学*			相关系数**							
		α	M	SV	(1)	(2)	(3)	(4)	(5)	(6)	(7)	(8)
(1) 重要性	这个品牌对你有多重要 你对这个品牌考虑了多少 在什么情况下你会说你与这个品牌相关 在什么情况下你会说这个品牌对你意义又重大	0.90	4.86	1.37	—	0.36	0.54	0.58	0.76	0.63	0.48	0.45
(2) 购买	你多久购买一次这个品牌 你购买了多少次这个品牌	0.90	5.18	1.88	0.36	—		0.18	0.41	0.43	0.31	0.13
(3) 使用	你多久用一次这个品牌 在什么情况下你会说大量地使用了这个品牌	0.93	5.93	1.36	0.54	0.46	—	0.30	0.50	0.44	0.43	0.16
(4) 其他效益	在什么情况下你会出于除了核心功能的目的说喜欢这个品牌 这个品牌在为你提供了除了核心功能外的效益	0.92	4.61	1.76	0.58	0.18	0.30	—	0.55	0.45	0.32	0.45
(5) 关系	你在什么情况下会说与这个品牌有关系 你与这个品牌的关系有多强	0.95	4.78	1.63	0.76	0.41	0.50	0.55	—	0.61	0.50	0.45
(6) 承诺	总之，这个关系对你有多重要 我专注于这个品牌 我对这个品牌很坚定 我在献身于这个品牌 我认为我对这个品牌高度忠诚 我对这个品牌很忠诚 我愿意为了继续使用这个产品做出少量牺牲性 在该品牌暂时可用的情况下我会延缓对它的购买 就算这个品牌让我失望一两次我依然坚持这个品牌 我不再需要去寻找竞争对手的替代品感觉开心 我很可能从现在开始再用这个品牌一年	0.89	4.78	1.48	0.63	0.43	0.44	0.45	0.61	—	0.66	0.50

续表

成分	项目	统计学*			相关系数**							
		α	M	SV	(1)	(2)	(3)	(4)	(5)	(6)	(7)	(8)
(7)信任	这个品牌值得信赖 我可以依靠这个品牌 这个品牌可以依靠 这个品牌是可靠的 这个品牌是可信的	0.97	5.89	1.13	0.48	0.31	0.43	0.32	0.50	0.66	—	0.29
(8)依恋	充满深情的、喜欢的、友好的、和平的、依恋的、 有联系的、有关系的、迷人的、热情的、高兴的	0.97	3.15	1.77	0.45	0.13	0.16	0.45	0.45	0.50	0.29	—

注：n＝515；所有的 P＜0.01。

参考文献

Aaker, Jennifer L., and Susan Fournier (1995). "The Brand as a Character, a Partner and a Person: Three Perspectives on the Question of Brand Personality." In *Advances in Consumer Research*, ed. Frank R. Kardes and Mita Sujan. Provo, UT: Association for Consumer Research, 391–396.

Aaker, Jennifer L., Susan Fournier, and S. Adam Brasel (2004). "When Good Brands Do Bad," *Journal of Consumer Research*, 31 (June), 1–18.

Agarwal, Sanjeev, and R.Kenneth Teas (2001). "Perceived Value: Mediating Role of Perceived Risk," *Journal of Marketing Theory and Practice*, 9 (Fall), 1–14.

Aggarwal, Pankaj (2004). "The Effects of Brand Relationship Norms on Consumer Attitudes and Behavior," *Journal of Consumer Research*, 31 (June), 87–101.

Ahearne, Michael, C. B. Bhattacharya, and Thomas Gruen (2005). "Antecedents and Consequences of Customer–Company Identification: Expanding the Role of Relationship Marketing," *Journal of Applied Psychology*, 90 (3), 574–585.

Ahluwalia, Rohini, Robert E. Burnkrant, and H.Rao Unnava (2000). "Consumer Response to Negative Publicity: The Moderating Role of Commitment," *Journal of Marketing Research*, 37 (May), 203–214.

Aqueveque, Claudio (2005). "Marketing and Market Development: Signaling Corporate Values: Consumers' Suspicious Minds," *Corporate Governance*, 5 (3), 70–81.

Ashmore, R. D., K.Deaux, and T. McLaughlin-Volpe (2004). "An Organizing Framework for Collective Identity: Articulation and Significance of Multidimensionality," *Psychological Bulletin*, 130, 80–114.

Ball, A. Dwayne, and Lori H.Tasaki (1992). "The Role and Measurement of Attachment in Consumer Behavior," *Journal of Consumer Psychology*," 2, 155–172.

Barnes, James G. (1997). "Closeness, Strength, and Satisfaction: Examining the Nature of Relationships between Providers of Financial Services and Their Retail Customers," *Psychology & Marketing*, 14 (December), 765–791.

Barone, Michael J., Anthony D. Miyazaki, and Kimberly A. Taylor (2000). "The Influence of Cause-Related Marketing on Consumer Choice: Does One Good Turn Deserve Another?" *Journal of the Academy of Marketing Science*, 28 (2), 248–262.

Batra, Rajeev, and Douglas. M. Stayman (1990). "The Role of Mood in Advertising Effectiveness," *Journal of Consumer Research*, 17, 203–214.

Baumeister, Roy F., and Mark R. Leary (1995). "The Need to Belong: Desire for Interpersonal Attachments as a Fundamental Human Motivation," *Psychological Bulletin*, 117 (3), 497–529.

Baumeister, Roy F., J. M. Twenge, and C. K.Nuss (2002). "Effects of Social Exclusion on Cognitive Processes: Anticipated Aloneness Reduces Intelligent Thought," *Journal of Personality and Social Psychology*, 83, 817–827.

Beatty, Sharon E., Lynn R. Kahle, and Pamela Homer (1988). "The Involvement–Commitment Model: Theory and Implications," *Journal of Business Research*, 16 (2), 149–167.

Bergami, Massimo, and Richard P. Bagozzi (2000). "Self-Categorization, Affective Commitment and Group Self-Esteem as Distinct Aspects of Social Identity in the Organization," *British Journal of Social Psychology*, 39, 555–577.

Bhat, Subodh, and Srinivas K.Reddy (1998). "Symbolic and Functional Positioning of Brands," *Journal of Consumer Marketing*, 15 (1), 32–43.

Bhattacharya, C. B., and Sankar Sen (2003). "Consumer–Company Identification: A Framework for Understanding Consumers' Relationships with Companies," *Journal of Marketing*, 67 (April), 76–88.

Bizer, G.Y., and J. A. Krosnick (2001). "Exploring the Structure of Strength-related Attitude Features: the Relation between Attitude Importance and Attitude Accessibility," *Journal of Personality and Social Psychology*, 81, 566–586.

Blackston, Max (2000). "Observations: Building Brand Equity by Managing the Brand's Relationships,"

Journal of Advertising Research, 32 (3), 79–84.

103   Bowlby, John (1969). *Attachment.* New York, NY: Basic Books.

——(1979). *The Making and Breaking of Affectional Bonds.* London: Tavistock.

Brown, Lisa M., M.M. Bradley, and P. J. Lang (2006). "Affective Reactions to Pictures of Ingroup and Outgroup Members," *Biological Psychology*, 71, 303–311.

Cacioppo, John T., and Richard E. Petty (1982). "The Need for Cognition," *Journal of Personality and Social Psychology*, 42 (1), 116–131.

Chaudhuri, Arjun, and Morris B. Holbrook (2001). "The Chain of Effects from Brand Trust and Brand Affect to Brand Performance: The Role of Brand Loyalty," *Journal of Marketing*, 65 (2), 81–93.

——(2002). "Product–class Effects on Brand Commitment and Brand Outcomes: The Role of Brand Trust and Brand Affect," *Journal of Brand Management*, 10 (Sept), 33–58.

Chitturi, Ravindra, Rajagopal Raghunathan, and Vijay Mahajan (2007). "Form Versus Function: How the Intensities of Specific Emotions Evoked in Functional Versus Hedonic Trade –Offs Mediate Product Preferences," *Journal of Marketing Research*, 44 (4), 702–714.

——(2008). "Delight by Design: The Role of Hedonic Versus Utilitarian Benefits," *Journal of Marketing*, 72 (3), 48–63.

Chung, C.M.Y., and P.R. Darke (2006). "The Consumer as Advocate: Self–Relevance, Culture, and Word–of–Mouth," *Marketing Letters*, 17 (4), 269–279.

Crocker, Jennifer, and Connie T. Wolfe (2001). "Contingencies of Self–Worth," *Psychological Review*, 108 (3), 593–623.

DeBono, Kenneth G. (1987). "Investigating the Social –Adjustive and Value –Expressive Functions of Attitudes: Implications for Persuasion Processes," *Journal of Personality and Social Psychology*, 52 (2), 279–287.

Deci, Edward L., and Richard M. Ryan (2000). "The 'What' and 'Why' of Goal Pursuits: Human Needs and the Self–Determination of Behavior," *Psychological Inquiry*, 11 (4), 227–268.

Delgado –Ballester, Elena, and Jose Luis Munuera –Aleman (2001). "Brand Trust in the Context of Consumer Loyalty," *European Journal of Marketing*, 35 (11/12), 1238–1258.

Dhar, Ravi, and Klaus Wertenbroch (2000). "Consumer Choice between Hedonic and Utilitarian Goods," *Journal of Marketing Research*, 37 (February), 60–71.

Dowling, Graham (2002). "Customer Relationship Management: In B2C Markets, Often Less Is More," *California Management Review*, 44 (3), 87–106.

Downey, Geraldine, Antonio Freitas, Benjamin Michaelis, and Hala Khouri (1998). "The Self–Fulfilling Prophecy in Close Relationships: Rejection Sensitivity and Rejection by Romantic Partners," *Journal of Personality and Social Psychology*, 75 (2), 545–560.

Einwiller, Sabine A., Alexander Fedorikhin, Allison R. Johnson, and Michael A. Kamins (2006). "Enough Is Enough! When Identification No Longer Prevents Negative Corporate Associations," *Journal of the Academy of Marketing Science*, 34 (2), 185–194.

Fajer, Mary T., and John W. Schouten (1995). "Breakdown and Dissolution of Person –Brand Relationships." In *Advances in Consumer Research*, ed. Frank R. Kardes and Mita Sujan. Provo, UT: Association for Consumer Research, 663–667.

Fazio, Russell H. (1989). "On the Power and Functionality of Attitudes: The Role of Attitude Accessibility." In *Attitude Structure and Function*, ed. Anthony R. Pratkanis, Steven J. Breckler, and Anthony G. Greenwald. Hillsdale, NJ: Lawrence Erlbaum, 153–179.

Festinger, Leon (1957). *A Theory of Cognitive Dissonance.* Evanston, IL: Row Peterson.

Fletcher, Garth J. O., Jeffrey A. Simpson, and Geoff Thomas (2000). "The Measurement of Perceived Relationship Quality Components: a Confirmatory Factor Analytic Approach," *Personality and Social Psychology Bulletin*, 26 (3), 340–354.

Fournier, Susan (1998). "Consumers and Their Brands: Developing Relationship Theory in Consumer Research," *Journal of Consumer Research*, 24 (4), 343–373.

Fournier, Susan, and David Glen Mick (1999). "Rediscovering Satisfaction," *Journal of Marketing*, 63 (4), 5–23.

Fournier, Susan, and Julie L. Yao (1997). "Reviving Brand Loyalty: a Reconceptualization within the **104** Framework of Consumer–Brand Relationships," *International Journal of Research in Marketing*, 15 (4), 451–473.

Gregoire, Yany, and Robert J. Fisher (2008). "Customer Betrayal and Retaliation: When Your Best Customers Become Your Worst Enemies," *Journal of the Academy of Marketing Science*, 36 (2), 247–261.

Heatherton, Todd F, and Janet Polivy (1991). "Development and Validation of a Scale for Measuring State Self-Esteem," *Journal of Personality and Social Psychology*, 60 (6), 895–910.

Higgins, E. Tory (1987). "Self-Discrepancy: a Theory Relating Self and Affect," *Psychological Review*, 94 (3), 319–340.

Hirschman, Elizabeth C., and Morris B. Holbrook (1982). "Hedonic Consumption: Emerging Concepts, Methods and Propositions," *Journal of Marketing*, 46 (3), 92–101.

Kashdan, Todd B., Paul Rose, and Frank D. Fincham (2004). "Curiosity and Exploration: Facilitating Positive Subjective Experiences and Personal Growth Opportunities," *Journal of Personality Assessment*, 82 (3), 291–305.

Katz, D. (1960). "The Functional Approach to the Study of Attitudes," *Public Opinion Quarterly*, 24 (2), 163–204.

Keller, Kevin Lane (2001). "Building Customer–Based Equity," *Marketing Management*, 10 (July/August), 14–19.

Keller, Kevin Lane, and David A. Aaker (1992). "The Effects of Sequential Introduction of Brand Extensions," *Journal of Marketing Research*, 29 (1), 35–50.

Kim, Joongsub, and Rachel Kaplan (2005). "Physical and Psychological Factors in Sense of Community," *Environment and Behavior*, 36 (3), 313–340.

Kivetz, Ran, and Itamar Simonson (2002), "Earning the Right to Indulge: Effort as a Determinant of Customer Preferences toward Frequency Program Rewards," *Journal of Marketing Research*, 39 (May), 155–170.

Kleine, Susan Schultz, and Stacey Menzel Baker (2004). "An Integrative Review of Material Possession Attachment," *Academy of Marketing Science Review*, 1, 1–39.

Kyle, Gerard T., and Andrew J. Mowen (2005). "An examination of the Leisure Involvement–Agency Commitment Relationship," *Journal of Leisure Research*, 37 (3), 342–363.

Lassar, Alfried, Banwari Mittal, and Arun Sharma (1995). "Measuring Customer-based Brand Equity," *The Journal of Consumer Marketing*, 12 (4), 11–19.

Leary, Mark R. (1995). *Self-Presentation: Impression Management and Interpersonal Behavior.* Madison, WI: Brown and Benchmark Publishers.

Leary, Mark R., Ellen S. Tambor, Sonja K. Terdal, and Deborah L. Downs (1995). "Self-Esteem as an Interpersonal Monitor: the Sociometer Hypothesis," *Journal of Personality and Social Psychology*, 68 (3), 518–530.

Lemay, Edward P. Jr., and Richard D. Ashmore (2006). "The Relationship of Social Approval Contingency to Trait Serf-Esteem: Cause, Consequence, or Moderator?" *Journal of Research in Personality*, 40, 121–139.

Lemon, Katherine N., Roland T. Rust, and Valerie A. Zeithaml (2001). "What Drives Customer Equity," *Marketing Management*, 10 (Spring), 20–25.

Liljander, Veronica, and Inger Roos (2002). "Customer–Relationship Levels—From Sparious to True Relationships," *Journal of Services Marketing*, 16 (7), 593–614.

Losier, G.E, and R. Koestner (1999). "Intrinsic Versus Identified Regulation in Distinct Political Campaigns: the Consequences of Following Politics for Pleasure versus Personal Meaningfulness," *Personality and Social Psychology Bulletin*, 25, 287–298.

Maio, G.R., and J.M. Olson (1995). "Involvement and Persuasion: Evidence for Different Kinds of Involvement," *Canadian Journal of Behavioural Science*, 27, 64–78.

——(1995b). "Relations Between Values, Attitudes and Behavioral Intentions: The Moderating Role of Attitude Function," *Journal of Experimental Social Psychology*, 31, 266–285.

Maslow, Abraham H. (1954). *Motivation and Personality*. Oxford, UK: Harpers.

105   Muniz, Albert M., Jr. and Thomas C. O'Guinn (2001). "Brand Community," *Journal of Consumer Research*, 27 (4), 412–431.

Okada, Erica Mina (2005). "Justification Effects on Consumer Choice of Hedonic and Utilitarian Goods," *Journal of Marketing Research*, 42 (1), 43–53.

Oliver, R. (1999). "Whence Consumer Loyalty?" *Journal of Marketing*, 63 (Special Issue), 33–44.

Park, C. Whan, Deborah J. MacInnis, and Bernard J. Jaworski (1986). "Strategic Brand Concept–Image Management," *Journal of Marketing*, 53 (4), 1–23.

Park, C.Whan, and G.W. McClung (1986). "The Effect of TV Program Involvement on Involvement with Commercials." In *Advances in Consumer Research*, ed. Richard Lutz. Provo, UT: Association for Consumer Research, 544–548.

Reichheld, Frederick (1996). "Learning from Customer Defections," *Harvard Business Review*, 74 (2), 56–68.

Rust, Roland T., Tim Ambler, Gregory S. Carpenter, V. Kumar, and Rajendra K. Srivastava (2004). "Measuring Marketing Productivity: Current Knowledge and Future Directions," *Journal of Marketing*, 68 (October), 76–89.

Schlenker, Barry R. (1980). *Impression Management: The Self–Concept, Social Identity, and Interpersonal Relations*. Monterey, CA: Brooks/Cole.

Schlosser, Ann E. (1998). "Applying the Functional Theory of Attitudes to Understanding the Influence of Store Atmosphere on Store Inferences," *Journal of Consumer Psychology*, 7 (4), 345–369.

Sen, Sankar, and C.B. Bhattacharya (2001). "Does Doing Good Always Lead to Doing Better? Consumer Reactions to Corporate Social Responsibility," *Journal of Marketing Research*, 38 (2), 225–243.

Sen, Sankar, C.B. Bhattacharya, and Daniel Korschun (2008). "The Role of Corporate Social Responsibility in Strengthening Multiple Stakeholder Relationships: A Field Experiment," *Journal of the Academy of Marketing Science*, 34(2), 158–166.

Shavitt, Sharon (1989). "Products, Personalities and Situations in Attitude Functions: Implications for Consumer Behavior." In *Advances in Consumer Research*, ed. Thomas K. Srull. Provo, UT: Association for Consumer Research, 300–305.

——(1990). "The Role of Attitude Objects in Attitude Functions," *Journal of Experimental Social Psychology*, 26, 124–148.

Shavitt, Sharon, and Michelle R. Nelson (2002). "The Role of Attitude Functions in Persuasion and Social Judgment." In *The Persuasion Handbook: Theory and Practice*, ed. J.P. Dillard and M. Pfau. Thousand Oaks, CA: Sage, 137–153.

Sheldon, Kennon M., Andrew J. Elliot, Youngmee Kim, and Tim Kasser (2001). "What Is Satisfying about Satisfying Events? Testing 10 Candidate Psychological Needs," *Journal of Personality and Social Psychology*, 80 (2), 325–339.

Sheth, Jagdish N., and Atul Parvatiyar (1995). "Relationship Marketing in Consumer Markets: Antecedents and Consequences," *Journal of the Academy of Marketing Science*, 23 (4), 255–271.

Shrauger, J. Sidney, and Thomas J. Schoeneman (1979). "Symbolic Interactionist View of Self–Concept: Through the Looking Glass Darkly," *Psychological Bulletin*, 86 (3), 549–573.

Smith, Jessi L., C.L. Morgan, and P.H. White (2005). "Investigating a Measure of Computer Technology Domain Identification: a Tool for Understanding Gender –Differences and Stereotypes," *Educational and Psychological Measurement*, 65, 336–355.

Smith, M. Brewster, Jerome S. Bruner, and Robert W. White (1956). *Opinions and Personality*. Oxford, UK: John Wiley and Sons.

Srivastava, Rajendra K., Tsadduq A. Shervani, and Liam Fahey (1998). "Market –Based Assets and Shareholder Value: A Framework for Analysis," *Journal of Marketing*, 62 (January), 2–18.

Stern, Barbara B. (1997). "Advertising Intimacy: Relationship Marketing and the Services Consumer," *Journal of Advertising*, 26 (4), 7–20.

Stevens, Laura E., and Susan T. Fiske (1995). "Motivation and Cognition in Social Life: A Social Survival Perspective," *Social Cognition*, 13 (3), 189–224.

Thomson, Matthew (2006). "Human Brands: Investigating Antecedents to Consumers' Strong Attachments to Celebrities," *Journal of Marketing*, 70 (July), 104–119.

Thomson, Matthew, Deborah J. MacInnis, and C. Whan Park (2005). "The Ties That Bind: Measuring the Strength of Consumers' Emotional Attachments to Brands," *Journal of Consumer Psychology*, 15 (1), 77–91.

Voss, Kevin E., Eric R. Spangenberg, and Bianca Grohmann (2003). "Measuring the Hedonic and Utilitarian Dimensions of Consumer Attitude," *Journal of Marketing Research*, 40 (3), 310–320.

Washburn, Judith H., and Richard E. Plank (2002). "Measuring Brand Equity: An Evaluation of a Consumer-Based Brand Equity Scale," *Journal of Marketing*, 10 (1), 46–62.

Winer, Russell S. (2001). "A Framework for Customer Relationship Management," *California Management Review*, 43 (4), 89–108.

Zaichkowsky, Judith L. (1985). "Measuring the Involvement Construct," *Journal of Consumer Research*, 12, 341–352.

106

第6章

自我—品牌联结
——参照群体和代言人在创造品牌意义时的作用

詹妮弗·埃德森·埃斯卡拉斯，詹姆斯·R.贝特曼
(Jennifer Edson Escalas and James R. Bettman)

107 人们使用品牌和产品的原因有一部分是为了创造和代表渴望的自我形象，并且把这些形象向他人或自我呈现出来。即消费者之所以看重心理上和象征性的品牌收益，是因为它们能帮助消费者构造自我身份和/或把自我呈现给他人。品牌可用于构建、培养自我概念①，也可以公开或私下表达自我。品牌可作为社会融合的工具，也可以把我们与过去联系起来。品牌可作为个人成就的象征，提供自尊，让一个人与其他人区分开来，表达自我个性，还能帮助人们度过人生的过渡期。在利用品牌构建自我身份的过程中，品牌关联会与消费者精神自我的呈现联系起来。我们把这种联系在整合的层面概念化、操作化，这种连接让个体把特定的品牌融入自我概念。在本章，我们回顾了自我—品牌联结的构成并强调了与自我—品牌联系发展有关的一系列发现。

我们的框架是基于下列观点，即人们的消费行为一部分是为了构建自身概念并且创造个体身份（Richins，1994；McCracken，1989；Belk，1988）。我们基于McCracken（1989）的视角观察了自我—品牌的联系：当消费者利用品牌来构建自我概念时，他们会侧重于从文化内涵衍生出的品牌象征意义，比如说名人和参照群体。根据McCracken（1986）的意义转移理论，参照群体和名人推荐的象征属性最先是与他们使用或认同的品牌联系起来的。接着，当消费者选择与自身概念相一致的品牌时，这些象征意义就转移到消费者身上。当与品牌相关的象征属

---

① 自我概念（self-concept，又称 self-construction, self-identity, self-perspective or self-structure）是一个人关于自己的观点和看法，当个体把自己当成认识对象时，就会对自己的外表、能力、特长和社会接受性等产生知觉并形成关于自己的一般概念。它体现了"我是谁"，是由自我图示、过去自我、现在自我和将来自我组成。自我概念不同于自尊，自我概念是一个人自我的认知或描述成分（例如，"我是一个跑得很快的人"），而自尊是评价性的，并且是自以为是的（例如，"作为一个跑得很快的人自我感觉很好"）。

性被用于构建自我或者是被用于与他人交流自我概念时，这就形成了自我—品牌之间的联系。我们为 McCracken 观点后来的启示提供了第一个实证检验。

如图 6.1 所示，我们的研究调查了品牌象征的两种文化来源：参照群体和名人代言。在第一个系列研究中，我们集中关注不同类型的参照群体（成员组或群体内，即消费者从属的群体；期望的群体，即消费者想要从属的群体；外围群体，即消费者不想从属的群体）。我们发现在参照群体和品牌间，以及参照群体与消费者自我概念间有强联系的时候，消费者更可能发展自我—品牌联结。当出现这种情形时，消费者可能会抽取品牌的用户形象和心理学上的益处来满足自我需求，从而引起自我—品牌联结。并且，我们发现相对于形象与外围集团不一致的品牌，与外围集团品牌形象一致的品牌所引起的自我—品牌联结更弱。我们发现这些影响是被自我验证、自我增强和自我建构（独立型或依赖型）几个变量所调节的。我们同样发现这些影响是可以被品牌象征的程度所调节，比如传递给用户一些东西的品牌比起那些没有相关作为的品牌会对消费者产生更强的影响。

108

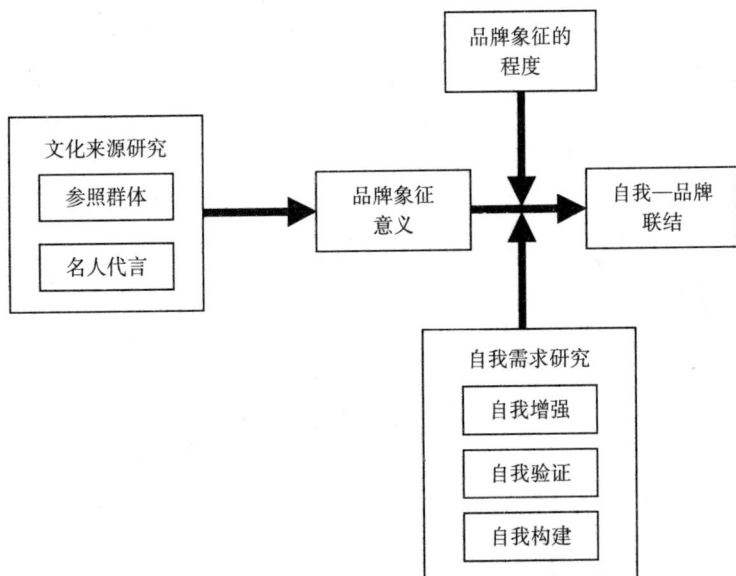

图 6.1　文化意义和自我—品牌联结

在第二个系列研究中，我们探索了名人代言在创建品牌意义和自我—品牌联结中扮演的角色。我们发现当消费者用品牌来定义和创造自身角色时，名人代言的品牌与消费者的自身概念产生了关联。然而，名人代言影响自我—品牌联结的程度与个体和名人间的感知相似性（或者渴望相似）有关。这一效应在我们威胁到参与者的自尊时更加显著：在感受到这种威胁后他们会选择更渴望的名人象征来支撑他们的自尊。这个影响效应同样可被品牌象征的程度所调节：品牌象征性

109

越强，该影响效应越强。总体来说，我们的研究支持了消费者用品牌来构建自我概念这一观点，抽取描述了参照群体和名人的特征，且这一过程的最终结果是形成自我—品牌间的联系。

自我—品牌联结

对某个具体的个人来说，品牌的含义至少包括两个方面。第一，品牌存在形象，这是营销人员行为和其他外部影响（比如说文化）的基本功能。McCracken（1986）的意义转移模型认为，意义可以通过广告、时尚系统和其他的文化影响注入品牌中。第二，品牌对于特定消费者的含义还受到消费者品牌体验的影响。在每一个品牌的相关体验或每一次与品牌的沟通交流中，消费者都会代入自身的生活经历。尽管理论上难以描述，但是品牌意义的特质是很重要的。Hirschman（1980）发现大约有 1/4 的品牌意义是特殊的（也见 Richins，1994）。与其说把"意义"作为一个与品牌有关的特定的集合，不如说自我—品牌联结的概念让消费者能把自身的意义代入品牌并且能检验品牌与消费者自我概念间的关系强度。

消费者会由于不同的原因而重视产品和品牌。其中一个原因就是产品的工具性特点或属性，这些特点和属性可以提供有形利益。比如，汽车提供交通运输，盐可为食物调味。另外，消费者有时会与产品或品牌建立一个特定的自我—品牌联结。这些品牌不仅代表着它们特点的总和。消费者给这些品牌赋予一种固有的意义，使品牌的价值大于它们的特点或者工具性利益。作为特殊意义的一个典型例子，很多人对所拥有第一辆汽车的品牌感情颇深。这辆车代表了自由和独立，认为是成人礼的一部分。他们的一些珍贵的记忆与这辆车密不可分，比如说开着它去参加舞会或是参加高中毕业典礼。这辆车可能是辆二手车，但是如果是用一个人第一份工作攒的钱买下来的，这辆二手车就代表了一种成就。基于这种种原因，消费者会把汽车品牌与正面的感觉和回忆联系起来。显而易见的是，车的性能要好才会有这种正面的影响，可是性能好的汽车品牌大量存在，消费者因为与某一特定品牌的汽车间的特殊回忆而成为消费者自身感觉的一部分。因而品牌呈现了一部分自我并且能被用于向他人表达自我。

这种意义是怎样与品牌联系起来的呢？为了理解这个过程，我们必须知道品牌存在超越功能利益的象征属性（Levy，1959）。同样地，品牌可用于满足更高的需求——精神上的需求，比如说自我构建、社会融合、自我区分以及自我呈现
110 （Kleine，Kleine and Allen，1995；Richins，1994；Ball and Tasaki，1992；Schultz，Kleine and Kernan，1989；McCracken，1989；Belk，1988）。Aaker（1991）认为品牌通过提供功能上、情感上和自我表达上的利益来形成价值。很多探讨消费者信息处理范式的研究已经关注了品牌的工具性利益。本章的重点将放在品牌的情感和自我表达利益上。Levy（1959）主张品牌是通过参与、丰富或

者强化消费者自我思考来呈现出象征意义。因此，为了研究品牌的象征意义，我们必须能测量品牌和消费者自我感受之间的关系。这种关系即是自我—品牌联结，因为这些品牌能与消费者自我精神表达联系起来。

早期，消费者研究在探究消费者和品牌个性的一致性上下了很大功夫；但结果是令人失望的（Kassarjian，1971；更具体的结果可见 Aaker，1997）。然而，消费者相关研究多次涉及了品牌和自我概念之间的联系（如 Krugman，1965；Csikszentmihalyi and Rochberg-Halton，1981；Belk，1988；Hirschman and LaBarbera，1990；Schultz et al.，1989；Myers，1985）。特别是，很多与消费者相关的研究还通过深度访谈来研究人与事物间的特质关系，从而探究了产品和自我间的关系（Fournier，1998；Zaltman and Higie，1993；Belk，Wallendorf and Sherry，1989；Wallendorf and Arnould，1988）。这些研究论证了人们与所有物和品牌之间的联系。本章通过利用测量自我—品牌联结的量表延伸了这些研究，使我们能从实验上检测这些关系的本质。

我们假设：品牌与自我的关系越近，这种联结就越有意义。我们利用了表 6.1（Escalas，2004）中的 7 分量表，在自我—品牌关系整合的层面上把这种关联概念化、操作化。为了实现他们的目标身份（Huffman，Ratneshwar and Mick，2000），人们利用产品和品牌来创造和呈现自我形象，并把这种形象呈现给他人或自己。这个过程使得品牌和自我之间架起了关系的桥梁。我们关注自我—品牌联结，而不是具体的品牌联系，因为我们相信品牌意义更多依赖于对整体关系或品牌联系的集合。总体来说，自我—品牌关系量表综合检测了品牌和消费者自我概念间的联系，把消费者与品牌的交互关系看成一种建构性的主动的过程。

表 6.1　自我—品牌联结量表

1. 这个品牌反映了我是谁
2. 我能够认同这个品牌
3. 我觉得个人和这个品牌有联系
4. 我用这个品牌去向别人介绍我是什么样的人
5. 我认为这个品牌将能够帮助我成为我想要成为的人
6. 我认为这个品牌就是"我"（它反映了我认为我是什么样的人，或者我想展现给别人的我）
7. 这个品牌非常适合我

注：态度为强烈不同意（0）到强烈同意（100）。

我们把自我—品牌联结这一概念同 Susan Fournier（第 1 章）的品牌关系研究区分开来。Fournier 定义了品牌关系质量的六项维度。自我—品牌联结这个概念类似于 BRQ 维度中"自我概念关系"这一项，它可被看作 BRQ 的一个子集。然而，我们这里所说的自我—品牌联结和品牌关系最大的不同是，在我们的框架中，品牌不是作为主动的关系伙伴被构造的。在我们的研究中，品牌是象征意义

111 的载体，消费者利用这些意义来满足自我需求。在这里品牌并不扮演主动的角色，它们是被动的工具。借用 Goffman（1959）"生活是一个舞台"的比喻，在本章里品牌是演员为了人物发展而使用的道具，而不是演员中的一个。我们相信两种方式都是有效的，且对学术界和营销实践者来说存在研究的价值。

自我—品牌联结的研究

McCracken（1986）意义转移模型认为意义起源于文化世界，通过时尚系统、口碑、参照群体、亚文化群体、名人和媒介向商品转移。比如说，可以通过广告对品牌赋予意义，因为广告引用了提供意义所需的普遍文化象征。接着，当消费者基于品牌形象和个人形象的一致性通过品牌选择来构建自身时，品牌意义就从商品转移至消费者。因此，品牌的意义和价值不仅可以表达自身，而且它作用于帮助消费者创造和建立自身身份的过程中（McCracken，1989）。

在一系列研究中，我们的研究通过证明参照群体和名人代言是象征性品牌意义的来源之一而对 McCracken（1989）的观点提供了第一个实证支持。消费者把参照群体和名人代言的象征意义与他们自己使用和支持的品牌联系起来，通过选择与自身概念有相关意义的品牌来主动构建自身，从而把品牌意义转移至自身。消费者通过这个过程构建了与品牌间有意义的联系，而自我—品牌联结测量了个体把品牌与自身概念联系起来的程度（Escalas，2004）。我们相信自我—品牌联结能很好地探究消费者是如何利用文化上的品牌象征意义来构建自我概念这一过程的。我们首先回顾了源于参照群体的品牌象征意义的研究，接着回顾了名人代言的研究。

112　**参照群体**

参照群体是品牌含义的一个重要来源。消费者把他人，特别是那些与自己有相同信念或者有其他相似方面的人当作评估自身对世界信念的重要消息来源。关于参照群体的消费者研究发现了群体成员身份和品牌使用的一致性（Bearden and Etzel，1982；Bearden，Netemeyer and Teel，1989；Burnkrant and Cousineau，1975；Childers and Rao，1992；Moschis，1985），相关研究也定义了社会影响的多种类型（Bearden and Etzel，1982；Park and Lessig，1977）。我们探索了价值表达参照群体的影响，这种影响的特征是需要与类似群体或有好感的群体有着心理联系。研究表明参照群体的品牌使用是品牌意义的一个来源。通过选择与现有自我或是想要或害怕成为的可能自我（Markus and Nurius，1986）等相关意义的品牌，消费者在参照群体与自身使用品牌之间建立了联系，并且把意义从品牌转移到自身。

这种自我建构过程的主要工作是区分个体所从属的群体（内部群体）与不从属的群体（外围群体）。消费者乐于接受来自与内部群体相关或一致的品牌意义，而拒绝来自与外围群体相关或一致的品牌意义。比如说，如果我认为自己是名知识分子而我的圈子里都开的是沃尔沃，那么我也会选择一辆沃尔沃来作为自身是名知识分子的象征。消费者会选择他们从属的参照群体（内部群体或成员组）所使用的品牌来构建自我—品牌联结。另外，消费者会避免与不从属的参照群体使用的品牌产生关联（White and Dahl，2006；Berger and Heath，2007）。

当外围群体使用一个品牌，消费者不会想把这个品牌的意义转移到自身。尽管如此，通过抗拒外围群体象征性的这种方式，这个品牌也在消费者构建自身可能自我的过程中产生了意义。比如，如果我不是（也不想成为）兄弟会的一员，我认为他们普遍穿着 Polo 衫，那我可能会特意选择不穿着 Polo 衫来表明我和兄弟会之间的区别。

然而，如果品牌不能与内部群体联系起来（例如，它的形象与这个群体不相符），这会对自我—品牌联结产生负面影响。这个会导致与内部群体的品牌产生联结的认同过程也会使得消费者拒绝与内部群体有不一致形象的品牌。另外，如果一个品牌的形象与外围群体不相符，这种不相符实际上是有益的，可以提升自我—品牌联结。因此，拿兄弟会的例子来说，如果兄弟会成员都不会穿勃肯鞋[①]，那么为了表现我与兄弟会形象上的区别我反倒会更倾向于选择勃肯鞋。

与之类似的是，消费者会更容易利用源自他们想要从属的群体，即期望群体的联系。当期望群体使用某一品牌，尽管消费者还不属于这个群体，他们也可能试图把品牌意义转移至自身，由此建立联系。通过参与构建消费者可能自我的过程，品牌就产生了意义。比如，如果一名消费者想变得更时尚，并且他看到时尚人群都穿着范思哲（知名奢侈品牌）的服饰，那么他可能也会选择范思哲的衣服来使自己与品牌联系起来。

113

在我们早期的一个实验中（Escalas and Bettman，2003），我们让参与的学生在他们校园中识别成员组和期望群体。参与者同样根据他们认为可能被不同组别使用的一系列品牌的程度进行了打分，并且回答了表 6.1 中关于自我—品牌联结的相关问项。结果表明当感知到成员组与品牌之间的联系以及成员组与消费者自我概念和可能自我间的联系很强时，消费者更易于发展自我—品牌联结。同样的关系存在于期望群体、品牌和自我—品牌联结之间。我们相信为了满足自我需要，消费者会使用从参照群体处获得的品牌意义，这样会产生自我—品牌联结。因此，这些结果为消费者使用品牌象征来进行自我建构这一过程提供了初步的支持。

[①] 勃肯鞋是一种鞋子的类型，因为提供了人们行走或站立时对脚部极好的保护和使其舒适的符合人机工程学的设计而驰名。除了促成健康的姿势，勃肯鞋也引发了现代潮流，成为了时尚的标志。

自我动机：自我增强① 和自我验证②

在我们的模型中，消费者使用象征性的品牌联系来实现自我激励的目标，这些联系作为这一过程的结果与自我连接起来。因此，我们理论框架的前提是人们有创造良好且一致的自我身份的动机并且会利用品牌来达到这一目的。为了证实我们的理论框架，我们检验了两种不同的自我动机，它们都能引导行为以达到个人目标的实现。这两种动机分别是：自我增强和自我验证。

人们通常都会想创造一个良好的自我身份，并且这个行为会被维持和增强自尊的需求所影响（Crocker and Park，2004；Tesser，2000；Greenwald，Bellezza and Banaji，1988）。人们会想创造一个好的印象来获得社会的认同，拥有良好的自我形象使得人们能获得内心的满足（Schlenker，1980）。Heine、Proulx 和 Vohs（2006）认为维持自尊能使人们觉得自己的生活有意义。如果个人由自我增强这一目标所引导，即给他人留下良好的印象和谋求良好的反馈，那么我们可以预测期望群体会带来更大的影响。自我增强可以通过创造与个体希望自身从属群体一致的形象来实现。

除了自我增强的需求，人们通常会有自我知识③的需求，包括自我验证。普遍来说，当人们身处某一情景中时，会想了解和解释该情景，并采取与自身已有概念相一致的行为对策。类似地，人们会拒绝那些会产生与自身概念相斥信息的情形和行为。如果个体被自我验证这个目标所引导（即不论反馈好坏都要寻求准确的回馈），我们可以预期个体会努力创造一个真实的自我形象。准确的自我形象可以反映个体从属的参照群体（成员组或内部群体）。

在上文提及的第二个系列研究中（Escalas and Bettman，2003），我们要求参与者识别参照群体并且根据群体使用特定品牌的可能性打分。参与者也对相同品牌与自我—品牌联结进行了打分。我们还要求参与者评估了自我增强和自我验证动机的程度。实验结果表明自我动机在消费者自我构建过程中扮演了重要角色。有自我增强动机的消费者与他们期望从属的群体使用的品牌关系更强，而有自我验证动机的消费者与他们已经从属的群体使用的品牌关系更强。通过区分自我增强和自我验证两种动机，我们为以下观点提供了佐证，个人通过与其主要自我动

---

① 自我增强（Self-enhancement）理论认为人们普遍具有一种寻求正面评价的倾向，其核心假定是：人们有一种增强自尊、提高个人价值感、寻求积极自我认识、避免消极反馈评价的需要。

② 自我验证（Self-verification）理论的核心命题是认为"人们希望他人看待自己的方式与自己看待自己的方式保持一致"。自我验证主要有两大动机来源：一方面，稳定的自我认知会支持人们对心理连贯性的知觉，使其能够自信地应对社会生活；另一方面，人们如果感觉到被他人所了解，便可以顺利地与其展开社会互动。所以，人们都希望获得验证自我认知的评价，而无论这种评价是正面的还是负面的。

③ 自我知识（Self-knowledge）是指个体对自己思维、情感、声望及行为模式的自我知觉，通常借助于内省、行为的自我观察和他人观察获得。

机相一致的方式来构建自我概念，从而从某些参照群体中获得品牌象征意义。有不同类型目标的个体受到成员组或期望群体的影响是有差异的，这些群体都在帮助创造自我概念。特别是，自我增强者为了满足使自己形象更好的需求，会与期望群体使用的品牌产生联系，而自我验证者会与他们已经从属的群体使用的品牌产生联系，以此来验证自身或者说以此来与自身已有自我概念保持一致性。

自我动机：自我建构①

我们接下来的研究主要探究了消费者自我构建目标是如何随着其自我建构的变化而变化的。我们假设内部群体和外围群体品牌使用带来的影响依赖于消费者的自我建构结构是独立性的还是依赖性的。尽管自我概念通常被认为区别于其他人的自我概念，但是近期的跨文化研究表明个体精神自我的呈现依赖于自我的社会方面，比如说在社会中群体与他人的关系和身份（Brewer and Gardner，1996；Markus and Kitayama，1991；Triandis，1989）。一般而言，西方文化关注个人的自我，认为自身有独特的个人轨迹和特性，并不强调他人的作用（独立的自我建构），而东方文化关注于社会自我以及自我是如何与他人联系起来的（依赖的自我建构；Markus and Kitayama，1991）。自我的这两个方面可以在个体身上共存（Aaker and Lee，2001；Brewer and Gardner，1996），也可以在西方社会的不同民族文化背景之间存在差异。即个体的自我可以既是依赖的又是独立的，还可以在长期基础上由于各因素相对强度的不同而不同，这就形成了可评估的自我建构上的个体差异（Singelis，1994）。

这些差异之所以重要是因为独立的和依赖的自我建构分别可以引起不同的动机。独立的自我建构目标包括独立（即自我决定）和分化（即特殊性），然而相互依赖的自我建构目标强调自我与一些其他人的子集合所共享的内容，增强关系的维持（Aaker and Schimitt，2001；Kampmeier and Simon，2001）。Kampmeier 和 Simon（2001）认为当重点在于与外围群体进行对比时，这就强调了自我的分化方面。因此，对更独立的个体，与外围群体的比较应该提高与外围群体进行分化的需要，从而创建一个独特的自我概念。另外，有更强依赖性自我建构的人更不受外围群体的品牌关联的影响，因为他们的主要动机来自于内部群体的关系构成。这意味着相对于依赖型个体，与外围群体相关的品牌对独立型个体引起的自我—品牌联结更低。

在前文提及的第三个系列研究（Escalas and Bettman，2005）中，对美国境

①自我建构（Self-construal）最早由 Markus 和 Kitayama 于 1991 年提出，指的是个体在认识自我时，会将自我放在何种参照体系中进行认知的一种倾向。人们或是将自我看作与他人相分离的独立实体，即"独立型自我建构"（Independent Self-construal），或是将自我置于社会关系网络的一部分，即"互依型自我建构"（Interdependent Self-construal）。

内由于民族文化背景不同引起的独立型和依赖型不同个体，我们探究了内部群体和外围群体对他们的自我—品牌联结的影响。特别是由于以前的研究发现亚裔和西班牙裔消费者中多为依赖型自我建构，而美国本土人多为独立型自我建构（Aaker and Schimitt，2001；Lee et al.，2000；Markus and Kitayama，1991；Triandis，1989），因此我们特别地把亚裔和西班牙裔消费者与白人消费者进行对比。在这个研究中，我们要求参与者鉴别内部群体和外围群体，以及鉴别与不同群体形象一致或者不一致的品牌。比如，如果参与者把"兄弟会成员"看作一个群体，他可能把"Polo"看作一个相一致的品牌而把勃肯鞋看作一个不一致的品牌。参与者也会给出所有四种品牌产生的自我—品牌联结。

我们的结果表明，相对于与内部群体形象不一致的品牌，所有消费者对与内部集团形象一致的品牌都产生了更强的自我—品牌联结。这种内部群体品牌关联带来的正面效应与依赖型自我建构个体的同化目标以及独立型自我建构个体的自我决定目标相一致。我们同样发现，相对于与外围群体形象不一致的品牌，消费者更不容易对与外围群体形象一致的品牌产生自我—品牌联结。外围群体品牌关联对自我—品牌联结带来的负面效应对独立型消费者比对依赖型消费者更强。如Kampmeier 和 Simon（2001）所说，当外围群体是关注焦点时，分化需求对于独立型自我更为重要。因此，自我建构的不同会引起消费者从参照群体获得品牌象征意义的不同（在这里来说，即是对于外围群体形象的拒绝），以及形成自我—品牌联结的不同。

品牌象征① 的程度

我们的基本前提是消费者在构造自我身份时会利用品牌意义。然而，有些品牌在与使用者的沟通方面做得更好。比如，之前的消费者研究认为公共消费（相对私人消费）和奢侈品（相对必需品）能更好地对个体传递象征意义（Bearden and Etzel，1982）。另外，一个流行的且有多种类型消费者的品牌（例如本田雅阁汽车）可能不会对使用者传递特定的意义。当消费者构建自我身份时，相对于那些没有对个人身份传递很多意义的品牌，他们会更倾向于同传递了很多意义的象征品牌建立个人—品牌联结。相反地，相较于无象征意义的品牌，消费者更倾向于拒绝与有不合适关联象征的品牌建立自我—品牌联结。

在第四个研究中（Escalas and Bettman，2005），我们使用了与如上第三个研究相同的方法。然而，通过测量对独立型和依赖型自我建构的长期倾向，我们排

---

① 品牌象征（Brand Symbolism）指品牌作为一种文化资源能提供有关消费者的社会角色或身份信息。品牌象征程度，指消费者认为他们所列举的品牌能够传达自我认同的程度，由两个百分量表进行测量（Escalas and Bettman，2005），即这个品牌在多大程度上传达了品牌使用者的某些特质？（不传达/传达很多），以及这个品牌象征了多少使用它的那种人？（完全不象征/高度象征）。

除了种族因素检验了独立型和依赖型的差异（Singelis，1994）。我们也要求参与者对所列出的品牌能传递关于自我身份的程度进行打分，以此作为品牌象征程度的测量。我们再次发现，相对于与内部群体不一致的品牌，消费者对一致的品牌会有更高的自我—品牌联结。此外，相对于与外围群体没有相关性形象的品牌，与外围群体有相关性形象的品牌更不容易引起自我—品牌联结。外围群体相关性对自我—品牌联结的负面影响仅出现在独立型消费者身上，而对依赖型消费者不适用，这再次验证了我们第三个研究的发现。

此外，自我建构的差异更多体现在象征性品牌与非象征性品牌中。在内部群体品牌关联的情况下，相较于那些不向使用者传递意义的品牌，内部群体品牌使用对自我—品牌联结的影响在那些向使用者传递某种意义的品牌中更明显。而且，外围群体品牌使用对于自我—品牌联结的负面效应完全被象征性品牌所驱动。只有象征品牌被用于区分个体和外围群体：对使用者不传递意义的品牌对外围群体不会表现出负面效应。象征的程度能够调节参照群体的使用对自我—品牌联结的影响，这一发现为消费者利用品牌来与他人沟通自我概念的这种观点提供了额外支持。

名人代言

品牌象征的另一个来源是名人代言（McCracken，1989）。我们假设消费者同样会使用来自名人代言的品牌象征意义来构建和交流自我概念。从消费者喜欢或认可的名人处获得品牌联系，与消费者不喜欢或者没有感知到相似性的群体中获得品牌联系，这两者之间存在关键差异。消费者更容易接受来自于与自己相似或者说自己想模仿的名人所代言品牌的意义，而拒绝他们不喜欢或者说不想成为的那类人所代言的品牌意义。

比如说，一名消费者认为他自己是运动型时尚达人，就像贝克汉姆那样，贝克汉姆现在代言了很多品牌，包括阿迪达斯和 Police 太阳镜。为了更像贝克汉姆①（即使用"贝克汉姆"这一"意义"来构建自我），这名消费者会选择穿着阿迪达斯的装备来踢足球，当不踢球时可能会佩戴 Police 太阳镜。因此，他与这些由贝克汉姆代言的品牌产生了自我—品牌联结，这使他围绕运动、时尚这一形象来构建自我概念，同时向他人呈现自我形象。

另外，消费者会避免与他们不喜欢的名人代言的品牌产生关联。当他们不喜欢的名人代言某品牌时，消费者会对这个品牌产生一种他们不想把品牌意义传递到自身的印象。尽管如此，通过避免用名人象征来构建个人可能自我的过程，品

①贝克汉姆，英国知名足球运动员，在运动和时尚领域颇受推崇。

牌还是变得有意义。比如，当消费者不喜欢帕丽斯·希尔顿①，而她代言了卡乐星，那么消费者可能特意选择不吃卡乐星的食物，以此来与帕丽斯·希尔顿划清界限。因此，名人相关的特定象征对名人代言是有影响的。消费者会接受与他们所喜欢名人相关的象征关联，同时拒绝与不喜欢名人相关的联系。

McCracken（1989）的观点表明为了使名人代言达到其效果，名人形象和品牌形象间应存在一种象征性"匹配"。受广大群众喜爱的名人代言与符合品牌形象的名人代言两者达到的效果是不一样的。比如，如果贝克汉姆代言 Sears，帕丽斯·希尔顿代言 Saturn，象征性上的不匹配会减弱代言带来的受欢迎或是不受欢迎的效果。即使消费者喜欢贝克汉姆而不喜欢帕丽斯·希尔顿，名人—品牌代言上不匹配的代言效应比匹配的代言效应小得多。

我们这里的第一个研究（Escalas and Bettman，2008）所用方法与研究参照群体时相同。应答者来自 eLab 的在线小组；在网络调查中，他们输入最喜欢和最不喜欢的名人以及此人所代言的一个品牌。我们发现对于与他们所喜爱名人代言的品牌，他们会有更高的自我—品牌联结，而对于不喜爱名人代言的品牌，他们的自我—品牌联结水平较低。当品牌形象与名人形象一致时这种效应更为显著：即当名人和品牌间出现象征性"匹配"，所喜欢名人代言的效应则变得更加积极（然而，所不喜欢名人代言的效应只会更加消极）。

118　　**品牌象征的程度**

在同样的研究中，我们重新回顾了这一观点，此观点认为相对于不能对使用者的自我身份传递很多信息的品牌，消费者对象征性品牌更容易产生自我—品牌联结。相反的是，我们预测到，相对于与不喜爱的名人有关的非象征性品牌，消费者更易抗拒与不喜爱名人有关的象征性品牌产生自我—品牌联结。我们的实验结果表明名人代言效应可受品牌被感知到向使用者传递意义的程度所调节。当一位受欢迎的名人与他代言的品牌形象相匹配时，这种代言对利用品牌形象向他人呈现使用者的形象最为有效。另外，不受喜爱的名人所带来的负面效应对象征性品牌更为突出。因此，当考虑到名人形象、品牌形象和消费者倾向时，名人代言是一种很有效的营销策略，特别是对象征性品牌而言。

自我动机：对自尊的威胁

在我们的框架中，基于名人的品牌关联可以帮助消费者实现自我的一些目标，比如说自我建构和自我增强。消费者用一种与他们主要或现有的自我动机相一致的方式来构建自我概念。因此，我们的理论认为当构建自我身份的自我需求高时，名人代言效应更强。在最后一个研究中，我们再次探究了自我增强需求。我们已经证明有自我增强目标的消费者倾向于与期望群体使用的品牌建立自我—

---

① 帕丽斯·希尔顿，美国名媛，希尔顿酒店继承人。

品牌联结。我们相信名人代言也与之类似。消费者可能会接受来自于有自己渴望获得特质的名人代言的品牌象征意义来进行自我增强。

研究发现人们在自我受到威胁之后尤其渴望进行自我增强 (Leary et al.,1995；Tesser and Cornell，1991；Steele，1988)：人们把自我增强作为自我受到威胁时的一种反应，以此来恢复自尊 (Steele，1988)。因此，由于被威胁所触发的自我增强目标会增加名人代言影响自我—品牌联结的程度。我们期望有主动自我增强动机的消费者更易于与他们喜爱的名人所代言的品牌建立自我—品牌联结。另外，相对于没有主动自我增强目标的人，有自我增强目标的人更易拒绝由不受喜爱的名人所代言品牌而产生的品牌联结 (如帕丽斯·希尔顿的例子)。

我们最后一个研究同样由 eLab 小组在线进行 (Escalas and Bettman，2008)。参与者对六位名人由最喜爱到最不喜爱排序：半数参与者看到他们喜欢程度第二和倒数第二的名人出现在纸质广告中，代言一个虚拟的手表品牌。通过让他们阅读一段对美国做出负面评价的文章来威胁到有美国国籍的参与者的自尊。我们发现相对于没有主动自我增强目标的消费者，在自尊受到威胁时，无论代言的名人是受喜爱还是不受喜爱，名人代言对自我—品牌联结产生的效应都会增强。因此，消费者通过与喜爱的名人形象建立关联或与不喜爱的名人形象划清界限来进行自我增强。这个研究表明，消费者有从名人代言获得品牌关联的需要，这些自我需要会激励消费者构建和展示他们的自我身份。

119

总结

在本章，我们发展了一个概念框架，它强调了为什么人们会与某些品牌产生联结。基本前提是品牌可以通过满足某些目的来帮助个人呈现精神自我，比如说创造特定的自我形象，呈现某人想向他人表现的一面，建立社会关系等。我们的实证研究从参照群体和名人代言两种文化来源检测了象征意义向品牌和向消费者转移的过程，最终结果即是形成自我—品牌联结。

对研究发现的总结

在参照组中，我们发现当参照群体和品牌，以及参照群体和消费者自我概念之间有强联系时，消费者更容易产生自我—品牌联结。当这种情形出现时，消费者会使用品牌形象及心理上的收益来满足自我需求，比如说进行自我增强和自我验证。在自我验证的情况下，成员组对自我—品牌联结有更大的影响，而对自我增强，期望群体对自我—品牌联结的效应更大。我们相信这个研究很好地阐释了消费者会利用从不同类型群体中获得品牌关联来构建自我概念从而满足自我需求这一观点：消费者会与他们主要的自我动机表现一致。

我们的研究同样表明相对于内部群体形象不一致的品牌，消费者对于内部群体形象一致的品牌会产生更高的自我—品牌联结。再者，我们发现相对于与外围群体形象不一致的品牌，消费者对与外围群体形象一致的品牌产生的自我—品牌联结更低。在这些研究中，我们也发现独立型和依赖型自我建构与一致性的研究结论之间存在相互作用，会对自我—品牌联结的水平产生影响：对依赖型消费者，外围群体品牌关联对自我—品牌联结的负面效应相对于独立型消费者更强，这是因为独立型消费者有更强的区分自身和外围群体的需求（Kampmeier and Simon，2001）。我们也发现此效应受到品牌象征程度的调节，如那些能向使用者传递意义的品牌比传递意义无作为的品牌能产生更强的效应。

最后，关于名人代言的研究，我们认为消费者会利用名人代言的品牌意义来构建自我概念。我们的研究表明对于与他们喜爱的名人形象一致的品牌，会有更高的自我—品牌联结，特别是当名人形象与品牌形象相匹配的时候。我们同样发现名人代言效应受到品牌象征程度的调节，如那些能向使用者传递意义的品牌比传递意义无作为的品牌能产生更强的效应。最后，相对于没有主动自我增强目标的消费者，名人代言对有主动自我增强目标的消费者的自我—品牌联结的效应更强；有主动自我增强目标的消费者在所期望的名人所代言品牌中产生的自我—品牌联结更为积极，而在非期望的名人所代言品牌中产生的自我—品牌联结更为消极。所以我们的研究从实证上验证了 McCracken（1986）关于意义转移的理论。特别是，我们研究了意义的两种不同文化来源对自我—品牌联结的影响，即参照群体和名人代言，还对这些效应的调节变量做了重要研究。这些研究初步探究了品牌与消费者自我概念间复杂且重要的关系（见图 6.1）。

对未来研究的指导

我们将焦点放在了自我—品牌联结的前因上，但是研究自我—品牌联结的影响同样很重要。比如，什么程度的自我—品牌联结才会影响到消费者对目标品牌的态度。如果一名消费者的第一辆车是本田，由此他对本田已经形成了一个正面的自我—品牌联结，那么他对本田汽车会有一个积极正向的态度。这个关联可能会影响到行为意图。当他的本田思域汽车需要换了，他可能会考虑买一辆本田雅阁。其他的消费者行为也可能会受到自我—品牌联结的影响。这名与本田产生关联的消费者可能会更关注本田的广告和新产品介绍。他可能觉得本田思域的性能比它实际的更好因为本田这个品牌对他意义重大。而且他可能会与他的朋友分享他使用本田汽车的体会。今后的研究可以探究自我—品牌联结带来的影响，包括对品牌态度的影响，对品牌行为意图的影响以及对品牌实际行为的影响。

此外，消费者对品牌产生的关联是品牌资产的重要部分（Keller，1993），我们相信形成这样的自我—品牌联结是在消费者层面上对资产的心理学显示。比如说，今后可以研究自我—品牌联结可能导致坚定的品牌态度，即不容易被更改的态度。使用品牌关联来构建自我身份的消费者可能更容易原谅营销失误，比如说错误的广告竞争或是暂时的产品质量问题。他们可能更具品牌忠诚度，在价格战、特别展销、搭售和折扣策略中更不容易转投竞争者阵营。因此，让消费者利用品牌关联来进行自我构建和让消费者产生品牌关联对营销人员来说都十分重要。当消费者的自我概念与品牌联系起来，这家品牌的公司就可能由此获得了长久的竞争优势，因为这种关联是很难被竞争者模仿的。

自我—品牌联结的框架对营销人员也应有所启示。正面的自我—品牌联结所带来的态度、意图和行为的影响对品牌来说都是有利的。因此，营销人员应尽量构建自我—品牌联结。为了达到这个目的，他们必须清楚他们的品牌是否满足了任何心理上的需求。这意味着对目标客户有一个透彻的了解。尽管营销人员很难测量营销战略对长期构建自我—品牌联结的直接效果，但是这能带来忠诚的顾客群体。当消费者产生自我—品牌联结时，此公司就拥有了长期的竞争优势。尽管竞争者很容易复制产品好的属性或者特征，但是自我—品牌联结创造的联系是很难被割断的。因此，论证这些效应的研究无论对营销理论还是实践都具有重要意义。

参考文献

Aaker, David A. (1991). *Managing Brand Equity: Capitalizing on the Value of a Brand Name*. New York, NY: The Free Press.

Aaker, Jennifer L. (1997). "Dimensions of Brand Personality," *Journal of Marketing Research*, 34 (3), 347–356.

Aaker, Jennifer L., and Bernd Schmitt (2001). "Culture-Dependent Assimilation and Differentiation of the Self: Preferences for Consumption Symbols in the United States and China," *Journal of CrossCultural Psychology*, 32 (September), 561–576.

Aaker, Jennifer L., and Angela Y. Lee (2001). "'I' Seek Pleasures and 'We' Avoid Pains: The Role of Self-Regulatory Goals in Information Processing and Persuasion," *Journal of Consumer Research*, 28 (June), 33–49.

Ball, A. Dwayne, and Lori H. Tasaki (1992). "The Role and Measurement of Attachment in Consumer Behavior," *Journal of Consumer Psychology*, 1(2), 155–172.

Bearden, William O., and Michael J. Etzel (1982). "Reference Group Influence on Product and Brand Purchase Decisions," *Journal of Consumer Research*, 9 (September), 183–194.

Bearden, William O., Richard G. Netemeyer, and Jesse E. Teel (1989). "Measurement of Consumer Susceptibility to Interpersonal Influence," *Journal of Consumer Research*, 15 (March), 473–481.

Belk, Russell W. (1988). "Possessions and the Extended Self," *Journal of Consumer Research*, 15 (September), 139–168.

Belk, Russell W., Melanie Wallendorf, and John E Sherry Jr. (1989). "The Sacred and the Profane in Consumer Behavior: Theodicy on the Odyssey," *Journal of Consumer Research*, 16 (March), 1–38.

Berger, Jonah, and Chip Heath (2007). "Where Consumers Diverge from Others: Identity Signaling and Product Domains," *Journal of Consumer Research*, 34 (2), 121–134.

Brewer, Marilynn B., and Wendi Gardner (1996). "Who Is This 'We'? Levels of Collective Identity and Self Representations," *Journal of Personality and Social Psychology*, 71 (July), 83–93.

Burnkrant, Robert E., and Alain Cousineau (1975). "Informational and Normative Social Influence in Buyer Behavior," *Journal of Consumer Research*, 2 (December), 206–215.

Childers, Terry L., and Akshay R. Rao (1992). "The Influence of Familial and Peer-based Reference Groups on Consumer Decisions," *Journal of Consumer Research*, 19 (September), 198–211.

Crocker, Jennifer, and Lora E. Park (2004). "The Costly Pursuit of Self-Esteem," *Psychological Bulletin*, 130, 392–414.

Csikszentmihalyi, Mihaly, and Eugene Rochberg-Halton (1981). *The Meaning of Things: Domestic Symbols and the Self*, Cambridge, UK: Cambridge University Press.

Escalas, Jennifer Edson (2004). "Narrative Processing: Building Consumer Connections to Brands," *Journal of Consumer Psychology*, 14 (1 and 2), 168–179.

Escalas, Jennifer Edson and James R.Bettman (2003). "You Are What They Eat: The Influence of Reference Groups on Consumer Connections to Brands," *Journal of Consumer Psychology*, 13 (3), 339–348.

——(2005). "Self-Construal, Reference Groups, and Brand Meaning," *Journal of Consumer Research*, 32 (December), 378–389.

——(2008). "Connecting with Celebrities: Celebrity Endorsement, Brand Meaning, and Self-Brand Connections." Working Paper.

Fournier, Susan (1998). "Consumers and Their Brands: Developing Relationship Theory in Consumer Research," *Journal of Consumer Research*, 24 (March), 343–373.

Goffman, Erving (1959). *The Presentation of Self in Everyday Life*. Garden City, NY: Doubleday & Company, Inc.

Greenwald, Athony G., Felipe S. Belleza, and Mahzarin R. Banaji (1988). "Is Self-Esteem a Central Ingredient of the Self-Concept?" *Personality and Social Psychology Bulletin*, 14, 34–45.

Heine, Steven J., Travis Proulx, and Kathleen D.Vohs (2006). "The Meaning Maintenance Model: On the Coherence of Social Motivation," *Personality and Social Psychology Review*, 10 (2), 88–110.

Hirschman, Elizabeth C. (1980). "Commonality and Idiosyncrasy in Popular Culture: An Empirical Examination of the 'Layers of Meaning' Concept." In *Symbolic Consumer Behavior: Proceedings of the Conference on Consumer Esthetics and Symbolic Consumption*, ed. Elizabeth C. Hirschman and Morris B. Holbrook. Provo, UT: Association for Consumer Research.

Hirschman, Elizabeth C., and Priscilla A. LaBarbera (1990) "Dimensions of Possession Importance," *Psychology & Marketing*, 7 (3), 215–233.

Huffman, Cynthia, S. Ratneshwar, and David G. Mick (2000). "Consumer Goal Structures and Goal-Determination Processes: An Integrative Framework." In *The Why of Consumption: Perspectives on Consumer Motives, Goals, and Desires*, ed. R. Ratneshwar, D.G. Mick, and C. Huffman. New York, NY: Routledge Press, 9–35.

Kampmeier, Claudia, and Bernd Simon (2001). "Individuality and Group Formation: The Role of Independence and Differentiation," *Journal of Personality and Social Psychology*, 81 (September), 448–462.

Kassarjian, Harold H. (1971). "Personality and Consumer Behavior: A Review," *Journal of Marketing Research*, 8 (November), 146–153.

Keller, Kevin Lane (1993). "Conceptualizing, Measuring, and Managing Customer-Based Brand Equity," *Journal of Marketing*, 57 (January), 1–22.

Kleine, Susan Schultz, Robert E. Kleine III, and Chris T.Allen (1995). "How Is a Possession 'Me' or 'Not Me'? Characterizing Types and Antecedents of Material Possession Attachment," *Journal of Consumer Research*, 22 (December), 327–343.

Krugman, Herbert E. (1965). "The Impact of Television Advertising: Learning without Involvement," *Public Opinion Quarterly*, 30, 349–356.

Leary, Mark R., Ellen S. Tambor, Sonja K. Terdal, and Deborah L. Downs (1995). "Self-Esteem as a Interpersonal Moniter: The Sociometer Hypothesis," *Journal of Personality and Social Psychology*, 68 (3), 518–530.

Lee, Angela Y., Jennifer L. Aaker, and Wendi L. Gardner (2000). "The Pleasures and Pains of Distinct Seif -Construals: The Role of Interdependence in Regulatory Focus," *Journal of Personality and Social Psychology*, 78 (June), 1122–1134.

Levy, Sidney J. (1959). "Symbols for Sale," *Harvard Business Review*, 37 (July–August), 117–124.

Markus, Hazel, and Shinobu Kitayama (1991). "Culture and the Self: Implications for Cognition,

123

Emotion, and Motivation," *Psychological Review*, 98 (April), 224–253.

Markus, Hazel, and Paula Nurius (1986). "Possible Selves," *American Psychologist*, 41 (September), 954–969.

McCracken, Grant (1986). "Culture and Consumption: A Theoretical Account of the Structure and Movement of the Cultural Meaning of Consumer Goods," *Journal of Consumer Research*, 13 (June), 71–84.

——(1989). "Who Is the Celebrity Endorser? Cultural Foundations of the Endorsement Process," *Journal of Consumer Research*, 16 (December), 310–321.

Moschis, George P. (1985). "The Role of Family Communication in Consumer Socialization of Children and Adolescents," *Journal of Consumer Research*, 11 (March), 898–913.

Myers, Elizabeth (1985). "Phenomenological Analysis of the Importance of Special Possessions: An Exploratory Study," *Advances in Consumer Research*, 12, 560–565.

Park, C. Whan, and V. Parker Lessig (1977). "Students and Housewives: Differences in Susceptibility to Reference Group Influence," *Journal of Consumer Research*, 4 (September), 102–210.

Richins, Marsha L. (1994). "Valuing Things: The Public and Private Meanings of Possessions," *Journal of Consumer Research*, 21 (December), 504–521.

Schlenker, Barry R. (1980). *Impression Management: The Self–Concept, Social Identity, and Interpersonal Relations*. Monterey, CA: Brooks/Cole.

Schultz, Susan E., Robert E. Kleine III, and Jerome B. Kernan (1989). "'These Are a Few of My Favorite Things': Toward an Explication of Attachment as a Consumer Behavior Construct," *Advances in Consumer Research*, 16, 359–366.

Singelis, Theodore M. (1994). "The Measurement of Independent and Interdependent Self–Construals," *Personality and Social Psychology Bulletin*, 20 (October), 580–591.

Steele, Claude M. (1988). "The Psychology of Self–Affirmation: Sustaining the Integrity of the Self." In *Advances in Experimental Social Psychology*, ed. L. Berkowitz. New York, NY: Academic Press, 21, 261–302.

Tesser, Abraham (2000). "On the Confluence of Self–Esteem Maintenance Mechanisms," *Personality and Social Psychology Review*, 4, 290–299.

Tesser, Abraham, and David P. Cornell (1991). "On the Confluence of Self Processes," *Journal of Experimental Social Psychology*, 27 (6), 501–526.

Triandis, Harry C. (1989). "The Self and Behavior in Differing Cultural Contexts," *Psychological Review*, 96 (July), 506–520.

Wallendorf, Melanie, and Eric J. Arnould (1988). "'My Favorite Things': A Cross–Cultural Inquiry into Object Attachment, Possessiveness, and Social Linkage," *Journal of Consumer Research*, 14 (March), 531–547.

White, Katherine, and Darren W. Dahl (2006). "To Be or Not Be? The Influence of Dissociative Reference Groups on Consumer Preferences," *Journal of Consumer Psychology*, 16 (4), 404–414.

Zaltman, Gerald, and Robin A. Higie (1993). "Seeing the Voice of the Consumer: The Zaltman Metaphor Elicitation Technique." Marketing Science Institute Working Paper, report no. 93–114.

第 7 章

当品牌从内而生
——得到喜好和评价的社会身份①途径

阿梅里卡斯·里德·II，乔尔·B. 科恩和阿米特·巴塔查尔吉
(Americus Reed II, Joel B. Cohen and Amit Bhattacharjee)

124 　　社会身份是由消费者用来表达他们是谁的一系列标签所代表。这类标签数量众多且不固定，会随着消费者人生历程和消费情境的不同而有所变化。从人口统计因素（如非裔美国人）、社会角色（如父母亲）、共有的消费模式（如节食者）到市场营销者创造的身份标识（如百事的年轻一代），消费者能够通过多种途径表达他们的身份并且将自身与他人区分开来。消费者会被那些与实际的、特别是理想的社会身份相联系的产品和品牌所吸引（Reed，2004；Forehand，Deshpande and Reed，2002；Stayman and Deshpande，1989）。这是有很多原因的。例如，品牌或产品可能象征着消费者的个性特征（Aaker，1997），可能反映或支持了理想的个人形象，或者可能呈现了消费者期望像那样进行思考、感受或成为的某种"类型"的人（Belk，Bahu and Mayar，1982；参见 Levy，1959）。产品和品牌甚至能够通过自我增强（Sedikides and Strube，1997）和自我验证（Kleine，Kleine and Allen，1995）来提高自尊。

　　在市场营销实践中经常可以观察到象征性的、基于社会身份偏好的结果，这通常是许多旗舰品牌和品类领导者成功的部分原因（例如：耐克、哈雷-戴维森、星巴克、苹果、万宝路、百威啤酒、宜家、Jeep、MTV、Facebook）。战略者通过品牌和产品定位来反映一种特定社会身份导向的生活方式[1]，从而促使那些拥

---

　　① 社会身份（social identity），被定义为"个体自我概念的一部分，来源于作为社会群体成员的知识以及与之相连的价值和情感意义"（Tajfel，1981）。Tajfel 和 Turner（1986）区分了个人身份（personal identity）和社会身份，认为个人身份是依据个人的独特素质而建构的身份，是对个体具体特点的自我描述，是个人特有的自我参照；而社会身份是人们用自己或他人在某些社群的成员资格来建构自己或他人的身份，是由一个社会类别全体成员得出的自我描述。

有或认同这种社会身份（Reed，2004）的消费者得出更正向的评价，并且创造一种"更深"程度的忠诚感（Oliver，1999）。

　　隐藏在对这些品牌深度忠诚的行为反应之下的，是一种系统性的可评估回应——即一种积极态度。我们假定这些正面态度来源于显著不同的形成过程及获得过程，它们基于对与自身相关的态度客体的考虑，而不是对基于客体间联系（例如属性或品牌相似性）的考虑（Cohen and Reed，2006a）。如果这些态度与基于客体/品牌的态度是"不同的"，同时如果市场营销者希望鼓励消费者基于他们是谁和他们想成为谁这一信念形成强烈的正面态度，那么对于营销和品牌管理来说，理解并思考这个过程就显得非常重要。

　　消费者的自我感知身份应与购买决策相关这一观点已经被广泛讨论了。消费者的身份有时能促进身份导向信念的形成和表达这一观点已经被很好地建立起来，更重要的是，一系列产品和服务的选择（避免）（Berger and Heath，2008）会强化期望的（不被期望的）身份（Kleine，Kleine and Kernan，1993；Laverie，Kleine and Kleine，2002；Forehand et al.，2002；Reed，2004）。在某些而不是其他的情况下，社会身份在品牌评价中怎么样并且为什么会扮演重要角色，这些问题还没能被理解。Shavitt（1990）极富见解地将特定的品牌态度与由有关态度研究的学者（Katz，1960；Smith，Bruner and White，1956）提出的"价值表达"功能联系起来。这些基于身份的判断是"社会导向的"（McGarty et al.，1994；Pilkington and Lydon，1997），因此在由其他有着相同态度的人组成的社会网络中会更为强化（Visser and Mirabile，2004），这会使得他们对改变尤为抵制（Bolton and Reed，2004）。

125

　　然而，市场营销学中很少有研究系统地检验了基于社会身份的态度的形成过程以及这种评价判断可带来的潜在好处（例外请见 Forehand et al.，2002；Reed，2004；Bolton and Reed，2004）。更进一步说，很少有研究强调了身份认同这一过程是何时以及如何影响品牌判断的战略意义。这对市场营销学来说是一个重要的领域，因为产品可以围绕属性和核心特征来进行定位，还可以围绕基于社会身份的生活方式来定位（Reed and Bolton，2004）。

　　本章的目的是为以下两者提出更详细的概念分析，即"基于"社会身份的态度是如何形成的，以及这种途径形成的评价对品牌和市场营销的意义。本章第一部分描述的是态度一旦产生，是如何用来评估行为依赖的（Cohen and Reed，2006a）。我们特别聚焦于影响基于社会身份的态度如何产生的因素，这种态度：①通过最初的元认知评估得到清晰度和一致性，我们把它称作表征充分性（representational sufficiency）；②通过一系列评估得到的对特定行为应用的合理性，我们把它称作功能充分性（functional sufficiency）（见 Cohen and Reed，2006a）。本章第二部分是基于近期关于社会身份理论（Bolton and Reed，2004；

Forehand et al.，2002；Reed，2004）方面的研究来描述并阐明得到喜好和评价的
社会身份路径。本章最后一部分为那些寻求新品牌定位，或对既有品牌进行重新
定位的品牌经理提供管理建议。我们从联合品牌联盟（Verrochi and Reed，2008）
的特殊案例中总结到，在联合品牌联盟中必须管理两个品牌身份，使之同时创造
有利于联合品牌结果的正面评价。接着我们通过总结过去的研究，提及并描述我
们在该领域正在进行的研究来阐述我们的观点。

态度形成和获得模型

Cohen 和 Reed（2006a）的多重路径锚定和调节模型（Multiple Pathway An-
choring and Adjustment，MPAA）① 讨论了态度形成的一些其他路径以及当消费者
126 决定以特定方式行动的时候是如何依赖（不依赖）态度的过程。在市场营销中长
期传统观点认为，消费者对品牌产品的态度主要是来源于对每种产品属性、衍生
价值的评价，对相关广告和代言人的正面反馈等。这些评价的"原材料"（即客
体本身）存在于个人外部。Cohen 和 Reed（2006a）提出态度也可以根据对人、
事和客体的"从里到外"（inside-out）的基于社会身份的评价而形成，就比如被
品牌化的产品。在模型中的第二部分，他们解释说无论态度是如何形成的，随后
的行为都不会直接依据对态度的检索。他们的 MPAA 模型展示了一个过程，消费
者可以通过这个过程来检索基于社会身份形成的态度，通过整合其他相关信息来
修正这些态度，或者在支持对感知备选方案的情境驱动的评价时，拒绝这种态度。

普遍观点

用以预测行为（即所预测的态度需要与行为细节充分一致——在接下来的
30 天内捐赠 100 美元给总统候选人，与对政客的一般态度）的一致性准则
（Fishbein and Ajzen，1975；Ajzen and Fishbein，2005）提供了非常有用的测量建
议。然而，很难想象消费者存储和检索几乎无限的具体行为的态度。因此，目前
试图描述态度是如何及何时引导行为，以及提高对说服的抵抗作用具有过程导向
的模型已经转变了方向。尽管在测量和操纵意义上的细微差别目前已经形成一致
观点，即强烈的正面态度（有足够的确定性）不仅可以抵御态度改变，还可以产
生与态度一致的行为。Tormala 和 Rucker（2007）是如下定义态度确定性的：

---

① MPAA 模型在锚定和调整机制（anchoring and adjustment heuristic，Tversky and Kahneman，1974）
的基础上，一方面详细阐释了影响个体评价的态度由多条路径组成，个体可以通过调整记忆中存储的已有
信息形成态度，也可以在无法提取存储信息的情况下，利用某个节点上的信息构建即时态度；另一方面细
化了诊断性信息的判断标准，提出个体采用表征充分性（representational sufficiency）和功能充分性（func-
tional sufficiency）这两类标准鉴别某条信息的有效性。表征充分性反映了所提取态度的清晰程度，功能充
分性反映了提取态度用于判断、选择或指导行为时的适当程度。个体做出评价时采用的锚定点，既可能是
已有的态度或观念，也可能是评价过程中获取的新信息，这取决于各类信息的诊断性及其相互作用。

态度指的是一个人对某种事物的评价（例如：喜欢一个人、支持一个品牌、支持一项政策的程度），态度确定性指的是一个人确信自己态度的主观感受，或是他对自己态度有信心或确定的程度（p.469，省略了引用）。

他们还说：

态度确定性是态度强度的一个维度，态度强度被定义为态度的持久性和有效性。笼统地说，相较于弱态度，强态度更持久且更有效。相较于弱态度，强态度更有可能指导行为，更能抵制其他影响，更可能持续更长时间（pp.469-470，省略了引用）。

最近关于"信念的主观感受"的讨论关注于对消费者态度进行元认知评估的某些类型。元认知评估代表了关于内部状态和知识（在这种情况下的态度）的二次思考，这会使得人们去考量它们的含义和相关性，从而指导随后的思维和行动（延伸讨论详见 Petty，Brinol，Tormala and Wegener，2007）。态度确定性在普遍的观点中是一个重要的维度，并且已与关于清晰度和正确性的主观评估联系起来（Petrocelli，Tormala and Rucker，2007）。

但是，消费者在依据态度进行购买和其他相关消费者行为之前到底应该确定些什么？消费者根据对态度固有的（内含的）清晰度和正确性的主观评估来进行决策，这足够充分吗？更进一步说，态度强度对行为预测提供了一个坚实基础这一潜在假设是正确的吗？存在某些证据对这一基础假设提出质疑：模型仅单独强调内在固有的（换言之，不考虑行为环境）态度评估，这是不充分的。明确地说，研究表明当消费者有动机去做出好的决定和/或者要对决定负责（Wegener and Petty，1997；Dunton and Fazio，1997；Dovidio et al.，1997；Cohen，Belyavsky and Silk，2008），或是当减弱的自我效能感和感知的行为控制（Bandura，1982；Ajzen and Madden，1986；Ajzen and Fishbein，2005）降低了依赖这种态度的意愿时，对即使是强持有的态度也会进行充分的自我修正（即去克服误差、偏见、暂时的情绪的影响，并且提高部分与态度相关的信念子集的可得性）。

MPAA 模型关于元认知①评估的观点

我们相信有一个更完整和准确描述自我审视的过程，通过该过程消费者做出关于态度适当性的判断，当消费者将态度评估为高度确定性、高强度时，上述过程不会终止。然而，我们认为消费者随后会对检索的态度做出两种非常不同的评价（Cohen and Reed，2006a）。首先，表征充分性（Representational Sufficiency，RS），与过去研究分支中提到的清晰度和正确性维度，以及和由 Petty 及他的同事提出的元认知这一"有效标签"的概念相重叠（Petty，2006；Petty et al.，2007）。然而，RS 也包括对态度的个人所有权的主观评价，对此将进一步进行探讨。

① 元认知（metacognitive）指个体对自我认知过程的认知。

依据个人态度做出的决定，更多应该考虑此决定对所讨论的具体行为是否适宜，而不是决定本身内在的正确性。Cohen 和 Reed（2006a）将这种评价称为功能充分性（Functional Sufficiency，FS）。Fabrigar、Petty、Smith 和 Crites（2006）调查了影响功能充分性的一个普遍因素，该因素并不会在态度确定性或正确性中反映出来。他们提出即便是在态度确定性没有差别的情况下，相较于基于单一知识维度的态度，人们更可能利用基于多维且一致的知识维度的态度来指导行为。当态度有多重基础时，它们似乎在不同环境下有更广泛的适用性，这表明了与功能充分性的元认知联系（Petty，2006）。

128   最近的研究进一步阐释清楚了 MPAA 模型中功能充分性的单独作用。Cohen、Belyavsky 和 Silk（2008）发现对购买有折扣商品的态度与下游储蓄的愿望有关。这是因为人们更多地关注收益而不是采取必要步骤来兑现折扣的可行性，即使这些步骤应该是可期待而不会出现意外情况。然而，在每个将兑现折扣步骤的可视化过程中，愿望与可行性两者之间的平衡就发生变化了。相较于初始购买价格（但该价格没有太大吸引力），初始态度被证明不能很好预测人们是否会再次选择该有折扣的商品。因此，对态度清晰度、正确性、确定性和强度的内在评估似乎遗漏了随后关于行为情境的评估，也就是 Cohen 和 Reed（2006a）所说的功能充分性。

    Cohen 和 Reed（2006a）所提倡的立场指出前面关于态度—行为关系的概念是显著静态的。本质上，只要外在因素不干预的情况，正确测量的态度（即加入强度的一些方面）可以在随后的时机中预测行为。然而，他们并不认为态度能够预测行为。他们认为这些评价性评估就像任何其他信息一样会被储存和检索，但是由于目标对象、其他消费者、其他因素的评价性评估与行为更相关，态度相较于其他信息更有可能指导行为。预测和指导之间的区别是极端重要的。Cohen 和 Reed（2006a）进一步发展的模型认为态度会指导行为，但是当人们认为他们可以依靠态度来指导任何消费者行为时，态度才能预测行为。

MPAA 模型和基于社会身份的态度

    正如我们讨论的，MPAA 模型主张消费者会适时在不同时间点主观评价他们两方面的态度从而做出相关判断。首先，当态度是从记忆中检索到的，他们会评估态度的表征充分性，且用它来做任何判断（例如，喜好）。消费者希望确信他们获得的态度是明确且一致的，并能代表他们的个人观点。尽管前两个维度在某种程度上与清晰度和正确性一致，后一个维度是 MPAA 模型中独有的。假定一个人回想起一个产品的评价，这个评价可能是由他人提供的，也有可能是从广告中得到的。如果信息来源是显著的，个人所有权可能有所缺失，态度可能比原本呈现的要弱。然而，一般认为，这种情况出现在正确性或确定性的评估中。如果我们试图识别他人实际所做的相关元认知评估，我们应该将那些明显不同（本质上和时间上不同）的评估区分开来，这是有可能做到的。与这个立场相一致的是，前面提及的 Fabrigar 和他的同事们研究反对当检验态度—行为关系时依靠态度的结构化维度（例如确定性和强度）。尽管在态度确定性上没有什么区别，但当对相关性的评估有宽泛基础时，态度在适用性上是不同的。因此，态度成为了参与到行为中的更强论据（Fabrigar, MacDonald and Wegener, 2005）。

129

MPAA 模型认为任何构成或影响能促进确定性态度内容的因素，将会增加态度具有相对较高表征充分性的可能性。基于社会身份的态度并不受关于客体的信息所驱使，而是由个人内在的关于客体是如何与个人社会身份相联系的信息所驱使。因为这些态度经常源于与特殊社会身份相联结的规范，构成一种基于社会身份的态度就像是拥有社会一致认可的特征（即其他相同社会身份的人拥有相同态度的信念）和个人所有权（因为这种基于社会身份的态度与关于他们是谁的个人感知的关联更深）。除此之外，形成、维持和表达一种基于社会身份的态度就好像是去实现自我增强和自我验证的目标一样。这两点优势——对自我目标更强烈的拥有感和更高的满意度——暗示着更高的确定性和更坚定的承诺。

基于这样的推理，总体来说，在表征充分性上，基于社会身份的态度可能比基于对象的态度表现得更高一些。然而，人们扮演多重角色，所处不同的社会环境会启发关于自我不同方面的想法（例如：让家庭、性别、种族、财产、期望中的某种更为显著），人们会根据这些不同的想法来差异化思考他们自己。因此，一种环境下产生的态度可能在其他不同因素和价值观更为重要的另一种环境下不会产生。如果是这样的话，基于社会身份的态度相较于以客体（包括品牌）的某种一致特征为基础的态度会随着时间而更不稳定。当用来形成态度的社会身份对于个人来说非常显著以至于此人认为他/她应具备某种不变的特质时，这种基于社会身份和基于客体的态度之间的差异性就不会出现。尽管我们的分析由于缺少重要的理论基础而只是种推理，它仍然建议市场营销者应该冒些风险来尝试将他们的品牌与更短暂的品牌特征相联系，以此作为一种构建正面品牌态度的方法，尽管这些态度可能之后会变得不稳定且缺乏表征充分性。然而，在快速增长的品牌大类中，应该快速且频繁地创造差异化，如果市场营销者能够通过重新定位品牌使其与由营销者驱动的产品特性相联系的话，这种创造差异化的方法可能会减少一些风险。

根据 MPAA 模型，当消费者把态度的表征充分性作为行为的潜在指导之后，他们接下来会评估态度的功能充分性。这时消费者提出的问题是：态度对于任何一个正在考虑的具体行为是否都有足够的引导。如果消费者认为态度是功能充分性的，那么它将能指导和预测行为。如果消费者面临关于对象的意料之外或有所改变的信息（经常是因为环境因素导致其他问题，如对风险的态度或者对人际关系的影响等），那么另外的信息（基于感知的或基于记忆的）将被整合到已检索

130

的态度中并用来指导行为。Cohen 和 Reed（2006a）将其描述为锚定和调整过程（anchoring and adjustment process），在该过程中，调整的程度（即进一步寻找和整合信息）是关于行为感知重要性/风险性的函数，这与 Fazio 的 MODE 模型（Motivation and Opportunity as Determinants of Attitude–behavior Consistency），作为态度—行为一致性决定因素的动机和机会，以及 Fazio 和 Towle–Schwen（1999）及 Chen 和 Chaikan 的充分性准则（1999）中的观点是相同的。

　　另一个关键问题是以社会身份为基础的态度在功能充分性上是否与基于客体的态度有所不同。那些情境变化而不会改变的态度才是真正重要的。因此，那些基础的（能自我定义的）基于社会身份的态度很可能有很大的优势。在消费者决策中（例如，这种态度是如何形成和如何去自我定义的）这种优势是否存在且何时能够显现出来，这个问题是值得研究的。我们下一步将更深层次地讨论社会身份到态度的形成路径，包括什么时候这种态度可能是相关且重要的，什么时候它们是显著的，它们可能有多稳定（与易于改变做比较）。

基于社会身份的态度：基本定义

基于关注外部（客体）和内部（社会身份）的态度

　　在心理环境中自我（个人）与客体（Lewin，1951）的分离一直都是理论和研究的主要内容（Heider，1958；Jones and Davis，1965）。例如，因果关系的归因通常不是外部的（例如，显著的客体、外部作用物或者具体情境）就是内部的（例如，自我）。在态度形成领域中也可以做相似的类比。对我们的目的而言，客体导向的态度指的是关注重点都在消费者外部的任何态度，因此与物、事或人非常相关。大多数产品都有某种利益或特征可用来定义它们，并且能将它们与其他潜在竞争者区分开来。当品牌经理建立这样一种产品概念时，他们经常选择那些贴近目标消费者理想自我的属性。品牌经理尝试着与终端消费者进行关于属性定位的沟通。这样做是有效的，因为消费者经常会以特征驱动的方式来考虑品牌及其产品的概念——通过思考那些定义产品概念的属性，以及这些属性对产品类别来说有多重要。这将会通过分析性的印象形成过程来发生，仅仅通过由产品体验或者广告、甚至是一些启发式的推导（例如，以产品相似性为基础的推导）所形成相关联系。举例来说，对于品牌化产品客体导向的态度可能是基于品牌的直接体验、来自其他途径的信息（例如《消费者报告》，广告），或者来自相关事物或者类别代表的推断（例如，对品牌延伸的评价是基于对公司的态度）。

131　　相比较而言，社会身份导向的态度是与个人自我身份的某些方面相联系的，如个人价值观、角色和社会身份。例如，个人可能会在"作为一名环境保护者"的前提下，对一些特别的、与环保相关的行为产生支持态度（Bolton and Reed，2004）。因此，支持自我导向态度观点，可能与那些支持客体导向态度的观点在内容上不相同。相较于关注客体和客体特征或者属性，消费者的评价过程可能更关注个人自我概念的想法或者个人目前所有或理想的社会身份。例如，当购买服饰时，你会考虑"这是我吗？"或者"我将给别人留下什么印象？"的频率是多少？令人吃惊的是，尽管在理解感知和归因过程中自我—客体两者之间的区别是重要的，这种区别并没有成为态度相关文献的核心内容。我们现在来讨论一个试图解释这个过程且更正式的概念化问题，即基于一个或者多个显著社会身份的基础上，态度是何时形成的。我们从本章所提及的社会身份的定义开始来讨论这个问题。

社会身份

消费者会根据各种不同的社会身份来思考他们自己 （Taifel，1959；Taifel and Turner，1979；Turner and Oakes，1986），在任何给定的时间点上，消费者会形成社会类别的子集，该子集会成为"有用的"或者"自发的"自我概念中的一部分 （Markus and Nurius，1988；McGuire，McGuire and Winton，1979）。消费者可能为了思考各种行为和做出判断，而使用一种社会类别作为社会身份 （见Reed，2004）。为了表述清晰，指的是来源于文化、社会组织、大众媒体、同龄人的多种潜在社会构造中的任何一种。社会身份这个名词是指消费者所拥有的关于他们是谁以及他们想要成为谁的观点和看法。据此而言，一些思考过程激发了人们准备去采用某个社会身份 （基于先前的学习，重要的是，与个人相关的判断）来判断或者评价其他人、物或者行为 （Reed and Forehand，2008）。

得到喜好和评价的社会身份路径

我们现在阐述消费者如何基于社会身份来形成态度的具体过程。我们将这个过程称为得到喜好和评价的社会身份路径，该过程的前提假设包括以下内容。正如前文所提到的，消费者拥有大量可以采用的社会身份。这些社会身份不仅是标签。它们是围绕不同信息的图式而组织起来的知识结构（例如，拥有某种社会身份的那类人的形象，有着共同社会身份的群体成员的信念、价值观和规范）。当某种社会身份显著时，脑海中出现的知识架构的内容就是消费者对待事物和相关想法的基础。如果社会身份是自我定义的显著基础，社会身份对于个人来说就是重要的并提供了对客体做出回应的基础，那么个人将社会身份作为形成态度的基础的可能性也就增加了。

不同社会身份会使得对于特定态度客体有着非常不同的评价。例如，我们面临的一个最重要的公共政策问题是提高医保中的退休年龄。如果人们将这个问题定义为"老年人"（也就是所谓的给这个问题扣上"老年人"的帽子），他们可能就会反对它并且可能给各个政党施加压力。但如果他们认为这个是"美国人"的问题，他们可能会认为这种医疗改革对每一个人都是有益的，则他们对这个问题的反应将完全不同。最近进行的研究与这个观点是一致的。Aquino 和他的同事们

（Aquino et al.，2007）发现当人们的道德身份是长期显著的或是临时启动的，道德推脱①与亲战思维、态度和行为之间的正向关系正在显著减少。然而，无论美国人这一身份是长期显著的或者临时启动的，上述关系将会得到增加（Finnel et al.，2008）。我们把这些发现视为不同评价性获得过程的证据，该过程是当一个人从某个特定身份（这个特定身份在态度形成的时间点上要显著）的角度来思考态度客体时出现的。人们很可能根据环境和需求提示的某个特定社会身份来形成不同的评价性回应，不同的社会身份对态度客体有着完全不同的评价性含义。这将为人们如何平衡潜在的不同自我和由此产生的态度提供启示。

平衡社会身份、品牌和自我概念

当从多种现象学②视角来看待一个模糊的态度客体时，每个视角与一种特定的社会身份相关联，个人会思考各种可能的社会身份。每种视角代表已有的和已被社会化的反映集体信仰的信念和价值观的群体规范，这些依次植根于外部的社会类别，这些类别可能会被个体消费者采用而作为多种社会身份中的一种。这适用于品牌、产品和其他消费者行为的情形中。图 7.1 通过图表的形式阐述了这些观点。[2] 人们可以思考消费者、社会身份、客体之间的关联，并且可以识别来自于从社会身份到评价这一路径的与态度相关的启示。例如，消费者和社会身份之间的关联代表了社会身份（见图 7.1 中的 Link 1）在脑海中出现和对消费者总体自我定义重要性的强度/可能性。这在集中度（Deshpande and Stayman，1994；Deshpande，Hoyer and Donthu，1986）或者自我重要性（Aquino and Reed，

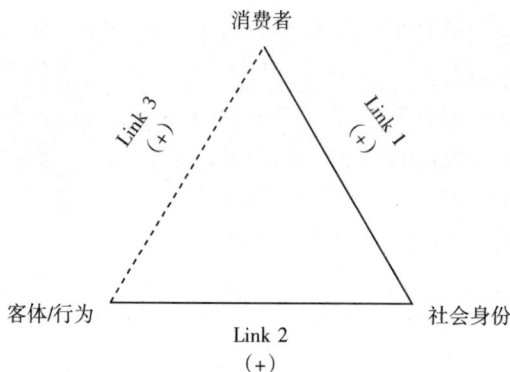

图 7.1 评价的社会认同路径

----

① 道德推脱（Moral Disengagement），指个体产生的一些特定的认知倾向，这些认知倾向包括重新定义自己的行为使其伤害性显得更小、最大程度地减少自己在行为后果中的责任和降低对受伤目标痛苦的认同。

② 现象学不是一套内容固定的学说，而是一种通过"直接的认识"描述现象的研究方法。它所说的现象既不是客观事物的表象，亦非客观存在的经验事实或马赫主义的"感觉材料"，而是一种不同于任何心理经验的"纯粹意识内的存有"。

2002），以及社会身份的可得性等方面已经讨论过。[3] 同理，人们可以从身份相 133
关性（Reed，2004）、可适用性或者"诊断性"（Feldman and Lynch，1988）等方
面考虑社会身份和特定客体、事项或者行为之间的联系（见图 7.1 中的 Link 2）。
Link 1 和 Link 2 一致性的（即平衡的和正相关的）程度意味着消费者正面态度的
形成，正如消费者对所讨论客体的评价性回应那样（见图 7.1 中的 Link 3）。如
MPAA 模型所示，所产生的态度将在指导行为之前受到 RS 和 FS 评估的影响。

　　为了解释这个态度形成的逻辑，我们来考虑"运动员"的社会身份。消费者
可能使用这种社会身份并使用与它相关的评价性内容（例如，对运动员想什么
（态度）和做什么（行为）的感知）作为态度（例如，对耐克运动鞋或者锻炼的
态度）形成的基础。这个过程是通过身份识别过程（Kelman，1958）形成集体共
有的态度，消费者保持、表达或者使用这个态度来指导行为，从而建立、维护，
甚至向他人传播这种社会身份（Shavitt，1990）。现有的研究证实了这个观点并
且阐述了前面提到的平衡逻辑和图 7.1 中的内容。在态度有关的文献中，Terry 和
Hogg（1996）认为心理上的"组内成员"应该会影响人们的态度。他们发现与行
为相关的参照群体（经常进行锻炼的人），其感知规范会影响参与锻炼的意愿，
但是仅仅只对认为自己属于这个群体的人有作用（Terry and Hogg，1996，实验
1；也可参见 Ybarra and Trafimow，1998）。在偏见信息扫描的研究领域中，研究
者发现，相较于白人女性，种族身份显著的黑人女性更加支持（不支持）辛普森
是无辜的①（Newman et al.，1997）。在较为传统的文献中，另一个研究表明，当 134
一个特定的社会身份显著程度很高时，行为会朝着与该特定社会身份相关的方向
改变。在这个研究中，Shih、Puttinsky 和 Ambaby（1999）发现相较于一个没有
启动任何身份的控制组来说，当她们的种族身份被启动时，亚裔美国女性在数学
上表现得更出色；但是当启动她们的女性身份时，她们在数学上的表现会更差一
些。这三个研究与个人和群体（例如，社会身份）存在单元关系（例如，所有
权、会员）的理念是一致的，并且群体的价值观/信念与问题直接相关，从而使
得个人采用这种群体态度。

　　尽管前文提到的研究与获得喜好和评价的社会身份路径的内在逻辑是一致
的，Reed 和 Cohen（2009）率先提供了验证这种逻辑的直接方法。在他们的研究
中，他们试图通过实验来操作图 7.1 中的几个联系。研究中所有的参与者（除了
女性）首先提供了他们对于一系列问题的初始态度，包括处理女性面临的玻璃天
花板问题的平权行动。之后参与者进入一个在线聊天室与其他小组成员（实际是

①1994 年前美式橄榄球运动员辛普森（O. J. Simpson）杀妻一案成为当时美国最为轰动的事件。辛普
森在用刀杀前妻及餐馆的侍应生两项一级谋杀罪的指控中，由于警方的几个重大失误导致有力证据的失
效，以无罪获释，仅被民事判定为对两人的死亡负有责任。

一个电脑控制的回应集）进行讨论，在特定环境下其他小组成员会给出坚定的理由来支持与每个参与者初始态度相反的态度，这给出了社会身份和具体问题之间的关联的事例（见图 7.1 中的 Link 2）。几天之后，参与者接到了一个表面上与国家投票机构无关的电话，然后被询问他们对评论性问题和其他事情的态度。在通话的开始阶段，通过赞助该调查组织名字上的细微差别来启动所有者在之前聊天室环境中反映出来的社会身份是否显著。强调特殊的社会身份是为了给图 7.1 中的 Link 1 举例，并且特殊的社会身份会影响人们获得的态度，或者是他们对问题的初始态度，或者是在聊天室的社会身份态度。只有在聊天室的社会身份是显著的时候，在身份相关环境中产生的态度（而不是初始的态度）才可用于提供调查中的回应（Reed and Cohen，2009，研究 2）。有趣的是，后续的调查问题显示初始态度和新产生的态度（参与者在聊天室环境下产生的）是可以获得的，因此暗示着态度获得（可能因为强调显著性）和依靠所获得态度意愿之间两者的结合，因此是功能充分性。

在态度形成中另一种不同的社会影响

社会认同意味着与他人或者其他群体有着心理联系（Deaux，1996）。在生命初期，认同被认为是一个大量的自发的（对比于策略的）过程，在该过程中人们会模仿那些信念、价值观和行为的模范之人。在成熟后期，认同过程涉及有意识的选择和辨别各种可能的社会身份（Higgins，Loeb and Moretti，1995）。例如，Kelman（1958，1961，2006）关于社会影响的类型学研究使用"认同"这个词来描述个体愿意采用某种态度立场的情形（无论充当模范之人是否想要这个结果），甚至可以感觉到该个体去拉近彼此之间心理距离的意愿。采用这个立场的动机是能与相关他人建立或者保持一个积极的自我定义关系（French and Raven，1959）。不像信息化的影响，接受者不对模范之人所定位"正确"的可能性做出评价，而且接受者不受到如下情境的影响，即由于个体不能决定客观事实而使得社会现实环境被替代。注意到认同过程与以服从为基础的过程之间的区别也很重要，认同过程并不依赖于模范之人对个体行为的直接监管，也不依赖于采用模范之人特定态度立场的奖励或不采用时的惩罚。

规范的社会影响过程已经受到更多的关注，并且在某些情形下的确特别重要。如果消费者认为对他们重要的人会强烈反对一些行为，那么如果消费者有动机去服从这些人，那么他们不会公开展示他们所做的那些会被反对的行为。这表明对减少如吸烟或者酗酒等潜在有害行为，或者对促进如献血等有益行为感兴趣的市场营销者，可以利用来自同龄人，或者利用基于可观察行为来进行惩罚和奖励的其他人所产生的基于服从的压力（例如，只有笨蛋才吸毒/你的孙子会感谢你创造了一个健康的星球）。然而，这种通过社会身份路径来思考态度形成的方法确实存在优点，这种方法促使真正接受评价，并且不依赖于监管和奖励/惩罚的权力。例如，关于消费者研究的人员可以使用能加强个体消费者和某些重要社会身份（见图 7.1 中的 Link 1）之间关联的策略。在回收再利用的例子中，劝说型传播策略可以强调"地球村"和它对个体消费者自我定义的重要性。这种强调会巩固和加强个体消费者采用这种观点的程度，即与这个社会身份关联起来了。一旦这种关联被建立起来，那么沟通策略就可以聚焦于社会身份和特定行为之间的联系（见图 7.1 中的 Link 2）。

　　总而言之，消费者行为的研究者会促进以社会身份为基础的态度浮现在脑海中并进而指导行为的可能性。这可以通过提高如下可能性来完成：①个体消费者将拥有 Heider（1958）所描述的个体与行为相关的社会身份间关系；②讨论的社会身份（地球村的成员）为对回收的正面态度提供了逻辑一致的基础。我们项目的近期研究进一步阐明了针对行为变化干预的分析有用性。Finnel，Reed，Volpp 和 Armstrong（2008）的研究发现在男性高血压患者样本中，维持一项正在进行的医疗方案的可能性是患者对高血压的态度与其社会身份相关程度的函数。更具体来说，这个研究揭示了医疗对自我形象的预期效果与顺从意图间的正向关系。然而，未曾想到的是，这种正向关系在如下情况中会更弱，即当患者之前参与体育运动，运动是他们社会身份中的核心时，以及当他们相信他们目前拥有优势、权力和独立时。为什么会这样呢？我们能做些什么来解决这些问题呢？利用图 7.1 中的逻辑，与患者开放式的访谈揭示了"运动员和体育参与者"的理念与"吃药"行为之间的负向关系（见图 7.1 中的 Link 2）。我们的数据表明这种关系的产生是因为社会身份（体现着优势、权力和自主性）与行为（它体现了生病和虚弱的状态）之间内在的不一致性。因此，对那些与社会身份有着强正向联系的患者来说，他们通过不遵守医疗方案而解决了不平衡问题。除了收集关于患者的客观可证实的健康信息之外，实验者希望向患者询问他们对自己的看法和/或者评价某种与治疗方案相矛盾的特定社会身份的重要性和显著水平。这种信息可以用来决定对每一个患者合适的行为干预。这种观点很少出现在态度理论的关于社会因素的传统观念中。在市场营销的公共政策领域中，当试图创造一些有利的消费行为并阻止一些不利的消费行为时，这种与干预相关的观点（来自于大量以社会身份为基础的态度）提供了一些建议（Wilkie，2005）。

品牌经理面临的重要问题

对品牌化的意义

　　尽管概念和测量方法都有所差别，品牌资产通常是用只能归因于品牌的营销结果部分来定义（Keller，1993）。建立一个强大的品牌——一个能与竞争品牌区分开，并能传播清晰、一致联系的品牌——拥有许多财务和战略上的优势，例如增强消费者忠诚、收取价格溢价的能力（Aaker，1997；Keller，2003）。为了让品牌资产有意义，品牌态度或者消费者对品牌的总体评价必须被回忆起来并用来指导消费行为。MPAA 模型的视角提出了许多关于品牌管理和由社会身份驱动的品牌态度的重要事项。

大量研究都关注品牌的外部、有形、与产品相关等内容。例如，关于发展和定义新品牌的消费者行为研究关注的是新成员对品牌和产品类别的评价方式（见 Loken，2006，文献回顾）。现有品牌类别被视为属性和样本的集合，可获得的类别信息用于从感知相似性的角度进行评价新进入者（Loken，Joiner and Peck，2002；Meyvis and Janiszewski，2004）。因此，随着对品牌属性的关注——换言

137 之，从外到内的品牌态度形成路径，更多注意力放在了基于对现有竞争者和大类成员的考虑来定位新品牌。然而，MPAA 模型提出对从内到外的品牌形成路径（例如，那些依靠消费者内在、精神的方面，如社会身份）的考虑是同等重要的，实践者和研究者会从扩大视野中收获良多（Cohen and Reed，2006a）。

从零开始创造基于社会身份的品牌态度

如果消费者希望强化与相似之人（真实存在或者理想中存在的人）的联系或者与不相似之人（真实存在或者理想中存在的人）的区别，并且社会身份会为他们充当一种社会适应的功能（Smith et al.，1956：42），消费者的社会身份会指引消费者具体的信念和行为来促进这种适应，这些具体的信念和行为代表着对社会的外部认同和自我的内在认同。自我和品牌之间的联系被广泛认为是通过匹配过程而得到的，消费者在此寻求他们的自我形象和品牌形象之间的一致性（如 Escalas and Bettman，2003；Sirgy，1982）。但是经理们如何培养消费者与新品牌之间的联系呢？我们的报告强调了消费者、他们所拥有的（或者想要拥有的）社会身份、态度客体（在本情形中，是指一个具体的品牌或者产品）之间一致性（例如，感知平衡）的重要性。我们呈现的报告给那些希望从一开始就建立以社会身份为基础的品牌态度的经理人以启发。从经理人的角度，为了培育积极的且可得的以社会身份为基础的品牌态度，其必须考虑图 7.1 中的三个 Link。图 7.2 是图 7.1 对于具体品牌的修正版，它描绘了促进新品牌的以社会身份为基础的态度逻辑过程。

作为市场细分方法的一部分，品牌经理首先需要考虑全部消费者，并根据社

138 会中已经存在的社会身份或者潜在拟人化的社会身份来识别每个细分市场，因为消费者会展现出个人所期待的类别联系和无联系。每个品牌选择的社会身份必须是明确的，与其他现有竞争品牌的社会身份区分开来。品牌经理应该让他们的品牌与能体现消费者所选择的社会身份产生象征意义上的关联（积极的或者消极的关联）。这些关联可能包括参照群体的象征意义（Cialdini et al.，1976；Smith and Mackie，1984），与外部群体相关的象征意义（Berger and Heath，2008；Wilder and Shapiro，1984），外部群体成员本身（Marques，Yzerbyt and Rijsman，1988），

或者视觉上的形象和文字（Hong et al.，2000；Chatman and von Hippel，2001；Forehand and Despandé，2001；Forehand et al.，2002）。

从头开始建立以社会身份为基础的态度最直截了当的方法是给品牌定位，使它与一种现有的社会身份相吻合（Aaker，1997；Belk，Bahn and Mayer，1982；Sirgy，1982）。换句话说，消费者和社会身份之间已经存在着强烈的正向关系（消费者→社会身份；图 7.2 左边部分），但是社会身份和品牌之间还没有建立联系（社会身份→品牌）。在这种情形下，市场营销者的任务是建立身份和品牌之间的联系。如果品牌代表着这种社会身份导向的生活方式，拥有这个社会身份的消费者应该对该品牌有正面的、可获得的态度。如果细分市场中的消费者将品牌视为与他们社会身份相关价值观的一种表达（Shavitt，1990），那么他们可能会展示出对品牌更深的认同和品牌忠诚（Oliver，1999；Reed，2004）。

例如，哈雷–戴维森（Harley Davidson）[①] 与叛逆的形象紧密相关。即这个社会身份代表着局外人的地位（Schouten and McAlexander，1995，p.85）、边缘化程度和歹徒文化（Muniz and O'Guinn，2001）。Schouten 和 McAlexander（1995，p.50）描述了 Harley Davidson 品牌与它的消费者社区之间的联系，这种联系是如此的强烈以至于使得品牌是"有影响力的、宗教符号并且围绕着这些观点消费的整个思想都完整的表达了"。尽管这在品牌社区中是一个极端的例子，它依然清晰阐释了品牌是如何与消费者产生共鸣的（见图 7.2 中的品牌→消费者 Link），这种共鸣会使得消费者在记忆中形成根深蒂固的品牌忠诚，这种品牌忠诚也是受到消费者本身与其他同样用这种品牌来代表社会身份的消费者之间的联系所驱使。

如果消费者已经拥有了这种社会身份并且用这种身份来定义自己，那么市场营销者的挑战就变成了如何使消费者确信这种社会身份是与品牌评价相关的，并适用于品牌评价。被消费者建立且基础性的社会身份会在多种情境下指导消费者行为。在外部环境中增加能强化品牌与社会身份之间联系的线索（例如，通过媒体活动），可以使这种社会身份对消费者来说更显著且容易得到（Cialdini et al.，1976；Forehand et al.，2002）。进一步来说，通过在评价和购买环境中增加身份暗示的线索，市场营销者可以提高在购买情境中激发社会身份的机会，进而与该社会身份有关的态度会驱动消费者评价和行为（Reed，2004）。例如，诸如 H&M 这样的零售商希望创造一种流行的、时尚的购买环境，然而 Nike 和 Foot Locker 公司则在购买环境中增加运动标识和运动设备，这样购买环境提供了恰当的社会身份线索，并驱动消费者评价和行为。另外，市场营销者会鼓励能体现以社会身份为导向的生活方式和能让消费者参与的互动性活动。例如，红牛已经通过赞助活动建立起了品牌社区，这些赞助强调了年轻、有活力的与品牌紧密联系的"极

139

[①] 哈雷–戴维森是世界顶级休闲摩托车品牌。

限运动文化"的社会身份。

另一个给新品牌定位的方法是创造一个新的、营销者定义的社会身份，这个身份是与品牌内涵保持一致的。这里呈现了一个情景，即品牌和社会身份之间存在正向的关系（社会身份→品牌，见图7.2中右边的部分），但是社会身份和消费者之间不存在正向的联系（消费者→社会身份；见图7.2中右边的部分）。因此，市场营销者的挑战就是培育联系，并且培育细分市场中消费者和社会身份之间的个人共鸣。如果可以建立联系（例如，消费者使用社会身份作为重要的自我定义），消费者应该会形成对品牌的积极联系。而且，如果身份和品牌之间存在联系，一旦态度已经被获得了，消费者可能在做相关产品决定的时候会想起这种态度。消费者是否会根据这一态度来行动（即它是否具有功能充分性），取决于我们在本章前文讨论过的因素，尤其是自我身份的重要性（相对于其他方面）以及品牌所有权在多大程度上被视为是自我身份的重要方面。

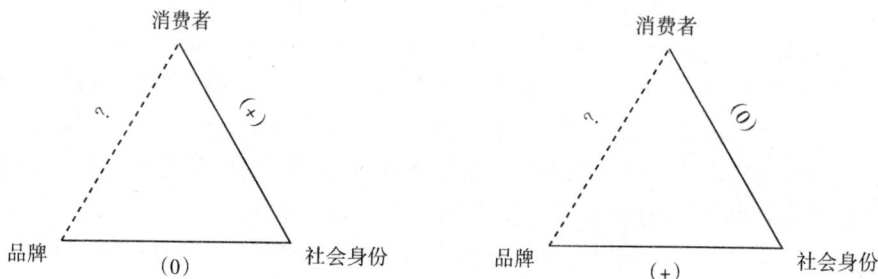

图7.2　全新 vs.已有社会身份的特定品牌案例

苹果公司正在推进的"Mac vs. PC"广告就是以社会身份为导向的营销活动的好例子，其中的社会身份是由市场营销者所创造出来的。Mac 是由一个懒散的、长相文艺的年轻男人所代表的，他穿着随意且流行的衣服；然而 PC 是由一个坐得笔直的戴着眼镜有点呆的中年男人所代表的，他穿着保守的套装。尽管广告经常讨论产品属性，它们主要的切入点就是通过两种不同的形象来体现两种不同的品牌。换言之，广告清晰地描述出了与苹果电脑相关联的社会身份——通过延伸，将苹果的消费者——与其他和 PCs 相关联的社会身份以及 PC 的消费者区分开。[4] 通过将苹果与理想的社会身份相联系，激发了 PCs 使用者的外部群体的社会身份，苹果希望怂恿消费者放弃使用 PC 转而使用苹果电脑（Berger and Heath，2008）。即它们希望通过社会身份路径建立对苹果电脑积极的态度。

与品牌相联结的联系有多强？最近的研究表明这些联系可以在意识之外影响消费者。Fitzsimons、Chartrand 和 Fitzsimons（2008）发现仅品牌展示就可以自动影响消费者行为：相较于暴露于 IBM 品牌的参与者，暴露于苹果品牌的参与者其创造力测量得分显著更高。然而，这个结果只是针对那些希望成为有创造力的人的参与者情形。同样地，被提供迪士尼频道品牌的参与者比被提供"E!"①频道商标的参与者表现得更加忠诚。因此，只有当消费者对品牌的态度可以被他们的社会身份所影响时，拥有特定社会身份的消费者可能被品牌所影响，甚至是在感知意识之外的时候（Fitzsimons et al., 2008）。特别要注意的是，这种研究更多地谈及心理过程本身的有效性，而较少谈及当其他信息和影响来源出现的时候他们的实际影响。

　　正如我们前面提到的，从 MPAA 模型中 RS 和 FS 的视角来说，经理们的新品牌定位须与某种社会身份显著相关，并且这种社会身份不是自我定义的一种本质基础时，这是有风险的。创造一个清晰的、与消费者想要的社会身份存在一致联系的身份并且将其内部化是困难的。消费者可能会发现这些身份没有被很好地定义，而且可能不是他们的身份，这将减少他们获得这种社会身份以及之后使用这种社会身份的态度。

现有品牌的再定位

　　消费者和品牌不是静态的。消费者的需求、品牌意义的感知都处在一个不断变化的状态中。如果需求和市场机会是变化的，品牌经理可以重新定位品牌来适应市场并在市场中参与竞争（Aaker, 1996）。我们提出的品牌评价的社会身份路径也可以给希望在品牌生命周期中重新定位品牌的经理提供管理启示。图 7.3 是对图 7.1 和图 7.2 的修正，通过图来描述对现有品牌再定位的逻辑步骤。

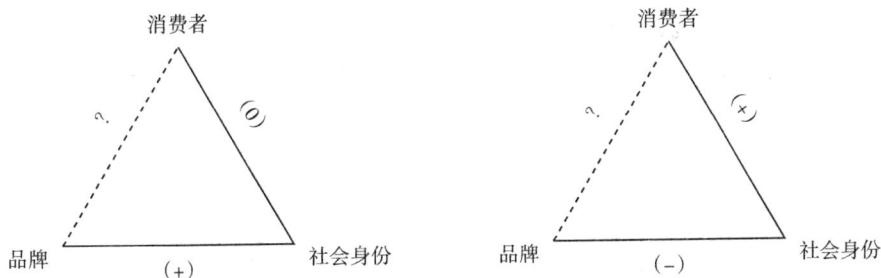

图 7.3　重新定位的特定品牌案例

　　品牌经理对品牌进行再定位的一种方式是去触及一类新的以社会身份为导向的细分市场消费者。在这个情景中，品牌和特定的社会身份之间存在正向联系（社会身份→品牌；见图 7.3 左边的部分），但是消费者可能将社会身份视为负相关的（消费者→社会身份；见图 7.3 左边的部分）。例如，最近几年，可口可乐在向男性消费者推荐健怡可乐的时候遇到了困难。尽管男人们的健康意识正在增强，也存在用低热量的健怡可乐去替代甜蜜常规的可口可乐这一潜在需求，但是

---

①　"E!"是美国的一个电视频道。

很多男性依然对健怡可乐怀有负面的态度。健怡可乐与女性有紧密的关联性（见图 7.3 中的 Link 2，左边的部分），女性身份是男性希望区别开的（见图 7.3 中的Link 1，左边的部分）。因此，可口可乐面临着培育消费者以及与减肥软饮料代表的社会身份之间建立更积极态度的挑战（即改变图 7.3 中左边部分的消费者→社会身份的联系，使它从消极的变成积极的）。这种策略被证明是特别困难的，因为消费者可能首先倾向于反对采用这种身份（例如，男性可能不愿意与任何减少卡路里的软饮料扯上联系，即使是出于他们的健康考虑）。品牌经理如果改变品牌中与先前社会身份最相关的某种元素会使情况变好，因此同时解决品牌→社会身份的联系以及消费者→社会身份联系的问题（例如，改变图 7.3 中的消费者→社会身份和社会身份→品牌的联系）。

类似地，另一个情景可能包括定位于同样地以社会身份为导向的细分市场消费者，但是改变品牌本身（见图 7.3 右边的部分）。再者，改变品牌象征性的方面会对培育身份和品牌之间正面评价性的联系至关重要（改变图 7.3 中右边部分的社会身份→品牌，使它从消极的变成积极的）。举例说明，在关于高血压患者的研究中，健壮积极的运动员身份（见图 7.3 右边部分的 Link 1）和高血压医疗方案之间是不兼容的（见图 7.3 右边部分的 Link 2），因此患者们对医疗方案持消极态度（Finnel et al., 2008）。一种合适的介入方式可能是将医疗方案描述得与运动员身份更有关联性（例如，"遵守这种养生之道将会加强你的力气和个人人生中的表现"，像运动员们一样，人们必须采用合适的方式来防御疾病）。通过对品牌（或者行为）表现的再定位，使它匹配于现有的社会身份，实践者可以鼓励正面品牌态度的形成。

市场营销者对品牌的再定位存在两个方面的挑战：当新的态度被建立得更有可获得性的时候，现有的品牌态度应该被压抑住。在这种情况下，实现充分的清晰度、一致性以及与原有品牌定位的区分是很困难的，尤其是对于被保有程度很深的与身份相关的品牌（Oliver，1999）。现有的态度可能会干预品牌再定位的进行：如果现有品牌象征意义是与负面的群体身份或是负面的评价相联系的，那么消费者就可能避免接触这个品牌（Berger and Heath，2008）。除此之外，即使如果现有的联系不足以直接抵消品牌再定位的作用，它们也有可能阻碍建立一个清晰的、一致的新品牌联系的集合。因此，利用各种不同的品牌形象更有可能促进以社会身份为导向的正面品牌评价的发展。

例如，Oldsmobile 在 20 世纪 80 年代试图通过再定位把自己塑造成一个年轻的品牌，其广告词是"这不是你父亲的 Oldsmobile"，大家都知道最后失败了。可以预想到，很多年轻消费者会把 Oldsmobile 和长辈的群体身份联系在一起，因而不愿意使用这种产品。相反的情况，Toyota 通过引进 Scion 的汽车产品线，将目标人群定位为年轻、流行、有冒险精神的身份特征的消费者获得了成功。同样地，可口可乐对于两难局面的处理方式是引入了 Coke Zero，它是一种在名字、口感、包装和媒体造势等方面与健怡可乐区分开的低热量软饮料。因此，通过一次性改变消费者→社会身份和社会身份→品牌联系和管理好转变中的象征性意义，可口可乐能够成功地再定位一个与现有区分开来的节食产品。

　　市场营销者的核心任务是让消费者与创造出来的社会身份间的联系高度可达。市场营销者可以利用营销组合（例如，媒体造势）来劝说消费者：他们拥有的素质与代表某种社会身份的品牌是契合的（Escalas and Bettman，2006a）。然而，市场营销者面临着另一个挑战：消费者必须感受到对态度的所有权（与 RS 相一致，见 Cohen and Reed，2006a）。因此，市场营销者必须力图使创造的身份与消费者真实的自我产生共鸣。培育所有感的方法是建立与拥有这种社会身份的消费者所欣赏的代言人或榜样之间的联系。例如，我们的研究揭示了当与消费者产生文化共鸣的代言人传播目标市场信息时，以社会身份为基础的态度会产生影响力。Puntoni 和 Reed（2008）的研究探讨了对两种不同代言人的不同回应，第一种代言人是荷兰人或中国第一代移民（即在中国长大，但是又移民去了荷兰的人），第二种代言人是中国第二代移民（即出生在中国，但在荷兰被养育长大），他们的不同身份触发了社会身份的不同文化维度。相较于第一代移民的参与者，第二代移民的参与者应该拥有着两个完善的文化身份（即基于中国民族和荷兰主流文化的社会身份）。一项研究表明相较于控制组，对于被提供了种族和主流文化线索的参与者，当参与者的种族和发言人的种族一致（不一致）时，第二代参与者更有可能（更没可能）喜欢发言人。此外，发言人的偏爱效应也受到被强调的心理关联感（即感知到相似性和身份认定）的中介作用，这种心理联系是由种族的和主流文化的出现所触发的（Puntoni and Reed，研究 2）。而且，这些反应上的区别更有可能在第二代移民的参与者中产生，第二代移民参与者的民族身份是通过更深的参与度（更多的联系和考虑）和自我感知的内化而进化的。

　　消费者在各种消费者环境中拥有多种社会身份，社会身份本身也受到了生活经验、社会交往、文化影响、自我表达的影响（Belk，1988；Escalas and Bettman，2003；Fouriner，1998；Richins，1994）。这种逻辑表明个人社会身份的内涵会根据情境线索或触发因素而发生变化，进而从根本上改变身份驱动效应的指导作用。例如，市场营销者经常试图通过选择内容和促销广告形象的使用呈现一种年轻人的形象来吸引消费者。当看到象征着年轻的、男子气概的男演员广告，一些消费者可能会感觉到与这个演员更亲近，并且因此感觉到自己更年轻。另外，很多消费者可能与这些演员不太像，相反使得这些消费者被归类为"其他人"，这会削弱他们自己年轻的感受。在这种情形下，正如前面研究记载的那些广告暗示既没有激发个人身份，它们还有可能从根本上改变所激发身份联想的内容。因此，这些线索会改变随后的以身份为基础的效应的本质（即品牌线索可能

142

143

会改变消费者→社会身份的关联）。Forehand、Perkins 和 Reed（2008）的研究给这种现象提供了证据。他们发现当自我和形象代言人之间的矛盾是中等的时候，消费者年轻的感受与年龄为基础的想象同化了；而当这种矛盾很极端的时候，情况就相反了。然而，这些效应只有在消费者参与到将自己与被描述的用户形象进行明确对比时才会发生。而且，无意识的自我—他人这一分类效应会通过指导消费者对自我与用户形象之间的相似性和不相似性进行评估而得到进一步测试。当消费者参与相似性评估时，极端差异的用户形象带来的效应将减轻；当消费者参与到不相似性评估时，适度差异的用户形象效应将会减轻（Forehand et al.，2008，研究 2）。为了证实这些转变在实际营销反应中的力量，第三个实验发现自我—年轻这一关联的激活在广告中代表年轻的线索和对广告产品积极回应之间的关系起到中介作用。

联合品牌化联盟的特殊案例

为了围绕一个社会身份来定位品牌，市场营销者必须使用营销组合中的要素来吸引那些相信他们自己拥有了这种社会身份的人，利用那些清晰的代表某种社会身份的演员或者代言人或是发展能够培育社会身份和品牌之间心理联系的技术。当品牌→社会身份之间的 Link 变得更强的时候，品牌本身可以成为强有力的检索线索，可以触发以往已经建立起来的联系。这些体现着特定社会身份的联系也至少代表着品牌内在资产的一部分，它可以作为显性或隐性的线索成为目标营销的基础。

这些考虑很多被应用于联合品牌（即品牌联盟的情况），联合品牌会成为应用前文概念分析的重要领域。例如，品牌联盟的成功依赖于两种品牌间感知到的"匹配"（Simonin and Ruth，1998）。例如，Intel 和 Dell 是一个自然的匹配，而哈根达斯和 Slimfast[①] 是错误的配对。因此，品牌之间理念的匹配经常被概念化为产品属性的互补性（Samu, Krishnan and Smith，1999；Venkatesh and Mahajan，1997）。然而，如果品牌是与身份相关的，那么这个图形就更加复杂了。图 7.4 对此进行了阐释。

将我们提到的平衡理论的方法运用到以社会身份为基础的品牌态度中去，经理们必须不仅只考虑两个品牌之间的匹配度，也需要考虑每个品牌的消费者基础和与伙伴品牌相关的社会身份之间的联系（即给定两个联盟的品牌 A 和 B，消费者 A→社会身份 B 和消费者 B→社会身份 A 都必须被考虑），也需要考虑每个品牌的社会身份与伙伴品牌之间的联系（即社会身份 A→品牌 B，社会身份 B→品牌 A）。最近的研究给这个观点提供了初步实证证据（Verrochi and Reed，2008）。

---

① Slimfast 是联合利华公司的减肥代餐品牌。2014 年 7 月联合利华公司将该品牌出售给了专注于食品和消费品领域的美国私募股权公司 Kainos Capital。

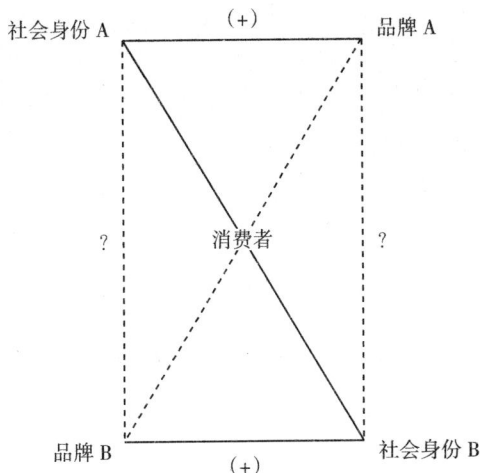

图 7.4 联合品牌的特殊案例

具体来说，参与者看待 Nike 和 iPod 之间的品牌联盟广告，由此来触发他们运动 144
员、学生、时尚工作者的社会身份。相较于学生和运动员，时尚工作者身份的参
与者对这两种品牌联盟的态度更积极。因此，如果消费者的身份与母品牌中的一
个是不一致的，那么对于整个品牌联盟的态度就没有那么积极了（Verrochi and
Reed，2008，研究 1a）。在第二个研究中，参与者将被激发其跑步运动员或者时
尚工作者的身份，然后让他们评价包括鞋品牌的品牌联盟，这个鞋品牌被认为要
么是更功能性的（如 Mizuno 和 New Balance），要么是更时尚性的（如 Adidas 和
Nike）。结果表明，那些运动员身份被触发的参与者认为与功能性鞋子进行品牌
联盟是更好的组合，而那些时尚工作者身份被触发的参与者认为与时尚性鞋子进
行品牌联盟是更好的组合。这样的结果表明对品牌联盟的态度是受到消费者社会
身份的影响，该结果也为社会身份的重要性提供了证据（Verrochi and Reed，
2008，研究 1b）。因此，市场营销经理在评价联合品牌联盟的时候，应该仔细考 145
虑消费者和他们的社会身份以及品牌：即感知品牌之间的互补性，以及随之产生
的品牌态度可以依赖于所激发的消费者身份。

结论

消费者会使用某种社会身份来指导他们的行为和思考。市场营销实践者也了
解了目标消费者、细分市场，以及基于社会身份的评价性意义来定位品牌的价
值。从应用的立场出发，如果品牌代表了消费者的社会身份，那么这种品牌就是
深度包容了消费者自我定义的内容（Oliver，1999），之后消费者可能会说这个品
牌"是我的一部分"（Kleine，Kleine and Allen，1995）。换言之，品牌可以成为
自我的一种延伸（Belk，1988），因此消费者会感觉到如果没有这种品牌，自我

就是不完整的（参见 Oliver，1999）。值得探讨的是，如果营销战略制定者们有一个框架来阐明社会身份驱动过程的主要机制和它们的营销意义，那么成功执行社会身份导向的营销战略这一目标将能更好地达成。我们希望所呈现出来的分析能够给大家实现这一目标提供有用的框架。

注 释

[1] 以身份为基础的营销不仅是心理细分机制的重新包装。心理细分是基于个体的自我概念的假设。他认为消费者稳定的个人特征是与特殊的生活方式导向相一致且相联系的，这种生活方式的导向可以被归入不同的产品类别中。然而，研究者和实践者开始意识到这种方法过于简化了，因为消费者有很多的自我，而且这些自我是不能被折叠成一个广泛的生活方式导向的产品类别。以身份为基础的营销更充分考虑了消费者的自我概念（Reed and Bolton，2005）。

[2] 这种逻辑是基于由 Heider（1958）首次提出并由其他人详细补充的（Abelson，1959；Newcomb，1968）平衡理论中的理念。

[3] 在此，指出人与社会身份及相关构念（比如长期的可获得性）之间联系强度的相似性和区别是很重要的（Higgins，1996；Higgins and Brendl，1995）。第一，Higgins 和他的同事们（见 Higgins 的例子，1989）认为可获得性是一个非常重要的概念，它对理解知识触发的基本过程是至关重要的（Higgins，Rholes and Jones，1977）。例如，Higgins 和他的同事们将这个构念应用在所有现存的知识中，并将它定义为"用于触发行为的提前刺激的准备"或者现有可知知识的"触发潜力"（Higgins，1996）。第二，更重要的是，Higgins 和他的同事们在对长期可获得性概念化并操作化时，关于"对存储的知识在何种程度上是自我定义的"故意没有做出假设。因此，长期的可获得性是一个非常广泛的理论构念，它对解释在人脑中被触发知识的影响是有用的——但是这些他们头脑中的概念不需要成为他们身份中的一部分。

[4] 有趣的是，在 2008 年，微软开始反驳苹果公司的一系列广告宣传。微软的切入点是传达与老套特定群体的反向联系。微软通过展示有无数不同背景、种族等一系列 PC 热爱者来实现这一点。用这种方式，微软尝试去削弱苹果公司利用以社会身份为基础的关联。

参考文献

Aaker，David（1996）. *Building Strong Brands*. New York，NY：Free Press.

Aaker，Jennifer（1997）. "Dimensions of Brand Personality，" *Journal of Marketing Research*，34（August），347-357.

Abelson，Robert P.（1959）. "Modes of Resolution of Belief Dilemmas，" *Journal of Conflict Resolution*，3（4），343-352.

Ajzen，Icek，and Martin Fishbein（2005）. "The Influence of Attitudes on Behavior." In *The Handbook of Attitudes*，ed. Dolores Albarracin，Blair T. Johnson，and Mark P. Zanna. Mahwah，NJ：Lawrence Erlbaum，173-221.

Ajzen，Icek，and Thomas J. Madden（1986）. "Prediction of Goal-Directed Behavior：Attitudes，Intentions，and Perceived Behavioral Control，" *Journal of Experimental Social Psychology*，22（5），453-474.

Aquino，Karl，and Americus Reed II（2002）. "The Self-Importance of Moral Identity，" *Journal of Personality and Social Psychology*，83（6），1423-1440.

Aquino，Karl，Americus Reed II，Stefan Thau，and Dan Freeman（2007）. "A Grotesque and Dark Beauty：How Moral Identity and Mechanisms of Moral Disengagement Influence Cognitive and Emotional Reactions to War，" *Journal of Experimental Social Psychology*，43（3），385-392.

Bandura，Albert（1982）. "Self-Efficacy Mechanism in Human Agency，" *American Psychologist*，37（2），122-147.

Belk，Russell W.（1988）. "Possessions and the Extended Self，" *Journal of Consumer Research*，15（3），139-168.

Belk，Russell W.，Kenneth D. Bahn，and Robert N. Mayer（1982）. "Developmental Recognition of

Consumption Symbolism," *Journal of Consumer Research*, 9 (June), 4–17.

Berger, Jonah, and Chip Heath (2008). "Who Drives Divergence? Identity–Signaling, Out–Group Similarity, and the Abandonment of Cultural Tastes," *Journal of Personality and Social Psychology*, 95 (3), 593–607.

Bolton, Lisa E., and Americus Reed II (2004). "Sticky Priors: The Perseverance of Identity Effects on Judgment," *Journal of Marketing Research*, 41 (4), November, 397–410.

Chatman, Celina M., and William von Hippel (2001). "Attributional Mediation of In–Group Bias," *Journal of Experimental Social Psychology*, 37 (3), 267–272.

Chen, Serena, and Shelly Chaiken (1999). "The Heuristic–Systematic Model in its Broader Context." In *Dual–Process Theories in Social Psychology*, ed. Shelly Chaiken and Yaacov Trope. New York, NY: Guilford Press, 73–96.

Cialdini, Robert B., Richard J., Borden, Avril Thorne, Marcus R. Walker, Stephen Freeman, and Lloyd R. Sloan (1976). "Basking in Reflected Glory: Three (Football) Field Studies," *Journal of Personality and Social Psychology*, 34, 366–375.

Cohen, Joel B., Julia Belyavsky, and Tim Silk (2008). "Using Visualization to Alter the Balance Between Desirability and Feasibility During Choice." Working Paper.

Cohen, Joel B., and Americus Reed II (2006a). "A Multiple Pathway Anchoring and Adjustment (MPAA) Model of Attitude Generation and Recruitment," *Journal of Consumer Research*, 33 (1), 1–15.

Cohen, Joel B., and Americus Reed II (2006b). "Perspectives on Parsimony: How Long Is the Coast of England? A Reply to Park and Maclnnis; Schwarz; Petty; and Lynch," *Journal of Consumer Research*, 33 (1), 28–30.

Deaux, Kay (1996). "Social Identification." In *Social Psychology: Handbook of Basic Principles*, ed. E.T. Higgins and A.W. Kruglanski. New York, NY: Guilford Press, 777–798.

Deshpandé, Rohit, Wayne D. Hoyer, and Naveen Donthu (1986). "The Intensity of Ethnic Affiliation: A Study of the Sociology of Hispanic Consumption," *Journal of Consumer Research*, 13 (2), 214–220.

Deshpandé, Rohit, and Douglas M. Stayman (1994). "A Tale of Two Cities: Distinctiveness Theory and Advertising Effectiveness," *Journal of Marketing Research*, 31 (1), 57–64.

Dovidio, John E, Kerry Kawakama, Craig Johnson, Brenda Johnson, and Adaiah Howard (1997). "On the Nature of Prejudice: Automatic and Controlled Processes," *Journal of Experimental Social Psychology*, 33 (5), 510–540.

Dunton, Bridget C., and Russell H. Fazio (1997). "Categorization by Race; the Impact of Automatic and Controlled Components of Racial Prejudice," *Journal of Experimental Social Psychology*, 33 (5), 451–470.

Escalas, Jennifer Edson, and James R. Bettman (2003). "You Are What They Eat: The Influence of Reference Groups on Consumers' Connections to Brands," *Journal of Consumer Psychology*, 13 (3), 339–348.

Fabrigar, Leandre R., Tara K. MacDonald, and Duane T. Wegener (2005). "The Structure of Attitudes." In *The Handbook of Attitudes*, ed. Dolores Albarracin, Blair T. Johnson, and Mark E Zanna. Mahwah, NJ: Lawrence Erlbaum, 79–125.

Fabrigar, Leandre R., Richard E. Petty, Stephen M. Smith, and Stephen L. Crites Jr. (2006). "Understanding Knowledge Effects on Attitude–Behavior Consistency: The Role of Relevance, Complexity, and Amount of Knowledge," *Journal of Personality and Social Psychology*, 90 (4), 556–577.

Fazio, Russell H., and Tamara Towles–Schwen (1999). "The MODE Model of Attitude–Behavior Processes." In *Dual–Process Theories in Social Psychology*, ed. Shelly Chaiken and Yaacov Trope. New York, NY: Guilford Press, 97–116.

Feldman, Jack M., and John G. Lynch Jr. (1988). "Self–Generated Validity and Other Effects of Measurement on Belief, Attitude, Intention, and Behavior," *Journal of Applied Psychology*, 72 (3), 42–35.

Finnel, Stephanie, Americus Reed II, Karl Aquino, and Stefan Thau (2008). "Marketing War: The Case of Dueling Identities." Under Review.

Finnel, Stephanie, Americus Reed II, Kevin Volpp, and Katrina Armstrong (2008). "The Joint Influence of Past, Present and Future Selves on Hypertension Medication Compliance." Under Review.

147

Fishbein, Martin, and Icek Ajzen (1975). *Belief Attitude, Intention, and Behavior: An Introduction to Theory and Research. Reading*, MA: Addison–Wesley.

Fitzsimons, Grainne M., Tanya L. Chartrand, and Gavan J. Fitzsimons (2008). "Automatic Effects of Brand Exposure on Motivated Behavior: How Apple Makes You 'Think Different'," *Journal of Consumer Research*, 35 (June), 21–35.

Forehand, Mark R., Rohit Deshpandé (2001). "What We See Makes Us Who We Are: Priming Ethnic Self–Awareness and Advertising Response," *Journal of Marketing Research*, 38 (3), 336–348.

Forehand, Mark R., and Rohit Deshpandé, and Americus Reed II (2002). "Identity Salience and the Influence of Differential Activation of the Social Self–schema on Advertising Response," *Journal of Applied Psychology*, 87 (6), 1086–1099.

Forehand, Mark R., Andrew Perkins, and Americus Reed II (2008). "The Shaping of Social Identity: Assimilation/Contrast Responses to Ad Exposure." Under Review.

Fournier, Susan (1998). "Consumers and Their Brands: Developing Relationship Theory in Consumer Research," *Journal of Consumer Research*, 24 (4), 343–373.

French, John R.E Jr., and Bertram H. Raven (1959). "The Bases of Social Power." In *Studies in Social Power*, ed. D. Cartwright. Ann Arbor, MI: Institute for Social Research, 150–167.

Heider, Fritz (1958). *The Psychology of Interpersonal Relations*. New York, NY: Wiley.

Higgins, E. Tory (1989). "Knowledge Accessibility and Activation: Subjectivity and Suffering from Unconscious Sources." In *Unintended Thought*, ed. J.S. Uleman and J.A. Bargh. New York, NY: Guilford Press, 75–123.

——(1996). "Knowledge Activation: Accessibility, Applicability and Salience." In *Social Psychology: Handbook of Basic Principles*, ed. E.T. Higgins and A.W. Kruglanski. New York, NY: Guilford Press, 133–168.

Higgins, E. Tony, and Miguel Brendl (1995). "Accessibility and Applicability: Some 'Activation Rules' Influencing Judgment," *Journal of Experimental Social Psychology*, 31, 218–243.

Higgins, E. Tony, Israela Loeb, and Marlene Moretti (1995). "Self–Discrepancies and Developmental Shifts in Vulnerability: Life Transitions in the Regulatory Significance of Others." In *Emotion, Cognition, and Representation: Rochester Symposium on Developmental Psychology 6*, ed. D. Cicchetti and S.L. Toth. Rochester, NY: University of Rochester Press, 191–230.

Higgins, E. Tony, W.S. Rholes, and C.R. Jones (1977). "Category Accessibility and Impression Formation," *Journal of Experimental Social Psychology*, 13, 141–154.

Hong, Ying–yi, Michael W. Morris, Chi–yue Chiu, and Veronica Benet–Martínez (2000). "Multicultural Minds: A Dynamic Constructivist Approach to Culture and Cognition," *American Psychologist*, 55 (7), 709–720.

Jones, E.E., and K. E. Davis (1965). "From Acts to Dispositions: The Attribution Process in Person Perception." In *Advances in Experimental Social Psychology*, ed. L. Berkowitz. New York, NY: Academic Press, 219–266.

Katz, Daniel (1960). "The Functional Approach to the Study of Attitudes," *Public Opinion Quarterly*, 24 (2), 163–204.

Keller, Kevin L. (1993). "Conceptualizing, Measuring, and Managing Customer–Based Brand Equity," *Journal of Marketing*, 57 (1), 1–22.

——(2003). "Brand Synthesis: The Multidimensionality of Brand Knowledge," *Journal of Consumer Research*, 29 (March), 595–600.

Kelley, Harold H. and John L. Michela (1980). "Attribution Theory and Research," *Annual Review of Psychology*, 31, 457–501.

Kelman, Herbert C. (1958). "Compliance, Identification, and Internalization: Three Processes of Attitude Change," *Journal of Conflict Resolution*, 2, 51–60.

——(1961). "Processes of Opinion Change," *Public Opinion Quarterly*, 25, 57–78.

——(2006). "Interests, Relationships, Identities: Three Central Issues for Individuals and Groups in

Negotiating their Social Environment," *Annual Review of Psychology*, 57, 1–26.

Kleine, Robert E. III, Susan Schultz Kleine, and Jerome B. Kernan (1993). "Mundane Consumption and the Self: A Social Identity Perspective," *Journal of Consumer Psychology*, 2 (3), 209–235.

Kleine, Susan Schultz, Robert E. Kleine III, and Chris T. Allen (1995). "How Is a Possession 'Me' or 'Not Me'? Characterizing Types and an Antecedent of Material Possession Attachment," *Journal of Consumer Research*, 3 (December), 327–343.

Laverie, DebraA., Robert E. Kleine III, and Susan Schultz Kleine (2002). "Reexamination and Extension of Kleine, Kliene, and Kernan's Social Identity Model of Mundane Consumption: The Mediating Role of the Appraisal Process," *Journal of Consumer Research*, 28 (4), 659–669.

Levy, Sidney J. (1959). "Symbols for Sale," *Harvard Business Review*, 37 (4), 117–124.

Lewin, Kurt (1951). *Field Theory in Social Science*. New York, NY: Harper.

Loken, Barbara (2006). "Consumer Psychology: Categorization, Inferences, Affect, and Persuasion," *Annual Review of Psychology*, 57, 453–485.

Loken, Barbara, Christopher Joiner, and Joann Peck (2002). "Category Attitude Measures: Exemplars as Inputs," *Journal of Consumer Psychology*, 12 (2), 149–161.

Lynch, John G. (2006), "Accessibility–Diagnosticity and the Multiple Pathway Anchoring and Adjustment Model," *Journal of Consumer Research*, 33 (1), 25–27.

Markus, Hazel, and Paula Nurius (1987). "Possible Selves: The Interface Between Motivation and the Self–Concept." In *Self and Identity: Psychosocial Perspectives*, ed. Krysia Yardley and Terry Honess. New York, NY: Wiley, 157–172.

Marques, Jose M., Vincent Y. Yzerbyt, and John B. Rijsman (1988). "Context Effects of Intergroup Discrimination: In–Group Bias as a Function of Experimenter's Provenance," *British Journal of Social Psychology*, 27, 301–318.

McGarty, Craig, S. Alexander Haslam, Karen J. Hutchinson, and John C. Turner (1994). "The Effects of Salient Group Memberships on Persuasion," *Small Group Research*, 25 (2), 267–293.

McGuire, William J., Claire V. McGuire, and Ward Winton (1979). "Effects of Household Sex Composition on the Salience of One's Gender in the Spontaneous Self–Concept," *Journal of Experimental Social Psychology*, 15, 77–90.

Meyvis, Tom, and Chris Janiszewski (2004). "When Are Broader Brands Stronger Brands? An Accessibility Perspective on the Success of Brand Extensions," *Journal of Consumer Research*, 31 (September), 346–357.

Muniz, Albert M. Jr., and Thomas C. O'Guinn (2001). "Brand Community," *Journal of Consumer Research*, 27 (March), 412–432.

Newcomb, Theodore M. (1968). "Interpersonal Balance." In *Theories of Cognitive Consistency: A Sourcebook*, ed. R.E Abelson, E. Aronson, W.J. McGuire, T.M. Newcomb, M.J. Rosenberg, P. H. Tannenbaum. Chicago, IL: Rand McNally, 28–51.

Newman, Leonard S., Kimberly Duff, Nicole Schnopp–Wyatt, Bradley Brock, and Yonit Hoffman (1997). "Reactions to the O.J. Simpson Verdict: 'Mindless Tribalism' or Motivated Inference Processes," *Journal of Social Issues*, 53 (Special Issue), 547–562.

Oliver, Richard L. (1999). "Whence Consumer Loyalty?" *Journal of Marketing*, 63 (Special Issue), 33–44.

Petrocelli, John V., Zakary L. Tormala, and Derek D. Rucker (2007). "Unpacking Attitude Certainty: Attitude Clarity and Attitude Correctness," *Journal of Personality and Social Psychology*, 92 (1), 30–41.

Petty, Richard E. (2006). "A Metacognitive Model of Attitudes," *Journal of Consumer Research*, 33 (1), 22–24.

Petty, Richard E. Pablo Brinol, Zakary L. Tormala, and Duane T. Wegener (2007). "The Role of Metacognition in Social Judgment." In *Social Psychology: Handbook of Basic Principles* (2nd ed.), ed. E.T. Higgins and A.W. Kruglanski. New York, NY: Guilford Press, 254–284.

Pilkington, Neil W., and John E. Lydon (1997). "The Relative Effect of Attitude Similarity and Attitude

Dissimilarity on Interpersonal Attraction: Investigating the Moderating Roles of Prejudice and Group Member-ship," *Personality and Social Psychology Bulletin*, 23 (2), 107–122.

Puntoni, Stefano, and Americus Reed II (2008). "Generational Influences on Reaction to Ethnic Cues in Advertising." Working Paper.

Reed II, Americus (2004). "Activating the Self –Importance of Consumer Selves: Exploring Identity Salience Effects on Judgments," *Journal of Consumer Research*, 31 (2), 286–295.

Reed II, Amencus, and Lisa E. Bolton (2005). "The Complexity of Identity," *Sloan Management Review*, 46 (3), 17–22.

Reed II, Amencus, and Joel B. Cohen (2009). "Chatroom Study." Working Paper.

Reed II, Amencus, and Mark. R. Forehand (2008). "Managing Social Identity: Strategies for Creating Brand Identification and Community." Working Paper.

Richins, Marsha L. (1994). "Valuing Things: The Public and Private Meanings of Possessions," *Journal of Consumer Research*, 21 (3), 504–521.

Samu, Sridhar, Shanker H. Krishnan, and Robert E. Smith (1999). "Using Advertising Alliances for New Product Introduction: Interactions Between Product Complementarity and Promotional Strategies," *Journal of Marketing*, 63 (1), 57–74.

Schouten, John W., and James H. McAlexander (1995). "Subcultures of Consumption: An Ethnography of New Bikers," *Journal of Consumer Research*, 22 (June), 43–61.

Sedikides, Constantine, and Michael J. Strube (1997). "Self-Evaluation: To Thine Own Self Be Good, to Thine Own Self Be Sure, to Thine Own Self Be True, and to Thine Own Self Be Better," In *Advances in Exper-imental Social Psychology*, 29, ed. M. P. Zanna. New York, NY: Academic Press, 209–269.

Shavitt, Sharon (1990). "The Role of Attitude Objects in Attitude Functions," *Journal of Experimental So-cial Psychology*, 26 (2), 124–148.

Shih, Margaret, Todd L. Pittinsky, and Nalini Ambady (1999). "Stereotype Susceptibility: Identity Salience and Shifts in Quantitative Performance," *Psychological Science*, 10 (1), 80–83.

Simonin, Bernard L., and Julie A. Ruth (1998). "Is a Company Known by the Company It Keeps? Assess-ing the Spillover Effects of Brand Alliances on Consumer Brand Attitudes," *Journal of Marketing Research*, 35 (1), 30–42.

Sirgy, M. Joseph (1982). "Self–Concept in Consumer Behavior: A Critical Review," *Journal of Consumer Research*, 9, 287–300.

Smith, Eliot R., and Diane M. Mackie (1995). *Social Psychology*. New York, NY: Worth Publishers.

Smith, M. Brewster, Jerome S. Bruner, and Robert W. White (1956). *Opinions and Personality*. New York, NY: Wiley.

Stayman, Douglas M., and Rohit Deshpandé (1989). "Situational Ethnicity and Consumer Behavior," *Journal of Consumer Research*, 16 (December), 361–371.

Tajfel, Henri (1959). "Quantitative Judgment in Social Perception," *British Journal of Psychology*, 50, 16–59.

Tajfel, Henri, and John C. Turner (1979). "An Integrative Theory of Intergroup Conflict." In *The Social Psychology of Intergroup Relations*, ed. W.G. Austin and S. Worchel. Monterey, CA: Brooks-Cole, 33–47.

Terry, Deborah J., and Michael A. Hogg (1996). "Group Norms and the Attitude Behavior Relationship: A Role for Group Identification," *Personality and Social Psychology Bulletin*, 22, 776–793.

Tormala, Zakary L., and Derek D. Rucker (2007). "Attitude Certainty: A Review of Past Findings and Emerging Perspectives," *Social and Personality Psychology Compass*, 1 (November), 469–492.

Turner, John C., and Penelope J. Oakes (1986). "The Significance of the Social Identity Concept for Social Psychology with Reference to Individualism, Interactionism, and Social Influence," *British Journal of Social Psychology*, 25, 237–252.

Venkatesh, R., and Vijay Mahajan (1997). "Products with Branded Components: An Approach for Premi-um Pricing and Partner Selection," *Marketing Science*, 16 (2), 146–165.

Verrochi, Nicole M., and Americus Reed II (2008). "Brand Alliances: When Do Consumers (Not) Fit?"

Working Paper.

Visser, Penny S., and Robert R. Mirabile (2004). "Attitudes in the Social Context: The Impact of Social Network Composition on Individual-Level Attitude Strength," *Journal of Personality and Social Psychology*, 87 (6), 779–795.

Wegener, Duane T., and Richard E. Petty (1997). "The Flexible Correction Model: The Role of Naive Theories of Bias in Bias Correction." In *Advances in Experimental Social Psychology*, ed. Mark P. Zanna. San Diego, CA: Academic Press, 141–208.

Wilder, David A., and Peter N. Shapiro (1984). "Role of Out-Group Cues in Determining Social Identity," *Journal of Personality and Social Psychology*, 47, 342–348.

Wilkie, William (2005). "Needed: A Larger View of Marketing and Scholarship," *Journal of Marketing*, 69, 4 (October), pp. 8–10.

Ybarra, Oscar, and David Trafimow (1998). "How Priming the Private Self or Collective Self Affects the Relative Weights of Attitudes and Subjective Norms," *Personality and Social Psychology Bulletin*, 24 (4), 362–370.

第 8 章

基于群体的品牌关系和说服力
——认同[①]的多重角色及认同差异

莫妮克·A. 弗莱明
(Monique A. Fleming)

消费者行为理论和研究越来越多地采用关系视角去理解消费与品牌的互动
（Escalas and Bettman, 2005; Fournier, 1998; Park, MacInnis and Priester,
2006）。这里的互动包括从购买、忠诚到支付价格溢价的意愿等，并且通常认为
培养消费者—品牌之间强有力的关系可以增强这些行为。建立消费者—品牌关系
的一种方法是将品牌与消费者所隶属的群体联系起来（即一个内部群体；见第 6
章和 Swaminathan, Page and Gürhan-Canli, 2007）。将品牌与消费者的内部群体
联系起来会给消费者对品牌的态度、消费者对诸如品牌广告等说服手段的回应、
消费者—品牌间的互动等带来怎样的影响？本章将会着重从态度和说服力的视角
来回答这些问题。

基于群体的关系和说服力

现有研究指出在说服广告中将品牌或者消费产品与消费者内部群体联系起来
通常会引导出更积极的态度（Gürhan-Canli and Maheswaran, 2000; Hong and
Wyer, 1990; Maheswaran, 1994; Reed, 2004; Shavitt and Nelson, 2000）。因
此，基于群体的品牌关系可以对态度有更积极的影响。更具一般意义地说，在说
服行为中把态度对象和内部群体联系起来已经被发现能典型地引起更积极的态
度。比如，在以下情况中说服力是更强的，即当关于态度对象说服性信息的来源

---

① 认同根据其定义自我动机的不同，可细分为自我认同（individual identity）和社会认同（social iden-
tity）。自我认同的形成始于消费者对特定个性与其自身特征相似程度的感知；社会认同是个体自我概念的
一个组成部分，它来自个体对自己作为某个社会群体成员身份的认知以及与该身份相关的价值观念和情感
的认知。

是信息接收者内部群体而不是外部群体的成员时（Cohen，2003；Mackie Gastar-do-Conaco and Skelly，1992；van Knippenberg and Wilke，1992），当对一个态度对象的态度立场归因于内部群体而不是外部群体时（Wood，Pool，Leek and Purvis，1996），或者当关于态度对象的说服信息将态度对象与信息接收者的内部群体联系起来时（Reed，2004）。关于以群体为基础的说服力则存在两个有意思的问题：①这是怎么产生的？②这为什么会发生？这些问题的回答对于理解基于群体的品牌关系在什么情况下可以指导消费者—品牌互动等有所启发。

152

基于群体的说服力是如何产生的？

我们关于说服力研究的一个重点是检验某个变量改变态度的认知过程。特别地，精细加工可能性模型①（Elaboration Likelihood Model，ELM；Petty and Cacioppo，1986b）和启发—系统式模型②（Heuristic-Systematic Model，HSM；Chaiken，Liberman and Eagly，1989）提出变量可以通过对论据优缺点或是说服手段中所呈现信息的仔细思考，或者通过相对未经思考的过程［例如依靠说服情境中的一个片段或者线索（见第 15 章）］来达到说服作用。说服发生的过程会影响过程之后的态度。经过思考过程后的态度被证实比未经思考后的态度更强，如它们持续的时间更长，对攻击更具抵抗力和对行为更具预见性（Petty，Haugtvedt and Smith，1995）。

因此，从态度的视角来说，为了了解基于群体的品牌关系影响如何，重要的是不仅要了解它是否会导致更积极或者更消极的态度，还需要了解实现上述影响的过程是怎么样的。几十年来，关于基于群体的态度变化的传统观点是这种说服是相对来说未经思考过程的结果，该过程有别于那些对所呈现论据观点和优缺点进行仔细思考的过程（Asch，1951；Deutsh and Gerard，1955；Festinger，1950；

---

① 精细加工可能性模型（Elaboration Likelihood Model，ELM），是一种描述态度变化的双加工理论，常用于解释说服效应。该模型旨在解释处理刺激的不同方式，为什么这些方式会被使用，以及它们对态度改变的影响。ELM 提出了说服的两大主要路径：中心路径（the central route）和边缘路径（the peripheral route）。在中心路径下，说服来源于个体对用于支持某主张信息的真正好处的认真和周到考虑。中心路径涉及高层次的信息加工，个体在接收信息时会产生大量关于论点的认知。态度改变的结果将相对持久，且更能预测行为。在边缘路径下，说服来源于个体对于刺激中正面或负面线索的联想，或者源于对主张立场的好处的简单推理。边缘路径下的个体接收的线索通常与刺激的逻辑质量无关。这些线索包括信息来源的可信度或吸引力、信息的生产质量等因素。精细可能性取决于个体评估所提出论点的动机和能力。

② 启发—系统式模型（Heuristic-Systematic Model，HSM）是一个被广泛认可的沟通模型，常用于解释人们如何接收和处理说服信息。该模型认为，个体可以用两种方式之一处理信息：启发式（heuristically）或系统式（systematically），并受"最小认知努力原则"指导，即个体更好倾向于尽量减少他们使用的认知资源，从而影响了信息的摄入和处理。启发式处理使用学习了且储存在记忆中的知识结果作为判断规则，而系统式处理涉及对判断相关信息全面的、分析的、认知的处理。HSM 与精细加工可能性模型非常相似，且共享了许多相同的概念和想法。

Kelman，1958，1961；Fleming and Petty，2000，文献回顾）。例如，Kelman（1958，1961）提出内部群体这一来源可能通过认同过程来引起态度的变化，该说服过程涉及渴望建立或维持与来源群体自我定义的关系，这与内部化的过程是区别开的，内部化的说服过程涉及把新材料全面仔细地整合到广阔的认知联系框架中。如果传统观点是正确的，我们则将不会期望基于群体的说服是有影响的。

检验说服产生过程新方法的发展（Chaiken et al.，1989；Petty and Cacioppo，1986b，文献回顾）已经使得越来越多近期关于基于群体的说服研究能直接检验这个问题。与传统观点相反，这些研究提出，基于群体的说服既可以通过未经思考过程产生，也可以通过深思熟虑的过程产生（Fleming and Petty，2000；Mackie and Queller，2000；Prislin and Wood，2005；van Knippenberg，1999，2000，文献回顾）。

153　　然而，每种类型的过程在什么时候发生是不清楚的。有些研究发现当说服信息的主题与内部群体相关（例如，SAT 考试或加州海岸的石油试钻对 UCSB[①] 大学的学生内部群体），或是直到论据出现之后才表明说服性信息的定位时，内部群体的说服是通过全面思考过程展开的。当主题并不与内部群体或者外部群体相关（例如，持有手枪或者安乐死对 UCSB 学生的内部群体和 Manitoba 大学学生的外部群体）并且在呈现论据前就表明定位时，说服通过将内部来源的定位当作线索的非深思熟虑过程所产生（Mackie，Worth and Asuncion，1990；Mackie et al.，1992；van Knippenberg，Lossie and Wilke，1994）。

相反，其他研究发现，在后一种情形下，即当主题与内部和外部群体不相关且立场首先就被声明，高认同的个体会通过深思熟虑的过程显示内部群体说服力。具体来说，当内部群体成员（美国本土出生的 Texas A&M 学生）和外部群体成员（国外出生的 Texas A&M 学生）对与群体不相关的主题（"我不支持吸毒的朋友""晋升时应该考虑员工的性别"）持有相反态度时，相较于外部群体，高认同的个体会更容易被内部群体说服，因为在有偏的积极思考基础框架下他们将内部群体的立场看作不同寻常的，从而使得他们更容易赞同（Wood et al.，1996；Asch，1940，1948）。比如，当"晋升时应该考虑员工的性别"这一立场属于内部群体而不是外部群体时，高认同的个体会将"应该考虑"理解为更加贴切且合适的解释——"除非工作需要力气这样的体力技能，不然晋升时应该考虑最好的员工"，并且这种解释调节了群体态度对参与者态度的影响。

基于群体的说服力：什么决定了过程？

有关基于群体的说服力何时经过深思熟虑过程而不是未经思考的过程，现有

---

① UCSB: University of California at Santa Barbara，美国圣塔芭芭拉加利福尼亚大学。

研究者提出了很多有趣的假设。两个理论占主导地位，并且涉及身份认同——内部群体成员资格在多大程度上是信息接受者自我概念的重要组成部分（Tajfel and Turner，1986）。

第一个假设是，认同决定了内部群体劝说会发生的过程。这个假设认为，高认同的个体会通过深思熟虑的过程来展示内部群体的说服力，然而低认同的个体则通过非深思熟虑过程来展示内部群体的说服力（Prislin and Wood，2005；Van Kmippenberg，1999；见 Cohen and Reed，2006，第 7 章）。例如，通过解释三个行为（即相关联、成为、理解）动机之间的差异（Chaken，Giner-Sorolla and Chen，1996；Wood，1999，2000），Prislin 和 Wood（2005）将认同概念化为与他人相关联动机的强度度量，并且提出动机的强度（认同）会调节内部说服力是通过深思熟虑过程还是未经思考过程的中介作用。他们提出高认同的个体会通过深思熟虑过程展示出内部群体说服力，但是低认同的个体会通过非深思熟虑的过程展示内部群体说服力，因为这两者都是通过赞同内部群体来激发与内部群体建立关系，并且更强的动机会导致更强的认知努力来这样做。[1] 类似地，van Knippenberg（1999）提出高认同的个体特别可能通过深思熟虑过程展示内部群体说服力（并且假定低认同的个体会通过非思考性过程展示出内部群体的说服力），因为当个体对群体认同越强或是他们将群体观点视为特别有用时，越多的主题可能就会成为与群体相关。

从这个观点来说，当主题与内部群体和外部群体不相关且立场首先被声明时，相较于非思考性影响（线索）的研究，思考性影响（有偏的解释）的研究中认同可能会更高。正如前文提到的，内部群体立场中的有偏解释仅发生在高认同个体中（Wood et al.，1996）。也许线索的影响（Mackie et al.，1992；van Knippenberg et al.，1994）发生在低认同的个体中。尽管在 Wood 及其同事（1996）的研究中，低认同的个体并没有发现内部群体的说服力，但是我们仍然期望，在低认同的个体中会发生内部群体说服力，只是该情形中的中介机制有所不同，而 Wood 及其同事的研究不能很好地发现两种中介机制的差异。

第二个假设提出，相较于低认同的个体，高认同的个体更可能展示出基于群体的说服力，并且对于高认同的个体，当在说服情境中对说服信息内容精细加工的可能性很高时，内部群体的说服会通过深思熟虑过程发生。当这种信息精细加工可能性很低时，内部群体的说服会通过非思考性过程发生（Fleming and Petty，2000；van Knippenberg，1999，2000；Mackie et al.，1990，1992，2000；van Knippenberg et al.，1994）。精细加工可能性是由人们在特定环境下思考说服性信息的动机和能力所决定的。当人们有动机和能力去思考说服性信息时，精细加工信息的可能性是高的。但当人们没有动机和能力去思考，精细加工这些信息的可能性是低的。比如，当信息主题与人们相关时，他们能够精细加工这些信息，并且这时思考的动机是很高的（Petty and Cacioppo，1979），同时在说服情境中没有呈现分散注意力的内容时，思考的能力是很高的（Petty，Wells and Brock，1976）。

第二个观点认为，关于有偏解释的效应，当主题与群体不相关且立场首先被声明，高认同的个体也会有线索带来的影响（也见 Mackie et al.，1992），但相较于发现了线索效应的研究，在发现了有偏解释效应的研究中精细加工可能性更高。例如，对大学生参与者来说，相较于发现了线索效应的研究中用到的与群体无关的主题（例如，手枪持有或安乐死），发现了有偏解释效应的研究中用到的与群体无关的主题（例如，吸毒的朋友或晋升考虑性别）有更高的个体相关性，增加了参与者去思考的动机。

155 我们进行了一项研究来检验这些可能性（Fleming，2009）。研究共招募了661 位本科生（371 位男生，290 位女生），旨在调查人们对新的和复活的产品是什么感觉，这些产品大多都在国内经过了市场的检验。参与者对他们的性别组或者是高认同或者是低认同，认同的测量量表是用集体自尊量表（Luhtanen and Crocker，1992）中关于身份的四个问项来测量的。量表中的问项，举例来说包括："总体而言，隶属于群体（男性或者女性）是我的自我形象中重要的一部分。"

在实验中群体关联性和立场被声明的时间保持不变，即与群体无关的主题，在呈现论据之前陈述信息立场。具体来说，向参与者展示了一个关于与群体无关的虚拟广告，该广告包含了两条说服信息，一条是积极的，一条是消极的。每条信息包含的第一句话是信息立场（例如，Snickerdoodles 是男性（女性）最喜欢的小吃；女性（男性）认为 Snickerdoodles 是不健康的），接下来的语句包含了支持信息立场的强有力原因。对一些参与者来说，内部群体的信息是积极的且外部群体的信息是消极的，然而对另一些参与者来说，外部群体的信息是积极的而内部群体的信息是消极的，这构成了群体诉求的操纵情境。

在展示信息之后，研究测量了对产品的态度、对广告反应的效价（对 Snickerdoodles 是积极的，消极的或者中立的）。研究也测量了精细加工可能性（认知量表的需要）（Cacioppo and Petty，1982），这主要评估了在不同情境中个体进行精细加工信息的长期趋势的差异（Cacioppo et al.，1996）。

在这个研究设计中，如果群体说服在某些情形下通过深思熟虑过程来影响态度，那我们认为相较于当外部群体信息是积极的而内部群体信息是消极的时候，当内部群体信息是积极的而外部群体信息是消极的时候，我们可以发现更积极的想法和态度，并且这些想法会在群体说服对参与者态度的影响中起到中介作用。将群体立场作为线索（而不是思考）会导致更积极的态度，相较于当外部群体信息是积极的而内部信息是消极的，或者内部群体的信息是积极的并且外部群体是消极的时候，想法不会在群体说服对态度的影响中起到中介作用，这意味着群体说服对态度是直接作用（即未经思考）的。

　　因此，如果认同决定了内部群体说服产生的过程，那么高认同和低认同的个人都将表现出内部群体说服作用，即在群体说服对态度的影响中肯定存在一个中介（Muller，Judd and Yzerbyt，2005）。此外，我们期望对于高认同的个体，群体说服影响想法，想法会中介群体说服对态度的影响。相反地，对于低认同的个体，我们认为群体说服对想法的影响是缺失的，想法应该不会在群体说服对态度的影响中起到中介作用，这意味着群体说服对态度的影响是直接的（即未经思考的）。

　　如果不是用精细加工可能性模型，而是使用认知需要[①]（Need for Cognition，NC）模型，来调节对高认同个体的内部群体说服的发生过程，那么无论在精细加工可能性水平高（高认知需要）还是低（低认知需要）时，高认同的个体会被期望显示出被内部群体说服（Muller et al.，2005）。另外，我们应该期望对于高认同、高认知需求的个体，群体说服会影响想法，而且想法会在群体说服对态度的影响中起到中介作用。相反，对于高认同、低认知需求的个体，我们认为群体说服对想法的影响是缺失的，并且想法不会在群体说服对态度的影响中起到中介作用，这意味着群体说服对态度的影响是直接的（即未经思考的）。

　　群体说服（内部群体积极/外部群体消极 = 1，外部群体积极/内部群体消极 = −1）×内部群体认同×参与者之间的认知需求对态度进行多重回归（Aiken and West，1991），这表明认同与群体说服的交互作用（见图 8.1），群体说服对

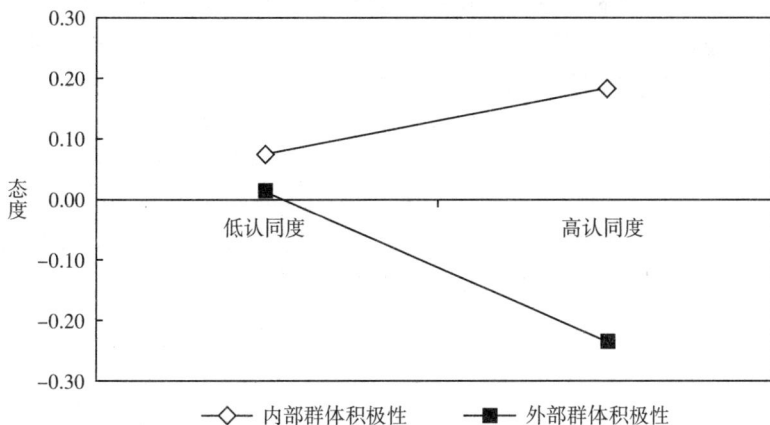

图 8.1　态度的标准化均值作为认同和群组吸引力的函数

注：通过 +1 和 −1 倍的标准差绘制认同。

---

　　① 认知需要（Need for Cognition，NC），在心理学上是指一种反映个体进行认知活动倾向的人格变量，常被定义为"以有意义且综合的方式对相关情境进行组织的需要"，或"对经验世界进行理解和合理化的需要"。高认知需要（High-NC）的个体更倾向于高精细加工，而低认知需求的个体往往是低精细加工的。

高认同个体的态度是有影响的，因而当内部群体是积极的且外部群体是消极的，而不是内部群体是消极的且外部群体是积极的时候，他们的态度会是更喜欢产品。这就是说，高认同度的个体显示出了内部群体的说服力。相反地，对低认同的个体而言，群体说服是无影响的，这意味着他们不会展现出内部群体说服力，这一结果与 Wood 及其同事（1996）的研究结果相同。因此，并不是认同决定了内部群体说服力产生的过程。

对于高认同个体（在中位数以上），中介作用的简单测试是在两个不同群体中进行的，包括高认同高认知需求的群体和高认同低认知需求的群体（Baron and Kenny，1986）。这些分析显示，对于高认知需求的高认同个体（见图 8.2 上方），群体说服对态度和想法积极性都有正面作用，并且想法活跃性与态度有关。也就是说，相较于当外部群体对 Snickerdoodles 的态度是正面而内部群体是负面时，当内部群体对 Snickerdoodles 态度是正面的且外部群体对 Snickerdoodles 的态度是负面时，他们对 Snickerdoodles 广告的态度和想法是更积极的。当把群体说服和想法积极性同时放在模型中预测态度时，群体说服对态度的影响不再显著，并且它的减弱是显著的，$z = 2.80$，$p < 0.01$（Sobel，1982），然而，想法积极性对态度的影响依然是显著的。这些发现表明对于高认知需求的高认同个体，在对广告做出回应时，群体说服对态度的影响受到想法的完全中介。对于低认知需求的高认同个体（见图 8.2 下方），群体说服对态度是有影响的，但对想法积极性没有显著影响。因此，想法不能作为群体说服对态度影响的中介变量。不足为奇的是，当群体说服和想法积极性同时放置在模型中，群体说服对态度的影响仍然显著，这种变化不显著，$z = -0.50$，$p = 0.62$（Sobel，1982）。因此，对低认知需求的高认同个体，群体说服对态度的作用不是通过想法进行中介，而是直接作用。这些个体只是简单地使用内部群体和外部群体的立场作为一种线索来形成他们自己的态度。

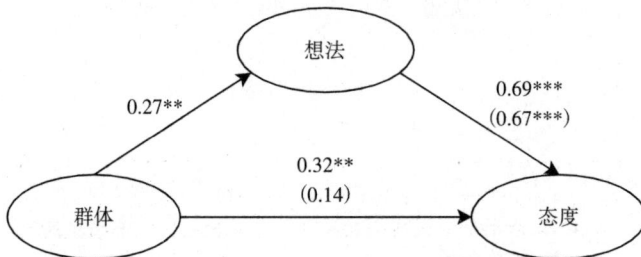

高认同/高认知需求：对于高认同和高认知需求的回归中介分析的非标准化估计。圆括号中是联合模型的估计；圆括号外的是前面步骤的估计。

图 8.2　高认同组：高认知需求 vs.低认知需求

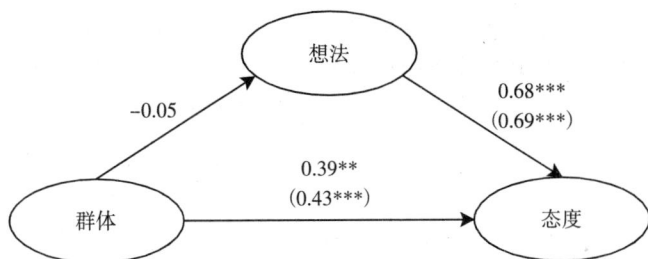

高认同/低认知需求：对于高认同和低认知需求的回归中介分析的非标准化估计。圆括号中是联合模型的估计；圆括号外的是前面步骤的估计。

图 8.2 高认同组：高认知需求 vs.低认知需求（续）

这些结果表明内部群体说服发生过程的决定因素是精细加工可能性。当参与者有思考的动机，也就是精细加工信息的程度高、认知需求高的时候，群体态度影响高认同个体的态度是通过影响他们在回应广告时的想法而进行的。当参与者的思考动机弱，精细加工可能性低时，群体态度通过相对非深思熟虑的过程（该过程将群体立场作为线索从而形成态度）来影响高认同个体的态度。这些结果都是在群体相关性和信息立场出现时间保持不变（即主题与群体的相关性相对较低，并且信息立场首先就被声明）的情况下发现的。

因此，这些结果提供了一个对不一致研究结果的综合解决方案，这些不一致的研究结果是关于当主题不与群体相关，以及立场在信息论据出现之前就阐述时，群体诉求影响说服的过程。这表明精细加工可能性可以决定内部群体说服中深思熟虑或非深思熟虑的过程是否会产生。精细加工可能性模型已经被用来解释为什么群体相关性和声明立场的时间能在内部群体说服过程中起到调节作用（Mackie et al.，1990，1992；van Knippenberg et al.，1994），这些发现把同一个概念框架下的内部群体说服力文献组织到一起，认为内部群体在精细加工可能性高的时候，说服力一般通过深思熟虑的过程产生，在精细加工可能性低的时候，通过非深思熟虑的过程发生。

当个体高度认同内部群体时，群体诉求会通过这些多重过程来提高说服效果。因此得到两个额外的观点：

第一，对于那些对内部群体高度认同的人来说，群体诉求仅仅作为一种线索。相反，对于那些低认同的人来说，没有发现内部群体的说服力。这些发现支持了 Mackie 及其同事（1992）提出的假设，即当信息接收者是群体内部成员时，内部群体所提供的信息可以作为简单的说服性线索。

这些结果同样给说服力机制提供了证据，这与 Kelman（1958，1961）的认同观点相一致，即态度改变来源于与来源群体建立和保持自我定义的欲望，说服 159
过程有别于将新的信息资源与现有认知的广泛框架进行仔细、全面的整合。因此，认同可以引起非深思熟虑的基于群体的说服，这说明信息接受者对内部群体有高认同，就一定会发生基于群体的说服。

第二，高认同的个体也展示了深思熟虑的内部群体说服力，而低认同的个体则不然。当精细加工可能性高时，相较于外部群体积极而内部群体消极的观点情况，在内部群体积极而外部群体消极时，高认同个体对广告中产品的想法更积极，这些积极的想法会导致更积极的态度。因此，最新结果显示，不同于 Kelman 的理论，内部群体身份不仅通过他称之为认同（仅仅因为个人的身份而赞同）的非深思熟虑过程积极地影响态度，同时也通过他称之为内化（因为某人的身份影响了对所呈现证据的仔细的评估而赞同）的深思熟虑的过程。这个见解似乎有些偏见，包括由信息接收者选择性地寻找内部群体信息中的优点和外部群体信息中的缺点而形成的有偏想法，或是由于给予内部群体信息更多关注而产生的偏见使得对内部群体而不是外部群体进行了更多客观思考。

在此研究之前，Wood 及其同事（1996）已经排除了一个观点，即高认同的个体总能表现出非深思熟虑的内部群体说服力。然而在 Wood 及其同事的研究中，内部群体在数量上是主体，构成了大学生的 87%，因此高认同的个体可能会表现出深思熟虑的大部分群体而不是内部群体的说服作用，也许因为另一机制的作用，例如乐于持有一种与主流观点不同的态度（Baker and Petty, 1994）。尽管内部群体在数量上不是大多数，在这里发现还是出现了高认同个体展现出深思熟虑的内部群体说服力，因此这是第一例不占大多数的深思熟虑内部群体说服力的展现。

总之，目前的研究认为认同，即个人与内部群体自我定义的关系，不仅只导致非深思熟虑内部群体说服力（即传统观点，如 Kelman, 1958, 1961），也会导致深思熟虑内部群体说服力（最近出现的这些观点）。反而，认同可以带来以上两种情形，这与精细加工可能性模型的（Petty and Cacioppo, 1986a）观点相一致，认为变量取决于精细加工可能性，可以在说服中扮演多重角色。

基于群体的深思熟虑和非深思熟虑说服力：为何产生？

这些结果同样解释了基于群体的说服为何产生的问题。具体来说，他们认为，内部群体对自我概念的重要性（即认同的中心要素，见 Ashmore, Deaux and McLaughlin-Volpe, 2004）可以促使个体通过深思熟虑和非深思熟虑过程来采用内部群体的态度。我们已经阐述了大量具体原因来解释为什么高认同的个体更显示出内部群体的说服力（参见 Fleming and Petty, 2000, 文献回顾）。在此，我们将会着重于两种解释，关于态度在个人管理与内部群体的关系中发挥的作用。

到此，并无证据表明低认同的个体会展示非深思熟虑（或者深思熟虑）的内部群体说服力。回顾 Kelman（1958, 1961）提出的观点，认同的个体可能会采用内部群体的态度建立或者保持与内部群体的关系（也参见与他人相联系的动机，如 Chaiken et al.，1996；Prislin and Wood，2005；Wood，1999，2000），这会引起对个体是否缺乏他们所想要的认同程度的检验。换言之，认同差异是建立在 Higgins（1989）自我差异理论[①]（Self-discrepancy Theory），并应用于认同差异理论[②]（Identity-discrepancy Theory）中社会角色上（例如，孩子）（Large and Marcussen，2000；Marcussen，2006），认同差异（Identification Discrepancies）可能存在吗（Fleming and Petty，2000）？例如，可能会有一些个体的认同比他们理想中的低——即认同不足（under-identified），而其他人的认同比他们理想的更高——过度认同（over-identified），还有一些人的认同与他们理想中的无差异，因此对他们的认同程度十分满意。

如果存在认同差异，他们可能会给内部群体说服力为何会产生提供解释。例如，那些满足于自己认同程度的人，我们可以事先假定他们构成我们全部样本，那么他们可以表现出我们发现的模式：那些在对内部群体高认同且对自身认同水平感到满意的个体可能会为了维持与内部群体的关系而采用内部群体的态度，然而那些对内部群体低认同且对自身认同程度感到满意的个体可能会为了维持他们在内部群体中关系的缺失而选择不去采用内部群体的态度。

个体会采用内部群体态度的第二个原因可能是他们想要减少实际和理想的认同程度之间的差异，并且变得更为认同，他们希望与内部群体建立自我定义的关系。第二个可能性表明认同不足的个体相较于过度认同的个体更有可能展示出内部群体的说服力，即使他们是低认同的。

综合来讲，这些假设提出对于高认同的个体先前表现出的内部群体说服力将会受到认同差异性的调节，由此，对认同程度满意的高认同个体，和低于理想认同程度的高认同个体，内部群体的说服会发生，而对高于理想认同程度的高认同个体，说服发生的情况会减少。此外，内部群体说服力可能会产生于低于理想认

---

① 自我差异理论（Self-discrepancy Theory）认为不同的自我状态应该从两个认知维度进行测量：自我的范畴，包括现实自我（actual self）、理想自我（ideal self）和应该自我（ought self）；自我的角度，包括"自己"（own）和"他人"（other）。现实自我是个体自己认为或个体认为他人认为自己所实际具备的属性的表征；理想自我是个体或他人希望个体在理想情况下所拥有的属性的表征，理想自我调节系统（idea self-regulatory system）关注是否存在正面结果；应该自我是个体或他人认为个体有义务或责任具备的特性的表征，应该自我调节系统关注是否存在负面结果。自我的这些不同表征是矛盾的。人们会把自己与内在标准"自我导向"（self-guides）——理想自我和应该自我——进行比较，这会导致情绪不适；现实自我和自我导向的差距被称为自我差异（self-discrepancy）。该理论认为，人们会积极去缩小差距。

② 认同差异理论（Identity-discrepancy Theory）提出了一个解释认同如何影响人们经历忧虑的方式。通过将自我差异理论引入认同理论（Burke's Identity Theory，1991，1996），该理论详细描述了意义的重要维度，即义务（obligations）和愿望（aspirations）。当认同是义务导向时，认同过程被破坏会导致焦虑；当认同是愿望导向时，认同过程被破坏会导致抑郁。与某一认同相关的抑郁程度受到破坏程度及该认同的显著性和构成的影响。这一理论为改变或破坏认同如何影响情绪提供了更好的解释。

同程度且低认同的个体中，群体说服与认同差异的相互作用也会在低认同的个体中出现。当精细加工可能性高时动机能使个体通过深思熟虑过程来采用内部群体的态度，在精细加工可能性低的时候，通过非深思熟虑过程来采用内部群体的态度。

161   为了检验这些问题，我们也考虑了认同差异的测量方法。具体来说，在接下来的认同测量中，根据性别分组，参与者完成对于他们所在性别群组的理想认同程度的测量，这包括从（实际）认同测量中改编得来的四个问项。这些问项是："总之，我愿意属于这个群体（男性或女性）并将群体作为我自身形象中的一个重要部分"；"总的来说，我想要属于这个群体（男性或女性）而这样对我的自我感觉没有多少影响（反向记分）"；"从观念上说，我想要从属的群体是对我是谁的重要反映"；以及"从观念上说，我想要从属的群体和我是个怎样的人没有什么关系（反向记分）"。认同差异由（实际）认同减去理想认同而计算得出。这种算法表明在性别群体上，大部分参与者存在认同差异，额外的发现是：16%的样本（$N = 104$）的认同差异为零分，因而是满意于自身认同程度的，60%的人（$N = 399$）人的真实认同高于其理想值，所以是过度认同，而还有24%（$N = 158$）是低于其理想值，他们是认同不足。

    群体诉求（内部群体积极/外部群体消极或者内部群体消极/外部群体积极）×对内部群体的认同程度（高或低）×认同差异程度（认同不足或满意或过度认同）×认知需求水平（高或低），组间方差分析的结果显示出认同、群体说服、认同差异之间的交互作用（见图 8.3）。[2] 这种交互作用表明，对高认同的个体而言，群体说服与认同差异交互作用的出现说明群体说服对态度的作用对高认同且对认同水平满意的个体和高认同却低于理想认同水平的个体没有差别。然而对于低认同的个体，没有发现显著的影响，这表明不论认同差异程度如何，内部群体的说服作用没有出现。

    这些结果说明内部群体说服力的发生是因为个体想要保持或者加大与内部群体现有的自我定义的关系。这就是说，高认同且对认同程度满意的个体可能会采用内部群体的态度，因为他们想要维持他们与内部群体间的自我定义关系（Kelman，1958，1961），而高认同且认同低于理想水平的个体采用内部群体的态度可能是因为他们想要保持或者增加他们与内部群体间的自我定义关系。低于理想认同程度且低认同的个体没有表现出内部群体的说服力，这一结果表明个体没有采用内部群体的态度，因为他们有着去建立与内部群体间还未存在的自身定义关系的动机（Kelman，1958，1961；Chaiken et al.，1996；Prislin and Wood，2005；Wood，1999，2000），或是有去减少他们实际和理想的认同水平间的差异而变得更为认同的动机（Fleming and Petty，2000）。

162   接下来我们分析了动机或想法是否会导致个体采用内部群体的态度，当精细

高认同

低认同

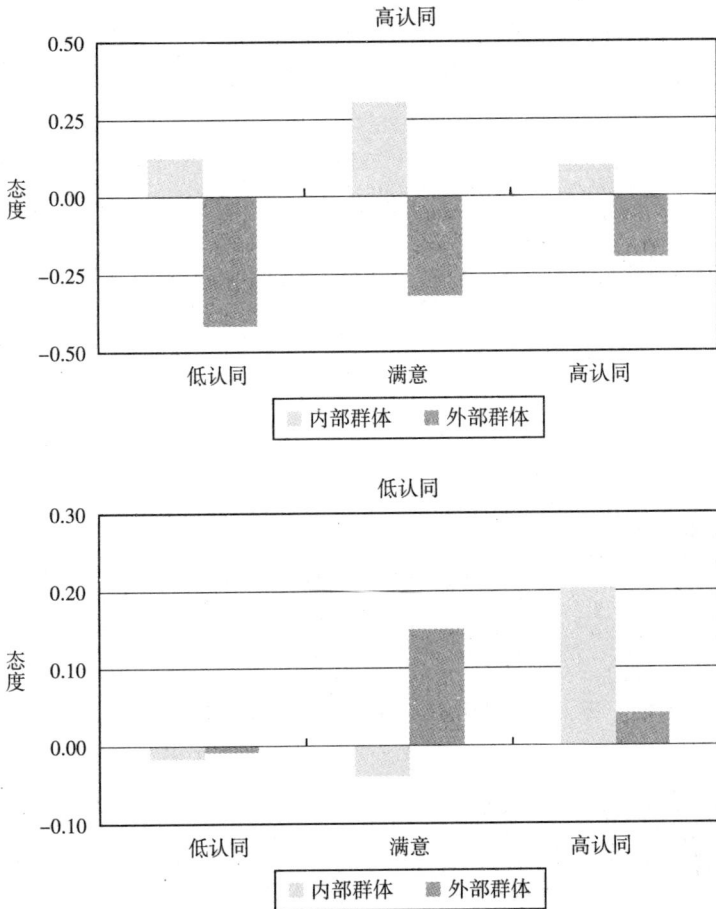

图 8.3　态度的标准化均值作为认同、群组吸引力和认同差异水平的函数

加工可能性高时通过深思熟虑过程采用内部群体的态度，而在精细加工可能性低的时候则通过非深思熟虑过程。最初对想法的分析表明认同差异（满意 vs.认同不足）不会对结果产生调节作用，两个群体——高认同且对认同水平满意和高认同且认同不足——没有差异。简单的中介作用检验结果表明，对高认同且对认同水平满意和高认同且低于理想认同水平的高认知需求个体（见图 8.4 上方），群体说服对态度和想法积极性都有影响。另外，想法积极性与态度相关。当群体说服和想法积极性同时在模型中出现时，群体说服对态度的影响不再显著，其减少是显著的，$z = 1.96$，$p < 0.05$（Sobel，1982），然而想法积极性对态度的影响依然显著，这表明对于高认同且对认同水平满意的和高认同且低于理想认同水平的个体，在高认知需求时，想法在群体说服对态度的影响中起到完全中介作用。

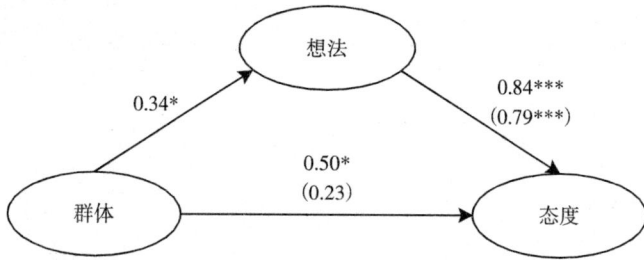

高认同/高满意和认同不足/高认知需求：对高认同、高满意以及认同不足、高认知需求组的回归中介分析的非标准化估计。圆括号中是对联合模型的估计；圆括号外是前面步骤的估计。

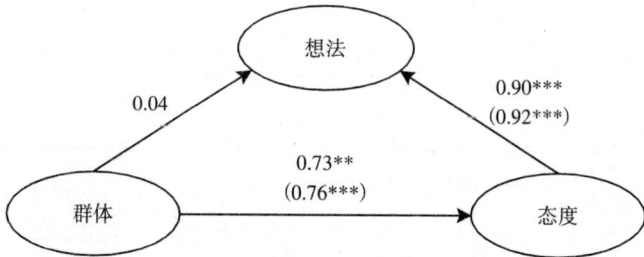

高认同/高满意和认同不足/低认知需求：对高认同、高满意以及认同不足、低认知需求组的回归中介分析的非标准化估计。圆括号中是对联合模型的估计；圆括号外是前面步骤的估计。

图 8.4　高认同/高满意和认同不足：高认知需求 vs.低认知需求

相反地，对高认同且对认同水平满意的和高认同且低于理想认同水平的个体在低认知水平下（见图 8.4 下方），群体说服对态度是有影响的，但对想法积极性则没有影响，并且当群体说服和想法积极性同时存在于模型中时，群体说服对态度的影响依然显著，模型变化是不显著的，$z = -0.318$，$p = 0.86$（Sobel，1982）。相反地，对于高认同且对认同水平满意的和高认同且低于理想认同水平的个体，当两者在认知需求水平低的时候，群体说服对态度的影响是不会受到想法的中介作用，而是直接作用。认同差异在说服中也扮演着多重角色，这表明个体会根据精细加工可能性水平，通过深思熟虑和非深思熟虑过程来采用内部群体的态度，因为他们想要保持或者增进他们与内部群体间已有的自我定义关系。

对品牌化和未来研究的启示

这些研究结果表明基于群体的说服力特别可能发生在高认同个体中，特别是那些满意或低于理想认同水平的个体。这些结果也表明基于群体的说服力在相同条件下会通过深思熟虑或者非深思熟虑过程来产生。当信息主题不与感兴趣的独立变量特别相关，并且当在呈现论据之前就声明了信息立场，变量对说服过程的影响已经得到检验（Hovland, Janis and Kelley, 1953; Eagly and Chaiken, 1993;

Petty and Wegener，1998，文献回顾）。在这种情形下，当精细加工可能性高的时候，其他的说服变量都会通过深思熟虑过程影响说服力。当精细加工可能性低时，通过非深思熟虑过程影响说服力（Petty，Schumann，Richman and Strathman，1993；Petty and Wegener，1998，文献回顾）。[3] 目前的研究结果表明在相同条件下，内部群体说服力通过深思熟虑和非深思熟虑的过程产生，而不仅是经由简单的线索（Mackie et al.，1990；Mackie et al.，1992；van Knippenberg et al.，1994）或者仅仅通过有偏的想法（Wood et al.，1996）。之前的研究显示：相对于由非深思熟虑过程产生的态度，由深思熟虑过程产生的态度会更强，并将持续更久的时间，对冲突更具抵抗力，并且对行为更具预测性（Petty et al.，1995）。这些研究结果表明，基于群体的说服力与其他变量产生的说服力一样重要，相较于精细加工可能性较低的情形，在高精细加工可能性的情形下基于群体的说服力会产生更强（更具影响）的态度。

因此，从态度和说服的视角来说，当消费者对内部群体高度认同，特别是当实际认同程度等于理想认同程度时，当消费者有很高的动机和能力来解释说服的内容，在营销手段中把品牌和消费者的内部群体联系起来而培育的品牌关系将对消费者—品牌之间的互动关系（例如，品牌购买、忠诚、支付价格溢价的意愿）有积极影响。仅仅知道消费者是否属于某个群体是不够的。而且仅仅了解消费者是否对内部群体是高认同的，或是有高动机和能力去解释说服的内容也是不够的。为了基于群体的说服更有效，则需要了解以上这三点。

165

一个还未解决的问题是对品牌（态度客体）强有力的论据是否是必要的。一些研究发现，当信息接收者在精细地处理信息内容时，当呈现弱论据时，基于群体的说服力是减弱的甚至反向的——即相较于外部群体信息来源，内部群体信息来源导致积极态度更不积极（Mackie et al.，1990，1992），因为当一个人更客观地思考似是而非的论据时，论据看起来更弱，信息接收者会对态度客体产生更多负面态度（Petty and Cacioppo，1986a）。然而，其他研究表明高认同的个体有动机把内部群体信息通过正面有偏来理解（Wood et al.，1996）。在本研究中，相较于外部群体说服，在精细加工可能性高时，高认同（对认同水平满意或低于理想认同水平）个体的思考是由有偏思考或是更多的客观思考组成。如果是后者，当内部群体的说服力是深思熟虑的，弱论据是无效的或者适得其反，这种情况使得基于群体的消费者与品牌间的关系会减少而不是增加诸如品牌购买、忠诚度、支付产品溢价的行为。

有趣的是，目前的观点提供了可能解决强态度在指导行为时所扮演角色的问题。最近的研究表明尽管强态度可以指导更简单的或是更不复杂的与品牌相关的行为（如：一次性购买），以依恋形式出现的强品牌关系反而会指导更复杂困难的品牌相关行为。通过加强品牌关系以及创造强态度，基于群体的说服可能属于一种特殊的说服变量，这个变量能覆盖到行为的所有表现。

相对于通过低精细加工可能性水平的说服，通过高精细加工可能性水平的说服可以创造更强的品牌关系。除了强有力的品牌态度，对内部群体的高认同也会创造更强的品牌关系。与前面的可能性相一致，Wegener 及其同事（见第 15 章）提出了消费者对品牌的态度是消费者与品牌间关系的一种，或是这样一种关系的基础，并且强品牌态度的形成会导致强品牌关系的形成。

最终，多重路径锚定和调节模型对态度产生和获得进行了研究（Cohen and Reed，2006，见第 7 章），该模型提出当群体是自我概念中最重要的方面时，基于群体的态度改变可能通过从内到外的过程产生，这个过程包括与自我相关的精细加工以及从自我系统角度来评价态度对象，这与从外到内的过程是不同的，该过程包括以客体为中心的精细加工和基于态度客体重要属性来评价态度客体。相反地，最近的研究给后者提供了清晰的证据，基于群体的说服力可以通过从外到内的过程实现，因为认同会对以客体为中心的想法产生影响。

检验基于群体的说服力是否因为认同会影响与自我相关的想法而出现，以及以客体为中心和与自我相关的想法是否能同样引起强态度的产生，这些都是很有趣的问题。这些可能从最近的发现中获取了支持，研究发现有着相互依赖自我构念的消费者（也许依情形会引起高认同），会抵制来源于他们自己国家（不是不同的国家）品牌的负面信息（例如，Dell 是可靠的美国品牌，我不相信这些评级），因此而能保持他们最初的积极态度（Swaminathan et al.，2007，p.253）。

总之，最近的观点拓展了我们关于"内部群体的影响何时是深思熟虑的？""何时是非深思熟虑的？""为谁产生？"以及"为何产生？"等问题的理解。这些研究表明态度与维护及发展（尽管还未建立）与内部群体间的关系是相关的，因为个人会采用内部群体态度来保持或加强与内部群体间现有的自我定义的关系，并依赖于精细加工可能性的不同水平来分别通过深思熟虑或非深思熟虑的过程来进行。这些观点有助于增进理解基于群体的品牌关系何时会对品牌—消费者的互动产生影响。

注　释

[1] Prislin 和 Wood（2005）同样提出了另一个认同概念作为个人成为自己的动机强度的测量，并且提出了高认同的个体可以通过深思熟虑过程展示内部群体说服力，低认同个体通过非深思熟虑过程，因为这两者可能都有动机通过认同内部群体，来表示自己是个一致且被积极评价的实体，而更强的动机会引起付出更多的认知努力来这样去做。这些概念化都将产生对现有结果同样的预期。

[2] 我们公布了 ANOVA 而不是回归的结果，这是在 0 和 1 之间（满意与过度认同）和 0 与–1 间（满意与认同不足）的概念差异，比 9 与 10 之间（过度认同与有一点过度认同）的差异更大。并且 ANOVA 能更好地捕捉三分概念化。然而，当把认同差异用两个效果编码的变量作为三分变量输入时，回归的结果是相同（Aiken and West，1991）。并且认同和认知需求是连续的。

[3] 比如，当一个人的情绪和信息立场被提前引入与情绪无关的信息，当精细加工可能性高时，因为

参与者有高度认知需求，情绪会通过有偏想法，深思熟虑过程引起说服，当精细加工可能性低时，因为参与者认知需求较低，情绪作为线索通过非深思熟虑途径引起说服（Petty et al.，1993）。对来源专业性也是同样如此（Chaiken and Maheswaran，1994）。

参考文献

Aiken, L.S., and West, S.G. (1991). *Multiple Regression: Testing and Interpreting Interactions*. Thousand Oaks, CA: Sage.

Asch, S.E. (1940). "Studies in the Principles of Judgments and Attitudes: II. Determination of Judgments by Group and by Ego Standards," *Journal of Social Psychology*, 12, 433–465.

——(1948). "The Doctrine of Suggestion, Prestige, and Imitation in Social Psychology," *Psychological Review*, 55, 250–276.

——(1951). "Effects of Group Pressure upon the Modification and Distortion of Judgments." In *Groups, Leadership and Men*, ed. H. Guetzkow. Pittsburgh, PA: Carnegie Press, 177–190.

Ashmore, R.D., K. Deaux, and T. McLaughlin-Volpe (2004). "An Organizing Framework for Collective Identity: Articulation and Significance of Multidimensionality," *Psychological Bulletin*, 130, 80–114.

Baker, S.M., and R.E. Petty (1994). "Majority and Minority Influence: Source Position Imbalance as a Determinant of Message Scrutiny," *Journal of Personality and Social Psychology*, 67, 5–19.

Baron, R.M., and D.A. Kenny (1986). "The Moderator-Mediator Variable Distinction in Social Psychological Research: Conceptual, Strategic, and Statistical Considerations," *Journal of Personality and Social Psychology*, 51, 1173–1182.

Cacioppo, J.T., and R.E. Petty (1982). "The Need for Cognition," *Journal of Personality and Social Psychology*, 42, 116–131.

Cacioppo, J.T., R.E. Petty, J.A. Feinstein, and W.B.G. Jarvis (1996). "Dispositional Differences in Cognitive Motivation: The Life and Times of Individuals Varying in Need for Cognition," *Psychological Bulletin*, 119, 197–253.

Chaiken, S., R. Giner-Sorolla, and S. Chen (1996). "Beyond Accuracy: Defense and Impression Motives in Heuristic and Systematic Information Processing." In *The Psychology of Action: Linking Cognition and Motivation to Behavior*, ed. EM. Gollwitzer and J.A. Bargh. New York, NY: Guilford, 553–578.

Chaiken, S., A. Liberman, and A.H. Eagly (1989). "Heuristic and Systematic Information Processing within and beyond the Persuasion Context." In *Unintended Thought*, ed. J.S. Uleman and J.A. Bargh. New York, NY: Guilford Press, 212–252.

Chaiken, S., and D. Maheswaran (1994). "Heuristic Processing Can Bias Systematic Processing: Effects of Source Credibility, Argument Ambiguity, and Task Importance on Attitude Judgment," *Journal of Personality and Social Psychology*, 66, 460–473.

Cohen, G.L. (2003). "Party over Policy: The Dominating Impact of Group Influence on Political Beliefs," *Journal of Personality and Social Psychology*, 85, 808–822.

Cohen, J.B., and A. Reed (2006). "A Multiple Pathway Anchoring and Adjustment (MPAA) Model of Attitude Generation and Recruitment," *Journal of Consumer Research*, 33, 1–15.

Deutsch, M., and H.B. Gerard (1955). "A Study of Normative and Informational Influences upon Individual Judgment," *Journal of Abnormal and Social Psychology*, 51, 629–636.

Eagly, A.H., and S. Chaiken (1993). *The Psychology of Attitudes*. Fort Worth, TX: Harcourt, Brace, Jovanovich.

Escalas, J.E., and J.R. Bettman (2005). "Self-construal, Reference Groups, and Brand Meaning," *Journal of Consumer Research*, 32, 378–389.

Festinger, L. (1950). "Informal Social Communication," *Psychological Review*, 57, 271–282.

Fleming, M.A. (2009). "Ingroup and Outgroup Messages and Persuasion: Different Roles for Ingroup Identification and Identification Discrepancies under High- and Low-Elaboration Conditions," Working Paper, University of Southern California.

Fleming, M.A., and R.E. Petty (2000). "Identity and Persuasion: An Elaboration Likelihood Approach." In *Attitudes, Behavior, and Social Context: The Role of Norms and Group Membership*, ed. D.J. Terry and M. A. Hogg. Mahwah, NJ: Lawrence Erlbaum, 171–199.

Fournier, S. (1998). "Consumers and Their Brands: Developing Relationship Theory in Consumer Research," *Journal of Consumer Research*, 24, 343–373.

Gürhan-Canli, Z., and D. Maheswaran (2000). "Cultural Variations in Country of Origin Effects," *Journal of Marketing Research*, 35, 464–473.

Higgins, E.T. (1989). "Self-Discrepancy Theory: What Patterns of Self-Beliefs Cause People to Suffer?" In *Advances in Experimental Social Psychology* (Vol. 22), ed. L. Berkowitz. New York, NY: Academic Press, 93–136.

Hong, S., and R.S. Wyer (1990). "Determinants of Product Evaluation: Effects of Time Interval between Knowledge of a Product's Country-of-origin and Its Specific Attributes," *Journal of Consumer Research*, 17, 277–288.

Hovland, C.I., I.L. Janis, and H.H. Kelley (1953). *Communication and Persuasion: Psychological Studies of Opinion Change*. New Haven, CT: Yale University Press.

Kelman, H.C. (1958). "Compliance, Identification, and Internalization: Three Processes of Attitude Change," *Journal of Conflict Resolution*, 2, 51–60.

——(1961). "Processes of Attitude Change," *Public Opinion Quarterly*, 25, 57–78.

Large, M.D., and K. Marcussen (2000). "Extending Identity Theory to Predict Differential Forms and Degrees of Psychological Distress," *Social Psychology Quarterly*, 63 (1), 49–59.

Luhtanen, R., and J. Crocker (1992). "A Collective Self-esteem scale: Self-evaluation of One's Social Identity," *Personality and Social Psychology Bulletin*, 18, 302–318.

Mackie, D.M., M.C. Gastardo-Conaco, and J.J. Skelly (1992). "Knowledge of the Advocated Position and the Processing of In-Group and Out-Group Persuasive Messages," *Personality and Social Psychology Bulletin*, 18, 145–151.

Mackie, D.M., and S. Queller (2000). "The Impact of Group Membership on Persuasion: Revisiting 'Who says what to whom with what effect?'" In *Attitudes, Behavior, and Social Context: The Role of Norms and Group Membership*, ed. D.J. Terry and M.A. Hogg. Mahwah, NJ: Lawrence Erlbaum, 171–199.

Mackie, D.M., L.T. Worth, and A.G. Asuncion (1990). "Processing of Persuasive In-group Messages," *Journal of Personality and Social Psychology*, 58, 812–822.

Maheswaran, D. (1994). "Country of Origin as a Stereotype: Effects of Consumer Expertise and Attribute Strength on Product Evaluations," *Journal of Consumer Research*, 21, 354–365.

Marcussen, K. (2006). "Identities, Self-esteem, and Psychological Distress: An Application of Identity-Discrepancy Theory," *Sociological Perspectives*, 49 (1), 1–24.

Muller, D., C.M. Judd, and V.Y. Yzerbyt (2005). "When Moderation Is Mediated and Mediation Is Moderated," *Journal of Personality and Social Psychology*, 89, 852–863.

Park, C.W., D.J. MacInnis, and J.R. Priester (2006). "Beyond Attitudes: Attachment and Consumer Behavior," *Seoul National Journal*, 12 (2), 3–36.

Petty, R.E., and J.T. Cacioppo (1979). "Issue Involvement Can Increase or Decrease Persuasion by Enhancing Message-Relevant Cognitive Responses," *Journal of Personality and Social Psychology*, 37, 1915–1926.

——(1986a). *Communication and Persuasion: Central and Peripheral Routes to Attitude Change*. New York, NY: Springer-Verlag.

——(1986b). "The Elaboration Likelihood Model of Persuasion." In *Advances in Experimental Social Psychology* (Vol. 19), ed. L. Berkowitz. New York, NY: Academic Press, 123–205.

Petty, R.E., C.P. Haugtvedt, and S.M. Smith (1995). "Elaboration as a Determinant of Attitude Strength: Creating Attitudes that Are Persistent, Resistant, and Predictive of Behavior." In *Attitude Strength: Antecedents and Consequences*, ed. R.E. Petty and J.A. Krosnick. Hillsdale, NJ: Lawrence Erlbaum, 93–130.

Petty, R.E., D.W. Schumann, S.A. Richman, and A.J. Strathman (1993). "Positive Mood and Persuasion: Different Roles for Affect Under High- and Low-Elaboration Conditions," *Journal of Personality and Social*

Psychology, 64, 5-20.

Petty, R.E., and D.T. Wegener (1998). "Attitude Change: Multiple Roles for Persuasion Variables." In *The Handbook of Social Psychology*, 4th ed. (Vol. 1), ed. D. Gilbert, S. Fiske, and G. Lindzey. New York, NY: McGraw-Hill, 323-390.

Petty, R.E., G.L. Wells, and T.C. Brock (1976). "Distraction Can Enhance or Reduce Yielding to Propaganda," *Journal of Personality and Social Psychology*, 34, 874-884.

Prislin, R., and W. Wood (2005). "Social Influence in Attitudes and Attitude Change." In *The Handbook of Attitudes*, ed. D. Albarracín, B.T. Johnson, and M.P. Zanna. Mahwah, NJ: Lawrence Erlbaum, 671-706.

Reed, A. (2004). "Activating the Self-Importance of Consumer Selves: Exploring Identity Salience Effects on Judgments," *Journal of Consumer Research*, 31, 286-295.

Shavitt, S., and M.R. Nelson (2000). "The Social-identity Function in Person Perception: Communicated Meanings of Product Preferences." In *Why We Evaluate: Functions of Attitudes*, ed. G. Maio and J.M. Olson. Mahwah, NJ: Lawrence Erlbaum, 37-57.

Sobel, M.E. (1982). "Asymptotic Confidence Intervals for Indirect Effects in Structural Equations Models." In *Sociological Methodology 1982*, ed. S. Leinhart. San Francisco, CA: Jossey-Bass.

Swaminathan, V., K.L. Page, and Z. Gürhan-Canli (2007). "'My' Brand or 'Our' Brand: The Effects of Brand Relationship Dimensions and Self-construal on Brand Evaluations," *Journal of Consumer Research*, 34, 248-259.

Tajfel, H., and J.C. Turner (1986). "The Social Identity Theory of Intergroup Behavior." In *Psychology of Intergroup Relations*, ed. S. Worchel and W.G. Austin. Chicago, IL: Nelson-Hall, 7-24.

van Knippenberg, D. (1999). "Social Identity and Persuasion: Reconsidering the Role of Group Membership." In *Social Identity and Social Cognition*, ed. D. Abrams and M.A. Hogg. Oxford, UK: Blackwell, 315-331.

——(2000). "Group Norms, Prototypicality, and Persuasion." In *Attitudes, Behavior, and Social Context: The Role of Norms and Group Membership*, ed. D.J. Terry and M.A. Hogg. Mahwah, NJ: Lawrence Erlbaum, 157-170.

van Knippenberg, D., N. Lossie, and H. Wilke (1994). "In-group Prototypicality and Persuasion: Determinants of Heuristic and Systematic Message Processing," *British Journal of Social Psychology*, 33, 289-300.

van Knippenberg, D., and H. Wilke (1992). "Prototypicality of Arguments and Conformity to Ingroup Norms," *European Journal of Social Psychology*, 22, 141-155.

Wood, W. (1999). "Motives and Modes of Processing in the Social Influence of Groups." In *Dual Process Theories in Social Psychology*, ed. S. Chaiken and Y. Trope. New York, NY: Guilford, 547-570.

——(2000). "Attitude Change: Persuasion and Social Influence," *Annual Review of Psychology*, 51, 539-570.

Wood, W., G.J. Pool, K. Leck, and D. Purvis (1996). "Self-Definition, Defensive Processing, and Influence: The Normative Impact of Majority and Minority Groups," *Journal of Personality and Social Psychology*, 71, 1181-1193.

169

PART **3** | 第 3 部分

品牌意义与意义制造者

第 9 章
集体品牌关系

托马斯·C.奥吉恩，艾伯特·M.穆尼兹，JR
(Thomas C. O'Guinn and Albert M. Muñiz，JR)

粉丝关系、品牌关系以及关系都是"我喜欢这个品牌"这一表述真正意义的一部分。你的判断是某些其他判断的一部分，是一种小型关系经济，是百万分之一，这些关系持续地凝聚和解散，并围绕着电影、运动鞋、牛仔裤和流行音乐等文化产品进行重组。你的身份就是你在这些关系经济中的投资。

——John Seabrook（2000）

你的判断是某些其他判断的一部分……

是的，是这样的。有一些特殊的东西对品牌而言是超越个体消费者的。品牌关系不只是个体消费者对品牌的想法和感觉。现实中存在一些有意义的集体品牌关系。另外，所有个体关系合起来会形成集体关系。品牌关系是通过社会力量形成的。

当我们第一次接触本章相关文献时，我们是高兴且矛盾的。我们没有像绝大部分著名学者那样看待品牌关系或提出相应的品牌关系理论。如果根据目前研究中设想和进展的程度，我们在这个品牌研究的细分领域属于局外人。对我们来说，品牌关系是一个完全被心理学家所占据的领域（至少在美国商学院是这样的），甚至在这个领域中连解释工作（Fournier，1998）也几乎全部是个人主义以及 20 世纪 50 年代投射出的复古主义。关于集体行为、想法、记忆或者制度、社会和集体性的作用等内容只有很少的讨论。目前研究关注的仅仅是个体消费者和他们的想法。Sociology 101① 从品牌课程中已被取消。在美国营销学术圈，品牌关系都是关于消费者—品牌之间的二元关系。甚至有时需要将品牌考虑为具有个性的生命体（Aaker，1997）。所以，如果玉米片品牌是一个人，那么他或她是友好的/不友好的，是乐天派还是闷闷不乐的？除了已经提到的太过于关注物和人

---

① Sociology 101 是"社会学导论"的课程名称。

两者之间关系这一短板，这一领域的研究缺乏完整的社会构建理论，目前的研究依赖于过时的——至少对于我们来说——且零散的 20 世纪 50 年代新弗洛伊德"品牌是人/宠物"的思想流派（Bartos，1986）。这些构想对创造性定位、容易获得的管理隐喻是有价值的，我们自己的经验、理论化和数据会指引我们到别的研究领域中去。

174 　　因此，在美国营销学术界，"关系"这个词是以一个非常狭隘的方式来使用的。社会就这样被缩减为品牌与消费者关系，这就是全部。关系的部分观点是品牌和消费者就像是两个有生命的主体，他们相互影响。尽管事实上品牌通常是一个东西，但是品牌和消费者都是有个性的。显而易见的是：品牌通常没有个性，因为它们没有行为倾向。除拟人化的包装和吉祥物之外（Hine，1995；Ludacer，2008），一般的大众消费品（Consumer Packaged Good，CPG）不会表露感情，不会思考，也不会行动。在一个品牌的产生中，营销部门、广告公司、媒体等可以这样做，但品牌本身不会这样做。我们知道，没有令人信服的证据表明人们在没有以某种方式哄诱或者要求的情况下，把品牌看作人或类人型。当将品牌看成是各种人类的愿望、创造、幻想、娱乐等目标时（Holbrook and Hirschman，1982），形成品牌的则是人类、人类集体和机构。但这无法从品牌文献中找到。有关机构及集体的讨论在哪里？品牌关系必须是这么狭窄的构思吗？

　　我们提供的是关于品牌关系的替代理论。这至少是一种改变目前现状的尝试。我们从演变的品牌社会模型视角来讨论品牌关系。让我们从品牌定义开始。

品牌（名词属性）：一种流行意义的集合。

　　读者很可能会注意到我们使用"流行"这个词，而不是"商业"或一些其他较窄的商业构念。参考当代辞典，"流行"是"商业"的同义词。这当然是有意义的，因为在消费者文化中生活已经消除了这些术语之间曾经存在（如果有）的区别。流行即商业。商业文化是流行文化。正如美国最高法院认为试图区分和定义政治语言和商业（流行）语言是有困难的，我们不能说，加利福尼亚州州长老施瓦辛格不是一个品牌，也不能说 Ben & Jerry 不包含政治意义。意义定义了品牌。即使在意义是平凡的时候也是正确的。

　　此时，我们想想现代品牌是如何开始的。在 19 世纪末期，品牌取代了许多无标记的商品。我们今天所知的品牌化是 19 世纪最后 20 年开始发展起来的，而在这一时期之前已经有一些品牌产品（如专利药品和烟草）。1875~1900 年，很多品牌的产品取代了无品牌的商品（见图 9.1）。此类现象首先发生在包装商品上。肥皂在很早以前是无品牌并按重量来销售的，后来有品牌了，即 Ivory①

---

　　① Ivory Soap 是宝洁旗下香皂品牌。

（1882 年）和 Sapolio①（大约 1875 年）。啤酒在很早以前是从没有名字的小桶中称取的，后来有品牌了，即 Budweiser②（1891 年）和 Pabst③（1873 年）。从有形产品到服务，现有商品都发展成了品牌，这也是 1900 年为现代市场设计的新事物洪流。

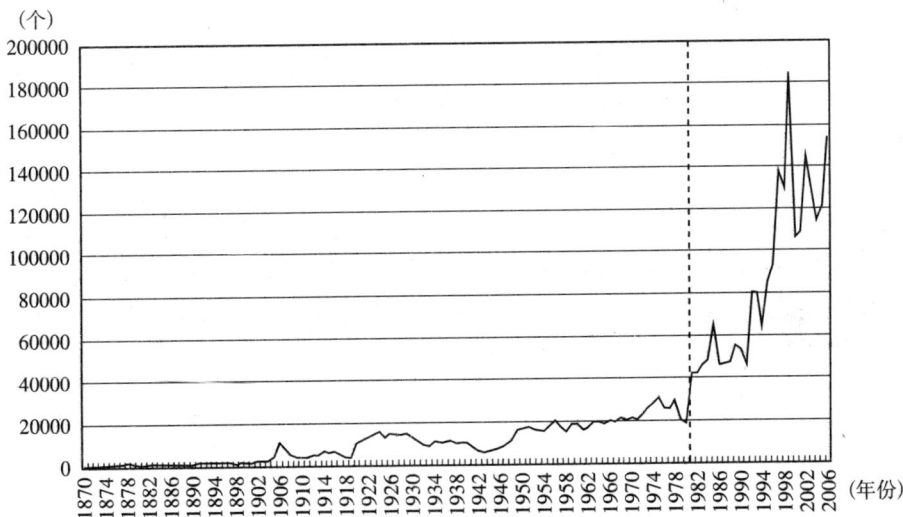

图 9.1　美国每年的品牌注册数量，1870~2006 年

注：本图显示了在 20 世纪后半叶品牌数量的显著增加。

在 19 世纪的最后几年和 20 世纪的前 20 年，人们大量探讨了品牌化。广告 175 和品牌化作为市场的引擎和时尚标推动着市场的现代化。在之后的 80 年，品牌化风潮覆盖了几乎一切。一个世纪以后，甚至泥土和水也被品牌化。

社会品牌

品牌是由协会机构、公众和社会力量等多方互动创建出来的。即使是"共同创造"这一术语掩盖了品牌的本质，但共同创造还是停留在一个虚构的二分体中：品牌/营销者—消费者。在物质世界、社会世界或品牌世界里没有任何东西是那样简单的或孤立的。因此，我们也放弃熟悉的术语，"共同创造"，不是因为它走得太远，而是因为它远远不够。在现实生活中，除了消费者和营销者，还有更多社会角色在发挥作用。共同创造是一个严格约束的构念。

---

① Sapolio 是美国的杀虫剂品牌。

② Budweiser 是百威啤酒。

③ Pabst 是蓝带啤酒。

　　品牌管理者根据定性的见解和品牌意义已经说了几十年。可口可乐公司在品牌构建中不断进行重复，将消费者对产品态度评价与品牌的文化意义融为一体，这已经成为了 MBA 案例中的传奇（Hays，2004；Pendergrast，1993）。人类学、传播学和社会学的顾问和品牌专家都要求与此观点保持一致（Sunderland and Denny，2007）。

　　我们提供了品牌的社会模式来进行适度的改进。这是一个正在进行中的研究工作。但是，这是一个将品牌讨论引向不同方向的务实性尝试，并不是激进的尝试。品牌意义是可塑的和动态的，不断被社会力量所塑造。我们想把一些社会学的设想（Mills，1959）加入讨论中。

176　　我们已经提供了对品牌社会模型研究的前几个步骤（O'Guinn and Muñiz，2009）。基本要素包括（见图 9.2）：营销人员；商品、服务，或者名人；个体消费者；消费者集体；机构。必要的过程是接纳、协商、被促成的培养、集体性记忆、政治、谣言和破坏。我们将使用这个模型作为我们理解品牌关系的平台。我们的品牌理论是基于几个社会因素的相互作用，包括机构、消费者和消费者集体等。这种相互作用产生了意义，然后意义产生了品牌。

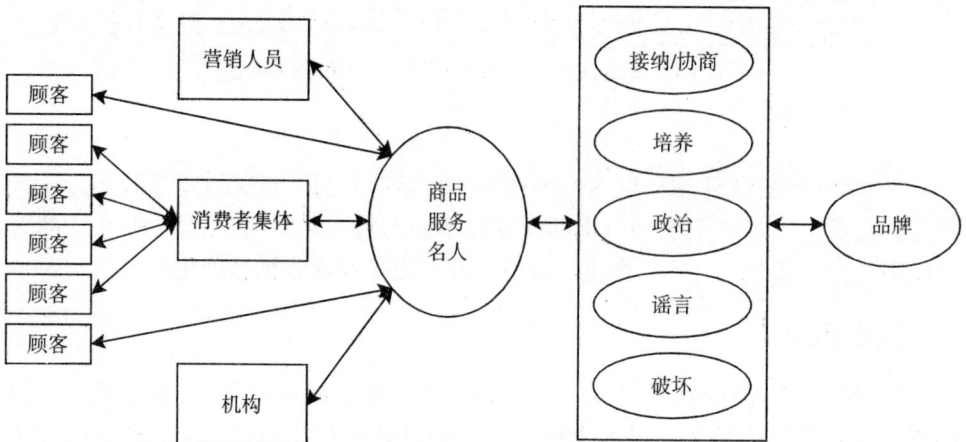

图 9.2　品牌的社会建构模型

　　营销人员很容易被误解，他被认为是拥有该品牌并决定品牌意义的代理人。然而这并不是真的，在今天肯定不是这种情况。营销者赋予了品牌最初的形式、信息、包装、定位和平台，就这个意义而言，营销者"创造"了这个品牌。营销者控制着一定数量的货币资本、生产方式、知识产权、定价和分配权力。营销者推出品牌，并试图赋予其意义从而试图引发所期望的消费者反应。但在现实中营销人员既不能拥有也不能控制品牌。他们不创造品牌，是社会在创造品牌。营销者是相对强大的社会行动者，但绝不是唯一的一个。

即使强大的营销者也很少从一片空白开始。营销者本身就是社会生产的产物。汰渍[①]（Tide）是由宝洁公司生产的。宝洁公司本身就是由各种利益相关者、合作伙伴、偏见、传统、文化、社会记忆、法律、习俗，以及真实或想象的竞争对手所组合形成的。感兴趣者以及既得利益方都将为品牌的诞生和推广做出贡献。不同的机构共同构建了宝洁公司的品牌管理体系（及其对品牌管理一般实践的影响），这是有据可查的（Low and Fullerton，1994）。这些对品牌产生的影响是前提条件。营销者通过与工程师、创新者、知识产权持有人、市场研究人员和竞争对手在公司层面或者超越公司层面进行协商讨论，并根据这些内容来构建产品或服务的"理想的"市场。对于那些有机会实际参与一个品牌推出的人，你知道所有的幕后政治、期望、博弈、测试市场结果、机构记忆和历史、设想的目标市场等（Rothenberg，1994；Stabiner，1993）。在品牌推出之前，所有这些都参与到品牌的社会生产当中。

产品、服务，或名人只是物质的东西，指那些被提供给市场的有形的、真实的商品。

消费者是模型中的一个焦点社会角色。这部分模型主要关注个体如何处理品牌信息、广告和其他品牌传播，以及如何做出判断和决策。

消费者集体

有时，集体是面对面的相互作用，例如本地的汽车俱乐部或用户群体，但更经常的是，集体是以计算机作为媒介的（例如，在线社区）。除了面对面的情况，大多数社区成员只会与相当小比例的社区成员见面或互动。大多数其他社区成员只是被想象。这种想象社区的观点通过社会学家 Benedict Anderson（1983）解释民族国家如何形成（在人类历史上一个相对较新的现象）的理论所推动。那些生活在几百或几千平方英里国土的众多人是如何认为他们自己是美国人、德国人，还是中国人？那些从没有彼此见面的人们是如何共同拥有强烈的身份认同？

在一个更为明显微小的意义上，一个品牌的百万余用户如何能想到他们是忠实的可乐饮者、黑莓用户，或沃尔沃用户？在想象的品牌社区中，我们与无数看不见且不能对话的人们有着某种联系。这种联系是我们所谓的品牌资产的一部分。作为历史学家和美国国会前任图书管理员的 Daniel Boorstin，曾经指出：

……几乎所有我们所消费的东西都在变薄，但与其他无数美国人的微弱的关系没有变薄（Boorstin，1961）。

记住："淡而不可忽视的连接。"这也许是思考人与品牌关系中最难的概念。这些联结是淡薄的，通常是透明的相关串联，当通过与无处不在的流行的社会力

[①] 汰渍是由宝洁公司推出的一款合成洗衣粉品牌。

量结合起来，则意味着与许多看不见的人和未知的人建立强联系。在现代社会中有许多社区，在社区中人们经历了柔软、舒适和常识的类似社会思潮的东西。尽管我们未必认识社区中的每一个，不知道社区中其他人的名字，无论他们是否涉及其他不了解或少部分集体忠诚的蓝带啤酒的 3 亿美国人。但是我们知道他们在那里。就像许多现代社区一样，品牌社区依赖于那些未曾谋面或者不计报酬的品牌崇拜者或使用者。品牌其他用户的"就像我"的概念导致了同一品牌的汽车司机不约而同地停车讨论。

178

图 9.3　商店陈列中关于品牌社区的例子

如果（后）现代社会越来越表面导向，与邻居和面对面社区脱节（Putnam, 2000），对公民的所有事情都是短暂的依恋，那么公知的商业指标（品牌）在社会集体中变得更重要还是更不重要呢？对于大多数消费者来说，这是一种社会品牌和品牌社区存在的水平。这是我们所有研究结果告诉我们的。确实，在我们早期的工作中，我们主要强调品牌社区活跃、强有力并且广泛（Muñiz and O'Guinn, 2001）。当然这样的社区存在，事实上它们比我们一开始想象的更被普遍且广为认可。但我们不希望其他研究人员、经理或读者认为，共有的品牌关系必须始终是强有力的，或看似狂热的。它们不是这样的（见图 9.3）。

我们不应该将品牌社区的讨论限制为先锋者、领头的用户、社会品牌。对万事万物而言，存在分布的情况，对于品牌—人的关系也是这样的。对大多数消费者而言，大部分情况下，品牌关系是淡薄的（但不可忽略不计），大多数集体或品牌社区是可想象的并且远离狂热。与周末 Klingons[①] 的人们不同（Kozinets, Stardate June, 2001），典型的品牌社区成员在访问 Burning Man[②] 时不需要化妆或

179 朝拜。典型的品牌社区成员只需共同安静地欣赏：他们不必离开有环形广场的城镇，或者在"你附近的沙漠"中发现这个环形广场。他们只是钦佩和想象。

更重要的一点是，在消费社会中品牌是与他人的不可忽视的连接。这些以品牌为中心的集体有时会取代其他社会组织和支持结构。甚至这些以品牌为中心的

---

　①　Klingons，克林贡，是《星际旅行》虚构宇宙中一个好战的外星种族。他们有一套完整的历史、有文化，还有文字、语言、戏剧等。这个种族生性好战，几乎人人都是战士。
　②　Burning Man 是由一个名为"Black Rock City, LLC"的组织发起的反传统狂欢节，为期 8 天。

集体对于消费者及其与社会的接口而言变得真正至关重要。我们的数据揭示了这一水平品牌社区的承诺相对稀少，但不是完全不重要，因为这些高度激励的消费者经常在社交网络中占有突出的地位。因此，应该考虑品牌社区关系的分布情况。可口可乐曾经的首席执行官没有提及异想天开或边际消费者，当他说：

> 如今世界各地的人都在通过品牌消费产品相互联系，就像通过其他东西一样。
> ——Roberto Goizueta，前首席执行官，可口可乐公司 (Pedergrast，2000)

我们模型中的下一个要素是机构。

机构

机构包括但不限于媒体、零售商、股票市场、政府和非政府组织。机构在品牌创造中也发挥了作用。这些机构为品牌的持续创新带来了经济、规范、实践法律、法规等方面的影响。以媒体为例，媒体决定了哪些品牌意义创造的原材料和模型是可得的（例如，电视广告、网页、品牌娱乐和消费产生的内容）。作为机构，这些媒体决定在特定的一天中，用一个特定的成本可以吸引哪些人群。它们不仅定义了传播机会的渠道，而且它们也定义了什么是不可能的，即对于某一特定品牌在某一个价格下，哪些观众无法被传播信息。

电视业最先以一种高制度化的方式被购买，仅仅美国每年就达百亿美元。这些机构的参数、它们的规则、它们高度仪式化的程序、它们对可能性的列举对一个品牌如何拥有其意义有显著影响。可用的程序类型本身就是一个深嵌入式群体和文化进程的产品。例如，2007~2008 年电视季见证了一个明显的主题转变，通过将网络从长期信任的风格（例如医生、警察和律师的特点）转变为以显示具有独特精神和超自然主题的风格。大多数观察家都同意这一转变代表着一种由幻想和逃避等文化所驱动的渴望。一位网络规划主任指出，"现实世界已成为一个可怕的地方，人们都在寻找魔法来避免悲剧"。(Brill 引自 Elliott，2007，p.5) 拥有 2 亿左右寻求独立精神的人们的国家会对文化媒体产品产生共鸣吗？（即寻求观众和产生广告收入）这些各种各样的过程和效果对于品牌意义、经理人和广告创意人的影响同样都很大。

机构的数量很大。很显然零售商会显著参与到品牌创造中。关于错综复杂的零售空间的谈判会显著影响一个品牌通过其在公共空间的陈列所产生的意义。政府机构明显会限制一个品牌意义的表现。当一家公司生产了不恰当的名牌，或者该品牌具有垄断性质，那么政府机构会采取正式的法律行动。更强的管制、集体诉讼、更严格的公共政策等都会影响品牌的定位和再定位。那些负责创造、修改和实施法律法规的制度和机构的出现就会对品牌意义产生影响，即表明哪些是被允许的，哪些是不被允许的。同样地，非政府组织在品牌社会化构建中也发挥了

180

作用。相比于没有这些制裁的品牌，最近被环保基金或 Sierra Club① 制裁的品牌意味着一些不同的东西。

过程

用以形成品牌的主要过程包括接纳、协商和培养。

接纳是指营销人员的原意被消费者部分接受的过程。消费者通常有代表性地接受一些营销者期望的意义，但并不是接受所有的。**接纳**这个词明显意味着一些营销者期望的意义是可以保留下来的。

协商指行动方积极"协商"事情的社会化过程，在这种情况下，各方可以讨论品牌意义是什么，品牌针对的对象是谁等。我们谈及共同拥有的意义，以及谈判商品的范围等。从字面上来看，协商的过程也是读者与作者在分享意义。没有这个过程，关于品牌的意义传播是不可能的。所有品牌都会为意义而谈判，但在品牌生命中的任何特定时刻，品牌的意义可能更接近营销者或消费者所偏好的意义。在文献中关于被消费者"劫持"或"挪用"的品牌实例有很多（Wipper-furth，2005）。然而更典型的是，没有这样的戏剧性和激烈的行为，还是可以发现共同基础的（Walker，2008）。重大不对称肯定会发生，而且这些不对称是内在有趣的，但如果不有趣，则规范会更微妙。该模式的关系更稳定，但仍涉及各种社会团体。在这些固定和稳定关系下，各种代理足以发现理想的现状。某些品牌，如 Morton Salt② 或 State Farm Insurance③，几十年来有本质上相同的营销和消费者关系。关于后者，在保险法律和法规不断变化的州里，营销人员有时会试图采取新的策略（包括退出）。消费者和其他各方之后会协商这几十年的品牌承诺，"像一个好邻居……州立农场就在那里"。

181   当一个品牌来自于更系统的社会根源时，营销人员通常会协商有机的品牌意义，包括使其具体化的仪式。考虑一个来自佳得乐（Gatorade）④ 品牌的例子。在创造佳得乐品牌的某一要素之前，佳得乐已经构建了一个全国性的品牌，至少已经 20 年了。而且，该要素的创造与营销人员无关。这个现象通常被称为"Gatorade shower"⑤（Rovell，2006），即当团队赢得一场重要比赛时，在教练的头上（队员们）会倾倒佳得乐的清凉饮料。虽然它的起源是受到至少两个不同团队和粉丝争论的，Rovell（2006）推测，该传统最有可能起源于 1985 年纽约巨人

---

① Sierra Club，塞拉俱乐部，美国的一个环境组织。
② Morton Salt，莫顿盐业，一家美国公司，始建于 1848 年。
③ State Farm Insurance，美国州立农业保险公司。
④ Gatorade，佳得乐，一种全球领先的运动型饮料。
⑤ Gatorade shower，佳得乐淋浴，美国竞技体育运动中有用冰镇饮料捉弄主教练来庆祝重要比赛胜利的传统，而这个传统是由美式橄榄球兴起。在赢得每年最重要的比赛时，赢球一方在场下休息的队员会悄悄来到主教练身后，趁其毫无防备的时候将整整一水桶混有冰块的佳得乐冷饮从头上泼下浇他个透心凉。

队赢了华盛顿红人队时，当比赛结束时防守组的尖锋 Jim-Burt 给他的教练 Bill-Parcells "灌顶"。尽管（这种）做法最初被认为是无礼的，但它很快在后续事件中就被视为一种开玩笑的方式。一旦理解了这个传统的本质，媒体开始期望每一次巨大的胜利都有 "Gatorade shower"，并争相拍摄和广播它。这个做法被迅速传播开，并成为一种所有运动员比赛仪式的一部分。Rovell（2006）指出：

　　……每个州的每个足球场都可能发生佳得乐淋浴，事件的报道会带给品牌每年成千上万自由媒体的播报和印象。包括网球、篮球、足球和棒球等所有体育项目教练都曾经经历过这冰冷的淋浴（p.78）。

　　然而，这种仪式的起源和发展没有任何来自佳得乐的投入。除了给 Parcells 一张 Brooks Brothers① 的单次 1000 美元礼券来补偿他的行头损失，佳得乐从不鼓励这种做法（事实上，这样做可能会剥夺其合法性②）。在这里，最初的社会参与者都是职业运动员和报道了他们的记者。他们创建了这种做法，传播它，并赋予意义，而这种意义被业余爱好者和专业人士广泛接受和喜爱。

　　消费者集体往往维护协商的力量。Muñiz 和 O'Guinn（2001）在他们早期关于品牌社区的研究中评论了佳得乐品牌与 "Gatorade shower" 发生的方式，将其称为 "渴望的边缘化"。在这里，品牌社区成员积极保持社区风气的边缘性；他们喜欢那种风气并积极地设法维护它，有时活动会与营销人员对市场份额的追求相左。例如，占据大约 6% 美国电脑市场的苹果将边缘性作为他的核心品牌的一部分意义。苹果的品牌社区繁荣发展，并庆祝它们的边缘状态（Kahney，2004）。因此，一些品牌社区成员积极反对市场份额增长，至少反对感知的市场份额增长。这些社区必须采取一种复杂的方式，即一方面拒绝有意愿的新成员，另一方面维持足够大的市场份额从而保持品牌（能继续）存活（下去）。如果品牌获得太多的市场份额或者变得太主流，则文化失去威望，并且品牌不再令人满意。这样社区和品牌的界限被集体所支持。当苹果公司朝着两位数的市场份额前进时，一个新的更主流的品牌意义则需要谈判。显然，这样一种新的品牌意义不会是营销人员单方面行动的结果。

　　培养是另一个影响品牌社会建构的社会建构过程。O'Guinn 和 Shrum（1997）表明，对于那些看电视看得越多的人，电视节目中经常被使用的产品和服务会被看成是社会世界里更丰富的意义载体。也就是说，电视中的消费生活有助于在那些看电视的人心中培养一个类似的信念。这是基于大众媒介的社会构建。事实上我们直接体验着多大的社会世界呢？令人惊讶的（发现）其实很少。所以在我们

---

① Brooks Brothers，布克兄弟，美国知名男士服饰品牌。

② 合法性（legitimacy）是一种 "能够帮助组织获得其他资源的重要战略资源"，它有助于增强企业竞争优势（员工承诺、顾客忠诚、投资者吸引力和公共关系等）。

直接体验之外的社会世界是通过间接手段构建的。在一个人均每天看超过 4 个小时电视和在线几个小时的国家，我们必须知道，我们所认知的世界是商业媒体带给我们的。你认为商业媒体会给图片上色，帮助消费者建立了一个直接经验之外的外部世界，还是帮助他们建立了一个假设和想象的外部世界？品牌是媒体世界不可或缺的一部分；媒体世界因品牌存在而存在。从 19 世纪晚期开始，品牌、大众媒体、广告行业都有相同的历史，这当然不是巧合。

一个至关重要的原因是在这一时期品牌娱乐不可思议地很受欢迎。在品牌社会建构中的一个重要过程是品牌出现在节目内容中。当观众看到其他人在日常生活中拥有和使用这些品牌时，这些品牌成为观众心智表征的一部分。假定一个人平均看电视的时间，以及在电视节目中看到品牌的程度，品牌意义会显著受到观众所相信的社会世界的影响，而这个社会世界是由电视、电影和其他媒介内容呈现给观众的。这一点很重要，因为传递给观众/消费者的是社会世界的表征，消费者和品牌与社会世界有着丰富的无缝连接。正如社会学家 Michael Schudson（1984）所指出的，美国的广告是"资本主义写实"。媒体与广告之间的关系并不是随机的。Thomas Burrell 所说的"积极现实主义"是指，反对用贬义的刻板印象来描述一个非洲裔美国人家庭（见图 9.4）：注意重点是家庭、专业和现在的家长，以及清晰的中产阶级环境。这个广告由一个专门对非洲裔美国人设计广告的代理人创作。这个社会现实建构的中心是品牌，通过家庭、社会阶层等所促成，而不是由美国人口普查局数据所促成。这是社会学和心理学的有意义互动。

图 9.4 用非裔美国人家庭描绘"积极的现实主义"的广告

政治

品牌和政治之间从来都不陌生。在美国，品牌从国家成立以来就和政治纠缠在一起。产品的政治性和它们的"品牌化"出现在美国革命期间（Axtell，1999）以及几个或全部重大的社会运动中。正如一些历史学家注意到，品牌和政体的合并只有加速，尤其是"二战"结束以来（Cohen，2000）。它在 20 世纪 60 年代的文化改革中跨进了一大步，文化改革是与"建立"、物质存在和包括品牌等东西十分相关的。在这里，正如 Frank（1997）和其他人指出的，自相矛盾的是，改

183

革是关于你买的是什么（品牌），而不是你是否买它们。今天，很容易指出许多品牌已经公开政治化。

现在很多所谓的改革者通过购买东西来打击资本主义帝国（Frank，1997；Heath and Potter，2004）。这看起来似乎是矛盾的，变革的品牌已获得社区的支持。在新的社会政治秩序中，革命政治不是通过选择消费或不消费来实施，而是体现在识别、组织认可和品牌的社区支持方面，这些被集体认为是最好的"替代"政治系统。在许多品牌中都可以看到这样的社会过程。American Apparel①、Apple、Ben & Jerry's、Carhartt②、Diesel③、MAC 彩妆④、REI⑤、The Body Shop⑥和 Tom's of Maine⑦ 就是一些很好的例子。

政治必须有社会身份的标记：品牌是后现代运动的按钮。最近，关于共和党和民主党品牌的公开辩论已经使其如此普通以至于几乎彻底摆脱评论。奥巴马品牌证明理解利用消费者生成内容和共享的构建是可以起作用的 [Trippi（2004）声称这种策略始于 Howard Dean⑧ 在 2000 年的竞选]。当品牌空间的"改变"显然变得更强大时，McCain 的品牌经理试图将那个部分定位为"改变，你可以信任"。自从 Joe McGinnis 的经典著作（1968）和 Lyndon B. Johnson 的 Doyle Dayne Bernbach "雏菊"广告（Kern，1989）之后，品牌化和政体已成为现代政治学中不可分割的部分。

谣言在品牌的社会构建中也起着重要作用。谣言使得社区可以表达那些可能并不真实但却反映了社区*希望*其真实的属性。例如，当社区成员寻找乐观的理由来支持 New Beetle 尊重其根源这个观点，1997 年重新引入 Volkswagen⑨ 的 New Beetle⑩ 时已是传言纷纷（Muñiz，O'Guinn and Fine，2005）。因此，关于新车型的传言，包括使用最初的计划和返聘退休的设计师等，这些都为推出 New Beetle

---

① American Apparel，中文名为 AA 美国服饰，总部位于美国洛杉矶，主要经营休闲服饰系列、T 恤、内衣、佩饰等。

② Carhartt，美国品牌，以制造品质卓越、舒适耐用的高质量工作装而闻名，其产品多采用高级织物材料，并适合于各类极端恶劣的工作环境。Carhartt 的产品线包括牛仔裤、工装裤、外套、短裤以及各类配件，消费人群包括建筑工人、制造工人、农民以及各类户外爱好者。

③ Diesel，著名的意大利牛仔时装品牌。

④ MAC 彩妆，该品牌开始于加拿大多伦多。既是彩妆师又是摄影师的 Frank Toskan 和经营沙龙的 Frank Angelo 对于缺少适合拍照的彩妆品非常困扰，所以他们决定自己制造。MAC 从 1994 年起作为雅诗兰黛集团的一部分，在全球 90 个国家销售。

⑤ REI，是美国也是全球最大的户外用品连锁零售组织。

⑥ The Body Shop，美体小铺，是高质量面部肌肤及身体护理产品零售商，1976 年成立于英国。

⑦ Tom's of Maine，自从 1970 年成立以来就拥有天然个人用品的先进理念，即产品没有添加人工合成成分，也不利用动物做实验，这个品牌的产品以个人护理类为主，其中又以口腔护理见长。

⑧ Howard Dean，美国佛蒙特州州长（1991~2003 年）。

⑨ Volkswagen，大众汽车，一家总部位于德国的汽车制造公司。

⑩ New Beetle，新甲壳虫汽车。

在做准备。尽管有些担心，但长期的社区成员仍然打算相信 New Beetle 是与最初的设计精神一致。关于 New Beetle 成为"chick"车或者"gay"车的信念赋予了品牌意义。

苹果品牌社区的成员花了大量时间来讨论 iPhone 的引入，因为社区成员在寻找证据来表明该设备将彻底改变智能手机，就像 iPod 彻底改变了个人 MP3 播放器那样。在一个反应中，黑莓（Blackberry）[1] 品牌社区的成员花了大量时间来讨论 iPhone 手机的引入，以及关于黑莓手机将与其竞争的传言。我们发现一些实例表明，迫切延伸或重新定位的传言造成公司重新考虑或彻底放弃它们的计划。我们是在消费者电子产品、技术、汽车类别的产品中看到这个现象的。之后我们看到它通过互联网社交网络传播到几乎所有类别中。最近，我们看到在 Mini-cooper[2] 社区中成员讨论新车型最终会成为 Clubman[3] 的传言。

品牌世界本质上是自我反射。品牌的社会建构充满着反馈环和递归行动。市场营销人员通过市场研究、消费者生成内容、品牌博客、在线品牌社区等获得消费者的反馈。消费者相互作用，并相互感知。他们相互"想象"。消费者感知"阴谋家模式"（Wright，1986）或营销人员的劝说意图以及做法。消费者逐渐形成关于营销人员试图对品牌做什么的看法。有时消费者会拒绝这个看法，有时消费者会拥护这个看法，但他们几乎总是有一些反应。消费者总是在品牌上留下他们的标志和他们的指纹。消费者意识到品牌以及营销人员偏好的品牌意义的改变。事实上，所有机构和社会成员都扮演这个角色，并在构建品牌意义中相互反应。无论这种简易分法看起来是多么令人放心，这个过程不是局限于品牌—消费者二分体。

185

Manjoo（2008）提供了在 Apple 和 Windows 品牌社区中自我反思发挥作用的好例子。他联系了技术评论员 David Pogue（《纽约时报》）和 Walt Mossberg（《华尔街日报》）的经历。他们两位都在追求平衡、无偏见的评论，然而品牌粉丝则感知为有偏见的评论。例如，Pogue 曾经写了一篇对 Windows Vista 操作系统的详细评论。Manjoo（2008）指出评论总体上是对 Windows（他发现几件事情从而喜欢上它）和 Apple（他还指出，几项 Vista 的创新已经成为 Mac 操作系统中的标准）持有积极的态度。这两个社区的成员在评论中看到反对选择他们操作系统的偏见。"Mac 用户认为这是 Windows Vista 的赞美性评论"，而 Windows 用户关注两个小批评，"认为这是对 Windows 的恶性贬低"（Pogue，引自 Manjoo，2008，p. 160）。Mossberg 表明这种不成比例的反应反映了"奉承不足主义"（Doctrine of

---

[1] Blackberry（黑莓），加拿大 RIM（Research in Motion Ltd.，RIM）公司制造的手机。
[2] Mini-cooper，德国宝马公司生产的一款车的品牌。
[3] Clubman，一款偏于 MPV 风格的休闲型轿车。

Insufficient Adulation①）（Mossberg，引自 Manjoo，2008，p. 161）。消费者集体
（由相同声音产生的共鸣）形成了对现实的理解，即外部人不能批评。这成为消
费者—品牌—消费者关系中的重要节点。

今天，许多事情从汽车（Volkswagen）到计算机（Macintosh），再到软饮料
都有一个专门的消费者群体（一般数量少但不具备沟通属性），该消费者群体与
其他消费者相互作用。通过他们的互动，这些消费者群体的成员会制定消费实
践，影响产品开发，以及解释品牌对于用户和非用户的意义。这些消费者对一个
品牌有共同的兴趣和共同的承诺，并且渴望与其他志同道合的人建立联系。通过
电脑作为媒介交流的新模式更加促进了公共交流。我们多次发现了这个现象。随
后，发布了一个名为"伟大的 Mini 夏日"的线程：

昨天我开车回家，在 Prius 有一位漂亮的小姐对我微笑，因 Integra② 的关车
门声而惊扰，向 SUV 内两个微笑的孩子招手，并同样被一辆同行的 Mini 问候。
另一辆车能给你什么？这是一个美好的一天……（只是想分享……）

司机们想互相分享这些原型或形象的经历，这通常包括其他人如何复制它的
方向和地图。通过这种方式，社区不断地创造了完美的品牌消费体验。这些观点
通常受到品牌广告的影响，但通常是照本宣科。他们对消费体验和品牌意义的影
响潜力巨大。

中断是在社会连续性中有一个感知破坏的过程。它发生在一个社会的环境、
经济、人口，或其他社会维度发生变化的时候。早期现代经典案例是 Ivory 香皂。
与其他两个或三个主要竞争对手相比，Ivory 香皂在把商品变成现代快速消费品
行业中是领导者。当 Ivory 表明自己的"纯度空间"时，它利用一个主要的社会
中断。城市现代化给美国社会带来了巨大的瓦解。在那个时期，大量移民进入美
国，进入美国城市，社会角色和行为规范发生了巨大变化，更不用说个人卫生和
日常生活等变化了。

1900 年美国人的平均预期寿命是 49.2 岁（Sullivan，1926）。婴儿死亡率是
25 年后的两倍（Sullivan，1926）。相关的公众在 1906 年推动国会通过了一项纯
净食品和药品法案（Pure Food and Drug Act）。"纯净"不仅是一个词，在当时，
它是公众相信的为数不多的可能阻止他们或他们的孩子年纪轻轻就死亡的事项之
一。所以，Ivory 出现了。它的纯净可以由市场的逻辑所证明。没有人真正了解
有关纯度浮动的物理机制，它变成了一个市场神话。社会环境给予了 Ivory 品牌

①奉承不足主义。曾经有一位评论员写了一篇关于 iPad 的积极评论，但"冒失地"列出它的一些缺
点，当即遭到"贪腐和懒惰"的指控。更有甚者，一家苹果粉丝网站立刻要求其辞职，这种现象称为"奉
承不足主义"。苹果社区也引来不少痛恨苹果的人，他们缺乏理智、心胸狭窄，他们往往快速断定对苹果
产品的赞扬是花钱买来的。

② Integra，本田的一款车。

187

图 9.5　关注健康的广告

图 9.6　维珍妮牌香烟广告

意义。Ivory 意味着什么。它是纯净的，99.44%的纯。Ivory 不再是商品，其可接受的替代品集合已然枯竭。无数其他品牌的产品和服务也出现了同样的情况。

图 9.5 展示的 20 世纪 20 年代初期 Lifebuoy[①] 的广告就是一个很好的例子。虽然大多数香皂品牌将自己定位成酒吧女郎，Lifebuoy 则把自己定位为男性品牌。美容香皂的广告告诉妈妈们通过美丽的皮肤来为女儿们准备"生命的选美比赛"（Marchand，1985）。Lifebuoy 提醒焦虑的母亲阻碍年轻的儿子们长寿的概率：即 1918 年的流感疫情和第一次世界大战非常残酷的堑壕战。

同样地，许多其他品牌利用社会中断，并从中提取它们的意义。Virginia Slims[②] 通过营销者和其他受美国第二波女权主义影响而感兴趣的各方之间的共鸣找到其品牌意义（见图 9.6）。该品牌的社会建构是 Philip Morris[③] 公司的一部分以及一部分总体文化的共鸣。Philip Morris 公司资助了第二波更加可视化的电视时代，比如 Virginia Slims 女性网球系列和女性网球的崛起。记住，Bobby Riggs 和 Billie Jean King 之间的性别博弈已经被广泛接受，并成为第二波浪潮中的主流："你已经取得了很大进步，宝贝。"

在其他时候，一个品牌是通过一个消费者导向的响应或共鸣而达到其意义，该

① Lifebuoy，中文翻译成卫宝，诞生于 1894 年的英国，是联合利华旗下的全球第一抗菌品牌，2014 年正式登陆中国，产品线覆盖沐浴露、香皂和洗手液三个子品类。

② Virginia Slims，维珍妮牌女士香烟是美国 Philip Morris 公司的旗下品牌，它代表女性的优雅和时尚。

③ Philip Morris 公司是世界上最大的包装食品公司和最大的卷烟生产公司，世界第二大啤酒生产企业，美国最大的食品生产公司。作为一家持股公司，Philip Morris 公司并不直接从事经营活动，而是通过其下属公司从事经营卷烟和食品。著名的万宝路卷烟就是由该公司生产的。

意义会从消费者集体中占用。Wipperfurth
(2005) 提供了例子，例如 Pabst Blue Rib-
bon 被美国东北部骑行者重新发现和占用，
从而一度使蓝领将该品牌作为时髦者的首
选，其次使消费者根据冰爽状态选择其成
为主流（Heath and Potter, 2004）。消费者
可能会占用品牌，拒绝由营销者分配的品
牌意义，并共同根据他们自己的喜好重塑
品牌。这些消费者占用品牌意义，然后营
销人员重新占用，从而反映出年龄群、人
口、经济、政治、性别角色和其他转移的
社会主心骨。在芝加哥北部郊区酷酷的孩
子们一直为人所知的就是不同于普查结果
的形象区以及远离起源地的高收入形象
（Harris, 2000）。相反，你怎么看 Tommy
Hilfiger[1]（见图 9.7）打算做 Gangsta Rap[2]
的官方品牌呢（Gladwell, 1997）？也许不
是，但在一段时间内，当其占用品牌意义
时，公司接纳了一些消费者的品牌创建。

众所周知，可口可乐（见图 9.8）利用
20 世纪 60 年代末和 20 世纪 70 年代的身
份危机，对这个无处不在的问题给出答案：
一切都是真实的吗？

当然，社会的不公平（阶层分化）显
然在这些中断中是非常重要的。种族、性
别和阶级很少受到影响或者以一种平等的
方式竞赛。甚至一些看似良性的汽车企业
也会被卷入其中。许多 Volkswagen 社区的
长期成员不满公司持续移动到高端市场。
以下是一位成员的评论，清楚表达了这个
观点：

VWoA［美国的 Volkswagen］可以巴结

图 9.7　Tommy Hilfiger 的 "Tommy Girl"
广告

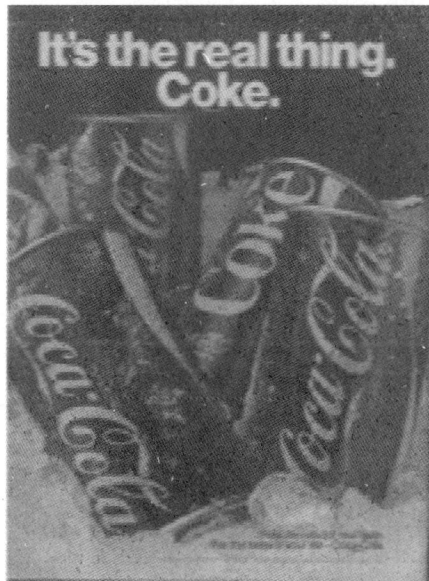

图 9.8　可口可乐广告："真实的东西"

---

① Tommy Hilfiger，美国休闲领导品牌之一。
② Gangsta Rap 是一种表现城市中年轻人的暴力生活的 Hip-Hop 的一个下属风格，又名"匪帮说唱"。

我。Volkswagen 字面意思是"人们的汽车"。现代 Volkswagen 是世界上距离"人们的汽车"最遥远的事情之一。我非常厌恶 VWoA 并且认为他们这么做肯定会有报应的。

这些观点经常出现在对 Volkswagen 广告的讨论中。考虑以下讨论 Passat[①] 的广告信息:

[这些广告] 令人讨厌地大声说出来。显然,它们反映 VWoA 试图进军汽车高端市场,在这个过程中它们失去了任何天赋和幽默,这些是多年来它们广告的标识。我个人认为这个延伸的 Volkswagen 已经迷失了方向,最终将会远离它们需要接触并有需求购买大众汽车的人。

许多人都厌恶被 Volkswagen 所吸引的新司机,并被打上"雅皮士"[②] 或"白色预科生客户"的标签。这种倾向的相关性是显而易见的。一个新的买家可以在互联网上搜索 Volkswagen,并且立即接触到一辆汽车的图片,以及与图片形象不一致的司机。

190　　**结论**

我们已经讨论了品牌社会化模型中的集体品牌关系。该模型质疑了一些基本假设,这些假设指导有关品牌的营销理论已达 50 年。在它们的领域里,它对品牌提供了一个新的定义,在品牌的社会化构建中涉及关键的社会实体和过程。重要的是,它坚持了一个对于平均和普通消费者的领域,从而减轻了社会行动下混淆狂热状态的趋势。早期的品牌社区工作有时对非常忠诚的消费者意义重大。从业者和消费者所经历的十年"现实世界"已经证明对现有品牌社区的研究是非常有限的。该模型使用想象的消费者和营销者概念来扩大对社会品牌更大构想的讨论。我们相信所有品牌都是社会建构的,不仅是态度的累加,也是流行意义的载体。我们相信社会品牌是一个心理学和社会学等学科都会进行有意义互动的领域。

但品牌社区只是消费者集体的一个例子。消费者群体 (Cova and Cova, 2002)、消费的亚文化 (Schouten and McAlexander, 1995) 和亚文化社区 (Kates, 2004) 则是其他的例子。品牌社区具有三个特征:同类意识,仪式和传统的证据,以及对社区及其成员的义务。Muñiz 和 O'Guinn (2001) 以及其他学者 (Bagozzi and Dholakia, 2006; Cova and Pace, 2006; Cova, Pace and Park, 2007; Muñiz and Schau, 2005) 已经扩展、提取且更详细说明了品牌社区。这种对通过社区行动来进行品牌创造的特殊形式的使用以及消费者产生媒体内容的使

---

① Passat 是 Volkswagen 公司的轿车品牌之一。
② 雅皮士,源于美国,融合丰厚的欧洲文化韵味,彰显独特的时尚魅力风格,强调格调,崇尚品质,追求舒适贴心设计的极致。

用已经很自然地将品牌社区研究拓展到"共同创造"的领域（Etgar，2008；Muñiz and Schau，2007）。或许最重要的是，我们认为大多数品牌社区的联系是淡薄的，但不可以忽略不计。

品牌关系的大问题，至少在集体环境中，是"为什么是品牌"（why brands）？为什么品牌是一个社会组织的中心？为什么品牌关系应该在这种背景下定义？首先，我们已经多次指出，许多传统的西方社会制度正在经历重大挑战。同时，人类使用隐喻、元话语和其他制造意义和传播的社会模板。正如 Putnam（2000）和其他人所提到的那样，传统的社会制度和集体正在消失。我们的研究集中在什么会代替或者重新联合它们。如果它们是被有助于破坏或者取代传统形式和结构的类似的商业力量所取而代之，则具有特定的社会理论意义。什么会比品牌在消费社会中更有讽刺意义？什么对社会思想会更有讽刺意义？

经过两个世纪后，我们此时有三件事是真实的：①品牌在日常生活中无处不在；②品牌在某种程度上对普通当代公民是有意义的；③社区不是那么容易被废除——集体和制度的益处是确保社区的适应性长久存在。在很多地方（包括市场）社区的形式是多样的。社区是有生命力且形式构建完好。品牌社区具有传统社区的特点，但有自己独特的市场逻辑和表达。

最终，品牌社区是重要的，因为它们看起来和行动起来就像其他形式的社区，且社区是必要的。这些都是嵌入式和根深蒂固的社会实体，因此非常持久。消费者社会持续嵌入性的增加改变了世界。不管你喜欢与否，品牌不仅是销售商品的名字，而越来越多的是社会结构和社会组织的中心。我们的政党经常且不显著地描绘成品牌、我们的学校、宗教教派以及各种意识形态。出于这个原因，它们塑造、限制并告知社会讨论和关系（见图 9.8 和图 9.9）。我们的模型，我们的思考，我们的实践需要抓住这一现实。

品牌关系的研究应该如何发展？显然，我们相信它需要融入社会学的观点。品牌关系是有意义的，因为它们是社会性的。人类使用品牌作为公知的指示物，作为集

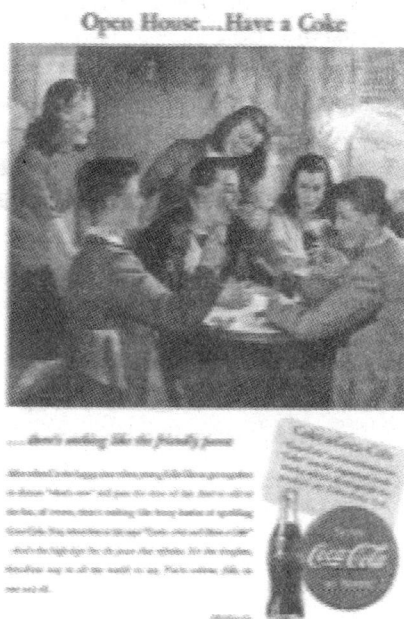

图 9.9　可口可乐"开放日"广告

体的象征性标志，并具有社会意义。反观本身（Cooley，1902），没有社会便没有意义。基本的人际关系（例如，父子、母女）被赋予意义，并通过社会意义来形

191

成。那它为什么与品牌又不同呢？当然不是。我们必须清楚：虽然我们全心全意地承认、欣赏和支持社会认知品牌理论家做出的贡献，例如 Keller（1993），他尝试有意义地将基本认知过程与古典的社会结构联系起来，我们认为这样是例外而非规则性的，这项工作已经朝向社会的方向移动，它可以走得更远。我们希望我们至少改变了那个方向上的交流。

我们需要将品牌视为流行意义的载体，针对意义的协商也是有意义的。消费者将他们自己和社会世界带给品牌，也由此创造了品牌。品牌不仅是事物的名字，而且是越来越重要的社会结构和社会组织的中心。品牌努力把人们团结在一起，将人们分组，赋予集体身份的意义，更有意义地定义人类关系。当我们使用"消费者—品牌关系"这个短语时，我们远不止寻求一个简单态度—对象的二分体。我们应该比品牌拟人化游戏或品牌个性提供更多的思考。品牌关系研究迫切需要真挚且渊博的社会学思想。

这种对社区的渴望是每个个体和所有人类从一开始的主要痛苦。

——Dostoevsky[①]

参考文献

Aaker, Jennifer L. (1997). "Dimensions of Brand Personality," *Journal of Marketing Research*, 44 (August), 347–356.

Anderson, Benedict (1983). *Imagined Community*. London, UK: Verso.

Axtell, J. (1999). "The First Consumer Revolution." In *Consumer Society in American History*: A Reader, ed. Lawrence B. Glickman. Ithaca, NY: Cornell University Press.

Bagozzi, R.P., and U.M. Dholakia (2006). "Antecedents and Purchase Consequences of Customer Participation in Small Group Brand Communities," *International Journal of Research in Marketing*, 23 (March), 45–61.

Bartos, R. (1986). "Ernest Dichter: Motive Interpreter," *Journal of Advertising Research*, 17 (3): 3–9.

Boorstin, D. J. (1961). *The Image*: A Guide to Pseudo-Events in America. New York, NY: Atheneum.

Cohen, L. (2000). "From Town Center to Shopping Center: The Reconfiguration of Community Marketplaces in Postwar America." In *The Gender and Consumer Culture Reader*, ed. Jennifer Scanlon. New York, NY: New York University Press, 243–266.

Cooley, C.H. (1902). *Human Nature and the Social Order*. New York, NY: Scribner.

Cova, B., and V. Cova (2002). "Tribal Marketing: The Tribalisation of Society and Its Impact on the Conduct of Marketing," *European Journal of Marketing*, 36 (5/6), 595–620.

Cova, B. and S. Pace (2006). "Brand Community of Convenience Products: New Forms of Customer Empowerment—The Case 'My Nutella the Community,'" *European Journal of Marketing*, 40 (9–10), 1087–1105.

Cova, B., S. Pace, and D.J. Park (2007). "Global Brand Communities across Borders: The Warhammer Case," *International Marketing Review*, 24 (3), 313–329.

Elliott, S. (2007). "In a Time of High Anxiety, a Sedative of the Occult," *The New York Times*, Section C, Column 1, p. 5.

---

① 陀思妥耶夫斯基（1821~1881 年），俄国小说家。

Etgar, M. (2008). "A Descriptive Model of the Consumer Co-production Process," *Journal of The Academy of Marketing Science*, 36 (March), 97–108.

Foumier, S. (1998). "Customers and Their Brands: Developing Relationship Theory in Consumer Research," *Journal of Consumer Research*, 24 (March), 343–373.

Frank, T. (1997). *The Conquest of Cool: Business Culture, Counterculture, and the Rise of Hip Consumerism.* Chicago, IL: University of Chicago Press.

Gladwell, M. (1997). "The Coolhunt," *The New Yorker*, March 17, 1997, 78–88.

Harris, D. (2000). *Cute, Quaint, Hungry and Romantic.* Cambridge, MA: Da Capo Press.

Hays, C.L. (2004). *The Real Thing: Truth and Power at the Coca-Cola Company.* New York, NY: Random House.

Heath, J., and A. Potter (2004). *Nation of Rebels: Why Counterculture Became Consumer Culture.* New York, NY: HarperCollins.

Hine, T. (1995). *The Total Package: The Secret History and Hidden Meanings of Boxes, Bottles, Cans and Other Persuasive Containers.* Boston, MA: Little, Brown and Company.

Holbrook, M.B., and E.C. Hirschman (1982). "The Experiential Aspects of Consumption: Consumer Fantasies, Feelings and Fun," *Journal of Consumer Research*, 9 (September), 132–140.

Kahney, L. (2004). *The Cult of Mac.* San Francisco, CA: No Starch Press.

Kates, S.M. (2004). "The Dynamics of Brand Legitimacy: An Interpretive Study in the Gay Men's Community," *Journal of Consumer Research*, 31 (2), 455–464.

Keller, K.L. (1993). "Conceptualizing, Measuring, and Managing Customer-Based Brand Equity," *Journal of Marketing*, 57 (January), 1–22.

Kern, M. (1989). *30-Second Politics.* New York, NY: Praeger.

Kozinets, R.V. (2001). "Utopian Enterprise: Articulating the Meanings of Star Trek's Culture of Consumption," *Journal of Consumer Research*, 28 (June), 67–87.

Low, G.S., and R.A. Fullerton (1994). "Brands, Brand Management and the Brand Manager System," *Journal of Marketing Research*, 31 (May), 173–190.

Ludacer, R. (2008). "Anthropomorphic Packaging Mascots," box vox—packaging as content, September 8. Available at http://www.blog.beachpackagingdesign.com/2008/09/anthropomorphic.html (accessed September 23, 2008).

Manjoo, E (2008). *True Enough: Learning to Live in a Post-Fact Society.* Hoboken, NJ: John Wiley and Sons.

Marchand, R. (1985). *Advertising the American Dream.* Berkeley, CA: University of California Press.

McGinnis, J. (1988; repr., 1968). *The Selling of the President.* New York, NY: Penguin Books.

Mills, C.W. (1959). *The Sociological Imagination.* London, UK: Oxford University Press.

Muñiz, A.M. Jr., and Thomas C. O'Guinn (2001). "Brand Community," *Journal of Consumer Research*, 27 (4) (March), 412–431.

Muñiz, A.M. Jr., Thomas C. O'Guinn, and G.A. Fine (2005). "Rumor in Brand Community." In *Advances in Social and Organizational Psychology: A Tribute to Ralph Rosnow*, ed. Donald A. Hantula. Mahwah, NJ: Lawrence Erlbaum.

Muñiz, A.M. Jr., and H.J. Schau (2005). "Religiosity in the Abandoned Apple Newton Brand Community," *Journal of Consumer Research*, 31 (March), 737–747.

O'Guinn, T.C. and A. M. Muñiz, Jr. (2009). "Towards a Sociological Model of Brands." In *Contemporary Branding Issues: A Research Perspective*, eds. Barbara Loken, Rohini Ahluwalia, and Michael J. Houston. New York, NY: Taylor and Francis.

O'Guinn, T.C. and L.J. Shrum (1997). "The Role of Television in the Construction of Consumer Reality," *Journal of Consumer Research*, (March), 278–294.

Pendergrast, M. (2000). *For God, Country, and Coca-Cola: The Unauthorized History of the Great American Soft Drink and the Company That Makes It.* New York, NY: Scribner.

Putnam, R.D. (2000). *Bowling Alone: The Collapse and Revival of American Community.* New York, NY:

193

Simon and Schuster.

Rothenberg, R. (1994). *Where the Suckers Moon: An Advertising Story*. New York, NY: Alfred A. Knopf.

Rovell, D. (2006). *First in Thirst: How Gatorade Turned the Science of Sweat Into a Cultural Phenomenon*. New York, NY: AMACOM.

Schouten, J.W., and J. McAlexander (1995). "Subcultures of Consumption: An Ethnography of the New Bikers," *Journal of Consumer Research*, 22 (June), 43–61.

Schudson, M. (1984). *Advertising, the Uneasy Persuasion*. New York, NY: Basic Books, 129–146.

Seabrook, J. (2000). *NoBrow: The Culture of Marketing, the Marketing of Culture*. New York, NY: Vintage Books.

Stabiner, K. (1993). *Inventing Desire*. New York, NY: Simon and Schuster.

Sullivan, M. (1926). "Immense Decrease in the Death Rate." In *Visions of Technology: A Century of Debate About Machines, Systems and the Human World*, ed. Richard Rhodes. New York, NY: Touchstone, 88–89.

Sunderland, P.L., and R.M. Denny (2007). *Doing Anthropology in Consumer Research*. New York, NY: Left Coast Press.

Trippi, J. (2004). *The Revolution Will Not Be Televised: Democracy, the Internet and the Overthrow of Everything*. New York, NY: HarperCollins.

Walker, R. (2008). *Buying In: The Secret Dialogue Between What We Buy and Who We Are*. New York, NY: Random House, 21–34.

Wipperfurth, A. (2005). *Brand Hijack*. New York, NY: Portfolio.

Wright, P. (1986). "Schemer Schema." Presidential address, Association for Consumer Research. Provo, UT.

194

第 10 章

通过企业社会责任建立品牌关系

桑卡尔·森，水丽·杜和 C.B. 巴塔查亚
(Sankar Sen, Shuili Du and C.B. Bhattacharya)

营销领域的研究重点持续地从交易方面向关系方面转移（Palmatier et al., 2006）。营销领域的学者和实践者逐渐达成了一致意见，即培育和维持消费者关系对企业的财务业绩和长期生存非常重要（Oliver, 1999; Reichheld, Markey and Hopton, 2000）。因此，市场见证了关系营销项目的蓬勃发展，比如说顾客忠诚计划和直邮销售，它们都力图强化消费者—企业关系和培育消费者忠诚。然而，似乎不能通过贿赂消费者来产生忠诚（Braum, 2002）；多数关系营销项目的实证研究集中在对重复购买提供经济激励，证明这种方式只能产生很小的正面效应或基本没有效果（Verhoef, 2003; De Wulf, Odekerken-Schröder and Iacobucci, 2001）。更可怕的是，近年来的研究表明与我们通常的思维相反，频繁购买的消费者（即作为"忠诚"消费者的典型）实际上对价格更敏感，更难被取悦，并较难被企业的营销所影响（例如，Reinartz and Kumar, 2002; Thomas, Reinartz and Kumar, 2004），这指出了在传统关系营销中只用经济激励来留住消费者的根本性缺陷。

Fournier、Dobscha 和 Mick（1998）针对上述现象评价道："先进的关系营销方式并没有拉近企业与消费者的关系，反而把两者的关系推得更远。"Martin（2005）说："企业建立了消费者关系管理系统来培育他们与消费者的关系，但结果却是消费者更多感觉到的是被操纵而不是被理解。"

随着基于经济激励的消费者忠诚项目表现不佳，企业还在持续寻找可以与消费者培育持久有意义的关系的有效方式。为了应对这一市场趋势，美国营销科学研究院（2006）将"把消费者与企业联系起来"作为其重要研究主题，呼吁更多研究者开展"如何创造和维持与品牌情感联系的新方法"的研究。

在本章，我们研究了消费者对企业社会责任的反应，给出了以下基本观点，通过揭示它的价值观、"精神"或"个性"（Brown and Dacin, 1997; Sen and Bhattacharya, 2001），企业社会责任活动对与消费者培育深入有意义的联系很有

196 效果，能把消费者转变成不仅是忠诚的，而且是会主动在他们的社交网络上为企业做宣传的企业/品牌[1]拥护者。企业社会责任的定义很多，我们可以把它概括地理解为一个企业的"感知到的社会职责的状态和行动"（Brown and Dacin，1997）或"通过利用企业资源做出商业实践和贡献来提高社会福利的承诺"（改编自 Kotler and Lee，2005）。

在过去几十年里，企业社会责任在全球企业议程中占据了突出的位置，甚至说服了一些强有力的企业社会责任观点的批评者（Economist，2007）。如今，从社区业务延伸、减少碳排放到招聘、资源和产品设计、资源和产品的制造等各方面社会商业实践，企业在社会及环保方面比以往时候都投入更多的资源。举两个例子，在过去这些年，雅芳在抗击乳腺癌、抵抗家庭暴力和进行灾难援助中总计投入超过 5 亿美元。作为生态构造的一部分，通用电气 2007 年在净化技术（如可再生能源和氢能）上投入了 10 亿美元，并且将于 2010 年将其研发费用提高到15 亿美元。

这些史无前例的企业社会责任行为源自这样一个前提：在如今的市场中，实施企业社会责任不仅是正确的，而更应该说是明智的（Smith，2003，p. 52）。根据《财富》杂志（Ioannou，2003）的特别报道，"91%的 CEO 认为企业社会责任管理能够创造股东价值"，而企业重视社会责任的前 10 个主要原因包括"竞争优势、成本节约和消费者需求"。确实，市场民意测验和学术研究都显示消费者越来越倾向于奖励那些好的企业而惩罚那些坏的企业。根据 Cone（2007）的研究，如果另一品牌致力于公益事业，87%的美国消费者会考虑从某一品牌转换过去（品牌和质量无差异），这个数字在 1993 年仅为 66%。另外，如果一个企业存在负面的企业责任行为，那么 85%的消费者会考虑转投另一企业的产品或服务，66%的消费者会抵制这个企业的产品或服务。与这些发现相一致的是，越来越多的学术研究证实了企业社会责任不仅是对短期交易行为（如购买）有正面影响，还对长期关系行为（如消费者忠诚和拥护）有影响（如提前支付的意愿，正面口碑；Lichtenstein，Drumwright and Braig，2004；Du，Bhattacharya and Sen，2007）。

然而，有趣的是关系营销的研究并没有给予企业社会责任在构造消费者—品牌关系能力上足够的重视。本章不仅是通过揭示由企业社会责任项目所产生的关系本质和程度，而且通过探讨这些关系产生的时间和原因等来深刻理解品牌关系。换句话说，本章关注了三个问题：①企业社会责任会产出**什么样**的关系结果？②这些结果**为什么**会出现（即企业社会责任产生这些关系的心理过程是什么

197 么）？③这些结果在**什么时候**最容易出现（即在什么情形下企业社会责任会触发这些结果）？我们描述了企业社会责任建立关系能力的框架，这一框架是个体层面的、过程导向的和权变的。

为了研究这些问题，我们把"企业社会责任—品牌关系"概念化为"企业社

会责任投入→过程→行为产出"的序列，如图 10.1 所示。企业社会责任在建立消费者—品牌关系中扮演的角色取决于三个基本前提：第一，不同于其他的传统关系营销行为，企业社会责任行为不仅能促进购买行为，还能触发营销人员期望得到的珍贵且长期的消费者拥护行为。第二，这种关系是由于企业社会责任行为把企业拟人化而产生，它鼓励消费者不仅是喜爱、尊重或是欣赏这家企业，而且是认同这一企业。这种认同满足了消费者的某些基本自我—定义需求（即"我是谁"），把它们的自我利益与这些企业连接起来。第三，这一点可能是最重要的一点，企业社会责任行为不是强品牌关系的充分条件；市场中存在大量的企业、活动和消费者方面的因素差别会影响企业社会责任对消费者—品牌强关系的作用。

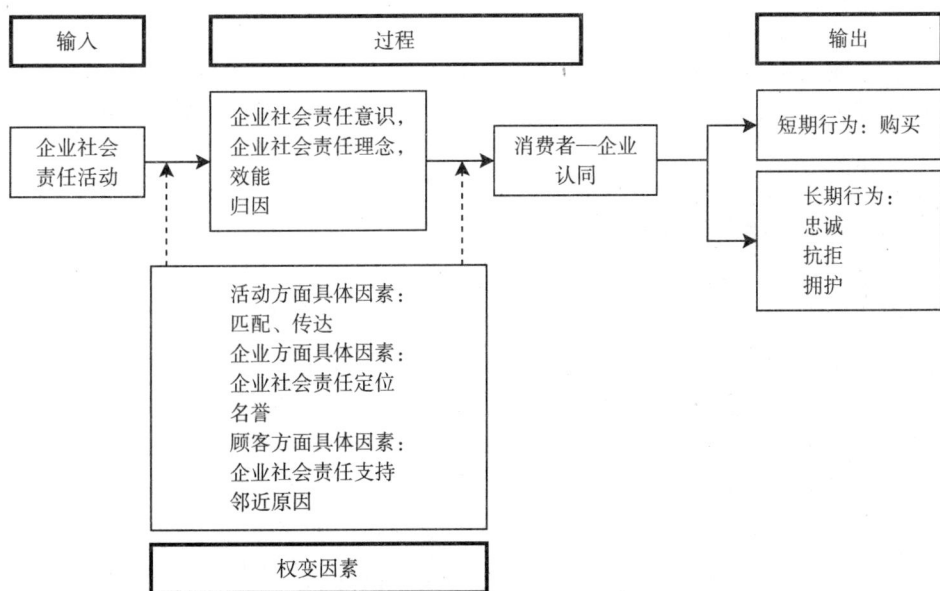

图 10.1　企业社会责任对消费者—企业关系的影响

　　本章的其他部分充实了企业社会责任—品牌关系的框架。在企业社会责任投入的简要讨论之后，我们关注了投入转化成产出过程中的主要元素。接下来是输出结果讨论，以及还对影响到投入—产出关系的主要权变因素做了讨论。

企业社会责任投入

198

　　根据 Socrates 企业社会评级监测（*Socrates*：*The Corporate Social Ratings Monitor*）数据库（Kinder, Lydenberg, Domini & Co. Inc., 1999），主要记录描述和评估了 600 多家企业的企业社会责任活动，这里的企业社会责任活动可分为六大类：①社区支持（如支持艺术和健康项目，对经济处于劣势的人群进行教育和住房的援助，以及慷慨的/创新的馈赠）；②多样性（如性别、种族、家庭、性取向和残疾）；③员工支持（如关注安全、工作保障、分红、工会关系和员工参与）；④环境（如环保产品、有害垃圾处理、消耗臭氧的化学物质的使用、动物实验、污染管理和回收利用）；⑤非美国境内行动（如海外劳工包括血汗工厂和一些国家反人权的行动）；⑥产品（如产品安全、研发/创新、营销/合同争议和反垄断的争论）。

企业在这些方面的企业社会责任投入可以有多种形式。具体来说，Kotler 和 Lee（2005）根据具体目标和实施方式的不同给出了六种类别：议题行销①，善因营销②，企业社会营销③，企业慈善活动④，社区志愿服务⑤ 和社会责任商业行为⑥。企业在社会责任方面投入资源（如金钱、物品、雇用时间和专业能力）的性质和数量也随着目标和实施方式的变化而变化。值得注意的是，对于那些不进行品牌推广的企业来说，企业社会责任相关项目仍然会在不同程度上与企业品牌（如宝洁）相关，而不是与旗下一个或多个具体品牌（如佳洁士或是汰渍）相关。

过程

企业社会责任意识和信念

消费者对于企业社会责任项目的反应不是基于企业的客观投入，而是基于消费者对项目的主观感知，他们不仅关注企业做了些什么，还有企业做得好不好以及企业出于怎样的初衷参与企业社会责任项目。换句话说，消费者的意识、正面感受以及对企业社会责任项目的理解是企业社会责任对消费者—品牌关系产生正面影响的先决条件。基于这种考虑，企业面对的主要挑战就是如何增强目标顾客对它们所开展企业社会责任行为的认知。具体来说，结合其他数据（Dawkins，2004），我们发现消费者关于企业社会责任行为的意识和知识都是相当低的（Sen，Bhattacharya and Korschun，2006；Du et al.，2007）。比如说，在一个涉及

---

① 议题行销（cause promotion），指企业为了增加知名度，以提供财务或其他资源支持的方式，去号召和鼓励消费者为支持某种事业进行捐款、参与和志愿服务。

② 善因营销（cause-related marketing），又名公益事业关联营销，是指当顾客参与满足组织和个人目标的产品交换的同时，企业向特定的慈善事业提供一定数量捐赠的一种营销方式。企业在营销中将企业或品牌与相关的社会事业或议题结合起来，谋求企业与某种社会事业的双赢。

③ 企业社会营销（corporate social marketing），利用营销原理和技巧去改善目标人群的行为，在促进社会进步的同时为产品或服务建立市场，其主要目的是改变受众的行为。

④ 企业慈善活动（corporate philanthropy），企业直接向慈善机构或事业进行捐赠，这是最传统的企业社会责任行为。

⑤ 社区志愿活动（community volunteering），企业鼓励和支持企业员工、零售商或分销商为当地社区或公益事业开展志愿活动。

⑥ 社会责任商业行为（social responsible business practices），企业通过实际行动和投资去支持社会事业，促进社区或环境福利的改善。

真实企业社会责任行为的田野研究中（Sen et al.，2006），尽管参与的学生有多重沟通渠道，包括电子邮件、新闻稿和校园报刊，但仅有17%的学生注意到了在校园里进行的一家企业大型慈善捐赠活动。《华尔街日报》进行的年度"哈里斯互动企业声誉调查"中，公众在问卷的20个选项中进行选择，结果表明公众对企业公民行为的了解是最有限的；公众对关于企业是否注重社会环保责任的问项最多的回答是"不知道"（Alsop，2005）。总的来说，公众对企业社会责任行为的有限关注是组织从企业社会责任项目中获益的重大绊脚石。

企业社会责任效能信念

一旦消费者意识到企业的企业社会责任行为，他们关于这些行为的信念就决定了其对企业的后续回应。随着越来越多的企业参与企业社会责任项目，消费者也在逐渐意识到他们拥有（通过市场行为）驱动社会变革的能力，因此对企业来说似乎简单地参与企业社会责任项目已经不够了。我们的研究表明那些最易受到企业社会责任行为影响的消费者，能快速识别企业社会责任投入是否真的有作用。换句话说，消费者对于某一具体的企业社会责任项目在提高社会福利效率和效能的理解是其对企业社会责任心理反应的重要方面之一。比如说，在一家企业赞助的口腔卫生项目中（Du，Sen and Bhattacharya，2008b），我们发现项目受益人支持企业赞助者的初衷是与他们相信该项目能提高他们自身（和他们的孩子）的口腔健康这一信念联系在一起的。以下将提出一些观点进行证明：第一，企业社会责任的高效能标志着企业切实地关心社会/社区福利，因此加强了企业社会责任强化关系的能力。第二，互惠是隐藏在消费者—企业关系下一种有力的社会规范（Baggozi，1995）。这种规范在过去行为的基础上唤起了对他人的责任：人们应该得到多少就付出多少，以德报德（Goulder，1960）。在企业社会责任的情境下，消费者在决定他们想对企业回报多少的时候，企业社会责任对于提高受益者福利的效能（Du et al.，2008b）是他们的一个主要标准。

企业社会责任归因

了解企业为什么做正在做的事（即企业社会责任的因果性归因）是消费者对于企业社会责任信念的另一个关键方面。以前的研究总体定义了两种类型的企业社会责任动机：内部动机（如真正关心社会/社区福利）和外部动机（如提高销量和利润），并且在实验室情境中证明了消费者在感受到内部动机是会对企业社会责任项目做出正面反应的，而感知到外部动机是会做出负面反应的（Yoon，Gurhan-Ganli and Schwarz，2006）。然而，我们的研究表明在市场中，消费者通常感知到混合动机（即同时感知内部和外部动机），有趣的是，只要这个项目能表现出内部动机，消费者会容忍所感知到的外部动机（Sen et al.，2006）。确实，这个研究与 Ellen、Webb 和 Mohr（2006）的发现一致，他们认为消费者同时感知内部和外部动机时，会有更正面的回应。对于外部动机越来越高的容忍度表明当消费者对企业社会责任和它的动机了解更多时，他们会越来越采用一种"双赢"的观点来看待企业行为：他们通常相信企业社会责任项目能够并且应该能同时满足社会和商业的需求。像我们焦点小组中的某人所说："这是个能左右逢源的路径。"

消费者—企业（c-c）认同

我们的研究表明，当消费者关于效能和归因的信念合宜时，企业社会责任行为在拉近消费者与企业的心理距离上极其有效，能使他们与企业联系更紧密。我们将这样一种联系概念化为消费者—企业认同（Bhattacharya and Sen，2003），并且发现它能驱动消费者的基于企业社会责任的亲社会行为。[2] 关于社会身份的研究（Tajfel and Turner，1985）和更具体的组织认同研究（Bergami and Bagozzi，2000）表明个体会认同他们所从属的组织（如雇员与雇佣机构），并会把组织身份中他们喜爱的方面吸收至他们自己的身份来满足某些基本的高等级自相关的需求（Dutton，Dukerich and Harquail，1994）。这就包括了解自己（即自我定义），对自己感觉良好（即自我增强）以及觉得自己很特别（即自我区分）。尽管关于认同的研究主要是对于正式的组织成员，我们（Bhattacharya and Sen，2003；见 Scott and Lane，2000）认为认同也可能出现在非正式成员中，比如消费者和企业。由于消费主义①作为引导许多人生活的主导力量的崛起，消费者不仅对产品并且对组织和产品背后的人有更多了解，并与其建立了关系（McAlexander，Schouten and Koenig，2002），消费者会有意识地去认同少数这样的组织（即企业），尽管他们不是企业的正式成员。

这种认同的基础，或者说消费者对自我身份和企业身份重叠的感知，是与企业相关的各种联系。这种身份主要是由消费者对于企业两个基本方面的知识组成：企业在生产和传递产品/服务专业知识（企业能力联合；如行业领导力、技术创新），以及在重要社会议题上的行动（即企业社会责任关联；Brown and Dacin，1997）。在我们的研究中，我们认为消费者对一个企业的认同主要是基于企业社会责任而不是企业能力，因为企业社会责任能让消费者了解到企业的"价值体系""精神"或者说"个性"（Brown and Dacin，1997；Sen and Bhattacharya，2001）。换言之，企业通过企业社会责任行为展示出的特点不仅是基础性的和相对持久的，而且相对基于企业能力的行为来说是更有区分度的（如赞助社会事件、环保主义）。因此，一家企业的企业社会责任行为能引起消费者—企业认同，很可能成为其企业身份的核心特征。然而，与此同时，企业社会责任活动与企业能力活动（即 CSR–CA）的匹配可能会增强企业社会责任活动的可信性，能使企业社会责任行为更好地反映组织的"精神"，从而引起更强的消费者—企业认同。

201

---

① 消费主义（consumerism）指认为高消费对个人和社会有利的看法。

反之，企业社会责任活动与企业能力活动的不匹配可能会引发外部归因，并弱化企业社会责任行为与消费者—企业认同之间的联系。

行为结果

消费者—企业认同把消费者利益与企业利益联系起来（Dutton et al., 1994），引发了大量有利于企业的消费者行为。我们的研究表明这些行为包括诸如购买等短期交易性行为，也包括诸如消费者忠诚、抵御负面信息和拥护行为等长期关系性行为。

购买

鉴于消费者—企业两者的主要经济关系是消费者消费，那么消费者通过更多的购买行为来表达对于企业社会责任行为的正面支持也不足为奇。事实上，早期对于企业社会责任的商业案例研究也主要关注企业社会责任行为对产品评估和购买行为的影响（Brown and Dacin, 1997; Sen and Bhattacharya, 2001）。Brown 和 Dacin（1997）认为，企业社会责任行为记录为消费者进行产品评估提供了一个大致的参考。因此，负面的企业社会责任行为对消费者的产品评估结果有不利影响，而正面的企业社会责任行为能提升消费者对产品的评价。我们早期的实证研究（Sen and Bhattacharya, 2001）探究了这一影响的根本过程，从而延伸了这一发现。特别值得一提的是，我们发现企业社会责任行为可以促进消费者—企业认同，从而调节企业社会责任行为对消费者购买意愿的影响。更重要的是，我们发现企业社会责任行为对消费者关于企业的评价和购买意愿的正面影响受到一些与企业（如企业与企业社会责任行为的匹配）和消费者（如消费者对于具体企业社会责任行为的支持）相关因素的调节。比如，当企业社会责任行为得到了消费者的支持并且正好在战略性的与产品相关的领域内（比如劳动实践）进行，那么这家企业的企业社会责任行为对企业评价和购买意愿能产生更正面的影响。这在近期的行业研究中得到了证实（Sen et al., 2006），当消费者更多地意识到一家企业举行了大型慈善活动并且支持与儿童相关的活动时，他们购买此企业产品的意愿会更强。

忠诚

近期，很多关于企业社会责任领域的研究都转移了研究重点，他们的研究重点从企业社会责任行为对短期购买的影响转移到了对长期关系性结果的影响，这些长期关系性结果包括企业社会责任行为是如何影响消费者忠诚等。忠诚的重要性主要来自它对企业长期利润的影响（Reichheld et al., 2000）。为了探究企业社会责任和消费者忠诚间的联系，我们不仅将消费者忠诚看作是长期购买同一品牌的倾向，更将其看作是深层次心理上"不受情景影响，也不受营销行为的影响去转换品牌，对已选择产品/服务在未来长期购买的承诺，由此可产生对同一品牌

202

的重复购买"（Oliver，1999，p.34）。我们的研究表明企业的企业社会责任行为可以增强消费者忠诚。

类似地，Lichtenstein、Drumwright 和 Braig（2004）发现消费者在杂货店的累积性购买（如行为忠诚）与他们对这个杂货店企业社会责任行为的参与是有正向联系的。在一项对三个酸奶品牌的田野研究中（Du et al.，2007），我们发现消费者对生产该品牌企业的社会责任方面的理念与消费者对这一品牌情感上的忠诚是正向联系（如心理承诺）。类似地，在我们对企业赞助的牙科健康项目中的结果调查中（Du，Bhattacharya and Sen，2008a），我们发现关注这个项目的收益人或者非收益人在购买这个企业的产品时，比起那些不关注这个慈善项目的人表现出更频繁的购买行为（如表现为行为忠诚）。

抵御负面信息

消费者对于他们所认同企业（这种认同通常由企业社会责任行为引起）的支持不仅局限于常规的消费行为。特别的是，消费者—企业认同可以使消费者在接收到关于企业（或其产品）的负面信息时会不予重视。比如说，对 Tom's of Maine[①] 消费者的研究（Chappell，1993）发现，当消费者认同企业的价值观时，他们的关系并不会被某一单个产品的不佳表现所破坏。

这种对负面信息的抵御是出于个人对企业的认同，这种认同的产生类似于谦恭有礼、利他主义和运动员精神所产生的认同（Bergami and Bagozzi，2000）。因此，考虑到企业行为的初衷和所担负的责任，消费者在企业出现错误的时候会表现得更加仁慈，在企业罪责成立时也会更大度。

这种行为在产品处于危机时期尤为明显。Klein 和 Dawer（2004）的研究表明当产品处于危机（例如有缺陷或有危害的产品被公之于众）时，消费者会给予在企业公民行为中表现好的企业更多包容，而把企业的错误归结为企业外部的原因。研究认为正面的企业社会责任行为就算不能带来直接的好处，也会在灾难事件中降低企业/品牌评价的负面风险（见 Peloza，2006）。所以，企业社会责任行为更像一种你需要时它会挺身而出的保险。

203   ### 品牌

最后，当消费者认同一家企业，他们会对该企业的成功产生兴趣，并且受到他们的自我定义和自我增强的驱动，想要去确保他们与企业间有可能产生友好的关系（Ashforth and Mael，1989；Bhattacharya and Sen，2004）。因此，消费者不仅通过消费来表达他们对社会责任表现良好的企业的认同，还会通过其他渠道来表达（Scott and Lane，2000；Maignan and Ferrell，2004），比如说在朋友、家人、同事和其他社会人员中传播关于企业和产品的正面口碑。

---

① Tom's of Maine，美国知名日化企业。

对企业而言，顾客对企业的口碑有很高的价值，因为它是企业最可靠的信息来源，且与企业获得新客户有紧密的联系（Wangenheim and Bayon，2007）。研究发现消费者对他人推荐产品或服务的意愿与企业成长性有很强的关联（Reichheld，2003）。根据 Satmetrix 这家咨询公司的观点，最可能推荐企业的顾客百分比减去最不可能推荐企业的顾客百分比，是对于企业长期增长的忠诚度测量的最有效预测方式（Satmetrix，2004）。

企业社会责任对消费者拥护的影响在我们的研究中得到了证实（Du et al.，2007）；消费者对品牌的企业社会责任信念与他们对品牌的拥护行为是正相关的。相同的是，Du 等（2008a）的研究证明，在企业赞助的口腔健康项目中，无论是受益者还是非受益者，只要意识到了这个项目的企业社会责任行为则很可能就参与到拥护行为中。特别是，诸如博客、聊天室和在线评论等网络交流方式的流行放大了由企业社会责任项目所引发的正面口碑影响。实际上，像 Stonyfield[①] 和 Ben & Jerry 这样的企业从消费者对它们产品和社会责任行为的热烈赞美中获益良多。比如，一名顾客描述 Stonyfield 的酸奶时，激情洋溢地写道："这个酸奶味道好极了，还是有机的！……Stonyfield 的产品不仅味道好，而且这家企业还有优秀的价值观和文化。"（Walker，2008）

投入—产出过程中的权变因素

不是所有的企业社会责任行为都相同。从我们的研究中得到最重要的启示是企业社会责任行为对品牌关系的贡献很大程度上受活动、消费者和企业方面具体因素的影响，但也不能一概而论。我们将接着讨论消费者研究中提到的一些主要影响因素，包括我们前面所提的因素。

活动方面因素

企业社会责任匹配

消费者通常期望企业只赞助那些与它们核心企业能力有逻辑上关联的社会事项（Cone，2007；Haley，1996）。在选择社会事项的动机方面，企业需要考虑到匹配性，或者说社会动因与企业商业之间的协同性。Menon 和 Kahn（2003）认为企业社会责任上的匹配可能来自于品牌与动因之间普遍的联系，比如说产品维度（如草本产品品牌赞助保护热带雨林），与具体目标市场的密切联系（如《悦己》杂志[②] 赞助乳腺癌的预防），或者是在具体社会领域内品牌过去行为创造的企业形象联系（如 Ben & Jerry 和 The Body Shop 在环保方面的活动）。同样地，Varadarajan 和 Menon（1988，p.65）认为影响企业选择社会事项的因素包括其供

[①] Stonyfield，美国有机酸奶公司，规模世界第一。
[②]《悦己》杂志，知名国际综合类女性潮流生活杂志。

给产品的特征，品牌形象和定位，以及目标市场的特征。很多研究指出企业选择企业社会责任项目的需求与它们的商业目的有紧密联系（Porter and Kramer, 2006; Gourville and Rangan, 2004）；比如说企业社会责任行为很可能带来更多的关系利益。

由于企业社会责任匹配能影响到消费者对企业社会责任行为潜在动机的归因，所以它能调节企业社会责任行为对消费者—企业关系的影响（Menon and Kahn, 2003; Simmons and Becker-Olsen, 2006）。根据归因理论的两阶段模型（Gilbert, 1989），消费者首先会把企业社会责任行为归结为意向上的动机（即内部动机），然后会"修正"这种推断，如果他们通过考虑其他情境因素（如竞争压力、财务动机）来分配更充分的处理能力并进行更精细的推理。低程度的企业社会责任匹配会提高认知上的考虑，使外部动机更显著，从而降低企业社会责任对消费者—企业关系的正面影响。不足为奇的是，Simmons 和 Becker-Olsen（2006）发现相对于高程度匹配，企业社会赞助的低匹配性会引起更高的认知考虑并降低消费者对赞助商企业的正面态度，反过来降低对企业资产的正面影响。然而，有趣的是，Bloom 等（2006; 见 Hoeffler and Keller, 2002）发现在某些情形下可能出现相反的情况；低匹配性可能使企业显得在动机方面更为真诚从而提高企业社会责任行为在建立关系上的效果。

一般而言，通过统一社会和商业利益，高匹配性可以放大企业社会责任行为在关系上的回报。特别是根据 Kotler 和 Lee（2004）的研究，那些利用企业商业专业能力的社会事项可能产生最大化的社会影响。因此，有些消费者可能会根据企业是否起到了作用这一信念来推断企业动机，高度社会影响力能建立企业在企业社会责任上的可信度和权威性，最终构造强有力的消费者—企业关系。

企业社会责任的传播

更为基础的是，企业社会责任对消费者—企业关系的影响依赖于消费者了解这种企业社会责任行为的程度。尽管如果目标市场对企业社会责任行为不了解，也会产生最小限度的效益的积累，但企业还是需要在传播企业社会责任活动方面做得更多。然而，传播企业社会责任是一个细致的工作。尽管消费者宣称他们想要知道所购买产品企业的善行，但当企业在宣传企业社会责任行为时他们对企业社会责任行为的动机又变得谨慎多疑。

实际上，Yoon 和他的同事（2006）发现在与企业社会责任相关的广告上投入过多只会带来反作用，因为消费者会因此推断出外部动机并且对企业社会责任行为作出负面回应。诸如《商业伦理》（*Business Ethics*）之类的出版物，或者是由独立型组织（如《财富》杂志）进行的企业社会责任评估为企业社会责任状态提供的第三方公正评判等，被当作是企业社会责任信息的可靠来源。然而，得到媒体的协助是很困难的。另外，企业社会责任广告更多的是被操纵的，并不可信。除了信息来源，企业社会责任传播的可靠性还依赖传播的是什么。如果企业真的关注社会事项并且传播了具体的结果，那么企业社会责任的传播会让人觉得更为可信，更不容易招致怀疑。因此，为了在企业社会责任传播中达到最好的效果，企业需要传播更多关于影响力、一致性和匹配方面的信息。企业社会责任的传播应该更为真实、低调，以避免给人造成"虚张声势"的印象。

企业方面因素

企业社会责任定位

今天企业广泛参与了企业社会责任活动，企业社会责任行为对消费者关系的影响主要依赖于消费者在不同企业社会责任行为情境中的反应，特别是竞争对手采取的反应。举个例子，在消费者的印象里，一家企业和他的竞争对手利用企业社会责任活动进行定位的程度是不同的。甚至一些企业将社会事项同企业本身紧密联系在一起，一些像 Timberland[①]、Ben & Jerry 和 Whole Foods Market[②] 的企业，它们不仅是用企业社会责任行为来给自己定位，还做成了在行业内知名的社会责任品牌。

在我们探究竞争性定位在企业社会责任行为对关系效益影响的调节作用时（Du et al.，2007），我们认为，相对于用传统的平台（例如创新和运作能力），用企业社会责任来定位更能显示出企业的"精神"或是"个性"，所以企业社会责任定位策略会带来更独特的长期关系利益，如忠诚和拥护。为了验证这个观点，我们在同一种产品类别下比较了不同定位品牌的企业社会责任活动产生的商业反馈（即 Dannon[③]、Yoplait[④] 和 Stonyfield Farm，后者是在酸奶类别中应用企业社会责任活动的品牌）。我们发现这些品牌都能产生短期交易上的结果（如更高的购买率）和长期关系上的结果（如更高的认同、消费者忠诚和拥护行为），企业社会责任品牌（即 Stonyfield）相对其他两个主流品牌（即 Dannon 和 Yoplait）有更高的关系产出（没有更高的交易产出）。具体来说，Stonyfield Farm 的常客比另外两个品牌的常客对他们各自的品牌有更强的认同。相似的是，相对另外两个品牌，Stonyfield Farm 的常客对企业有更强的忠诚也会有更多的拥护行为。此外，Stonyfield Farm 的消费者企业社会责任信念与他们关系产出的正面相关性会比另外两个品牌更强。这些发现表明相同的企业社会责任行为会引起消费者不同的反应，这依赖于这些行为是被看作单独的努力还是品牌的基本内涵。相对那些只是参与到企业社会责任行为的品牌，把企业社会责任行为成功定位到企业自身维度

206

---

① Timberland（添柏岚），知名户外品牌。
② Whole Foods Market，美国有机健康食品超市。
③ Dannon，达能公司，总部设于法国巴黎，是一个业务极为多元化的跨国食品公司。
④ Yoplait，美国知名的酸奶企业，是一家大型的跨国型公司。

的企业会得到更多的关系回报。

声誉

企业声誉也是决定企业社会责任行为在构建品牌关系效率中的一个重要决定因素。企业声誉作为"能反映企业能力，向股东传递价值的企业过去的行为和结果的集合性呈现"，它包含不同的维度，比如说产品品质、创新、投资价值、人员管理和企业社会责任。声誉是消费者用来理解关于企业模糊信息的现存图式（Fombrun and Shanley，1990），包括理解企业社会责任行为后的动机。我们认为企业现在或是之前企业社会责任行为的记录，作为企业名誉的一个方面，是消费者理解企业社会责任活动的重要线索。比如，当沃尔玛宣布将在节能方面投资 5 亿美元并试图成为"环境的好管家"时，消费者是持怀疑态度的，认为这种环保动机只是公共宣传的噱头（Clark，2006）。Yoon 和他的同事们（2006）经研究发现有负面声誉的企业（例如烟草企业）很可能会被质疑其在社会事项中的动机，从而引发消费者的负面反应。有趣的是，Yoon 和他的同事们（2006）进一步认为，如果这些企业在社会事项中的贡献大大超过了它在企业社会责任广告宣传上的支出，那么它可能克服消费者的负面回应。相似的是，我们研究的结果（Du et al.，2008a）表明当一家先前有着负面企业社会责任记录的企业参与到社会事项中，消费者可能不会觉得它是出于内部动机；这种内部归因的缺乏反过来妨碍了企业从它们的企业社会责任投资中获取关系利益。

消费者方面因素

企业社会责任支持

调节消费者对企业社会责任行为反应的一个重要因素是他们支持这个企业社会责任行为的程度（即企业社会责任支持；Sen and Bhattacharya，2001）。尽管企业社会责任支持反映了消费者自身的需求和价值观，让消费者觉得重要的或者说与他们个人相关的企业社会责任行为能与消费者建立最大的情感联系。我们的研究（Sen and Bhattacharya，2001）表明，如果企业社会责任行为是在消费者支持的领域内进行，消费者会对企业产生更强的认同。相同的是，基于与经理人员的深度访谈，Drumwright（1996）发现关键利益相关者（包括消费者）对社会事项的归属感，是推动企业社会活动成功的关键因素之一。

因此，企业在选择企业社会责任活动时需要把焦点放到消费者关注的社会事项上。全球的 CEO 都对这个观点心知肚明：在近期的 McKinsey 调研（2007）中，CEO 宣称相对于员工和其他主要的利益相关者，消费者对他们接下来五年的社会期望管理有最大的影响力。更普遍的是，回到我们开始关于企业社会责任匹配的讨论，企业社会责任活动如果不仅与企业能力相关的活动高度匹配，还与目标顾客的价值观和需求相匹配的话，将得到最大的关系产出。

企业社会责任的邻近性

消费者对企业社会责任活动的邻近性与消费者对事项支持有相似性但又有区分。邻近性的高低范围包括消费者从对企业社会责任行为毫无察觉（即无邻近性）到主动参与其中，并作为活动的受益者或者是社会产出的直接共同创造者（即高邻近性）。高邻近性不仅能促进消费者产出企业社会责任相关的信念，还能影响企业社会责任行为引起的信念和关系产出的类型变化。比如说，操作化邻近性存在三个不同的水平：①消费者作为企业社会责任项目的受益人；②消费者意识到自己是企业社会责任项目的非受益人；③消费者没有意识到自己是企业社会责任项目的非受益人。我们曾经做过一个研究，研究消费者对企业赞助的反应，该项目赞助的目标群体是弱势群体中的儿童，项目的内容是儿童口腔护理（Du et al.，2008a）。研究结果表明高邻近性（即社会事项的受益人）能带来高水平的消费者购买和拥护行为。有趣的是，相较于那些没有意识到企业社会责任项目的非受益者，那些意识到企业社会责任项目的非受益者，会表现出更高的购买和拥护行为。除了企业社会责任活动建立信任和互惠感受的能力，高邻近性使得消费者更深地融入基于企业的社交网络的中心，这些社交网络通常是围绕这些社会事项而发展的（O'Hara Beehr and Colarelli，1994；Pratt，2000），这样企业更受到认同，从而促使企业更为成功。这表明企业在致力于与消费者建立有意义的关系时应该选取与它们最有价值的顾客相关事项（如在他们的本土社区而不是全国范围；Hoeffler and Keller，2002），从而使得这些顾客与企业共同创造企业社会责任"产品"。

208

结论

在本章，我们回顾了消费者对企业社会责任行为的反应，以及社会事项、企业及消费者等因素的调节作用，企业社会责任行为可以帮助企业拉近品牌与消费者的距离，建立深入长期且有意义的关系。这是因为企业在企业社会责任领域的行动在揭示企业价值观、"精神"或身份上尤为有效，提高了某些消费者把企业行为看作是满足高层次自相关需求的可能性。这种认同感能使消费者感觉到有与企业及品牌紧密的关联和承诺，使他们做出不限于购买的其他利于企业的行为。

基于身份的视角，我们对于企业社会责任在品牌关系中所扮演角色的研究与书中其他研究（如第 9 章）相一致，都认为消费者不是由于品牌在功能层面上为他们做了什么而进入一段强品牌关系，而是因为品牌所代表的意义（即其身份）。换句话说，比如企业社会责任，不是通过像传统意义上的产品那样解决消费者的日常问题来使消费者感觉到它的价值，而是通过追寻其在世界上一种长久肯定的感受。企业社会责任有能力把消费者—品牌和消费者—企业关系从交易性或交换性关系转变为共有关系（Aggarwal，2004；第 2 章）。随着全球市场突然向全新的企业社会责任世界倾斜（Economist，2007；McKinsey，2007），对于营销者来说最好需要了解并且掌控企业社会责任在把消费者从单纯的顾客转变为有激情的忠实拥护者的能力。

注　释

[1]在本章，我们把企业和品牌混用。

[2]消费者—企业认同与品牌依恋有关，但在概念上有所区别，见第 17 章。在第 17 章作者把依恋定义为"把消费者和品牌连接的强度"，我们把认同更具体地概念化为消费者感知到的自身身份与企业身份间的重合。当然，企业社会责任行为通过认同而对品牌/企业依恋的发展有所促进，这是可行的。探究认同和依恋之间的准确关系需要投入很多努力。

参考文献

Aggarwal, Pankaj (2004). "The Effects of Brand Relationship Norms on Consumer Attitudes and Behavior," *Journal of Consumer Research*, 31 (September), 87-101.

Alsop, Ronald J. (2005). "Communicating Corporate Citizenship," *Leading Perspectives*, Summer, 4-5.

Ashforth, Blake E., and Fred Mael (1989). "Social Identity Theory and the Organization," *Academy of Management Review*, 14 (1), 20-39.

Bagozzi, Richard P. (1995). "Reflections on Relationship Marketing in Consumer Markets," *Journal of the Academy of Marketing Science*, 23 (4), 272-277.

Bergami, Massimo, and Richard P. Bagozzi (2000). "Self Categorization, Affective Commitment and Group Self-Esteem as Distinct Aspects of Social Identity in the Organization," *British Journal of Social Psychology*, 39(4), 555-577.

Bhattacharya, C.B., and Sankar Sen (2003). "Consumer-Company Identification: A Framework for Understanding Consumers' Relationship with Companies," *Journal of Marketing*, 67 (April), 76-88.

——(2004). "Doing Better at Doing Good: When, Why, and How Consumers Respond to Corporate Social Initiatives," *California Management Review*, 47 (1), 9-24.

Bloom, Paul N., Steve Hoeffler, Kevin Lane Keller, and Carlos Meza (2006). "How Social-Cause Marketing Affects Consumer Perceptions," *MIT Sloan Management Review*, 47 (2), 49-55.

Braum, Lutz (2002). "Involved Customers Lead to Loyalty Gains," *Marketing News*, 36 (2), 16.

Brown, Tom J., and Peter Dacin (1997). "The Company and the Product: Corporate Beliefs and Consumer Product Responses," *Journal of Marketing*, 61 (January), 68-84.

Chappell, Tom (1993). *The Soul of a Business: Managing for Profit and the Common Good*. Des Plaines, IL: Bantam.

Clark, Andrew (2006). "Is Wal-Mart Really Going Green?" Guardian.co.uk, November 6. Available at http://www.guardian.co.uk/environment/2006/nov/06/energy.supermarkets (accessed June 2008).

Cone (2007). "2007 Cause Evolution Survey." Available at http://www.coneinc.com/content1091 (accessed May 19, 2008).

Dawkins, Jenny (2004). "Corporate Responsibility: The Communication Challenge," *Journal of Communication Management*, 9 (2), 108-119.

DeWulf, Kristof, Gaby Odekerken-Schröder, and Dawn Iacobucci (2001). "Investments in Consumer Relationships: A Cross-Country and Cross-Industry Exploration," *Journal of Marketing*, 65 (October), 33-50.

Drumwright, Minette E. (1996). "Company Advertising with a Social Dimension: The Role of Noneconomic Criteria," *Journal of Marketing*, 60 (4), 71-87.

Du, Shuili, C.B. Bhattacharya, and Sankar Sen (2007). "Reaping Relationship Rewards from Corporate Social Responsibility: The Role of Competitive Positioning," *International Journal of Research in Marketing*, 24 (3), 224-241.

——(2008a). "Strengthening Consumer Relationships through Corporate Social Responsibility." Working Paper, Simmons College School of Management.

Du, Shuili, Sankar Sen, and C.B. Bhattacharya (2008b). "Exploring the Social and Business Returns of a Corporate Oral Health Initiative Aimed at Disadvantaged Hispanic Families," *Journal of Consumer Research*, 35 (3), 483–494.

Dutton, Jane E., Janet M. Dukerich, and Celia V. Harquail (1994). "Organizational Images and Member Identification," *Administrative Science Quarterly*, 39 (34), 239–263.

Economist (2007). "Global Business Barometer." economist.com. Available at http: //www.economist.com/ media/pdf/20080116CSRResults.pdf (accessed June 2008).

Ellen, Pam Scholder, Deborah J. Webb, and Lois A. Mohr (2006). "Building Corporate Associations: Consumer Attributions for Corporate Socially Responsible Program," *Journal of the Academy of Marketing Science*, 34 (2), 147–157.

Fombrun, Charles, and Mark Shanley (1990). "What's in a Name? Reputation Building and Corporate Strategy," *Academy of Management Journal*, 33 (2), 233–258.

Fournier, Susan, Susan Dobscha, David Glen Mick (1998). "Preventing the Premature Death of Relationship Marketing," *Harvard Business Review*, 76 (1), 42–51.

Gardberg, Naomi A., and Charles J. Fombrun (2002). "The Global Reputation Quotient Project, First Steps towards a Cross-Nationally Valid Measure of Corporate Reputation," *Corporate Reputation Review*, 4 (4), 303–308.

Gilbert, Daniel T. (1989). "Thinking Lightly About Others, Automatic Components of the Social Inference Process." In *Unintended Thought*, ed. James S. Uleman and John A. Bargh. New York, NY: Guilford Press, 189–211.

Goulder, Alvin W. (1960). "The Norm of Reciprocity: A Preliminary Statement," *American Sociological Review*, 25 (2), 161–178.

Gourville, John T., and V. Kasturi Rangan (2004). "Valuing the Cause Marketing Relationship," *California Management Review*, 47 (1), 38–57.

Haley, Eric (1996). "Exploring the Construct of Organization as Source: Consumers' Understanding of Organizational Sponsorship of Advocacy Advertising," *Journal of Advertising*, 25 (2), 19–36.

Hoeffler, Steve, and Kevin Lane Keller (2002). "Building Brand Equity through Corporate Societal Marketing," *Journal of Public Policy and Marketing*, 21 (1), 78–89.

Ioannou, Loft (2003). "Corporate America's Social Conscience," *Fortune*. Available at http: //www.timeinc.net/fortune/services/sections/fortune/corp/2003_05csr.html (accessed May 2008).

Kinder, Lydenberg, and Domini Co. Inc. (1999). *Socrates: The Corporate Social Ratings Monitor*. Cambridge, MA: Kinder, Lydenberg, and Domini Co. Inc.

Klein, Jill, and Niraj Dawar (2004). "Corporate Social Responsibility and Consumers' Attributions and Brand Evaluations in a Product-Harm Crisis," *International Journal of Research in Marketing*, 21, 203–217.

Kotler, Philip, and Nancy Lee (2004). "Best of Breed," *Stanford Social Innovation Review*, Spring, 14–23.

——(2005). *Corporate Social Responsibility: Doing the Most Good for Your Company and Your Cause*. Hoboken, NJ: John Wiley & Sons, Inc.

Lichtenstein, Donald R., Minette E. Drumwright, and Bridgette M. Braig (2004). "The Effects of Corporate Social Responsibility on Customer Donations to Corporate-Supported Nonprofits," *Journal of Marketing*, 68 (October), 16–32.

Maignan, Isabelle, and O.C. Ferrell (2004). "Corporate Social Responsibility and Marketing: An Integrative Framework," *Journal of the Academy of Marketing Science*, 32 (1), 3–19.

Marketing Science Institute (2006). *Research Priorities: 2006–2008 Guide to MSI Research Programs and Procedures*. Cambridge, MA: Marketing Science Institute.

Martin, Roger L. (2005). "Seek Validity, Not Reliability," *Harvard Business Review*, 83 (2), 23–24.

McAlexander, James H., John W. Schouten, and Harold E Koenig (2002). "Building Brand Community," *Journal of Marketing*, 66 (January), 38–54.

McKinsey & Company (2007). *Shaping the New Rules of Competition: UN Global Compact Participant*

Mirror, (July). Available at http: //www.mckinsey.com/clientservice/ccsi/pdf/Shaping_the_new_rules.pdf.

Menon, Satya, and Barbara E. Kahn (2003). "Corporate Sponsorships of Philanthropic Activities: When Do They Impact Perception of Sponsor Brand?" *Journal of Consumer Psychology*, 13 (3), 316–327.

O'Hara, Kirk B., Terry A. Beehr, and Stephen M. Colarelli (1994). "Organizational Centrality: A Third Dimension of Intraorganizational Career Movement," *Journal of Applied Behavioral Science*, 30 (2), 198–216.

Oliver, Richard L. (1999). "Whence Consumer Loyalty?" *Journal of Marketing*, 63 (Special Issue), 33–44.

Palmatier, Robert W., Rajiv P. Dant, Dhruv Grewal, and Kenneth R. Evans (2006). "Factors Influencing the Effectiveness of Relationship Marketing: A Meta-Analysis," *Journal of Marketing*, 70 (October), 136–153.

Peloza, John (2006). "Using Corporate Social Responsibilities as Insurance for Financial Performance," *California Management Review*, 48 (2), 52–72.

Porter, Michael E., and Mark R. Kramer (2006). "Strategy and Society: The Link Between Competitive Advantage and Corporate Social Responsibility," *Harvard Business Review*, 84 (12), 78–92.

Pratt, Michael G. (2000). "The Good, the Bad, and the Ambivalent: Managing Identification among Amway Distributors," *Administrative Science Quarterly*, 45 (3), 456–493.

Reichheld, Frederick F. (2003). "The One Number You Need to Grow," *Harvard Business Review*, 81 (12), 46–54.

Reichheld, Frederick F., Robert G. Markey, and Christopher Hopton (2000). "The Loyalty Effect—The Relationship between Loyalty and Profits," *European Business Journal*, 12 (3), 134–139.

Reinartz, Werner, and V. Kumar (2002). "The Mismanagement of Customer Loyalty," *Harvard Business Review*, 80 (7), 86–94.

Satmetrix, Inc. (2004). "The Power behind a Single Number. Netpromoter: The New Standard for Measuring Customer Loyalty." Satmetrix Systems White Paper. Available at http: //www.satmetrix.com/pdfs/NetPromoter-WPfinal.pdf (accessed June 2008).

Scott, Susanne G., and Vicki R. Lane (2000). "A Stakeholder Approach to Organizational Identity," *Academy of Management Review*, 25 (1), 43–62.

Sen, Sankar, and C.B. Bhattacharya (2001). "Does Doing Good Always Lead to Doing Better? Consumer Reactions to Corporate Social Responsibility," *Journal of Marketing Research*, 38 (May), 43–62.

Sen, Sankar, C.B. Bhattacharya, and Daniel Korschun (2006). "The Role of Corporate Social Responsibility in Strengthening Multiple Stakeholder Relationships: A Field Experiment," *Journal of the Academy of Marketing Science*, 34 (2), 158–166.

Simmons, Carolyn J., and Karen L. Becker-Olsen (2006). "Achieving Marketing Objectives through Social Sponsorships," *Journal of Marketing*, 70 (October), 154–169.

Smith, N. Craig (2003). "Corporate Social Responsibility: Whether or How?" *California Management Review*, 45 (4), 52–75.

Tajfel, Henri, and John C. Turner (1985). "The Social Identity Theory of Intergroup Behavior." In *Psychology of Intergroup Relations*, ed. Steven Worchel and William G. Austin. Chicago, IL: Nelson-Hall, 6–24.

Thomas, Jacquelyn S., Werner Reinartz, and V. Kumar (2004). "Getting the Most out of All Your Customers," *Harvard Business Review*, 82 (7/8), 116–123.

Varadarajan, P. Rajan, and Anil Menon (1988). "Cause-Related Marketing: A Coalignment of Marketing Strategy and Corporate Philanthropy," *Journal of Marketing*, 52 (July), 58–74.

Verhoef, Peter C. (2003). "Understanding the Effect of Customer Relationship Management Efforts on Customer Retention and Customer Share Development," *Journal of Marketing*, 67 (October), 30–45.

Walker, Lauren (2008). "A Stonyfield Farm Yogurt Review: Organic and Delicious," Associated Content, February 8. Available at http: //www.associatedcontent.com/article/584769/a_stonyfield_farms_yogurt_review_organic.html? cat=22 (accessed August 2008).

Wangenheim, Florian V., and Tomas Bayon (2007). "The Chain from Customer Satisfaction via Word-of-Mouth Referrals to New Customer Acquisition," *Journal of the Academy of Marketing Science*, 35 (2), 233–249.

Yoon, Yeosun, Zeynep Gurhan-Canli, and Norbert Schwarz (2006). "The Effect of Corporate Social Responsibility (CSR) Activities on Companies with Bad Reputations," *Journal of Consumer Psychology*, 16 (4), 377–390.

第 11 章

种族、人种和品牌联结

戴维·W.舒曼，伊迪丝·F.戴维森和布里奇特·萨迪诺瓦
(David W. Schumann, Edith F. Davidson and Bridget Satinover)

一个多世纪以来，美国的公司一直尝试着从种族人口的角度建立它们的品 212
牌，从而形成品牌连接。从第二次世界大战结束之后，我们见证了基于种族群体
特征的市场细分策略的显著增长。这是从非裔美国人开始的，随后是西班牙裔，
到最近的亚裔，这些都是所谓的模范少数族裔。这些群体的每一个都代表着多个
子群，每一个都具有明确的亚文化。企业有时试图与某个子群建立品牌联系，有
时是与首要的群体建立联系。

本章旨在审视以种族/人种为基础的品牌联结在美国的发展（"种族"和"人
种"的区别将在后文讨论）。我们认为这种人种/种族的品牌—自我联结有两个主
要的动力来源：一个是营销者，他们试图通过基于"人种"的目标营销来建立品
牌和个体的关系；另一个是消费者，他们的"种族"特点使得他们关注某些品
牌，甚至关注具体的产品类别。我们将讨论族裔群体中的三个主要类别：非裔美
国人、亚裔和西班牙裔。

种族和人种

公众和在学术文献中对如何使用"种族"（ethnicity）和"人种"（race）这两
个术语都存在着不一致的观点。从历史上来说，"人种"常用来指代基于生物差
异的分类。在 20 世纪，基因学家的成果表明，人类与人种这一概念更相似
（Smedley and Smedley，2005）。目前的基因数据对人种是基因上不同的人类群体
这一观点予以了否定，因为全世界的人类已被证实有 99.9% 的相似度（Bonham,
Warshauer-Baker and Collins，2005；Smedley and Smedley，2005）。一些学者已
不再将人种作为一种类别概念。然而，关于"人种"的遗留问题使其具有社会建
构的意义，该意义在很多社会中仍起作用，且"与财富、权力、特权和声望的分
配不平等紧密联系"（Spickard and Daniel，2004，p.6）。

人种这一概念在一些学科中已被种族（ethnicity）这一概念所代替（Har- 213

rison，1995）。种族提供了一种强调文化和血统而不是生物学和移民同化过程的描述群体的方式。一些学者感觉到种族相较于人种来说是问题较少的概念，因为种族不具有负面的历史含义（Spickard and Daniel，2004）。由于与人种相关的负面结果的存在，另外一些学者对用种族来替代人种的这一做法进行了批评（Harrison，1995）。还有一些学者认为种族是人种的一种委婉说法，是解释两种差异的另一种方式（Ratcliffe，2004）。

尽管关于这两个术语的意义与影响的争论还在继续，从市场营销学的角度来看，种族和人种之间的区别可能在大多数情况下问题不大。Davidson（2007）提出人种或种族的问题可以通过研究者在探索某一现象时首先是从谁的视角考虑来解决。在这样的情况下，人种指单纯基于外貌的以地理集中或表型独特进行的群体分类。在美国人中，将来自日本、巴基斯坦、中国台湾和印度这些国家和地区的个体统称为亚裔美国人就基本是根据这一标准。另外，种族指基于血统和来源国家的自我归类。换言之，当使用客位观（Etic）视角时可能会用人种，而主位观（Emic）视角时用种族（Davidson，2007）。[①]这一术语与一些其他研究者的用词是一致的，这些研究者指出"肤色、发质、鼻宽、嘴唇厚度在美国仍是人种身份的主要标志"（Smedley and Smedley，2005，p.20）和"种族身份的定义不应该包括外貌特征"（Smedley and Smedley，2005，p.18）。本章在描述基于人种的目标市场和基于种族的品牌使用时结合了这一差异。

种族亚文化存在于这些人种大类中的例子有很多。例如，根据美国人口普查，西班牙裔包括墨西哥裔、波多黎各裔、中南美洲裔、古巴裔和多米尼加裔，以及具有西班牙血统的个体。非裔美国人这一术语指"有任何非洲黑人血统的人们，也包括来自尼日利亚或者海地、南非或牙买加的人"。联邦政府用亚裔这个术语来指代"有任何远东、东南亚或者印度半岛原始人种血统的人。它包括那些指明他们的人种是亚裔印度人、中国人、菲律宾人、韩国人、日本人、越南人或者其他亚洲人的人，或者那些在入关时填写了缅甸人、赫蒙人、巴基斯坦人或者泰国人的人"（Reeves and Bennett，2003）。人们可以说美国人口普查显著强化了这些人种大类。

基于人种的市场细分和目标市场

基于人种的焦点营销可以追溯到 20 世纪初。正如 Gail Baker Woods 在《新社

---

① 主位观（Emic）和客位观（Etic）是人类学家、历史学家在人类历史、民族志等方面研究中常用的两种分析观点。其中，主位观强调以当地人、当事人、当时人的立场来设身处地地看待事物，所描述与分析的现象在当地人看来也认为是真实、有意义且适当的。客位观强调以观察者自身的立场来发表对事物的看法，主张从旁观者的角度描述与分析现象。

会主体的广告和营销》(*Advertising and Marketing to the New Majority*)(1995 年，引自 Latham，1989) 中所提到的那样，被公认为将商品的目标人群定位为非裔美国人的第一人是 C. J. Walker 女士（非裔美国人）。1990 年，针对一种承诺使黑 214 人头发不再卷曲的新型美容护理商品，Walker 推出了首次全面的、以人种为中心的系列营销活动中的一个。其中的促销信息和商品本身都满足了融入美国主流文化的渴望所产生的社会和心理需求。Walker 在《匹兹堡信使报》(*Pittsburgh Courier*) 和《纽约阿姆斯特丹新闻》(*New York Amsterdam News*) 等报纸上刊登了广告。

　　从历史上来说，制造商和零售商们使用了三种策略来向西班牙裔、非裔美国人和亚裔消费者推荐商品：基本目标市场 (primary market targeting)、次级目标市场 (secondary market targeting) 和包容性目标市场 (subsumed market targeting)。

　　基本目标市场策略指基于人种区别来研发和营销商品及品牌。一些类型的商品似乎需要这种类型的差异化，如化妆品 (Fashion Fair[①]，Flori Roberts[②])、连裤袜（如 Brown Sugar[③]）和护发商品 (Doo Gro[④]，Carol's Daughter[⑤])。对于其他商品，基于人种维度进行细分的基本原理可能不太明显。1987 年，Hallmark 推出了专门为非裔美国人设计的一系列卡片 Mahogany (Hallmark.com)。2003 年，Hallmark 推出了 Sinceramente 系列来 "反映西班牙裔消费者的价值观和观点"(Hallmark.com，2008)。在以上提及的例子中，生产者基于感知人种特征、性格、人格和信仰等针对特定群体推出了定制的零售商品。

　　在零售业中，《明镜》(*Spiegel Inc.*) 和《乌木》(*Ebony*) 杂志在 1993 年联手为一家合资企业开发了一个目录 (*E Style*)，专门为非裔美国女性提供服装。利基型零售商 Ashley Stewart 从 1991 年开始一直专注于将目标市场主要定位为非裔美国女性 (Sokol，2003)，并且运营了超过 200 家商店，它的旗舰店开在纽约哈莱姆区。Ashley Stewart 的广告活动基本以这个人口群体中的女性为主要内容。他们还在促销点邀请了传奇歌手 Gladys Knight[⑥] 参加。这些目标市场工作很明显将广告延伸到了营销组合中的每一个领域。这是将人种细分作为一种基本目标市场策略的一个关键标志。

　　意识到所感知的人种差异，制造商通常选择根据少数族裔观众的特点来变化

---

① Fashion Fair，美国的彩妆品牌，其产品包括彩妆和护肤两大系列。
② Flori Roberts，美国的化妆品品牌。1965 年，Flori Roberts 成为专门针对黑皮肤美国人（非裔美国人）的第一个化妆品品牌。
③ Brown Sugar，一个女装品牌。
④ Doo Gro，一个种族的护发品牌。
⑤ Carol's Daughter，美国知名美容品牌，产品主要包括护发产品、身体护理产品、彩妆、香水及男性护肤品等。
⑥ Gladys Knight，20 世纪最伟大的福音歌手之一。

传播的信息，但是商品依然是一样的。这种以人种为基础的市场细分实践被称为次级目标市场。2004 年，英菲尼迪①（Infiniti）开展了一场媒体活动，其目标是吸引非裔美国消费者。将英菲尼迪命名为"Black"，这场活动将英菲尼迪与一些非裔美国艺术家联系起来。这场活动只通过非裔美国媒体推广，这些媒体包括《本质》（Essence）、《乌木》和《黑人企业》（Black Enterprise）杂志，以及黑色美国网（Black America Web）的互联网新闻和娱乐版块。次级目标市场利用文化线索或者将信息调整至与目标人群的文化相关（Brumbaugh，2002）。为了吸引更多的西班牙裔消费者，现代公司（Hyundai）在 2008 年利用广告语"Descubrelo tu mismo"（"为自己去探索"）开展了一场活动（Wentz，2008）。美国州立农业保险公司（State Farm Insurance）也使用这种策略来吸引非裔美国人、西班牙裔和亚裔。2007 年 4 月，美国州立农业保险公司开展了"挑战 5000 万磅"活动，以解决严重影响非裔美国人肥胖症流行的问题。该公司针对美籍华裔目标市场的活动（2005 年）是将其众所周知的广告语"像您的好邻居，州立农业在您身边"（Like a good neighbor，State Farm is there）改成"有一个好邻居，和谐每一天"（Having a good neighbor，there's peace every day）。采用次级目标市场策略的制造商主要利用细分媒体，并且会聘用专注于吸引特定少数族裔观众的广告公司。

当使用这种策略时，零售商会根据当地市场人口构成的不同来调整商店氛围和产品线。甚至传统的巨型零售商也开始采用这种策略。2005 年，家得宝（Home Depot）针对西班牙裔开发了一个油漆系列（Wentz，2007）。Colores Origenes④ 最初是在西班牙裔聚居区的 400 家分店进行推广销售。后来这个系列大获成功，并最终登陆了所有的家得宝门店。

包容性目标市场策略假定，利用制造商和零售商用来吸引其较大目标市场的相同商品和信息能吸引到少数族裔消费者。当使用这种类型市场策略进行国际市场拓展时，这种市场策略常被称为跨市场细分（cross-market segmentation）（Taylor，2008）。这种策略的前提是，尽管存在看似重要的人口或文化差异，相较于不同点而言人们彼此的共同点更多。这种目标市场策略可能在广告活动中包含少数族裔的演员，而这些广告活动的赞助商或媒体可能会特意选择那些能吸引西班牙裔、非裔美国人或亚裔观众的。例如，2004 年，拉丁明星戴西·福恩特斯②（Daisy Fuentes）通过科尔士③（Kohl）百货公司独家推出了她的服装系列。在当时的一次媒体招待会上，一个发言人提出，尽管福恩特斯服装被期待能够吸

---

① Infinit，是日产汽车公司旗下的豪华车品牌。

② Daisy Fuentes，1966 年出生于美国，职业是模特、演员和主持人。

③ Kohl，科尔士百货公司是美国著名的家庭专业百货公司，主要针对家庭用品消费群体，店铺多设在家庭聚居的市区，以购物便利和超值著称。

④ Colores Origenes 是家得宝针对西班牙裔开发的油漆系列的名字。

引西班牙裔市场，但是这一合作并不是作为一个针对西班牙裔的市场策略，因为福恩特斯在科尔士的消费者中具有广泛的号召力。在包容性目标市场策略中，信息或商品不会出现变化。尽管信息可能被翻译成其他的语言，但其中的含义还是一样的。

关于基于人种的目标市场策略和品牌联结的研究

Bullock 在其对少数族裔的开创性工作中提出："销售者希望调整他们的销售努力以影响黑人消费者，但是他们不知道该如何调整。"（1961，p.91）尽管用来指代少数族裔群体的术语已随着上述观点的发表而逐渐发展，将少数族裔作为目标群体的研究可能还没有进步得那么快。现代公司多年来试图在西班牙市场获得立足之地，其最近的"为自己去探索"活动似乎体现了少许乐观之处，该活动是由该汽车公司雇用的第三方西班牙机构创造的。这就引出了接下来的问题：一个成功的基于人种的目标市场活动的影响因素是什么？制造商和零售商如何与少数族裔消费者建立强大的品牌联系？

美国不断变化的人口特征显然没有被研究者们忽视。在广告学和市场营销学的研究中，这个问题获得了极大关注。在过去的 30 年里，有超过 50 篇关注广告中少数族裔的论文发表在广告、传播和营销期刊中（这一数字并不包括在这一时间段之前发表的大量论文和在会议上宣讲的许多研究论文；详见 Davidson and 216 Schumann，2005）。关于广告中少数族裔的文献主要关注两个问题：一个是广告中每一个少数族裔群体的代表性（数量和本质）（Wilkes and Valencia，1989；Taylor，Lee and Stern，1995），另一个则是大众和少数族裔受众对以少数族裔群体为主的广告的回应（Brumbaugh，2002；Whittler and Spira，2002；Green，1999）。第一类研究表明，尽管就数值而言黑人代表已经取得了进展，但是使用这种比例标准，西班牙裔和亚裔代表取得的进步并不大。进一步而言，文献显示广告仍然加强着这三种群体的刻板印象。第二类研究关注的是观看者的群体成员身份，根据其是否属于广告中少数族裔演员的人种群体分为群体内成员和群体外成员，有时也在群体之间进行比较。这些研究关注营销者如何使用人种来对少数族裔群体进行分类和目标市场选择。总体来说，这些研究表明以少数族裔为主且与商品一致的广告会促进该少数族裔群体的购买意愿，同时不会阻止非少数族裔的群体购买这种商品。

本章将种族定义为基于血统和来源国家的自我归类（Davidson，2007）。消费者行为研究已经探索了种族是如何影响产品、品牌和零售商选择的（Webster，1994，1997；Chung and Fischer，1999；Bauer and Cunningham，1970；Donthu and Cherian，1994；Wyatt，Gelb and Geiger-Oneto，2008）。然而，探讨这种自我归类是如何在少数族裔的零售环境体验中得到体现的研究还非常有限，关于具体的品牌选择和基于人种的目标市场活动有效性的研究也非常有限。

由种族消费者发起的产品和品牌联结

前文指出了细分不同人种群体从而建立和强化品牌联结的多种方法。这一活动是由营销者发起的，以期创造更有效的方法来营销和传递基于特定群体感知相似的产品。在本部分中，我们将消费者明确的种族特点视为创造和加强品牌联结的一个驱动因素。如此，我们将审视产品（和品牌）被美国种族群体使用的历史。请注意我们将从描述产品使用的历史开始。与白人或其他少数种族群体相比，一个种族群体在不同时期都会或多或少地使用某些产品。在其中意的产品类别里，自然会形成特定的品牌喜好。

在美国的非裔美国消费者

20世纪30年代，Edwards（1932）在其关于南部大都市的非裔美国人的综合性研究中指出，美国有大约1200万黑人，其中75%居住在南部。在这些人中，大约10%的人住在南部最大的17个城市里。Edwards发现，大多数（70%或者更多）可被归类为普通劳动力或者半熟练劳动力，在这些城市中居住的非裔美国人的购买力超过3亿美元，大约每人每年340美元。Edwards发现40%~50%的购买是用在食品和服装上。在食品方面，处于普通和半熟练劳动力地位的黑人消费者表现得非常有品牌意识，然而对于服装，他们主要关注价格。Edwards指出，那些有专业和商业职业的非裔美国人则在所有的购买行为中都表现出了更为显著的品牌导向。这个研究还发现非裔美国人喜欢包含了黑人的广告，但是只有在黑人被恰当描述的情况下。当广告显著地降低黑人身份的时候，他们会对广告产生显著的激烈反应（如抵制）。

美国研究公司的一项关于三个"北部"城市（巴尔的摩、费城和华盛顿）的非裔美国市场的研究（Steele，1947）发现，在一些特定的产品类别中黑人喜好几个品牌。这些产品类别包括包装咖啡（Wilkins and Maxwell House）、面粉（Gold Medal）、煎饼或者华夫饼（Aunt Jemima）、面包（Wonder and Schmidt's）、狗粮（Red Heart for two of the cities）、牙膏（Colgate）、啤酒（Blended Whiskey）、可乐（百事可乐，然后是可口可乐）和烟（Camel）。在汽车和洗衣皂这两类产品中没有发现品牌区别。这项研究并没有将这些产品类别中黑人喜好的品牌与白人消费者喜好的品牌进行比较。然而，在公民权利运动和联邦公平法案之前的这段时间内，白人消费者和黑人消费者的店铺选择是十分不同的。那些很少表现歧视的商店得到了非裔美国人的喜爱。这当中包括了将黑人消费者作为目标市场的"Layaway"①商店。

---

① Layaway商店是指该商店售卖那些保留供将来客户付清货款的商品。

Friend 和 Kravis（1957）解释了美国劳动统计局（Bureau of Labor Statistics，BLS）1950~1951 年生活成本调查的结果（也可参见 Alexis，1962）。相较于白种人，非裔美国人消费更多的个人护理产品、衣服、啤酒和除汽车以外的交通工具，在汽车费用、娱乐和医疗护理上花费较少。按照美国地域划分，调查结果发现与美国南部的黑人相比，美国西部和北部的黑人在消费方式上与美国的白人更为接近。这似乎是由于收入上的不同，与美国西部和北部城市的情况相比，美国南部黑人比白人的收入少很多。

Bauer 和 Cunningham（1970）研究了 1960~1961 年美国劳动统计局的生活成本调查数据，除了未发现住房相关的区别（当控制了收入时）之外，他们发现了与先前关于美国黑人与白人研究相同的结果。然而，这两位研究者不同意 Friend 和 Kravis（1957）的关于不同时段支出变化的分析策略，他们认为，从应对税后收入百分比变化的消费支出来看，不同时段的支出差异微乎其微。换言之，当黑人的收入接近白人的收入时，它们之间就不存在实际差别。唯一一直存在的差别是在服饰和啤酒的花销上。Gibson（1969）讨论了将黑人作为目标市场需要考虑的几个方面。他引用品牌评价指数开展了一项研究，该研究识别了 31 种黑人比白人使用得更多的产品类别。其中最明显的是罐装奶粉、软饮料、婴儿服饰、服饰和尿布、泻药、液状或粉状的淀粉、压缩的或者新鲜的婴儿食品、猪肉罐头和豆类、培根以及熏肠。Maggard（1971）提出白人和非裔美国人之间的区别反映了后者过度消费某些产品的倾向。他指出黑人消费了苏打水总体的 28%，鞋子总体的 23%，进口苏格兰威士忌总体的 50%。

Woods（1995）总结了两个重要的关于非裔美国消费者购买习惯的研究，这两个研究分别是由德勤公司的贸易零售及分销服务部门（1991）和目标市场新闻部门（The Target Market News）（Smikle，2000）完成的。这些研究反映出在 20 世纪 90 年代初，黑人占所有健康和美容市场的 19%，占整个护发产品市场的 34%。在这个时期中，研究发现黑人相较于白人更喜欢购买大件商品，如汽车、音响设备、珠宝和电视机。研究还发现黑人也是橙汁、软饮料、压缩磁带和香烟的重度消费者。他们的购买占了啤酒销售的 25%，所有可乐销售的 15%，所有国内汽车购买的 9%。这些关于产品使用的数据必须结合非裔美国家庭的某些关键数据来看。在这个时期，大约 50% 的非裔美国人家庭是由单亲妈妈支撑的，而且家庭的人口数量比同时期白人家庭的人口数量多。25% 的大学生年纪的黑人男性在监狱服刑，因此将他们从家庭收入和支出的数据中移除。在这个时期，30% 的非裔美国人是白领。

美国的西班牙裔消费者

对西班牙裔的消费发展进行追踪发现，其在 20 世纪 60 年代似乎已经形成了稳定的状态。在 *Marketing News* 上发表的一项研究（Soriano，1965）绘制了一个品牌列表，这些品牌是纽约这一大都市中西班牙裔（占纽约人口的12%）比非西班牙裔使用得更多的产品类别中的品牌（纽约产品使用研究——NYMPHUS-Ⅱ）。这当中包括水果罐头（Libby's）、巧克力味牛奶（雀巢速溶）、食用/沙拉油（Mazola）、水果口味的饮料（Hawaiian Punch）、热狗（Oscar Meyer）、冰激凌（Breyers）、人造奶油（Parkay）、包装曲奇（Almost Home）、固体饮料（Tang）、米饭（Vitarroz）、意大利面酱（Ragu）、冰冻蔬菜（Green Giant）和感冒药（CoTylenol）。

在1980年一项关于迈阿密西班牙裔市场的研究中，结果表明西班牙裔对某些产品类别的使用指数很高。这些产品类别包括婴儿食品、酒精饮料（尤其是麦芽酒）、果茶和水果饮料、罐装意大利面酱、护发和染发用品、地板蜡和清洁用品以及松油消毒剂（正如《广告时代》1981年报道的那样，Segal and Sosa，1983）。由Yankelovich、Skelly和White（1984）开展的一项全国性媒体研究表明在西班牙裔中存在很高程度的品牌忠诚，同时期其他作者的文章（Fones，1981；Guernica，1982）也得到了相似结论。然而，Saegert、Hoover和Hilger（1985）发现支持美国西南部的西班牙裔比非西班牙裔有更高品牌忠诚这一说法的证据是不足的。相反他们发现这些西班牙裔与熟悉的产品和商业有很强的联系，且对价格十分关注（Gillet and Scott，1975；Faber，O'Guinn and MaCarthy，1987）。Penaloza and Gilly（1986）在研究西班牙裔家庭时，将西班牙裔的消费模式与西班牙裔家庭的相对年轻程度和家庭规模联系起来。他们发现，西班牙裔家庭对婴儿相关商品的使用更为集中。Hoyer和Deshpande（1982）指出西班牙裔消费者的炫耀性消费是与价值观、个人身份、家庭/文化自豪感相联系的。

Mulhern、Williams和Leone（1998）针对西班牙裔购物进行了一项完整研究，他们发现西班牙裔在西班牙裔集中区域购物时，尤其关注价格，但是总体上来说与非西班牙裔在这一维度没有太多区别。和Saegert及其同事（1995）一样，他们并没有发现民族特有的品牌忠诚的证据。他们发现的是，相较于其他购物者，西班牙裔更有可能购买零售商自营品牌。这佐证了Saegert关于产品和商业熟悉度的有利发现。

美国的亚裔消费者

可能是由于历史上缺少对美国亚裔消费市场的关注，仅仅只有一小部分最近的研究讨论了这一种族群体的行为，因此该行为与产品或品牌相关。然而，每一项研究都探索的是亚裔群体中的亚文化。例如，在研究美籍华裔时，Ownbey和Horridge（1997）发现这个群体不是品牌忠诚的，喜欢在购物中心购物和在不太贵的商店中砍价，有高度的店铺忠诚。在将韩国移民和美国人进行比较的时候，Lee和Um（1992）发现较不能适应美国文化的韩国人在评价商品的时候仍受到家庭集体主义的影响。

由Kang和Kim进行的两个重要的研究（Kim and Kang，1995；Kang and

Kim，1998）检验了三种亚文化群体在购买电子产品和社交场合所需的服饰时决策制定过程的区别。三种亚文化群体为生活在美国的中国人、日本人和韩国人。两个研究都发现了种族和文化适应的影响。两个研究都发现，中国的被试者相较于韩国人和日本人更依赖家人和亲戚的意见。关于服饰的那项研究发现，中国人和韩国人相较于日本人更多依赖他们同种族群体朋友的意见。而且在考虑媒体影响时，中国和韩国的被试群体是相似的。当被区分成高低两个文化适应群体的时候，低文化适应群体比高文化适应群体受到电视和广播的影响更大。然而，对于日本群体来说，会产生相反的情况。最终，相较于日本被试者，中国和韩国被试者更有可能将产品相关诉求看得更重要。

　　我们这里回顾的文献反映了存在于"亚裔"这一大类内部的显著差异。这些亚裔种族群体之间的区别可能会给从种族上寻求市场细分的营销者提供难题。在亚裔美国人中，语言、宗教、文化和价值观的区别非常大。商业媒体（如 Fost，1990）和学术研究者（如 Schumann，Lee and Watchravestingkan，2004）都提出营销者和广告业者需要从国籍角度对其进行市场细分，而不是从广泛的种族群体上进行细分。

使用在文化上显著的标识和意义

　　种族特点在品牌自我联结的创造和维持中可能有特殊的影响作用。尽管一直以来营销者都认识到了这种关系，正如本章前文提到的那样，但是似乎研究者对此并没有过多关注。然而，已有大量文献对品牌自我联结和象征意义进行了研究（见 Escalas，2004；Escalas and Bettman，2005；等等）。这些研究工作试图了解品牌对于消费者的意义所在。每种文化都定义了自身的象征性类别。只要种族能够在文化领域内被定义或者被考虑，我们就应该意识到种族文化可能会将某些象征解释和展示作为意义的基本要素。这些意义的要素是代表着某种文化对现实世界的理解（McCracken，1986）。McCracken 提出适用于一般人类社会的最重要的分类是社会阶层、身份、性别、年龄、职位；构成现象世界最显著的区别是时间、空间、自然和人这些范畴。简而言之，"每一种文化对这个世界都有其独特的理解，因而导致了在一种文化看起来是合适的理解和规则，而在另一种文化看来是荒谬不合适的"（p.72）。

　　无疑营销实践者已经开始接受标识在创造营销优势时是有效且有用的。如 Levy（1959）所说，"非经济人"指那些不再只将解决实际问题的产品视作有意义的消费者。换句话说，解决实际问题的产品是那些生活必需品，如住处、食品和衣物。非经济人买东西既是为了东西能用来做什么也是为了东西意味着什么，因为每一件产品都有一些象征意义（Levy，1959）。正是这种象征意义，我们要么将其与我们自我概念的强化相联系，要么拒绝。Levy 的"产品是象征意义的载体"的观点在现代营销思想中坚定地存活了下来，而且研究者们也在继续培育这个话题。Holbrook 和 Hirschmann（1982）是最早呼吁开展更多体验型消费者行为意义研究的学者，他们意识到，一直以来在消费者研究（如服饰的风格、店铺灯光、颜色的细微差别）中忽略了消费者对非语言线索、沟通的句式和语义特点等不太客观的产品特征的反应。

McCracken（1986）的意义转移模型（Model of Meaning Transfer）也帮助强化了消费者研究中象征标识的研究。他的模型声称，产品的意义起源于他所谓的"由文化构成的世界"，通过时尚系统、口碑传播、参照群体、亚文化、有影响力的人或名人和媒体转移到产品中。这个模型认为，由文化组成的意义包括两个要素：文化理念（决定文化现象是如何被组成、评价和排序的理想和价值观）和文化类别（将现象世界分割成许多小块的概念网格）。例如，通过将某一品牌与最频繁使用或者展示该品牌的参照群体联系起来，从而将该品牌的意义转移给公众。

在文化上显著的象征标识

"在消费者文化中，种族特点可以被买卖和像一件宽松的衣服一样被穿起来。"（Oswold，1999）不论个人是否同意这个观点，这个谚语意味着购买、穿戴或者售卖有客观质量产品可以反映种族特点的象征意义。在关于居住在美国的第一代海地裔美国家庭的民族志研究中，Oswold（1999）识别了称之为"文化交换"的现象。她描述了这些家庭的成员如何利用品牌和产品作为在两种文化身份之间来回转换的方法，以试图协调他们原来文化和美国文化之间的关系。这些发现代表了 Eryin Goffman（1959）在其《日常生活中的自我呈现》(The Presentation of Self in Evenyday Life) 一书中的描写。该书假定为建立社会身份，个人使用象征标识来创造一种展示给他人的"面具"。在 Goffman 的观点中，我们的社会不是一个同质的生物，因此我们必须在不同的环境中表现不同的行为。

象征标识和符号给特定消费者群体带来意义，这些群体包括宗教群体、种族、亚文化、性别、社会经济阶层。消费者重视象征性品牌益处的一个原因是，这些益处能帮助消费者构建他们自己的社会身份或者向其他人呈现自己（Escalas，2004），这样产品和品牌能被视为自我的延伸（Belk，1976）。Escalas 和 Bettman 的研究表明，为了帮助自我构建自我概念，个人经常会依赖参照群体和能代表特定参照群体的品牌形象（Escalas and Bettman，2005）。从这一个研究和 Oswold 的研究中，我们推测人们赋予种族参照群体的价值观和与种族群体相关的象征标识会影响他们种族的自我—品牌联结强度。Escalas 和 Bettman（2005）通过将西班牙裔和亚裔消费者与白人消费者进行比较，检验了这一推测。他们的发现表明，对于那些品牌形象与内部种族形象相一致的品牌来说，种族群体是自我—品牌联结的一个强有力预示。

种族—品牌联结的类型

几个社会学的理论家坚信种族或宗教群体有一系列神圣的象征标识，这些象征标识是作为群体的统一代理人（Durkheim，1915）；他们还描述了"种族荣耀感"（Weber，1978）。Berger 和 Luckmann（1966）将这些系列的象征标识组成了一个"象征的宇宙"。Durkheim（1915）特别指出，这些象征意义使得一个群体能够超越物理上的聚集而存在。很明显，"种族群体拥有一个独特象征意义的宇宙，这一事实在社会学文献中已十分稳固；然而，营销者并没有考虑种族象征意义对消费者行为深层次的影响"（Rosenbaum，2005，p.258）。只是最近消费者行为方面的研究者才开始关注在消费中象征标识重要性的种族意义。Rosenbaum（2005）解释了为什么种族消费者对一个象征意义的宇宙敏感，他利用 Bitner（1992）的服务场景模型（servicescape model）阐释了向特定品牌意义接近/回避的现象。他的研究提出，在服务体验中遇到的象征标识会引出情绪和感受，根据来自这些象征标识的意义，这些情绪和感受会导致舒适（接近）或者不适（回避）。

语言可能是营销者主导的民族—品牌联结中被最自由使用的象征标识，通过使用俚语或者体现文化的文字或标语来直接向目标群体传播。这在当品牌命名意味着种族传承或者文化时是非常明显的，例如 Gerber Tropicals 婴儿食品（西班牙裔）和 Tazo 茶（亚裔）。同样地，当以母语而不是英语呈现的时候，语言有很强的象征性。然而，在一些文化中，能够对英文广告进行回应象征着成功和名誉。对于墨西哥消费者来说，普拉达、豪雅（TAG Heuer）、宝马和香奈儿（Chanel）等品牌在社会精英中很受欢迎，因为这些品牌用英语打广告让他们回忆起了他们的欧洲血统（Vaezi，2005）。克服语言障碍对于关注种族消费者的营销者们来说是至关重要的任务，几个在语言上的失礼行为已经成为了营销界内的笑话。在 20 世纪 20 年代，当可口可乐进入中国市场的时候，零售商们用一系列中国符号来代表相似发音。不幸的是，当整合之后，从字面上翻译意味着"咬这个蜡制蝌蚪"（Little，2007）。类似地，向讲英语的种族消费者直接混合着讲语言和行话，这提供了一种非常独特的目标市场选择模式。非裔美国消费者可能是通过主流媒体中语言和行话手段而被最多瞄准的群体。作为坊间证据，许多书籍都致力于解释"黑人话语"和"黑人行话"，并持续培育非洲语（Smitherman，1994）。主流媒体充斥着由非裔美国人创造的俚语。最受欢迎的可能是高度成功和获奖的百威"Wassup"啤酒广告（Watts and Orbe，2002）。

音乐流派经常被使用，尤其是在与广播和电视广告联系的时候。拉丁、爵士或嘻哈背景音乐创造并强化了种族消费者和被推广品牌之间的联系，以及那些希望将自己与参照群体联系起来的非种族消费者。这种策略在历史上基本是在种族媒体中被使用，但是现在它在主流媒体中非常常见了。可以举一个例子，在 iPods 最近的广告中将音乐流派和舞者剪影结合在一起。这些广告的主演包括玛

223 丽·布莱姬①和黑眼豆豆等艺术家。百事可乐也经常利用种族音乐，最近使用了夏奇拉，一个很受欢迎的拉丁明星，她在"超级碗"进行商业演出。这些例子都可以在网络电视台中找到，不仅是在种族相关的有线电视台中。

有种族意义的颜色方案暗示着民族联结。颜色方案作为象征标识已经给一些没有理解他们在目标人群中重要作用的营销者带来了麻烦。例如，在中华文明中，任何的白色、黑色和蓝色都象征着死亡。而对于美国人来说，白色代表了纯洁和无辜，黑色代表了死亡和哀悼。对于美籍华裔来说，对这些颜色意义的理解可能很大程度上依赖于他们对西方主流文化的适应程度。

家族性代表也有很强的象征性，尤其是对于那些更集体的或者家族导向的文化来说，如印度、西班牙和亚洲。同时，个人在家族中的角色也预示着以附属形式出现的种族驱动联系。例如，为了满足西班牙裔文化的象征性需求，加州乳品加工协会将其提出的广为人知的"来杯牛奶"（Got Milk）活动中的口号改变成了"世代"（generation）。"来杯牛奶"被认为不能吸引西班牙裔消费者，因为广告中所描述的很多情况不是西班牙裔文化中的一部分，喝完牛奶是家庭主妇的耻辱，因为这意味着她们让家族失望了（Maso-Fleishman，1997）。"世代"活动则以母亲、祖母和女儿之间的养育关系为主，强调了家族价值并且赞赏了家庭主妇。这个活动被认为是成功的，因为它描述的祖母形象被视为是观众们作出感性回应的母亲原型，这产生了对他们文化中女性所代表的爱和呵护的向往（Maso-Fleishman，1997）。

文化根源和历史表现的附加物和代表在种族象征意义中也发挥了重要作用。在一项犹太象征意义的多国研究中，研究者发现三个最常用来证明犹太人身份的象征是：奥斯威辛②、以色列和耶路撒冷（Cohen，2004），这是三个几乎没有哪一个受试者没有经历过的地方，但是它们也显著性代表了历史上毁灭、死亡、重生的含义（一个常见的历史主题）。Nancarrow 及其同事们（2007）探索了利用国家身份和来源国效应进行营销的机会，他们发现由于受到怀旧主义、浪漫主义、舒适需求或者是差异化渴望的影响，英国人渴望苏格兰的"产品"（p.62）。作者还提出对系谱和祖先传统的兴趣越来越大（Morgen，Pritchard and Pride，2002），这意味着即使是那些与自己的来源国家没有直接联系的种族群体成员也可能会支持他们故乡的象征意义。非裔美国人中有与非洲相关的个人生活经历或者了解他们非洲祖先的人口数量相对较小。然而，非洲的传承感依旧很重。由于比较后期的移民运动，亚裔美国人和西班牙裔美国人与他们的文化传承有更多最近的联

---

① 玛丽·布莱姬（Mary Jane Blige），1971 年 1 月 11 日出生于纽约，美国歌手、唱片制作人、曲作者、女演员、说唱歌手。

② 奥斯维辛集中营是纳粹德国在第二次世界大战期间修建的 1000 多座集中营中最大的一座。

系，并且他们的家庭可能由第一代或者第二代美国出生的公民以及移民的家庭成员构成。在这些情况中，当文化历史的象征意义被呈现出来的时候，对美国主流文化的适应性程度和文化传承的程度可能决定了种族自我—品牌联结。

最后，正如 Hirschman 和 Holbrook（1982）提出的，种族和文化象征意义可 224 能不仅在客观物质领域内发生，也通过经验、行为和感知来发生。在中华文化中，例如，夸张的手势或者男人当众触碰女人都是不合礼仪的，因为这些行为隐含着不尊重的意思。送礼也与很多的西方国家不同，因为在中华文化中当众送礼物会使接受者尴尬。在日本，吃面条时发出声音代表着享受食物，如果不这样做就被理解为对饭菜感到不满意。在营销中很容易找到展示种族象征行为的例子，例如麦当劳描绘年轻女孩玩 Double-dutch（一种典型的非裔美国人跳绳的方式）的广告活动。

创造品牌—自我联结的结果——基于人种或种族

对种族群体使用营销细分策略能创造显著的益处。第一，市场细分能够使产品和服务与定义每个种族细分市场的某些价值驱动因素相匹配。以前的文献中已经提出，种族群体之间在许多价值维度上都存在不同（Rokeach，1973；Steenkamp，ter Hofstede and Wedel，1999）。这些价值导向经常反映在产品用来定位的信息中。第二，市场细分可以帮助精确定位那些可能成为消费者的种族消费者。具体是以能够创造成本效率的目标媒体和其他促销活动（如销售点）的方式出现。第三，市场细分强化了产品的开发者、制造者和营销者通过收集准确及时的数据以了解种族市场的需求。第四，市场细分鼓励更有效率地使用产品分销手段。通过锁定种族群体和了解他们购物的零售场所，制造商能更好地预测销量，因而使分销成本最小化。第五，一些人可能会认为，市场细分还能通过曝光某些产品来阻止一些不期望的市场。

对于每一个独特的群体而言，包含种族群体的市场细分策略主要有两点优势。第一个是种族消费者更有可能接收到专门为适应他或她独特需求而设计的产品。第二个是市场中竞争的增加导致成本显著减少。

这些益处无论是对消费者还是营销者都是非常重要的，但是可能产生成本。例如，某一种族群体已经形成了与某一特定品牌的联结并不总是会受到营销者的积极评价，因为营销者可能觉得一个群体对他们品牌的采用可能会阻止另一些想要分离群体对产品的使用（White and Dahl，2007）。这种可预测到的消极反应可能会强化已经形成的刻板印象。

在《分裂美国》（Breaking Up America）中，James Turow（1997）报道了他多年与广告业、媒体和营销的互动：

……媒体正在不断促进人们将自己划分到越来越专门的群体中，并且形成突 225

出了他们群体和其他群体的不同的独特浏览、阅读和聆听习惯。

……营销者在社会这块布上寻找着裂缝，然后为了自己的目的强化和拓展这种裂缝。

市场细分的策略，不论是有意还是无意，均潜在地使得在我们社会中其他群体的曝光和知识最小化了。它将"我"这个概念利用拥有特定的产品、参与特定的活动、与特定的人群结交来代表出来，而"他们"这个概念则利用产品、活动和朋友选择的不同表现出来。本章的第一位作者提出市场细分可能导致一种市场割裂（Schumann，2003）。这种由个人和群体形成的信息限制被认为会导致持续的刻板印象，并因此产生潜在地反对那些与特定群体相联系的产品/服务的有偏见回应。何种程度的市场细分对社会是有害的，并可能导致一种负面的影响，这是一个实用性的问题并且需要进一步探究。

未来研究方向

研究者们很早以前就已经尝试着去更好地理解和探查策略上的改变，尤其是关于目标群体的广告和促销策略。这类研究有两个方向：第一个方向产生于媒体策略的内容分析，关注的焦点基本上是在频率和角色描述上。第二个方向产生于实验过程中对各种各样种族相关的刺激进行操纵（如模特、语言和内容）。采用内容分析法，我们可以进一步研究在广告和促销中对种族群体的描述以及使用是如何发展的。应该继续开展检验对以种族为基础的广告的反应的实验研究。

最近用实验法的研究不仅试图检验来自目标种族群体的回应，也检验来自非目标群体的回应（Appial，2001；Brumbaugh，2002；Dimofte，Forehand and Deshpande，2004；Forehand and Deshpande，2011）。这种研究需要继续开展下去，因为它将决定随着时间的推移我们群体内部和群体外部的刻板印象在多大程度上起作用。的确，需要更好地理解在广告中使用种族为基础的刺激线索。社会心理学以前的文献表明，这些线索可能会自动触发刻板印象（Devine，1989；Dovidio et al.，1997，2002），但这种刻板印象的触发什么时候会导致偏见性回应或一些形式的歧视（如品牌抵制）仍是未解之谜。是否有调节因素参与？如果这种触发发生且导致了一些结果（态度的和行为的回应），是否可能通过提供另一种不同的形式使得对自发的偏见回应变得不敏感？例如，是否更多混合群体的广告和促销活动会减少触发刻板印象？这些问题还亟待在广告领域中得到探索。

226   结论

有一个古老的谚语是这样说的："人种很重要。"本章表明对于美国的营销者来说，不仅人种很重要，种族也很重要。研究者们才刚刚开始去理解如何有效地在定位目标群体的实践中利用人种，以及种族如何影响品牌联结。零售商们面临一个另外的挑战。在社会互动中（如在一个零售交换中），由于感知为不同人种的个体互相交流了，人种和种族可能对彼此会发挥互惠互利的影响。我们已经提出了一个有助于解决上述事项的研究建议。美国人口统计特征上的不断改变将继续为营销研究者和实践者创造挑战和机遇。

参考文献

Advertising Age (1981). Market Profile (April 6), s23–s24.

Alexis, Marcus (1962). "Some Negro–White Differences in Consumption," *American Journal of Economics and Sociology*, 21 (January), 11–28.

Appiah, Osei (2001). "Ethnic Identification on Adolescents' Evaluation of Advertisments," *Journal of Advertising Research*, 41 (5), 7–22.

Bauer, Raymond A., and Scott M. Cunningham (1970). "The Negro Market," *Journal of Advertising Research*, 10 (2), 4–13.

Belk, Russell W. (1976). "It's the Thought That Counts: A Signed Diagraph Analysis of Gift–Giving," *Journal of Consumer Research*, 3 (December), 155–162.

Berger, Peter, and Thomas Luckmann (1966). *The Social Construction of Reality: A Treatise in the Sociology of Knowledge*. Garden City, NY: Anchor Books.

Bitner, Mary Jo (1992). "Servicescapes: The Impact of Physical Surroundings on Customers and Employees," *Journal of Marketing*, 56 (April), 57–72.

Bonham, Vence L., Esther Warshauer–Baker, and Francis S. Collins (2005).. "Race and Ethnicity in the Genome Era," *American Psychologist*, 60 (1), 9–15.

Brumbaugh, Anne M. (2002). "Source and Nonsource Cues in Advertising and Their Effects on the Activation of Cultural and Subcultural Knowledge on the Route to Persuasion," *Journal of Consumer Research*, 29 (September), 258–269.

Bullock, Henry A. (1961). "Consumer Motivations in Black and White, I & II," *Harvard Business Review*, 39 (May–June), 89–104; and (July–August), 111–124.

Chung, Ed, and Eileen Fischer (1999). "It's Who You Know: Intracultural Differences in Ethnic Product Consumption," *Journal of Consumer Marketing*, 16 (5), 482–501.

Cohen, Erik H. (2004). "Components and Symbols of Ethnic Identity: A Case Study in Informal Education and Identity Formation in Diaspora," *Applied Psychology: An International Review*, 53 (1), 87–112.

Davidson, Edith F. (2007). "Shopping While Black: Perceptions of Discrimination in Retail Settings." Published dissertation, University of Tennessee.

Davidson, Edith, and David W. Schumann (2005). "The Need for Transition in Minority Advertising Research: Recent Social Psychological Studies Provide New Direction." Proceedings for the American Association of Advertising Summer Conference.

Deloitte and Touche (1991). *Market Opportunities in Retail: Insight into Black American Consumers' Buying Habits*, January.

Devine, Patricia G. (1989). "Stereotypes and Prejudice: Their Automatic and Controlled Components," *Journal of Personality and Social Psychology*, 56, 1, 5–18.

Dimofte, Claudiu V., Mark R. Forehand, and Rohit Deshpande (2004). "Ad Schema Incongruity as Elicitor of Ethnic Self–Awareness and Differential Advertising Response," *Journal of Advertising*, 32 (4), 7–17.

Donthu, Naveen, and Joseph Cherian (1994). "Impact of Strength of Ethnic Identification on Hispanic Shopping Behavior," *Journal of Retailing*, 70 (4), 383–393.

Dovidio, John F., Kerry Kawakami, and Samuel L. Gaertner (2002). "Implicit and Explicit Prejudice and Interracial Interaction," *Journal of Personality and Social Psychology*, 82 (1), 62–68.

Dovidio, John F., Kerry Kawakami, Craig Johnson, Brenda Johnson, and Adaiah Howard (1997). "On the Nature of Prejudice: Automatic and Controlled Processes," *Journal of Experimental Social Psychology*,

33, 510–540.

Durkheim, Émile (1915 [repr. 1965]). *The Elementary Forms of the Religious Life*, trans. Joseph Ward Swain. New York, NY: The Free Press.

Edwards, Paul K. (1932). *The Southern Negro as a Consumer*. New York, NY: Prentice–Hall.

Escalas, Jennifer Edison (2004). "Narrative Processing: Building Consumer Connections to Brands," *Journal of Consumer Psychology*, 14 (1–2), 168–180.

Escalas, Jennifer Edson, and James R. Bettman (2005). "Self–Construal, Reference Groups, and Brand Meaning," *Journal of Consumer Research*, 32 (3), 378–389.

Faber, Ronald J., Thomas C. O'Guinn, and John A. McCarthy (1987). "Ethnicity, Acculturation and the Importance of Product Attributes," *Psychology & Marketing*, 4 (Summer), 121–134.

Fones, Michael (1981). "Two Worlds Together: Towns along the U.S.–Mexico Border Could Provide Marketing Edge," *Advertising Age*, 52 (15), S22.

Forehand, Mark R., and Rohit Deshpande (2001). "What We See Makes Us Who We Are: Priming Ethnic Self–awareness and Advertising Response," *Journal of Marketing Research*, 38 (August): 336–348.

Fost, Dan (1990). "California's Asian Market," *American Demographics*, 12 (10), 34.

Friend, Irvin, and Irving B. Kravis (1957). "New Light on the Consumer Market," *Harvard Business Review*, (January/February), 105.

Gibson, D. Parke (1969). *The $30 Billion Negro*. New York, NY: Macmillan Co.

Gillet, Richard A., and Peter C. Scott (1975). "Shopping Opinions of Mexican–American Consumers: A Comparative Analysis." In *AMA Educators' Conference Proceedings*, ed. Ronald C. Curhan. Chicago, IL: American Marketing Association.

Goffman, Erving (1959). *The Presentation of Self in Everyday Life*. Garden City, NY: Doubleday.

Green, Corliss (1999). "Ethnic Evaluations of Advertising: Interaction Effects of Strength of Ethnic Identification, Media Placement, and Degree of Racial Composition," *Journal of Advertising*, 28 (1), 49–64.

Guernica, Antonio (1982). *Reaching the Hispanic Market Effectively*. New York, NY: McGraw-Hill.

"Hallmark Corporate Information/Hallmark Sinceramente Cards," Hallmark.com. Hallmark Corporation. http://corporate.hallmark.com/Product/Hallmark–Sinceramente. Accessed July 19, 2008.

Harrison, Faye (1995). "The Persistent Power of 'Race' in the Cultural and Political Economy of Racism," *Annual Review of Anthropology*, 24, 47–74.

Hirschman, Elizabeth C., and Morris B. Holbrook (1982). "Hedonic Consumption: Emerging Concepts, Methods, and Propositions," *Journal of Marketing*, 46 (Summer), 92–101.

Holbrook, Morris B., and Elizabeth C. Hirschmann (1982). "The Experiential Aspects of Consumption: Consumer Fantasies, Feelings and Fun," *Journal of Consumer Research*, 9 (September), 132–140.

Hoyer, Wayne D., and Rohit Deshpande (1982). "Cross–Cultural Influences on Buyer Behavior: The Impact of Hispanic Ethnicity." In *Educators' Conference Proceedings*, ed. B.J. Walker et al. Chicago, IL: American Marketing Association, 89–92.

Kang, Jikyeong, and Youn–Kyung Kim (1998). "Ethnicity and Acculturation: Influences on Asian American Consumers' Purchase Decision Making for Social Clothes," *Family and Consumer Sciences Research Journal*, 27 (1), 91–117.

Kim, Youn–Kyung, and Jikyeong Kang (1995). "The Shopping Patterns of Ethnic Consumer Groups in the United States," *Journal of Shopping Center Research*, 2 (1), 65–89.

Latham, Charles Jr. (1989) "Madam C.J. Walker and Company," *Traces*, Summer, 29–37.

Lee, Wai–Na, and Koog–Hyang Ro Um (1992). "Ethnicity and Consumer Product Evaluation: A Cross–Cultural Comparison of Korean Immigrants and Americans." In *Advances in Consumer Research* (vol. 19), ed. John F. Sherry and Brian Stemthal. Provo, UT: Association for Consumer Research, 429–436.

Levy, Sidney J. (1959). "Symbols for Sale," *Harvard Business Review*, 37 (July–August), 117–124.

Little, Elizabeth (2007). *Biting the Wax Tadpole*. New York, NY: Melville House.

Maggard, John P. (1971). "Negro Market–Fact or Fiction?" *California Management Review*, 14 (1), 71–80.

Maso-Fleishman, Roberta (1997). "The Grandmother: A Powerful Symbol for Hispanic Women," *Marketing News*, February 3, 13–14.

McCracken, Grant (1986). "Culture and Consumption: A Theoretical Account of the Structure and Movement of the Cultural Meaning of Consumer Goods," *Journal of Consumer Research*, 13 (1), 71–84.

Morgan, Nigel, Annette Pritchard, and Roger Pride (2002). "Marketing to the Welsh Diaspora: The Appeal to Hiraeth and Homecoming," *Journal of Vacation Marketing*, 9 (1), 69–80.

Mulhern, Francis J., Jerome D. Williams, and Robert P. Leone (1998). "Variability of Brand Price Elasticities Across Retail Stores: Ethnic, Income, and Brand Determinants," *Journal of Retailing*, 74 (3), 427–446.

Nancarrow, Clive, Julie Tinson, and Richard Webber (2007). "Roots of Marketing: The Marketing Research Opportunity," *International Journal of Market Research*, 49 (1), 47–69.

Oswold, Laura R. (1999). "Culture Swapping: Consumption and the Ethnogenesis of Middle-Class Haitian Immigrants," *Journal of Consumer Research*, 25 (March), 303–318.

Ownbey, Shiretta F., and Patricia E. Horridge (1997). "Acculturation Levels and Shopping Orientations of Asian-American Consumers," *Psychology & Marketing*, 14 (1), 1–18.

Penaloza, Lisa, and Mary C. Gilly (1986). "The Hispanic Family-Consumer Research Issues," *Psychology and Marketing*, 3 (Winter), 291–303.

Ratcliffe, Peter (2004). *Race, Ethnicity and Difference: Imagining the Inclusive Society*. New York, NY: Open University Press.

Reeves, Terrance and Claudette Bennett (2003). *The Asian and Pacific Islander Population in the United States: March 2002*, Current Population Reports, pp.20–540, U.S.Census Bureau, Washington, DC.

Rokeach, Milton (1973). *The Nature of Human Values*. New York: Free Press.

Rosenbaum, Mark S. (2005). "The Symbolic Servicescape: Your Kind Is Welcomed Here," *Journal of Consumer Behaviour*, 4 (4), 257–267.

Saegert, Joel, Robert J. Hoover, and Marye T. Hilger (1985). "Characteristics of Mexican American Consumers," *Journal of Consumer Research*, 12 (June), 104–109.

Schumann, David W. (2003). "Media Factors That Contribute to a Restriction of Exposure to Diversity," In *The Psychology of Entertainment Media*, ed. L.J. Shrum. Mahwah, NJ: Lawrence Erlbaum.

Schumann, David W., Jinkook Lee, and Kittichai Watchravestingkan (2004). "The Importance of Sub-Group Differences within Asian Cultures," In *Diversity in Advertising*, ed. Jerome Williams, Wea-Na Lee, and Curt Haugtvedt. Hillsdale, NJ: Lawrence Erlbaum.

Segal, Madhav N., and Lionel Sosa (1983). "Marketing to the Hispanic Community," *California Management Review*, 26 (1), 120–134.

Smedley, Audrey, and Brian D. Smedley (2005). "Race as Biology Is Fiction, Racism as a Social Problem Is Real: Anthropological and Historical Perspectives on the Social Construction of Race," *American Psychologist*, 60 (1), 16–26.

Smikle, Ken (2000). *The Buying Power of Black America*. Chicago, IL: Target Market News.

Smitherman, Geneva (1994). *Black Talk*. New York, NY: Houghton Mifflin.

Sokol, David (2003). "The United Colors of Retailing," *Shopping Center World*, 32 (2) (February), 24–30.

Soriano, Elisa (1965). "Hispanic 'Dollar Votes' Can Impact Market Shares," *Marketing News*, September 13, 45–46.

Spickard, Paul, and G. Reginald Daniel (2004). *Racial Thinking in the United States: Uncompleted Independence*. Notre Dame, IN: Notre Dame Press, 103–123.

Steele, Edgar A. (1947). "Some Aspects of the Negro Market," *Journal of Marketing*, 11 (4), 399–401.

Steenkamp J.B.E.M., ter Hofstede, F., and Wedel, M. (1999). "A Cross-National Investigation into the Individual and National Cultural Antecedents of Consumer Innovativeness," *Journal of Marketing*, 63 (April), 55–69.

Taylor, Charles R. (2008). "Lifestyle Matters Everywhere: Marketers Need to Stop Targeting Consumers by

Country and Instead Target Based on Habits, Likes", Dislikes, *Advertising Age*, May 19.

Taylor, Charles R., Ju Yung Lee, and Barbara B. Stem (1995). "Portrayals of African, Hispanic, and Asian Americans in Magazine Advertising," *American Behavioral Scientist*, 38 (4), 608–621.

Turow, James (1997). *Breaking up America: Advertisers and the New Media World.* Chicago, IL: University of Chicago Press.

Vaezi, Serge (2005). "Marketing to Mexican Consumers," *Brand Strategy* (March), 43–46.

Watts, Erick King, and Mark P. Orbe (2002). "The Spectacular Consumption of 'True' African American Culture: 'Wassup' with the Budweiser Guys?" *Critical Studies in Media Communication*, 19 (1), 1–20.

Weber, Max (1978) *Economy and Society: An Outline of Interpretive Sociology* (2 vols.), ed. Guenther Roth and Claus Wittich. Berkeley: University of California Press.

Webster, Cynthia (1994). "Effects of Hispanic Ethnic Identification on Marital Roles in the Purchase Decision Process" *Journal of Consumer Research*, 21, 319–331.

——(1997). "Resource Theory in a Cultural Context: Linkages Between Ethnic Identity, Gender Roles and Purchase Behavior," *Journal of Marketing Theory and Practice*, Winter, 1–5.

Wentz, Laurel (2007). "Home Depot Paint Line Connects with Hispanics," *Advertising Age*, 77 (27), 19.

——(2008). "Hyundai Invites Consumers to 'Discover' the Brand," *Advertising Age*, 79 (9), 60.

White, Katherine, and Darren W. Dahl (2006). To Be or Not Be? The Influence of Dissociative Reference Groups on Consumer Preferences, *Journal of Consumer Psychology*, 16 (4), 404–416.

Whittler, Tommy E., and Joan Scattone Spira (2002). "Model's Race: A Peripheral Cue in Advertising Messages?" *Journal of Consumer Psychology*, 12 (4), 291–301.

Wilkes, Robert E., and Humberto Valencia (1989). "Hispanics and Blacks in Television Commercials," *Journal of Advertising*, 18 (March), 19–25.

Woods, Gail Baker (1995). *Advertising and Marketing to the New Majority.* Belmont, CA: Wadsworth Publishing Company.

Wyatt, Rosalind J., Betsy D. Gelb, and Stephanie Geiger-Oneto (2008). "How Social Insecurity and the Social Meaning of Advertising Reinforce Minority Consumers' Preference for National Brands," *Journal of Current Issues and Research in Advertising*, 30 (1), 61–70.

Yankelovich, Skelly, and White, Inc. (1984). *Spanish USA: A Study of the Hispanic Market.* New York, NY: Yankelovich, Skelly and White, Inc.

第 12 章

文化价值维度与品牌
——国际品牌形象存在吗?

苏珊·福克尔·古普塔，多恩·温克尔和劳拉·佩拉基奥
(Susan Forquer Gupta，Doan Winkel and Laura Peracchio)

请思考以下关于苹果公司 Mac 的品牌化方案描述。苹果公司在美国发布广告 230 旨在吸引个人电脑的消费者购买 Mac 电脑。苹果的 Mac 品牌被定位成对抗其他品牌笔记本电脑的劣势方 (underdog)，以及"果断地更喜欢和有兴趣拥有"且更自觉使用。在广告中，两个知名的喜剧名人被选择来分别代表 PC 和 Mac 以展示两个品牌间的差异。其中，"个人电脑"被描述为一个商业或者工作导向的机器，用以暗示其效率及看上去消极的生活品质。相反地，"Mac"被描述成为一个娱乐导向的机器，用以联系朋友和家人以及有助于人际间的沟通和关系建立。设计了大量修饰图案来突出 Mac 品牌体验的积极特点以及其他个人电脑品牌体验的消极部分。这些 Mac 商业广告为其在美国发展了一批品牌追随者，同时也明确地差别化了苹果作为更受欢迎机型的品牌个性。由此，Mac 逐渐被塑造成受大多数人青睐的流行、炫酷、不那么枯燥和中规中矩的个人电脑品牌 (Fowler，Steinberg and Patrick，2007)。

相反，当苹果公司在日本市场发起同样的 Mac 品牌化活动时，问题就出现了。尽管苹果公司认真地选择了一个日本的喜剧团队去展示 Mac 和其他个人电脑，并将它们描绘成具有不同特征的友好品牌来缓和彼此间的竞争，日本消费者对此的反应却很消极。在看了广告之后，日本消费者形容 Mac 是粗心且自大的，而其他笔记本是更高效且令人喜爱的，很难有积极强化 Mac 品牌的解释。日本消费者表示个人电脑为团队一致所做出的牺牲、工作伦理和以组织为傲等是积极的价值观，这比起 Mac 的娱乐和个人享受功能更加积极。

这个情景强调和强化了在定义品牌意义和发展消费者与品牌间关系时，理解国家文化的重要性。美国与日本这两个国家的基础文化价值观是不同的，因此，相同内容的广告会对美国和日本的消费者产生截然不同的影响。对美国大部分的

231 个人电脑消费者来说，Mac 的定位是一种好的选择。美国人热爱自由，追逐个性。日本消费者信奉随大流和避免被分类为失败者，因此不会想要这样定义的品牌。

　　本章的目标是提供一种对国家文化概念的理解（就像在苹果 Mac 情景中描述的那样），以及国家文化概念在品牌化中的重要作用。国家文化的研究者已经开发了不同的文化测量方法，包括价值观列表（Rokeach，1973）、价值观等级（Schwartz，1994）和价值维度（Hofstede，1980，2001）。许多跨文化营销和跨文化管理的研究者利用文献中识别的文化价值维度（Cultural Value Dimensions，CVDs）来解释行为、信仰、偏好中的文化差异（Hall，1976；Hofstede，1980，1991，2001；Schwartz，1994）。我们只是开始将国家文化观念融入市场营销的应用中，包括品牌化和消费者研究。本章主要调查理解品牌化和品牌关系在跨文化的差异时文化价值维度的相关性和应用。我们讨论如下问题，包括 CVDs 理论如何帮助我们理解品牌概念的形成，以及当采用相同的品牌传播、标志时这些概念是如何在跨国间产生差异的。

文化概念的本质

　　经过很多年，更多的研究已经关注对文化的理解，文化是怎样获得的，文化是怎样变化的，并且文化会产生什么影响等。一般来讲，文化是可学习、可共享的，并且能使人类适应所处的自然和社会环境。它也在社会制度、思维模式或意识形态、重要的客体/技术中反映出来（Herskovits，1947；LeVine，1982；Nanda，1987）。大部分研究者认为文化是人类创造环境的组成部分，无论是通过技术或是思想（Herskovits，1947；Triandis，1989，p.122）。这就是说，文化是培育产生的，而非自然的；它是社会性的，不是生物性的。文化是通过人们与所在的环境和其他人们之间的互动而被创造的。

文化是习得的

　　学习一种文化的过程叫作文化同化（enculturation）。文化同化从出生即开始并贯穿于我们整个生命中。文化习得发生于人与人之间的互动中。无论它们被称之为行为、观念或者传统，研究者似乎更认同父母对孩童有着最高程度的文化传递。文化同样也会通过其他个体和来源传给孩子，这些个体和来源包括媒体、同龄群体、父母之外的亲戚、兄弟姐妹和其他不相关的个人，并且文化也会通过孩子传播给父母（Cavalli-Sforza et al.，1982；Boyd and Richerson，1980，1982；Pulliam，1982；Ruyle，1973；Werren and Pulliam，1981）。

　　文化习得或者传播，是随时间变化的动态过程。我们在整个生命中不断地用新体验和互动来增加我们的经历，这会增加和支持我们之前的文化理解或者由于232 出现否定性信息而引起不和谐。"文化同化体验的本质在生命早期和后期两个阶段的不同在于，个人有意识地接受或拒绝的范围会随其成长不断扩大"

(Herskovits，1947，p.25)。当处在一个新环境中时，成年人仅需要做出接受或者反对某些想法或者行为的有意识的决定。因此是文化同化在意识水平之下过滤了大部分行为或者行为感知的发生。因此，很多人将根据自身文化价值体系情境下的行为内涵与意义，去含蓄地评价一种特殊行为的合适度。

文化是一种适应性系统

当人们被社会化或者文化同化时，他们学习被其文化所接受的行为来适应自然社会环境。这些文化行为，无论关注的是心理需求还是人际间互动关系，都不一定是处理手头工作最有效的行为。每一种文化适应的行为仅仅是解决环境中所存在问题的许多方法之一（Nanda，1987，p.78）。个人必须学习整理环境中的海量信息。适应性行为和行为系统经过几个世纪的发展，使人类在环境中以高效的方法解决问题。这些适应性的行为通过人与人之间传播形成文化。你相信什么，你怎样解决问题或者做决定，甚至你认为什么适合消费，都受你的文化价值体系的影响。

文化差异

在任何文化中，特殊个体的行为与被社会接受的文化规范之间会存在一些差异。一些研究者认为随着跨文化间的交流增加，文化间的差异会减少。然而，从品牌行为观点来看，考虑这些是很重要的，"作为一个整体，全世界的文化是抵制同质化，即使它们迫切地支持西方的消费品和官僚体制"（LeVine，1982，p.80）。

国家文化价值观

文化研究者已经着手的工作是，在国家层面上识别文化，从而识别不同国家人口的相似性和差异性。这样一个研究对理解在跨文化和文化内部的品牌是特别有帮助的。根据国家边界来定义文化不同于根据种族、宗教或语言所定义的文化（见第 8 章关于种族与人种的深层次讨论）。国家文化包含多个人种、种族、宗教、经济和政治群体及子群体。因此，国家文化包含大量可被接受的行为和信仰。在国家层面上定义文化包含独特的国家信仰体系和包含着共享历史、国家治理和经济系统的行为，并且描述了对于某个文化群体的行为边界。

Clark（1990）提供了将国家文化研究整合到营销文献的地图。他呼吁积极开发与营销相关的国家文化概念。根据 Clark（1990）的观点，国家层面的文化，"可以被视作决策制定者心理构成中一个更广泛的解释性水平或元素。如此，可以预想的是，文化会与营销决策制定者行为的所有方面都紧密相关，这些行为包括问题识别、战略制定和实施"。因此，调查研究国家文化的重要作用已时机成熟，特别是国家文化有助于提示消费者—品牌关系和品牌意义。

测量和评估国家文化

CVDs，或者是价值观导向，这些概念被认为是通用的概念，因为它们有跨越国家文化的意义，尽管这种意义在不同国家文化中的显著水平不同。这一特点使得我们可以根据文化在某一特定价值观维度的相对位置来比较不同的文化。研究者已经开发了不同的评估国家文化的测量方法（Hofstede，1980；Kluckhohn and Strodtbeck，1961；Rokeach，1973；Schwartz，1994；Trompenaars，1993）。这些方法包括价值观列表、价值观等级和价值观维度。营销研究者已采用 CVDs 来描述国家文化在行为、信仰和偏好上的差异。

关于品牌化和品牌关系的文献回顾表明了一个逐渐增长的研究兴趣，即利用 CVDs 来理解对全球化范围的营销和品牌化的不同反应。接下来将会讨论一系列的研究，这些研究发现文化价值观维度对描述跨国文化中品牌构建的差异是有益的。表 12.1 总结了关于品牌化和国家文化的文献回顾。

234

表 12.1　关于利用国家文化价值观测量方法的品牌文献回顾

文化测量	品牌构念	研究结果	文章索引
集体主义/个人主义	品牌形象	文化的个人主义特点越弱，个体越愿意接受社会性品牌形象策略	Roth（1995）
	品牌可信度	集体主义者看重那些能强化群体身份的可信的品牌	Erdem、Swait 和 Valenzuela（2006）
	品牌忠诚度	个人主义程度高的人更倾向于品牌忠诚	Lam（2007）
	品牌名称价值	在个人主义文化中，感知的品牌名称价值更高，这会导致更高的顾客忠诚	Malai 和 Speece（2005）
	广告和品牌态度	诸如美国等个人主义社会更能接受赌博、吸烟和酗酒；美国人的感知是依靠信息价值，韩国人的感知是出于广告和品牌中的信任和冒犯	An 和 Kim（2007）
		相较于英裔加拿大人，中国香港人从信息广告的信息来源中感知到更少的诚实，更多的强势；个人主义/集体主义的文化差异显著地影响了消费者对品牌的态度	Toffoli 和 Laroche（2002）
权力距离	品牌形象	文化中权力距离越大，个体越愿意接受社会品牌形象策略	Roth（1995）
	品牌忠诚	权力距离得分越高的人，越不倾向于品牌忠诚	Lam（2007）
男权主义/女权主义	性别在广告中的作用	在更高男权化的社会中，男性被展示为一种有用和娱乐的角色，而女性更多是装饰性的角色	Wiles 和 Tjernlund（1995）
	消费者参与	男权主义使得消费者参与对品牌承诺的影响以及对品牌试验的影响	Broderick（2007）
	品牌忠诚	男权主义得分越高的人，越倾向于品牌忠诚	Lam（2007）

续表

文化测量	品牌构念	研究结果	文章索引
不确定性规避	品牌可信度	不确定性规避越高的文化将可靠的品牌看成更低的感知风险和更低的信息成本	Erdem、Swait 和 Valenzuela（2006）
	品牌忠诚	不确定规避得分越高的人越倾向于品牌忠诚	Lam（2007）
	消费者参与	不确定规避使得消费者参与对品牌承诺的影响更强，以及对品牌试验的影响更弱	Broderick（2007）
Schwartzs 的文化价值观	品牌个性	品牌具有文化上共同的意义和国家文化独有的意义；日本（平和）和美国（坚毅）有自己文化独有的品牌个性维度；真诚、能力、兴奋和有教养是日本和美国共有的	Aaker、Benet-Martinez 和 Garolera（2001）
	品牌个性	品牌具有文化上共同的意义和国家文化独有的意义；日本（平和）和美国（坚毅）有自己文化独有的品牌个性维度；真诚、能力、兴奋和有教养是日本和美国共有的；日本（被动地喜爱，你争我夺）和美国（白领且男女平等）有自己文化独有的品牌个性维度；时髦、能力、有教养、坚毅和传统是韩国和美国共有的	Sung 和 Tinkham（2005）
特别的与普遍的	品牌偏好	韩国的品牌比美国的品牌更普遍	Jun 和 Lee（2007）
分析性思维模式与整体性思维模式	品牌延伸	拥有整体思维方式的个体会感知到更高程度的品牌延伸匹配，且会越正面评价品牌延伸	Monga 和 John（2007，2009）
独立的与相互依赖的自我	品牌偏好	作为个体表达的间接方式，品牌偏好受到文化的影响，因为东亚文化认为他们比北美文化更相互依赖，更少独立	AAker 和 Schmitt（2001）

文化价值观维度和品牌化

个人主义/集体主义与品牌化

个人主义和集体主义这一文化价值观维度吸引了很多研究者，他们进行了很多调查，这些方面包括心理学、社会心理学、人类学和社会学（Bochner，1994；Bochner and Hesketh，1994；Bond，Leung and Wan，1982；Bond et al.，1982；Earley，1993；Gudykunst et al.，1992；Hofstede，1980，1991；Hui and Triandis，1986；Hui and Villareal，1989；Schwartz，1997；Steenkamp，2001；Trompenaars，1993）。Kagitcibaci（1987，p.76）认为"个人主义和集体主义可能构成了社会行为中最重要的文化差异维度"。

个人主义/集体主义在理解动机方面是很重要的。个人主义文化将个人定义为一个自主的个体，而集体主义文化是根据个人在群体中的位置来定义个体。当处于高度个人主义价值观的国家文化中时，重点强调的是允许充分开发和利用个人能力、可自由选择挑战性工作，以及对个人时间的高度重视。另一方面，集体主义则将价值观与群体的身份、目标、需求放在一起。在集体主义的文化中，对集体最好的即是对个人最好的。这里更注重团队一致、团队过程和关系。支持高个人主义价值观的文化通常会更注重个人力量，实现个人目的而不是团队目标，并且视竞争为一种激励。支持高集体主义的文化更倾向于一致决策，设定群体目标，视合作为激励。

在高个人主义文化的国家（如欧洲），那些强调功能多元化、新奇、体验性需求的品牌比注重社会形象策略的品牌普遍更能达到预期效果（Roth，1995）。另外，在个人主义水平低的国家中（如亚洲）更注重于社会品牌形象策略，这些策略强调了在感知品牌形象中群体成员以及与群体相关联的益处（Roth，1995）。

作为讨论个人主义/集体主义在品牌行为和发展品牌关系中的重要案例，思考 Philips HQ 803 剃须刀是怎样在中国香港实施品牌策略的。Philips HQ 803 剃须刀是着力于满足以高感官吸引力融入社会需求的一个品牌。Philips 品牌的剃须刀在中国香港引入市场时推出了一个网络营销活动，主要内容是由三个女性给年轻男性提供如何在社会中被接受的建议。这三位女性身着晚礼服，并为希望给别人留下好印象的男性提出建议。Victoria 问："如果你想要成为聚会的焦点，千万不要留胡子。谁会想和一个留胡子的人交谈？"她说，听从她的建议，你可以成为"晚会的明星"。"像工作面试一样展示自己？首先剃掉胡须，"Jennifer 说，"这样你会更棒。"Angelina 写道："千万不要忘记女人是不会走近一个面部有胡须的男人的，所以确认在你第一次约会时你是面部整洁的。"这些建议针对的目标群体是年轻男性，特别是受父母娇纵的年轻男性。并且他们中大多数都没有兄弟姐妹，这些年轻的消费者没有哥哥或者是姐姐去给他们这样的建议（Cheng，2007）。

研究已经显示出了品牌可信性对选择的积极影响在高集体主义的消费者中表现得更明显。集体主义者重视可靠的品牌，这样有助于强化群体身份（Erdem，Swait and Valenzuela，2006）。例如，以 Nokia Communicator 为例，这是一家手机/多媒体设备的大型生产企业，该企业在雅加达有强大的品牌形象。由于体积大，其绰号叫作 "the Brick"（砖头），它作为一种地位的有形象征符号。它在雅加达的销售一直都很好（包括镀金版本的手机），且官方粉丝俱乐部有 3 万多名会员。这使得其变成了一种流行的和有身份的商务礼物。Nokia 价格适宜，可以说是贵，但不是不可理喻的昂贵。这种手机的尺寸很大，很容易被看到你有手机，因为该手机通常挂在皮带上，而不是放在口袋里。"一些人携带两部手机——仅仅因为他们可以。另外一些政治家有两部，因此我必须有两部，"Zulkiefliman-syah 说。Zulkieflimansyah 是一名国会成员，他会用不同手机接电话和发短信（Wright，2007）。因为手机是可见的，而且品牌代表了对集体主义社会中的需求至关重要的所有元素，the Brick 获得了巨大成功。集体主义社会将地位象征视作定义集体归属感中的一个重要部分。在那些其他小而轻且很容易藏起来的手机更受欢迎的市场中情况并不是这样。

权力距离和品牌化

CVDs 中的权力距离维度是建立在 Hofstede（1980）权力距离概念上的，也类似于 Schwartz 的平均主义/等级制度规范的本质（1997）。Hofstede（1991，p. 28）将权力距离定义为一个国家中机构和组织拥有较少权力的成员期望和接受的不平等分配的程度。权力距离包含的不仅是个人由地位带来的权力。它更宽泛，包含了个人平等和个人被其在社会或者组织中所处位置所定义的程度。

高权力距离的国家文化（与低相比）更看重品牌名称（例如，Robinson，1996；Roth，1995）。Lam（2007）的研究指出，权力距离得分更高的人有更低的品牌忠诚度，且更有可能为了适应其群体中的定位而转换品牌，而那些得分较低的人不会受到高权力群体的影响，因此会购买自己喜欢的品牌并对该品牌更加忠诚。

研究表明，低权力距离文化中的人并不关注社会角色和群体归属感（德国、荷兰），那些不强调社会的、象征的、感觉的和体验益处的功能性品牌往往更受欢迎（Roth，1995）。当国家的权力距离水平高时（中国、法国、比利时），则应该强调社会的和/或感觉的需求，因为这些益处在建立品牌时更有效（Roth，1995）。关于这个概念的一个例子是麦当劳在中国的品牌化活动。麦当劳的品牌化努力试图将中国的牛肉特性与牛肉巨无霸汉堡包联系起来。海报广告显示在嫩牛五方汉堡包上有一个女人的烈焰红唇。这个汉堡包的电视广告十分生动。在一个场景中，一对男女在吃嫩牛五方汉堡包，之后拉近镜头对女生的脖子和嘴配以烈火与喷水。演员吮吸他们的手指。画外音说："你可以感受它，更厚；你可以品尝它，更多汁。"（Fairclough and Adamy，2006）与这种高权力距离的文化保持一致，广告综合采用了强烈的社会性和感知性需求，来建立麦当劳嫩牛五方汉堡包的品牌形象。

男权主义/女权主义与品牌化

男权主义/女权主义维度（Hofstede，1980）最初是基于性别差异而发展起来的。然而，这个概念的性别导向随着时间越来越弱，而在定义上更接近统治/养育维度（mastery/nurturance dimension）（Schwartz，1994；Steenkamp，2001）。重视养育或者女权方面的国家文化更看重关系本身并且视其为最重要的，而重视男权或者统治层面的国家文化会重视关系的结果，因为其能满足互动的目标或目的。在商业环境下，以女权主义为基础的国家文化更偏向于依靠感觉制定决策，更偏向于社会性的或者关系目标和以欣赏方式进行奖励。以男权主义主导的国家文化更偏向于在事实的基础上制定决策，更注重利益目标和以金钱方式进行奖励。因此，女权社会更偏好强调积极的社会关系和关系性结果，而在男权文化中，经常偏向于由事实支持的功能性和效率型的品牌陈述。

238

从 Wiles、Wiles 和 Tjernlund（1995）的研究中，性别角色与 CVDs 直接存在深层次的联系。他们发现男权主义的国家与男性和女性在品牌化活动中所扮演角色的联系；在高度男权主义的国家中存在更大的角色分歧，在低男权文化社会中存在更少的角色差异。所研究的角色包括工作、家庭、娱乐和装饰性的角色。在高男权社会中，男性通常显示出更多工作性及娱乐性的角色，而女性更多显示为装饰性的角色。

不确定性规避与品牌化

不确定性规避表示在模糊不清或者不确定的环境中，个人或者公司的舒适水平。相较于低不确定性规避的国家文化来说，高不确定性规避的国家文化感觉到更大的威胁来自于不确定性或者未知的环境。这些高度不确定性规避文化回避了模糊性，根据 Hofstede（1991，p.166）的观点，"在这种文化下，人们在那些使事件更具解释性和预测性的组织、机构和关系中寻找一种结构"。更高不确定性规避的国家文化重视可靠的品牌，因为它们认为可靠的品牌有着低预测风险和低信息成本（Erdem et al.，2006）。

权力距离和不确定性规避影响着消费者对品牌搜寻活动的关注点，但不影响他们与他人共享品牌观点的意愿和行为趋势。一个国家中不确定性规避和权力距离越大，则更小比例的消费者会从客观的信息来源（例如杂志或者报纸等）来寻找品牌信息。Erdem 及其同事（2006）发现不确定性规避减少了感知风险和信息成本对品牌可信度的影响，这样会导致更积极的品牌评价，并积极影响消费者的品牌选择。Lam（2007）提供了更多可信的证据，表明那些在不确定性规避得分更高的个体更可能表现出更强的品牌忠诚度，这很可能是因为他们有更低的冒险倾向，从而不愿意转换品牌。Broderick（2007）的研究提供了关于不确定性规避对消费者参与的影响解释。她发现在高度不确定性规避的国家文化里，风险涉入导致了对环境参与和品牌承诺的更强影响，这减少了品牌实验的数量。

时间导向与品牌化

时间导向在国家文化中是非常普遍的，它可以影响特有的社会关系和它所有的相关事宜。在定义时间导向时，我们参照 Hall（1976，1987）对单色的和多色的文化环境的检验以及 Hofstede 和 Bond（1988）的长期时间导向。短期导向的文化关注当下并且对未来很少有耐心。这转变成短期目标和即时喜悦。同样，短期导向的文化往往更愿意接受任何形式的变化，因为成员会想办法去达到他们的短期目标。例如，个体会试图采用具有强有力品牌身份的品牌，该品牌能反映出他们希望展现的形象，这增强了消费者迅速感觉变化已经发生的能力。弱势或定义不清的品牌不能提供这样的益处。在短期导向的文化中，承诺便捷、见效快和省时的品牌更受欢迎。

相反地，长期导向的文化看重未来和依靠过去。长期导向的文化将过去、现在和未来联系在一个连续的事件链中。结果是，对传统的尊重是明显的。在一个事件由过去到未来连续发展的情境中，变化是受欢迎的，并且变化会根据其对长期目标的重要程度来被接受或拒绝。长期目标有优先级，诸如利润或赞扬等奖励则被排在后面。拥有传统形象、花时间去生产期望的质量、更注重过程而不是结果的品牌更受欢迎。因此，时间导向对品牌化和发展品牌关系有重要影响。

国家文化与品牌化的未来研究方向

公司在进入外国市场时会面对很多品牌化和营销战略的决策。跨文化的品牌化决策应该分析组织所在的母国文化和东道国文化之间的异同点，并且利用这些信息来管理品牌（Hsieh，2002）。来自不同国家文化的消费者可能会根据其文化的不同点来差异化地评价品牌（Monga and John，2007）。这些差异会成为市场营销者想要与全球消费者沟通并发展被世界所接受品牌的主要障碍（Jun and Lee，2007），因为文化强有力地影响着消费者的价值观、感知和行为（例如，Trompe-naars，1994）。大量的文献都开始研究品牌化中的文化维度，但是该研究仍处于发展初期。品牌化研究中有些领域体现出了使用国家文化测量量表的针对性和系统性研究，这有助于更好地理解文化是如何影响消费者理解品牌的方式。

240

品牌个性与国家文化

品牌个性是通过消费者与产品关联因素（例如，包装和其他物理属性）和非产品关联因素（例如名人背书人，消费者过去经历，标志）之间直接或者间接的联系而发展起来的（D.Aaker，1996；J.Aaker，1997；Plumer，1985；Shank and Langmeyer，1994）。品牌可以对消费者起到标志性功能，或者它可以扮演自我表达的角色（Keller，1993）。学者们提出假设，品牌个性可以形成情感利益（Ogilvy，1983），可以增加消费者对品牌的偏好并且更多地使用品牌（Sirgy，1982），可以区分品牌（Plummer，1985；Biel，1992），并且可以成为建立品牌关系的基础（Fournier，1998；Sweeney and Brandon，2006）。同时品牌个性代表着某一个具体文化的信念和价值观（Aaker，Benet-Martinez and Garolera，2001）。因此，我们建议有必要研究 CVDs 和品牌个性间的联系，以及探究这些因素间的交互作用。

Aaker（1997，p.347）将品牌个性定义为"与品牌相关的一系列人格特性"。Aaker 基于 114 个人类性格特征来描述 37 个不同的品牌，进行探讨品牌个性的维度。通过使用因素分析法，她识别了 42 个特性，15 个方面。以下是品牌个性的五个维度：兴奋（例如，胆量、想象力、时髦）、能力（例如，可信度、天赋、成功）、坚强（例如，户外性、强硬）、世故（例如，上流社会、有魅力的）和诚挚（例如，踏实、诚实、健全的、愉快的）。这个研究发现，这些维度提供了一个综合的解释,即美国消费者如何感知象征性产品(或服务)和功能性产品(或服务)的商业品牌,品牌个性成为品牌形象和品牌资产的一个关键元素(Keller,1993)。然而,Aaker 的概念的一个缺点是,在关注消费者所持有的正面品牌属性的同时没有考虑消费者所持有的与品牌相关的负面联系(Bosnjak,Bochmann and Hufschmidt,2007)。

这个基础性的研究提供了有希望的开始,因为跨文化的研究者采用 Aaker (1997)的方式发现国家文化在品牌个性维度及其意义等方面表现出了差异(例如,Aaker et al.,2001;Sung and Tinkham,2005)。Aaker、Benet-Martinez 和 Garolera(2001)检测了在不同文化中(例如,日本和美国)商业品牌的象征性和表达性属性的结构。在比较日本与美国文化时,他们发现日本(平和)和美国(坚毅)都有明确的文化维度,而踏实、能力、兴奋、世故、坚强、传统都出现在了这两种国家文化中。

241　Aaker、Benet-Martinez 和 Garolera(2001)也探讨了品牌是如何表现文化意义的,通过使用品牌个性属性发现品牌的确带有共性的、具体的国家文化意义。他们发现相较于美国文化,拥有和谐导向的价值观类型是日本和西班牙国家文化的象征。他们发现了多种品牌个性属性,比如,踏实、兴奋、能力,都会对应着诸如保守主义、情感自理、控制欲和尊敬的国家文化价值观。

品牌偏好与国家文化

探讨品牌化和品牌关系的学者研究发现国家文化对品牌偏好的影响。Aaker 和 Schmitt(2001)检验了反映在品牌偏好的自我表达过程中是否存在国家文化差异。他们提出,因为东亚文化更重视相互依靠,而不像北美更重视独立,国家文化对于他们的结论有重要影响,即品牌偏好是自我表现的一种间接方式。其他学者认为国家文化对品牌沟通有类似的影响。使用 Trompenaars 和 Hanpden-Turner(1998)的具体的与普遍的文化维度,Jun 和 Lee(2007)指出与美国品牌相比,韩国品牌更加普遍,并包含尚未定义清晰的意义。他们发现在韩国所使用的标志更有象征性且抽象,这与普遍的文化特性是相关的,根据 Trompenaars 和 Hanpden-Turner 的观点,个人通常不喜欢直接的表达。在探讨国家文化是怎样影响营销传播的研究中有相似的发现。

品牌意义与国家文化

品牌意义是一个宽泛的构念,包括物理属性、功能特点和品牌个性(Plummer,1985),并且"从营销、个体和社会这三个环境的相互交换中发展而来,因为每个环境都为消费者识别一件有品牌的产品并与其互动提供了一种统一的方法"(Ligas and Cotte,1999,p.610)。Keller(2003)认为,公司应当通过建立强大的、受欢迎的和唯一的品牌形象并且通过定义内在的品牌特性为他们的产品创造品牌意义。品牌意义的发展通常是对特定的国家文化而言的。

Ligas 和 Cotte（1999）发展了品牌意义创建的框架，阐明了营销、社会、个人环境和品牌意义间的关系。他们认为在每种环境或国家文化内的意义发展过程以及环境（或国家文化）之间意义的互动依赖于每种环境中的个体。他们的基本前提是为了创造品牌意义，意义必须要在某个特殊环境的个体之间就品牌物理属性、功能特点和个人属性等方面达成一致意见。研究发现，品牌对三四岁的小孩 242就已经具有意义了（Descheid，Kwon and Fang，1996；Haynes et al.，1993），并且将这些意义融入判断在童年后期就会发生，大约 10~12 岁（Achenreiner and John，2003）。

品牌意义反映了它们所处的国家文化环境（Levy，1959），因为它们起源于一个文化建立的世界中（McCracken，1988）。因此，将一个品牌及其意义从一个国家文化传播到另一个国家文化时需要依靠两国文化价值观维度在文化符号、内容和定位等方面的重叠部分。

品牌延伸与国家文化

品牌延伸已经成为了旨在促进发展、改善竞争地位和扩大利润等品牌策略的重要关注点（Keller，1998）。品牌延伸包含利用某一类别中一个知名品牌名称来在另一个不同类别中发行新产品。例如，Arm & Hammer 成功地将自己的烘焙苏打品牌发展进入了其他领域，并开发了新产品，包括口腔服务和洗衣服务。品牌延伸的目标是"利用核心产品或服务的品牌形象有效地将新产品或服务告诉消费者和零售商"（Keller，1993，p.15）。国家文化影响消费者对品牌延伸的反应。Monga 和 John（2007；也参见本书第 13 章）发现，相较于西方消费者的分析性思维方式，东亚消费者们具有整体性思维方式，他们感知更高程度的品牌延伸匹配，并且对品牌延伸的评价更正面。比如，在印度，可口可乐能够将品牌延伸到爆米花，因为可口可乐品牌意义是非常广泛的，不仅包含饮料而且包含其他与电影娱乐相关的所有东西。这种品牌延伸在西方消费者眼中是无效的，因为他们对可口可乐的认知宽度非常窄，会否认其在爆米花产品中的延伸。

管理意义

本章回顾的品牌构念都是与文化价值观维度相关的构念。这些研究开始挖掘CVDs 的解释力，但是这些研究数量少，且彼此没有联系。因此，需要有更多利用国家文化的测量来探索品牌问题的研究。例如，在第 6 章，Escalas 和 Bettman 讨论了参照群体和名人背书人以及他们在建立自我—品牌联结中的作用。他们的工作强调了文化在定义参照群体和名人等特殊群体中的作用。他们发现，品牌形象与内在群体形象一致会导致更强的自我—品牌联结。如果他们的工作可以延伸到与国家文化的意象一致，那么研究者就可以探讨国家文化中品牌联结的本质。未来应探讨品牌化和国家文化的相关研究。

243　结论

本章讨论的研究给消费者在国家文化情境中理解品牌，以及国家文化测量在品牌化中的重要作用等问题提供了证据。这意味着创造一个以相同意义在所有文化中引起共鸣的全球品牌形象是不可能的，因为国家文化情境是不同的。这些研究也给品牌与文化间的复杂关系提供了证据。意义可以交织在一起形成文化或者意义可以从文化中已存在的形象和信仰系统上建立起来。理解国家文化差异对品牌决策和品牌价值的影响机制有助于提高企业把握市场间异同的能力。

很重要的是意识到探讨国家文化和文化价值观维度对品牌化影响的研究仍处于初级阶段。缺少探讨国家文化和文化价值观维度的实证研究。需要有更多研究检验这些概念和它们对品牌化的影响。尽管很容易发现有必要将品牌研究扩展至包括国家文化和 CVDs 的影响等内容，我们认为研究这些构念是非常困难的任务。正如 Hans Magnus Enzensberger 所建议，"（国家）文化很像碱汽水放在玻璃杯中，你看不见，但它确实存在一些东西"（Glueck，1987）。我们作为研究者的任务是，通过形成一种视角来构建理解国家文化及其对品牌影响的概念框架，我们可以通过这一视角看到和欣赏国家文化对品牌的影响。

参考文献

Aaker, David. A. (1996). *Building Strong Brands*. New York, NY: The Free Press.

Aaker, Jennifer L. (1997). "Dimensions of Brand Personality," *Journal of Marketing Research*, 34 (August), 347–356.

Aaker, Jennifer L., Veronica Benet-Martinez, and Jordi Garolera (2001). "Consumption Symbols as Carriers of Culture: A Study of Japanese and Spanish Brand Personality Constructs," *Journal of Personality and Social Psychology*, 81 (3), 492–508.

Aaker, Jennifer, and Bernd Schmitt (2001). "Culture-Dependent Assimilation and Differentiation of the Self," *Journal of Cross-Cultural Psychology*, 32 (September), 561–576.

Achenreiner, Gwen B., and Deborah R. John (2003). "The Meaning of Brand Names to Children: A Developmental Investigation," *Journal of Consumer Psychology*, 13 (3), 205–219.

An, Dauchun, and Sang H. Kim (2007). "A First Investigation into the Cross-Cultural Perceptions of Internet Advertising: A Comparison of Korean and American Attitudes," *Journal of International Consumer Marketing*, 20 (2), 49–65.

Biel, Alexander L. (1992). "Converting Brand Image into Equity." In *Brand Equity and Advertising: Advertising's Role in Building Strong Brands*, ed. David A. Aaker and Alexander L. Biel. Hillsdale, NJ: Lawrence Erlbaum, 67–81.

Bochner, Stephen (1994). "Cross-Cultural Differences in the Self-Concept: A Test of Hofstede's Individualism/Collectivism Distinction," *Journal of Cross-Cultural Psychology*, 25 (2), 273–283.

Bochner, Stephen, and Beryl Hesketh (1994). "Power Distance, Individualism/Collectivism, and Job Related Attitudes in a Culturally Diverse Work Group," *Journal of Cross-Cultural Psychology*, 25, 233–257.

Bond, Michael H., Kwok Leung, and K.C. Wan (1982). "How Does Cultural Collectivism Operate? The Impact of Task and Maintenance Contributions on Reward Allocation," *Journal of Cross-Cultural Psychology*, 13, 186–200.

Bosnjak, Michael, Valerie Bochmann, and Tanja Hufschmidt (2007). "Dimensions of Brand Personality

Attributions: A Person–Centric Approach in the German Cultural Context," *Social Behavior and Personality*, 35 (3), 303–316.

Boyd, Robert, and Peter J. Richerson (1980). "Sociobiology, Culture, and Economic Theory," *Journal of Economic Behavior and Organization*, 1, 97–121.

Broderick, Amanda J. (2007), "A Cross–National Study of Individual–Cultural Nomological Network of Consumer Involvement," *Psychology and Marketing*, 24 (4), 343–374.

Cavalli–Sforza, L.L., Marcus W. Feldman, Kuang–ho Chen, and Sanford M. Dornbusch (1982). "Theory and Observation in Cultural Transmission," *Science* 218 (October), 19–27.

Cheng, Jonathan (2007). "Shaver's Cutting–Edge China Campaign Trio of Women Dispense Grooming Tips for Guys in Philips Web Effort," *Wall Street Journal*, May 4, B3.

Clark, Terry (1990). "International Marketing and National Character: A Review and Proposal for an Integrative Theory," *Journal of Marketing*, 54 (October), 66–79.

Derscheid, Linda E., Yoon–Hee Kwon, and Shi–Ruei Fang (1996). "Preschoolers Socialization as Consumers of Clothing and Recognition of Symbolism," *Perceptual and Motor Skills*, 82, 1171–1181.

Earley, P. Christopher (1993). "East Meets West Meets Mid–East: Further Explorations in Collectivistic versus Individualistic Work Groups," *Academy of Management Journal*, 36, 319–348.

Erdem, Tulin, Joffre Swait, and Ana Valenzuela (2006). "Brands as Signals: A Cross–Country Validation Study," *Journal of Marketing*, 70 (January), 34–49.

Fairclough, Gordon, and Janet Adamy (2006). "Sex, Skin, Fireworks, Licked Fingers—It's a Quarter Pounder Ad in China," *Wall Street Journal*, September 21, B1.

Fournier, Susan (1998). "Consumers and Their Brands: Developing Relationship Theory in Consumer Research," *Journal of Consumer Research*, 28, 343–416.

Fowler, Geoffrey A., Brian Steinberg, and Aaron O. Patrick (2007). "Mac and PC's Overseas Adventures: Globalizing Apple's Ads Meant Tweaking Characters, Clothing and Body Language" *Wall Street Journal*, March 1, B1.

Glueck, Grace. (1987, January 25). A Polemicist Who Aims at Political and Corporate Targets: [Review]. Review of Art, Hans Haacke. *New York Times* [Late Edition (east Coast)], p. A. 27. Retrieved February 17, 2009, from National Newspaper Abstracts (3) database. (Document ID: 956256241).

Gudykunst, William B., Ge Gao, Karen L. Schmidt, Tsukasa Nishida, Michael H. Bond, Kwok Leung, Georgette Wang, and Robert A. Barraclough. (1992). "The Influence of Individualism Collectivism, Self–Monitoring, and Predicted–Outcome Value on Communication in Ingroup and Outgroup Relationships," *Journal of Cross–Cultural Psychology*, 23 (2), 196–213.

Hall, Edward T. (1976). *Beyond Culture*. Garden City, NY: Doubleday.

Hall, Edward T., and Mildred R. Hall (1987). *Hidden Differences: Doing Business with the Japanese*. New York, NY: Doubleday.

Haynes, Janice, Diane C. Burts, Alice Dukes, and Rinn Cloud (1993). "Consumer Socialization of Preschoolers and Kindergartners as Related to Clothing Consumption," *Psychology and Marketing*, 10, 151–166.

Herskovits, Melville J. (1947). *Trinidad Village*. New York, NY: Knopf.

Hofstede, Geert (1980). *International Differences in Work–related Values*. Beverly Hills, CA: Sage.

——(1991). *Culture and Organizations: Software of the Mind*. Beverly Hills, CA: Sage.

——(2001). *Comparing Values, Behaviors, Institutions and Organizations Across Nations*. Beverly Hills, CA: Sage.

Hofstede, Geert, and Michael Harris Bond (1988). "The Confucius Connection: From Cultural Roots to Economic Growth," *Organizational Dynamics*, 16 (4), 4–21.

Hsieh, Ming. H. (2002). "Identifying Brand Image Dimensionality and Measuring the Degree of Brand Globalization: A Cross–National Study," *Journal of International Marketing*, 10, 46–67.

Hui, C.H., and Harry C. Triandis (1986). "Individualism–Collectivism: A Study of Cross–Cultural Researchers," *Journal of Cross–Cultural Psychology*, 17, 225–248.

Hui, C.H., and Marcelo J. Villareal (1989). "Individualism–Collectivism and Psychological Needs: Their

Relationships in Two Cultures," *Journal of Cross-Cultural Psychology*, 20 (3), 310–323.

Jun, Jung W., and Hyung-Seok Lee (2007). "Cultural Differences in Brand Designs and Tagline Appeals," *International Marketing Review*, 24 (4), 474–491.

Kagitcibaci, Cigdem (Ed.) (1987). *Growth and Progress in Cross-Cultural Psychology*. Lisse, The Netherlands: Swets North America.

Keller, Kevin. L. (1993). "Conceptualizing, Measuring, and Managing Customer-Based Brand Equity," *Journal of Marketing*, 57, 1–22.

——(1998). *Strategic Brand Management: Building, Measuring and Managing Brand Equity*. New York, NY: Prentice Hall.

——(2003). "Brand Synthesis: The Multi-Dimensionality of Brand Knowledge," *Journal of Consumer Research*, 29 (4), 595–600.

Kluckhohn, Florence R., and Fred L. Strodtbeck (1961). *Variations in Value Orientations*. Evanston, IL: Row, Peterson.

Lam, Desmond (2007). "Cultural Influence on Proneness to Brand Loyalty," *Journal of International Consumer Marketing*, 19 (3), 7–21.

LeVine, Robert A. (1982). *Personality and Culture*. New York, NY: Aldine Publishing Company.

Levy, Sidney J. (1959). "Symbols for Sale," *Harvard Business Review*, 37 (4), 117–124.

Ligas, Mark, and June Cotte (1999). "The Process of Negotiating Brand Meaning: A Symbolic Interactionist Perspective," *Advances in Consumer Research*, 26, 609–614.

Malai, Veerapong, and Mark Speece (2005). "Cultural Impact on the Relationship Among Perceived Service Quality, Brand Name Value, and Customer Loyalty." *Journal of International Consumer Marketing* 17.4: 7–39.

McCracken, Grant (1988). *Culture and Consumption: New Approaches to the Symbolic Character of Consumer Goods and Activities*. Bloomington, IN: Indiana University Press.

Monga, Alokparna B., and Deborah R. John (2007). "Cultural Differences in Brand Extension Evaluation: The Influence of Analytic versus Holistic Thinking," *Journal of Consumer Research*, 33 (March), 529–536.

Monga, Alokparna B., and Deborah R. John (2009). "Understanding Cultural Differences in Brand Extension Evaluation: The Influence of Analytic Versus Holistic Thinking." In *Handbook of Brand Relationships*, ed. D. MacInnis, C.W. Park, and J Priester, Armonk, NY: M.E. Sharpe.

Nanda, Serena (1987). *Cultural Anthropology*. Belmont, CA: Wadsworth Publishing.

Ogilvy, David (1983). *Ogilvy on Advertising*. New York, NY: Random House.

Plummer, Joseph T. (1985). "How Personality Makes a Difference," *Journal of Advertising Research*, 24 (December–January), 27–31.

Pulliam, H.R. (1982). "A Social Learning Model of Conflict and Cooperation in Human Societies," *Human Ecology*, 10, 353–363.

Robinson, Chris (1996). "Asian Culture: The Marketing Consequences," *Journal of the Market Research Society*, 38 (1), 55–63.

Rokeach, Milton (1973). *The Nature of Human Values*. New York, NY: Free Press.

Roth, Martin S. (1995). "The Effects of Culture and Socioeconomics on the Performance of Global Image Strategies," *Journal of Marketing Research*, 32, 163–175.

Ruyle, Eugene E. (1973). "Genetic and Cultural Pools: Some Suggestions for a Unified Theory of Biocultural Evolution," *Human Ecology*, 1 (3), 201–215.

Schwartz, Shalom H. (1994). "Beyond Individualism/collectivism—New Cultural Dimensions of Values." In *Individualism and Collectivism: Theory, Method, and Applications* (vol. 18), ed. Uichol Kim et al. Thousand Oaks, CA: Sage.

——(1997). "Values and Culture." In *Motivation and Culture*, ed. Donald Munro, John F. Schumaker, and Stuart C. Carr. New York, NY: Routledge.

Shank, Matthew D., and Lynn Langmeyer (1994). "Does Personality Influence Brand Image?" *Journal of Psychology*, 128 (2), 157–164.

Sirgy, M.J. (1982). "Self-Concept in Consumer Behavior: A Critical Review," *Journal of Consumer Research*, 9, 287-301.

Steenkamp, Jan-Benedict E.M. (2001). "The Role of National Culture in International Marketing Research," *International Marketing Review*, 18, 30-44.

Sung, Yongjun, and Spencer E Tinkham (2005). "Brand Personality Structures in the United States and Korea: Common and Culture-Specific Factors," *Journal of Consumer Psychology*, 15 (4), 334-350.

Sweeney, Jillian C., and Carol Brandon (2006). "Brand Personality: Exploring the Potential to Move From Factor Analytical to Circumplex Models," *Psychology and Marketing*, 23 (August), 639-663.

Triandis, Harry C. (1989). "The Self and Social Behavior in Differing Cultural Contexts," *Psychology Review*, 96, 506-520.

Trompenaars, Fons (1993). *Riding the Waves of Culture*. London: Nicholas Brealy.

——(1994). *Riding the Waves of Culture: Understanding Cultural Diversity in Business*. Chicago, IL: Irwin Professional Publishing.

Trompenaars, Fons, and Charles Hampden-Turner (1998). *Riding the Waves of Culture: Understanding Diversity in Global Business*. New York, NY: McGraw-Hill.

Werren, John H., and H. Ronald Pulliam (1981). "An Intergenerational Transmission Model for the Cultural Evolution of Helping Behavior," *Human Ecology*, 9 (4), 465-483.

Wiles, Judith A., Charles R. Wiles, and Anders Tjernlund (1995). "A Comparison of Gender Role Portrayals in Magazine Advertising: The Netherlands, Sweden and the USA," *European Journal of Marketing*, 29 (11), 35-49.

Wright, Tom (2007). "Ringing Up Sales in Indonesia Nokia's Bulky Smart Phones Find Niche Following There As Business Status Symbol," *Wall Street Journal*, May 22, B1.

第 13 章

理解品牌延伸①评价中的文化差异
——分析性思维和整体性思维的影响

阿洛克帕纳·巴苏·蒙加，德博拉·勒德·约翰
(Alokparna Basu Monga and Deborah Roedder John)

247　　　在过去的 10 年中，品牌延伸的日益普及已经点燃了理解消费者如何评价品牌延伸的研究兴趣。现有研究已经识别了一些影响消费者是否会以积极方式评价品牌延伸的因素。其中的关键因素是品牌延伸与母品牌的"契合"程度。消费者会以各种各样的方式判断品牌延伸契合度，包括延伸产品所属的产品类别与母品牌生产的其他产品类别是否类似，母品牌关联的属性是否可能对延伸产品类别有益，母品牌的声誉是否可以转移到延伸产品类别中，以及母品牌是否有必要的专长来生产延伸类别的产品（Keller，2002）。感知契合度更高的品牌延伸相较于更低的品牌延伸往往会得到更有利的评价。

　　然而，绝大多数研究是在美国消费者中进行的，很少有研究去关注这些研究结果是否适用于世界各地的消费者。到目前为止，只有极少数研究探讨了这一问题，但这些研究对跨文化差异所产生的影响提供了重要的见解。第一种可能是，在其他文化中对品牌延伸的反应是由除了延伸契合度之外的其他因素所驱动，正如最近一项在美国及国外进行的八个品牌延伸研究的分析结果表明的那样（Bottomley and Holden，2001）。Han 和 Schmitt（1997）提出了一个类似的场景，发现美国消费者相较于中国香港消费者更重视品牌延伸契合度，中国香港消费者更关注公司声誉。第二种可能是，在其他文化中品牌延伸契合度②在决定对品牌延伸的反应中同样重要，但品牌延伸契合度的评估方式有所差异。这种解释与Monga 和 John（2007）一致，他们发现来自东方文化的消费者会以更整体性的方

---

　　① 品牌延伸（Brand Extension），指品牌形成之后，运用品牌本身具有的影响力，将其运用到相关产品或类别中去的企业发展策略。
　　② 品牌延伸契合度（Brand Extension Fit），指品牌延伸产品与母品牌定位间的匹配程度。

式看待品牌延伸契合度，这会让他们看到西方文化中消费者看不到的品牌延伸与
母品牌之间的联系。在品牌延伸与母品牌很远时，相较于西方人，东方人会感知　248
到更高的品牌延伸契合度，对品牌延伸的评价会更高。

在本章中，我们更详细地探讨了品牌延伸反应中的跨文化差异。具体而言，
我们进一步检验了品牌延伸反应在文化间的差异是由于判断品牌延伸契合度的方
式不同这一观点。我们是基于关于跨文化心理的研究。这些跨文化心理研究从思
维方式上描述文化差异，东亚社会具有整体性思维（holistic thinking），而西方社
会具有分析性思维（analytic thinking）（Nisbett et al.，2001）。整体性思维具有把
背景或场景作为一个整体的导向，而分析性思维是把对象从它的背景中抽离出
来，并且关注的是这个对象的属性。我们总体预测与 Monga 和 John（2007）一
致，认为是思维方式影响了东方与西方文化中消费者对品牌延伸契合度的判断方
式，从而影响了品牌延伸评价。

我们用三个研究以进一步支持思维方式是品牌延伸反应中文化差异的主要因
素。在研究 1 中，我们复制了 Monga 和 John（2007）的研究，发现东方消费者在
他们对品牌延伸契合度的判断和评价上都比西方消费者更为正面。我们在离母品
牌（可口可乐和柯达）非常远和中等远的许多品牌延伸中都发现了这种模式。此
外，我们为思维方式存在这些差异的影响机制提供了证据。我们发现东方人（整
体性）和西方人（分析性）产生的延伸想法类型是文化对品牌延伸反应的中介影
响。在接下来的两个研究中，我们采用了新方法来检验不同文化中的品牌延伸评
价。在研究 2 中，我们用一个虚拟母品牌（Excera）提供了新的证据，即发现东
方人（西方人）对离母品牌远的品牌延伸给出了更多（更少）正面评价。通过使
用一个虚拟母品牌，我们排除了研究 1 发现可能是基于母品牌知识/信念的跨文
化差异的备择解释。在研究 3 中，我们采取了不同的方法来研究分析性和整体性
思维在文化差异中的作用，即通过比较东方、西方和双文化消费者的品牌延伸反
应。我们发现，正如预期那样，双文化消费者处于两个极端的中间，他们的品牌
延伸反应比西方消费者更为正面，但没有东方消费者那么正面。

概念背景

分析性与整体性处理

Nisbett 及其同事（2001）主张在思维方式上存在着跨文化差异。研究者认为
文化之间的社会差异对某些认知过程的影响比其他因素大。东亚社会中的个人嵌
入在许多社会关系之中，他们将会有专注场景和关注对象间关系的观念。相比之
下，在西方社会中的个人有着较少的社会关系，他们将会有世界是离散且不连续
的、使用规则和属性可以预测对象行为的观念。因此，东方文化促进整体性思　249
维，而西方社会促进分析性思维。整体性思维是指"具有把背景或场景作为一个

整体的导向，包括关注主要对象与场景之间的关系，以及偏好基于这些关系来解释和预测事情"（Nisbett et al.，2001，p.293）。分析性思维"涉及将对象从它的背景中分离出来，倾向于关注对象的属性并将其归类，以及偏好使用关于这些类别的规则来解释和预测对象的行为"（Nisbett et al.，2001，p.293）。在我们的研究中，我们关注的是整体性思维者（与分析性思维者相比）描绘对象之间关系的更强大能力。

相当多研究支持这一观点。因为东亚人关注一个对象与其环境之间的关系，所以他们已被证明比西方人更依赖于场景（Ji，Peng and Nisbett，2000）。Masuda和 Nisbett（2001）发现当接触到鱼和其他动画对象的场景时，相较于美国参与者，日本参与者做了更多关于背景环境以及鱼和环境之间关系的陈述。在另一项研究中，Chiu（1972）要求美国和中国儿童从一系列三个对象间挑选出两个最相似的对象，并说明为什么它们要放在一起。美国儿童采用了基于类别成员关系或属性来对对象进行分组的思维方式（例如，吉普车和电视组在一起是因为两者都有发动机）。中国儿童则采用了关系—背景的思维方式，即相似性是基于对象间功能或主题的互依性（例如，桌子和椅子组在一起是因为你坐在椅子上可以在桌子上吃饭）。因此，正如 Ji 及其同事（2000）的研究说明的那样，东方人往往比西方人感知到的对象间关系更强。当被要求判断任意对象之间的关联程度时，中国学生比美国学生报告了更高的共变程度。

品牌延伸评价中的文化差异

我们认为，思维方式上的文化差异影响了品牌延伸在不同文化间被解读的方式。首先考虑西方社会分析性思维的特征。分析性思维者关注对象的属性和该对象所属类别，并基于此得出推论和作出判断。这种思维方式与以下研究发现一致，（美国）消费者往往基于产品类别相似性（例如，在某产品类别中的延伸是否与母品牌相关的产品类别相似？）和产品类别间的属性转移（例如，母品牌是否具有能使延伸类别获益的属性？）来判断品牌延伸契合度。不满足这些测试的品牌延伸通常被认为是低契合度的，例如那些所在的产品类别与母品牌所在的产品类别离得太远的品牌延伸。

现在考虑东方社会整体性思维的特征。整体性思维者具有将背景或场景作为一个整体的导向，并且会根据与背景和与其他对象间的关系来考虑对象（Masuda and Nisbett，2001）。因为东方人关注背景，所以他们应该能找到品牌延伸和母品牌之间突破产品类别相似性与产品类别间属性传递的关系。鉴于东方人对背景的关注，他们应该更容易看到品牌延伸与母品牌之间基于使用情境的关系，如使用的互补性关系。此外，东方人应该更可能会用品牌的整体声誉以及他们自己对这个品牌大体上的感觉来评价品牌延伸。这种思维方式与以下研究的结论相一致，即与西方消费者（美国）相比，企业品牌声誉在评价品牌延伸时对东方消费者

（中国香港）更为重要（Han and Schmitt，1997）。虽然西方消费者也使用品牌声誉和品牌情感来评价延伸，但这些因素只有在品牌延伸已经通过了使用产品类别相似度等其他标准的感知契合度测试时才会进入评价过程。总之，对情境的关注为发现品牌延伸与母品牌间更多的联系提供了基础，这导致了东方文化中的消费者对品牌延伸有更高的感知契合度。

因此，我们认为，与来自西方文化的消费者相比，来自东方文化的消费者将感知到一个更高程度的品牌延伸契合度，特别是对所在产品类别与母品牌所在产品类别离得很远的延伸。如果消费者能够在一个更为整体的基础上将它们联系在一起，那些被视为离母品牌范围很远的品牌延伸可以被视为是更适合的，这是一种更有东方消费者特点的思维方式。作为品牌延伸契合度感知中的文化差异结果，我们期望看到随之而来的是消费者在品牌延伸评价上的差异。我们预测：

H₁：东方文化中的消费者比西方文化中的消费者对品牌延伸的反应更积极。具体而言，

a. 东方人感知到较高程度的品牌延伸契合度；

b. 东方人对品牌延伸的评价更积极。

H₂：品牌延伸评价中的文化差异被思维方式所中介。具体而言，品牌延伸思想（分析性与整体性）是文化对品牌延伸反应影响的中介机制。

研究 1

概述

我们通过比较来自美国（西方文化）和印度（东方文化）的消费者验证了关于品牌延伸契合度和评价中文化差异的假设。研究设计是 2（文化：东方，西方）×3（品牌延伸契合度：非常低，低，中等）×2（品牌：可口可乐，柯达）的组间实验。实验刺激包括六个品牌延伸，三种契合程度的可口可乐品牌延伸和三种契合程度的柯达品牌延伸。被试者看到这些延伸中的两个后，被问及他们对延伸的整体评价、关于延伸的想法，以及对如何与母品牌间延伸契合的感知。

样本

251

在选修了营销导论课程的学生中以获取学分的方式招募了 57 名被试者作为美国样本（都是美国白人）。在同一大学社区中，通过印度学生组织网站和学校公告栏上的广告招募了 62 名被试者作为印度样本。要求这些被试者在美国的时间不超过 3 年，以确保文化适应的程度不是很高。

选择居住在美国的印度学生是为了最小化印度和美国被试者间与文化无关的

差异，如品牌熟悉度、品牌广告曝光度和品牌宽度①。在美国的印度学生和居住在印度的学生对品牌延伸的反应是相似的（Monga and John，2004）。此外，以前的研究发现，印度人具有整体性思维方式，这恰好是验证我们假设所需的样本类型（Miller，1984；Shweder，1991）。

刺激

母品牌需要被来自两个国家的被试者都熟悉和喜欢。我们检查了每个国家的顶级品牌报告，探索了两个列表中品牌的网站，并且在一个预测试中评估了品牌熟悉度、态度和品牌联想②。这一预测试招募的美国人（29 名）和印度人（35 名）与主实验中使用的样本来自同一大学。基于这项研究，可口可乐和柯达被选为美国和印度样本熟悉和喜欢的品牌。通过对每个品牌列出的想法进行编码，我们还检查了对于美国和印度样本来说不同的母品牌联想是否显著。在不同文化中，对可口可乐和柯达的看法是相似的。对于柯达而言，在两种文化中最常见的两种品牌联想都是"电影"和"正面情感/质量/卓越"。对于可口可乐而言，在两种文化中最常见被提到的是"正面情感/喜欢/好喝"。

接下来，选择可口可乐和柯达的品牌延伸。我们用美国学生样本测试了这些虚拟的延伸，以确定从西方文化视角会被认为是母品牌的非常低、低和中等契合程度的延伸。被试者被要求用 7 分量表（1—与品牌不一致，7—与品牌一致）判断几个可能的品牌延伸感知契合度。基于这些打分，每个品牌延伸被归为三种契合程度中的一种：非常低（契合度得分 < 2），低（契合度得分在 2~4），中等（契合度得分在 4~6）。可口可乐洗发水和柯达鞋被选为非常低契合的延伸，可口可乐爆米花和柯达文件柜被选为低契合的延伸，可口可乐能量饮料和柯达贺卡被选为中等契合的延伸。

利用这些品牌延伸开发了三组刺激。每组都包括可口可乐的一个延伸和柯达的一个延伸，且这两个延伸的契合度是不同的。被试者会看到下列组中的一组：
252 ①可口可乐洗发水和柯达文件柜；②可口可乐爆米花和柯达贺卡；③可口可乐能量饮料和柯达鞋。每组中品牌延伸出现的顺序通过正序逆序进行了平衡。

步骤和测量

被试者首先被要求用一个 7 分量表（1—差，7—优）来表明他们对焦点母品

---

① 品牌宽度（Brand Breadth or Brand Width）是指企业品牌下产品的变动幅度。它是衡量原产品与品牌延伸产品相关性的重要标准。品牌宽度越窄，品牌下所覆盖的产品类型则越少，产品相关性越高。品牌宽度能从品牌分量（magnitude）、品牌爆发力（intensity）和品牌的无处不在（ubiquity）来反映品牌在市场上的影响程度。

② 品牌联想（Brand Association）是指消费者看到一特定品牌时，从他的记忆中所能被引发出对该品牌的任何想法，包括感觉、经验、评价、品牌定位等。亦指任何与品牌记忆相联结的事物，通常表现为属性联想、利益联想和态度联想。其构建方式包括讲述品牌故事、借助品牌代言人及建立品牌感动。

牌的看法。其次，向被试者呈现第一个品牌延伸的名字，并且要求被试者用 7 分量表（1—差，7—优）对它进行评价。这之后是一个开放性问题，关于为什么他们以这种方式对品牌延伸进行评价："即使你从未尝试过这种产品，当你确定它是好产品还是坏产品时，你想到了什么？"在以同样的方式评价完第二个品牌延伸后，被试者用一个 7 分量表（1—与品牌 X 不一致，7—与品牌 X 一致）评价了两种延伸的契合度，这一量表与以前品牌延伸研究中使用的量表类似（例如，Loken and John，1993）。

接下来，被试者完成了关于分析性和整体性思维的两个测试，这起到操纵检验的作用，以确认我们来自美国和印度样本的不同思维方式。这两项测量均类似于测量场景依赖性的镶嵌图形测验（Embedded Figures Test，EFT；Witkin et al.，1971）。EFT 是整体性与分析性思维的关键指标之一。在一个测试中，被试者被显示了一个黑白的场景素描，场景中有 14 个较小物体（鱼、针）的素描。他们被展示了这 14 个物体的照片，并给了 5 分钟来找到尽可能多的物体。对于分析—整体思维的第二个测试中，我们使用了一个标准的 EFT 测量（Horn，1962），该测量已应用于认知方式的跨文化比较中（Kühnen et al.，2001）。刺激物由两个含有 40 个几何图案的图表栏组成。被试者的任务是在两分钟内确定一组五个简单图案中的哪一个被嵌入了几何图案。对于这两个测试，我们预期美国的样本会发现更多物体，因为分析处理具有独立于场景的特征，这使得寻找嵌入式图案更容易更快。

最后，被试者用一个 4 分量表（1—不熟悉；2—有些熟悉；3—熟悉；4—非常熟悉）回答了他们对实验中品牌的熟悉度。然后被试者完成了国籍、在美国待了多少年、家里使用的语言和父母亲的民族等人口统计问题。这些问题被用来从美国的样本中筛选那些不同国籍或双文化的学生。

结果

操纵检验

我们检验了分析性—整体性思维测试的结果，以确认美国和印度样本在处理方式上的差异符合预期。对于这两项测试，美国被试者比印度被试者发现了更多的嵌入式物体（测试 1：$M_{美国} = 9.80$ 和 $M_{印度} = 7.66$，$p < 0.01$；测试 2：$M_{美国} = 14.39$ 和 $M_{印度} = 10.80$，$p < 0.01$）。回忆一下，得分更高代表着分析性思维，这些结果证实美国被试者比印度被试者具有更强的分析性处理导向。

我们检查了美国样本对品牌延伸契合度的打分，以确保实验中的品牌延伸代表了预期的契合程度（非常低、低、中等）。结果证实，可口可乐洗发水（$M = 1.21$）和柯达鞋（$M = 1.11$）被认为契合度非常低，可口可乐爆米花（$M = 2.45$）和柯达文件柜（$M = 2.89$）被认为是低契合，可口可乐能量饮料（$M = 4.94$）和柯达贺卡（$M = 5.20$）被认为是中等契合的延伸。另外，对非常低契合延伸和低契

合延伸 [可口可乐：$t(38)=2.98$，$p<0.01$；柯达：$t(36)=3.58$，$p<0.01$] 和对低契合延伸和中等契合延伸 [可口可乐：$t(37)=2.98$，$p<0.01$；柯达：$t(38)=2.98$，$p<0.01$] 的感知是有显著差异的。

品牌延伸契合度

我们对每个品牌进行了一组 2（文化：东方，西方）× 3（品牌延伸契合度：非常低，低，中等）的方差分析（均值和标准差如表 13.1 所示）。品牌态度和熟悉度作为协变量。正如预期的那样，文化的主效应在每个分析中都是显著的（可口可乐：$F(1,111)=27.82$，$p<0.01$；柯达：$F(1,111)=26.32$，$p<0.01$）。在所有情况下，印度人比美国人感知到了更高程度的延伸契合度。正如预期那样，品牌延伸契合度的主效应在每个分析中也是显著的 [可口可乐：$F(2,111)=110.06$，$p<0.01$；柯达：$F(2,111)=75.24$，$p<0.01$]。随着操纵的延伸契合度水平从非常低上升到中等水平，延伸契合度感知也上升了。

表 13.1 研究 1：均值和标准差

品牌	措施		非常低的契合			低契合			中等契合	
			美国	印度		美国	印度		美国	印度
可乐	延伸契合	洗发水	1.21	1.52	爆米花	2.45	4.85	能量饮料	4.94	5.86
			(0.54)	(0.68)		(1.39)	(1.23)		(1.73)	(1.15)
	延伸评价	洗发水	1.79	3.05	爆米花	2.25	4.40	能量饮料	4.00	5.33
柯达	延伸契合	鞋子	(0.79)	(1.20)	文件柜	(1.21)	(1.19)	名片	(1.61)	(1.15)
			1.11	2.62		2.89	3.95		5.20	6.15
	延伸评价	鞋子	(0.32)	(1.86)	文件柜	(1.70)	(1.69)	名片	(1.32)	(0.88)
			2.11	3.76		3.74	4.62		4.75	5.75
			(1.08)	(1.22)		(1.48)	(1.20)		(1.29)	(1.02)

注：括号里是标准差。

254　　我们利用一系列的多重比较对文化差异进行了更详细的检验，即对每个品牌延伸都测试了美国和印度样本间假设的差异（见图 13.1）。对于可口可乐而言，对比结果表明文化差异在对可口可乐爆米花 [$F(1,111)=39.49$，$p<0.01$] 和可口可乐能量饮料 [$F(1,111)=5.27$，$p<0.05$] 的感知延伸契合度上是存在的，但是在可口可乐洗发水上是不存在的，虽然方向是一致的 [$F(1,111)=0.65$，$p>0.10$]。对于柯达而言，对比结果表明文化差异在对柯达鞋 [$F(1,111)=17.16$，$p<0.01$]、柯达文件柜 [$F(1,111)=8.93$，$p<0.01$] 和柯达贺卡 [$F(1,111)=5.39$，$p=0.01$] 上都是存在的。

255　　**品牌延伸评价**

我们对每个品牌进行了一组 2（文化：东方，西方）× 3（品牌延伸契合度：非常低，低，中等）的方差分析（均值和标准差如表 13.1 所示）。品牌态度和熟

A. 品牌延伸契合度等级

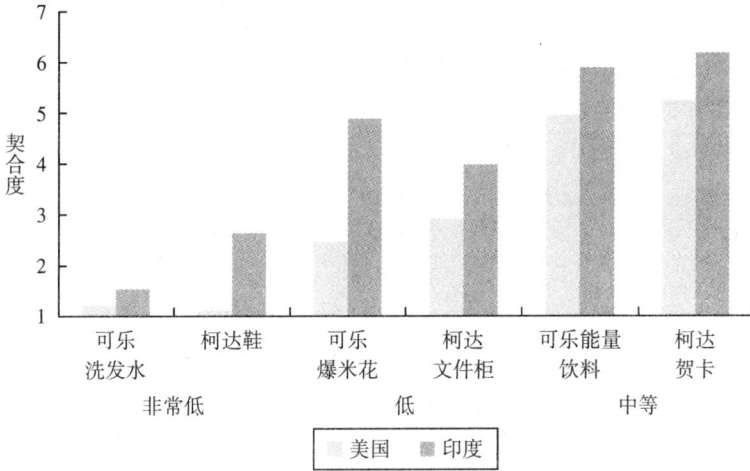

B. 品牌延伸评价等级

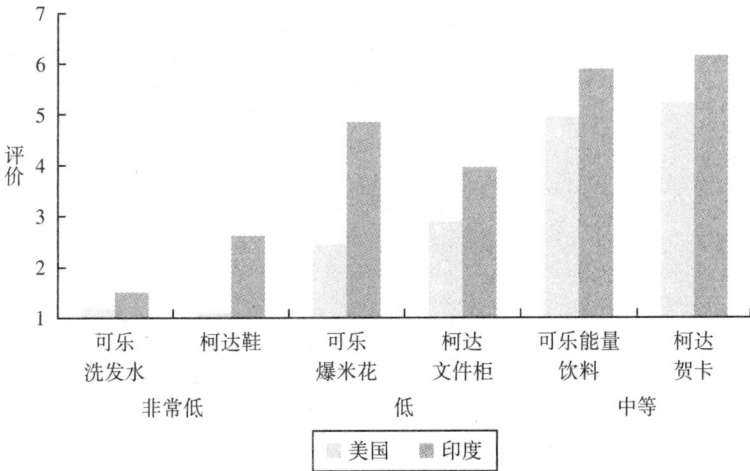

图 13.1　研究 1

悉度作为协变量。正如预期的那样，文化的主效应在每个分析中都是显著的［可口可乐：F（1，111）＝65.08，$p < 0.01$；柯达：F（1，111）＝35.21，$p < 0.01$］。在所有情况下，印度人对品牌延伸的打分比美国人更高。正如预期的那样，品牌延伸契合度的主效应在每个分析中也都是显著的［可口可乐：F（2，111）＝39.24，$p < 0.01$；柯达 F（2，111）＝37.81，$p < 0.01$］。在所有情况下，随着契合度水平从非常低上升到中等水平，品牌延伸评价也上升了。

　　我们利用一系列的多重比较对文化差异进行了更详细的检验，即对每个单独的品牌延伸都测试了美国和印度样本间假设的差异（见图 13.1）。对于可口可乐而言，对比结果表明文化差异在对可口可乐洗发水 $[F(1，111)=19.70，p<0.01]$、可口可乐爆米花 $[F(1，111)=33.26，p<0.01]$ 和可口可乐能量饮料 $[F(1，111)=16.61，p<0.01]$ 的品牌延伸评价上是存在的。对于柯达而言，对比结果表明文化差异在对柯达鞋 $[F(111)=27.63，p<0.01]$、柯达文件柜 $[F(1，111)=8.86，p<0.01]$ 和柯达贺卡 $[F(1，111)=7.20，p<0.01]$ 上都是存在的。

中介效应分析

正如预测的那样，我们的研究结果显示感知品牌延伸契合度中存在文化差异，即东方人比西方人感知更高的品牌延伸契合度。进一步发展我们的预测，文化思维方式被确定为是导致东西方消费者感知品牌延伸契合度差异的机制。整体性思维被视为更有利于发现品牌延伸和母品牌之间的关系，导致东方人高的感知契合度。分析性思维被视为在为品牌延伸和母品牌之间关系提供依据上受到了更多的限制，导致西方人低的感知契合度。

我们进行了中介分析，以检验在不同类型的品牌延伸想法（分析性和整体性）中的文化差异是否是品牌延伸契合度感知中文化差异的一个中介。为此，我们首先分析了被试者在对每个品牌延伸进行评价的过程中表达出来的想法。与我们前面的讨论一致，如果被试者参考了产品类别相似性（例如，延伸产品类别与母品牌所在产品类别相似或不同）或产品类别间的属性转移（例如，母品牌有一个能使延伸类别获益或受损的属性），则被试者的反应会被归类为分析性想法。例如，下列反应会被归类为分析性想法：可口可乐爆米花是一个坏主意，因为一个"软饮料公司做食品是不合理的"（产品类别相似）；或者，可口可乐爆米花可能"味道不好，因为它可能是可乐口味的"（属性转移）。关于使用互补性、整体品牌声誉和整体品牌情感的反应等会被归类为整体性思维。例如，下列反应会被归类为整体性思维：可口可乐爆米花是一个好主意，因为"可口可乐和可口可乐爆米花可以一起食用（使用互补性）"；或者因为"可口可乐生产好的产品，所以可口可乐爆米花也会不错"（整体品牌声誉）；或者因为"我喜欢可口可乐，所以我会喜欢可口可乐爆米花"（整体品牌情感）。两个独立的编码员将反应归类为分析性或整体性（评分者间信度=90.2%），分歧会通过讨论的方式来解决。

然后这个数据被用来检验分析性和整体性思维是否是品牌延伸契合度中文化差异的中介，我们使用了 Baron 和 Kenny（1986）的方法，这一方法需要对每个品牌进行一系列的三个回归。当满足下列条件时可以获得中介效应的证据，即当回归表明：①自变量（文化）预测了因变量（品牌延伸契合度）；②自变量（文化）预测了中介变量（思维方式）；③当因变量对自变量和中介变量回归时，中介变量的影响仍然显著，而自变量的影响显著减小（部分中介）或变为不显著（完全中介）。我们还进行了 Sobel 检验，它提供了一个正式的中介检验（Baron and Kenny，1986）。结果（见表 13.2）表明，思维方式对于可口可乐来说是文化对品牌延伸契合度影响的完全中介，而对于柯达是部分中介。为了检验我们关于品牌延伸评价中的文化差异被品牌延伸契合度中介的假设，我们进行了类似的中介分析。结果（见表 13.3）支持我们的观点。品牌延伸契合度被发现对于可口可乐和柯达都是部分中介。

表 13.2　研究 1：在品牌延伸契合度中思维类型作为中介文化的影响

品牌延伸	条件	回归方程
可乐	1	文化（-0.392^{**}）影响思维类型
	2	文化（-0.288^{**}）影响品牌延伸契合度
	3	思维类型（0.303^{**}）影响品牌延伸契合度，并减少文化（-0.169）对品牌延伸契合度的影响
		Sobel's z$=-2.67$，$p<0.01$
柯达	1	文化（-0.213^{*}）影响思维类型
	2	文化（-0.248^{**}）影响品牌延伸契合度
	3	思维类型（0.282^{**}）影响品牌延伸契合度，并减少文化（-0.188^{*}）对品牌延伸契合度的影响
		Sobel's z$=-1.90$，$p=0.05$

注：括号里是每个预测的标准化测试权重。
* 表示 $p<0.05$；** 表示 $p<0.01$；*** 表示 $p<0.001$。

表 13.3　研究 2：品牌延伸作为中介文化对品牌延伸评价的影响

品牌延伸	条件	回归方程
可乐	1	文化（-0.288^{**}）影响品牌延伸契合度
	2	文化（-0.470^{***}）影响品牌延伸评价
	3	品牌延伸契合度（0.678^{***}）影响品牌延伸评价和减少文化（-0.275^{**}）对品牌延伸评价的影响
		Sobel's z$=-3.12$，$p<0.01$
柯达	1	文化（-0.248^{**}）影响品牌延伸契合度
	2	文化（-0.343^{***}）影响品牌延伸评价
	3	品牌延伸契合度（0.752^{**}）影响品牌延伸评价和减少文化（-0.156^{**}）对品牌延伸评价的影响
		Sobel's z$=-2.71$，$p<0.01$

注：括号里是每个预测的标准化测试权重。
* 表示 $p<0.05$；** 表示 $p<0.01$；*** 表示 $p<0.001$。

讨论

我们的发现证实了品牌延伸评价中存在着文化差异。在各种各样的品牌延伸中，东方人（印度人）比西方人（美国人）感知到了更高程度的延伸契合度，并给出了更有利的延伸评价。我们还得到了造成文化差异过程的证据。具体来说，分析性和整体性思维者所产生的品牌延伸想法与我们对于分析性与整体性思维的定义十分吻合。中介分析的结果证实了分析性与整体性思维的差异是文化影响品牌延伸契合度的中介机制，并且证实了品牌延伸契合度是文化对品牌延伸评价影响的中介机制。

因此，我们的研究结果支持了思维方式中的文化差异导致了东方与西方消费者对品牌延伸不同反应的观点。然而，是否可能存在其他文化差异来影响品牌延伸反应的不同模式？我们检查了几个可能性：

第一，我们认为消费者对于品牌延伸的怀疑程度中存在着文化差异，西方人比东方人更加多疑，且持有的有利态度更少。我们通过询问研究 1 的被试者是否同意下列陈述来探索这一可能性："可口可乐（柯达）把它们的名字放在很多不同产品上只是为了想赚钱。"对这一陈述的反应表明东方和西方的怀疑程度都相对较低，降低了将消费者怀疑作为西方消费者不太有利的品牌延伸评价的一种替代性解释的可行性。

第二，我们考虑对母品牌态度的文化差异是否可能导致了品牌延伸评价中的文化差异。对母品牌更有利的态度很容易导致更有利的品牌延伸评价。尽管进行了周密的预测试，我们经分析发现，在一些情况下西方消费者对研究 1 中的母品牌持有更有利的态度。然而，这些有利态度没有转化为对品牌延伸更有利的评价。事实上，西方人确实对品牌延伸持有不太有利的态度。

第三，我们考虑了不同程度的品牌知识和经验是否可能促进了西方消费者更多的审查和不太有利的延伸评价。尽管可口可乐和柯达是真正意义上的全球品牌，并且是基于类似的全球排名和消费者感知而被选中，但是我们无法完全排除这个因素的影响。同样，我们不能排除特定的品牌联想可能或多或少在一种文化中是重要的这种可能性，这为较低的或较高的延伸契合度感知提供了依据。

为了排除与母品牌态度、知识、经验相关的替代性解释，我们在下一个研究中使用了一个虚拟的母品牌来检验我们关于品牌延伸反应中文化差异的假设。使用一个虚拟的母品牌使我们可以在文化间平衡品牌信息和经验。因此，用一个虚拟母品牌复制研究 1 的结果可以让我们排除基于母品牌态度、知识或经验中文化差异的替代性解释。

研究 2

样本和步骤

我们通过一个 2（文化：东方，西方）× 2（品牌延伸：文件柜，贺卡）的组间实验检验了品牌延伸反应中的文化差异。在与之前相同的大学群体中，我们招募了 40 名印度学生和 38 名美国白人学生。首先给被试者展示了一个虚拟品牌（Excera）的信息，信息描述如下："Excera 是一个生产高质量照相胶片和照相机的制造商。消费者将该品牌描述为摄影相关产品中的领导者。"然后要求被试者用 7 分量表来表明他们对 Excera 的态度。在这之后，要求他们评价一个品牌延伸——Excera 文件柜或 Excera 贺卡。这两种延伸已经在预测试中被确定为按照美国标准来说的低契合（$M_{文件柜} = 2.10$ 和 $M_{贺卡} = 3.3$）。选择低契合度延伸是基于研究 1 的发现，即这些类型的延伸表现出了持续强劲的文化差异。接下来，被试者完成了分析性和整体性思维的镶嵌图形测验，提供了他们对于品牌延伸契合度的感知，且完成了研究 1 中的一些人口统计问题。

结果

操纵检验

第一，我们检验了分析性—整体性思维测试的结果，以确认美国和印度样本在处理方式上的差异符合预期。正如预期的那样，美国样本比印度样本发现了更多的镶嵌图形 [$M_{印度} = 7.45$，$M_{美国} = 9.66$；$F(1, 69) = 10.44$，$p < 0.01$]，这表明美国样本更多的是分析性思维方式。

第二，我们检验了对虚拟母品牌（Excera）的态度，以确认提供给被试者关于 Excera 品牌的描述在不同文化中激发了相似感知。为此，我们进行了一个对虚拟母品牌态度的 2（文化：东方，西方）×2（品牌延伸：文件柜，贺卡）方差分析。正如所料，所有的影响都不显著（$p's > 0.10$）。

品牌延伸契合度

我们对品牌延伸契合度感知进行了一组 2（文化：东方，西方）×2（品牌延伸：文件柜，贺卡）方差分析，结果显示文化的主效应显著 [$F(1, 74) = 9.20$，$p < 0.01$]。多重对比表明，印度被试者比美国被试者给出了更高的契合度评分，对于文件柜延伸 [$M_{印度} = 2.30$，$M_{美国} = 1.79$；$F(1, 74) = 1.85$，$p = 0.08$] 和贺卡延伸 [$M_{印度} = 4.20$，$M_{美国} = 2.85$；$F(1, 74) = 8.08$，$p < 0.01$；如图 13.2 所示] 都是如此。

品牌延伸评价

我们对品牌延伸评价进行了一组 2（文化：东方，西方）×2（品牌延伸：文件柜，贺卡）方差分析，结果显示文化的主效应显著 [$F(1, 74) = 9.74$，$p < 0.01$]。多重对比表明，印度被试者对文件柜延伸 [$M_{印度} = 3.40$，$M_{美国} = 2.75$；$F(1, 74) = 3.09$，$p < 0.05$] 和贺卡延伸 [$M_{印度} = 4.60$，$M_{美国} = 3.78$；$F(1, 74) = 5.28$，$p = 0.01$；如图 13.2 所示] 都给出了更高的评价。

讨论

我们的结果复制了研究 1 中真实品牌报告的结果。东方人比西方人感知到了更高程度的品牌延伸契合度，且对品牌延伸的评价更有利。鉴于通过使用一个虚拟品牌平衡了不同文化中的母品牌态度、知识和经验，所以品牌延伸反应中的文化差异不能归咎于品牌熟悉度、态度或品牌联想中的文化差异。

A. 品牌延伸契合度评级

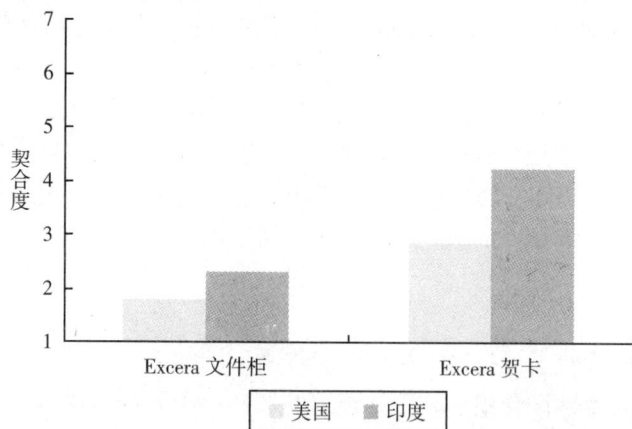

B. 品牌延伸评价评级

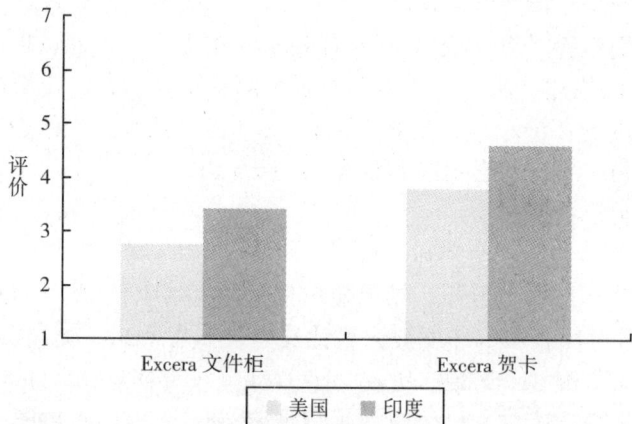

图 13.2 研究 2

　　在接下来的研究中，我们通过囊括双文化消费者样本，为思维方式是导致品牌延伸反应中文化差异的机制寻求了进一步的证据。具体地说，我们包含了亚裔美国人样本。亚裔美国人被描述为双文化的，即具有东方文化和西方文化的文化价值观（Benet-Martinez et al.，2002；Hong et al.，2000），且就文化价值观而言处于美国白人和亚洲人之间（Lau-Gesk，2003）。因为亚裔美国人一直暴露在东西方文化中，我们预期他们进行分析性和整体性思维的能力处于西方人和东方人之间（Norenzayan et al.，2002）。

　　如果分析性思维方式和整体性思维方式是造成品牌延伸反应中文化差异的原因，如我们主张那样，亚裔美国人表现出的品牌延伸反应应该处于美国人（分析性思维者）和印度人（整体性思维者）之间。如果其他因素是我们观察到的文化差异的原因，如与居住在美国消费环境相关的外部因素（例如，广告活动、零售环境），则亚裔美国人对品牌延伸的反应应该类似于美国人。与我们的假设推理一致，我们提出以下假设：

H₃：双文化（亚裔美国）消费者对品牌延伸契合度的感知将会高于西方（美国）消费者，但低于东方（印度）消费者。

H₄：双文化（亚裔美国）消费者的品牌延伸评价将会比西方（美国）消费者更有利，但比东方（印度）消费者较不有利。

研究 3

样本和步骤

从之前研究中相同大学中招募了 39 名亚裔美国学生作为被试者。这个样本已经在美国平均居住了 17.42 年。与他们的亚裔传统（苗族）相关的语言能力在 7 分量表上得到的平均分是 5.9 分，这表明尽管他们生命中大部分时间生活在美国，但他们仍通过语言保留了他们的亚洲文化。这与之前表明在美国的苗族大学生在支持美国价值观之外保持了适当水平的苗族文化取向的研究是一致的（Tsai，2001）。

实验步骤与研究 1 相似，只有以下这点不同：由于数据收集的情境，只有一个品牌延伸（可口可乐爆米花）呈现给被试者进行评价。对这个延伸的反应将与研究 1 中印度和美国白人样本的反应进行比较。

结果

分析性和整体性思维

正如预期那样，单因素方差分析结果表明文化的主效应显著 $[F(2, 76) = 4.07，p<0.05]$，且亚裔美国人处于印度和美国样本中间（$M_{美国人}=10.35$，$M_{亚裔美国人}=9.46$，$M_{印度人}=7.85$）。多重比较的结果确认了印度人和亚裔美国人之间的显著差异 $[F(1, 76) = 4.29，p<0.05]$，以及印度人和美国人之间的显著差异 $[F(1, 76) = 7.83，p<0.01]$。美国人和亚裔美国人之间差异的方向与我们的假设一致，是边缘显著 $[F(1, 76) = 1.30，p=0.12]$。

品牌延伸契合度

单因素方差分析结果揭示了文化显著的主效应 $[F(2, 76) = 10.01，p<0.01]$。印度人和美国人的有利契合度评分分别是最高的和最低的（$M_{印度人}=4.85$，$M_{美国人}=2.45$），亚裔美国人的评分处于两者之间（$M_{亚裔美国人}=3.41$）。多重比较结果表明美国人和印度人之间 $[F(1, 76) = 19.65，p<0.01]$、美国人和亚裔美国人之间 $[F(1, 76) = 4.16，p<0.05]$ 以及印度人和亚裔美国人 $[F(1, 76) = 9.35，p<0.01$；如图 13.3 所示] 之间的差异都是显著的。

A. 品牌延伸契合度评级

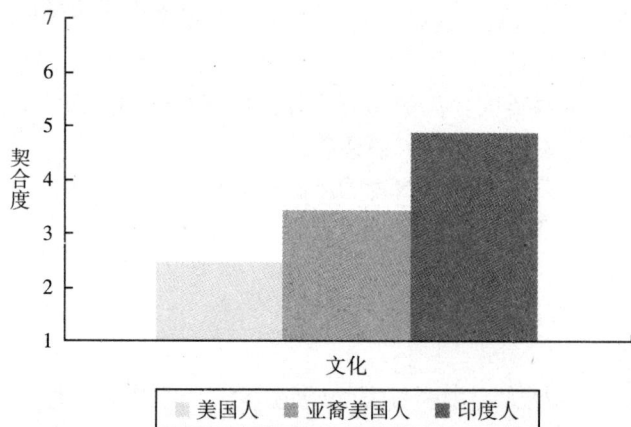

B. 品牌延伸评价评级

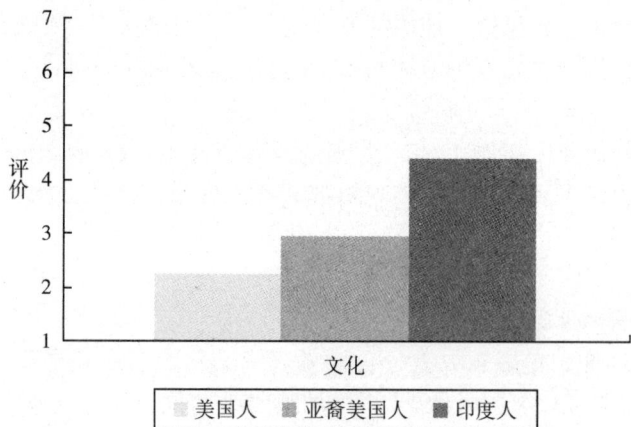

图 13.3 研究 3

263   品牌延伸评价

单因素方差分析结果揭示了文化的显著主效应 [$F(2, 76) = 16.28$, $p <$ 0.01]，印度人和美国人分别给出了最高的和最低的有利评价（$M_{美国人} = 2.25$, $M_{印度人} = 4.40$）。亚裔美国人的评价处于这两个极端之间（$M_{亚裔美国人} = 2.94$）。多重比较结果显示美国人和印度人之间 [$F(1, 76) = 30.61$, $p < 0.01$]、美国人和亚裔美国人之间 [$F(1, 76) = 4.33$, $p < 0.05$] 以及印度人和亚裔美国人之间 [$F(1, 76) = 18.41$, $p < 0.01$；如图 13.3 所示] 的差异都是显著的。对母品牌的态度在不同组间没有差异（$p > 0.10$）。

讨论

这项研究的结果进一步支持了思维方式对品牌延伸反应中文化差异的影响。

双文化群体（亚裔美国人）的品牌延伸契合度和评价处于东方人（印度）和西方人（美国白人）之间。从分析性—整体性思维方式来看，亚裔美国人也处于印度和美国样本之间。通过在前两个研究中观察到的品牌延伸反应中的文化差异排除一些替代性解释，这些研究发现强化了我们的立场。例如，东方（印度）和西方（美国）文化在营销环境方面来说是不同的，包括广告实践活动、品牌延伸活动的数量和类型等方面的差异。因为这些差异可能是品牌延伸反应中文化差异的替代性解释，所以人们会期望看到美国人和亚裔美国人相差无几。美国人和亚裔美国人的一生都住在美国。然而，我们研究 3 的发现表明，美国人和亚裔美国人对品牌延伸有不同的反应，我们发现这与分析性和整体性思维方式有关。

一般讨论

我们的研究发现消费者对品牌延伸的反应中存在着文化差异。相较于具有整体性思维特征的东方文化消费者，西方文化消费者具有分析性思维的特征，对品牌延伸契合度的看法更受限制。这些思维方式上的差异通常会导致东方人比西方人有更高的感知品牌延伸契合度和更有利的品牌延伸评价。这些发现进一步支持了以下观点，思维方式是品牌延伸反应中文化差异的一个重要影响因素，这与 Monga 和 John（2007）的观点一致。

此外，我们的研究结果为思维方式是品牌延伸反应中文化差异的起因这一观点提供了额外支持。在我们的第一个研究中，中介分析结果证实不同类型的品牌延伸想法（分析性和整体性）是文化影响品牌延伸契合度感知的中介机制，品牌延伸契合度反过来又中介了品牌延伸评价。这些研究也排除了文化差异的替代性解释，包括对品牌延伸的怀疑（研究 1）和在母品牌态度、信仰或经验上的文化差异（研究 2）。在研究 3 中，我们还排除了基于营销环境中文化差异的替代性解释。尽管他们一生都住在美国，接触了相同的广告和品牌延伸活动环境，双文化（亚裔美国）消费者表现出了与西方（美国）消费者不同的品牌延伸反应。所有三个研究的结果加起来为以下观点提供了额外证据，即思维方式是东方和西方文化的消费者感知和评价品牌延伸的一种驱动因素。

对跨文化研究的启示

我们的研究对消费者行为领域内报告文化差异的大量文献进行了补充。这些发现表明思维方式框架在理解文化作用上比其他框架要有用。考虑个人主义—集体主义框架，它将集体主义文化与个人主义文化区分开。在集体主义文化中，个体将自己定义为一个集体中相互依赖的成员（如家人、同事）；在个人主义文化中，个人强调自主权和自我独立性（Triandis，1995）。分析性—整体性思维框架和个人主义—集体主义框架有着类似的文化前因——许多与较少的社会关系。两个框架都预测个人主义（分析性）文化比集体主义（整体性）文化是较少依赖环境和场景的（Kühnen et al.，2001；Nisbett et al.，2001）。然而，分析性—整体性思维框架还能预测某些独特的结果。与分析性思维者相比，整体性思维者：①对事情的起因有不同的观念；②更能接受矛盾；③认为事件和世界总是在变化的；④较不可能依赖事件所属类别，更可能依赖对象间的关系（Nisbett et al.，2001；Choi，Koo，and Choi，2007）。通过利用这一框架，我们能够提供关于对一般信息领域（即品牌延伸）的反应的见解，这对于个人主义—集体主义框架来说是不可能的。

我们的结果对跨文化心理和跨文化消费者行为的相关研究做出了贡献。本章报告的所有研究比较了不同的文化群体（美国人和印度人）。然而，在文化领域内有两个重要的发展值得注意：第一，人们逐渐认识到文化是可塑的，且文化的方方面面可以通过情境启动（Hong et al.，2000）。基于环境中嵌入的线索，个体可以在不同文化思维方式之间转变。这提出了一种可能性，即启动东方人的分析性思维和西方人的整体性思维可能会导致这些文化评价品牌延伸方式上的重大变化。第二，文化研究者质疑，将一个国家贴上分析性或整体性的标签是否意味着这个国家里所有个人都采取了同一种思维模式。比如，Choi、Koo 和 Choi（2007）经研究表明，分析性—整体性思维能被概念化为一个个体差异变量，这种个体差异导致了单一文化内在思维方式上的巨大差异（Choi，Koo and Choi，2007）。这意味着品牌延伸反应可能在美国或印度内部会表现出显著差异。需要进一步研究来更好地理解文化内和文化间的品牌延伸反应。

对品牌化研究的启示

我们的发现也对品牌化文献做出了重要贡献。大多数品牌化研究使用美国被试者来检验它们的理论。如果考虑到在全球范围内使用标准化项目的优势，管理文献甚至鼓励在不同文化间使用类似的品牌化策略。与这种观点相反，我们的研究表明，文化上根深蒂固的思维方式会影响对品牌化策略的反应。我们关于亚裔美国人比美国白人对品牌延伸有更有利反应的发现，反映了甚至在美国内部做研究时考虑消费者文化背景的重要性。

我们的发现还表明，检验以前跨文化品牌化研究结果的稳健性可能是有价值的。先前的研究在消费者如何基于延伸的特点（例如，向下和向上延伸）和母品牌的本质（例如，声望的和功能的）来评价品牌延伸等方面取得了许多重要发现。我们的研究表明，这些结果可能不能推广到其他文化的消费者身上。例如，奢侈品牌的向下延伸可能会稀释该品牌的声誉，这一众所周知的发现可能对东方文化中的消费者不成立。东方文化中的消费者可能认为向下延伸与该奢侈品牌相当契合。将我们的研究扩展到其他品牌延伸问题可能会为消费者行为中与文化差异相关的问题提供新的见解。

致谢

本研究由 ACR-Sheth 论文跨文化研究奖资助。

参考文献

Baron, Reuben M., and David A. Kenny (1986). "The Moderator-Mediator Distinction in Social Psychological Research: Conceptual, Strategic, and Statistical Considerations," *Journal of Personality and Social Psychology*, 51 (6), 1173-1182.

Benet-Martínez, Veronica, Janxin Leu, Fiona Lee, and Michael Morris (2002). "Negotiating Biculturalism: Cultural Frame-Switching in Biculturals with 'Oppositional' vs. 'Compatible' Cultural Identities," *Journal of Cross-Cultural Psychology*, 33 (5), 492-516.

Bottomley, Paul A., and Stephen J. Holden (2001). "Do We Really Know How Consumers Evaluate Brand Extensions?" *Journal of Marketing Research*, 38 (4), 494-500.

Chiu, Liang-Hwang (1972). "A Cross-cultural Comparison of Cognitive Styles in Chinese and American Children," *International Journal of Psychology*, 7, 235-242.

Choi, Inchol, MinKyung Koo, and Jong An Choi (2007). "Individual Differences in Analytic versus Holistic Thinking." *Personality and Social Psychology Bulletin*, 33 (5), 691-705.

Han, Jin K., and Bernd H. Schmitt (1997). "Product-category Dynamics and Corporate Identity in Brand Extensions: A Comparison of Hong Kong and U.S. Consumers," *Journal of International Marketing*, 5 (1), 77-92.

Hong, Ying-yi, Michael W. Morris, Chi-yue Chiu, and Veronica Benet-Martínez (2000). "Multicultural Minds: A Dynamic Constructivist Approach to Culture and Cognition," *American Psychologist*, 55 (7), 709-720.

Horn, Wolfgang (1962). *Leistungspreufsystem, L-P-S: Handanweisung fuer die Durchfuehrung, Auswertung und Interpretation* [A Performance Testing System: Manual for Administration, Scoring and Interpretation]. Goettingen, Germany: Verlag-Hogrefe.

Ji, Li-Jun, Kaiping Peng, and Richard E. Nisbett (2000). "Culture, Control and Perception of Relationships in the Environment," *Journal of Personality and Social Psychology*, 78 (5), 943-955.

Keller, Kevin L. (2002). *Branding and Brand Equity*. Cambridge, MA: Marketing Science Institute.

Kühnen, Ulrich, Bettina Hannover, Ute Roeder, Ahiq A Shah, Benjamin Schubert, Arnold Upmeyer, and Saliza Zakaria (2001). "Cross-cultural Variations in Identifying Embedded Figures," *Journal of Cross-cultural Psychology*, 32 (3), 365-371.

Lau-Gesk, Loraine (2003). "Activating Culture Through Persuasion Appeals: An Examination of the Bicultural Consumer," *Journal of Consumer Psychology*, 13 (3), 301-315.

Loken, Barbara, and Deborah Roedder John (1993). "Diluting Brand Beliefs: When do Brand Extensions Have a Negative Impact?" *Journal of Marketing*, 57 (3), 71-84.

Masuda, Takahiko, and Richard E. Nisbett (2001). "Attending Holistically Versus Analytically: Comparing Context Sensitivity of Japanese and Americans," *Journal of Personality and Social Psychology*, 81 (5), 922-934.

Miller, Joan (1984). "Culture and the Development of Everyday Social Explanation," *Journal of Personality and Social Psychology*, 46 (5), 961-978.

Monga, Alokparna Basu, and Deborah Roedder John (2004). "Consumer Responses to Brand Extensions: Does Culture Matter?" *Advances in Consumer Research*, 31, 216-219.

——(2007). "Cultural Differences in Brand Extension Evaluation: The Influence of Analytic versus Holistic Thinking," *Journal of Consumer Research*, 33 (4), 529-536.

Nisbett, Richard E., Kaiping Peng, Incheol Choi, and Ara Norenzayan (2001). "Culture and Systems of Thought: Holistic Versus Analytic Cognition," *Psychological Review*, 108 (2), 291-310.

266

Norenzayan, Ara, Edward E. Smith, Beom Jun Kim, and Richard E. Nisbett (2002). "Cultural Preferences in Formal vs. Intuitive Reasoning," *Cognitive Science*, 26 (5), 653–684.

Shweder, Richard (1991). *Thinking Through Cultures: Expeditions in Cultural Psychology*. Cambridge, MA: Harvard University Press.

Triandis, Harry C. (1995). *Individualism and Collectivism*. Boulder, CO: Westview Press.

Tsai, Jeanne (2001). "Cultural Orientation of Hmong Young Adults," *Journal of Human Behavior in the Social Environment*, 3 (3/4), 99–114.

Witkin, Herman A., Phillip K. Oltman, Evelyn Ruskin, and Stephen A. Karp (1971). *Manual for the Embedded Figures Test*. Palo Alto, CA: Consulting Psychologist Press.

第 14 章

奢侈品品牌化

凡妮莎·M.帕特里克，亨里克·哈格维特
（Vanessa M. Patrick and Henrik Hagtvedt）

奢侈品市场的变化以及新兴奢侈品的产生

家得宝[①]（Home Depot）旗下一个浴室设备系列——飞马座（Pegasus）最近一则广告的标题是："奢侈仅仅是为特权阶层独占的吗？什么让你产生了这样一种想法？"今天，美好生活的承诺，奢华生活的最终体验，这些事实上已经由每个种类的产品提供给了大众市场消费者。Silverstein 和 Fiske（2003）将其称为新兴奢侈品市场，并将它描述为最近的社会经济趋势，这一经济趋势是终端市场消费者更愿意给"相较于同类产品具有更高质量、品位以及抱负的但并不是难以企及的产品"支付更高价格（Silverstein and Fiske，2003，p. 1）。因此，新兴奢侈品市场并不受限于诸如钻石、皮草以及昂贵的汽车等常规奢侈品（这些被Silverstein 和 Fiske 称为"旧奢侈品"），也可能包括每个种类的顶端产品，从三明治（例如，Panera Bread[②]）到沐浴露（例如，Bath and Body Works[③]）。据Silverstein 和 Fiske（2003）的研究，新兴奢侈品指的是与消费者在情感水平上相联系的优质产品。

随着新兴奢侈品现象的出现，奢侈品品牌化成为了市场营销研究中越来越重要的一个领域。尽管存在着一些值得注意的例外（例如，Park，Milberg and Lawson，1991；Vigneron and Johnson，2004），奢侈品概念、奢侈品营销以及奢侈品品牌管理等在现有文献中多半被忽略了。本章主要目的是呈现关于奢侈品品

---

① 家得宝，即美国家得宝公司。为全球领先的家居建材用品零售商，美国第二大零售商，家得宝遍布美国、加拿大、墨西哥和中国等地区。

② Panera Bread 是美国著名的快餐企业之一，主营产品是面包和三明治。

③ Bath and Body Works 是美国地区最受女性朋友欢迎、最爱使用的品牌，在美国走平价路线销售。目前是美国地区沐浴类产品的最大品牌，其产品系列包含身体乳液、沐浴乳、身体喷雾等天然身体乳液。其产品最大的特点是：以缤纷的水果植物香味让肌肤享受尊宠的美丽与呵护。

牌化的研究现状,并识别有关以下三个方面研究的空白:①奢侈品品牌概念;②理解消费者如何与奢侈品品牌建立联系,并处理奢侈品品牌信息;③识别管理奢侈品品牌概念中的固有利益以及风险。

　　在本章的余下部分,我们首先区分新兴奢侈品和旧奢侈品的概念。接下来我们呈现了奢侈品产品和品牌营销的研究现状,并做了简要回顾。大量此类研究从市场营销者的角度探讨了应该如何管理一个奢侈品品牌,这一概念与旧奢侈品的概念相一致。然而,最近一些研究提供了驱动奢侈品品牌选择动机的新见解。在回顾了相关文献之后,我们识别了一些重要的研究空白,重点是奢侈品品牌的再定义,增加对消费者处理奢侈品品牌概念理解的需要,以及管理奢侈品品牌概念的固有利益和风险。对现有和未来研究的图解概要如图14.1所示。

268

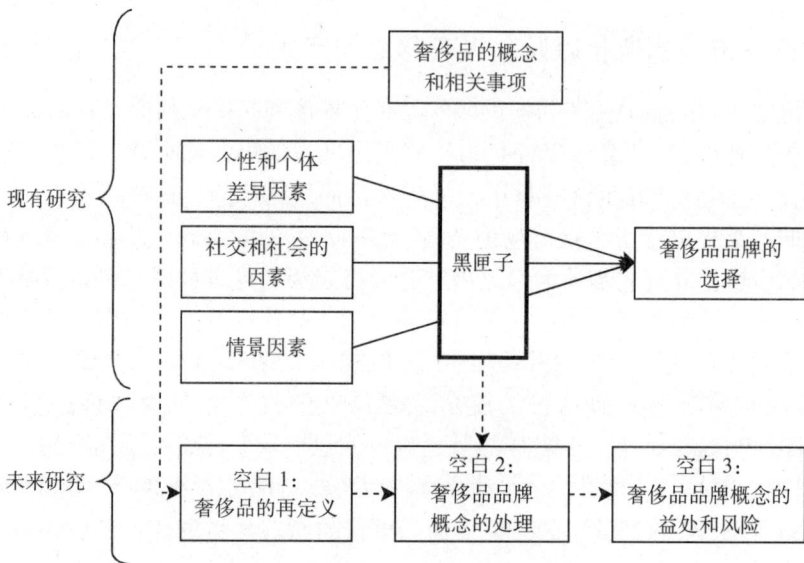

图 14.1　现有的和未来研究的图解概要

新兴奢侈品和旧奢侈品有何不同?

　　传统意义上,构成奢侈品消费的基础是稀缺性原理(Veblen,1899)。然而,Silverstein和Fiske(2003)发现了一类新的奢侈品消费者,这些奢侈品消费者是使奢侈品市场大众化的原因(Tsai,2005)。这些中层消费者选择性地付出更高价钱去购买"拥有更高质量、品位以及抱负的产品"。事实上,那些奢侈品品牌帮助中产阶级获得了成功的感觉(Schwartz,2002)。不仅是奢侈品被大众化了,而是那些传统意义上的奢侈品也在发生变化。传统的奢侈品品类,例如皮草、手表以及珠宝正在被家用电器、精致餐饮、香皂以及旅游所替代。事实上,Danziger

（2005）指出，旧奢侈品由产品种类所定义，而新奢侈品是独立于产品种类的，而且只与体验有关。

2007 年，整个奢侈品产品和服务市场在消费者支出上贡献了 3219 亿美元（Unity Marketing，2008）。值得注意的是，这并不包括不断膨胀的新兴奢侈品市场。事实上，每一个产品种类中新兴奢侈品的兴起和奢侈品的大众化（Tsai，2005），让更多的消费者能够接触到奢侈品的体验，这被许多观察者看作奢侈品市场的重要转型。但是，如果"旧奢侈品"和"新奢侈品"这两个词是用来促进对这个转型的理解和讨论，而不是混淆什么是奢侈品的话题，那么应该明确这两个概念间的关系。新奢侈品有别于旧奢侈品是因为新奢侈品并不局限于具体的产品品类。进一步说，炫耀性消费① 对新奢侈品的概念并没有那么重要，新奢侈品概念更关注于体验、情感和享乐。市场中旧奢侈品和新奢侈品有着共同存在的趋势。而且，消费者对旧奢侈品的感知会影响他们对新奢侈品的感知，两个概念间明显的区别在某种程度上是有些主观的。但是，两者的区别可能对目前市场上品牌管理有一定的作用。旧奢侈品市场着重于品牌的地位和声望，然而新奢侈品市场着重于消费者和品牌之间的愉悦以及情感联系。在旧奢侈品市场中，品牌管理涉及管理品牌的属性、特征以及形象，以便向消费者传递奢侈的知觉。

值得注意的是，促成今天这种奢侈品的原因主要是消费者不断变化的需求本质，尤其是从功利性或基本需求演变成享乐性或更高层次的需求。许多消费者不再挣扎于满足实现生存、安全以及舒适的基本需求上，而是尽力追求得到愉悦和拓宽他们的生活体验。随着奢侈品市场剧烈的变化，学术研究者和市场营销人员关注的重要问题是奢侈品品牌如何能够以及应该如何被战略性和动态地管理，从而使它们与消费者有一种情感层次上的连接，保证消费者能从与品牌的每次相遇中获得愉悦。

关于奢侈品品牌化的现有文献回顾

什么是奢侈品品牌？

韦氏字典（2009）将"奢侈"定义为"充足或者极为安逸和舒适的状态"或者"增加欢乐和舒适但并非绝对需要的事物"。这个广泛流传的定义阐明了奢侈概念和享乐消费概念间清晰的联系（Hirschman and Holbrook，1982）。事实上，Vigneron 和 Johnson（2004）引用了 Kapferer（1997）的观点，将奢侈品描述为那些提供额外愉悦和立刻能讨好所有感官的产品。他们扩充这一描述并指出心理上

---

① 炫耀性消费（Conspicuous Consumption）是指富裕的上层阶级通过对物品的超出实用和生存所必需的浪费性、奢侈性和铺张浪费，向他人炫耀和展示自己的金钱财力和社会地位，以及这种地位所带来的荣耀、声望和名誉。此类消费是出于炫耀财富的目的，而不是为了正常的消费需求满足。

的益处而不是功能上的益处是区分奢侈品和非奢侈品的主要因素。Berry（1994）区分了奢侈品和必需品，必需品是功利性事物，能帮助减轻不舒适带来的不开心状态，而奢侈品被看作渴望的、能提供愉悦的事物。其他人将奢侈品定义为那些性价比低、但无形的和情境性效用相对价格来说比例很高的产品（Nueno and Quelch，1998）。

270   在本章中，我们提出了以消费者为中心的奢侈品牌定义，该定义反映了目前市场趋势和新奢侈品的兴起。我们将奢侈品牌概念化为在优质且与消费者存在情感链接层次上的该产品种类中是最好的（Hagtvedt and Patrick，2008a）。我们指出奢侈品牌的这个构想捕捉到了奢侈品优质的先决条件，但也强调了构成消费者所获主要利益是情感利益的传达。

奢侈品品牌与什么相关?

现有研究已经探讨了向消费者传递奢侈信号的品牌的不同方面。尽管这类研究很大程度上检验的是对于旧奢侈品来说什么可能被认为是最相关的，但这些品牌联系中的部分联系对新奢侈品仍旧很重要。需要实证研究去明确是哪些联系与新奢侈品相关。

Phau 和 Prendergast（2000）指出奢侈品品牌是那些体现出排他性，有很强品牌身份，有很高品牌知名度以及被感知有很高质量的产品。事实上，其他研究系统地调查了奢侈品品牌概念的多维度特点，并且提出了应该如何管理这些维度来创造持续的奢侈品品牌价值。例如，Vigneron 和 Johnson（2004）提出了奢侈品品牌的五个核心维度：感知质量、感知显著性、感知独特性、感知自我延伸①以及感知享乐主义。这些维度中的第一个维度简单地指出奢侈品品牌应该提供优越的表现（Gentry et al.，2001）。企业提高收入的一个重要来源是增加由感知质量引起的购买意图（Rust，Moorman and Dickson，2002），奢侈品也意味着价格溢价会阻止一些可能更喜欢物有所值逻辑的消费者，即他们希望花费的每分钱能够获得更高质量。对于其他奢侈品的三个维度，事实上高价格是适合的。炫耀性消费的概念表明消费者购买显性产品是因为它们的社交信号效应。这些消费者因此达到了一个更高水平的地位或者声望，这将使他们自己和其他消费者区分开（Veblen，1899）。事实上，一些研究甚至得出消费者购买奢侈品品牌的倾向依赖于他们对人际间影响的敏感度（Bearden and Etzel，1982）。产品的感知独特性或者稀缺性增加了这个社交信号效应，公司有时候将其整合到品牌战略中。例如，法拉利②（Ferrari）承诺不会生产超过 4300 辆车，尽管消费者需要等待两年才能

---

① 自我延伸（Extended Self）是指人将其他事物看作自我身份的一部分。
② 法拉利是意大利著名跑车品牌。

买到该车，迪奥①（Christian Dior）甚至因为超级市场摆放它的产品而上诉，因为迪奥担心广泛的可得性可能会损害它的独有形象（Amaldoss and Jain，2005）。这些行为基于的假设是奢侈品品牌可能足以划分和区别于其他相关的消费者。消费者也可能将那些品牌的代表性含义整合到他们的身份中（Holt，1995）。Belk（1988）的延伸自我概念提出，所有物可能会形成一部分消费者的身份，因此自我构建似乎是奢侈品消费者一个重要的因素（Vigneron and Johnson，2004）。

最后一个维度，感知享乐主义，指的是感官上的满意度，与奢侈品消费中的社会情境相反。奢侈品消费的享乐方面指的是从消费体验中获得的内在愉悦和情感上的奖励（Hirschman and Holbrook，1982）。这个观点也与 Silverstein 和 Fiske（2003）的新奢侈品观点一致，即优质与消费者存在情感连接，这使得在各种各样的产品类别中都可以推广奢侈品品牌。毕竟愉悦不仅是一个基础的人类驱动力（Higgins，1997），而且可以广泛应用，因为消费者可能在任何品类的产品消费中感到愉悦或者感受到感官上和情感上的满足。事实上，据称横扫各个国家的"奢侈热"被认为不仅是追求皮草、钻石以及汽车，而且包括传统的功能性物品如烤肉架、洗衣机以及剪草机等。进一步说，尽管基于炫耀性消费的稀缺性原则（Dubois and Paternault，1995；Veblen，1899）阻碍了容易获得的产品成为奢侈品，但是并没有明显的理由来解释为什么消费者会反感大量的感官和情感上的满意。

消费者对奢侈品品牌的选择

尽管从消费者角度探讨奢侈品品牌化的研究仍然处于初始阶段，但是现有一些文献揭露了驱使消费者选择奢侈品的动机和促进选择奢侈品品牌的条件。早期受经济学理论驱使的研究已经分析了富裕人群的消费选择（Dubois and Duquesne，1993；Dubois and Laurent，1994；Veblen，1899），驱动奢侈品购买的经济和政治因素（Vigneron and Johnson，2004）。其他研究已经调查了使消费者倾向于奢侈品消费的消费者特性。Bearden 和 Etzel（1982）阐述了对于容易受人际关系影响的消费者而言，来自参照群体的支持是奢侈品品牌选择的重要动机。Dubois 和 Laurent（1994）提出具有高享乐动机和高完美主义动机的个体更有可能购买奢侈品，但是另外，愧疚感阻止了消费者购买奢侈品（Kivetz and Simonson，2002）。Wong 和 Ahuvia（1998）阐明了亚洲人和西方人在购买能体现身份的产品和奢侈品品牌的动机上是不同的，这暗示了文化差异是奢侈品消费的一个驱动因素。

他们宣称因为东亚文化本身是基于人际交往的文化，亚洲人（相比西方人）更倾向于受到群体规范和目标的影响，因此导致他们对公开可见的并且能够传达

---

① Christian Dior 是法国的经典品牌，经营护肤、彩妆、香水系列。

他们经济成就的所有物产生偏好。相反地，亚洲人并不像西方人那样去展示基于个人品位、特性或者目标的物质上的行为。类似地，Tsai（2005）讨论了在奢侈品市场上社交导向和个人导向的消费者区别，同时也提供了对于增加个人导向消费者的奢侈品品牌购买价值的建议。

272   也有一些零散的研究发现了驱动品牌选择的情景因素。Mandel、Petrova 和 Cialdini（2006）指出，当某一描绘的媒体个性被感知为是相似的，且该媒体描述是成功（对比失败）的，则消费者倾向于提高对未来财富和对奢侈品品牌偏好的预期。Chartrand 及其同事（2008）证实启动优质的/奢侈的这一概念（例如，经过诺德斯特龙①（Nordstrom）百货公司）会激活追求声誉这一目标，从而会导致更高的奢侈品选择倾向（选择一双更贵的袜子）。Kivetz 和 Simonson（2002）提出当在享乐性体验（乘游轮航行）和功能性体验（为读大学存钱）间做选择时，消费者因内心愧疚感经常会选择后者。但有意思的是，研究者提出关于内疚感的知识导致个体屡次选择奢侈品而不是必需品。研究人员也展示了人们的确更喜欢放纵的奖励，并且对于鼓励参加购买彩票而言，那些奖励比现金更有效，低估了奢侈品的吸引力及其在影响消费者行为上的能力。

Dubois 和 Paternault（1995）讨论了奢侈品的吸引力如何能够在一个渴望和消费的循环中改变。这些作者表明奢侈品的概念有"梦想价值"。一项回归分析结果揭示了奢侈品营销的悖论，即对于奢侈品品牌，意识滋养了拥有这个品牌的梦想，但购买使得美梦成真也就摧毁了这个梦想。

现有文献的总结以及未来研究的空白

现有文献主要着重于奢侈品品牌的定义和概念以及奢侈品体现奢侈地位的相关因素。这是一个合理视角，因为这些研究的目的是促使与奢侈品品牌管理有关的更好的战略决策，并且探讨哪些产品特征和属性（例如价格或者质量）决定了奢侈品品牌的地位。早期研究也调查了驱动奢侈品品牌选择与个性和社交相关的因素。最近的消费者行为学研究已经开始探讨将奢侈品品牌选择作为一个因变量以及它发生在什么条件下。在本章中，我们在现有知识上明确了三个关键的存在空白的问题：如今奢侈品是如何被认知的，消费者如何处理奢侈品品牌信息，奢侈品品牌认知上存在什么利益和风险。考虑到市场中奢侈品的变化以及多元化产品种类的兴起，这些问题与现有研究是相关的。

首先，我们提出了在如今市场上关于奢侈品的重新概念化。我们提出奢侈品是由于其稀缺而被追求，奢侈品品牌的享乐潜质是最基本的区分它们和同类产品的特质。我们认为消费者对奢侈品概念的加工风格和方法在如今看来仍然像一个

_____

① Nordstrom，美国高档连锁百货店。

"黑匣子"。我们也许可以从相关的享乐消费者行为研究中对这个黑匣子有所了解，但是在目前文献中仍然欠缺消费者对品牌概念反应的深层次理解。进一步地，理解消费者对奢侈品的反应有助于深入了解一个相关问题，即管理者如何在关注奢侈品品牌带来收益和风险的同时战略性和有效地管理奢侈品品牌。 273

简而言之，我们识别了文献中的三个主要空白，并呼吁未来研究可以关注这些空白：

（1）在目前市场趋势和市场环境中重新定义奢侈品的概念，确定消费者从奢侈品消费中获得价值的来源。

（2）理解奢侈品品牌如何被评估，换句话说，消费者如何处理奢侈品品牌的信息。

（3）明确奢侈品品牌管理的益处及风险，并且为更有效的和战略性的管理奢侈品品牌提供依据。

空白 1：对奢侈品品牌的重新概念化

营销观点认为消费者为了获得更大的收益，他们就更愿意去支付。因此，奢侈品品牌因为地位、炫耀性以及独占性的益处，可以要求昂贵的价格。事实上，现有研究阐述了消费者将昂贵的价格看作高质量的指标（Quelch，1987；Garfein，1989；Arghavan and Zaichkowsky，2000；O'Cass and Frost，2002）。进一步说，人们常说购买奢侈品往往是因为它们更贵，但并没有比其他更便宜的同类产品提供更多额外的直接效用（Dubois and Duquesne，1993）。

但是消费者从奢侈品获得的实际效用在很大程度上是心理上的，并且正是这些心理上的好处将奢侈品和非奢侈品及仿制品区分开来（Arghavan and Zaichkowsky，2000）。越来越多的消费者更愿意在奢侈体验上花钱，特别是假期住宿、家具、宴会餐饮、餐馆等，换句话说，是享乐体验，与地位相关的产品以及一辈子使用的产品等（Allsopp，2005）。考虑到这点，我们将奢侈品品牌定义为那些在同类产品中高品质、与消费者的情感连接以及将提供愉悦作为主要益处的产品品牌。

为了更好地理解消费者对奢侈品的反应，我们认为也应该强调奢侈品自身的稀缺性特点。在这方面很少或者几乎没有相关研究，但是在艺术和美学中这方面的研究成果正在不断增加，这可能能够帮助这一主题的研究。Dissanayake（1995）在"使特别"和"艺术化"等概念基础上探讨了艺术，并将其与宗教和仪式化的行为联系起来。换句话说，人类有一个随着进化过程而发展的创造和体验与众不同的驱动力，这就是我们推动艺术创造和消费的基础。看上去将创造和奢侈品消费作一个类比是合理的。事实上，Kapferer（1997）将奢侈品看作将艺术应用到功能性事物上的产物。类似地，Hagtvedt 和 Patrick（2008b）讨论了在艺术概念中固有的奢侈品感知，注意到它们都与某种特殊的追求卓越需求相关 274

联。当然，这并不表明奢侈品在艺术方面是最突出或者最重要的，奢侈品只是一种内在动力，这种动力引起了有着相同来源的人类聪明才智的所有表现，即奢侈品是对体验非凡的渴望。

现有文献认可艺术品，在纯粹意义上而言，是因为他们本身有价值并且没有功利性的价值（Hagtvedt and Patrick，2008b；Hirschman，1983）。事实上，有人主张美学上的体验通常是内在驱动的（Averill，Stanat and More，1998）。这种内在价值与它的稀缺性所产生的卓越体验是相关的，因此沿着前文讨论的逻辑，也与奢侈品的概念相关。这一见解进一步阐释了享乐主义在奢侈品消费中的角色，且举例说明了奢侈品研究的几种独立研究流派间的联系及相关性，如有关艺术、美学、设计和享乐产品的研究。事实上，建立一个包含那些相关领域间共同点的通用框架可能会非常有助于奢侈品研究。

空白 2：理解消费者对奢侈品品牌概念的处理

尽管并没有太多研究来明确探讨消费者对奢侈品品牌概念的处理，我们可以利用消费者对享乐品反应的研究成果作为起点。享乐品是多种感觉的，并且与欢乐、感觉、愉悦、激动以及幻想相关联（Hirschman and Holbrook，1982）。先前研究表明享乐品可以用一系列不同的标准所评估（Yeung and Wyer，2004，2005），而且引起了有别于功能性产品的一系列差异化购买目标（Pham，1998）。

我们认为奢侈品品牌相比其他品牌而言也可能基于一系列不同的标准来评估。考虑到奢侈品品牌是基于它传达的情感以及享乐的益处来定义的，一个奢侈品品牌所能满足的情感期望程度比其他属性更能影响评估（Patrick，MacInnis and Park，2007）。所以，我们可以假定，如果品牌在消费中传递了情感上的满足，而不是具体绩效指标上的满意，那么再次体验这种情感上的满足也可以是消费者重复购买的一个关键驱动因素（Hagtvedt and Patrick，2008a）。关于享乐品的研究文献支持了这个观点，其中 Chitturi、Raghunathan 和 Mahajan（2008）提出了功能性产品令人满足，享乐产品让人高兴。我们认为这种高兴体验，而不仅是满意，很可能是未来购买的关键驱动因素，并且再次体验情感的满足，而不是简单再次购买，会成为消费目标。

Thomson、MacInnis 和 Park（2005）指出，情感依恋是奢侈品品牌中的主要联系之一。奢侈品品牌构成了一个独特情境，在该情境中可以检验依恋文献中的一些关键发现。我们认为在奢侈品品牌中，功能性和绩效表现并没有情感连接那么重要。如何获得奢侈品的品牌忠诚是该领域重要的未来研究方向。最近的研究已经开始强调不同人群处理品牌的不同方式，例如在东方社会中流行系统性处理方式，而在西方社会流行分析式处理方式（见第 13 章）。未来研究可以探讨对奢侈品品牌概念处理中不同文化的差异。

空白 3：识别奢侈品品牌概念的益处和风险

考虑到最近市场中的"消费升级"趋势以及每个产品品类中新奢侈品的兴起（Silverstein and Fiske，2003），有必要系统地理解奢侈品品牌概念所定义的益处和风险。基于之前的讨论，奢侈品中固有的享乐属性代表着一种重要益处，并值得进一步研究。毕竟，享乐利益本身是被渴望的，这对品牌、品牌延伸评价、对品牌的依恋、购买行为等都有意义。具体而言，享乐主义属性表明奢侈品品牌本身就是令人渴望的，消费者在评估奢侈品品牌的延伸时（相较于其他品牌延伸）会使用相对不那么理性的基础（Park，Milberg and Lawson，1991）。事实上，目前奢侈定义中的快乐和情感联系的重要性表明，感觉即信息的方法（the feelings-as-information approach）（Schwarz and Clore，1983）会有助于探讨消费者对奢侈品品牌化的反应（Hagtvedt and Patrick，2008a）。

奢侈品的品牌组合管理在很大程度上也是未来研究的一个重要领域。品牌线是在类别中还是跨产品类别中进行延伸，以及品牌对于市场份额和股东价值等营销相关标准的总体影响等都是未来研究中的重要问题（Park and Eisingerich，2008）。事实上，对品牌所传递的情感益处做出金钱上的定价以及将情感的品牌价值转换为金钱价值等内容也是未来重要的研究问题。

但是，值得注意的是奢侈品品牌概念也存在特定的固有风险。品牌管理在品牌传播时必须维持一致、积极的品牌联想（Keller，1993；Park，Jaworski and MacInnis，1986）。对一个特定品牌概念的承诺势必需要提供与品牌概念相一致的品牌线索。例如，昂贵的价格和独家专卖等线索可能被认为与奢侈品品牌的概念相一致（Amaldoss and Jain，2005；Silverstein and Fiske，2003）。进一步说，廉价的延伸可能对奢侈品母品牌存在不利的影响（Kirmani，Sood and Bridges，1999）。关于品牌稀释①的研究表明，如果提供的线索与品牌概念不一致，则会降低对品牌的评价，并对品牌的可延伸性产生影响（Buchanan，Simmons and Bickart，1999）。事实上，即使是被看好的属性，如果它们出现在一个没有预期到的产品中，这会导致不连贯性和不确定性，这会对品牌评估产生不利的影响（Kayande et al.，2007）。

基于我们认为享乐性是奢侈品品牌概念中心的观点，对此一个潜在的缺点就是那些感知是难以维持并且必须仔细地管理的。事实上，奢侈品品牌对品牌线索中的不一致是十分敏感的，打扰或干预享乐感知可能会导致不利的消费者评价和品牌稀释，这些似乎都是合理的。而且，在延伸类别中品牌线索的不一致可能会对母品牌产生负面影响。

相似地，通过将品牌与积极的品牌线索相关联可以增强品牌评估，同时通过

---

① 品牌稀释（Brand Dilution）是指品牌形象和价值在消费者当中逐渐淡化或模糊。

将品牌和消极的品牌线索相关联也可以降低品牌评估（Park et al.，1986）。几个品牌线索可能影响一个品牌被如何评估，具体而言包括广告形象、名人代言、产品包装或者口碑。一般来说，产品属性的负面消息比积极消息更容易影响消费者对品牌的认知（Herr，Kardes and Kim，1991），因为消费者在形成整个品牌态度时更看重负面信息而非正面信息（Herr et al.，1991）。不同的品牌概念可能对负面品牌线索的敏感程度不同。当对品牌的评估更多是基于总体的积极情感联系而不是具体的表现标准时，消费者可能对与奢侈品品牌概念相关联的负面线索特别敏感。

结论

本章对最近关于奢侈品品牌化的研究做了一个精要介绍。事实上，这里的精要并不难以达到，因为截至目前只有少数学者集中于这一领域。为了更好地理解奢侈品的领域，可以关注当前关于声望、炫耀性消费、优质产品等方面的研究，但是奢侈品品牌化同样也值得很大程度上进一步关注。在本章中，我们已经概述了一些迫切需要进一步研究的问题，包括奢侈品品牌的评估，奢侈品品牌信息的处理以及与奢侈品品牌相关联的风险和益处。未来研究也可以解决如下问题，例如消费者目标对奢侈品品牌评估与购买意愿的调节作用，以及消费者对奢侈品品牌反应中具体情感的作用等。而且，与最近研究一致的是（例如，Silverstein and Fiske，2003），本章强调了奢侈品市场大众化和面貌的改变，也提及了奢侈品概念可能应用到几乎任何一个产品种类的定义。但是，未来研究可以探讨新奢侈品和旧奢侈品是否给消费者提供相同的消费体验，是否将特定商品加入奢侈品品牌中会增加或者减少奢侈品品牌主张对诸如品牌评估和购买意愿等的有利影响。最后，尽管现有文献强调了奢侈品吸引力在文化上的差异（Wong and Ahuvia，1998），表面上看来奢侈品是具有普遍吸引力的。未来研究可以从生物学倾向上解构奢侈品消费中的文化影响，这有助于为不同国家、不同文化中奢侈品品牌的战略管理提供深入见解。

277

参考文献

Allsopp, Jamie (2005). "Premium Pricing: Understanding the Value of Premium," *Journal of Revenue and Pricing Management*, 4 (July), 185–194.

Amaldoss, Wilfred, and Sanjay Jain (2005). "Conspicuous Consumption and Sophisticated Thinking," *Management Science*, 51 (October), 1449–1466.

Arghavan, Nia, and Judy L. Zaichkowsky (2000). "Do Counterfeits Devalue the Ownership of Luxury Brands?" *Journal of Product and Brand Management*, 9 (7), 485–497.

Averill, James R., Petra Stanat, and Thomas A. More (1998). "Aesthetics and the Environment," *Review of General Psychology*, 2 (2), 153–174.

Bearden, William O., and Michael J. Etzel (1982). "Reference Group Influence on Product and Brand Purchase Decisions," *Journal of Consumer Research*, 9 (September), 183–194.

Belk, Russell W. (1988). "Possessions and the Extended Self," *Journal of Consumer Research*, 15

(September), 139–168.

Berry, Christopher J. (1994). *The Idea of Luxury: A Conceptual and Historical Investigation*, Cambridge, UK: Cambridge University Press.

Buchanan, Lauranne, Carolyn J. Simmons, and Barbara A. Bickart (1999). "Brand Equity Dilution: Retailer Display and Context Brand Effects," *Journal of Marketing Research*, 36 (August), 345–355.

Chartrand, Tanya L., Joel Huber, Baba Shiv, and Robin J. Tanner (2008). "Nonconscious Goals and Consumer Choice," *Journal of Consumer Research*, 35 (August), 189–201.

Chitturi, Ravindra, Rajagopal Raghunathan, and Vijay Mahajan (2008). "Delight by Design: The Role of Hedonic versus Utilitarian Benefits," *Journal of Marketing*, 72 (May), 48–63.

Danziger, Pamela N. (2005). *Let Them Eat Cake: Marketing Luxury to the Masses—As Well as the Classes*. Chicago, IL: Dearborn Trade Publishing.

Dissanayake, Ellen (1995). *Homo Aestheticus: Where Art Comes From and Why*. Seattle, WA: University of Washington Press.

Dubois, Bernard, and Patrick Duquesne (1993). "The Market for Luxury Goods: Income versus Culture," *European Journal of Marketing*, 27 (1), 35–44.

Dubois, Bernard, and Gilles Laurent (1994). "Attitudes Toward the Concept of Luxury: An Exploratory Analysis," *Asia-Pacific Advances in Consumer Research*, 1 (2), 273–278.

Dubois, Bernard, and Claire Patemault (1995). "Observations: Understanding the World of International Luxury Brands: The 'Dream Formula,'" *Journal of Advertising Research*, 35 (4), 69–76.

Frank, Robert H. (1999). *Luxury Fever*. New York, NY: The Free Press.

Garfein, Richard T. (1989). "Cross-Cultural Perspectives on the Dynamics of Prestige," *Journal of Services Marketing*, 3 (3), 17–33.

Gentry, James W., Sanjay Putrevu, Clifford Shultz, and S. Commuri (2001). "How Now Ralph Lauren? The Separation of Brand and Product in a Counterfeit Culture," *Advances in Consumer Research*, 28 (1), 258–265.

Hagtvedt, Henrik, and Vanessa M. Patrick (2008a). "The Broad Embrace of Luxury: Hedonic Potential as a Driver of Brand Extendibility." Working Paper, University of Georgia.

——(2008b). "Art Infusion: The Influence of Visual Art on the Perception and Evaluation of Consumer Products," *Journal of Marketing Research*, 45 (June), 379–389.

Herr, Paul M., Frank R. Kardes, and John Kim (1991). "Effects of Word-of-Mouth and Product-Attribute Information on Persuasion: An Accessibility-Diagnosticity Perspective," *Journal of Consumer Research*, 17 (March), 454–462.

Higgins, E. Tory (1997). "Beyond Pleasure and Pain," *American Psychologist*, 52 (December), 1280–1300.

Hirschman, Elizabeth C. (1983). "Aesthetics, Ideologies and the Limits of the Marketing Concept," *Journal of Marketing*, 47 (Summer), 45–55.

Hirschman, Elizabeth C., and Morris B. Holbrook (1982). "Hedonic Consumption: Emerging Concepts, **278** Methods and Propositions," *Journal of Marketing*, 46 (Summer), 92–101.

Holt, Douglas B. (1995). "How Consumers Consume: A Typology of Consumption Practices," *Journal of Consumer Research*, 22 (June), 1–16.

Kapferer, Jean-Noel (1997). "Managing Luxury Brands," *Journal of Brand Management*, 4 (4), 251–260.

Kayande, Ujwal, John H. Roberts, Gary L. Lilien, and Duncan K.H. Fong (2007). "Mapping the Bounds of Incoherence: How Far Can You Go and How Does It Affect Your Brand?" *Marketing Science*, 26 (4), 504–513.

Keller, Kevin L. (1993). "Conceptualizing, Measuring, and Managing Customer-Based Brand Equity," *Journal of Marketing*, 57 (January), 1–22.

Kirmani, Amna, Sanjay Sood, and Sheri Bridges (1999). "The Ownership Effect in Consumer Responses to Brand Line Stretches," *Journal of Marketing*, 63 (1), 88–101.

Kivetz, Ran, and Itamar Simonson (2002). "Self-Control for the Righteous: Toward a Theory of Precommitment to Indulgence," *Journal of Consumer Research*, 29 (September), 199–217.

Leibenstein, Harvey (1950). "Bandwagon, Snob, and Veblen Effects in the Theory of Consumers' Demand," *Quarterly Journal of Economics*, 64 (May), 183–207.

Mandel, Naomi, Petia K. Petrova, and Robert B. Cialdini (2006). "Images of Success and the Preference for Luxury Brands," *Journal of Consumer Psychology*, 16 (1), 57–69.

Merriam–Webster (2009). "Luxury," available at http: //www.merriam–webster.com/dictionary/luxury.

Nueno, Jose Luis, and John A. Quelch (1998). "The Mass Marketing of Luxury," *Business Horizons*, 41 (November/December), 61–68.

O'Cass, Aron, and Hmily Frost (2002). "Status Brands: Examining the Effects of Non–Product–Related Brand Associations on Status and Conspicuous Consumption," *Journal of Product and Brand Management*, 11 (2), 67–88.

Park, C. Whan, and Andreas B. Eisingerich (2008). "Managing a Brand's Extension Portfolio for Market Share Leadership and Shareholder Value." Working Paper, University of Southern California.

Park, C. Whan, Bernard J. Jaworski, and Deborah J. MacInnis (1986). "Strategic Brand Concept–Image Management," *Journal of Marketing*, 50 (October), 135–145.

Park, C. Whan, Sandra Milberg, and Robert Lawson (1991). "Evaluation of Brand Extensions: The Role of Product Feature Similarity and Brand Concept Consistency," *Journal of Consumer Research*, 18 (September), 185–193.

Patrick, Vanessa M., Deborah J. MacInnis and C. Whan Park (2007). "Not as Happy as I Thought I'd Be: Affective Misforecasting and Product Evaluations," *Journal of Consumer Research*, 33 (4), 479–490.

Pham, Michel Tuan (1998). "Representativeness, Relevance, and the Use of Feelings in Decision Making," *Journal of Consumer Research*, 25 (September), 144–159.

Phau, Ian, and Gerard Prendergast (2000). "Consuming Luxury Brands: The Relevance of the 'Rarity Principle,'" *Journal of Brand Management*, 7 (5), 366–375.

Quelch, John A. (1987). "Marketing the Premium Product," *Business Horizons*, 30 (3), 38–45.

Rust, Roland T., Christine Moorman, and Peter R. Dickson (2002). "Getting Return on Quality: Revenue Expansion, Cost Reduction, or Both?" *Journal of Marketing*, 66 (October), 7–24.

Schwartz, John (2002). "Supersize American Dream: Expensive? I'll Take It," *The New York Times*, December 16, 8.

Schwarz, Norbert, and Gerald L. Clore (1983). "How Do I Feel About It? Informative Functions of Affective States." In *Affect, Cognition and Social Behavior*, ed. K. Fiedler and J.E Forgas. Toronto, Ont.: Hogrefe International, 44–62.

Silverstein, Michael J., and Neil Fiske (2003). *Trading Up: The New American Luxury*. New York, NY: Portfolio Penguin Group.

Thomson, Matthew, Deborah J. MacInnis, and C. Whan Park (2005). "The Ties That Bind: Measuring the Strength of Consumers' Emotional Attachment to Brands," *Journal of Consumer Psychology*, 15 (1), 77–91.

Tsai, Shu–pei (2005). "Impact of Personal Orientation on Luxury–Brand Purchase Value," *International Journal of Market Research*, 47 (4), 429–554.

Unity Marketing (2008). "Luxury Report 2008: Who Buys Luxury, What They Buy and Why They Buy." Available at http: //www.unitymarketingonline.com/cms_luxury/luxury/Luxury_Report_2008.php.

Veblen, Thorstein (1899). *The Theory of the Leisure Class*. Boston, MA: Houghton Mifflin.

Vigneron, Franck, and Lester W. Johnson (2004). "Measuring Perceptions of Brand Luxury," *Brand Management*, 11 (July), 484–506.

Wong, Nancy Y., and Aaron C. Ahuvia (1998). "Personal Taste and Family Face: Luxury Consumption in Confucian and Western Societies," *Psychology and Marketing*, 15 (5), 423–441.

Yeung, Catherine W.M. and Robert S. Wyer Jr. (2004). "Affect, Appraisal, and Consumer Judgment," *Journal of Consumer Research*, 31 (September), 412–424.

——(2005). "Does Loving a Brand Mean Loving Its Products? The Role of Brand–Elicited Affect in Brand Extension Evaluations," *Journal of Marketing Research*, 42 (November), 495–506.

279

PART **4** | 第 4 部分

强品牌关系的心理和行为影响

第15章

态度是品牌关系的基础
——精细加工、元认知[①]和偏见修正的作用

杜安·T.韦格纳，凡妮莎·萨维茨基和理查德·E.佩蒂
(**Duane T. Wegener, Vanessa Sawicki and Richard E. Petty**)

态度在品牌关系中扮演的主要角色

在 20 世纪 80 年代的电视广告中，Brooke Shields[②] 对她最喜欢的牛仔裤品牌 Calvin Klein 发表了一个著名且富有争议的声明。尽管她的那句"在我和我的 CK 牛仔裤之间，什么都没有"一语双关，但是这条广告的确能反映她对牛仔裤的热爱和承诺。这种潜在的亲密关系不局限于一位模特和她的牛仔裤；对于某些产品品牌，消费者也可以产生强烈的偏爱甚至热爱。实际上，这一观点是现有研究的重要基础。

本章从对品牌的正面态度能构成品牌关系的基础这一视角来研究品牌关系。即使这种由态度形成的结构有不同的命名方式，但态度长期在关系和关系维持理论中扮演了主要角色。态度是对物体、人或者观点的总体评价 (Petty and Wegener，1998a)。因此，对关系对象和关系本身的评价自然而然可以看作一种态度。然而，在关系领域对关系的态度用得最多的标签是关系满意度。满意度即个人对于关系相关的正面或负面结果的主观评价（比如当他们相较于关系的个人期望或者对照水平；Rusbult，1980）。在本章，我们会交替使用态度和满意度这两个词，它们都代表的是个人对态度对象的总体评价。对于关系的早期研究假定人们通常会继续处于他们感到满意的关系之中而脱离他们不满意的关系 (Kelley and Thibaut，1978；Rusbult，1983)。[1]

---

① 元认知（Metacognition）是指人对自己认知过程的认知。它包括元认知知识（即有关认知过程的知识）和元认知控制（即对认知行为的管理和控制）。元认知的实质是对认知活动的自我意识和自我调节。
② 波姬小丝（Brooke Shields）是美国著名女演员及模特。

284　　　然而，有越来越多的证据表明当满意度即使很低的时候，人们也可能继续处于某种关系，而也有可能脱离他们满意的关系（Rusbult and Martz, 1995）。这些结果与态度—行为关系的研究有其相似之处。在很多研究中，人们对于物体或者行为的态度并不能预测未来的行为；人们可能对他们不喜欢的物体做出正面的行为或者对他们喜欢的物体做出负面的行为（Wicker, 1969）。关于关系和态度的这两类文献，都探究了评价和行为间关系的核心方面，在某些方面有相似之处，而在某些方面不尽相同。我们在接下来的部分将讨论相似和不同之处。

测量方法

在态度领域，对于态度—行为"问题"的首要解决方法表明，问题产生于不合适的测量方法，而不是缺乏心理构念之间的关系。Fishbein 和 Ajzen（1974，1975，1977）支持这一解决方法，并且认为许多研究没能呈现出态度与行为间的关系是由于它们在测量两个概念时使用了具体的不同程度。Fishbein 和 Ajzen 认为，我们很难预期，用对某一目标总体态度的测量能准确预测某具体行为（即对目标在特定情境特定时间的特定行为）。举个例子，我们不能预期某个个体对特定品牌的汽车有正面态度就一定会对该汽车做出购买行为（在特定情境特定时间下）。然而，如果态度和行为在同一对应水平上进行测量（Ajzen and Fishbein, 1977；后者称之为兼容性，Ajzen, 1988），那么通常能得到态度与行为间的高度一致性（Fishbein and Ajzen, 1975）。即尽管总体态度测量不能预测特定的行为，但是我们可以合理地预期所有个体对汽车购买行为的集合。同样，某个具体的态度测量（具体情景和时间）可能会使我们更容易预测具体行为。20 世纪 70 年代晚期有许多研究发现了测量上高度一致性（兼容性）可以增强态度—行为关系，不论是用具体态度预测具体行为（Davidson and Jaccard, 1979），还是用总体态度预测总体的行为（Weigel and Newman, 1976）。

在某种程度上，关系满意度的测量自然要与行为匹配起来，要明白满意度具体测量的是什么关系，指向的是什么行为。这一事实与关系满意度和承诺间普遍存在的强联系是相一致的（Le and Agnew, 2003）。然而，一致性的概念（兼容性）表明对关系总体满意度的测量并不能很好预测具体关系的维持行为（如通过谈论某一具体的不一致看法来寻求对此观点的一致看法）。然而，总体满意度的测量可能会更好地预测许多关系维护行为的集合。

285　　### 理论方法

意愿的多种预测因素

除去上述基于测量的方法，态度理论对于怎样解决何时和为什么态度能（或不能）预测行为这一问题给出了两种理论方法。方法一是发展一套囊括了其他变量的行为预测理论。这种方法中最突出的两个理论是理性行为理论（Theory of Reasoned Action, TRA；Fishbein and Ajzen, 1975）和计划行为理论（Theory of

Planned Behavior，TPB；Ajzen，1991）。理性行为理论认为对于行为的态度和与行为相关的主观规范首先都通过影响实施行为的意愿来影响行为，意愿在这里作为引发行为的主要缘由。计划行为理论包括了与理性行为理论相同的变量，但是还加入了人们对于行为的感知控制。人们对行为的感知控制可以影响意愿（例如，如果人们觉得对行为不能予以控制，那么他可能就不会产生实施该行为的意愿）。同样，感知控制可以影响人们是否去实施那个他们想做的行为。因此，这个方法表明态度—行为关系某些时候是很弱的，因为规范上（而不是态度上的）的因素对意愿有很强的影响或者是某些因素（如感知行为控制的缺乏）弱化了意愿对行为的影响。[2]

方法二是多因素预测方法，在结构上来说与关系研究中常用的相互依赖理论①/投资模型方法在某些方面有相似之处（Kelley and Thibaut，1978；Rusbult，1983）。类似于理性行为理论和计划行为理论中的意愿构念（在态度与行为中起中介作用），对关系维护的影响可以假定为对关系的承诺，承诺包括了继续处于这种关系的意愿（Arriaga and Agnew，2001）。满意度能带来承诺（正如态度能影响行为），但是也伴随着同其他选择（处于其他具体关系所感知到的利益）和投资（如果解除关系可能损失的有形或无形的利益）的比较。因此，与态度领域相似的是，当备选项很有吸引力（因此即使是令人满意的关系可能不能产生承诺）或没有吸引力（那么不令人满意的关系看起来也是个人最好的选择），或者当对一段关系的投资能促进承诺时（如当大的投资使人维持着一段不令人满意的关系），满意度并不能很好地预测是否会维持关系。

在态度模型和关系模型里对意愿的不同预测因素，为两个领域的整合提供了一种有趣的可能。比如，近期研究表明关于个人关系的主观规范（即他人认为一个人应该为关系付出）能超越其他传统投资模型的变量更好地预测关系承诺（Etcheverry and Agnew，2004）。相同的是，产生多样化购买行为的意愿可以通过人们期望从备选品牌中获得的利益（与其他选择的比较；Kardes et al.，1993；Nedungadi，1990）以及转换到新品牌需要付出的成本（投资）来预测。[3] 在投资模型里，满意度（态度），与其他选择的比较和投资是典型相关的（Le and Agnew，2003）。因此，在某些消费情景下，研究者把一个品牌与另一个品牌的比较看作与品牌态度相关也不是没有道理。然而，至少在关系文献中，这些是截然不同的概念（Rusbult，Martz and Agnew，1998）。

态度强度作为调节变量

关于态度—行为一致性的第二个且更为深远的方法是探究与态度强度有关的

---

① 相互依赖理论（Interdependence Theory）最初起源于区域经济学，是指各个国家和区域之间，在经济发展过程中都不是也不可能是彼此孤立的。此后也应用在关系管理学领域中，形容两关系主体间相互依存不可孤立的依赖现象。

特性，即态度能够指导未来行为的程度（Petty and Krosnick，1995）。这一调节作用的观点即是态度并不总能影响特定行为，很可能需要态度强到某一程度才能引导行为。

所以说如果消费者对某一特定品牌有正面态度，他们也可能不会去购买该品牌的产品。对品牌的态度越强，态度持续的时间可能越长（直至购买的发生），可以抵抗变化（如果受到竞争品牌广告的攻击），还可以影响未来的观点和行为（Petty，Haugtvedt and Smith，1995；Fabrigar，MacDonald and Wegener，2005）。比如，当所谈论话题对某人很重要时态度会更强（Eaton and Visser，2008）。所以，如果一个人能对品牌产生正面态度，并且此人感知此态度对他很重要（如品牌支持了此人的价值观；Holbrook et al.，2005），那么这种态度能产生长久的品牌关系（包括重复购买、个人对品牌的宣传等）。因此，广告的目标通常是为了促进消费者产生更强烈的态度从而产生真实品牌忠诚（即对品牌的承诺），而不是虚假品牌忠诚（即由惯性产生的持续购买；Bloemer and Kasper，1995；见第三章）。

与态度强相关的某些特性可能与品牌关系有特别的关联。比如，对一个品牌了解的知识越多，对品牌的正面态度越可能产生支持该品牌的行为，如购买或者向他人宣传品牌（Davidson et al.，1985；Sujan，1985）。态度越易获得（即脑海中越快速越容易的浮现态度；Fazio，1995），态度就越可能指导行为（Berger and Mitchell，1989；Fazio et al.，1982；可获得性与消费者行为的关系，见第16章）。消费者对产品的态度越确定（Tormala and Rucker，2007），态度越可能指导行为。确定性（信心）会在后续元认知的部分更详细地探讨，确定性可以作为其他变量（如重要性、知识、可获得性等）对行为产生影响的中介变量。

287　　一些对关系的近期研究表明"强"承诺（像强态度一样）能更好地预测关系持续和维持（如牺牲的意愿、适应性回应）。Etcheverry 和 Le（2005）发现承诺很大程度上可以预测关系持续和维持，因为承诺在反应时间步骤中用时更少（即在记忆中，关系承诺更易获得；Fazio et al.，1982）。同理，当承诺是基于高水平知识（可能与处于关系中的时间更长有关）、高确定性或者当关系对个人的主观重要性更强时，关系承诺也能更好地预测关系去留行为和维持行为。

建立强态度：精细加工可能性模型

人们在形成或改变自身态度时会对态度客体进行精细加工。精细加工是为了评估态度客体的主要优缺点而对可获得的与态度相关的信息进行仔细审查的过程。当人们进行精细加工时，他们不只考虑给予的信息，还会把给予的信息与记忆中已存的信息联系起来（Petty and Cacioppo，1986）。因此，当人们进行精细加工时，他们将从任何给出的新信息中获取知识并且与先前的知识整合起来。在加工过程中，态度被反复激活和使用，因此态度也变得更易获得（Kokkinaki and Lunt，1999；Priester and Petty，2003）。相信一个人会对态度客体考虑得很细致这种信念也可以提升个人对态度上的信心（Barden and Petty，2008）。因此，由于与态度强度的多种关联，态度形成和变化中的精细加工程度这一话题已经成为对说服领域研究的主要关注点（精细加工和品牌忠诚之间的联系；Bloemer and Kasper，1995）。

用来解释精细加工重要性的关键理论即精细加工可能性模型（Elaboration Likelihood Model，ELM；Petty，1977；Petty and Cacioppo，1986；Petty and Wegener，1999；Chaiken，Liberman and Eagly，1989；MacInnis，Moorman and Jaworski，1991）。精细加工可能性模型的提出一部分是为了解释为什么一些态度会比其他态度强（即一些态度随时间持续地更久，更好地抵抗变化，并且对思考方式和后续行为上有更大影响；Petty and Cacioppo，1986；Petty et al.，1995）。在接下来的部分，我们将讨论影响人们对可得信息精细加工程度的一般因素，以及在不同精细加工程度和方式下，具体说服变量是如何影响态度（和态度强度）的。

精细加工连续体

根据精细加工可能性模型，人们有动机对环境中的态度客体进行精确评价。尽管默认动机是人们愿意并能够通过认知努力来得到合理观点，但是该动机对于不同个体、不同情境和不同态度客体是有差异的。当人们有动机并且能够对客体进行评估时，他们会仔细审查（精细加工）与评价态度客体（如网球鞋、旅行包、一家餐馆）的相关信息。仔细审查涉及对态度客体的主要优缺点评估，目的是为了对该客体的好坏得出结论。

精细加工的程度假定是一个连续体，从对产品相关信息处理的最小化到对产品任何可得相关信息的全面处理和整合。连续体的高程度端是全面的精细加工，因为加工过程是为了评估态度客体的主要优缺点，故称之为中心路径。高水平的加工过程发生在思考的动机和能力都相对高的情况下。当事项或是物体对此人很重要时（当产品与个人相关，因为此人即将要从产品集中做出选择；Petty，Cacioppo and Schumann，1983），动机会很高。因此，使重要态度变得很强的原因可能是这个态度客体被处于高水平的精细加工中（Blankenship and Wegener，2008；Holbrook et al.，2005；Petty and Cacioppo，1979）。当人们拥有理解、解释和审查有效信息（Ratneshwar and Chaiken，1991）的必需知识，以及有充足的认知资源投入到精细加工任务中时，会出现高水平的思考能力（例如，没有干扰或是缺少能分散注意力的其他来源的环境；Petty，Wells and Brock，1976）。

精细加工连续体的低程度端，人们会沿着边缘路径，因为当缺乏精细加工时，即使是相对于态度客体的主要优缺点等很次要因素也会影响态度。比如，如果一家餐馆以它的食物美味而著称，那么在广告中代言人的吸引力相对餐馆主要

（核心的）品质而言就变得次要了。然而，当广告接收者缺乏仔细处理广告的动机，代言人吸引力可以影响对这一类型餐馆的态度（Shavitt et al., 1994；Petty et al., 1983）。

根据精细加工可能性模型，对不同的精细加工程度，说服变量扮演的角色不同。最初的精细加工可能性模型研究主要探讨变量扮演的四种角色。即说服变量在精细加工水平很低时可以作为线索，或当精细加工水平很高时可以作为论据（即关于客体主要优缺点的信息）或者处理偏见，或者当说服情景中其他变量不约束精细加工水平的高低（通常精细加工水平处于相对中等）时可以影响处理的数量。在描述完这些角色，我们关注了近期研究最多的一种新（第五种）角色。

低水平的精细加工：将说服变量作为线索

当加工信息的动机和能力很低时，说服变量通过作为线索来影响态度。在某些例子中，一个变量可以简单地通过与态度客体的关联成为线索。比如，正面或负面的情感可以通过经典的情景设置与品牌或者产品联系起来（Gorn, 1982；Shimp, Stuart and Engle, 1991）。当广告接收者把他们的情绪带到广告中产品评价的时候，这是可能出现的（Batra and Ray, 1986；Petty et al., 1993）。同样地，像情绪这样的变量可以作为相对简单的决策规则或是启发的一部分，这意味着有的态度不需要人们对可获得信息的优缺点进行加工处理。"我对它感觉怎样？"这句话带来的启发即是对决策规则应用的一个例子（Schwarz and Clore, 1983；Cacioppo and Petty, 1982）。这句启发之后的观点是，当认为对态度客体没有进行仔细思考时（或者对相关信息的全面审查成本太高不太值得时；Schwarz, 1990），他们可能会简单地遵循自我感觉并假定他们当下的感受就反映了对态度客体的回应（实际上，他们的感受可能归因于广告背景）。

现有研究已经探讨了许多不同的说服变量作为线索而扮演的角色（文献回顾，见 Petty and Wegener, 1998a；Wegener and Carlston, 2005）。这些变量包括多种特征来源，比如专业性（Petty, Cacioppo and Goldman, 1981；Ratneshwar and Chaiken, 1991）、吸引力（Kang and Herr, 2006；Petty et al., 1983），以及喜爱程度（Chaiken, 1980；Kahle and Homer, 1985）；消息特征，比如长度/观点的数量（Petty and Cacioppo, 1984；Alba and Marmorstein, 1987）；以及环境特征，如观众的支持/舆论（Axsom, Yates and Chaiken, 1987）。

从关系强度的角度来说，线索效应的缺点是通过这些过程而产生的态度不会很持久。大量研究比较了低精细加工水平下的线索效应与高精细加工水平下的论据效应，它们发现高精细加工水平下的论据效应能产生强态度（Haugtvedt and Petty, 1992；Petty et al., 1995；Wegener et al., 2004）。近期研究比较了同一变量分别处于高和低精细加工水平下的效应（例如，在形成印象的范式或数值锚中的群组成员），研究结果表明高精细加工水平下的效应总能带来更长时间的感知和对社会影响更好的抵御（Blankenship et al.，2008；Wegener，Clark and Petty，2006）。这表明诸如来源专业性等变量的线索效应，在低精细加工水平下比高精细加工水平下持续的时间更短或是对变化的抵抗力更弱（见 Chaiken and Maheswaran，1994）。

高水平的精细加工：说服变量作为论据和对可得信息偏见处理

当精细加工水平高时（即思考的动机和能力很强），人们会仔细审查与态度客体主要优缺点相关的可得信息（即决定物体或定位是否让人满意的主要特性）。当人们对态度客体仔细思考时，在精细加工水平低时他们会考虑很多作为线索的说服变量（如专业来源或是他们自身的正面情绪）。然而，与之相反的是，在精细加工水平高的时候，信息接收者会评估变量是否有助于形成对态度客体的正面态度。至少在某些情况下，变量自身被看作态度客体的一种主要优点（即支持客体的论据）。比如，当评估过山车的质量或者潜在约会对象的资质时，个体的感受在选择过山车或者约会对象上是非常有用的。同样地，民族或是性别在个人做决策时相对不重要，但是在某些情况下，同样的资格又变得核心且重要了（例如，为看重民族和性别平衡的委员会选择成员时）。

基于给定说服变量的价值，高精细加工水平下评估出的核心优缺点可能引起对态度客体喜欢或是不喜欢的态度。然而，从态度强度来说，通过这种路径创造的对品牌的正面态度所带来的收益即是，这种正面态度会比在低精细加工水平下把变量当作线索而创造出的态度更强。

在高精细加工水平下，对态度客体的核心优点并不是唯一影响态度说服变量的途径。当人们仔细思考时，说服变量也可以对脑海中的想法产生偏见。偏见这一词并不一定表示更小的准确性。在这里，偏见仅仅指的是解释的倾斜，或是强调为两个或多个对态度客体的可行性评估提供更大支持。当然，有偏见的解释不可能全部都是准确的。然而，正面情绪不一定就能引起正面评价或者负面情绪也不一定就会引起负面评价。情绪的相对差异可以看作思想上基于情绪的偏见（Petty et al.，1993），但是确定哪种感知是无偏的则需要另外的条件，而这种条件没有在特定的研究中给出。

在加工过程中的一些偏见本质上而言主要是认知的。比如，说服变量会简单地激活指导信息加工的构念或观点。一个可能的例子是，Krosnick 和 Kinder（1990）表明在评估里根总统的业绩时，20 世纪 80 年代媒体对伊朗门事件的报道影响了人们使用在美国中部进行干预的知识（Sherman，Mackie and Driscoll，1990；Yi，1990）。

然而，其他偏见可能更有动机。比如，一个人可能想维持正面的个人观点或者想支持已有态度。当然，在这些情况下，通常也可能是一个人现有的个人观点或已有态度激活了支持现有观点的意识。这为解释偏见是动机性而不是认知性带来了难度（Clark, 2005; Kunda, 1990; Tetlock and Levi, 1982）。消费者情境中的某些变量带来的加工过程偏见可能既是认知性的又是动机性的。比如，信息接收者的情绪或是情感可能激活记忆中的某些物质或是激活刺激感觉的物质（Isen, 1987; Wegener, Petty and Smith, 1995）。人们可能更相信专业信息来源，因为来自它的知识让人们觉得可能更正确，或是更有认同成功人士的动机（Hovland, Janis and Kelley, 1953; DeBono and Harnish, 1988）。当我们认为偏见是动机性而不是认知性时，很重要的工作即是动机的测量（Clark and Wegener, 2008）。

在与产品相关的信息模糊不清时，最容易出现有偏见的信息加工（Chaiken and Maheswaran, 1994; Ha and Hoch, 1989）。因此，对信息模糊性的操纵可能是区分两种高精细加工水平效应来源的一种方式，这两种效应分别是由于有偏见的信息加工效应，以及由于代表着态度客体主要优点的说服变量效应。

上述两种类型的高精细加工水平效应所引起的态度通常来说会比作为简单的说服线索变量带来的效应影响更强。这是因为在高精细加工水平下，态度与已存知识在认知上联系更紧密，它们在记忆里更易获取并且与信心和其他重要感知是相关的（Petty and Cacioppo, 1986; Petty et al., 1995）。

精细加工的调节背景水平：影响信息加工容量的说服变量

根据精细加工可能性模型，当说服环境中其他因素不会限制动机和能力的水平过高或过低时，变量可扮演的第四种角色是影响人们加工态度相关信息的数量（即当背景的精细加工水平相对适中）。比如，如果人们不确信加工可得信息是不是值得，那么说服环境中的其他变量可能会引出提高或降低对品牌或产品进行思考的动机。

当精细加工可能性水平适中时，许多变量会影响信息加工的数量。即使这些变量在动机或能力缺乏时作为线索，以及/或者当精细加工可能性水平较高时作为有偏见的信息加工。迄今发现的一些效应是相当简单和"单向"的。比如，与某个人态度的功能性相吻合的信息，相对于不吻合的信息可以提高对信息的加工处理（Petty and Wegener, 1998b）。然而，在一些例子中，这些效应可能会受到说服环境下其他因素的调节。一些更高阶效应的例子包括强自我监控①（Snyder, 1974）可能会对有吸引力（但是非专业）来源的信息进行加工，反之低自我监控会对专业（但没有吸引力）来源的信息进行加工（DeBono and Harnish, 1988）。尽管早期研究表明正面情绪会减少对说服沟通的信息加工（Batra and Stayman, 1990; Kuykendall and Keating, 1990; Schwarz, Bless and Bohner, 1991），后期研究表明正面情绪可以增强信息加工（如果信息加工可以帮助维持正面情绪）或

---

① 自我监控（Self-monitors）又称自我控制（Self-control），是自我意识的重要成分，指个体对自身的心理与行为的主动掌握，调整自己的动机与行动，以达到所预定的模式或目标的自我实现过程。

减少信息加工（如果信息加工可以使正面状态消失；Wegener et al., 1995）。如 292
果信息加工可以帮助信息接收者最大化其长期的享乐结果，那么正面情绪同样可
以增强信息加工（即如果信息加工能管理长期情绪；见 Chen et al., 2005;
Raghunathan and Trope, 2002）。

从态度强度的视角来看，一个变量增强信息加工比通过将低水平精细加工作
为线索来增加对态度客体的好感更重要。这是因为相对高水平信息加工得到的态
度，由线索效应得到的态度影响更不持久。如果在接收信息之后两种态度都是积
极的，那么这表明高水平信息加工情形下得到的态度能持续更长时间，能更好地
抵御改变，对未来与品牌相关的思考和行为影响更大。

对变量四种角色的总结

根据精细加工可能性模型，一个给定的说服变量可以在不同精细加工水平下
用不同的方式影响态度。四种可能的角色描述如下：当思考的动机和能力缺乏
时，变量可以作为相对简单的线索；变量可以影响思考的动机和能力，从而影响
精细加工程度（特别是如果说服背景下其他因素没有限制动机和能力高或低时）；
当思考的动机和能力较强时，变量可以代表态度客体的主要优缺点；当动机和能
力较高时，特别是对可得信息做出额外诠释时，变量可以对信息加工造成偏见。

我们需要注意到同样的变量（如来源吸引力，信息接收者的情绪）可以根据
情况充当这些不同的角色并且最终可以引起有不同影响的态度。这并不意味着通
过中心路径（高精细加工水平）获得的态度会与通过边缘路径（低精细加工水
平）获得的态度在效价上非常不同。高低精细加工水平下获得的对态度客体（如
品牌）的态度可能是有好感的或者没有好感的。在结果上不同的是，相对于草率
思考产品或品牌得到的态度，基于精细加工产品信息得到的态度会更持久，更能
抵御竞争者的攻击，影响未来的思考方式和行为。如果这样，那么在低精细加工
水平下线索效应产生的正面态度会更不可能带来持续长期和支持性的品牌关系。

元认知在说服和态度强度中的角色

尽管对精细加工可能性模型的研究主要关注于先前讨论的四种角色（即论
据、线索、对信息加工数量的影响和信息加工中的偏见），精细加工可能性模型
对说服变量假定的第五种角色——影响认知结构——最近得到了研究。尽管变量 293
可能影响思想（thoughts）的不同结构方面，例如易得性（accessibility），但是最
近研究关注于思想的元认知方面（即对于想法的想法），元认知会影响态度改变
的程度和态度的强度。在描述了对说服信息想法的元认知研究后，我们转向了对
态度本身的元认知（Petty et al., 2007）。

以对品牌的态度举个例子，态度可以被看作主要的认知（如"我喜欢 X 品
牌"）。如此，元认知反映的是对主要认知的第二层次认知（如"我确定我喜欢 X

品牌"或"喜欢 X 品牌是不合适的")。元认知的一些维度与主要认知的一些维度进行了对比。即如果一个人可以对比：①思想的目标（感知到的思想是关于什么的）；②思想的起源（思想从何处来）；③思想的效价（思想对目标的反应是正面的还是负面的）；④思想的数量（思考的程度）。此外，元认知的一些维度超越了主要思想的维度（Petty et al., 2006）。得到最多实证研究关注的两种元认知是对思想的评价（是不是一种好思想）和对思想的信心（对某人拥有一种特定思想的信心或者对思想是正确的合理的信心；Petrocelli, Tormala and Rucker, 2007）。

在回顾与元认知相关的研究之前，值得注意的是在很多情境下不同类型的元认知很可能是相关的。比如，来自自己的思想可能会被评估得更正面（Greenwald and Albert, 1968; Wheeler, DeMarree and Petty, 2007）以及对某事项思考了很多的感知会让人对由这种信息加工产生的主要想法更有信心（Barden and Petty, 2008）。

信心对态度改变的效应

除了已经回顾过的说服情景下变量的四种角色，近期的研究提出了可以对说服程度造成影响的第五种角色，即影响人们对信息产生想法的信心或是怀疑。大部分研究探讨了自我验证假设（Petty, Briñol and Tormala, 2002），即增强对想法的信心可增强对态度的影响，但是对想法怀疑的增强会降低对态度的影响。因此，当人们有正面想法时，则他们的态度会随着人们对想法的信心程度而更正面。但是当人们有负面想法时，他们的态度会随着人们对想法的信心程度而更负面。这对怀疑也适用。不论是通过让人们思考先前确定或怀疑的经历还是通过告诉人们他们的想法与他人相同或不同，来测量和操控对想法的信心，研究支持了自我验证假设（Petty et al., 2002）。

一些传统的说服变量也会影响对想法的信心，因此也能影响态度。比如，在人们上下点头时会比他们左右摇头时对自己的想法更有信心（Briñol and Petty, 2003）；当发现信息来自专业而不是非专业时（Briñol, Petty and Tormala, 2004），人们对自己的想法更有信心；当在信息后产生的是快乐而不是悲伤的情绪时（Briñol, Petty and Barden, 2007），人们对自己的想法更有信心。与当思考的动机和能力很高更可能出现元认知的观点相一致时，点头、来源专业性和情绪所产生的元认知效应在高精细加工水平情况下相对低精细加工水平情况下更容易出现。

自我验证的逻辑可以帮助解释先前归因于流利度（fluency）的说服效应。比如，Lee 和 Aaker（2004）表明与个人的促进或预防聚焦相匹配的信息更容易加工且更有说服力。这可能是因为我们对匹配的信息相对于不匹配的信息引起的想法更有信心，这可以导致更强的说服力（假设想法普遍受欢迎；Petty et al., 2007，对此效应的额外探讨和与元认知及说服过程相关的问题探讨）。

说服变量和态度信心

确定或不确定的感觉可以应用到人的判断或感知的任何方面（Tormala and Rucker，2007）。当把确定性应用到一个人的想法上，可能会影响说服的程度。尽管近期的研究很多是关于对想法的信心，在社会心理学领域主要的注意力却放在了对客体的态度或感知有效性的信心方面。例如，当某人不确定他的态度是否正确时，说服模型以及研究表明，信息接收者可以提高对可得信息的精细加工程度（Chaiken et al.，1989；Petty et al.，2006；Tiedens and Linton，2001）。可以假定这种加工水平的提升是为了提升对态度的信心（不论是为了改变某人态度使之更可辩护还是支持某人现有观点而收集额外的证据）。另外，当人们对他们的态度已经有信心时，加入这样额外的信息加工是不必要的。反而，确定的态度有着很多与强态度相关的特性。即态度可能更持久（Bassili，1996），更能抵御变化（Tormala and Petty，2002）以及指导行为（Berger and Mitchell，1989；Fazio and Zanna，1978）。

对想法和态度的确定性受到很多因素的影响，包括对态度客体的直接体验（Berger and Mitchell，1989；Fazio and Zanna，1981），对态度的重复表达（Holland，Verplanken and van Knippenberg，2003），易于产生与态度一致的想法（Haddock et al.，1999；Tormala，Petty and Briñol，2002），以及对个人态度的一致支持（Visser and Mirabile，2004）。由于说服信息可以影响态度效价和极端性，说服信息和情景的不同特性也可以影响人们持有态度的确定性。

抵御成功和抵御失败的信心效应

关于态度的传统观念认为信息如果没能改变人的态度就是没有效果。然而，在一系列研究里，Tormala 和 Petty 证明了即使当信息接收者看起来对说服信息完全抗拒时，说服企图可能也有重要的影响。比如，当人们相信他们抵制了强势观点（Tormala and Petty，2002）或来自专业来源的信息（Tormala and Petty，2004b），他们对所持有态度会更确定。然而，当人们认为他们抵抗的是弱势观点或来自不专业来源的信息，态度的确定性可能实际上会减弱。当信息接收者在说服诉求的各种特性中考虑抵御行为的意义时，会出现上述效应。当人们认为他们通过有缺陷或不正当的方式进行抵抗，态度确定性会降低（Tormala，Clarkson and Petty，2006；Tormala，Petty and DeSensi，印刷中）。当思考的动机和能力较强时，元认知更可能出现，与此观点相一致的是，Tormala 和 Petty（2004a）认为在信息接收者对认知需求更强（Cacioppo and Petty，1982）或者当说服信息在个人相关性上更高时（Petty and Cacioppo，1990），抵抗对信心的效应更容易出现。

正如成功的抵抗对态度确定性有影响，失败的抵抗也是。Rucker 和 Petty（2004）让实验参与者找出说服信息的缺点（一种镇痛药的广告），但是论据太强以至于他们无法反驳。面对有些广告不能产生合理反驳观点，相对那些在处理信息时没有反驳目标的人，广告的接收者在处理信息过程中更相信他们的新（看过广告后的）态度是正当的。

基于评价的元认知和偏见修正

在很多情形下，人们把他们自己的想法或反应看作不好的、讨厌的或不恰当的。当这种情况出现时，他们会尝试改变或修正他们的想法或反应，或尝试去约束他们的反应对后续评价或行为的影响。比如，在人们抵抗了小众来源信息之后他们对说服更加开放，此时尝试修正来自不合法来源信息的过分负面影响是有作用的（Tormala et al., 印刷中）。

已经有很多理论讨论了偏见修正（Petty et al., 2007；Wegener and Petty, 1997，2001）。根据弹性修正模型（Flexible Correction Model，FCM；Wegener and Petty, 1997），信息接收者对偏见理论的纯粹使用情况会指导偏见修正工作（Petty and Wegener, 1993；Strack, 1992；Wilson and Brekke, 1994）。即修正会在当信息接收者有动机有能力去识别潜在偏见时出现，并会对偏见引起的影响进行修正。根据 FCM，基于给定理论的修正可能会根据便于实现接收者目标的程度来指导完成，这种修正适用于时间和情景，并在记忆里容易获取。与其他类型的元认知相似的是，在其他条件相同时，基于理论的修正在高思考水平而非低思考水平下更容易出现（DeSteno et al., 2000；Sczesny and Kühnen, 2004）。然而，随着时间推移，特定修正可能会变得更好实践并且需要更少的条件就能实现（Glaser and Banaji, 1999；Maddux et al., 2005）。

弹性修正模型指导的研究表明当人们对偏见持相反理论时，即使是在相同情景对相同目标的不同人，也会在不同方向上修正他们的评价（Wegener and Petty, 1995）。即使没有实际偏见，人们也会修正感知上的偏见（Wegener and Petty, 1995）。这些修正可能反而会带来相反的偏见，比如当人们对来自不喜欢来源的说服信息所造成的感知负面性做出修正时。当在高精细加工水平下遇到不喜欢的来源时，来源喜爱性的影响则很小（Chaiken, 1980）。然而，相对于来源本身是受欢迎的，对来自不喜爱来源的感知负面影响的修正可能会导致更正面的态度（Petty, Wegener and White, 1998；Schul and Goren, 1997）。

对感知上而不是实际偏见的修正也意味着人们有时会修正一个偏见而把其他偏见留下来去影响他们的感知。比如，Sczesny 和 Kühnen（2004）发现人们认为性别可以对领导能力的评价造成偏见，但是人们没有意识到男性和女性样貌上的物理特征可以产生同样的效果。因此，当收到包括照片的模拟应聘材料时，在他们有充分的认知资源进行修正的情况下，研究参与者会对性别进行修正，而不会对物理外表进行修正。当认知负荷①很高时（元认知活动会减少），实验参与者会更倾向雇用男性而不是女性，也更倾向雇用更男性化而不是女性化外表的人。然而，当认知负荷低的时候（更容易发生修正时），研究参与者实际上更容易雇用女性而不是男性，即使他们更倾向选择男性化外表而不是女性化外表的应聘者。

当在高思考水平下形成或改变感知时，修正效应与传统精细加工可能性模型的情况类似。比如，在高思考水平下形成的感知可能不仅对外部信息（Wegener et al., 2004），而且对是否需要修正的内部元认知分析也更为抵制。有时，最初的高水平思考可能会让偏见更难以被识别和修正（Petty and Wegener, 1993）。高水平的精细加工会引起对已有知识与感知的高度整合（Petty and Cacioppo, 1986）。根据与目标相关的知识类型，对目标的高度整合观会被现有信息合理化。如此，人们会认为他们对目标的观点是相对恰当无偏的。当然，这可能会损害修正目标观点的感知需求（Wegener, Clark and Petty, 2006；Schul and Burnstein, 1985）。高度整合也可以在不同感知中传播偏见，使得偏见识别更困难。

总结

297

品牌关系始于对品牌的正面态度，并且这些关系可以被维持下去，至少在正面态度很强的时候可以部分维持（即持续一段时间，改变中的抵御实践、指导与品牌相关的想法和行为）。形成强烈的正面态度成为品牌沟通的一个非常重要的目标。态度领域的很多研究给出了让态度更强的一些特征，很多特征与人们接收与态度相关（在这里，与品牌相关）的信息时精细加工的水平有所关联。

精细加工可能性模型详细介绍了说服变量在不同精细加工水平下扮演的多种角色。给定的说服变量在精细加工水平低时可作为简单的线索，在精细加工水平高时作为对态度客体的核心优缺点（即作为论据）。说服变量同样可以在精细加工水平高时对与品牌相关的信息加工产生偏见，影响到对所产生想法的信心。变量的偏见效应在变量先于信息加工时更容易出现，而变量在想法产生后表现更为显著时，其对想法信心的影响更容易出现。最后，当其他背景因素不限制精细加工水平高低时，变量可以影响精细加工水平。从态度强度角度来说，最有助于创建长期品牌关系的因素包括提供论据、有偏见的信息加工、自我验证、信息加工的数量等。

除了影响对想法的信心，近期关于元认知的研究和理论指出了态度是如何通

---

① 认知负荷（Cognitive Load）是指处理具体任务时加在学习者认知系统上的负荷的多维结构。它通常包括内部认知负荷、外部认知负荷和关联认知负荷三种类型。其中，内部认知负荷是由元素间交互形成的负荷；外部认知负荷是超越内部认知负荷的额外负荷；关联认知负荷是指与促进图式构建和图式自动化过程相关的负荷。

过元认知过程得到强化的。我们对不同类型的元认知进行了研究。与讨论最为相关的是，说服变量可以影响人们在面临说服时对他们自身态度的信心，而这些元认知可以决定态度的强弱。说服变量也可以是人们渴望避免的偏见。修正有时可以降低感知偏见的不定客观影响，但是对感知而非实际偏见的修正反而会产生相反的偏见。

注　释

［1］相同的是，在描述产品或品牌的正、负面行为体验时，消费者研究人员有时会用产品满意/不满意而不是产品态度来进行描述（Churchill and Surprenant，1982），通常假定消费者会继续使用满意的产品，且有动机转换不满意的产品（Oliver，1980）。

［2］行为预测的其他模型也包含了其他预测变量，比如习惯（见第 3 章）。

［3］投资的概念可能与计划行为理论中感知行为控制这一概念的某些方面有关（Ajzen，1991）。

参考文献

Ajzen, Icek (1988). *Attitudes, Personality, and Behavior*. Chicago, IL: Dorsey.

——(1991). "The Theory of Planned Behavior," *Organizational Behavior and Human Decision Processes*, 50, 179-211.

Ajzen, Icek, and Martin Fishbein (1977). "Attitude-Behavior Relations: A Theoretical Analysis and Review of Empirical Research," *Psychological Bulletin*, 84, 888-918.

Alba, Joseph M., and Howard Marmorstein (1987). "The Effects of Frequency Knowledge on Consumer Decision Making," *Journal of Consumer Research*, 14, 14-25.

Arriaga, Ximena B., and Christopher R. Agnew (2001). "Being Committed: Affective, Cognitive, and Conative Components of Relationship Commitment," *Personality and Social Psychology Bulletin*, 27 (9), 1190-1203.

Axsom, Danny, Suzanne M. Yates, and Shelly Chaiken (1987). "Audience Response as a Heuristic Cue in Persuasion," *Journal of Personality and Social Psychology*, 53, 30-40.

Barden, Jamie, and Richard E. Petty (2008). "The Mere Perception of Elaboration Creates Attitude Certainty: Exploring the Thoughtfulness Heuristic," *Journal of Personality and Social Psychology*, 95, 489-509.

Bassili, John N. (1996). "Meta-Judgmental versus Operative Indexes of Psychological Attributes: The Case of Measures of Attitude Strength," *Journal of Personality and Social Psychology*, 7 (4), 637-653.

Batra, Rajeev, and Michael L. Ray (1986). "Situational Effects of Advertising Repetition: The Moderating Influence of Motivation, Ability, and Opportunity to Respond," *Journal of Consumer Research*, 12 (4), 432-445.

Batra, Rajeev, and Douglas M. Stayman (1990). "The Role of Mood in Advertising Effectiveness," *Journal of Consumer Research*, 17 (2), 203-214.

Berger, Ida E., and Andrew A. Mitchell (1989). "The Effect of Advertising on Attitude Accessibility, Attitude Confidence, and the Attitude-Behavior Relationship," *Journal of Consumer Research*, 16, 269-279.

Blankenship, Kevin L., and Duane T. Wegener (2008). "Opening the Mind to Close it: Considering a Message in Light of Important Values Increases Message Processing and Later Resistance to Change," *Journal of Personality and Social Psychology*, 94, 196-213.

Blankenship, Kevin L., Duane T. Wegener, Richard E. Petty, Brian T. Detweiler-Bedell, and Cheryl L. Macy (2008). "Elaboration and Consequences of Anchored Estimates: An Attitudinal Perspective on Numerical Anchoring," *Journal of Experimental Social Psychology*, 55 (6), 1465-1476.

Bloemer, José M.M., and Hans D.E Kasper (1995). "The Complex Relationship between Consumer Satisfaction and Brand Loyalty," *Journal of Economic Psychology*, 16 (2), 311-329.

Briñol, Pablo, and Richard E. Petty (2003). "Overt Head Movements and Persuasion: A Self-Validation Analysis," *Journal of Personality and Social Psychology*, 84, 1123–1139.

Briñol, Pablo, Richard E. Petty, and Jamie Barden (2007). "Happiness versus Sadness as a Determinant of Thought Confidence in Persuasion: A Self-Validation Analysis," *Journal of Personality and Social Psychology*, 93, 712–727.

Briñol, Pablo, Richard E. Petty, and Zakary L. Tormala (2004). "The Self-Validation of Cognitive Responses to Advertisements," *Journal of Consumer Research*, 31, 559–573.

Cacioppo, John T., and Richard E. Petty (1982). "The Need for Cognition," *Journal of Personality and Social Psychology*, 42, 116–131.

Chaiken, Shelly (1980). "Heuristic versus Systematic Information Processing in the Use of Source versus Message Cues in Persuasion," *Journal of Personality and Social Psychology*, 39, 752–766.

Chaiken, Shelly, Akiva Liberman, and Alice H. Eagly (1989). "Heuristic and Systematic Information Processing within and beyond the Persuasive Context." In *Unintended Thought*, ed. J.S. Uleman and J.A. Bargh. New York, NY: Guilford, 214–246.

Chaiken, Shelly, and Durairaj Maheswaran (1994). "Heuristic Processing Can Bias Systematic Processing: Effects of Source Credibility, Argument Ambiguity, and Task Importance on Attitude Judgment," *Journal of Personality and Social Psychology*, 66, 460–473.

Chen, Zhansheng, Hyewook Jeong, Duane T. Wegener, Richard E. Petty, and Stephen M. Smith (2005). "Mood as a Conditional Resource: Long-Term Mood Management in Processing of Persuasive Communication," Paper presented at the 77th annual meeting of the Midwestern Psychological Association, Chicago, IL, May.

Churchill, Gilbert A., and Carol Surprenant (1982). "An Investigation into the Determinants of Customer Satisfaction," *Journal of Marketing Research*, 19 (4), 491–504.

Clark, Jason K. (2005). "Outcome Dependency and Impression Formation: Differentiating Biased from Objective Processing of Goal-Relevant Information," Unpublished master's thesis, Purdue University.

Clark, Jason K., and Duane T. Wegener (2008). "Unpacking Outcome Dependency: Differentiating Effects of Dependency and Outcome Desirability on the Processing of Goal-Relevant Information," *Journal of Experimental Social Psychology*, 44, 586–599.

Davidson, Andrew R., and James J. Jaccard (1979). "Variables that Moderate the Attitude-Behavior Relation: Results of a Longitudinal Survey," *Journal of Personality and Social Psychology*, 37, 1364–1376.

Davidson, Andrew R., Steven Yantis, Marel Norwood, and Daniel E. Montano (1985). "Amount of Information about the Attitude Object and Attitude-Behavior Consistency," *Journal of Personality and Social Psychology*, 49, 1184–1198.

DeBono, Kenneth G., and Richard J. Harnish (1988). "Source Expertise, Source Attractiveness, and the Processing of Persuasive Information: A Functional Approach," *Journal of Personality and Social Psychology*, 55, 541–546.

DeSteno, David, Richard E. Petty, Duane T. Wegener, and Derek D. Rucker (2000). "Beyond Valence in the Perception of Likelihood: The Role of Emotion Specificity," *Journal of Personality and Social Psychology*, 78, 397–416.

Eaton, Asia, and Penny Visser (2008). "Attitude Importance: Understanding the Causes and Consequences of Passionately Held Views," *Social and Personality Psychology Compass*, 2, 1719–1736.

Etcheverry, Paul E., and Christopher R. Agnew (2004). "Subjective Norms and the Prediction of Romantic Relationship State and Fate," *Personal Relationships*, 11, 409–428.

Etcheverry, Paul E., and Benjamin Le (2005). "Thinking about Commitment: Accessibility of Commitment and Prediction of Relationship Persistence, Accommodation, and Willingness to Sacrifice," *Personal Relationships*, 12 (1), 103–123.

Fabrigar, Leandre R., Tara MacDonald, and Duane T. Wegener (2005). "The Structure of Attitudes." In *The Handbook of Attitudes*, ed. D. Albarracin, B. Johnson, and M. Zanna. Mahwah, NJ: Lawrence Erlbaum, 79–124.

Fazio, Russell H. (1995). "Attitudes as Object-Evaluation Associations: Determinants, Consequences, and Correlates of Attitude Accessibility." In *Attitude Strength: Antecedents and Consequences*, ed. R.E. Petty and J.A. Krosnick. Mahwah, NJ: Lawrence Erlbaum, 247–282.

Fazio, Russell H., Jeaw–mei Chen, Elizabeth C. McDonel, and Steven J. Sherman (1982). "Attitude Accessibility, Attitude–Behavior Consistency, and the Strength of the Object–Evaluation," *Journal of Experimental Social Psychology*, 8 (4), 339–357.

Fazio, Russell H., and Mark P. Zanna (1978). "On the Predictive Validity of Attitudes: The Roles of Direct Experience and Confidence," *Journal of Personality*, 46 (2), 228–243.

——(1981). "Direct Experience and Attitude–Behavior Consistency." In *Advances in Experimental Social Psychology* (vol. 14), ed. L. Berkowitz. San Diego, CA: Academic Press, 161–202.

Fishbein, Martin, and Icek Ajzen (1974). "Attitudes toward Objects as Predictors of Single and Multiple Behavioral Criteria," *Psychological Review*, 81, 59–74.

——(1975). *Belief, Attitude, Intention, and Behavior: An Introduction to Theory and Research*. Reading, MA: Addison–Wesley.

——(1977). "Attitude–behavior Relations: A Theoretical Analysis and Review of Empirical Research," *Psychological Bulletin*, 84 (5), 888–918.

Glaser, Jack, and Mahzarin R. Banaji (1999). "When Fair is Foul and Foul is Fair: Reverse Priming in Automatic Evaluation," *Journal of Personality and Social Psychology*, 77, 669–687.

Gorn, Gerald. J. (1982). "The Effects of Music in Advertising on Choice Behavior: A Classical Conditioning Approach," *Journal of Marketing*, 46, 94–101.

Greenwald, Anthony G., and R.D. Albert (1968). "Acceptance and Recall of Improvised Arguments," *Journal of Personality and Social Psychology*, 8, 31–34.

Ha, Young–Won, and Stephen J. Hoch (1989). "Ambiguity, Processing Strategy, and Advertising–Evidence Interactions," *Journal of Consumer Research*, 16, 354–360.

Haddock, Geoffrey, Alexander J. Rothman, Rolf Reber, and Norbert Schwarz (1999). "Forming Judgments of Attitude Certainty, Intensity, and Importance: The Role of Subjective Experiences," *Personality and Social Psychology Bulletin*, 25, 771–782.

Haugtvedt, Curtis P., and Richard E. Petty (1992). "Personality and Persuasion: Need for Cognition Moderates the Persistence and Resistance of Attitude Changes," *Journal of Personality and Social Psychology*, 63, 308–319.

Holbrook, Allison L., Matthew K. Berent, Jon A. Krosnick, Penny S. Visser, and David S. Boninger (2005). "Attitude Importance and the Accumulation of Attitude–Relevant Knowledge in Memory," *Journal of Personality and Social Psychology*, 88 (5), 749–769.

Holland, Rob W., Bas Verplanken, and Ad van Knippenberg (2003). "From Repetition to Conviction: Attitude Accessibility as a Determinant of Attitude Certainty," *Journal of Experimental Social Psychology*, 39, 594–601.

Hovland, Carl I., Irving L. Janis, and Harold H. Kelley (1953). *Communication and Persuasion: Psychological Studies of Opinion Change*. New Haven, CT: Yale University Press.

Isen, Alice M. (1987). "Positive Affect, Cognitive Processes, and Social Behavior." In *Advances in Experimental Social Psychology* (vol. 20), ed. L. Berkowitz. San Diego, CA: Academic Press, 203–253.

Kahle, Lynn R., and Pamela M. Homer (1985). "Physical Attractiveness of the Celebrity Endorser: A Social Adaptation Perspective," *Journal of Consumer Research*, 11, 954–961.

Kang, Yong–Soon, and Paul M. Herr (2006). "Beauty and the Beholder: Toward an Integrative Model of Communication Source Effects," *Journal of Consumer Research*, 33, 123–130.

Kardes, Frank R., Gurumurthy Kalyanaram, Murali Chandrashekaran, and Ronald J. Dornoff (1993). "Brand Retrieval, Consideration Set Composition, Consumer Choice, and the Pioneering Advantage," *Journal of Consumer Research*, 20, 62–75.

Kelley, Harold H., and John W. Thibaut (1978). *Interpersonal Relations: A Theory of Interdependence*. New York, NY: Wiley.

Kokkinaki, Flora, and Peter Lunt (1999). "The Effect of Advertising Message Involvement on Brand Attitude Accessibility," *Journal of Economic Psychology*, 20, 41–51.

Krosnick, Jon A., and Donald R. Kinder (1990). "Altering the Foundations of Support for the President through Priming," *American Political Science Review*, 84, 497–512.

Kunda, Ziva (1990). "The Case for Motivated Reasoning," *Psychological Bulletin*, 108, 480–498.

Kuykendall, David, and John P. Keating (1990). "Mood and Persuasion: Evidence for the Differential Influence of Positive and Negative States," *Psychology and Marketing*, 7 (1), 1–9.

Le, Benjamin, and Christopher R. Agnew (2003). "Commitment and its Theorized Determinants: A Meta-Analysis of the Investment Model," *Personal Relationships*, 10 (1), 37–57.

Lee, Angela Y., and Jennifer L. Aaker (2004). "Bringing the Frame into Focus: The Influence of Regulatory Fit on Processing Fluency and Persuasion," *Journal of Personality and Social Psychology*, 86, 205–218.

MacInnis, Deborah J., Christine Moorman, and Bernard J. Jaworski (1991). "Enhancing and Measuring Consumers' Motivation, Opportunity, and Ability to Process Brand Information from Ads," *Journal of Marketing*, 55, 32–53.

Maddux, William W., Jamie Barden, Marilynn B. Brewer, and Richard E. Petty (2005). "Saying No to Negativity: The Effects of Context and Motivation to Control Prejudice on Automatic Evaluative Responses," *Journal of Experimental Social Psychology*, 41, 19–35.

Nedungadi, Prakash (1990). "Recall and Consumer Consideration Sets: Influencing Choice without Altering Brand Evaluations," *Journal of Consumer Research*, 17, 263–276.

Oliver, Richard L. (1980). "A Cognitive Model of the Antecedents and Consequences of Satisfaction Decisions," *Journal of Marketing Research*, 17 (4), 460–469.

Petrocelli, John V., Zakary L. Tormala, and Derek D. Rucker (2007). "Unpacking Attitude Certainty: Attitude Clarity and Attitude Correctness," *Journal of Personality and Social Psychology*, 92, 30–41.

Petty, Richard E. (1977). *A Cognitive Response Analysis of the Temporal Persistence of Attitude Changes Induced by Persuasive Communications*. Doctoral dissertation, Ohio State University, Columbus, Ohio.

Petty, Richard E., Pablo Briñol, and Zakary L. Tormala (2002). "Thought Confidence as a Determinant of Persuasion: The Self-Validation Hypothesis," *Journal of Personality and Social Psychology*, 82, 722–741.

Petty, Richard E., Pablo Briñol, Zakary L. Tormala, and Duane T. Wegener (2007). "The Role of Meta-Cognition in Social Judgment." In *Social Psychology: Handbook of Basic Principles*, ed. E.T. Higgins and A.W. Kruglanski. New York, NY: Guilford Press, 254–284.

Petty, Richard E., and John T. Cacioppo (1979). "Issue Involvement Can Increase or Decrease Persuasion By Enhancing Message-Relevant Cognitive Responses," *Journal of Personality and Social Psychology*, 37 (10), 1915–1926.

——(1984). "Motivational Factors in Consumer Response to Advertisements." In *Human Motivation: Physiological, Behavioral, and Social Approaches*, ed. R. Geen, W. Beatty, and R. Arkin. Boston, MA: Allyn & Bacon, 418–454.

——(1986). *Communication and Persuasion: Central and Peripheral Routes to Attitude Change*. New York, NY: Springer-Verlag.

——(1990). "Involvement and Persuasion: Tradition Versus Integration," *Psychological Bulletin*, 107 (3), 367–374.

Petty, Richard E., John T. Cacioppo, and Rachel Goldman (1981). "Personal Involvementas a Determinant of Argument-Based Persuasion," *Journal of Personality and Social Psychology*, 41, 847–855.

Petty, Richard E., John T. Cacioppo, and David Schumann (1983). "Central and Peripheral Routes to Advertising Effectiveness: The Moderating Role of Involvement," *Journal of Consumer Research*, 10 (September), 135–145.

Petty, Richard E., Curtis P. Haugtvedt, and Stephen M. Smith (1995). "Elaboration as a Determinant of Attitude Strength." In *Attitude Strength: Antecedents and Consequences*, ed. R.E. Petty and J.A. Krosnick. Mahwah, NJ: Lawrence Erlbaum, 93–130.

Petty, Richard E. and Jon A. Krosnick (eds.) (1995). *Attitude Strength: Antecedents and Consequences*. Mahwah, NJ: Lawrence Erlbaum.

301

Petty, Richard E., David W. Schumann, Steven A. Richman, and Alan J. Strathman (1993). "Positive Mood and Persuasion: Different Roles for Affect under High- and Low-Elaboration Conditions," *Journal of Personality and Social Psychology*, 64 (1), 5–20.

Petty, Richard E., Zakary L. Tormala, Pablo Briñol, and W. Blair G. Jarvis (2006). "Implicit Ambivalence from Attitude Change: An Exploration of the PAST Model," *Journal of Personality and Social Psychology*, 90 (1), 21–41.

Petty, Richard E., and Duane T. Wegener (1993). "Flexible Correction Processes in Social Judgment: Correcting for Context-Induced Contrast," *Journal of Experimental Social Psychology*, 29 (March), 137–165.

——(1998a). "Attitude Change: Multiple Roles for Persuasion Variables." In *The Handbook of Social Psychology*, ed. Daniel Gilbert, Susan Fiske, and Gardner Lindzey. New York, NY: McGraw Hill, 323–390.

——(1998b). "Matching versus Mismatching Attitude Functions: Implications for Scrutiny of Persuasive Messages," *Personality and Social Psychology Bulletin*, 24, 227–240.

——(1999). "The Elaboration Likelihood Model: Current Status and Controversies." In *Dual-Process Theories in Social Psychology*, ed. S. Chaiken and Y. Trope. New York, NY: Guildford Press, 41–72.

Petty, Richard E., Duane T. Wegener, and Paul H. White (1998). "Flexible Correction Processes in Social Judgment: Implications for Persuasion," *Social Cognition*, 16 (1), 93–113.

Petty, Richard E., Gary L. Wells, and Timothy C. Brock (1976). "Distraction Can Enhance or Reduce Yielding to Propaganda: Thought Disruption versus Effort Justification," *Journal of Personality and Social Psychology*, 34, 874–884.

Priester, Joseph R., and Richard E. Petty (2003). "The Influence of Spokesperson Trustworthiness on Message Elaboration, Attitude Strength, and Advertising Effectiveness," *Journal of Consumer Psychology*, 13 (4), 408–421.

Raghunathan, Rajagopal, and Yaacov Trope (2002). "Walking the Tightrope between Feeling Good and Being Accurate: Mood as a Resource in Processing Persuasive Messages," *Journal of Personality and Social Psychology*, 83, 510–525.

Ratneshwar, S., and Shelly Chaiken (1991). "Comprehension's Role in Persuasion: The Case of Its Moderating Effect on the Persuasive Impact of Source Cues," *Journal of Consumer Psychology*, 18, 52–62.

Rucker, Derek D., and Richard E. Petty (2004). "When Resistance Is Futile: Consequences of Failed Counterarguing for Attitude Certainty". *Journal of Personality and Social Psychology*, 86, 219–235.

Rusbult, Caryl E. (1980). "Commitment and Satisfaction in Romantic Associations: A Test of the Investment Model," *Journal of Personality and Social Psychology*, 16, 172–186.

——(1983). "A Longitudinal Test of the Investment Model: The Development (and Deterioration) of Satisfaction and Commitment in Heterosexual Involvements," *Journal of Personality and Social Psychology*, 45, 101–117.

Rusbult, Caryl E., and John M. Martz (1995). "Remaining in an Abusive Relationship: An Investment Model Analysis of Nonvoluntary Commitment," *Personality and Social Psychology Bulletin*, 21, 558–571.

Rusbult, Caryl E., John M. Martz, and Christopher R. Agnew (1998). "The Investment Model Scale: Measuring Commitment Level, Satisfaction Level, Quality of Alternatives, and Investment Size," *Personal Relationships*, 5, 357–391.

Schul, Yaacov, and Eugene Burnstein (1985). "When Discounting Fails: Conditions under which Individuals Use Discredited Information in Making a Judgment," *Journal of Personality and Social Psychology*, 49, 894–903.

Schul, Yaacov, and Harel Goren (1997). "When Strong Evidence has Less Impact than Weak Evidence: Bias, Adjustment, and Instructions to Ignore," *Social Cognition*, 15, 133–155.

Schwarz, Norbert (1990). "Feelings as Information: Informational and Motivational Functions of Affective States." In *Handbook of Motivation and Cognition: Foundations of Social Behavior* (vol. 2), ed. E.T. Higgins and R. P. Sorrentino. New York, NY: Guilford, 527–561.

Schwarz, Norbert, Herbert Bless, and Gerd Bohner (1991). "Mood and Persuasion: Affective States Influence the Processing of Persuasive Communications." In *Advances in Experimental Social Psychology* (vol.

24), ed. M.P Zanna. San Diego, CA: Academic Press, 161–201.

Schwarz, Norbert, and Gerald L. Clore (1983). "Mood, Misattribution, and Judgments of Well–Being: Informative and Directive Functions of Affective States," *Journal of Personality and Social Psychology*, 45, 513–523.

Sczesny, Sabine, and Ulrich Kühnen (2004). "Meta–Cognition about Biological Sex and Gender–Stereotypic Physical Appearance: Consequences for the Assessment of Leadership Competence," *Personality and Social Psychology Bulletin*, 30, 13–21.

Shavitt, Sharon, Suzanne Swan, Tina M. Lowery, and Michaela Wänke (1994). "The Interaction of Endorser Attractiveness and Involvement in Persuasion Depends on the Goal that Guides Message Processing," *Journal of Consumer Psychology*, 3, 137–162.

Sherman, Steven J., Diane M. Mackie, and Denise M. Driscoll (1990). "Priming and the Differential Use of Dimensions in Evaluation," *Personality and Social Psychology Bulletin*, 16, 405–418.

Shimp, Terence A., Elnora W. Stuart, and Randall W. Engle (1991). "A Program of Classical Conditioning Experiments Testing Variations in the Conditioned Stimulus and Context," *Journal of Consumer Research*, 18, 1–12.

Snyder, Mark (1974). "The Self–Monitoring of Expressive Behavior," *Journal of Personality and Social Psychology*, 30, 526–537.

Strack, Fritz (1992). "The Different Routes to Social Judgments: Experiential versus Informational Based Strategies." In *The Construction of Social Judgments*, ed. L.L. Martin and A. Tesser. Hillsdale, NJ: Lawrence Erlbaum, 249–275.

Sujan, Mita (1985). "Consumer Knowledge: Effects on Evaluation Strategies Mediating Consumer Judgments," *Journal of Consumer Research*, 12, 31–46.

Tetlock, Philip E., and Ariel Levi (1982). "Attribution Bias: On the Inconclusiveness of the Cognition–Motivation Debate," *Journal of Experimental and Social Psychology*, 18 (1), 68–88.

Tiedens, Larissa Z., and Susan Linton (2001). "Judgment under Emotional Certainty and Uncertainty: The Effects of Specific Emotions on Information Processing," *Journal of Personality and Social Psychology*, 81, 973–988.

Tormala, Zakary L., Joshua J. Clarkson, and Richard E. Petty (2006). "Resisting Persuasion by the Skin of One's Teeth: The Hidden Success of Resisted Persuasive Messages," *Journal of Personality and Social Psychology*, 91 (3), 423–435.

Tormala, Zakary L. and Richard E. Petty (2002). "What Doesn't Kill Me Makes Me Stronger: The Effects of Resisting Persuasion on Attitude Certainty," *Journal of Personality and Social Psychology*, 83, 1298–1313.

——(2004a). "Resistance to Persuasion and Attitude Certainty: The Moderating Role of Elaboration," *Personality and Social Psychology Bulletin*, 30, 1446–1457.

——(2004b). "Resisting Persuasion and Attitude Certainty: A Metacognitive Analysis." In *Resistance and Persuasion*, ed. E.S. Knowles and J.A. Linn. Mahwah, NJ: Lawrence Erlbaum, 65–82.

Tormala, Zakary L., Richard E. Petty, and Pablo Briñol (2002). "Ease of Retrieval Effects in Persuasion: The Roles of Elaboration and Thought–Confidence," *Personality and Social Psychology Bulletin*, 28, 1700–1712.

Tormala, Zakary L., Richard E. Petty, and Victoria L. DeSensi (in press). "Multiple Roles for Minority Sources in Persuasion and Resistance." In *Minority Influence and Innovation: Antecedents, Processes, and Consequences*, ed. R. Martin and M. Hewstone. London, UK: Psychology Press.

Tormala, Zakary L., and Derek D. Rucker (2007). "Attitude Certainty: A Review of Past Findings and Emerging Perspectives," *Social and Personality Psychology Compass*, 1, 469–492.

Visser, Penny S., and Robert R. Mirabile (2004). "Attitudes in the Social Context: The Impact of Social Network Composition on Individual–Level Attitude Strength," *Journal of Personality and Social Psychology*, 87, 779–795.

Wegener, Duane T., and Donal E. Carlston (2005). "Cognitive Processes in Attitude Formation and Change." In *The Handbook of Attitudes*, ed. D. Albarracin, B. Johnson, and M. Zanna. Mahwah, NJ:

Lawrence Erlbaum, 493–542.

Wegener, Duane T., Jason K. Clark, and Richard E. Petty (2006). "Not All Stereotyping is Created Equal: Differential Consequences of Thoughtful versus Non–Thoughtful Stereotyping," *Journal of Personality and Social Psychology*, 90, 42–59.

Wegener, Duane T., John Downing, Jon A. Krosnick, and Richard E. Petty (1995). "Measures and Manipulations of Strength–Related Properties of Attitudes: Current Practice and Future Directions." In *Attitude Strength: Antecedents and Consequences*, ed. R.E. Petty and J.A. Krosnick. Mahwah, NJ: Lawrence Erlbaum, 455–487.

Wegener, Duane T., and Richard E. Petty (1995). "Flexible Correction Process in Social Judgment: The Role of Naive Theories in Corrections for Perceived Bias," *Journal of Personality and Social Psychology*, 68 (March), 36–51.

304 ——(1997). "The Flexible Correction Model: The Role of Naive Theories of Bias in Bias Correction" In *Advances in Experimental Social Psychology* (vol. 29), ed. M. P. Zanna. Mahwah, NJ: Lawrence Erlbaum, 141–208.

——(2001). "On the Use of Naive Theories of Bias to Remove or Avoid Bias: The Flexible Correction Model," *Advances in Consumer Research*, 28, 378–383.

Wegener, Duane T., Richard E. Petty, and Stephen M. Smith (1995). "Positive Mood can Increase or Decrease Message Scrutiny: The Hedonic Contingency View of Mood and Message Processing," *Journal of Personality and Social Psychology*, 69, 5–15.

Wegener, Duane T., Richard E. Petty, Natalie D. Smoak, and Leandre R. Fabrigar (2004). "Multiple Routes to Resisting Attitude Change." In *Resistance and Persuasion*, ed. E. Knowles and J. Linn. Mahwah, NJ: Lawrence Erlbaum, 13–38.

Weigel, Russell H., and Lee S. Newman (1976). "Increasing Attitude–Behavior Correspondence by Broadening the Scope of the Behavioral Measure," *Journal of Personality and Social Psychology*, 33, 793–802.

Wheeler, S. Christian, Kenneth G. DeMarree, and Richard E. Petty (2007). "Understanding the Role of the Self in Prime–to–Behavior Effects: The Active Self Account," *Personality and Social Psychology Review*, 11, 234–261.

Wicker, Alan W. (1969). "Attitudes versus Actions: The Relationship of Verbal and Overt Behavioral Responses to Attitude Objects," *Journal of Social Issues*, 25, 41–78.

Wilson, Timothy D., and Nancy Brekke (1994). "Mental Contamination and Mental Correction: Unwanted Influences on Judgments and Evaluations," *Psychological Bulletin*, 116 (1), 117–142.

Yi, Youjae (1990). "The Effects of Contextual Priming in Print Advertisements," *Journal of Consumer Research*, 17 (September), 215–222.

第 16 章

将情境效应置于情境中
——被评价性判断的态度强度所调节的建构与检索（CARMAS）模型

达拉杰·纳亚堪库帕姆，约瑟夫·R.普里斯特
（**Dhananjay Nayakankuppam and Joseph R. Priester**）

品牌经理在审视营销决策时，大多会考虑普遍存在的资源分配问题。资源应 305
该分配给广告还是终端销售点呢？最近围绕线上—线下消费的争论也明确表明这
并非是一个小问题，在做这种方向性决策时，潜在的隐含理论存在根本差异。如
对广告的投资决策可能暗示这样的潜在理论：消费者可以被说服而形成态度（或
者评价性行为倾向），并且这些品牌及其相关评价可以在购买时被检索出来引导
决策。对终端销售点的投资决策则违背了一个隐含理论，即消费者的评价是不可
靠的且对具体信息的记忆需要被情境因素所激发。自然，这些隐含见解及其概念
的一致性在学术文献中的假设理论中获得了实验性证据。

研究背景

建构得到的评价性判断

"我们对态度的所有测量都是基于应答者被提问时根据所获得信息建构出来
的评价性判断。"

（Schwarz 和 Bohner，2001）

"一种评价……是对客体多种特征大量评价的综合，而不是客体呈现的唯一
标签。"

（Ferguson 和 Bargh，2003）

以上引用说明当下人们普遍把评价假定为建构过程的结果。当被问到是否喜
欢或者讨厌一种产品、一个地方、一个人、一种想法或者一件事物的时候，前面 306
引用的观点认为人们会根据在应答当时脑海中显著的信息来构建他们的回答。近
期研究不仅支持这种建构观点的独特性，而且认为所有的评价性判断都是这种建

构过程的结果。

根据目前建构视角的观点，人们的评价性判断（即他们怎么看待目标对象）是基于他们如何被提问和在提问时他们在思考什么，而不是基于人们脑海中已有的评价信息检索结果（Bettman，1979；Bettman，Luce and Payne，1998；Bettman and Park，1980；Payne，Bettman，Johnson，1992；Schwarz and Bohner，2001；Slovic，1995；Tesser，1978；Tversky，Sattath and Slovic，1988；Wilson and Hodges，1992）。这些观点认为，人们的判断和评价是一种主动建构过程的结果。提出这种过程的原因是评价对情境信息应该是高度敏感的。

有大量的证据支持情境因素[1]可以系统性影响评价性判断这一观点。问句是如何用词的，或者是问题编排的顺序，这些微妙的区别被发现对评价判断的结果有着巨大影响（Bishop，1987；Hippler，Schwarz and Sudman，1987；Schuman and Presser，1981；Schuman，Presser and Ludwig，1981；Schwarz，1999；Schwarz and Sudman，1996；Strack and Martin，1987；Sudman，Bradburn and Schwarz，1996；Tourangeau and Rasinski，1988）。类似地，暂时的情绪（Isen et al.，1978；Schwarz and Clore，1983；Schwarz et al.，1987）、现象性的体验（Schwarz，1998；Schwarz and Clore，1983）和身体的感受（Valins，1966；Wells and Petty，1980）也会影响人们评价时的回答。比如，对正面或负面信息检索的难易程度感知已经被证明是评价的基础（Schwarz，1998；Schwarz et al.，1991；Strack，Martin and Stepper，1988；Tversky and Kahneman，1973）。再如，让一个人想起配偶的三个优点（相对简单的任务）能引起其对配偶更正面的后续评价，而想起关于配偶的十二个优点（相对困难的任务），能引起对配偶不那么正面的后续评价。

大量关于暂时性及情境性信息对评价性判断有影响的证据表明这些判断是建构的。应答者评价性判断的变化不可能是获取先前已存储反应的检索过程的结果。数据表明，当被提问时，个体会基于当前脑海中的显著信息来构建他们的评价性判断。

检索得到的评价性判断

将评价判断视作一种检索行为，人们利用已有的评价倾向（即一种态度）进行评论这一观点有着很长的研究历史。从本质上来说，检索观点认为我们在记忆里存储某种评价倾向，其目的是为了指导自己再次遇见目标对象时采取行动。由此，态度一直被概念化为一种可被内部存储且随时间流逝会越来越稳定的评价。Allport（1935）认为态度"经常会以童年或青年时期即被固定的方式而存在于整个一生中"（p.814；Cook and Flay，1978；Sherif and Cantril，1947；Bennett，1975；Bishop，Hamilton and McConahay，1980；Brown，1970；Marwell，Aiken and Demerath，1987）。这些态度是"个体精神或神经状态稳定的最佳看法"

(Asch，1952；Eagly and Chaiken，1993)。

　　有很多研究的发现与这一观点相一致。我们认为检索倾向会影响随后的信息处理过程，且我们的研究支持了态度会影响信息处理的方式与检索观点中的假设相一致 (Baumgardner et al.，1976；Lingle et al.，1979；Ahluwalia, Unnava, and Burnkrant，2001)。类似地，我们认为消费者对有利于和不利于态度的刺激有着不同反应，这与现有的概念是一致的，即人们反驳争议的程度 (Ahluwalia et al.，2000)，感觉与想法的相对比率 (Jewell and Unnava，2004)，或对正负面评价刺激的神经反应等 (Cacioppo, Petty and Geen，1989；Cacioppo et al.，1993；Cacioppo et al.，1994；Cacioppo, Crites and Gardner，1996；Crites et al.，1995)。另一相关研究的框架提出，态度会干涉关于目标对象变化的识别 (Fazio, Ledbetter and Towles-Schwen，2000)，这一发现与检索视角下的观点是一致的。进一步说，可获取的态度缓和了决策时面临的生理压力 (Fazio, Blascovich and Driscoll，1992)。

检测中的困难

　　尽管这两种观点对形成评价性判断的过程提供了不同的解释，很难用实验来区分这两种解释。这种困难来源于，尽管这两个理论对过程提供了不同的解释，但它们产生了相似的实验预测，因此很难检测究竟是哪种过程在起作用。考虑到其他可行的假定影响，每个观点的数据都可以与作为另一观点支持的数据相一致。

　　比如，考虑到态度的可获得性。当 Fazio 等引用态度可获得性效应来支持检索过程时 (Fazio，1995，1989)，Schwarz 和 Bohner (2001) 认为，潜在数据对评价过程中哪一个阶段负责产生快速或缓慢应答是没有影响的。就像 Fazio 等讨论的，一个快速的潜在因素可能反映出对易获取储存态度的检索，或者说，对当前建构型判断的快速估算是基于进入大脑的一致性评价信息而非不一致评价信息。换句话说，检索型态度是快速评价反应的充分不必要条件。

　　我们反过来说，这种检索的观点可以解释环境影响的敏感性，因为它提出储存和检索态度可以作为人们的锚点。类似于 Kahneman 和 Tversky (1974) 提出的锚定①和调整机制，情境化信息通过某种方式被整合到锚点中。这样，作为起点和情境信息的态度储存，如果是相关的话，将会与达成评价性判断的态度被加以整合。

加入调节变量来解释问题：受态度强度调节的建构和检索模型

308

　　似乎需要提出方法来解决这看似相互冲突的观点。对这样一个结果，我们认为更有用的问题不是问是否，而是问何时评价性判断是建构或者检索的结果。因

---

　　① 锚定效应 (Anchoring Effect) 是指人们在对某人某事进行决策判断时，易受第一印象或第一信息支配，会过度偏重最早取得的第一笔资讯 (称为锚点)，即使这个资讯与这项决定明显无关。

此，研究的重点主题变成从理论上探寻评价性判断何时是建构的，而何时又是源于检索过程的具体性先决条件。换言之，我们试图找到在评价性判断过程中潜在的理论信息调节变量。我们认为与态度相关的态度强度就是这样一种在理论上有意义的调节变量。

态度强度

态度代表着对态度对象的喜欢或者厌恶程度，态度强度是对个体通过相对努力、思考或不思考的过程等来达到某个态度的程度测量（Petty and Wegener，1998）。Krosnick 和 Petty（1995）回顾了与态度强度相关属性的实证研究并且把态度强度分为四类：①态度自身的方面；②与态度和态度客体在记忆中的认知结构相关的方面；③对态度和态度客体的主观想法；④态度形成的认知过程。

从理论上看，其中第四种维度尤为有趣，因为这是态度形成的过程，且在概念上是其他构念的基础，进而衍生出其他构念。

精细加工

态度强度的一个重要前因变量是精细加工。态度强度来源于人们相对努力的认知精细加工程度或是对态度客体主要优点的思考（Petty and Cacioppo，1986；Petty，Priester and Wegener，1994；Petty and Wegener，1998）。当个体拥有审查信息的能力和动机时，会使用精细加工，并且精细加工是一个过程，态度通过人们对客体回应的思考（认知回应）结果而形成。当人们缺少这种精细加工的动机或能力时，他们仍可能形成态度作为回应。然而，在这种条件下形成的态度相对来说是没有经过相关思考和推测过程而产生的结果（Petty，Cacioppo and Schumann，1983）。

假定精细加工会引起与客体态度相关的潜在认知结构改变。具体而言，精细加工假定会导致由更多认知关联组成的更紧密连接网络（Petty and Cacioppo，1986）。作为精细加工的结果，这些潜在认知结构的改变已证实会产生很多影响。相对弱态度，强态度更有可能产生高的可获得性（Priester and Petty，2003），更长的持久性（Haugtvedt and Petty，1992），更能抵御负面说服意图（Haugtvedt and Wegener，1994），能被优先考虑（Priester et al.，2004），并且能指导行为（Cacioppo et al.，1986）（见 Fazio，1995；Petty，Haugtvedt and Smith，1995）。

态度强度和判断

为了更好地理解态度强度对建构和检索过程的调节作用，探讨判断形成中的过程是非常有帮助的。当面对一个判断情境时，一个人需要想起关于目标对象的信息。通常的观点认为，人们搜寻信息的过程很少是彻底的，人们会很快地停止搜寻信息。在这种情境中，关键问题是态度是否是浮现于脑海的要素之一，如果是，态度影响判断的程度如何。决定信息对随后判断产生影响的两个主要因素是该信息的可获得性和可诊断性。因此，态度对判断的影响取决于它的可获得性

（即它能被想起吗），以及相对其他被想到的该条信息被感知到对判断的可诊断性
（即相关性）。

在判断情境中，强态度比弱态度享有某些优势。强态度是更易获得的结果，
因而比起弱态度更易被检索。进一步说，由于它们基于有效的认知精细加工，因
此强态度有更丰富的关联网络，相对弱态度它们更可能被认为是诊断性的和相关
性的（Menon，Raghubir and Schwarz，1995）。这样，我们假设强态度是容易被检
索的并且被认为是有诊断性的。因此，评价性判断被认为对情境因素的影响更敏
感。弱态度可能不易获得，并且就算它们被考虑到了也会被认为相对情境中其他
存在的线索更不具诊断性。评价性判断因此更可能基于当前脑海中显著的信息进
行构建，由此评价性判断因更易受情境影响，并且有一些信息元素的影响而比其
他因素更显著。

很多可检验的假设可以从这个视角开始进行研究。首先就是态度强度应该会
调节评价性判断的情境敏感度。就像我们讨论的一样，如果强态度更易被获得并
且更具诊断性，那么情境影响的可能性会更小。这是我们在一系列实验中准确认
知到的。

不同的情境敏感度：可测量的态度强度

之前的研究表明人们经常利用品牌在记忆中的可获得性作为推断喜爱程度的
线索（Posovac，Sanbonmatsu and Fazio，1997）。我们操纵一个可获得性的情境，
在该情境中，人们可以利用或者怀疑可获得性体验。人们喜爱程度的变化作为该
操纵函数的变量因素来支持建构视角的观点。我们更想要证明情境的这种影响仅
仅在弱态度时显现出来。预测试中的学生被试者对快餐品牌比慈善品牌有更强的
态度（了解更多信息，在品牌间有更强的偏好，对偏好更确定，并且考虑更多）。
这样，我们对快餐和慈善品牌的态度分别概念化为强和弱。

36 个被试者被要求回想尽可能多的快餐品牌并从中选择一个。然而，我们
告诉半数的被试者我们对他们的品牌记忆感兴趣，这使他们因为回忆的轻松性联
想起对早先回忆品牌的喜爱。我们告知另外一半的被试者我们对广告是怎样影响
他们的品牌记忆感兴趣，这会使被试者回想的轻松性被偏见所左右；他们可能会
因为看了很多同样的广告想起该品牌，而不是因为他们喜爱这个品牌而想起它。

分析得出了一个回忆诊断性的主要效应——$F(1，31)=4.82$，$p<0.04$。比
起那些回忆体验受到怀疑的被试者（$M=3.31$），把回忆与喜爱相联系的被试者
（$M=2.00$）会更多地选择早先回忆起的品牌。这个效应主要通过品牌分类和诊断
性的交互作用得到证实，$F(1，31)=8.74$，$p<0.01$。图 16.1 描述了这个效应。
选择快餐品牌的参与者（强态度）不受情境因素的操纵影响，$F<1$。相反，选择
慈善品牌（弱态度）的参与者，其情境线索的出现产生了很大的影响。$F(1，15)=7.29$，$p<0.02$，相对于回忆被怀疑的参与者（$M=4.86$），那些把回忆与

310

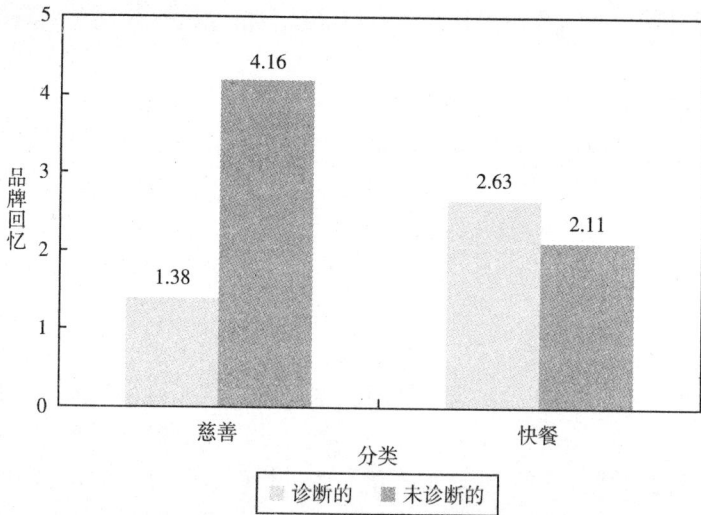

图16.1 回忆诊断性：预测分类和诊断性的交互作用

喜爱联系起来的参与者（$M=1.38$）更多地选择了早先回忆起的品牌。

311 　　正如 CARMAS 所预期，我们发现经典情境效应［基于回忆轻松性（ease of recall），这是文献中最常用的情境影响之一］，受到态度强度的调节，如弱态度会表现出显著的情境影响而强态度却不受情境影响。然而强度具有可测量的特性，这给其他相关变量提出创造性推测提供了可能（例如建构的流畅性）。因此重要的研究工作是操纵态度强度而不是测量，以及态度对象是新颖的而不是熟悉的情况下，探讨态度强度是否会调节情境的影响。

不同的情境敏感度：可操纵的态度强度

　　另一实验仅使用了慈善的品牌类别并在实验中操纵了态度强度。实验参与者被提供了一个虚拟慈善的广告，伴以强论据和正面的边缘线索。通过要求他们关注自身的想法和感受，半数的参与者被设计成在高精细加工情况下处理广告信息（并且导致坚定持有的正面态度），而通过要求他们对广告中出现的多音节单词计数，其他参与者被设计成在限制了精细加工能力的情况下对广告进行处理（导致不坚定持有的正面态度）。接着是操纵检验且大约45分钟之后，参与者被要求给出慈善的品牌名称并且置之于一个与先前研究相同的操纵情境下，最后要求他们给出对此慈善进行捐赠的意愿。这样，捐赠意愿即代表了参与者对慈善的评价性判断。

　　116位参与者为获取学分而参加了实验。他们被随机分配到2（精细加工：高 vs 低）×2（情境：明确的易于回忆 vs 模糊的易于回忆）实验四组中的任一组。第三个因素基于参与者回忆品牌名称的能力给出，由此生成八组实验设计。

　　操纵检验表明对慈善的态度在高、低精细加工情形之间没有显著差异，

F (1，97) = 1.82，$p < 0.2$（$M_{低精细加工} = 2.7$，$M_{高精细加工} = 3.0$）。然而，强度在不同精细加工情形下会有显著差异，F (1，106) = 11.85，$p < 0.0008$（$M_{低精细加工} = 5.42$，$M_{高精细加工} = 4.35$）。简言之，我们通过对精细加工程度的操纵创造了相等效价的态度，在态度强度的潜在维度上有差异。

评价性判断反映了回忆的主要效应，F (1，105) = 13.07，$p < 0.001$，表明能回忆起慈善品牌的个体更有可能考虑慈善捐助。然而，这个主要反应是在高精细加工 × 情境 × 回忆的交互作用下得到支持的，F (1，105) = 6.51，$p < 0.01$，如图 16.2 所示。

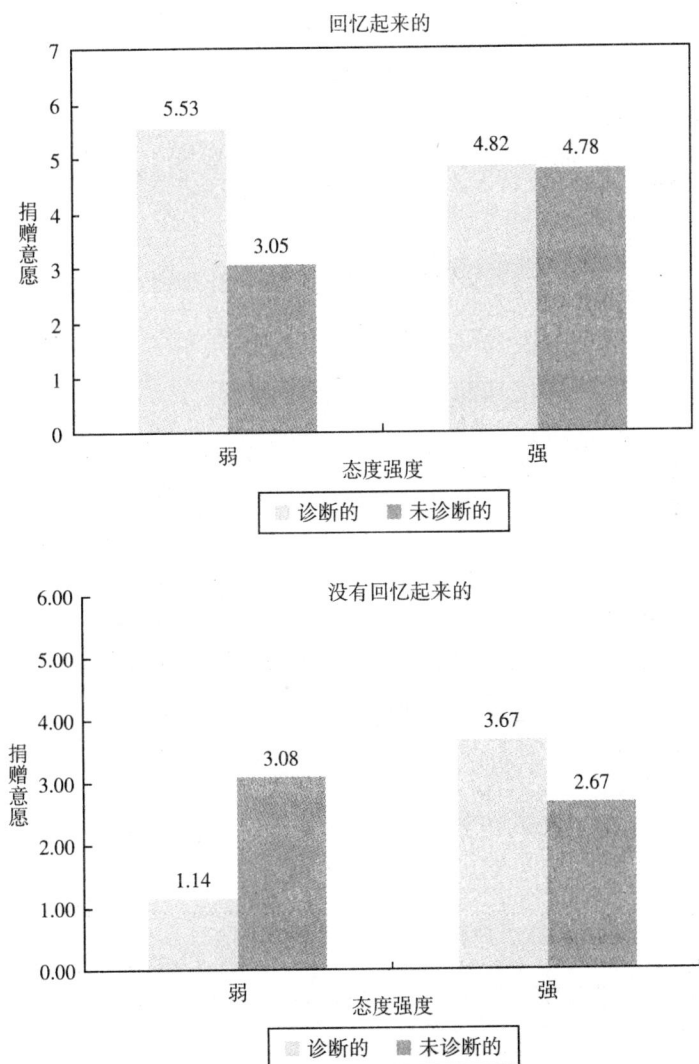

图 16.2　回忆效应：高精细加工—情境—回忆的交互条件的影响

这个交互作用通过对能或不能回忆起慈善名称的个体分别检测精细加工和情境的交互作用进行了分解检验。对那些能回忆起慈善名称的个体，精细加工与情境的交互作用显著，$F_{(1, 61)} = 3.98$，$p < 0.05$。正如预期，交互作用的出现是因为情境因素在低精细加工的条件下比高精细加工条件下更有影响力。当态度很弱时，参与者的捐赠意愿是受到情境显著影响的，$F_{(1, 34)} = 8.98$，$p < 0.005$（$M_{允许使用回忆} = 5.53$，$M_{回忆受到疑问} = 3.05$）。相反地，当态度很强时，情境因素的操纵不会影响评价性判断，$F < 1$（$M_{允许使用回忆} = 4.8$，$M_{回忆受到疑问} = 4.8$）。[2]

结果显示，相对于强态度下的评价性判断，弱态度下的评价性判断更容易受情境操纵的影响。由于态度强度是被操纵而并非被测量，实验 2 的贡献在于驳斥了与诸如构建流畅性等其他变量相关变量的影响，这些变量通常是采用量表法加以测量（例如，产品类别作为对强度的替代变量）。

不同的情境敏感度：个体差异法

之前实验结果的局限性在于每个实验都关注的是与产品类别中品牌可获得性有关的具体类型的情境效应。态度强度对其他情境效应存在调节作用，这一发现不仅引人注目且意义非凡。另外，如果态度强度在对过程引导判断的调节效应中存在重要作用，那么在对态度强度完全不同的操作化中也能观测到此类效应。对不同指标的最大程度利用，能为态度强度调节情境因素敏感性的观点提供一致性证据。

为达到这一目的我们进行了实验 3。近年来相当多的研究利用个体特质作为调节变量来检验理论框架（Bagozzi，1994）。简而言之，如果态度强度确实能调节构建和检索这两个机制，我们期望发现人们对于沉浸在精细加工和评价过程的动机所产生的数据具有相似模式。用于检验说服和评价现象的两个概念分别是：评价需求（Need to Evaluate，NTE[①]；Jarvis and Petty，1996）和认知需求（Need for Cognition，NCOG；Cacioppo and Petty，1982；Cacioppo et al.，1986）。这两个个体特质变量被概念化为人们在精细加工和评价过程中的基本动机。NTE 是个体特质变量，测量的是评价性判断的内在动机。从我们的观点中，个体在高 NTE 时更可能去自发地评价一个目标对象并且为之后可能的检索形成态度。认知需求是测量参与精细加工个体内在动机的个体特质变量。我们认为有高认知需求的个体更容易经由精细加工形成强态度。进一步说，我们预计高认知需求和高评价需求的影响在强态度中最有可能自发地形成。

对情境效应的操纵

这里，我们使用不依赖于品牌名称回忆的情境效应。具体来说，努力的现象性感知常被作为一种线索来引导判断（Schwarz，1998），正如"可得性"启发性

---

① NTE：Need to Evaluate，评价需求。

线索所暗示的那样（Tversky and Kahneman，1973）。因此，我们猜测，相对于那些被要求列出十个原因的参与者，要求参与者列出他们喜欢某一特殊事物的三个原因，会引导他们更加喜欢这件东西。然而，回想起我们假设过的态度强度会调节对情境的敏感性，个体在认知需求和评价需求上有差异，这些差异作为能调节形成强（或弱）态度的变量，会调节个体对情境的敏感性。

　　174 名被试者参与了实验。实验设计：回忆的轻松性［三个原因（容易）vs 十个原因（困难）］×认知需求×评价需求。第一个因素进行组间操纵，后两个因素进行组间测量。实验中的被试者在桌边坐好，实验员给他们提供一支笔并让他们在大约 45 分钟内完成一系列与实验无关的小册子。随后，他们会看到一个小册子，其内容是让他们列出三个（或十个）喜欢这支笔的原因，随后询问他们对这支笔的态度。在一个非相关的小册子中，他们会填写一个有 18 项认知需求问项的量表和一个有 16 项评价需求问项的量表。

　　分析结果显示出主效应显著，$F(1, 166) = 6.04$，$p = 0.01$。这个主效应如图 16.3 所示，结果表明被要求给出十个原因的参与者比起被要求三个原因的消费者更不喜欢这支笔（$M_{十个} = 1.88$，$M_{三个} = 2.41$）。

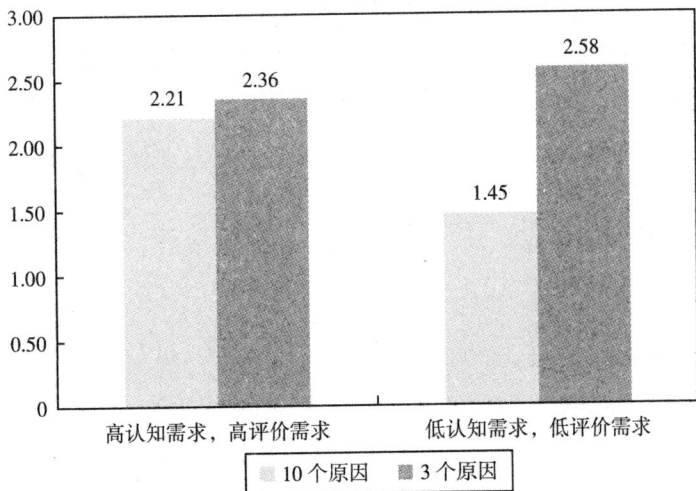

图 16.3　原因条件的影响

评价需求和认知需求的交互作用

　　正如我们预期的那样，评价需求、认知需求和原因条件三者间存在显著的、更高水平的交互作用［$F(1, 166) = 5.51$，$p = 0.01$］。我们继续检验主要假设，比起低水平情况，高认知需求和高评价需求的个体会免受情境的影响。我们对认知需求和评价需求的测量采用二分法，并比较在高低不同水平的认知需求和评价需求组别中评价性判断对原因条件反应的敏感性。在此产生了临界的交互作用，$F_{(1, 106)} = 2.44$，$p = 0.12$。考虑到统计能力的巨大损失，临界交互作用的产生不足为奇。研究结果表明，原因条件的确对低水平的评价需求和认知需求群体有影响，$F_{(1, 58)} = 7.38$，$p = 0.01$（$M_{三个} = 2.56$，$M_{十个} = 1.45$）。即需要想出三个原因的个体对喜欢钢笔的程度比起十个原因的个体更高，表明这些个体被利用想出原因的轻松性来构建对钢笔的评价性判断。重要的是，这些原因条件没有影响高水平评价需求和认知需求组，$F_{(1, 50)} = 0.09$，$p = 0.76$（$M_{三个} = 1.70$，$M_{十个} = 1.67$）。不管他们是需要想出三个或十个原因，个体的评价性判断都没有差别。高水平评价需求和认知需求参与者的评价相对免疫性支持了检索的观点。[3]

结果从一个显著不同的视角为态度对情境影响的敏感性有所不同这一观点提供了一致的证据。态度强度是一个重要的理论性变量，会影响在之后态度被检索的可能性，因此也控制了构建评价性判断的可能性。

长期可获得性

当所有的数据都支持强态度更易被检索而弱态度更易被构建这一观点时，最后还有一个小问题需要解决。强态度被认为与大量长期可得信息相关，而情境信息只是促使个体心智形成的相对很小一部分原因。相反，当态度强度较弱的时候，情境更可能成为促使心智形成的更大部分原因。因此，并不是说与强态度相关的判断均免受情境影响，而是说根据构成心智呈现的大量长期可获得信息更难以探测情境敏感性。图 16.4 的 A 组和 B 组分别展示了长期可获得性和 CARMAS 的观点。

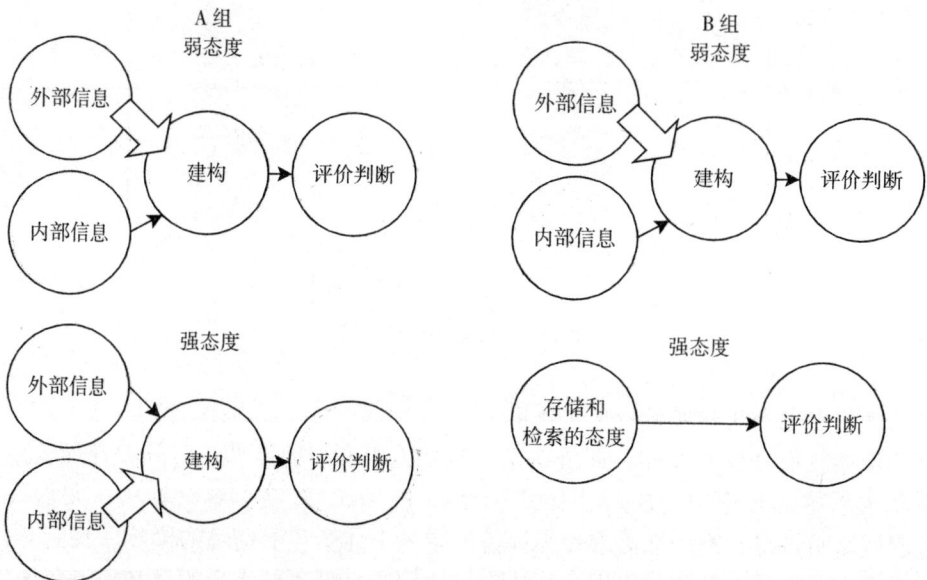

图 16.4　Chronic 的可接近性视角（A）vs CARMAS 视角（B）

为了检验这个命题，我们进行了两个实验，检验形成评价性判断和识别属性信息的反应时间。两种观点下的过程差异主要是人们到底想起了什么。长期可获得性的观点假设，想起的是信息，随之跟随一个计算过程（以及情境中显著出现的其他信息）由此形成评价性判断。CARMAS 针对弱态度提出了类似的预测，但是也指出强态度可以存储起来并指导行为。在这种情况下想起的都是与目标对象呈现相关的已存储评价成分。具体来说，建构的观点会做出如下预期：评价性判断需要想起的信息，这些信息是可被激发的、可得的，并且利于随后识别该信息。识别到属性信息会使之想起信息，这样有助于之后的评价性判断；这就是，信息早已经进入脑海而仅剩计算过程需要被执行。这样，建构的观点预期评价性判断和属性识别会相互促进：即任何第二个执行的任务会比第一个完成得更快，而第二个的反应也会比第一个更快。相反地，CARMAS 模型预计会与态度强度有交互作用，即与弱态度相互促进，但是与强态度是评价性独立的。具体而言，CARMAS 模型认为为了达到行动目的而形成的强态度，会在不带有属性信息的情况下被更快地想起，并且因此与属性信息相互独立（即没有相互促进）。图 16.5 描绘了长期可获得性观点和 CARMAS 的观点。[4]

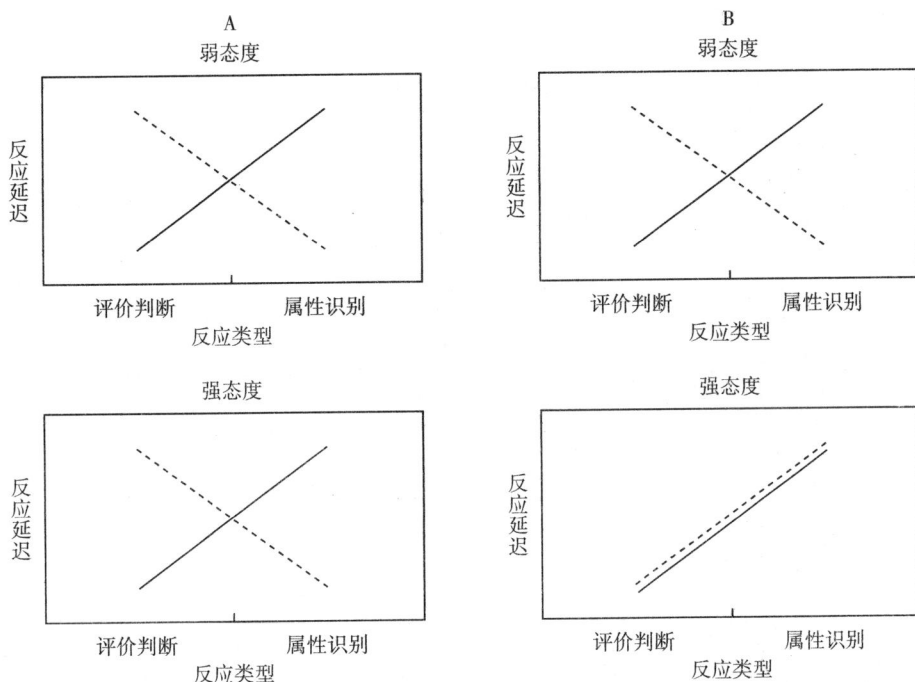

图 16.5 （A）Chronic 可接近性视角和（B）CARMAS 视角的预测结果
（实线表示评价判断后的归因识别；虚线表示归因识别后的评价判断）

在第一个研究中，向参与者展示了之前描述的虚拟慈善广告。在接下来的研究中，向他们展示了一个虚拟牙膏品牌更为简洁的广告（更少的属性）。在这两个研究中，参与者在高精细加工的条件下处理广告或者被提供一个减少精细加工信息的二级认知负载。然后要求他们作出评价性判断，并且识别在广告中见到的属性信息，但是一半的参与者首先识别了属性，另一半的参与者首先进行评价性判断。用计算机追踪每个任务的回应时间。实验的设计是：2（态度强度：高 vs 低）×2（判断任务：评价性判断 vs 属性识别）×2（顺序：先评价性判断 vs 先属性识别）的混合设计，第一个和第三个因素通过组间操纵，第二个因素通过组内操纵。

两个实验的分析都得到了 CARMAS 模型预测的强度×顺序×判断任务三者的交互作用。为简洁起见，我们仅仅报告第二个实验的结果。图 16.6 显示了三

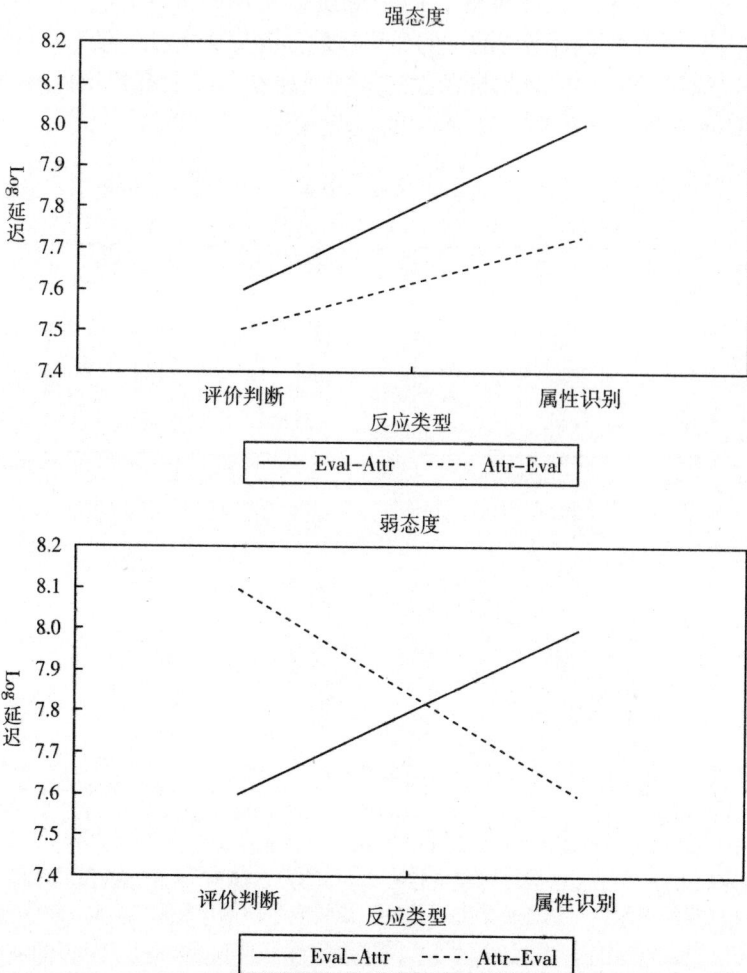

图 16.6 强态度 vs.弱态度对评价判断和归因记忆的影响

方交互作用的结果，F（1，46）= 23.52，$p < 0.0001$。把三者的交互作用分解为强、弱态度两组，对弱态度来说得到了显著的判断任务和顺序间的交互作用，318 F（1，23）= 46.95，$p < 0.0001$。然而，当强态度时，这种相互作用是不显著的（$F < 1$）。

正如图 16.6 中所示，在弱态度情形下，执行判断任务有助于其他任务（当执行第二个任务而不是第一个时用时更短），这是长期可获得性观点以及 CARMAS 模型都预期的模式。相反，在强态度情形下，对判断任务仅仅有一个主要影响，使评价性判断比属性识别用时更快，这部分符合 CARMAS 模型的预测而与长期可获得性观点的预测并不一致。[5]

CARMAS 对考虑集规模的启示 319

CARMAS 评价性判断模型对消费者行为有着明显启示。长时间来我们把营销中的选择看作一系列步骤，包括考虑集，即优先选择的所有可能的品牌和产品。如果正面持有的强态度支持更容易被检索，这个过程会影响考虑集及选择。我们已经进行的研究探讨了态度强度对考虑集的影响。

在一系列实验中，我们（Priester et al., 2004）阐述了态度强度对态度—考虑集的显著调节作用。参与者被要求对不同的牙膏品牌报告态度和态度强度。在随后的步骤中，他们被问及选择以及报告其考虑集。正面的态度会增加考虑的可能性，相对弱态度，这对强态度情形尤为适用。图 16.7 展示了牙膏品牌的第一个实验结果（Priester et al., 2004）。强态度的影响非常强大，能使考虑集有四倍的增长。相似地，在态度强度被操控的实验中，相比于那些较少思考过程得到的态度（即不坚定持有），经过精细加工得到的态度（即坚定持有）更可能被考虑。事实上，在这个实验中（及其他实验）态度强度对选择的影响是受到考虑集完全

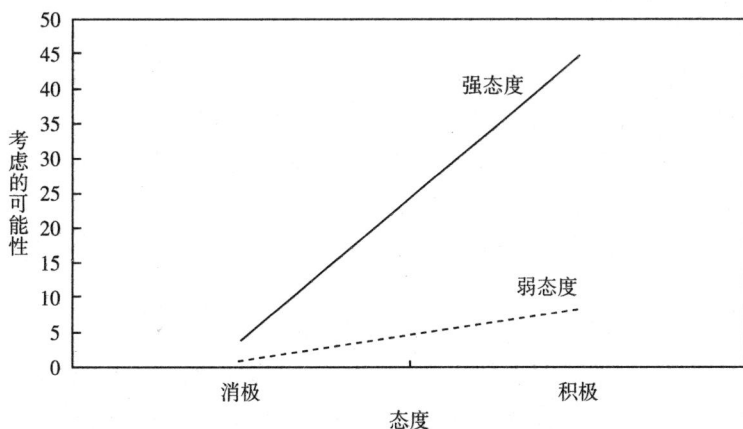

图 16.7　正面态度（强 vs.弱）对考虑可能性的影响

中介的（见图 16.8）；这是因为非常喜欢的品牌更有可能包含在考虑集中，所以这些品牌之后会被选择。

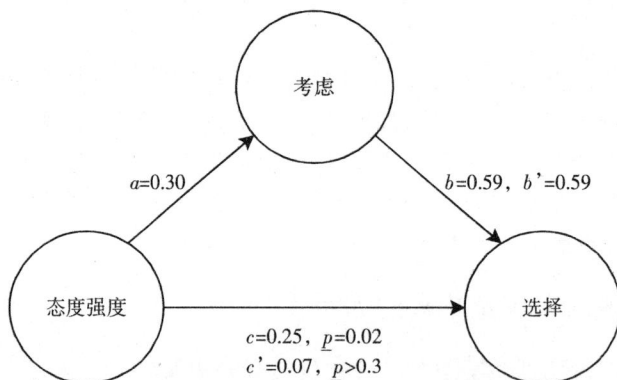

图 16.8　当考虑集作为中介变量时，态度强度对选择的影响

320　　近期，我们调查了态度强度影响考虑集形成的另一个方面。具体来说，由于考虑集的形成经常被当成对可信选项的搜寻，我们假设具有强关系的品牌检索可能充当了搜寻终止的信号。如果确是如此，这会反映出强态度充当限制考虑集规模的角色。我们回到之前的数据（Priester et al., 2004）并且比较了被选择品牌和其他品牌的平均态度强度。相较于其他品牌，被选择品牌的态度强度越极端，那么考虑集规模越小。在苏打水这个产品类别中这一观点是正确的，$F(1, 272) = 4.57$，$p < 0.03$，$B = -0.11$，在牙膏这个产品类别中也是正确的，$F(1, 293) = 10.94$，$p < 0.0001$，$B = -0.12$。重要的是，当我们在控制态度本身的极值时，态度强度极值的效应依然会产生。态度本身极值效应如下，$F(1, 567) = 9.63$，$p < 0.002$；态度强度极值效应如下，$F(1, 567) = 18.44$，$p < 0.0001$。

　　在第二个实验中，我们对三个产品类别中的三个新颖品牌操控了态度强度。之后让参与者报告了在三个产品类别中的考虑集。在精细加工和回忆的交互作用下出现了低水平效应，$F(1, 24) = 7.05$，$p < 0.01$。不管他们在高精细加工（$M = 2.80$）或者低精细加工（$M = 2.79$）条件下，没有回忆起广告品牌的参与者都有相似的考虑集，$F < 1$。然而，在这些回忆起广告品牌的参与者中，相比于低精细加工水平的情形（$M = 5.35$），高精细加工水平导致更小规模的考虑集（$M = 3.04$），$F(1, 24) = 9.75$，$p < 0.005$。这些回忆起广告品牌且在高精细加工下的参与者其主要效应（相较于低精细加工情形下的参与者）在各个产品类别中都得到了证实：汉堡（$M_{高精细加工} = 3.1$，$M_{低精细加工} = 5.3$）、燕麦棒（$M_{高精细加工} = 1.0$，$M_{低精细加工} = 3.7$）和披萨（$M_{高精细加工} = 4.6$，$M_{低精细加工} = 7.0$）。这对理解考虑集何时可能包含两个选择而非八个选择有相当大的理论和战略意义。

结论

我们证明了态度强度对情境效应敏感度的调节作用，即弱态度易受情境影响，强态度对情境免疫。图 16.9 提供了关于 CARMAS 模型的基本概念。我们认为态度具有功能性，它们使决策变得轻松。我们把态度形成/改变与态度表达区分开来。态度表达是一个包含检索态度的能力和确定态度对当前任务是否有诊断性的函数。强态度在这样的情境中更有利。它们是更易获得并且由于它们是基于认知精细加工的基础上，相对情境中其他信息它们更易被认为具有诊断性。这样，强态度对情境相对免疫并且对行为有更大影响。

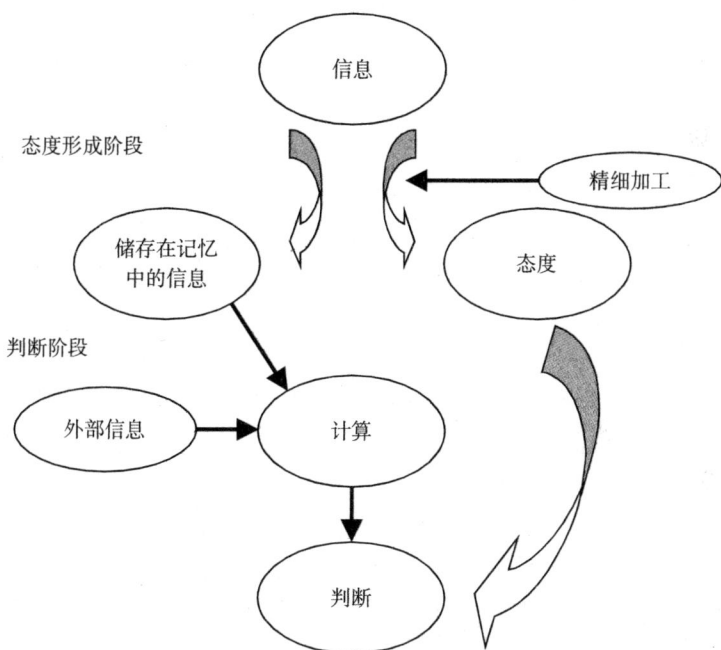

图 16.9 受态度强度调节的评价性判断的建构与检索模型

最后，读者们回顾一下本章开篇中提到品牌经理的资源分配问题。鉴于我们提供的研究结论，资源在不同品牌之间的分配应该与该品牌在目标消费者中发展强态度的能力保持一致。

注 释

[1] 为了便于阐述，我们使用了*情境*（context）和*情境效应*（context effects）这两个术语。我们这里指的是对评价性判断的情境效应。情境效应是一种更广泛的现象，并且可能由多个方面的变化所导致。这些方面包括对问题的解释，对判断目标的解释，以及作答效应（response effects）等。但是，与我们的目的最为相关的情境效应类别是对评价有影响的这一类。即，这些情境效应不是对态度对象的误解所导致的结

果，而是由于对目标的实际喜好的转变。实际喜好会受到一些情境线索的影响，是因为这些情境线索与态度的检索或构建问题相关。

[2] 对没有回忆起慈善品牌小组的分析表明，其结果与指导假设的框架是一致的。精细加工与情境的交互项是边缘显著的，$F(1, 37) = 2.61$，$p = 0.1$。无论是在明确条件下 $(M = 3.67)$ 还是在模糊条件下 $(M = 2.67)$，持有强态度的被试者向慈善机构的捐款意愿是相同的 $(F < 1)$。但是，持有弱态度的被试者定向地使用了情境信息，与那些记得慈善品牌的被试者是完全相反的方式。换句话说，他们似乎已经从不能记住慈善品牌中推断出了他们不喜欢这个慈善品牌，相比于在模糊条件下 $(M = 3.08)$，他们在明确条件下更不可能向该慈善机构捐款 $(M = 1.14)$，$F(1, 19) = 2.1$，$p = 0.15$。

[3] 个体差异测量的不同基本单元之间在想出理由的容易程度上是否有差异呢？换句话说，高认知需求、高评价需求的被试者可能已经发现想出三个或十个理由是同样容易的，并且没有情境效应的原因是由于操纵对个体差异变量起着不同作用。分析表明，事实并非如此；高认知需求、高评价需求的个体发现想出三个理由比十个理由容易，$F(1, 50) = 7.49$，$p = 0.01$，$(M_{十个的容易程度} = 4.86$，$M_{三个的容易程度} = 6.97)$。同样地，低认知需求、低评价需求的个体发现想出三个理由比十个理由容易，$F(1, 57) = 7.1$，$p = 0.01$，$(M_{十个的容易程度} = 4.78$，$M_{三个的容易程度} = 6.81)$。想出三个理由与十个理由之间的容易程度差异没有受到认知需求或评价需求所调节。因此，即使不同个体之间在想出理由的容易程度上相似，但是低认知需求、低评价需求的被试者容易受到一种基于很容易想出理由的情境效应的影响，而高认知需求、高评价需求的被试者不是这样的。前一种发现与构建观点是一致的。后一种发现与检索观点是一致的。

[4] 需要注意的是，有两种检验这些交互作用的方法。当使用评价性回复（或属性识别）来检验促进效应时，人们可以比较第一个回复和第二个回复的延迟时间。当评价性回复在第一个或第二个进行时，另一种方法是检验评估性回复（或属性识别）的延迟时间。事实上，后者很可能是首选方法，因为个体面对的是完全相同的问题，诸如问题长度的差异等变量变得无关紧要了。但是，我们选择了用第一种方法来呈现分析，是因为其方法图更接近我们概述过的过程，即评价性回复（或属性识别）如何相互促进。我们想要使那些可能偏好于第二种方法的读者安心：使用那种方法的分析会提供出与 CARMAS 视角一致的结果。

[5] 将这些结果与 Bassili 和 Roy（1998）报告的结果进行比较是值得的。Bassili 和 Roy 要求个体去评价一项政策，然后考虑它的后果，或者考虑该政策的后果，然后再去评价它。考虑一项政策的后果促进了评价性回复，不管个体对该政策是持强态度还是弱态度。但是，评价该项政策促进了持有强态度的个体去考虑后果，但对持有弱态度的个体不是这样的。这里有许多值得一提的观点。首先，考虑一项政策的后果能够，但是不必要，映射到现有的态度记忆表征上。其次，结果依赖于第二个进行的后果（或评价）的比较，以及与首先进行了一项阅读任务的控制组进行比较。没有报告关于首先进行的任务的延迟数据。这一数据是至关重要的。假设控制组的任务与基线或首先进行这项任务的延迟时间类似，对于持有弱态度的被试者来说，表达其评价并没有促进后续结果，这似乎与传统的构建观点相悖。再次，对控制组中表达评价的回复延迟时间的比较，揭示了回复时间在强态度被试者和弱态度被试者之间没有差异。该篇文章报告结果的最大悖论（作者已承认）是，考虑结果比评价政策花的时间要长。这违反了中介效应的一个关键前提——即，"耗时较长而达到的判断不能够合理中介耗时较短的判断，或在耗时较短的判断之前出现"（Smith and Miller, 1983）。这里报告的研究与 Bassili 和 Roy 研究的一个关键不同是，我们首先测量或操纵了态度强度（态度形成阶段），然后检验了促进效应（态度表达阶段）。相反，Bassili 和 Roy 是按照相反顺序进行了这些任务（被试者首先进行了延迟时间任务，然后测量强度）。也许合理的是，受到前面所进行任务的影响，被试的态度强度可能已经改变了。被要求考虑一项政策的结果能够促进精细加工。

参考文献

Ahluwalia, Rohini, Robert E. Bumkrant, and H. Rao Unnava (2000). "Consumer Response to Negative Publicity: The Moderating Role of Commitment," *Journal of Marketing Research*, 37 (2), 203–215.

Ahluwalia, Rohini, H. Rao Unnava, and Robert E. Burnkrant (2001). "The Moderating Role of Commitment on the Spillover Effect of Marketing," *Journal of Marketing Research*, 38 (4), 458–471.

Allport, Gordon W. (1935). "Attitudes." In *Handbook of Social Psychology*, ed. C. Murchison. Worcester, MA: Clark University Press, 798–884.

Asch, Solomon E. (1952). *Social Psychology.* Oxford, UK: Oxford University Press.

Bagozzi, Richard P. (1994). "ACR Fellow Speech." In *Advances in Consumer Research* (vol. 21), ed. C.

T. Allen and D.R. John. Vancouver, BC: Association for Consumer Research, 8–11.

Bassili, John N., and Jon A. Krosnick (2000). "Do Strength–related Attitude Properties Determine Suscep-tibility to Response Effects? New Evidence from Response Latency, Attitude Extremity, and Aggregate Indices," *Political Psychology*, 21 (1), 107–132.

Bassili, John N., and Jean–Paul Roy (1998). "On the Representation of Strong and Weak Attitudes about Policy in Memory." *Political Psychology*, 19, 669–681.

Baumgardner, Michael H., Michael R. Leippe, and Thomas M. Ostrom (1976). "The Role of Criterial At-tributes in the Organization of Cognitive Representation." Paper presented at the Mid–Western Psychological As-sociation, Chicago, IL, May.

Bennett, W.L. (1975). *The Political Mind and the Political Environment*. Lexington, MA: D.C. Heath.

Bettman, James R. (1979). *An Information Processing Theory of Consumer Choice*. Reading, MA: Addi-son–Wesley.

Bettman, James R., Mary F. Luce, and John W. Payne (1998). "Constructive Consumer Choice Process-es." *Journal of Consumer Research*, 25 (3), 187–217.

Bettman, James R., and Choong W. Park (1980). "Effects of Prior Knowledge and Experience and Phase of the Choice Process on Consumer Decision Processes: A Protocol Analysis," *Journal of Consumer Research*, 7 (12), 234–248.

Bishop, George F. (1987). "Experiments with the Middle Response Alternative in Survey Questions," *Public Opinion Quarterly*, 51, 220–232. **324**

Bishop, George D., David L. Hamilton, and John B. McConahay (1980). "Attitudes and Nonattitudes in the Belief Systems of Mass Publics," *Journal of Social Psychology*, 110 (1), 53–64.

Brown, Steven R. (1970). "Consistency and the Persistence of Ideology," *Public Opinion Quarterly*, 34, 60–68.

Cacioppo, John T., Stephen L. Crites, Gary G. Berntson and Michael G. Coles (1993). "If Attitudes Affect How Stimuli are Processed, Should They Not Affect the Event Related Brain Potential?" *Psychological Science*, 4 (2), 108–112.

Cacioppo, John T., Stephen L. Crites, and Wendi L. Gardner (1996). "Attitudes to the right: Evaluative Processing Is Associated with Lateralized Late Positive Event–related Brain Potentials," *Personality and Social Psychology Bulletin*, 22 (12), 1205–1219.

Cacioppo, John T., Stephen L. Crites, Wendi L. Gardner, and Gary G. Berntson (1994). "A Late Positive Brain Potential that Varies as a Function of Trait Negativity and Extremity," *Journal of Personality and Social Psychology*, 67 (1), 115–125.

Cacioppo, John T., Richard E. Petty, and Thomas R. Geen (1989). "Attitude Structure and Function: From the Tripartite to the Homeostasis Model of Attitudes." In *Attitude Structure and Function*, ed. A.R. Pratka-nis, S.J, Breckler, and Anthony G. Greenwald. Hillsdale, NJ: Lawrence Erlbaum, 275–309.

Cacioppo, John T., Richard E. Petty, Chuan Fend Kao, and Regina Rodriguez (1986). "Central and Pe-ripheral Routes to Persuasion: An Individual Difference. Perspective," *Journal of Personality and Social Psychol-ogy*, 51 (5), 1032–1043.

Cook, Thomas D., and Brain D. Flay (1978). "The Persistence of Experimentally Induced Attitude Change." In *Advances in Experimental Social Psychology* (vol. 11), ed. Leonard Berkowitz. San Diego, CA: Academic Press, 1–57.

Crites, Stephen L., John T. Cacioppo, Wendi L. Gardner, and Gary G. Berntson (1995). "A Late Positive Brain Potential that Varies as a Function of Attitude Registration Rather than Attitude Report," *Journal of Per-sonality and Social Psychology*, 68 (6), 997–1013.

Eagly, Alice H., and Shelly Chaiken (1993). *The Psychology of Attitudes*. Fort Worth, TX: Harcourt Brace.

Fazio, Russell H. (1989). "On the Power and Functionality of Attitudes: The Role of Attitude Accessibili-ty." In *Attitude Structure and Function*, ed. Anthony R. Pratkanis. et al. Hillsdale, NJ: Lawrence Erlbaum.

——(1995). "Attitudes as Object–Evaluation Associations: Determinants, Consequences and Correlates of

Attitude Accessibility." In *Attitude Strength: Antecedents and Consequences*, ed. Richard E. Petty and Jon Krosnick. Mahwah, NJ: Lawrence Erlbaum.

Fazio, Russell H., Jim Blascovich, and D.M. Driscoll (1992). "On the Functional Value of Attitudes: The Influence of Attitudes on the Ease and Quality of Decision Making," *Personality and Social Psychology Bulletin*, 18 (4), 388–401.

Fazio, Russell H., Janet E. Ledbetter, and Tamara Towles-Schwen (2000). "On the Costs of Accessible Attitudes: Detecting that the Attitude Object has Changed," *Journal of Perosnàlity and Social Psychology*, 78 (2), 197–210.

Ferguson, Melissa, and John Bargh (2003). "The Constructive Nature of Automatic Evaluation." In *The Psychology of Evaluation: Affective Processes in Cognition and Emotion*, ed. Jochen Musch and Karl Christoph Klauer. Mahwah, NJ: Lawrence Erlbaum, 169–188.

Haugtvedt, Curtis P., and Richard E. Petty (1992). "Personality and Persuasion: Need for Cognition Moderates the Persistence and Resistance of Attitude Change," *Journal of Personality and Social Psychology*, 63, 308–319.

Haugtvedt, Curtis P., and Duane T. Wegener (1994). "Message Order Effects in Persuasion—An Attitude Strength Perspective," *Journal of Consumer Research*, 21 (1), 205–237.

Hippler, Hans-J., Norbert Schwarz, and Seymour Sudman (1987). *Social Information Processing and Survey Methodology*. New York, NY: Springer-Verlag.

Isen, Alice M., Thomas E. Shalker, Margaret Clark, and Lynn Karp (1978). "Affect, Accessibility of Material in Memory, and Behavior: A Cognitive Loop?" *Journal of Personality and Social Psychology*, 36 (1), 1–12.

Jarvis, Blair W., and Richard E. Petty (1996). "The Need to Evaluate," *Journal of Personality and Social Psychology*, 70 (1), 172–194.

Jewell, Robert D., and H. Rao Unnava (2004). "Exploring Differences in Attitudes between Light and Heavy Brand Users," *Journal of Consumer Psychology*, 14 (1/2), 75–81.

Kahneman, Daniel, and Amos Tversky (1974). "Judgment under Uncertainty: Heuristics and Biases," *Science*, 185, 1124–1131.

Krosnick, Jon, and Richard E. Petty (1995). "Attitude Strength: An Overview." In *Attitude Strength: Antecedents and Consequences*, ed. Richard E. Petty and Jon Krosnick. Mahwah, NJ: Lawrence Erlbaum, 1–24.

Lingle, John H., Geva Nehemia, Thomas M. Ostrom, Michael R. Leippe, and Michale H. Baumgardner (1979). "Thematic Effects of Person Judgments on Impression Organization," *Journal of Personality and Social Psychology*, 37 (5), 674–687.

Marwell, Gerald, Michael T. Aiken, and N.J. Demerath (1987). "The Persistence of Political Attitudes Among 1960s Civil Rights Activists," *Public Opinion Quarterly*, 51 (3), 359–375.

Menon, Geeta, Priya Raghubir, and Norbert Schwarz (1995). "Behavioral Frequency Estimates: An Accessibility-Diagnosticity Framework," *Journal of Consumer Research*, 22 (2) (September), 212–228.

Payne, John W., James R. Bettman, and Eric J. Johnson (1992). "Behavioral Decision Research: A Constructive Processing Perspective," *Annual Review of Psychology*, 43, 87–131.

Petty, Richard E., and John T. Cacioppo (1986). "The Elaboration Likelihood Model of Persuasion." In *Advances in Experimental Social Psychology* (vol. 19), ed. Leonard Berkowitz. New York, NY: Academic Press.

Petty, Richard E., John T. Cacioppo, and David Schumann (1983). "Central and Peripheral Routes to Advertising Effectiveness: The Moderating Role of Involvement," *Journal of Consumer Research*, 10 (September), 135–145.

Petty, Richard E., Curtis P. Haugtvedt, and Stephen M. Smith (1995). "Elaboration as a Determinant of Attitude Strength: Creating Attitudes That Are Persistent, Resistant and Predictive of Behavior." In *Attitude Strength: Antecedents and Consequences*, ed. Richard E. Petty and Jon Krosnick. Hillsdale, NJ: Lawrence Erlbaum.

Petty, Richard E., Joseph R. Priester, and Duane T. Wegener (1994). "Cognitive Processes in Attitude Change." In *Handbook of Social Cognition*, ed. Robert S. Wyer and Thomas K. Srull. Hillsdale, NJ: Lawrence Erlbaum, 69–142.

Petty, Richard E., and Duane T. Wegener (1998). "Attitude Change: Multiple Roles for Persuasion Variables." In *Handbook of Social Psychology*, 4th ed. (vol. 1). Boston, MA: McGraw–Hill.

Posavac, Steven S., David M. Sanbonmatsu, and Russell H. Fazio (1997). "Considering the Best Choice: Effects of the Salience and Accessibility of Alternatives on Attitude–Decision Consistency," *Journal of Personality and Social Psychology*, 72 (2), 253–261.

Priester, Joseph R., Dhan003ay Nayakankuppam, Monique A. Fleming, and John Godek (2004). "The A² SC² Model: The Influence of Attitudes and Attitude Strength on Consideration and Choice," *Journal of Consumer Research*, 30 (4), 574–587.

Priester, Joseph R., and Richard E. Petty (2003). "When and Why Untrusted Endorsers Are More Effective than Trusted Endorsers: The Influence of Spokesperson Trustworthiness on Elaboration and Attitude Strength," *Journal of Consumer Psychology*, 13 (4), 408–421.

Schuman, Howard, and Stanley Presser (1981). *Questions and Answers in Attitude Surveys*. New York, NY: Academic Press.

Schuman, Howard, Stanley Presser, and Jacob Ludwig (1981). "Context Effects on Survey Responses to Questions about Abortion," *Public Opinion Quarterly*, 45 (2), 216–223.

Schwarz, Norbert (1998). "Accessible Content and Accessibility Experiences: The Interplay of Declarative and Experiential Information in Judgment," *Personality and Social Psychology Review*, Special Issue: *Metacognition.* 2 (2), 87–99.

——(1999). "Self–Reports: How the Questions Shape the Answers," *American Psychologist*, 54 (2), 93–105.

Schwarz, Norbert, Herbert Bless, Fritz Strack, and Gisela Klumpp (1991). "Ease of Retrieval as Information: Another Look at the Availability Heuristic," *Journal of Personality and Social Psychology*, 61(2), 195–202.

Schwarz, Norbert, and Gerd Bohner (2001). "The Construction of Attitudes." In *Blackwell Handbook of Social Psychology: Intraindividual Processes*, ed. Abraham Tesser and Norbert Schwarz. Oxford, UK: Blackwell, 436–457.

Schwarz, Norbert, and Gerald L. Clore (1983). "Mood, Misattribution, and Judgments of Well–Being: Informative and Directive Functions of Affective States," *Journal of Personality and Social Psychology*, 45 (3), 513–523.

Schwarz, Norbert, Fritz Strack, Detlev Kommer and Dirk Wagner (1987). "Soccer, Rooms, and the Quality of Your Life: Mood Effects on Judgments of Satisfaction with Life in General and with Specific Life–Domains." *European Journal of Social Psychology*, 17, 69–79.

Schwarz, Norbert, and Seymour Sudman (1996). *Answering Questions: Methodology for Determining Cognitive and Communicative Processes in Survey Research*. San Francisco, CA: Jossey–Bass.

Sherif, Muzafer, and Hadley Cantril (1947). *The Psychology of Ego–Involvements: Social Attitudes and Identifications*. New York, NY: Wiley.

Slovic, Paul (1995). "The Construction of Preference," *American Psychologist*, 50 (5), 364–371.

Smith, Eliot, R., and Frederick D. Miller (1983). "Mediation Among Attributional Inferences and Comprehension Processes: Initial Findings and a General Method." *Journal of Personality and Social Psychology*, 44, 492–505.

Strack, Fritz, and Leonard L. Martin (1987). "Thinking, Judging and Communicating: A Process Account of Context Effects in Attitude Surveys." In *Social Information Processing and Survey Methodology*, ed. Hans J. Hippler, Norbert Schwarz, and Seymour Sudman. New York, NY: Springer–Verlag, 123–148.

Strack, Fritz, Leonard L. Martin, and Sabine Stepper (1988). "Inhibiting and Facilitating Conditions of the Human Smile: A Nonobtrusive Test of the Facial Feedback Hypothesis," *Journal of Personality and Social Psychology*, 54 (5), 768–777.

326

Sudman, Seymour, Norman M. Bradburn, and Norbert Schwarz (1996). *Thinking about Answers: The Application of Cognitive Processes to Survey Methodology.* San Francisco, CA: Jossey-Bass.

Tesser, Abraham (1978). "Self-generated Attitude Change." In *Advances in Experimental Social Psychology* (vol. 11), ed. Leonard Berkowitz. San Diego, CA: Academic Press, 289-338.

Tourangeau, Roger, and Kenneth A. Rasinski (1988). "Cognitive Processes Underlying Context Effects in Attitude Measurement," *Psychological Bulletin*, 103 (3), 299-314.

Tversky, Amos, and Daniel Kahneman (1973). "Availability: A Heuristic for Judging Frequency and Probability," *Cognitive Psychology*, 5 (2), 207-232.

Tversky, Amos, Shmuel Sattath and Paul Slovic (1988). "Contingent Weighting in Judgment and Choice." *Psychological Review*, 95, 371-384.

Valins, Stuart (1966). "Cognitive Effects of False Heart-Rate Feedback," *Journal of Personality and Social Psychology*, 4 (4), 400-408.

Wells, Gary L., and Richard E. Petty (1980). "The Effects of Overt Head Movements on Persuasion: Compatibility and Incompatibility of Responses," *Basic and Applied Social Psychology*, 1 (3), 219-230.

Wilson, Timothy D., and Sara D. Hodges (1992). "Attitudes as Temporary Constructions." In *The Construction of Social Judgment*, ed. Leonard Martin and Abraham Tesser. Hillsdale, NJ: Lawrence Erlbaum, 37-65.

第 17 章
显著联结的依恋模型（CPAM）
品牌依恋的概念和方法探究

C.惠恩·帕克，约瑟夫·R.普里斯特，德博拉·J.麦金尼斯和万中
（C. Whan Park，Joseph R. Priester，Deborah J. MacInnis and Zhong Wan）

Bowlby（1982）作为在依恋相关研究中的先行者，认为婴儿因为生物进化而与生俱来的依恋行为，是为了确保能与提供帮助的他人（依恋人物）保持亲近。这种亲近为其免受生理和心理威胁提供了一种保卫方式，也促进了情感管理和健康探讨（Mikulincer and Shaver，2005；Berman and Sperling，1994）。个体对所选择实体产生强烈依恋的欲望是人类的基本动机，从人类婴幼儿时期开始一直持续到成年时期（Bowlby，1973；Ainsworth et al.，1978；Reis and Patrick，1996）。

对于市场营销的学术研究者和从业者来说，最重要的事项之一就是理解消费者对品牌依恋所产生的影响。品牌依恋被定义为消费者和品牌的联结强度。依恋之所以重要是因为它会影响消费者对品牌的承诺（Fournier，1998；Thomson，MacInnis and Park，2005；Pimentel and Reynolds，2004），即他们许诺与品牌保持长期关系的程度。对一个品牌有强烈承诺的消费者仅需更少的成本去维持，这种承诺在竞争和品牌灾难中也不会那么容易失去。更多地，做出承诺的消费者有更大的收益提升空间，因为他们愿意支付产品溢价并且使其他人转换到该品牌（通过正面口碑和品牌拥护①）。

对品牌依恋未来研究非常重要的是，该概念存在简洁有效的测量方法。有效的测量可以使探讨品牌依恋的前因变量成为可能——特别是那些能被营销团队所培养发展的因素。有效的测量也有助于探讨品牌依恋和品牌资产②之间的关系。

---

① 品牌拥护（Brand Advocacy）是指在众多品牌中，消费者对某一个或某几个品牌所持有的支持态度。品牌拥护属于一种支持的、正面的、偏likely性的态度，既包含态度的情感成分，也包含态度的行为成分，其拥护主体为消费者、拥护客体为品牌。

② 品牌资产（Brand Equity）亦称品牌权益，是指只有品牌才能产生的市场效益，即产品在有品牌时与无品牌时的市场效益之差。其主要包括五个方面：品牌忠诚度、品牌认知度、品牌知名度、品牌联想、其他专有资产（如商标、专利、渠道关系等），这些资产可通过多种方式向消费者和企业提供价值。

简洁和有效的测量有助于品牌依恋长时间的演变追踪研究，以及促使依恋最大化的各类营销活动的推出。

328　　尽管"依恋"这一概念非常重要，但是有效且可靠的品牌依恋测量量表非常少。Thomson 等（2005）针对品牌情感依恋的测量提出了很多可取的属性特征。然而，由于该测量只关注了与品牌的情感连接，并没有把依恋概念所包含的关键特征囊括进去。

本章的主要目标是提出一个关于品牌依恋简洁、有效并且可靠的测量量表，并阐明它的收敛效度[①]、判别效度[②]和预测效度[③]。我们首先给出依恋的定义，并提出代表这一概念的两个主要因素，包括品牌—自我联结的程度和与品牌相关想法及感觉的显著性。在三个研究中我们为依恋的双因素结构提供了支持证据。我们提出了另一个测量方式，即联结显著的依恋模型（Connection-prominence Attachment Model，CPAM），该测量不同于 Thomson 及其同事提出的依恋测量。CPAM 可以预测承诺，并优于 Thomson 等（2005）的依恋测量量表。

理论及假设：依恋的概念特征及 CPAM 测量

品牌依恋的定义及指标

我们把品牌依恋定义为品牌与自我联系起来的关联强度。我们认为关联强度包括两个主要测量指标：①品牌—自我的联结程度；②与品牌相关的想法和感觉的显著性。

品牌—自我联结

与先前关于对依恋和自我扩张理论[④]的研究一致，依恋在某种程度上通过消费者把品牌视为自身一部分或是与自身相关的程度反映出来，并且反映了他们是谁（Escalas，2004；Escalas and Bettman，2005；Chaplin and Roedder John，2005）。我们并不将品牌—自我联结看作与消费者有联系的品牌数量，而是消费者与某个给定品牌的关联强度。品牌越多地被纳入个人对自身的感受中，那么个

---

① 收敛效度（Convergent Validity）亦称聚合效度，是指运用不同测量方法测定同一特征时的测量结果，即不同测量方式应在相同特征的测定中收敛聚合在一起。

② 判别效度（Discriminant Validity）亦称区别效度，是指在应用不同方法测量不同构念时，所观测到的数值之间应该能够加以判别和区分。

③ 预测效度（Predictive Validity）是效标效度中的一种。当效标是在测验实施之后才予以收集的未来值时，如果某一构念测量的结果与将来所测量准则值（效标值）相一致，那么，该构念的测量则具有预测效度。

④ 自我扩张理论（Self-expansion Theory）是由 Aron 等人提出的研究关系建立和维持的一个理论框架。该理论认为个体拥有扩张自我效能的基本动机，包括作为动机过程的自我扩张和作为认知过程的自我扩张。自我扩张通常发生于关系内，会帮助个体产生积极的人际结果和内心感受，如关系质量的提升、对关系的投入增加、更加愉悦的积极情感等。

体对自我和品牌间感受到的连接程度就越强，品牌依恋就越强。我们识别了品牌—自我联结的两个指标。"反映自我的程度"，这是品牌—自我联结中自我身份的基础。"与个体关联"指的不是个人的自我身份，而是对个人的意义。正如Mittal（2006）指出，存在两种不同但相关的品牌—自我联结的基础。

与品牌相关的想法和感觉的显著性

除了品牌—自我联结这一维度，依恋也可以通过消费者内部精神世界中与品牌相关想法和感觉的显著性反映出来。与品牌相关想法和感觉的显著性（简称品牌显著性）是由对其检索的轻松性和检索频率反映出来的。当消费者对两个品牌有相同程度的品牌—自我联结时，在消费者心中更显著的那个品牌会有更强的品牌依恋。从这层意义上说，品牌依恋表现为品牌—自我联结的强度和品牌显著性的程度。

把品牌显著性作为依恋的指标与自我扩张理论的观点相当一致。那些使消费者在情感上存在依恋的品牌会使消费者感到安全且愉快。当消费者处于情感低潮的时候，与品牌相关的想法和感觉应该会很显著，因为品牌此时存在减缓消极感觉并有利于消费者应对压力的潜能。而且，由于品牌资源与消费者是联系在一起的，当消费者做出资源获得和资源分配决策时，关于品牌的想法以及品牌能带给消费者的资源应该使得品牌在消费者脑海中更显著。事实上，在品牌和消费者间发展强依恋关系需要时间，这说明消费者应该对他们所依恋的品牌有更多的了解以及更多发展品牌—自我联结的消费环境。无论情境是与品牌还是与品牌使用相关，品牌知识的深度，品牌与自传式记忆的连接度，以及积极的品牌参与等（Keller，2003）都会使品牌更显著。显著相关性是依恋的测量指标之一，现有研究已经在依恋与激活依恋相关对象的记忆之间建立了关系（Collins and Read，1994）。

尽管，现有心理学领域的依恋研究关注了依恋与记忆检索之间的关系（Collins and Read，1994），我们通过检验关于显著性的主观判断来拓展相关工作。这样做的原因有以下几方面：第一，对显著性的主观评估反映了品牌—自我联结和依恋，它们也是被主观评价的。第二，由于依恋与品牌选择和使用有紧密联系，我们预期相较于纯记忆检索的客观评估，显著性的主观判断更能影响品牌购买和使用。第三，事实上客观评估可能是不适宜的，因为它们可能不能表征显著性。根据 Schwarz（2004）的研究，消费者在主观体验轻松回忆和想法生成中的推理思考成为了被回想起信息内容的判断基础，并且可以证明从回忆内容中得到的推论是合格的。用个体主观性体验、判断和修正所检索到的信息。第四，使用显著性的主观（与客观对比）评估更有实践价值。

上述两种测量方法在相关性方面（记忆和行为）是不同的。他们何时以及在何种程度上彼此相关，或者在哪种情境下哪种方法更加适宜都将是一个有趣的话题，尽管这超出了当前研究范围。

330　　**两类指标的重要性**

品牌—自我强联结与品牌想法和感觉的显著性可能是彼此相关的。比如，强的品牌—自我连接会使消费者更容易且更经常地检索关于品牌的想法和感觉。然而，我们不会把这两类指标看作多余。相反我们会将每一个都看作关于依恋的重要指标，两者对充分掌握品牌依恋概念都是必需的。

比如，一个人可能会从年轻时就对某一品牌产生依恋（GI Joe，Barbie），那时品牌是强连接于自身的（"我的一部分"和/或者"个体联系"），但基于品牌与过去自我的连接，对品牌的想法和感受并不能经常被获取。这样的依恋程度会比经常通过品牌与现在自我的连接来获取品牌想法与感觉所产生的依恋程度更低（依然收集 GI Joe 或 Barbie 娃娃）。然而，实际上品牌反映一个过去自我时并不表示显著性低。品牌显著的程度，即使连接到过去的自我，依恋程度也是强的。人们可能会对那些与自我感觉没有强连接的品牌产生依恋，但是他们的惯性使用（例如，准备加伴侣的咖啡；在喷了强生宝宝爽身粉后再穿衣服）便成了一种令人欣慰的例行公事。当品牌不被使用和不被提供时，这种舒适感就会瓦解。然而，如果存在品牌—自我的强联结，这种依恋会更强。我们认为品牌—自我联结和品牌显著性在增强品牌依恋构念的评估方面是有很大差异的；两者都不是多余的依恋测量指标。这种观点假定当两者指标都高时依恋程度达到最高（我们随后检测这种假设）。

CPAM 模型和情感依恋测量

这里描述的从两个组成成分（品牌—自我联结和想法及感觉的显著性）来测量依恋有别于 Thomson、MacInnis 和 Park（2005）从 10 个问项来测量情感依恋。后者包含三个依恋维度，每一个维度都由与品牌关联的情感作为指标。第一个维度（感情）是由题项"深情的""喜爱的""友好的"和"和平的"来反映；第二个维度（激情）是由题项"热情的""高兴的"和"着迷的"来反映，第三个维度（连接）是由"连接的""关联的"和"依恋的"来反映。尽管这 10 个测量题项描述了心理测量的方面并且符合了一些效度的标准，但它反映的纯粹是对依恋对象的情感反应。

由于品牌依恋是由品牌与消费者之间的关联强度来描述，并且这种关联是建立在认知和情感基础上，因此完全建立在情感反应强度基础上的测量则不能全面概括到认知和情感关联。Thomson 等（2005）的测量量表会提供一个基于情感的
331　品牌—自我联结指标（通过"连接"维度），而直接测量品牌—自我联结比通过情感间接测量更好，因为其他因素（例如，强态度）也会导致相似的基于情感的指标。最终，它没有采用显著性这一成分。尽管激情、亲密和连接与显著的想法

和感觉间接相关，另一种更直接的显著性指标将会更好地开发依恋构念。因为两个量表都被设计来测量依恋构念，我们预期 Thomson（2005）的测量会与 CPAM 测量高度相关。然而，因为这两个量表测量了依恋的不同方面，我们预测它们在实证研究中是可以区分开的。因此，我们预期：

命题 1（P₁）：对品牌依恋的测量与 Thomson 等（2005）提出的情感依恋测量显著相关但仍有所区别。

我们也认为有效的测量量表可以预测依恋的结果，例如品牌承诺。在更进一步研究之前，重要的工作是区分承诺与依恋，因为这两个构念在文献中有时易被混淆。

依恋和承诺

我们用与情感依恋文献一致的方式来定义承诺（Levinger，1980；Rosenblatt，1977）——作为一种在未来与品牌保持长期关系的决定或保证。除了与依恋同义，我们把承诺当作依恋的一种结果。依恋是一种涉及未来行为的心理保证。依恋也是消费者与品牌间关系的一个特征。依恋是承诺的一种自然前导变量（Rusbult et al.，1991）。[1]

因此我们预期，

命题 2（P₂）：依恋测量有效性的证据是通过它能强预测承诺及承诺相关行为来表明。

命题 3（P₃）：依恋测量有效性的证据是通过发现它能比 Thomson 基于情感的依恋测量更好地预测承诺来表明。

研究 1：问项产生和选择

基于之前描述的品牌依恋和承诺的定义，作者设计了一些涉及品牌依恋和承诺主要内涵的问项。所有问项由从 0（一点也不）到 10（完全）的 11 级量表进行评价。其中：

五个问项测量品牌—自我联结（Brand-self Connection，BSC）：在何种程度上你感觉到它（品牌名称）是你的一部分（BSC 1）？在何种程度上你感觉到你个人与（品牌名称）有关联（BSC 2）？在何种程度上你感觉到你与（品牌名称）有情感联系（BSC 3）？在何种程度上（品牌名称）是你自身的一部分（BSC 4）？在何种程度上（品牌名称）反映了你个人珍视的价值观（BSC 5）？

五个问项测量品牌想法和感觉的显著性（Prominence of Thoughts and Feelings，PRO）：何种程度上你对品牌的想法和感觉会自动出现在你的脑海（PRO 1）？在何种程度上这个单词（品牌名称）能唤起你关于过去、现在、未来的想法（PRO 2）？何种程度上对（品牌名称）的想法和感觉自然、立即地出现在你脑海，且不需要对它们加以控制（PRO 3）？在何种程度上你对（品牌名称）有很多想法（PRO 4）？在何种程度上你对（品牌名称）的想法和感受会自然、立即地出现（PRO 5）？

五个问项测量品牌承诺（Brand Commitment，BC）：你对品牌的忠诚程度如何（品牌名称；BC 1）？你对品牌的承诺程度如何（品牌名称；BC 2）？未来你有多大程度会保证使用（品牌名称；BC 3）？你感觉你忠诚于品牌的程度（品牌名称；BC 4）？你专注于品牌的程度（品牌名称；BC 5）？关于承诺的这个测量类似于 Beatty、Homer 和 Kahle（1988）使用的测量量表。

方法

191 位本科生利用上述问项来评价他们对三种品牌的品牌依恋和承诺：Quaker 燕麦片、Apple iPod，以及他们的大学。参与者评价了所有这三种品牌。

结果

我们对每个品牌都进行了斜交旋转因子的探索性因子分析。三个品牌之间的结果是一致的。三因子结果是最佳匹配方案［均方差（RMSEA）<0.08］，并且该因子结构是有意义的（Fabrigar et al., 1999）。因子分析的均值、标准差和因子载荷如表 17.1 和表 17.2 所示。所有问项，除了 PRO 2 和 PRO 4，都清晰地提取到了他们假定的因子上，这证明品牌依恋测量量表有显著的判别效度（P_2）。PRO 2 和 PRO 4 同时提取到了品牌—自我联结和想法与感受的显著性上，因此需要更进一步的考虑。

表 17.1 研究 1：均值（和标准差）

	Quaker 燕麦片	Apple iPod	大学
品牌—自我联结 1	1.3 (2.2)	5.1 (2.9)	8.5 (1.5)
品牌—自我联结 2	1.2 (2.0)	4.7 (3.1)	8.5 (1.7)
品牌—自我联结 3	1.0 (1.8)	3.8 (3.2)	8.2 (2.1)
品牌—自我联结 4	0.8 (1.6)	4.1 (3.1)	8.2 (1.9)
品牌—自我联结 5	1.4 (2.2)	3.6 (3.0)	7.8 (2.1)
想法和感觉的显著性 1	2.4 (3.1)	4.7 (3.2)	7.8 (2.0)
想法和感觉的显著性 2	1.7 (2.4)	4.3 (3.1)	8.7 (1.5)
想法和感觉的显著性 3	2.1 (2.9)	4.1 (3.2)	7.1 (2.7)
想法和感觉的显著性 4	1.0 (1.5)	4.2 (2.9)	8.2 (1.6)
想法和感觉的显著性 5	2.1 (2.9)	4.4 (3.2)	7.5 (2.2)
承诺 1	1.2 (2.2)	4.9 (3.7)	9.0 (1.5)
承诺 2	0.8 (1.8)	4.1 (3.5)	8.8 (1.8)
承诺 3	0.8 (1.9)	3.9 (3.5)	8.0 (2.4)
承诺 4	0.8 (1.8)	3.5 (3.4)	8.6 (2.0)
承诺 5	0.9 (1.9)	3.5 (3.4)	8.7 (1.7)

表 17.2 因子载荷系数，研究 1

因素	Quaker 燕麦片			Apple iPod			大学		
	BSC	PRO	BC	BSC	PRO	BC	BSC	PRO	BC
BSC 1	0.78	0.16	0.46	0.79	0.21	0.37	0.82	0.28	0.34
BSC 2	0.82	0.17	0.46	0.79	0.24	0.38	0.73	0.29	0.41
BSC 3	0.75	0.24	0.48	0.74	0.32	0.41	0.72	0.30	0.45
BSC 4	0.69	0.19	0.56	0.79	0.28	0.37	0.77	0.22	0.44
BSC 5	0.55	0.24	0.45	0.57	0.32	0.37	0.65	0.31	0.45
PRO 1	0.14	0.86	0.18	0.29	0.81	0.20	0.24	0.78	0.29
PRO 2	0.55	0.48	0.25	0.60	0.43	0.23	0.44	0.47	0.38
PRO 3	0.13	0.87	0.20	0.21	0.86	0.20	0.17	0.89	0.18
PRO 4	0.52	0.35	0.49	0.47	0.59	0.31	0.45	0.54	0.39
PRO 5	0.22	0.88	0.13	0.21	0.87	0.23	0.23	0.89	0.15
BC 1	0.50	0.24	0.65	0.55	0.25	0.63	0.43	0.26	0.76
BC 2	0.49	0.20	0.78	0.52	0.23	0.73	0.45	0.26	0.78
BC 3	0.34	0.18	0.80	0.28	0.28	0.77	0.33	0.24	0.70
BC 4	0.38	0.24	0.83	0.34	0.26	0.83	0.33	0.35	0.65
BC 5	0.48	0.21	0.75	0.39	0.21	0.84	0.59	0.18	0.72

　　尽管学术上常用八个题项的量表（其中五项关于品牌—自我联结、三项关于想法和感觉显著性），但我们想让量表尽可能地简洁，以便使这个量表在营销实践中的潜在适用性最大化。因此，我们从统计角度（强载荷）和理论角度（清晰的表面效度）分别选择出两个可以代表品牌依恋两维度的问项。对品牌—自我联结而言，BSC 的两个问项包括：① "在何种程度上你感觉你个人与（品牌名称）有关联？"② "在何种程度上（品牌名称）是你的一部分，以及你是谁？"对想法和感觉显著性而言，PRO 的两个问项包括：① "何种程度上你对品牌的想法和感觉会自动地出现在你的脑海？"② "在何种程度上你对（品牌名称）的想法和感受会自然、立即地出现？"测量承诺的三个项目包括：① "你对品牌（品牌名称）忠诚吗？"② "你对品牌（品牌名称）做出承诺吗？"③ "你是否保证未来会使用（品牌名称）？"可以看出，这一方式是更为简洁的，并且是对命题 1、命题 2 和命题 3 更为保守的一种检验。

　　我们减少了每个因素的问项后检测了 α 系数的变化。对品牌—自我联结而言，α 系数在五个问项的量表中分别为 α（燕麦片）= 0.950，α（iPod）= 0.94，以及 α（大学）= 0.95；在两个问项的量表中，α（燕麦片）= 0.920，α（iPod）= 0.90，以及 α（大学）= 0.86，因此，减少问项数量后提供了一个更简洁的途径且没有显著减小品牌—自我连接的 α 系数。在与品牌相关的想法和感觉显著性及品牌承诺上也得到了类似结果。在想法显著性的三个问项量表中，α 系数是 α（燕麦片）= 0.940，α（iPod）= 0.94，以及 α（大学）= 0.94，在两个项目的量表中，α（燕麦片）= 0.910，α（iPod）= 0.90，以及 α（大学）= 0.89。在品牌承诺的五个问项的量表中，α 系数为 α（燕麦片）= 0.960，α（iPod）= 0.95，以及 α（大学）= 0.94，在三个问项的量表中，α 系数为 α（燕麦片）= 0.920，α（iPod）= 0.91，以及 α（大学）= 0.91。

研究 2：显著性问项的有效性

与品牌相关想法和感觉的显著性主客观检测

这个实验被设计成检验自我报告的与品牌相关想法和感觉的显著性效度。有人认为在对显著性的主观感知（你认为想法是多长时间和多快出现一次）和客观体验上（实际上想法多快出现一次）是存在差异的。对显著性自我报告的测量可能会缺乏效度，因为报告者可能不会意识到记忆中与品牌相关的想法和感觉实际在多大程度上是显著的。

方法

121 位参与者被要求完成两个任务。一个任务评价主观显著性，另一个任务是利用客观测量（应答时长）来评价显著性。参与者坐在电脑工作站旁，且被告知会被询问一系列的问题。他们的任务是尽可能快并且准确地回答是或不是。在一系列让参与者熟悉流程的练习问题之后，应答者需要完成在预测试中提取的两个品牌显著性问项（PRO 1 和 PRO 5）。也测量了对每个问项的应答时长。在完成了应答时长任务之后，参与者用纸笔完成相同的问题，同时他们的问题答案是用 11 点量表表示，0 等于"一点也不"，10 等于"完全"。

335 结果

我们删除了应答时长低于两个标准差且低于平均应答时长的数据，由此得到 114 个参与者的样本数据。计算两个显著性问项的应答时长平均值，得出每个参与者的平均应答时长。这个平均应答时长作为一个自变量进入到对主观显著性（11 点测量量表）的回归分析中来。显著性对应答时长有显著影响：$b = -0.05$，$F(1, 112) = 9.43$，$p < 0.005$。自发进入参与者脑海中的想法和感觉越多（即主观显著性），他们对品牌相关应答（应答时长）越迅速（即客观显著性）。[2] 根据这个结果，显著性的主观测量被它的客观性测量所支持。值得注意的是，此效应的幅度较小是由于应答时长数据本身的收集问题，因为所使用的是标准键盘格式，因此会显著降低反应时间收集的敏感性。更值得注意的是即使考虑到减少的敏感度和能力，影响力还是显著的。

研究 3：命题检验

在建立了基础的测量之后，我们转而研究两个依恋模型（单因素 vs 两因素）

和命题的检验。具体来说，研究 3 被设计成判断两因素（联结—显著性）模型比起单因素模型是否与数据更为匹配（见图 17.1）。我们也试图检验命题 1 至命题 3。我们预期对品牌依恋的 CPAM 测量会明显相关于但却不同于 Thomson 等的依恋测量（P_1）；CPAM 将会显著地预测承诺（P_2）；并且这会比 Thomson 测量的方法要好（P_3）。

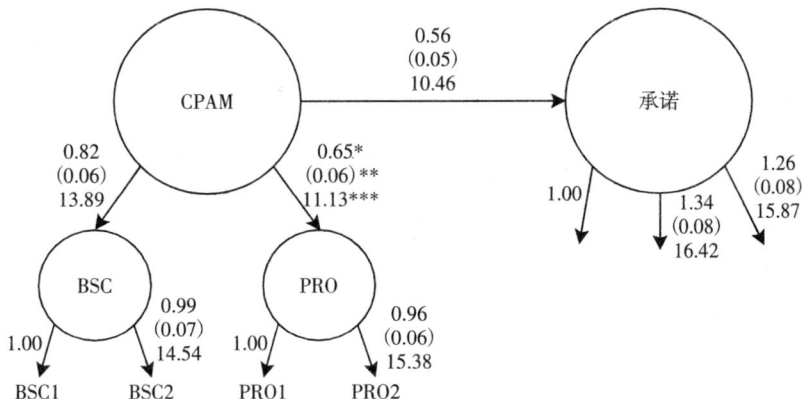

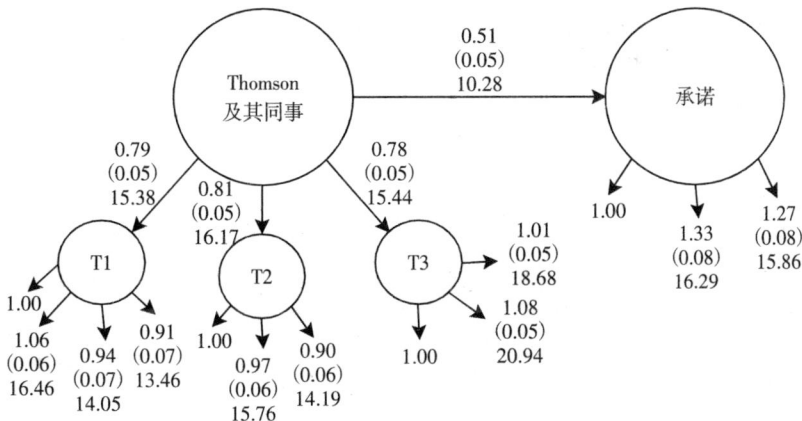

图 17.1　研究 3：P_2 和 P_3 命题检验

Panel C CPAM 测量和 Thomson 及其同事测量对承诺的同步对比

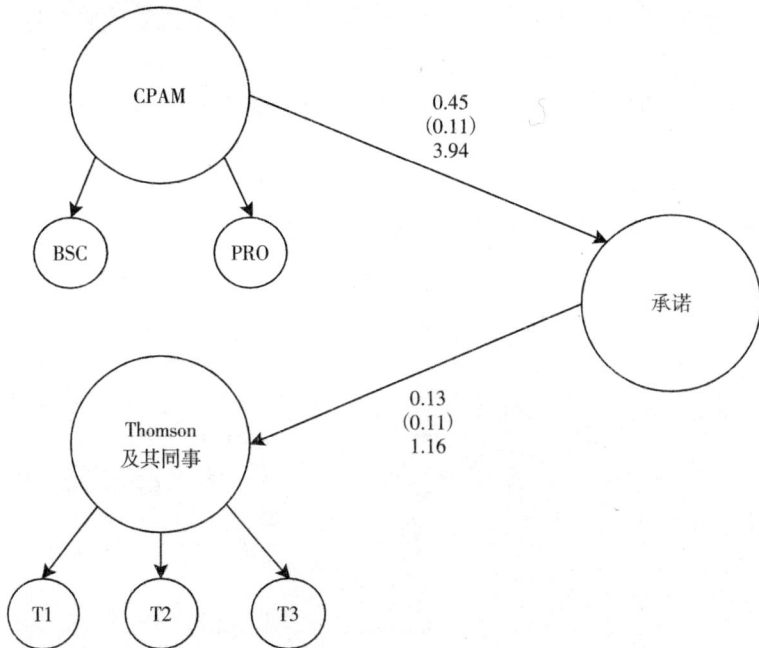

图 17.1   研究 3：P₂ 和 P₃ 命题检验（续）

注：* 参数估计；** 表示标准误；*** 表示 t 值。
缩写说明：BSC：品牌—自我联结；CPAM：联结显著性依恋模型；PRO：想法和感受显著性。
资料来源：Thomson、MacInnis and Park（2005），pp. 77—91。

方法

280 位参与者完成一个要求他们报告对 Apple iPod 看法和感觉的小册子。之所以选择 iPod 品牌，是因为该品牌被学生群体所熟知且对其偏好和依恋是不同的。这个测验的小册子包含 CPAM 测量的四个问项和 Thomson 的 10 个问项依恋量表。四个问项被设计成反映研究 1 中品牌—自我联结和对品牌想法和感觉的显著性，它们代表了 CPAM 测量。情感性依恋则用 Thomson 的 10 个问项测量表示出来。

基于研究 1，三个问项被用来反映承诺：①在多大程度上你会保证在未来使用 iPod？②在多大程度上你会对 iPod 做出承诺？③在多大程度上你忠诚于 iPod？应答者使用与之前相同的 11 点量表。

结果

检验双因素的品牌依恋模型

运用统计学软件 LISREL 进行一系列验证性因子分析，结果表明品牌—自我联结和对品牌想法和感觉显著性所组成的双因素模型比单因素模型能更好地代表依恋构念。我们做了两个验证性因子分析。一个是允许两个因素相关 [$r=0.53$；$\chi^2(3)=32.09$]，另一个是将两个因素强制性完全相关 [$\chi^2(4)=616.10$]。χ^2 的变化 [$\Delta\chi^2(1)=584$，$p<0.001$] 显示出第一个分析比第二个分析与数据更为匹配。这些分析表明，尽管这两个模型是显著相关的，但它们并不多余。即这两个模型与二阶因子结构相一致。

命题 1 的检验

接下来我们检验命题 1。我们比较了二阶 CPAM 测量模型和三因素 Thomson 测量模型。正如之前的分析，我们做了两个验证性分析，其一是允许这两个模型相关 [$r=0.82$；$\chi^2(78)=2766$]，其二是将两个因素强制性完全相关 [$\chi^2(79)=3232$]。观察到的 χ^2 变化 [$\Delta\chi^2(1)=466$，$p<0.001$]，结果显示两个模型是显著不同的。因此，这些分析支持了命题，表明 CPAM 测量是相关于但在实证上不同于 Thomson 及其同事的依恋测量。

命题 2 和命题 3 的检验

接下来我们探讨了 CPAM 测量对承诺的预测能力（P$_2$），并且探讨了 CPAM 和 Thomson 的测量预测承诺的相对能力（P$_3$）。我们评估了三个模型。第一个检测了 CPAM 测量影响承诺的能力。第二个检测了 Thomson 测量影响承诺的能力。第三个测量是两者共同测量对承诺的影响。

第一个模型（见图 17.1A）拟合程度高。卡方检验不显著 [$\chi^2(11)=12.92$，$p=0.30$]，其他统计学结果非常吻合 [比较拟合指数（CF）=1，标准残差均方根（SRMSR）=0.026，拟合指数（GFI）=0.99]。卡方和结果拟合统计结果表明模型在统计上是与数据吻合的。这些结果也表明品牌依恋显著地预测了承诺（$\chi=0.56$）。这些结果支持命题 2。[3] 第二个模型（见图 17.1B）检测了 Thomson 模型预测承诺的能力。模型明显更糟糕 [$\chi^2(61)=279.94$，$p<0.001$]，其他在统计上的匹配结果也不强（CFI=0.97，srmr=0.050，GFI=0.85），这表示模型 1 是更优的模型。情感依恋是预测承诺的显著前因变量（$\chi=0.51$），这支持了 Thomson 及其同事（2005）的结果。第三个模型（见图 17.1C）检测了 CPAM 和 Thomson（2005）的测量作为预测承诺的前因变量。结果表明当同时被评估时，CPAM 测量是显著的前因变量（$\chi=0.45$），Thomson 依恋测量是不显著的（$\chi=0.13$）。CPAM 与 Thomson 测量在预测承诺上的能力是有显著差别的，$z=2.9$，$p<0.01$。这些结果支持命题 3。

讨论

研究 3 支持了命题 1 至命题 3。相比于单因素结构，包含品牌—自我联结和想法显著性的双因素模型能更好地测量品牌依恋，这个测量模型在实证上与 Thomson 等的依恋测量有显著差异（P$_1$），它能显著地预测承诺（P$_2$），并且它比 Thomson 情感依恋量表的预测效果更好（P$_3$）。

一般讨论

基于依恋概念对市场营销和消费者行为的潜在贡献，开发一个能反映出品牌依恋概念核心属性且有效的品牌依恋量表是很重要的。本章旨在开发一个全新有效的品牌依恋测量量表。品牌依恋被定义为品牌与自我的联结强度，并且概念化为品牌—自我联结的强度和与品牌相关想法与感觉的显著性。三个实验的结果支持了双因素 CPAM 测量的有效性。具体来说，该量表相关于但不同于 Thomson 及其同事（2005）的情感依恋测量。CPAM 可以预测承诺，并且它的预测效果比 Thomson 的模型更好。

有效且可靠的品牌依恋测量量表使得我们可以检验与品牌依恋其他结果相关的关键假设。例如，品牌依恋可能对品牌延伸有显著影响。相比之下，高依恋性消费者更有动力且更能把延伸的品牌当成是母品牌的一部分，因为他们会同时拥有维持品牌—自我关系的欲望和对品牌持久分离的抗拒（Feeney and Noller, 1996）。因此，比起那些低依恋的个体，高依恋性消费者会更把品牌延伸视为一种可以维持和增强与品牌间关系的机会。这种动机使他们更可能将延伸的品牌同母品牌联系起来，甚至在它与母品牌匹配不那么好的情况下也能接受它作为母品牌的一部分。由于强的自我暗示，准备依靠母品牌作为分类基础，自动检索对品牌相关想法和感觉，以及把延伸品牌归类为母品牌的更大动机等原因，强品牌依恋感会预测到品牌延伸的成功。

品牌依恋测量量表的存在也促进了培育依恋的营销因素研究。具体来说，当依恋对象成为消费者自身概念的一部分时，依恋对象会与自我关联起来。Aron 及其同事（2005）提供了一个动机资源的视角，解释为什么一些实体被包含于消费者自我概念中。作为一种关系形式，个体向关系伙伴提供资源（社会的、知识、材料等），经过一段时间，认知会被重新组织，从而将资源、个体、关系伙伴联系起来，使得关系伙伴的资源被视为自身资源。通过这种资源/自我—他人的联系，伙伴的观点和身份会与自己联结起来。品牌，像人一样，可以提供很多资源（这些资源由营销人员开发）去帮助消费者实现所期望的目标（Schultz, Kleine and Kernan, 1989）。通过检验长时间的消费者自我联系，品牌资源和品牌依恋的变化，营销人员会对产生品牌—自我联结从而培育出品牌依恋的营销变量有不同见解。

最后，依恋的形成是很重要的，同等重要的是依恋终止的过程。长时间观测依恋可能会对引发依恋终止和缓和依恋结束的因素提供线索。有效的品牌依恋测量有利于相关主题知识的开发。

注　释

[1] 探索性因子分析结果表明承诺会分载到不同的因子上，而不是品牌依恋上。例如，实验一的结果。

[2] CPAM（连接显著的依恋模型）同样被发现与承诺有关，但在实证研究中是有别于承诺的。

[3] 值得注意的是这个模型主要关注于各个模型预测承诺的相对能力。同样地，模型匹配指数并不像与各个预测指标相关的 gamma 指数那样重要。即，我们并不需要像关注各个模型预测承诺的标准变量的相对能力那样去关注整体模型匹配得多好。因此，不论 CPAM 是与 Thomson 模型还是与态度强度做比较，都只对所比较的两个模型间的 gamma 指数和统计差异的检验结果进行了报告。在这些例子中，没有报告整体模型匹配指数。

参考文献

Ainsworth, Mary D.S., Mary C. Blehar, Everett Waters, and Sally Wall (1978). *Patterns of Attachment: A Psychological Study of the Strange Situation.* Hillsdale, NJ: Lawrence Erlbaum.

Aron, Arthur, Debra Mashek, Tracy McLaughlin-Volpe, Stephen Wright, Gary Lewandowski, and Elaine N. Aron (2005). "Including Close Others in the Cognitive Structure of the Self." In *Interpersonal Cognition*, ed. Mark W. Baldwin. New York, NY: Guilford Press, 206–232.

Beatty, Sharon E., Pamela Homer, and Lynn R. Kahle (1988). "The Involvement-Commitment Model: Theory and Implications," *Journal of Business Research*, 16 (2), 149–167.

Berman, William H., and Michael B. Sperling (1994). "The Structure and Function of Adult Attachment." In *Attachment in Adults: Clinical and Developmental Perspectives*, ed. Michael B. Sperling and William H. Berman. New York, NY: Guilford Press, 3–28.

Bowlby, John (1973). *Separation: Anxiety and Anger.* New York, NY: Basic Books.

——(1982). *Attachment.* New York, NY: Basic Books.

Chaplin, Nguyen, and Deborah Roedder John (2005). "The Development of Self-Brand Connections in Children and Adolescents," *Journal of Consumer Research*, 32 (1), 119–129.

Collins, Nancy L., and Stephen J. Read (1994). "Cognitive Representation of Adult Attachment: The Structure and Function of Working Models." In *Attachment Processes in Adulthood*, ed. Kim Bartholomew and Daniel Perlman. London, UK: Jessica-Kingsley, 53–90.

Escalas, Jennifer E. (2004). "Narrative Processing: Building Consumer Connections to Brands," *Journal of Consumer Psychology*, 14 (1, 2), 168–179.

Escalas, Jennifer, and James R. Bettman (2005). "Self-Construal, Reference Groups, and Brand Meaning," *Journal of Consumer Research*, 32 (3), 378–389.

Fabrigar, Leandre R., Duane T. Wegener, Robert C. MacCallum, and Erin J. Strahan (1999). "Evaluating the Use of Exploratory Factor Analysis in Psychological Research," *Psychological Methods*, 4 (3), 272–299.

Feeney, Judith and Patricia Noller (1996). *Adult Attachment.* Beverly Hills, CA: Sage.

Fournier, Susan (1998). "Consumers and Their Brands: Developing Relationship Theory in Consumer Research," *Journal of Consumer Research*, 24 (March), 343–373.

Keller, Kevin Lane (2003). *Strategic Brand Management: Building, Measuring, and Managing Brand Equity*, 2nd ed. Upper Saddle River, NJ: Prentice Hall.

Levinger, George (1980). "Toward the Analysis of Close Relationships," *Journal of Experimental Social Psychology*, 16 (6), 510–544.

Mikulincer, Mario, and Phillip R. Shaver (2005). "Mental Representations of Attachment Security: Theoretical Foundation for a Positive Social Psychology." In *Interpersonal Cognition*, ed. Mark W. Baldwin. New York, NY: Guilford Press, 233–266.

Mittal, Banwari (2006). "I, Me and Mine: How Products Become Consumers' Extended Selves," *Journal of Consumer Behaviour*, 5 (6), 550–562.

Pimentel, Ronald W., and Kristy E. Reynolds (2004). "A Model for Consumer Devotion: Affective Com-

341

mitment with Proactive Sustaining Behaviors," *Academy of Marketing Science Review*, no. 5.

Reis, Harry T., and Brian C. Patrick (1996). "Attachment and Intimacy: Component Processes." In *Social Psychology: Handbook of Basic Principles*, ed. E. Tory Higgins and Arie W. Kruglanski. New York, NY: Guilford Press, 523–563.

Rosenblatt, Paul C. (1977). "Needed Research on Commitment in Marriage." In *Close Relationships*, ed. George Levinger and Harold L. Raush. Amherst, MA: University of Massachusetts Press.

Rusbult, Caryl E., Julie Verette, Gregory A. Whitney, Linda F. Slovik, and Issac Lipkus (1991). "Accommodation Processes in Close Relationships: Theory and Preliminary Empirical Evidence, " *Journal of Personality and Social Psychology*, 60 (1), 53–78.

Schultz, Susan E., Robert E. Kleine, and Jerome B. Kernan (1989). "These Are a Few of My Favorite Things: Toward an Explication of Attachment as a Consumer Behavior Construct," *Advances in Consumer Research*, 16 (1), 359–366.

Schwarz, Norbert (2004). "Metacognitive Experiences in Consumer Judgment and Decision Making," *Journal of Consumer Psychology*, 14 (4), 332–348.

Thomson, Matthew, Deborah J. MacInnis, and C. Whan Park (2005). "The Ties That Bind: Measuring the Strength of Consumers' Emotional Attachments to Brands," *Journal of Consumer Psychology*, 15(1), 77–91.

第18章

爱、渴望和认同
——对事物之爱的情境整合理论

阿伦·C.阿胡维亚，拉杰夫·巴特拉和理查德·P.巴戈齐
（Aaron C. Ahuvia，Rajeev Batra and Richard P. Bagozzi）

爱的作用在品牌关系中引起了越来越多的关注（Ahuvia，1992，1993，2005； 342
Albert，Merunka and Valette-Florence，2008；Carroll and Ahuvia，2006；Ji，
2002；Kamat and Parulekar，2007；Keh，Pang and Peng，2007；Shimp and Mad-
den，1988；Whang et al.，2004；Yeung and Wyer，2005）。尽管最初本章的中心
是消费情境中的爱，我们也呈现了一个可广泛应用于包括人与人之间和人与物之
间情境的爱的普遍理论。我们呈现一个足够宽泛以覆盖在人与物、人与人之间爱
情以及家庭关系中爱的动态，但这并不意味着所有种类的爱都是相同的。过去的
研究已经阐述了甚至在爱情中也存在着多个种类的爱（Lee，1988），因此否认一
个女人对爱好的爱和她对丈夫的爱之间的差别将会是非常愚蠢的。但是我们这里
着重于发展一个在消费背景下和人际背景下研究相一致的爱的理论。我们把详细
地对那些种类爱的区别的探索留到了一个单独的项目中。

一些读者可能会问爱的概念是否真的适用于人与物的情境中。怀疑者可能会
讨论当一个消费者说"我爱＿＿＿＿＿＿＿＿"，不论它是足球、红酒或者任何东西，他
们将这个词用得太轻率，同样地他们可能会说"上薯条，我饿了"，他们事实上
根本一点都不饿。这种对于人们能够爱事物而不是人的观点的抵制在一定程度上
来自于爱是神圣的观点以及通过应用这个词到平凡的鞋子上，我们贬低和亵渎了
爱的特性（Ahuvia and Adelman，1993）。因此，提升道德和精神质量的非人与人
之间爱的例子，如对上帝的爱或者国家的爱，极少引起诸如爱 Gucci① 一样的质
疑。此外，我们很少听到将诸如厌恶等非神化心理构念应用在非人际间情境中的

---

① Gucci，1921 年创立于佛罗伦萨，是全球卓越的奢华精品品牌之一，借由其独特的创意和革新，以
及精湛的意大利工艺闻名于世。

质疑。

尽管我们支持爱有其独特性这一观点，但是大量的数据表明爱是一个能够应用到人、观点、活动和物体的心理过程。在研究相关主题时，大量消费者研究者注意到在消费情境中爱的存在（Ahuvia，1993，文献回顾）。在心理学的研究中，Fehr 和 Russell（1991）要被试者列出爱的实例并且发现许多例子，例如对工作、书籍、金钱、艺术、运动、诚实、动物、自然、宠物以及其他的爱。而对于浪漫的爱而言，Marston、Hecht 和 Roberts（1986）发现"许多恋人在定义爱情的时候并没有用到相关的关系概念，而是只用到了生理回应或者行为动作……（因此表明）爱不需要用严格的词汇来构造，甚至在爱是相互的时候"。最后，尽管人们可能在许多情境中随意地用一些如"饥饿的"或者"爱"的词汇，如果你问一个说"上薯条，我饿了"的人他是不是真的如字面所说的饿了，很可能他会告诉你他并不饿。本章在某种程度上着重于与"当消费者说他们爱某种事物时他们的实际意思是什么"等直接相关问题的大量研究数据。我们将会看到，被试者是能够分清他们真的爱某个事物或者他们只是夸张地表达喜欢的这两种情境。超过 70%的被试者回答至少真的爱一个事物而不是一个人。这个文献引用和整合了以前的研究，但是也包含了消费者访谈的原始数据。这些原始数据被收集起来作为一个更大研究的一部分，并且其他部分数据都已经被刊登在了其他地方（Ahuvia，2005）。这个访谈数据被用来阐述在非常综合层面的爱的理论，它涵盖了大量种类的被爱事物。至此，我们指代的人们所爱事物的宽泛组合包括产品、观点、品牌、自然、宠物、活动等爱的物体（Love Objects，LOs）。这样我们对词汇 LO 的使用不同于爱的物体的心理分析概念，它通常指代的是人。

这里呈现的理论通过使用持续比较法（或称比较分析法）得到，主要是将理论框架与原始发现，以及关于人与人之间的爱和消费者行为学相关的先前文献进行比较分析。由于这里的研究着重于理论生成而不是理论检验，所以假设将不会在结果的讨论之前呈现。

在讨论过研究方法之后再呈现结果，在该结果中将 LO 纳入爱人的身份是有关爱的更宽泛心理系统中的核心部分。然后我们继续探寻为什么消费者希望将事物或者其他人纳入自我身份，以及这个纳入过程是如何发生的。

数据收集

被试者是通过一种滚雪球的样本程序来联系的，这种方法从第一作者询问那些符合信息特征的个人开始，首先请他们给出可能愿意参加的熟人名单。被试者在性别（36 位男性和 33 位女性）、肤色（主要是白色）（56 位白人，10 位黑人，2 位西班牙裔，1 位其他）、年龄（23~45 岁）（$M = 32$）上是平均分布的，而且都接受过较好的教育（本科以上文化程度 38 位，本科文化程度 27 位，高中或以下文化程度 5 位）。

对于每个被试者都是通过电话来进行访谈，并且访谈是被录音的，且是保密的，电话访谈持续时间在 10 分钟到 1 个小时之间，平均 20~30 分钟。被试者会被问到："除了跟你关系很近的人以外，你有没有喜欢的事物，那是什么？"对于每一个他们喜欢的事物而言，被试者会被问到一系列关于他们对喜欢事物感觉的深度等统一问题，从而来评判他们感觉到的在最严格意义上讲是不是爱或者他们"只是用词太随意"，以及为什么他们会像他们说的那样的感觉。访谈一直会持续到被试者列完了他们喜欢的事物为止。

接下来被选中的 10 个被试者（6 女，4 男）会在他们家进行下一步的 2~4 个小时的深度访谈。被试者基于他们电话访谈的内容进行选取，接着进行一个更加详细的未在第一次访谈中被揭露的关键性问题调查。那些在家中进行的访谈包括对人与人之间爱的探讨和对所爱事物的持续关注。

分析和结果

爱在那些被试者中很普遍。只有两个被试者声称不爱除了人以外的任何事物。对物体的"爱"这个词并不仅应用到了隐喻意义上。甚至在被试者用最严格和不夸张的语调时，72% 的人仍然说他们除了关系亲密的人以外还爱其他事物。因此，被试者定义了爱的范畴，人们超越了家庭、朋友及恋人，还爱着各种各样的事物（见 Ahuvia，1992，表格列出了人们爱的事物）。

为了形成一个整合的理论，结果会以相关主题出现的系统来呈现。图 18.1 对这个理论进行了一个可视化呈现，这个将会为接下来的讨论起一个线路图的作用。

将被爱的事物整合到自我

在本章中，我们用"自我"和"身份"这两个词交替使用来指代"人们对他们来说是谁"和"他们是什么"的有意识和无意识想法。尽管一个人的肉体和意识被大多数人看作他们自身身份重要的一部分，但是自我包括的远不止那两个元素。西方文化曾长时间传统地认为，爱包含了自身和被爱事物的整合，以便被爱的事物成为爱人身份的重要一部分。在人际交往的情境中，这个概念至少追溯到了柏拉图的《会饮》[1]（Plato's Symposium），它涉及了以前的人有四只手、四条腿以及两个头但是被分成了两部分以及现在必须寻找他们缺少的另一半的神话。这个传说延续到了研究中，研究表明爱情通常是一个融合的体验（Dion and Dion，1988；Murstein，1988；Tennov，1979），实验研究表明随着关系变得更亲密，另

---

①柏拉图的《会饮》，为英语世界细致通解柏拉图《会饮》的第一部作品，首次采用戏剧形式来对待柏拉图的对话，探讨被柏拉图具象化了的人类性欲的哲学含义。

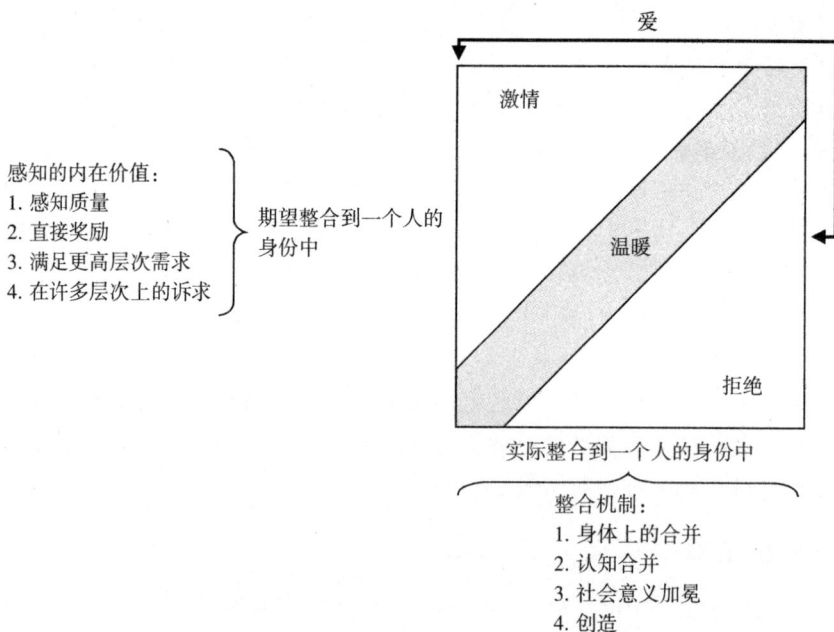

图 18.1 爱、渴望理论以及认同理论的可视化

注：ⓒ2008，Aaron C. Ahuvia.

一方逐渐地与自身相融合（Aron et al.，1991），爱的理论整体上或者在某种程度上将爱看作爱的人和被爱一方的融合（Aron and Aron，1986；Aron et al.，1989；DeRivera，1984；Gonzales-Crussi，1988；Grant，1976；Hatfield，1982；Jeffries，1993；Kovecses，1991；Maslow，1970；Person，1988；Sperling，1985）。

在消费者行为学的文献中，关于产品如何成为消费者身份的一部分已经成为了目前研究的一个主要主题（Arnould and Thompson，2005，第 4 章），Ahuvia（2005）已经提出这个过程对于消费者对事物的爱尤为重要。因此，整合被爱的事物到爱的人身份中可能作为一个普遍的心理学核心，这能够整合一些消费者行为学和人与人之间情境中爱的研究。

在访谈中，被试者普遍地表达出了被爱的事物是他们自身一部分的观点，并且这个观点系统性地连接到了这些关系会被认为是真爱的可能性。正如一个被试者所说，被爱的事物是"你的身份，你如何看待自己，这之间是没有隔阂的。当你在谈论你爱什么的时候……你本质上是在谈论你自己"（女，研究生，37 岁）。总体来说，15 个被试者特别谈论了被爱的事物作为他们自身一部分，而且他们中的 80%[1] 认为他们与被爱事物间关系是真爱。与之相反，6 个被试者提到问题中被爱的事物并不是他们的一部分，并且其中没有一个被爱的事物被认为是真爱。

四个主要的主题描绘了被试者对某个事物成为自身一部分意味着什么的理解。成为自我一部分的事物：①会影响或者改变你是谁；②可以表达自我；③会形成身体的物理延伸；④会有一个和自身共享的历史。第一，当他们改变一个个体的时候，被爱的事物是自身一部分这个观点是那些主题的中心。这个自我改变可以着重于通过改变外貌形象来塑造公众形象，正如在那些喜欢买衣服的女性中，因为"这是一个成为另外一个人以及改变一新的方法"（女，公共关系作家，30 岁）。相反地，一个人的私人观点能够被改变。

[书] 参与为我化妆，或者你会怎么说——它们是我的一部分。

（问：当你说它们是你的一部分的时候，你的意思是什么？）

你以这样一种方式融合它们：它只是不断增加你怎样对生活的看法，它是我自己在某种程度上的延伸（女，无业，37 岁）。

第二，自我表达①与自我扩张是紧密相连的，因为我们经常在我们所创造的东西中投放很多我们自己的影子。正如一个被试者在描述他手绘的士兵模型中所说："这就是我，我完成了这个。"（男，自由作家，36 岁）当一个创造的物体或者项目根本上是自我表达的一种形式而不是对实际需要或者其他人需求的回应时，创造显得尤为重要。[2] 正如一个被试者指出，跳舞是"我自身的一部分；它是完全不受约束，纯粹为我自己的一种自我表达"（女，演员，26 岁）。

第三，一些被试者也将被爱的事物看作大脑或者身体的一种物理延伸。这对于作为被试者记忆及生活经历延伸的照片集和日记来说尤为适合。例如，一个被试者提到喜欢照片是因为"我喜欢能够保存记录那些是因为我的记忆并没有那么好"（女，售货员，30 岁）。

第四，当他们通过一起分享延伸的历史来表达一个被爱的事物是自身一部分的时候，被试者对污染（contamination）的概念也会心领神会（正如这里所用的，"污染"这个词是一个科技词汇，并不含有通常的负面含义，并且只意味着某个事物"感染了你"）（Belk，1988；Belk，Wallendorf and Sherry，1989）。例如，一个被试者解释到他喜欢他的牛仔裤是因为"它们太旧了，太舒适了，并且是我的一部分"（男，出版业，24 岁）。

刚刚提到的四个主题——事物在当他们①影响或者改变了你是谁，②表达自我，③形成身体的物理延伸，④与你有一个共同历史时而成为自身一部分——揭露了被试者自己如何理解将被爱的事物整合到他们的身份中。但是因为一个人的自身感觉存在意识到的和未意识到的两个层面，所以就事实看来一个人不需要过度地注意一个事物是自我身份的一部分。与自我相关的回答是确定一个事物是否

---

① 自我表达（Self-expression）就是主体将自己的思想情感、对事物的见解和观点、对人的态度等内容通过一定的形式展示出来，希望得到别人反馈的一种交流方式。

被某人看作他们身份一部分的方法，即使他们并没有意识到这样一种关系。与自我相关的回答（害羞、愧疚、自豪）发生在对自身采取的行为响应中，但是并不发生在当类似的行为是由他人采取的时候（Ortony，Clore and Collins，1988）。例如，如果一个陌生人被侮辱了，我们可能会对说粗话的人感到愤怒，但是如果我们自己是被攻击的目标时我们将仅仅感到不悦。因此，当被试者所爱的事物成为

347 称赞的中心而感到自豪或者当他们所爱的事物被蔑视而感到无礼时，他们暗中地将那些被爱的事物包含到了他们自己身上。这在一个被试者讨论当她继承的家具仅被从它的美学价值来评估而感到"受伤"和"不舒服"的时候得到了诠释。

那些是我的所爱。如果其他人并没有意识到它们并不仅是几件家具，那么那就是伤害到我的感受的事——就像我并没有被理解，因为它们是我的组成部分（女，营销经理，35岁）。

将爱视为包含将爱的事物整合到爱人的身份感知中来的证据也来源于心理投影法。当被试者在回答他们所爱的事物如果是一个人将会是什么样的投影问题的时候，他们倾向于将他们所爱之物人格化为他们自己形象的一个反映或者他们理想的自己。正如一个被试者谈论他的政治正确性人格化时，"他是男的——因为那就是我"（男，筹款人，29岁）。这个自身的反映甚至出现在一些看上去难以置信的情境中。在一个深度访谈中，一个被试者将她的植物和音乐设计成了几千岁的女人。但是她接下来说到她在这方面很像他们，因为"我感觉我仿佛是一个非常古老的灵魂，并且它们也是"（女，研究生，37岁）。这个在给所爱的宠物人格化的设想中也很常见，这在Hirschman的类似发现中得到了支持（1994，pp. 620–621）。

因为我们在某种程度上通过对我们所爱之物的选择来构建我们自己，于是我们将会选择能够让我们成为我们想成为那个人的所爱之物。因此被试者有时候将他们的所爱之物设计为他们理想的自己而不是他们真实的自己。一个依靠有限预算生存的自由作家将他的苹果电脑人格化为一个维多利亚时期的绅士"并且也符合他在任何方面品位的一个人"，但是"他可能会享受更好的物质……更好的饭菜"。他接下来继续反映道："我认为我会成为一个好的维多利亚时期的绅士。是的，一个刻苦并且投身于他所做的事，但是对金钱的渴望会使他有失身份。是的，我真希望自己像那样。"（男，自由作家，36岁）这种将自我或理想自我投影于对象拟人化的模式完全避免了被试者持有中立态度的对象。

最后，将被爱的事物整合到自身在爱中重要作用的证据来自使它成为被试者用来判断他们是否真的爱某个事物的测试。"如果个人所有物被看作自身的一部分，接下来就是个人所有物的无心之失应该被看作是自身的丢失或者减少"（Belk，1988）。因为"自身丢失"是精神创伤，检测对所爱之物成为自我一部分的程度的好方法是看当它丢失的时候会有多想念它。相同地，我们也能够着眼于

一个人愿意为防止失去所爱之物而做出牺牲的程度。鉴于这个原因，有意思的是两个被试者最常用来评判他们是否真的喜欢一个事物的测试是"我对他有多不舍"和"我是否愿意为它做出牺牲"。电话访谈中的被试者 19 次提到了如果失去所爱之物他们会非常想念它。对于那些所爱之物而言，14 个（74%）被认为是真爱。相反，被试者针对不同的所爱之物提到了 19 次，如果失去了所爱之物不会特别想念。在这个情形中只有 2 个（11%）在字面意思上被感觉到爱。在被试者谈论愿意为所爱之物作出牺牲时发现了一个相似的模式。被试者们五次提到了他们愿意为所爱之物牺牲，并且其中的三个实例被认为是真爱。但是，在四个被试者提到他们不愿意为所爱之物作出牺牲的实例中，没有一个关系在严格意义上被认为是真爱。尽管一个事物成为自身一部分并不是一个人愿意做出牺牲或者在它失去的时候感到想念的原因，但是那些感觉和行为是自我延伸的指标。在其他证据呈现出来的情况下，似乎可以总结为当被试者决定他们是否爱某个事物的时候，他们询问自己是否愿意为它做出牺牲或者在失去它的时候感到想念，这作为一个所爱之物是否是他们一部分的内省测试。

条件整合：整合所爱之物的期望的水平 vs 实际的水平

迄今为止，我们已经知道自身的融合是在浪漫爱情研究中经已确立的一个概念并且所有物也可能已整合到自身中。现有研究已经表明在爱中自身和其他的融合并不受限于人与人之间的情境，还包括消费者对事物的爱。这个结论已经通过展现被试者对爱的理解中自我延伸重要性的论据以及投影法、自我关联情绪以及失去的预期感受等发现中得到支持。

考虑到这个证据，它似乎简单地将爱和将所爱之物包含到自身画了一个等号。但是，如果爱和所爱之物成为自身一部分是相同意义的，我们如何来解释那些有着自己不爱的自身方面的被试者？例如，如果自身等于爱，那么为什么深度访谈中的一位被试者持续地挣扎来维持对自己的爱呢？

回答那些问题需要区别开整合的期望水平（见图 18.1 的纵轴）和实际水平（见图 18.1 的横轴）。爱通常发生在当爱的期望整合水平很高以及通过期望和实际整合水平间达到心理平衡时的心理过程（在下一节中阐述）。这就是为什么我们将这里呈现的爱的理论标记为情境整合。将一个事物整合到人的身份中只在整合被高度渴望时才能形成爱。当人们不爱他自己的时候就仅仅意味着他们希望某方面不是自己的一部分（即实际整合水平比期望整合水平高）。期望整合水平和实际整合水平的关系能帮助解释另外三个关于爱的概念：激情、温暖和拒绝。

激情、温暖和拒绝

激情有时候是被感受为"融合的强烈欲望"（女，教牧辅导，30 岁）。激情是投入精神和情感上的能量以增加或者维持把事物整合到自身程度的欲望。期望整合水平超过实际整合水平越多，激情就会越大。在某些情况下，当所爱之物到消费者身份的整合程度很高时，消费者会花费大量的精神和感情投入来维护这样的高水平。

温暖是当实际整合水平几乎和期望水平相匹配时发生的一个均衡情况。在对角线上的温和区域，整合水平越高，感受到的温暖就越多（见图18.1）。维持高水平的温暖需要精神、情感以及身体上的能量。就像友谊会在被忽视的时候消退一样，被试者提到几个爱好或者其他之前喜欢的事物因为缺少投入而变得对自身不再重要。温暖和依恋可能是紧密联系的，而对这两个概念关系的进一步检验是未来研究的一个主题。

拒绝发生在当一个人期望的整合水平比当前情况更低时。当实际整合水平远远高于期望水平时，拒绝可以变得高度情绪化，并且可以叫做"讨厌"。通过拒绝，事物从自身中被移除。在Schouten（1991）整形外科的研究中，他提到了一个对她的鼻子抵制感非常强烈以至于她不认为那是她自身一部分的女人。因为我们研究中的访谈着重于被试者喜欢的事物，而很少讨论拒绝。但是，拒绝的概念逻辑上与一个事物成为自身不想要的一部分其意思是一致的。接下来的研究需要更好地理解这个现象和通常的人与物间关系解除的过程。

整合机制

在这个研究中进行的访谈揭露了四个基本的整合机制：身体的合并，认知的合并，社会意义的加冕，以及创造。

身体的合并发生在把所爱之物看作个人身体的字面或比喻上的一个要素时（Belk，1988）。许多被试者提到喜欢食物，这在字面上的确成为了身体的一部分。但是在更多时候，身体的整合通过控制来进行。自身和其他事物的区别在婴儿期会增加，这一点可以通过一个现象来反映，即有一些事物不能通过意愿来直接控制，例如婴儿手的移动是由心智命令控制的，但是"嘎嘎"声则不是受心智命令控制的。沿着这条推理的路线，MaClelland（1951）谈论到当我们能够用控制自己身体的方法来控制一个外部事物时，我们将把这个事物看成自身的一部分。这适用于物质的事物情境中，但是最常见的是在被试者掌握如体育或者艺术这样的活动时。在爱中，控制的方向通常是从人到事物，但是情形并不总是这样。食物特定地被引用为被试者同时控制（例如，烹饪作为创意性的表达）和受控制的所爱之物。物理的结合也会通过"污染"（contamination）发生（Belk，1988），一个通过紧密物理联系而产生更加被动的整合形式。尽管"污染"是一个如服装这样的事物成为自身一部分的一种重要机制，但是它在本研究所揭露的爱的例子中仅起了一个非常小的作用。

认知整合包括了解所爱之物（Sartre，1943），幻想所爱之物（Campbell，1987；Stendhal，1947），或者在某种程度上想起所爱之物（Aron et al.，1989）以便增强其在个人自身形象中的重要性。去以一种深入亲密的方式了解所爱之物的欲望在被试者想成为他们所爱领域的专家倾向中非常明显。沿着这一途径，下面对真爱书的夸张理由阐述了这种迷恋想法的重要性。

如果［我对书的爱］是真爱，我可能在日益衰退，我可能绝食。我可能不再起床。我可能会有一床的书并且我不认为那是有益健康的。你需要吃喝来生存。你不能只陷入一本书中（男，办公室助理，44岁）。

事物也能通过社会意义的加冕来整合到个人身份中。在社会层面上，Lancaster 和 Foddy（1988）讨论到自身大致上是从通常包含了其他角色的社会角色方面来定义的（丈夫—妻子，老师—学生等），并且那些其他角色有时候会成为自身的一部分（Markus and Kitayama，1991）。事物也能起其他角色的作用，但是在这种情形下，用"支持一个人的身份"的习语来表达可能更加适合。比如，当一个国王被加冕的时候，王冠赋予了国王权威性，正因为如此让他成为了他是谁。我们因此把这个称为加冕，即事物赋予它们的使用者社会身份来定义他们自身。加冕是爱的自我延伸最重要的一种机制。事实上每个所爱之物都会对被试者的身份有所贡献，只要因为喜欢音乐让一个人成为"音乐爱好者"。

一个产品的购买促进了上述三个整合机制。购买更容易接触到所爱之物并因此能够促进身体的合并。购买也增加了对事物的想法和了解，尽管对于许多认真考虑这个事物的消费者在购买之前就完成了这一过程（Campbell，1987），因此让事物可能在购买发生之前就被整合到自身中。为了了解其中的原因，下面的分析更清晰着眼于某个事物被作为自身一部分的含义。

James（1890）将自身分为了两个主要的部分：我和自己（the "I" and the "me"）。"我"是体验的代理人和意志及行为的源泉。当你闭上眼想一个事物的时候，"我"就是"看待"事物的那一部分。它从英语语法系统中得到命名，其中我们说"我做了 X"或者"我更喜欢 Y"。自己由我的所有拥有物组成。它也从因为我们说"我的信仰是自己的一部分""我的记忆是自己的一部分"或者"我的书是自己的一部分"得到命名。这些所有事物是"我"的拥有物，这一观点由下列证据来支持，即当要求他们说出重要的拥有物时，人们习惯地列出了记忆、能力以及其他自身的无形部分（Hirschman and LaBarbera，1990）。而且，Prentice（1987）提供了实验证据，所有物、态度以及价值观在心理学层面上是基本相似的。因为自己通过所属的关系和我相关联，某个事物被看作自身一部分的程度就是它主观感受到所属权水平的函数，事物属于"我的"程度（the "mineness" of the thing）（Rudmin，1991，1993），正如在浪漫爱情主题中反映的"你会成为我的吗？"这个主观的拥有感和法律上的拥有感是不同的。许多人对一个专业的体育队伍感到一种拥有感，但是很少人会在法律上拥有一个球队。尽管如此，人们通常对他们已经购买的事物有一种更强烈的拥有感。因此，它的"属于我的程度"和"它整合到自身中的水平"可以简单地通过购买一个事物增加。而且拥有一个事物增加了它赋予我们社会身份的程度。

创造是第四个整合的机制。到目前为止，我们延续了一个隐含的模型，即是爱始于与自我之外心仪之物的相遇。它引起了激情，这反过来激发了一些身体上的合并，认知上的合并以及加冕的组合。这些机制持续运作到被爱之物已在一个期望的水平上整合到了自身，并且达到一个温和的状态。这些事件的顺序解释了为什么对一个所爱之物的激情、一个新车或者新的爱人，通常在这段关系的最初是最高的。它对营销人员也有很重要的管理学意义，因为它模拟了商品被爱并且整合到自身中的典型路线。但是这并不是成为自身一部分的唯一可能的方式。被试者所创造的物质事物以及被试者自我表达的价值和活动都被看作来自自我，并且在来到这个世界的时候已经成为了自身的一部分。

所爱之物提供自我表达途径的能力是从分析中得出更重要的一个主题，并且被超过半数的被试者提到。不足为奇的是在讨论中很明显地提到了像烹饪和做音乐这样的活动。例如，一个被试者谈到为了快乐而写作的体验。

当我发现一些我从不知道我拥有并且我用言辞无法表达的词汇、表达和想法时，我经常感到惊喜、高兴和喜悦。我真切地看到它从纸上跃然而出。我想我爱它的原因不仅是一个净化自己的事情，一个宣泄的事情，而是它让我看到了我从未了解过的内心（女，社会作家，29 岁）。

在回顾了自我方面的文献后，Greenwald 和 Pratkanis（1984）得出结论"自我引起了强烈的情感——其特征通常是富有激情的温暖"（p.151）以及"也许关于自我的最显著特点就是通常附属于一个人自身……属性的正面情感"（p.166）。不仅是因为我们喜欢事物所以把他们整合到自身，反过来也是正确的。我们之所以感觉到事物很亲切正是因为他们是自身的一部分。

352

期望的整合水平等于感知到的内在价值

从数据中产生的几个主题能够帮助解释为什么被试者渴望将事物整合到自身。许多主题都在其他地方得到了更详细的讨论（Batra，Ahuvia and Bagozzi，2008）。这些主题着重于：①所爱之物的感知质量；②所爱之物符合喜欢它的人的需求直接性；③所爱之物对更高层次需求和更低层次需求的关系；④在许多层面上所爱之物满足诉求的能力。同时，这些主题支持了期望的整合水平是由事物的感知内在价值决定的。

数据中产生的最普通主题之一是认知质量的重要性，换言之，即以某种方式来说所爱之物是非凡的。由于所爱之物给我们提供了珍贵的体验，最令人心仪的所爱之物就是那些最能够提供这些体验的事物（即最杰出的那些）。看上去所爱之物的卓越甚至是超越了它能提供给我们的工具上的利益。由于所爱之物会成为自身的一部分，如果我们希望成为卓越的人，我们应该用优秀的部件来构建我们自己。混合了喜欢卓越事物的倾向，人们还有一个倾向，即赋予他们所拥有或者创造的事物更高水平的感知价值，超过了客观基于事物质量而得到的感知价值(Tom et al.，2007)。

人们爱的事物总是直接以某些形式给予消费者奖励。采取行动的奖励是：①心理上的状态（比如快乐、高兴、成就感、存在的意义等）；②行动者感知行动的直接结果，行动被看作有内在回报的，提供那个奖励的事物是有内在价值的，换句话说，人们说到参加某个活动"是因为对它的爱"而没把它看作产生另一种结果的途径。如果一个人做她不喜欢的工作，以此来挣钱去进行她喜爱的滑雪，那么她可能说她的工作经济意义上是有回报的却不是她爱的，反之滑雪是有其内在奖励的，因此是她爱的。

最深层次的和最完全的爱的体验是当所爱之物帮助满足例如社交联系、存在与意义、精神、个人成就或者道德价值等这些更高层次需求时与所爱之物有着更紧密的联系。正如 Person（1988：85）写道，"爱是一个不仅满足个人需求的解药，而且是对无能为力和人生苦短而带来的存在上的焦虑解药……正是我们在宇宙中的渺小，并且最终是我们对自身死亡的意识让我们去追寻与被爱灵魂上的交融与升华"。所爱之物以很多方式满足那些更高层次的需求。礼物之所以深受喜爱诚因其表达了同他人之间感情的联系，其他的所爱之物反映了政治或者宗教义务，被爱的产品也有时候象征性地与显著的个人成就或者长大成人的意义相关联。当所爱之物只满足了如好吃或者好玩的低层次需求时，被试者通常说到"享受"所爱之物，而不是真的爱它。爱呈现的是一种亲密并意义深远的关系，它涉及深层次所持有的价值观。

之前的对所爱之物满足更高层次需求的讨论不应该被理解为只有感性的、神圣的或者存在的价值才与爱相关。如果一个所爱之物只能提供一种价值，那么如果它与爱的人以一种深入紧密的方式相联系，它更有可能被爱。但是如果所爱之物可以在多个层面上提供多种意义和好处，那当然更好。一般而言，对于一个被认为是真爱的所爱之物而言，仅仅是美丽、令人愉悦或有精神意义是不够的；当然，它必须囊括了三者，因此成为"完美的那个"（Mick and DeMoss，1990）。真的所爱之物在多个层面上的吸引力研究发现在浪漫爱情的情境中也说得通，如"你想要的不是我，你想要的只是我的身体"这个陈述呈现出一个较小的困惑，因为毕竟一个人的身体肯定是"你"。这个困惑可以通过理解这个陈述实际表示的是"你只想要我的某一方面而不是我的全部"而轻松解决。最完整的爱的表达是把全部自身和其他的全部整合到一起了。正如 Simmel（1984；引自 Bertilsson，1991）指出，"作为一个去爱的人，我跟原来相比不是同一个人，因为并不是我的'一方面'或者精力在爱，而是整个人在爱"。因此，同时在多个层面有吸引力的被爱之物更多的会是真爱。

353

附加说明：爱在世界中发生

迄今为止，对爱的讨论着重于被试者内在的关于特定所爱之物的处理。这个可能会给读者一个错误的印象，即爱将发生在人与余下世界相中断的所爱之物之间。为了平衡，至少理解下面的观点很有必要：所爱之物同时是被试者自身的一部分，也是他们亲密世界的一部分。除了将事物看作他们自身的一部分，许多被试者也提到将所爱之物作为"他们生活的一部分"。这意味着一个被爱之物花费了他们大量的时间和精力。如果它是一个活动，他们经常进行该活动；如果它是一个事物，他们有规律地使用它或者想起它。因此，我们说一个事物是一个人生活的一部分指的是它对我们所生活的世界很重要。通过爱，不管是爱人、爱事物或者活动，我们不只是在建构自我，而且是在创造我们周围的世界。通过将我们自己环绕在所爱之物和所爱之人中，我们通过让自身和环境的部分成为相似相容的一体来确保自身和环境之间的和谐水平。

结论

我们所爱的任何人和事是我们自身的一部分。我们看待他们的方式和看待自己的方式一样，我们对待他们跟我们对待我们自身一样，我们为他们的成就感到自豪，也为他们的失败感到遗憾，我们和他们的关系有助于定义我们的身份，我们对他们的幸福也负有责任。这里建立的爱的情境整合理论可以看作模拟了两个过程（见图18.1）。在第一种情况下，所爱之物与个人分离。这个在事物一开始作为产品或可用来销售服务的商业交易中很普遍。在这些情况下，将事物整合到自身的欲望是它感知内在价值的函数。具有高感知内在价值的事物激发了激情，并反过来激发了将事物整合到自身的社交和心理机制上。随着事物被整合为自身的一部分，激情逐渐退却且达到温暖。第二种情况发生在所爱之物是通过个人创意活动产生的。在这种情况下，它已经明显地在活动完成之前被整合到自身中。一旦所爱之物被创造，个体可能会使用对他或她购买事物相同的机制来增加或者降低整合水平。但是因为该事物已经是自身的一部分，个体可能会给它赋予一个高于第三方做出的评估价值。

爱这个概念超出了消费者行为和社会科学认定的更宽界限。遗憾的是本章的范围不允许讨论这个理论对基于浪漫爱情模型的爱的启示。但是，这个理论的构建不仅与为这个研究收集的关于爱的数据相一致，而且也符合人与人之间关于"爱"的已出版数据。

这个理论表明爱对第一次和重复购买方面有管理启示。考虑到爱和冲动购买之间的联系，在首次购买的情境下，营销人员可能渴望消费者"爱上"他们的产品。这可以通过增加产品的享乐和象征价值来完成。在重复购买的情境下，消费者可能对他们所爱的事物极度忠诚。如果爱就像人与人之间的爱，这份爱甚至可能导致强烈的认知偏差，甚至导致会贬低其他产品的价值，以此不去试图破坏这份承诺的爱的关系（Johnson and Rusbult，1989）。

那些可以称之为是创作者"来自内心"的艺术品（Hirschman，1983）在寻找进入消费者内心的道路时花费更少时间。这对能促进创造性自我表达、学习或者以其他形式让被试者成长或者反映他们的创造性能量的活动来说也是正确的。这表明爱对于有特别体验的营销人员（Arnould and Price，1993）、社会营销人员、宗教营销人员、政治家以及其他支持更加意义深远的想法或者活动的人 ［Deighton（1994）关于在绩效中放大意义和加强涉入的建议或许与此相关］来说是一个重要的构念。爱可能对产品和服务设计者是一个尤为相关的目标，他们在艺术上的成果会有更个人化的情感。最后，一个可行的策略是将一个人的产品和喜欢的事物相连接而不是让产品它自己直接注重于爱（例如，目前耐克的一个广告活动尝试将耐克鞋与对奔跑的爱相连而不是直接谈论对鞋子的爱）。

消费者行为学的研究有很多使命，最重要的是理解那些在消费者生活中起重要作用的消费体验。对于被爱事物的研究为阐明心理上重要的消费体验提供了启示。爱是一个极致的体验，但并不是异常的体验。通过了解爱，我们学到的不仅是对消费者偏好孤立的见解，我们还学到了人们构建自我和亲密世界的本质方式。

注 释

［1］我们运用百分比来比较样本间回应的频率。它们不能像大规模问卷调查数据那样做普适性推广。

［2］本研究可能尤其受限于西方个人主义文化。Markus 和 Kitayama（1991）发现把真实的自我表达作为不受外部社会角色或者其他人际考虑所阻碍的内部需求表达很大程度上是一种西方的概念。

参考文献

Ahuvia, Aaron C.（1992）. "For the Love of Money: Materialism and Product Love." In *Meaning, Measure, and Morality of Materialism*, ed. Floyd W. Rudmin and Marsha L. Richins. Provo, UT: The Association for Consumer Research, 188–198.

——（1993）. "I Love it! Towards a Unifying Theory of Love across Diverse Love Objects." Unpublished Ph. D. Dissertation, Northwestern University, Kellogg School of Management.

——（2005）. "Beyond the Extended Self: Loved Objects and Consumers' Identity Narratives," *Journal of Consumer Research*, 32（1）, 171–184.

Ahuvia, Aaron C., and Mara B. Adelman（1993）. "Market Metaphors for Meeting Mates." In *Research in Consumer Behavior: A Research Annual* no. 6, ed. Janeen Costa and Russell Belk. Greenwich, CT: JAI Press, 55–83.

Albert, Noel, Dwight Merunka, and Pierre Valette-Florence（2008）. "When Consumers Love Their Brands: Exploring the Concept and Its Dimensions," *Journal of Business Research*, 61（10）, 1062–1075.

Arnould, Eric J., and Linda L. Price（1993）. "River Magic: Extraordinary Experience and the Extended Service Encounter," *Journal of Consumer Research*, 20, 24–45.

Arnould, Eric, and Craig Thompson（2005）. "Consumer Culture Theory（CCT）: Twenty Years of Research," *Journal of Consumer Research*, 31（March）, 868–882.

Aron, Arthur, and Elaine N. Aron（1986）. *Love as the Expansion of Self: Understanding Attraction and Satisfaction.* New York, NY: Hemisphere Publishing.

Aron, Arthur et al. (1991). "Close Relationships as Including Other in Self," *Journal of Personality and Social Psychology*, 60, 241–253.

Aron, Arthur, Donald G. Dutton, Elaine N. Aron, Adrienne Iverson (1989). "Experiences of Falling in Love," *Journal of Social and Personal Relationships*, 6, 243–257.

Batra, Rajeev, Aaron C. Ahuvia, and Rick Bagozzi (2008). "Brand Love: Its Nature and Consequences." Working Paper.

Belk, Russell W. (1988). "Possessions and the Extended Self," *Journal of Consumer Research*, 15, 139–168.

Belk, Russell W., Melanie Wallendorf, and John E Sherry Jr. (1989). "The Sacred and the Profane in Consumer Behavior: Theodicy or the Odyssey," *Journal of Consumer Research*, 16, 1–38.

Bertilsson, Margareta (1991). "Loves Labour Lost? A Sociological View." In *The Body: Social Process and Cultural Theory*, ed. Mike Featherstone, Mike Hepworth, and Brian S. Turner. London, UK: Sage, 297–324.

Campbell, Colin (1987). *The Romantic Ethic and the Spirit of Modern Consumerism*. Oxford, UK: Basil Blackwell.

Carroll, Barbara A., and Aaron C. Ahuvia (2006). "Some Antecedents and Outcomes of Brand Love," *Marketing Letters*, 17 (2), 79–89.

Deighton, John (1994). "Managing Services When the Service Is a Performance." In *Service Quality: New Directions in Theory and Practice*, ed. Richard Oliver and Roland Rust. Newbury Park, CA: Sage, 123–138.

DeRivera, Joseph (1984). "Development and the Full Range of Emotional Experience." In *Emotion in Adult Development*, ed. Carol Malatesta and Carol Izard. Beverly Hills, CA: Sage, 45–63.

Dion, Kenneth L., and Karen K. Dion (1988). "Romantic Love: Individual and Cultural Perspectives." In *The Psychology of Love*, ed. Robert J. Sternberg and Michael L. Barnes. New Haven, CT: Yale University Press, 264–289.

Fehr, Beverly, and James A. Russell (1991). "The Concept of Love Viewed from a Prototype Perspective," *Journal of Personality and Social Psychology*, 60, 425–438.

Gonzales-Crussi, Frank (1988). *On the Nature of Things Erotic*. New York, NY: Vintage Books.

Grant, Vernon (1976). *Falling in Love: The Psychology of the Romantic Emotion*. New York, NY: Springer.

Greenwald, A.G., and A.R. Pratkanis (1984). "The Self." In *Handbook of Social Cognition*, ed. R. Wyer and T. Srull. Hillsdale, NJ: Lawrence Erlbaum, 129–178.

Hatfield, Elaine (1982). "Passionate Love, Companionate Love, and Intimacy." In *Intimacy*, ed. Martin Fisher and George Stricker. New York, NY: Plenum, 267–292.

Hirschman, Elizabeth C. (1983). "Aesthetics, Ideologies and the Limits of the Marketing Concept," *Journal of Marketing*, 47, 45–55.

——(1994). "Consumers and Their Animal Companions." *Journal of Consumer Research*, 20, 616–632.

Hirschman, Elizabeth C., and Priscilla A. LaBarbera (1990). "Dimensions of Possession Importance," *Psychology and Marketing*, 7, 215–233.

James, William (1890). *The Principles of Psychology*. New York, NY: Holt.

Jeffries, Vincent (1993). "Virtue and Attraction: Validation of a Measure of Love," *Journal of Social and Personal Relationships*, 10, 99–117.

Ji, Mindy F. (2002), "Children's Relationships with Brands: 'True Love' or 'One-night Stand'?" *Psychology and Marketing*, 19, 369.

Johnson, Dennis J., and Caryl E. Rusbult (1989). "Resisting Temptation: Devaluation of Alternative Partners as a Means of Maintaining Commitment in Close Relationships," *Journal of Personality and Social Psychology*, 57, 967–980.

Kamat, Vikram, and Ajit Arun Parulekar (2007). "Brand Love—The Precursor to Loyalty." Paper presented at the Advertising and Consumer Pscyhology Conference, New Frontiers in Branding: Attitudes, Attachments, and Relationships, Santa Monica, CA, June 7–9.

Keh, Hean Tat, Jun Pang, and Siqing Peng (2007). "Understanding and Measuring Brand Love." Paper presented at the Advertising and Consumer Psychology Conference, New Frontiers in Branding: Attitudes, Attachments, and Relationships, Santa Monica, CA, June 7–9.

Kovecses, Zoltan (1991). "A Linguist's Quest for Love," *Journal of Social and Personal Relationships*,

8, 77–97.

Lancaster, Sandra, and Margaret Foddy (1988). "Self Extensions: A Conceptualization," *Journal for the Theory of Social Behavior*, 18, 77–94.

Lee, John A. (1988). "Love Styles." In *The Psychology of Love*, ed. Robert J. Steinberg and Michael L. Barnes. New Haven, CT: Yale University Press, 38–67.

Markus, Hazel R., and Shinobu Kitayama (1991). "Culture and the Self: Implications for Cognition, Emotion, and Motivation," *Psychological Review*, 98, 224–253.

Marston, Peter J., Michael L. Hecht, and Tia Roberts (1986). "What is This Thing Called Love? The Subjective Experience and Communication of Romantic Love." Paper presented at the Annual Meeting of the Western Speech Communication Association, Tucson, AZ.

Maslow, Abraham H. (1970). *Motivation and Personality*. New York, NY: Harper and Row. (Orig. pub. 1954.) **357**

McClelland, David (1951). *Personality*. New York, NY: Holt, Rinehart, and Winston.

Mick, David G., and Michelle DeMoss (1990). "Self–Gifts: Phenomenological Insights from Four Contexts," *Journal of Consumer Research*, 17, 322–331.

Murstein, Bernard I. (1988). "A Taxonomy of Love." In *The Psychology of Love*, ed. Robert J. Sternberg and Michael L. Barnes. New Haven, CT: Yale University Press, 13–37.

Ortony, Andrew, Gerald L. Clore, and Allan Collins (1988). *The Cognitive Structure of Emotions*. New York, NY: Cambridge University Press.

Person, Ethel S. (1988). *Dreams of Love and Fateful Encounters: The Power of Romantic Passion*. New York, NY: Penguin Books.

Prentice, Deborah A. (1987). "Psychological Correspondence of Possessions, Attitudes and Values," *Journal of Personality and Social Psychology*, 53, 993–1003.

Roseman, Ira J. (1984). "Cognitive Determinants of Emotion: A Structural Theory." In *Review of Personality and Social Psychology: Emotions, Relationships, and Health*, ed. Phillip Shaver. Beverly Hills, CA: Sage, 5, 11–36.

Rudmin, Floyd W. (1991). "Gender Differences in the Semantics of Ownership: Hazy Hints of a Feminist Theory of Property." In *Proceedings of the Conference on Gender in Consumer Behavior*, ed. Janeen A. Costa. Salt Lake City, UT: University of Utah Printing Service, 292–302.

——(1993). "Dispossession for Semiotic Distance: The Objective Facts of Ownership in the Eye of White Fang." In Flux, *Complexity, and Illusion*, ed. Roberta Kevelson. New York, NY: Peter Lang, 391–406.

Sartre, Jean–Paul (1943). *Being and Nothingness: A Phenomenological Essay on Ontology*. New York, NY: Philosophical Library.

Schouten, John W. (1991). "Selves in Transition: Symbolic Consumption in Personal Rites of Passage and Identity Reconstruction," *Journal of Consumer Research*, 17, 412–425.

Shimp, Terrance A., and Thomas J. Madden (1988). "Consumer–Object Relations: A Conceptual Framework Based Analogously on Sternberg's Triangular Theory of Love," *Advances in Consumer Research*, 15, 163–168.

Simmel, Georg (1984). *On Women, Sexuality and Love*, Trans. and ed. G. Oakes. New Haven, CT: Yale University Press.

Sperling, Michael B. (1985). Fusional Love Relations: The Developmental Origins of Desperate Love. Unpublished manuscript.

Stendhal (1947). *On Love*. Garden City, NY: Doubleday. (Orig. pub. 1822.)

Tennov, Dorothy (1979). *Love and Limerence*. New York, NY: Stein and Day.

Tom, Gail, Carolyn Nelson, Tamara Srzentic, and Ryan King (2007). "Mere Exposure and the Endowment Effect on Consumer Decision Making," *The Journal of Psychology*, 141 (2), 117–125.

Whang, Yun–Oh, Jeff Allen, Niquelle Sahoury, and Haitao Zhang (2004). "Falling in Love with a Product: The Structure of a Romantic Consumer–Product Relationship," *Advances in Consumer Research*, 31, 320–327.

Yeung, Catherine, and Robert S. Wyer Jr. (2005). "Does Loving a Brand Mean Loving Its Products? The Role of Brand–Elicited Affect in Brand Extension Evaluations," *Journal of Marketing Research*, 42(4), 495–506.

第 19 章

消费者对关系违背的应对反应
——依恋理论的方法

马塞尔·保尔森，理查德·P.巴戈齐

（**Marcel Paulssen and Richard P. Bagozzi**）

358   在关系中，大多数伙伴间的合作表现终究不那么尽如人意。随着关系的持续，总有个别搭档会在某个时间节点参与一些具有潜在破坏性的行动，如对伙伴吼叫或者在某些方面思虑不周（Rusbult et al.，1991）。这些具有潜在破坏性的行动违反了对关系评价和关系绩效有指导作用的隐性或显性规则，通常被称为违背行为（Metts，1994）。它不仅存在于人际关系间，也会在消费者与品牌间关系中出现（Aaker，Fournier and Brasel，2004），其发生的可能性随着关系持续时间和关系互动频率的增加而显著提升（Grayson and Ambler，1999）。虽然违背行为在消费者关系中不可避免，但关系双方似乎更多是选择"非违背行为情境"作为行动参考点（Aaker，Fournier and Brasel，2004）。如此一来，当品牌关系中发生了违背双方期望的行为时，消费者会作何反应？他们是选择破坏性的回应来使事态加剧以致对现存品牌关系造成威胁，还是会更有可能采取建设性的行动来保护品牌关系？

    令人惊讶的是，鲜有研究对消费者如何回应品牌违背行为展开探讨，甚至"在关系研究领域，聚焦企业或品牌犯错行为的研究都少之又少"（Fournier and Brasel，2002，p.102）。然而，从关系视角来看，人们更倾向从关系伙伴的负面行为来对其进行推断和下定论，可见关系违背行为尤为重要。这些负面事件由于其高度的凸显性及诊断性，正好为关系各方提供了一个认识合作伙伴素质及评判当前关系状态的窗口（Fiske，1980；Ybarra and Stephen，1999）。而根据这些关键的"真相时刻"而作出的推断定论，可以说将直接威胁着关系核心，对个体是否继续维持关系的意愿同样至关重要。因此，即使不同违背行为在严重程度及起因上可能会有所差异，但他们的确都存在着危害当前关系的可能性（Aaker，Fournier and Brasel，2004）。可见，探讨消费者如何应对违背行为已成为重要的研究问题。

营销中的违背行为

营销中的违背行为已受到来自多个研究流派从不同角度所进行的探讨。根据 Bitner、Booms 和 Tetreault（1990）的起源性文献，大量研究都是利用关键事件技术对违背行为（Critical Incident Technique，CIT）展开讨论。在消费者—品牌关系情境下，负面关键事件即等同于关系违背行为。其中，与我们的研究尤其相关的是，已发表的 CIT 研究均假定所搜集的事件确实对关系至关重要，但却很少有去探讨它们对所测量的关系强度或回应行为存在的影响。因此，营销中的 CIT 研究并没有验证违背行为是否或如何与消费者—企业关系所相关（Edvardsson and Strandvik，2000）。

至于违背行为对消费者关系的影响，一般观点均认为它们存在固有伤害性（Aaker，Fournier and Brasel，2004；Gremler，2004）。然而，一些研究者提出了调节违背行为对消费者关系破坏性影响的权变因素。其中，Folkes（1984）发现，消费者对违背行为的归因方式[1]会影响其满意度及后续的回应行为倾向（Folkes，1984；Folkes，Koletsky and Graham，1987；Tsiros，Mittal and Ross，2004），即违背行为的破坏性影响部分取决于消费者如何对其进行归因。另一些研究则验证了关系违背行为发生后补救措施的影响（Maxham and Netemeyer，2002；Smith and Bolton，1998），但对此已发表的研究成果却模糊不清（McCollough，Berry and Yadav，2000）。不过有研究发现，在特定情境下，令人高度满意的补救措施会有效维持或提升消费者的总体满意度及忠诚度，甚至可能会超过违背行为发生前的关系价值感知（Smith and Bolton，1998）。

另一个可能调节违背行为对关系结果破坏性影响的权变因素是消费者的个人特质（Aaker，Fournier and Brasel，2004；Maxham and Netemeyer，2002；Rusbult et al.，1991；Cupach，2000）。违背行为的破坏性影响可能依赖于消费者处理违背行为的方式（Rusbult et al.，1991），但迄今为止，尚未有研究从个人特征差异的视角对此进行详细阐述，或是探讨消费者个人特征对关系违背行为回应倾向的影响。

在当前研究中，我们追随 Aaker、Fournier 和 Brasel（2004）的号召，以期探讨消费者的特质变量，及识别对消费者和品牌间互动存在影响的关系类型。对

---

① 归因（Attribution）是指人们对他人或自己行为原因的推论过程，亦指人们如何解释自己和他人行为的原因，是人对影响或解释其行为的因素做出结论的一种认知过程。本章所提到的稳定性归因是属于美国心理学家维纳（Weiner）对归因的三维度划分之一，指事件或行为的发生是否持续稳定（其他两维度为归属性归因和可控性归因）。

此，先前研究给出了运用依恋理论的建议。依恋理论来自于心理学，旨在解释人际关系中的行为，以期理解消费情境中的关系异质性（Thomson and Johnson，2002，2006）。基于这些研究，我们将运用依恋理论来探讨针对关系违背的回应行为中所表现出的个体差异。据我们所知，尚且没有在营销情境中发展理论框架来探讨处理关系违背行为的个体差异的研究，更进一步，我们还检验了驱动回应行为倾向的认知和情感过程。对于关系营销者而言，理解当遭遇问题时，为什么有些消费者选择退出与品牌或供应商间的关系，而其他消费者却会选择建设性地解决问题（发声）或忍受问题（忠诚），这将非常重要。

依恋理论

任何个体进入一段关系都夹带着过去人际交往的经验、独特的回忆、信念及期望等。依恋理论认为，这些回忆、信念及期望会影响个体的思考方式、对关系的感知，以及如何在关系中能更好地表现（Collins et al.，2006）。依恋理论家们主要参考关系体验的认知—情感模型作为依恋的内部工作模型。该工作模型浅显易懂，阐述的是自我和他人在与亲密关系伙伴互动中逐步发展起来的认知及情感表现，即所谓的依恋对象（例如，母亲、父亲、老师、关系伙伴等）（Collins et al.，2006；Shaver，Collins and Clark，1996）。自我工作模型包含的是某一个体是否值得被爱和被支持的信念，而他人工作模型包含的是在满足彼此需求时关系伙伴是否值得信赖的信念（Gallo and Smith，2001）。先前行为和经验的系统阐述为理解与解释后续关系体验提供了一个参考框架，进而能对社交互动给予指导（Shaver，Collins and Clark，1996）。工作模型最初是在个体与主要看护人的早期互动中建立起来的，而随着个体在人生中会不断遭遇新关系，它们也得以持续发展（Bowlby，1988；Collins，1996）。工作模型一旦被建立，其主要是在依恋相关情境下塑造感知、情感和行为的过程意识以外进行运作（Collins et al.，2006）。尽管 Bowlby（1973，1980，1982）最初仅将依恋理论概念化来表征婴儿—父母间的情感纽带，但这个理论已被拓展到青少年和成年人之间的关系中，甚至拓展到了其他更为广阔的社会现象研究范畴（Shaver and Mikulincer，2003）。

依恋理论中的个体差异在 Ainsworth 及其同事的研究中已被发展，他们最先描绘了三种所谓的依恋类型：安全型、焦虑型、回避型。不同依恋类型或导向反映的是个体与亲密关系伙伴间互动质量的结果（Shaver and Mikulincer，2005）。在有需要时，若能与可获得或可响应的依恋对象间产生积极互动，将培育个体的安全型依恋意识，进而获得如 Waters、Rodrigues 和 Ridgeway（1998）所说的"安全基础情形"。由于在受胁迫情境下，个体会对他人的帮助抱以积极期待（称为积极的他人工作模型），且乐观地将自我看作有能力、能被爱并存在价值（称为积极的自我工作模型），因此，相对于其他情况，安全基础情形充斥着对寻求

亲近与支持这类有效应对策略的强大自信。另外，在有需要时，那些不可获得及 361
得不到响应的依恋对象则会引起不安全的依恋导向，本质上即表现为焦虑或回
避。这些所谓的备选依恋策略（Main，1990）会随着对关系对象的消极评价，而
干扰一系列的生活活动，其中最重要的则是干扰到关系的运作（Mikulincer and
Shaver，2003）。总之，依恋导向已经系统地被关联到关系信念、伙伴感知、信
任、承诺、支持寻求行为、冲突管理和应对策略、满意度和关系稳定性等概念
（Mikulincer and Shaver，2003；Shaver，Collins and Clark，1996）。

关于依恋构念的测量和概念化，我们还需要重点关注一些事项。首先，近期
研究认为，依恋方式的类型学模型或许并不能充分抓住依恋的组织化（Fraley
and Waller，1998；Shaver，Belsky and Brennan，2000）。因此，依恋领域的研究
者逐渐转向关注对依恋导向维度的测量上（Shaver and Mikulincer，2002a）。其
次，尽管依恋导向经常被概念化为对亲近关系的总体定位，理论动机和实证证据
都显著支持人们拥有多重依恋模式的结论。早期关于童年依恋理论的研究已经证
明，孩童与父母一方及另一方的依恋并不具有一致性（Main and Weston，1981）。
研究一致表明，人们在与某特定伙伴接触后会获得对特定关系的依恋导向，而这
与总体依恋导向也许并不一致（Collins and Read，1994；Pierce and Lydon，
2001）。当前观点认为特定及总体的依恋导向应分级组成。也就是说，特定关系
模型（如与母亲）通常嵌套在主导关系中（如父母—子女关系），而这又会嵌套
于更为综合的模型（如自我和他人的总体模型）（Collins and Read，1994；Shaver
and Mikulincer，2005）。因而，依恋学者提出要针对不同目的及不同人群开发不
同的测量方式（如对消费关系及人际关系的特定测量；Shaver and Mikulincer,
2002b）。

概念模型

上述所提及营销中关于关系违背行为和依恋理论的文献，为我们从个体差异
的视角探讨消费者回应违背行为的研究奠定了基础。这一视角的前提是人们会用
建立人际关系的方式来建立与品牌间的关系（Aggarwal，2004；Fournier and
Brasel，1998）。人际依恋和消费者依恋分别在人际交往和商业背景下对关系质量①
和关系强度的影响结果在研究中有着相似的模式及一致的理论解释（Thomson
and Johnson，2002，2006）。由此，Fournier 和 Paulssen（2007）特地将依恋理论
拓展到消费者情境中，并开发了安全型消费者依恋的测量量表。经实证检验，安

---

① 关系质量（Relationship Quality）是指消费者对企业及其员工的信任感以及消费者对买卖双方之间
关系的满意程度。关系营销观点认为，企业应与消费者建立、保持和发展长期的合作关系，增强消费者信
任感和满意程度，不断提高关系质量，以便提高经济收益和竞争实力。

全型消费者依恋包括两个维度：安全型消费者依恋/接受脆弱（即针对商业和品牌，消费者依赖、信任及将自身置于弱势地位的能力、舒适度和意愿）及安全型消费者依恋/力求亲近（即与生意伙伴或员工建立私交的欲望）。

362　　我们首先证实了接受脆弱维度对商业关系中满意度和信任度存在一致且较强的正向影响，并对忠诚度起到中介作用。这一作用在一个纵向研究中仍持续存在，该纵向研究对因变量关系质量（满足和信任）和忠诚度的测量相比安全型消费者依恋的测量晚了 20 个月。基于依恋导向与消费者—品牌关系间作用已被证实的研究，我们探讨了安全型和非安全型依恋消费者间关系质量差异的过程机制（Simpson，Rholes and Nelligan，1992）。因为只有接受脆弱这一维度对消费者—品牌间关系的质量和强度存在显著影响，由此，我们预期在总效应存在的基础上，只有这种安全型的消费者依恋会影响到消费者对关系违背行为的回应。

　　那么，在品牌关系中消费者究竟会如何对违背行为做出回应呢？基于 Hirschman 提出的退出—发声框架（exit-voice framework）和对回应类型的后续拓展（Rusbult，Zembrodt and Gunn，1982；Rusbult and Zembrodt，1983），我们提出消费者回应关系违背行为的四种方式：①退出：结束关系；②发声：与伙伴就问题补救展开积极的沟通工作；③忠诚：被动却乐观地等待情况好转；④忽视：放任关系恶化（Geyskens and Steenkamp，2000；Ping，1993）。这些回应策略在建设性与破坏性、积极与消极等维度上表现各不相同。发声和忠诚属于建设性回应，因为它们旨在恢复和保持一个现有关系，而退出和忽视属于破坏性回应，因为它们对现有关系带来威胁。积极与消极，指的是回应策略对问题本身的影响，而非行为特征。因此，退出和发声行为可看作积极行为，其目标在于有效处理关系违背，而忠诚和忽视行为则属于更消极和散漫的策略（Geyskens and Steenkamp，2000；Rusbult et al.，1991）。

　　基于成年人依恋文献中的若干研究发现，我们预测到安全型依恋将与建设性回应策略正相关（Gaines et al.，1997；Mikulincer and Florian，1995；Scharfe and Bartholomew，1995；Simpson，Rholes and Nelligan，1992）。这些预测与假设推导提出的安全型依恋（即安全基础情形）和第二类依恋导向间管理策略的差异性基本一致。根据自我和他人积极工作模型的结果，安全型个体相对于非安全型个体会把关系违背行为评定为威胁程度不大，从而他们会采取建设性回应来处理这些事件，比如寻求支持的策略（Mikulincer and Florian，1995）。人际关系研究中的结果同样支持安全型和非安全型依恋导向在对违背行为的回应倾向上存在显著差异。然而，各种非安全型依恋间（焦虑和回避导向）的差异并不明晰（Gaines et al.，1997，1999，2000；Mikulincer，1998；Scharfe and Bartholomew，1995）。基于上述结论及对消费者—品牌关系的社会关系化类比，我们提出了以下假设：

363　　**H₁：安全型消费者依恋将增加对关系违背行为采取建设性回应（发声和忠**

诚）的可能性。

H₂：安全型消费者依恋将减少对关系违背行为采取破坏性回应（退出和忽视）的可能性。

紧接着，我们提出了关于消费者依恋对回应策略影响机制的假设。早前，Collins 和 Read（1994）提出一个理解依恋工作模型对社会感知过程影响机制的一般性框架，尤其可处理违背行为。依恋工作模型一旦被诸如伙伴违背行为的相关事件所激发，将能塑造出认知和情感上的回应模式。这些处理结果会决定个体对回应策略的选择，也就是说，依恋导向对行为的影响很大程度上会受到关于情境（认知性回应）和个体情感回应等主观解释的中介作用。

考虑到对关系运行的重要性，归因过程作为对认知反应[①]的中介因素，在个体依恋文献中受到了极大关注（Collins，1996）。归因的重要性在于它们影响后续行为倾向的能力（Collins et al.，2006；Folkes，Koletsky and Graham，1987）。安全型依恋导向的成年人持有的工作模式包含积极的自我形象和对他人的乐观期望，因而更可能使用赞许的方式来解释关系体验（Collins et al.，2006）。具体而言，安全型依恋个体倾向于将人际关系中违背信任的事件评估为与伙伴个人品格（一种稳定的原因）不重要或不相关的原因（Gaines et al.，2000；Mikulincer，1998）。非安全型依恋个体更有可能因为负面事件而责怪他们的伙伴，并将伙伴的行为归因为负面、稳定的原因（Collins，1996；Collins et al.，2006；Gallo and Smith，2001）。综合起来，对比非安全型和安全型依恋个体的研究支持了非安全型个体会有归因偏差[②]的推测，即他们会降低将伙伴违背行为归因为稳定原因的可能性。因此：

H₃：安全型消费者依恋减少了对关系违背的稳定原因归因。

在消费领域的研究仅单独针对稳定性归因对重复购买意愿和抱怨行为的影响做了探讨（Folkes，1984，1988；Smith and Bolton，1998）。研究结论虽然不太明确（Smith and Bolton，1998），但指出消费者的稳定性归因会影响抱怨倾向及重复购买意愿（Curren and Folkes，1987；Folkes，Koletsky and Graham，1987）。通常来说，稳定性维度似乎对营销关系存在特殊关联，"因为它表示相同问题（或者成功）是否会在未来被预测到，或者这个事件是否是一个偶然事件，而不会在未来重复"（Oliver，1997，p.277）。如果把关系违背行为归因于稳定性原因，那

---

　①　认知反应（Cognitive Response）是指消费者在与关系的接触过程中，对关系事件发生过程之中或之后的积极思考过程或活动。消费者会根据已有知识和态度对关系事件加以分析评价，并影响最终的态度改变。主要表现为反对意见和支持意见。消费者的认知反应模式可概括为关系事件接触导致认知反应，认知反应影响态度改变。

　②　归因偏差（Attribution Bias）是指认知者由于认知局限或特定动机而系统地歪曲了某些原本正确的信息。

么消费者会预期同样的违背行为将在未来发生，这也就增加了破坏性回应及降低了建设性回应的可能性。因此：

364

H₄：把关系违背行为归因为稳定性原因会降低建设性回应（发声和忠诚）的可能性。

H₅：把关系违背行为归因为稳定性原因会增加破坏性回应（退出和忽视）的可能性。

工作模型通常被概念化为自我和他人的认知—情感表述，并被图式激发情感[①]（schema–triggered affect）所激发（Collins and Read, 1994; Fiske and Pavelchak, 1986）。例如，研究发现相比拥有安全感的妇女而言，缺乏安全感的妇女在遭遇冲突时会对关系伙伴表现出更强的愤怒和悲痛情绪（Simpson, Rholes and Phillips, 1996）。那些表征安全型依恋的自我和他人积极工作模型将帮助人们乐观评估所承受的压力，并且缓解关系违背行为所带来的痛苦（Collins, 1996）。通过总结对大范围压力事件做出情感回应的研究，Mikulincer 和 Florian（1998）提出，相对于非安全型依恋导向（焦虑型和回避型），安全型依恋导向会引起更不强烈的情感回应。在控制了如沮丧情绪和自尊等消极构念后，依恋导向对由伙伴违背行为所引发悲痛情绪的特殊影响仍旧得以证实（Collins et al., 2006）。因此：

H₆：安全型消费者依恋会降低关系违背行为所引发的愤怒程度。

如果关系伙伴的行为引起了诸如生气等负面情绪，那么更可能选择惩罚伙伴的行为作为回应（Collins and Read, 1994）。负面的情绪沮丧则可能引发会引起矛盾和危害关系的行为（Collins, 1996; Collins et al., 2006）。因此：

H₇：由关系违背行为引起的负面情绪会降低建设性回应（发声和忠诚）的可能性。

H₈：由关系违背行为导致的负面情绪会增加破坏性回应（退出和忽视）的可能性。

接下来我们将利用发生在汽车行业内消费者和公司之间的关系违背行为来验证我们的模型，该行业有着高度的产品涉入度[②]及典型的关系营销活动和项目（Johnson et al., 1997）等特征。

[①] Schema–triggered Affect，译为图式激发的情感。图式的一个关键特征是针对新的刺激物提示情感和行为反应的能力（Fiske and Linville, 1980）。Fiske（1982）使用"图式激发的情感"这个词汇来描述有效的认知和情感评价过程。

[②] 产品涉入度（Product Involvement）指消费者对产品的重视程度或者是产品对个人的重要性。它受消费者对产品的重要性认知、风险性认知，以及消费者个人因素、产品属性等因素影响。包括规范的重要性（Normative Importance，指个人的价值观和一个产品的关联程度）和品牌承诺（Brand Commitment，指个体对品牌的意愿和心理依附）两个维度（Traylor, 1981）。通常可分为短期情境涉入（指在诸如购买等特殊环境内的短时间涉入）和长期使用涉入（指在长期的使用过程中的涉入）。

研究综述

汽车行业对关系构建是非常重视的，理解消费者是如何回应关系违背行为，以及消费者何时可能会退出或者忽视关系，均有着重要意义。总体而言，三种研究策略可用来探讨消费者关系的违背行为：事件回忆、仿真模拟和实验研究。得利于高表面效度①和生态效度②特征（Weiner，2000），我们采用事件回忆法和广泛的个人访谈，来探讨消费者及其汽车代理商间的关系违背行为。

样本、测量和步骤

我们的实证调查是在一家汽车制造商的代理店的顾客中展开的，数据采集来自其分布在核心都市地区的五个不同代理店。我们通过邀请到访这些代理店的顾客参与一个关于顾客满意度的访谈来收集简单样本，总共开展了 203 场面对面的访谈。这些访谈均由完全结构化部分③ 和使用关键事件技术④（CIT）的半结构化部分⑤ 所组成。

在结构化部分中，受访者被要求详细描述对该代理商和特定型号汽车的满意度问题，以及关于人际依恋和消费者依恋的问题。受访者的年龄分布如下：20~29 岁占比 3.9%，30~39 岁占比 16.7%，40~49 岁占比 20.7%，50~59 岁占比 20.2%，60 岁及以上占比 38.4%。其中，83% 的顾客是男性，该年龄分布与该品牌的奢侈品地位基本一致。访谈中半结构化部分所采用的关键事件技术源自 Bitner，Booms 和 Tetreault（1990）的研究，其核心问题是："请回忆您曾经与代理商的交往经历，能想起其中特别美好或特别糟糕的经历吗？"若有，受访者则被要求详细描述任一事件，并对情境进行准确叙述。如果必要的话，采访者还可以继续深挖以下问题："到底发生了什么？""谁具体做了什么？""谁或者什么是事

---

① 表面效度（Face Validity）是指外行人从表面上判断构念的测验是否有效、测验题项与测验目的是否一致。其与内容效度（Internal Validity）的区别在于，表面效度不是真正的效度指标，是外行对测验作表面上的检查而确定的；而内容效度是专家对测验进行详尽的、系统的评价而建立的。

② 生态效度（Ecological Validity）即实验的外部效度，指实验结果能够推论到样本的总体和其他同类现象中去的程度，可判断试验结果的普遍代表性和适用性。

③ 完全结构化部分（Fully Structured Portion）是指采用结构式访谈法所形成的结构化问卷。结构式访谈又称标准化访谈（Standardized Interview），是一种对访谈过程高度控制的访问，要求访谈对象、访谈材料均要通过统一的标准和方法选取，一般采用机率抽样。访谈过程同样高度标准化，即对所有被访问者提出的问题、提问的次序和方式，以及对被访者回答的记录方式等需要完全统一。

④ 关键事件技术（Critical Incident Technique，CIT）是用以识别各种工作环境下工作绩效关键性因素的一种工作分析技术方法。通过关键事件技术，可以集中关注关键事件，从行为的角度系统地观察和描述实际职务的绩效和行为，进而解释深入的基本问题。通常运用于问卷调查或深入访谈等数据收集工具中，以寻找激发重大事件的关键事件。

⑤ 半结构化部分（Semistructured Portion）是介于结构式访谈和开放式访谈之间的半结构式访谈法所形成的问卷形式。通常表现为既包含有固定和标准答案的问项，也包含有让被访问者自由发挥的开放式问项。

件的主体？""事件是什么时候发生的？""是什么导致您感觉到互动是满意的（或者不满意的）？"（Bitner，Booms and Tetreault，1990）。每一个访谈时长没有限制，事件描述的平均时长是五分半钟。对于那些经历过不止一次负面关键事件的受访者，大多描述的都是最近刚发生的事件（Keaveney，1995）。

详细描述完关键事件后，利用 Richins（1997）的量表对受访者在每个事件中所经历的不同情感进行测量。对于负面事件，我们用三个问项来测量愤怒情绪：沮丧的、生气的、勃然大怒的。每个问项均采用 5 分量表（"完全不""一点点""适中""强烈的""非常强烈的"）而非 Richins（1997，p.142）的 4 分量表，以期获得更显著的变化。对于归因问题，则在维持原始量表语义的前提下采取不同的表达方式来提出（Folkes，Koletzky and Graham，1987；Russell，1982）。回答完归因相关问题后，受访者再次被提问到"如果相同事件再次发生，您将如何做出回应？"，该部分问项主要来自 Ping（1993）以及 Geyskens 和 Steenkamp（2000）的退出—发声量表。

366 最后，受访者被要求去思考他们与品牌或企业或供应商之间的商业关系导向。相关引导性描述如下："请思考当您作为一名顾客，您与供应商或企业之间的重要关系。例如，您与银行、税务顾问、汽车品牌、手机和无线电供应商，或与经常光顾的特色商店、所使用产品的品牌等之间的关系。"这种方法能有效捕捉广义商业关系领域中固有的一般性依恋导向。其中消费者依恋的相关测量会在关键事件问项之前完成，具体请见附录 19.1 和附录 19.2。

结果：对回应反应的影响

在 203 名参加个体访谈的受访者中，有 102 名曾经历过关系违背行为（即负面事件）。其中，总共记录有 175 个负面关键事件，平均每个受访者会报告 0.86 个负面事件，而 49.75%的受访者没有提及任何负面事件。剔除掉未完整回答相关问题的受访者，我们共获得了 88 人次的有效样本。考虑到模型的复杂性，由于待估参数个数接近样本大小，这一样本量在参数估计目标上将存在一定问题。为了减少模型复杂性，我们对归因和应对反应两个变量都采用了部分聚合模型（Bagozzi and Heatherton，1994）。因此，我们计算出每个维度所含问项的均值，再将这些均值视作所代表构念的单一指标。其中，"发声"的 α 值为 0.60，勉强能够被接受，然而"忠诚"的 α 值则明显是不能被接受的（0.39）。为此，忠诚只能通过单一问项进行测量，而最终保留下来的各构念，其量表信度均大于等于理想值 0.70。

图 19.1 所描述的假设模型是利用 LISREL 计算得到的（Jöreskog and Sörbom，2001）。模型的整体拟合度非常好：χ^2 (28) = 26.52（$p = 0.54$），RMSEA = 0.00，CFI = 1.00，但由于样本总量太小使得统计效度较低，因此我们也报告了在 $p <$ 0.10 水平下显著的相关效应。正如假设 3 所提到的，安全型消费者依恋对稳定性

归因有显著的负向影响（$\gamma_{21}=-0.42$，$p<0.05$）。随后，我们检验了认知性回应是否会影响应对策略？结果发现，稳定性归因会增加退出（$\beta_{62}=0.16$，$p<0.10$）和忽视（$\beta_{52}=0.29$，$p<0.05$），同时减少忠诚（$\beta_{42}=-0.26$，$p<0.05$），但对发声没有显著影响（$\beta_{32}=-0.07$，$p>0.20$）。由此可见，假设 5 得到完全支持，而假设 4 仅得到部分支持。

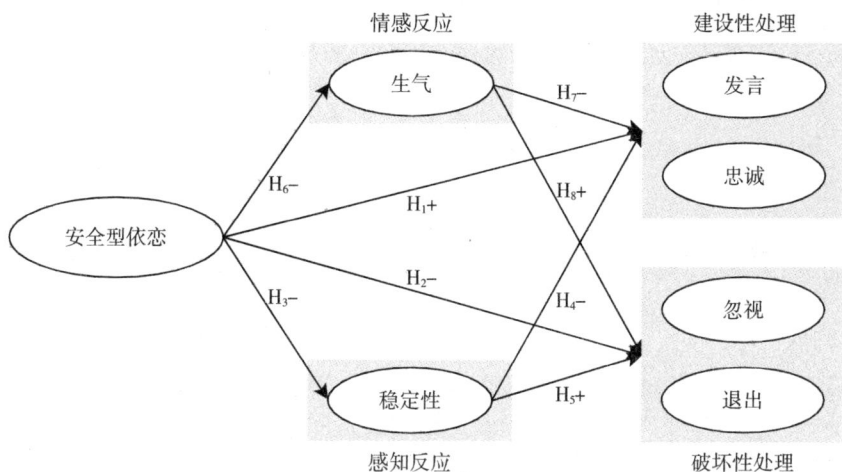

图 19.1 消费者关系中关系违背反应的模型

安全型依恋对关系违背行为中感知到的愤怒情绪也存在负向影响（$\gamma_{11}=-0.29$，$p<0.06$，$t=-1.92$），假设 6 得到验证。随后，我们再次检验在关系违背行为中感知到的愤怒情绪对回应反应的影响。由于感知到的愤怒程度对退出（$\beta_{61}=0.24$，$p<0.10$）和忽视（$\beta_{51}=0.26$，$p<0.05$）存在正向影响，进而会增加破坏性回应发生的可能性。由于它对退出存在正向影响（$\beta_{41}=-0.21$，$p<0.10$），而对发声没有显著影响（$\beta_{31}=0.13$，$p>0.10$），因此感知到的愤怒也会影响到建设性回应。除了上述间接效应，我们还单独检验了安全型消费者依恋的直接效应，得到的结果是所有效应在 $p<0.10$ 水平下均不显著（详见图 19.2 中的模型结果）。另外，针对关系违背行为的稳定性归因和感知到的愤怒情绪，其解释方差分别为 17% 和 7%，对于回应反应，发声、忠诚、退出、忽视四个维度的解释方差分别为 9%、12%、8% 和 15%。这些值都不是特别高，很大程度上可以认为是测量误差所造成的。但由于样本总量相对较小，在部分聚合模型中，对归因和回应反应的测量误差均无法得到修正。

情感反应　　　　　　　　　　　　　　建设性处理

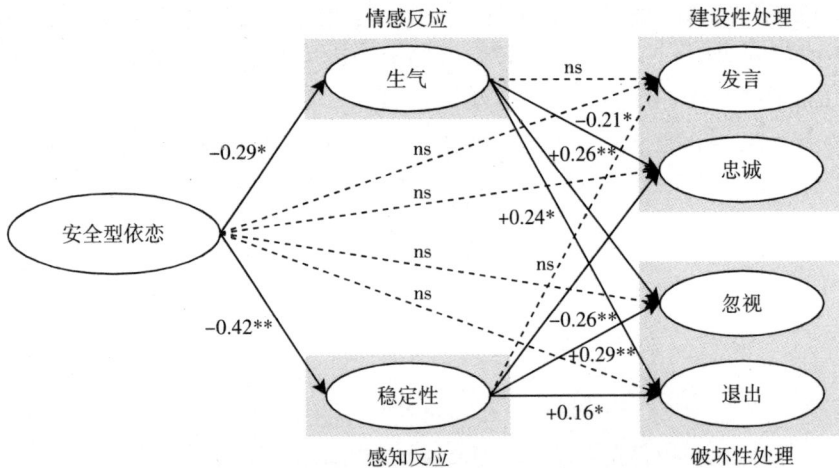

图19.2　消费者关系中关系违背行为的模型结果

讨论

总体而言，研究结果基本支持了我们的概念模型。安全型依恋消费者会产生归因偏见，这将降低消费者在关系违背行为发生后采取破坏性（退出和忽视）回应方式的可能性，而增加采取建设性回应方式（忠诚）的可能性。进一步说，研究结果也支持第二种机制。安全型消费者依恋会系统地影响关系违背行为发生后的情感回应模型，进而影响后续应对反应。具体而言，安全型消费者依恋会降低受访者对关系违背行为所感知到的愤怒程度，而感知愤怒程度对破坏性回应存在正向影响、对忠诚存在负向影响。同时，安全型依恋对回应方式上的直接效应也不显著。然而，从消费者依恋到认知和情感回应的显著路径，及从认知和情感回应来加以应对的策略却支持了上述所提出的过程机制。另外，关于发声的结论相对模糊。我们没有发现消费者依恋对发声存在任何直接或间接的影响，这也可能是因为样本容量过少而导致了这一问题。随后，建设性回应的概念模型对发声进行了操作化处理，但这种类型的反应不太可能在对关系违背行为的回应中出现——更常见的口头回应通常是负面口碑和投诉。

368

结论

上述研究的出发点包括以下几个方面：第一，在商业关系中，对消费者如何回应关系违背行为的研究较少（Fournier and Brasel，2002）。第二，有必要对消费者个体特征变量及可能影响消费者回应违背行为的关系类型展开研究（Aaker，Fournier and Brasel，2004）。第三，近期研究（Thomson and Johnson，2002，2006；Thomson，2006）为将依恋理论作为消费情境下识别关系类型的可行理论框架提供了证据，依恋理论在消费者—品牌关系研究中的运用尚处于起步阶段。

前人研究已证明，安全型个体依恋和安全型消费者依恋是体现消费者与品牌和企业间关系本质与质量的重要指标（Thomson and Johnson，2002，2006；Fournier and Paulssen，2007）。然而，迄今为止这些影响效应的潜在过程机制还未被探究。因此，本研究的目标旨在阐明这些潜在的过程机制。

　　根据 Collins 和 Read（1994）所提出针对人际关系领域的通用模型，我们假定安全型消费者依恋会直接或间接地与认知和情感回应模式相联系，进而驱动消费者—企业关系中对关系违背行为的回应反应。该模型中的核心假设在于：不同依恋导向的消费者会采取和他们自身或企业的信念和期望相一致的方式来解释及理解关系违背行为。我们的研究对这一假设给予了支持。安全型依恋消费者倾向于以负面影响最小化的方式来解释关系违背经历，并降低关系违背经历对关系稳定性的重要性。对关系违背行为的认知和情感性回应的模式也与预期高度一致。上述结果支持了安全型消费者依恋将减少关系违背行为中稳定性归因的结论。进一步研究也支持了安全型依恋消费者会减少对关系违背行为的情感回应强度这一结论。安全型依恋消费者对企业和品牌所抱有的乐观期望会帮助他们正面解释一些有问题的互动，并缓解关系违背行为所导致的情感抑郁。这些安全型依恋消费者的认知性（归因偏见）和情感性（较小强度的负面情绪）回应将降低他们与企业关系中违背行为的脆弱性。

　　模型所证实的结果表明，在消费者与品牌或企业间关系及人际关系间均有着相似的过程机制。因此我们的结论及越来越多的研究都为消费者—品牌间互动与人际关系运行方式相似这一争论提供了实证支持（Aggarwal，2004；Aggarwal and Law，2005；Aggarwal and Zhang，2006；Fournier，1998；Price and Arnould，1999），这或许将合理的概念化为"关系"。

管理启示

　　关系营销的核心目标是与消费者建立并维持强大稳固的关系。企业在各种关系营销策略中投入大量的资源都是为了实现这一目标（De Wulf，Odekerken-Schröder and Iacobucci，2001；Reinartz and Kumar，2003）。然而，先前研究发现，在消费者与企业和品牌间建立强大且持久的关系会存在相当大的变数（Barnes，1997，2001；Fournier，1998；Price and Arnould，1999）。对于关系营销者来说，消费者异质性是一个问题，因为对没有任何建立强关系意愿和倾向的消费者进行投资，本质上来说是一种浪费且极大地降低了关系营销项目的有效性（Dowling and Uncles，1997）。市场营销者的挑战在于识别"正确的"消费者，即找出谁将最有可能建立长期关系（Reinartz and Kumar，2000）。

　　安全型依恋消费者可能拥有更稳定的关系，原因在于归因偏见和情感回应模式使他们倾向于在应对关系违背行为时采取更有建设性（忠诚）或更不具破坏性

（退出和忽视）的方式。因此，他们更不可能在关系违背时退出或者忽视相关商业关系。那些在消费者依恋中评分较高的消费者即 Reinartz 和 Kumar（2000）所理解的"正确的"消费者。他们拥有与企业和品牌建立强大且持久关系的倾向，是企业关系营销投资的主要对象。在实际中，执行这类差异化营销的一种方式则是在消费者注册信息或针对忠诚度的常规调查中纳入关于安全型消费者依恋的题项。

局限和未来研究方向

为了探讨消费者对关系违背行为的回应，我们选择了事件回忆法而不是其他两种方法：仿真模拟和实验操控（Weiner，2000）。我们选择这种方法是基于其较高的表面效度和生态效度，这在归因研究中尤为重要（Forgas，1998）。进一步来说，事件回忆法能帮助我们研究已发生或正在发生的关系违背行为，之所以选择在真实关系中检测消费者依恋的相关影响，是因为依恋系统能否被情境或实验激发尚不清楚（Collins et al.，2006）。然而，事件回忆法的一个缺陷在于会受到回忆偏差的影响（Weiner，2000）。我们试图通过要求受访者关注于最近发生的关系违背经历来最小化这种影响（Keaveney，1995），而即便采用另一种可能的选择（即情境或插图式仿真研究和实验法）也同样存在问题，由这些方法所获得的回应并不能反映真实情形中的行为，因此基于这些方法的结论是否能概括真正的社会互动仍不清楚（Collins et al.，2006）。

基于上述研究，下一步应是探讨我们所提出模型的可能应用情境。消费者依恋能决定在消费者—品牌关系中各类关系违背行为的认知和情感回应吗？Collins（1996）认为，某些关系事件与依恋更具相关性，且更能激发依恋机制。样本规模问题（最终样本量为 88）也限制了我们不能单独验证那些被认为与依恋存在较高关联性（如违背承诺或者没有保证信誉）或较低关联性的事件（如服务低速）。

未来研究的另一个方向是探讨关系违背行为的严重性程度，或关系互动是如何得以体验，以及决定消费者会将某些互动感知为违背行为的因素。Rusbult 和 van Lange（2003）最近提出的理论框架认为，任何能被转换成有效情形的给定互动情境都将激发相关行为。这种从给定情境到有效情境的转变是由人际倾向（即依恋导向）、社会规范、特点关系动机（即承诺）所决定的。这一框架综合了在关系营销方面越来越受关注的两个研究领域：规范（Aggarwal，2004；Aggarwal and Law，2005；Aggarwal and Zhang，2006）和依恋（Thomson and Johnson，2002，2006；Thomson，2006）。可见，剖析清楚为什么某种互动对一些人而言是严重的违背行为，而对另一些人却是可忽视的小事将是一件多么令人激动且有挑战性的研究话题。

附录 19.1　构念与测量

构念/问项	概念信度/因子载荷	平均值	标准差
安全型消费者依恋①（接受脆弱）	0.75		
我容易依赖于我的供应商	0.89	3.35	0.96
我很难完全信任我的供应商（重新编码）	0.53	3.14	1.13
对于总是依赖我的供应商我觉得很舒服	0.68	3.23	0.94
稳定性	0.81		
这个问题的原因是……			
（1）暂时←→永久（7）		3.82	2.23
（2）变化的←→不变的（7）		4.12	2.15
（3）随时间而变化←→一直稳定（7）		4.05	2.13
体验到的生气②	0.87		
这个事件让你感到多生气	0.91	3.01	1.38
这个事件让你感到多沮丧	0.71	3.03	1.17
这个事件让你感到多烦躁	0.86	3.57	1.20
发声①	0.60		
我会尝试与我的代理商讨论问题		3.99	1.30
我会尝试通过向我的代理商建议改变来解决问题		2.86	1.44
忠诚①	—		
我的代理商产生的问题通常它们会自行解决		2.39	1.22
我会忽视掉问题	删去	2.05	1.16
退出①	0.85		
我会考虑与我的代理商结束商业关系		2.18	1.19
我会寻找替代的代理商		2.41	1.27
我会考虑在近期启用其他的代理商		2.94	1.31
忽视①	0.78		
我仅会尝试使用我的代理商所提供的必要的服务		2.63	1.43
我会使与代理商间的关系逐渐消亡		2.11	1.12

注：①问项使用李克特 5 分量表：1 = 完全不适用，5 = 完全适用；②问项使用李克特 5 分量表：1 = 完全不适用，5 = 完全适用。

附录 19.2 构念的相关关系

量表名称	1	2	3	4	5	6	7
1. 情绪（生气）	1.00						
2. 稳定性	0.02	1.00					
3. 发声	0.14	−0.07	1.00				
4. 忠诚	−0.19	−0.27	−0.01	1.00			
5. 退出	0.22	0.19	−0.23	−0.35	1.00		
6. 忽视	0.27	0.31	−0.27	−0.28	0.75	1.00	
7. 安全型消费者依恋	−0.23	−0.41	−0.03	0.15	−0.13	−0.18	1.00

参考文献

Aaker, Jennifer, Susan Fournier, and Adam S. Brasel (2004). "When Good Brands Do Bad," *Journal of Consumer Research*, 31 (1), 1–16.

Aggarwal, Pankaj (2004). "The Effects of Brand Relationship Norms on Consumer Attitudes and Behavior," *Journal of Consumer Research*, 31 (1), 87–101.

Aggarwal, Pankaj, and Sharmistha Law (2005). "Role of Relationship Norms in Processing Brand Information," *Journal of Consumer Research*, 32 (December), 453–464.

Aggarwal, Pankaj, and Meng Zhang (2006). "The Moderating Effect of Relationship Norm Salience on Consumers' Loss Aversion," *Journal of Consumer Research*, 33 (December), 413–419.

Ainsworth, Mary D., Mary C. Blehar, Everett Waters, and Sally Wall (1978). *Patterns of Attachment: A Psychological Study of the Strange Situation.* Hillsdale, NJ: Lawrence Erlbaum.

Bagozzi, Richard P., and Todd F. Heatherton (1994). "A General Approach to Representing Multifaceted Personality Constructs: Application to State Self-Esteem," *Structural Equation Modeling*, 1 (1), 35–67.

Barnes, James G. (1997). "Closeness, Strength, and Satisfaction: Examining the Nature of Relationships between Providers of Financial Services and Their Retail Customers," *Psychology and Marketing*, 14 (8), 765–779.

——(2001). *Secrets of Customer Relationship Management: It's All about How You Make Them Feel.* New York, NY: McGraw-Hill.

Bitner, Mary Jo, Bernard H. Booms, and Mary Stanfield Tetreault (1990). "The Service Encounter: Diagnosing Favorable and Unfavorable Incidents," *Journal of Marketing*, 54 (January), 71–84.

Bowlby, John (1973). *Separation: Anxiety, and Anger.* New York, NY: Basic Books.

——(1980). *Loss: Sadness and Depression.* New York, NY: Basic Books.

——(1982). *Attachment.* New York, NY: Basic Books.

——(1988). *A Secure Base: Clinical Applications of Attachment Theory.* London, UK: Routledge.

Collins, Nancy L. (1996). "Working Models of Attachment: Implications for Explanation, Emotion, and Behavior," *Journal of Personality and Social Psychology*, 71, 810–832.

Collins, Nancy L., Maire B. Ford, AnaMarie C. Guichard, and Lisa M. Allard (2006). "Working Models of Attachment and Attribution Processes in Intimate Relationships," *Personality and Social Psychology Bulletin*, 32 (2), 201–219.

Collins, Nancy L., and Steven J. Read (1994). "Cognitive Representations of Attachment: The Structure and Function of Working Models." In *Advances in Personal Relationships*, ed. Kim Bartholomew and Daniel

Perlman. London, UK: Jessica Kingsley, 53–59.

Cupach, William R. (2000). "Advancing Understanding about Relational Conflict," *Journal of Social and Personal Relationships*, 17 (August), 697–703.

Curren, Mary T., and Valerie S. Folkes (1987). "Attributional Influences on Consumers' Desires to Communicate about Products," *Psychology and Marketing*, 4 (Spring), 31–45.

De Wulf, K., Gaby Odekerken–Schröder, and Dawn Iacobucci (2001). "Investments in Consumer Relationships: A Cross–Country and Cross–Industry Exploration," *Journal of Marketing*, 65 (October), 33–35.

Dowling, Graham R., and Mark Uncles (1997). "Do Customer Loyalty Programs Really Work?" *Sloan Management Review*, 38 (Summer), 71–82.

Edvardsson, Bo, and Tore Strandvik (2000). "Is a Critical Incident Critical for a Customer Relationship?" *Managing Service Quality*, 10 (2), 82–91.

Fiske, Susan T. (1980). "Attention and Weight in Person Perception: The Impact of Negative and Extreme Behavior," *Journal of Personality and Social Psychology*, 38 (6), 889–906.

Fiske, Susan T., and Mark A. Pavelchak (1986). "Category–Based versus Piecemeal–Based Affective Responses: Developments in Schema–Triggered Affect." In *Handbook of Motivation and Cognition: Foundations of Social Behavior*, ed. Richard M. Sorrentino and Tony E. Higgins. New York, NY: Guilford Press, 167–203.

Folkes, Valerie S. (1984). "Consumer Reactions to Product Failure: An Attributional Approach," *Journal of Consumer Research*, 10 (4), 398–409.

——(1988). "Recent Attribution Research in Consumer Behavior: A Review and New Directions," *Journal of Consumer Research*, 14 (4), 548–565.

Folkes, Valerie S., Susan Koletsky, and John L. Graham (1987). "A Field Study of Causal Inferences and Consumer Reaction: The View from the Airport," *Journal of Consumer Research*, 13 (4), 534–539.

Forgas, Joseph P. (1998). "On Being Happy and Mistaken: Mood Effects on the Fundamental Attribution Error," *Journal of Personality and Social Psychology*, 75 (2), 318–331.

Fournier, Susan (1998). "Consumers and Their Brands: Developing Relationship Theory in Consumer Research," *Journal of Consumer Research*, 24 (4), 343–373.

——(2002). "Making Good of Doing Bad: Negotiating Transgressions in Consumer Product Relationships," *Advances in Consumer Research*, 29, 102–104.

Fournier, Susan, and Adam S. Brasel, and Marcel Paulssen (2007). "Attachment Security and the Strength of Commercial Relationships: A Longitudinal Study." Working paper, Boston University School of Management.

Fraley, R. Chris, and Niels G. Waller (1998). "Adult Attachment Patterns: A Test of the Typological Model." In *Attachment Theory and Close Relationships*, ed. Jeffrey A. Simpson and William S. Rholes. New York, NY: Guilford Press, 77–114.

Gaines, Stanley O., Jr., Cherlyn S. Granrose, Diana I. Rios, Ben F. Garcia, Mary S. Page Youn, Karlyn R. Farris, and Katrina L. Bledsoe (1999). "Patterns of Attachment and Responses to Accommodative Dilemmas among Interethnic/Interracial Couples," *Journal of Social and Personal Relationships*, 16, 277–287.

Gaines, Stanley O. Jr., Harry T. Reis, Shandra Summers, Caryl E. Rusbult, Chante L. Cox, Michael O. Wexler, William D. Marelich, and Gregory J. Kurland (1997). "Impact of Attachment Style on Reactions to Accommodative Dilemmas in Close Relationships," *Personal Relationships*, 4, 93–113.

Gaines, Stanley O. Jr., Cecile Work, Helena Johnson, Mary Sue Page Youn, and Kaycee Lai (2000). "Impact of Attachment Style and Self–Monitoring on Individuals' Responses to Accommodative Dilemmas across Relationship Types," *Journal of Social and Personal Relationships*, 17 (6), 767–789.

Gallo, Linda C., and Timothy W. Smith (2001). "Attachment Style in Marriage: Adjustment and Responses to Interaction," *Journal of Social and Personal Relationships*, 18 (2), 263–289.

Geyskens, Inge, and Jan–Benedict E.M. Steenkamp (2000). "Economic and Social Satisfaction: Measurement and Relevance to Marketing Channel Relationships," *Journal of Retailing*, 76 (1), 11–32.

Grayson, Kent, and Tim Ambler (1999). "The Dark Side of Long–Term Relationships in Marketing Services," *Journal of Marketing Research*, 36 (February), 132–141.

Gremler, Dwayne D. (2004). "The Critical Incident Technique in Service Research," *Journal of Service Research*, 7 (1), 65–89.

Hirschman, Albert O. (1970). *Exit, Voice, and Loyalty: Responses to Decline in Firms, Organizations, and States.* Cambridge, MA: Harvard University Press.

Johnson, Michael D., Andreas Herrmann, Frank Huber, and Anders Gustafsson (1997). "An Introduction to Quality, Satisfaction, and Loyalty—Implications for the Automotive Industry." In *Customer Retention in the Automotive Industry*, ed. Michael D. Johnson, Andreas Herrmann, Frank Huber, and Anders Gustafsson. Wiesbaden, Germany: Gabler, 1–17.

Jöreskog, Karl, and Dag Sörbom (2001). *LISREL 8: User's Reference Guide.* Chicago, IL: Scientific Software International.

Keaveney, Susan (1995). "Customer Switching Behaviors in Service Industries: An Exploratory Study," *Journal of Marketing*, 59 (April), 71–82.

Main, Marry (1990). "Cross-Cultural Studies of Attachment Organization: Recent Studies, Changing Methodologies, and the Concept of Conditional Strategies," *Human Development*, 33, 48–61.

Main, Mary, and David Weston (1981). "The Quality of Toddler's Relationship to Mother and Father: Related to Conflict Behavior and the Readiness to Establish New Relationships," *Child Development*, 52, 932–940.

Maxham, James III, and Richard Netemeyer (2002). "A Longitudinal Study of Complaining Customers' Evaluations of Multiple Service Failures and Recovery Efforts," *Journal of Marketing*, 66 (October), 57–72.

McCollough, Michael A., Leonard L. Berry, and Manjit S. Yadav (2000). "An Empirical Investigation of Customer Satisfaction after Service Failure and Recovery," *Journal of Service Research*, 3 (November), 121–137.

Metts, Sandra (1994). "Relational Transgressions." In *The Dark Side of Interpersonal Communications*, ed. William R. Cupach and Brian Spitzberg. Hillsdale, NJ: Lawrence Erlbaum, 217–239.

Mikulincer, Mario (1998). "Attachment Working Models and a Sense of Trust: An Exploration of Interaction Goals and Affect Regulation," *Journal of Personality and Social Psychology*, 74 (5), 1209–1224.

Mikulincer, Mario, and Victor Florian (1995). "Appraisal and Coping with a Real-Life Stressful Situation: The Contribution of Attachment Styles," *Personality and Social Psychology Bulletin*, 21 (4), 406–414.

——(1998). "The Relationship between Adult Attachment Styles and Emotional and Cognitive Reactions to Stressful Events." In *Attachment Theory in Close Relationships*, ed. Jeffrey A. Simpson and W. Steven Rholes. New York, NY: Guilford Press, 143–165.

Mikulincer, Mario, and Philipp R. Shaver (2003). "The Attachment Behavioral System in Adulthood: Activation, Psychodynamics, and Interpersonal Processes." In *Advances in Experimental Social Psychology*, ed. Marc. P. Zanna. New York, NY: Academic Press, 53–152.

Oliver, Richard L. (1997). *Satisfaction: A Behavioral Perspective on the Consumer.* New York, NY: Irwin/McGraw-Hill.

Pierce, Tamara, and John E. Lydon (2001). "Global and Specific Relational Models in the Experience of Social Interactions," *Journal of Personality and Social Psychology*, 80 (4), 613–631.

Ping, Robert A. (1993). "The Effects of Satisfaction and Structural Constraints on Retailer Exiting, Voice, Loyalty, Opportunism and Neglect," *Journal of Retailing*, 69 (3), 320–352.

Price, Linda L., and Eric J. Arnould (1999). "Commercial Friendships: Service Provider–Client Relationships in Context," *Journal of Marketing*, 63 (April), 38–56.

Reinartz, Werner J., and V. Kumar (2000). "On the Profitability of Long-Life Customers in a Noncontractual Setting: An Empirical Investigation and Implications for Marketing," *Journal of Marketing*, 64 (April), 17–35.

——(2003). "The Impact of Customer Relationship Characteristics on Profitable Lifetime Duration," *Journal of Marketing*, 67 (January), 77–99.

Richins, Marsha L. (1997). "Measuring Emotions in the Consumption Experience," *The Journal of Consumer Research*, 24 (2), 127–146.

Rusbult, Caryl E., and Paul A.M. van Lange (2003). "Interdependence, Interaction and Relationships," *Annual Review of Psychology*, 54, 351–375.

Rusbult, Caryl E., Julie Verette, Gregory Whitney, Linda Slovik, and Issac Lipkus (1991). "Accommodation Processes in Close Relationships: Theory and Preliminary Research Evidence," *Journal of Personality and Social Psychology*, 60 (1), 53–78.

Rusbult, Caryl E., and Isabella M. Zembrodt (1983). "Responses to Dissatisfaction in Romantic Involvements: A Multidimensional Scaling Analysis," *Journal of Experimental Social Psychology*, 19, 274–293.

Rusbult, Caryl E., Isabella M. Zembrodt, and Lawanna K. Gunn (1982). "Exit, Voice, Loyalty, and Neglect: Responses to Dissatisfaction in Romantic Involvements," *Journal of Personality and Social Psychology*, 43, 1230–1242.

Russell, Dan (1982). "The Causal Dimension Scale: A Measure of How Individuals Perceive Causes," *Journal of Personality and Social Psychology*, 42 (6), 1137–1145.

Scharfe, Elaine, and Kim Bartholomew (1995). "Accomodation and Attachment Representations in Young Couples," *Journal of Social and Personal Relationships*, 12, 389–401.

Shaver, Philipp R., Jay Belsky, and Kelly A. Brennan (2000). "The Adult Attachment Interview and Self–Reports of Romantic Attachment: Associations Across Domains and Methods," *Personal Relationships*, 7 (1), 25–43.

Shaver, Philip R., Nancy Collins, and Catherine Clark. (1996). "Attachment Styles and Internal Working Models of Self and Relationship Partners." In *Knowledge Structures in Close Relationships: A Social Psychological Approach*, ed. Garth J.O. Fletcher and Julie Fitness. Mahwah, NJ: Lawrence Erlbaum, 25–61.

Shaver, Philip R., and Mario Mikulincer (2002a). "Attachment–Related Psychodynamics," *Attachment and Human Development*, 4, 133–161.

——(2002b). "Dialogue on Adult Attachment: Diversity and Integration," *Attachment and Human Development*, 4, 243–257.

——(2003). "The Psychodynamics of Social Judgments: An Attachment Theory Perspective." In *Social Judgments: Implicit and Explicit Processes*, ed. Joseph P. Forgas, Kipling D. Williams, and William von Hippel. Philadelphia, PA: Psychology Press, 85–114.

——(2005). "Attachment Theory and Research: Core Concepts, Basic Principles, Conceptual Bridges." In *Social Psychology: Handbook of Basic Pronciples*, 2nd ed., ed. Arie Kruglanski and Tony E. Higgins. New York, NY: Guilford, 39–68.

Simpson, Jeffrey, William Rholes, and Julia Nelligan (1992). "Support Seeking and Support Giving within Couples in an Anxiety–Provoking Situation: The Role of Attachment Styles," *Journal of Personality and Social Psychology*, 62 (3), 434–446.

Simpson, Jeffrey, William Rholes, and Dede Phillips (1996). "Conflict in Close Relationships: An Attachment Perspective," *Journal of Personality and Social Psychology*, 71, 899–914.

Smith, Amy K., and Ruth N. Bolton (1998). "An Experimental Investigation of Customer Reactions to Service Failure and Recovery Encounters: Paradox or Peril," *Journal of Service Research*, 1 (1), 5–17.

Thomson, Matthew T. (2006). "Human Brands: Investigating Antecedents to Consumers' Strong Attachments to Celebrities," *Journal of Marketing*, 70 (July), 104–119.

Thomson, Matthew T., and Allison R. Johnson (2002). "Investigating the Role of Attachment Dimensions as Predictors of Satisfaction in Consumer–Brand Relationships." In *Advances in Consumer Research*, vol. 29,

375

ed. Susan M. Broniarczyk and Kent Nakamoto. Valdosta, GA: Association for Consumer Research, 42.

——(2006). "Marketplace and Personal Space: Investigating the Differential Effects of Attachment Style across Relationship Contexts," *Psychology and Marketing*, 23 (8), 711-726.

Tsiros, Michael, Vikas Mittal, and William T. Ross (2004). "The Role of Attributions in Customer Satisfaction: A Reexamination," *Journal of Consumer Research*, 31 (September), 476-483.

Waters, Harriet S., Lisa M. Rodrigues, and Doreen Ridgeway (1998). "Cognitive Underpinnings of Narrative Attachment Assessment," *Journal of Experimental Child Psychology*, 71, 211-234.

Weiner, Bemrnard (2000). "Attributional Thoughts about Consumer Behavior," *Journal of Consumer Research*, 27 (December), 382-387.

Ybarra, Oscar, and Walter G. Stephan (1999). "Attributional Orientation and the Prediction of Behavior: The Attribution-Prediction Bias," *Journal of Personality and Social Psychology*, 76 (5), 718-727.

PART **5** | 第 5 部分

结论与未来研究方向

第20章
关于强品牌关系的未来研究方向

C. 惠恩·帕克，德博拉·J. 麦金尼斯和约瑟夫·R. 普里斯特
（**C.Whan Park，Deborah J. MacInnis and Joseph R. Priester**）

  总体来说，本章为未来的研究指出了很多方向。我们在本章指出了与强品牌关系相关的研究课题，而不是仅仅对之前已经描述过的研究进行说明总结。我们没有把此研究领域的重点放在其他关系的本质或是类型上，而是放在强品牌关系上，这是因为强品牌关系为企业提供了最大的潜在经济利益，强品牌关系对消费者、意义创造者和企业都很重要。由于我们相信依恋是强品牌关系的关键驱动者，所以我们把焦点放在与依恋这一概念相关的研究课题上。我们认为今后的实证研究需要：①理解品牌依恋概念的特性以及其他与品牌关系相关的概念；②理解品牌依恋在什么时候最容易产生；③它是如何影响消费者对品牌信息的加工、品牌行为以及品牌市场绩效的；④为什么它无论从消费者还是企业的角度都是受欢迎的；⑤是什么促进了它的演变、习惯性进程和终结。

  Fournier（第1章）准确地指出品牌关系是多元现象，包括许多维度，有着多种形式。比如 Fournier（1998，第1章）定义了15种消费者—品牌关系的类型。这些关系的维度包括爱（第18章）、承诺、亲密以及激情、依恋的感觉等，它们处于"所有强品牌关系的核心"（Fournier，1998，p. 363）。因此，我们可以确定像承诺的伙伴、最好的朋友、秘密的情人这样的消费者—品牌（以及消费者—消费者）强关系，可以归类为强的依恋；像奴役、包办婚姻和利益婚姻则被归为弱的依恋。因此依恋这个构念是有别于 Fournier 所识别的品牌关系中爱的程度和描述这些关系规范的更高等级的有用构念（第2章）。重要的是，很少文章研究了依恋和强品牌关系的联系。然而，Park 等（第17章）给出的依恋测量对这个基本研究未来的发展提供了可能。

  值得注意的是，尽管越来越多的研究关注了依恋这个构念，但是很难理解它的典型特征。如 Park 等（第17章）所指出，依恋定义为品牌与自我间的联结强度，且有两个重要指标，即①品牌—自我联结和②与品牌相关想法和感受的显著性。因此，品牌依恋通过先前章节（如第5、6、7和11章）定义的品牌—自我

联结得到反映。尽管 Priester 和他的同事为依恋与品牌—自我联结相关提供了初步证据，但还是需要围绕这两个构念做一些额外研究工作。

消费者参与到品牌—自我联结的动机正如第 5、6、7 和 11 章所提到的一样是多元化的，然而这些动机可以根据更高形式的动机来进行说明，如 Aron 等的自我扩张理论（Aron et al.，2005；及第 6 章）。他们认为个体有自我扩张的内部动机，即把他人纳入"自我"概念的欲望。一个物体被纳入自身越多，个体与物体间的联系就越深入。随着时间推移，会发生认知重组以至于自我扩张而囊括对方伙伴（Aron and Aron，1986）。个体会产生一种与伙伴融为一体的感觉（Waugh and Fredrickson，2006；Aron and Aron，1996；Aron and Smollan，1992；Aron，Tudor and Nelson，1991）并且会把对方的资源看成自己所有（Mittal，2006）。因此，未来研究的一个重要课题是依恋与消费者感知的联系程度，此处的消费者感知是指消费者利用品牌实现自我扩张的目的和把品牌资源看作自身的一部分。

由自我扩张驱动的依恋能带来许多引起品牌—自我联结和关系持续的潜在结果。第一，一体化的感觉是正面的，提供了感情管理上的回报。第二，通过把其他纳入自身，个体获得了资源和视角，以及通过把对方的资源看作自己的，使自我获得了身份。这些资源刺激了关系持续，因为它们增加了个人所持有的用以实现未来目标的资源存量。第三，通过把对方看作"自己的一部分"，个体会优先考虑对方（Aron et al.，1991，2005），提供自己的资源来培育关系。第四，存在依恋的个体对对方的信息进行偏见性加工处理（Aron et al.，1991），即看到好的方面而忽略坏的方面。第五，由于把对方看作自我的一部分，个体在碰到关系灾难时会更倾向进行情境（相对意向）归因（Aron et al.，1991），这有助于缓和关系上出现的问题（Waugh and Frederickson，2006）。未来的研究应该审查品牌依恋和正面情感、一体感，对品牌的优待，以及利用倾向性还是环境检索来推断品牌等之间的关系。鉴于 Paulssen 和 Bagozzi（第 19 章）认为依恋类型影响品牌宽恕，未来的研究应该探究依恋强度是否对品牌宽恕也有影响。

381   品牌依恋和品牌态度强度

有几个章节的内容指出对品牌有强烈和正面的品牌态度重要性（如第 15 章和第 16 章），因为强品牌态度是可持续的，能够被储存也易于获得（相对于建构而言），并且能抵抗说服意图和品牌灾难引起的变化。因此，强品牌态度可以产生对营销人员的品牌发展活动至关重要的结果。未来研究应该注重理解强的正面品牌态度与强品牌关系（依恋）间的联系。

强品牌态度和品牌依恋有同样的属性，因此有理由期望它们能产生同样的结果。首先，正如品牌依恋那样，强的正面品牌态度是涉及品牌的一个心理学构念。它也与好的感觉和正面的品牌评价有关联。它就像拥有显著性的元素，随时准备好在信息加工过程中被检索到。其次，他们都对营销中的消费行为有管理启示——例如，品牌购买、重复购买和推荐品牌的意愿等。

然而，强品牌态度和强品牌依恋也是不同的两个构念。第一，依恋是基于品牌—自我联结的（Bowlby，1973，1982；Collins，1996；Mikulincer et al.，2001），这种联结对强的正面品牌态度不是必需的。反之，强品牌态度是基于对品牌优缺点仔细分析的全面加工过程。强的正面品牌态度的形成依赖于高水平的动机、能力和对品牌及正面品牌信息加工处理的机会。对信息的全面处理会引起支持品牌可行性的正面认知性回应。因此，存在依恋的品牌反映的态度形成过程应该与Reed、Cohen 和 Bhattacharjee（第 7 章）描述的基于身份的过程相似，而不同于强品牌态度所描述的属性分析的过程。

第二，这两个构念在它们所暗示的情感本质上是有所区别的。依恋暗含了火热的情感（Mikulincer et al.，2001），可能类似于 Ahuvia、Batra 和 Bagozzi（第 18 章）描述的爱的感觉，而强品牌态度反映的是评价和"冰冷的情感"（Cohen and Areni，1991）。

第三，强依恋具有安全感和情感满足的特征（见第 6、14 章），它反过来是通过亲密和信任的感觉所产生的（Fournier，1998）。这些感受对强品牌态度来说不是必需的。强依恋的形成包括了随着时间累积的个人品牌体验，记忆中所存储的自我—品牌联结，以及显著呈现的个人想法和感受。而且，个人的自我—品牌联结对强的正面品牌态度也不是必需的（Fazio，1995；Petty，Haugtvedt and Smith，1995）。

除了把依恋和强品牌态度区分开，未来研究还需关注依恋和强品牌态度是否以及在何时能产出不同的心理和行为结果。例如，强的品牌态度或是强的依恋会 382 更有助于习惯性关系的发展吗（第 3 章）？或是习惯性关系是独立于依恋和强态度的吗？有依恋的品牌关系在测量消费者利用资源方面的行为时是否能利用消费者使用的资源（例如投入在品牌社区的时间资源，愿意传播正面口碑的名誉资源，愿意支付价格溢价的金钱资源）？是否会比强品牌态度的预测效果更好？由于消费者将自身资源看作品牌的一部分，消费者是否会因此而分配更多上述资源来支持该品牌呢？

品牌依恋和品牌承诺

未来的研究也需要关注依恋和品牌承诺之间的界限。我们用与依恋文献中相一致的方式来定义承诺（Levinger，1980）——在未来维持与品牌长期关系的决定或许诺。承诺是关于未来行为的心理保证。依恋是消费者与品牌关系的一个特性。该定义也与营销情境中的定义吻合，品牌依恋主要概念化为在未来对品牌保持忠诚（因此维持关系）的意图（Ahluwalia，Unnava and Burnkrant，2000）。这个定义与 Fournier（1998）提出的定义相一致，他将承诺定义为"以支持关系长存的方式来行为的意图"（p.365）。

源自品牌依恋的强承诺由一系列能促进关系维持且与承诺相关的行为表现出来（Miller，1997；见图 20.1）。这些行为包括品牌忠诚（Ahluwalia，Unnava and Burnkrant，2000），对事故的原谅和品牌拥护行为，如正面口碑和对竞争品牌的抗拒（Miller，1997；Pimentel and Reynolds，2004；Finkel et al.，2002）。

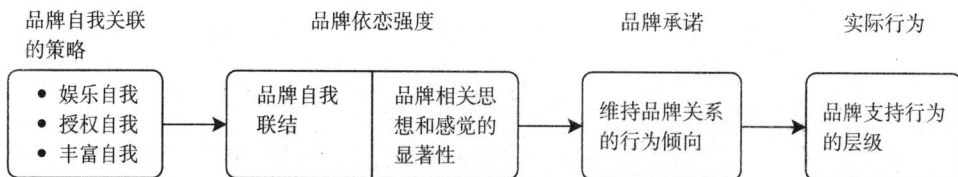

图 20.1　品牌依恋强度的前因变量与结果变量

尽管这两个概念看起来相似，未来的研究需要证明承诺与依恋是同义或者承诺是依恋的一个结果（见图 20.1）。我们假设是后者。品牌依恋反映了消费者思想的心理状态（自我—品牌强联结，对品牌的想法和感受的自动检索），而承诺反映了参与维持品牌关系的行为意图。更重要的是，我们认为对营销人员而言，依恋是比承诺更有价值的目标。承诺可能涉及由于各种原因处于一段关系中而与依恋无关的许诺——因此，有的承诺形式是基于依恋的，而有的不是（其他的称为基于情感的承诺 vs 规范性和结构性承诺；Johnson，1991）。个体在如下情况下会对一个品牌做出承诺，包括缺乏竞争性替代品牌，或是出于道德的考虑，或者由于与公司或其销售人员的合同约束等。由其他因素而不是依恋所形成的承诺并不会产生强烈的行为，例如支付价格溢价的意愿。不是基于依恋的承诺不会产生强的自我—品牌联结和对品牌显著的想法和感受。依恋是承诺的自然前因变量（Rusbult et al.，1991）。强依恋应该能预测到关系维系的保证以及随之而来的创造令人满意长期关系的感情能量。

品牌依恋和品牌涉入

研究也需要区分品牌依恋和"涉入"。我们期望这两个构念是相关的——对一个对象有依恋的消费者也会跟它有密切联系。因此消费者对有情感依恋的品牌涉入度应当高。然而，情感依恋对品牌涉入来说既不是必要也不是充分条件。无论消费者对品牌是否有依恋，消费者都可以与品牌产生联系。并且，对品牌的情感依恋明显属于感情（例如爱）的范围（第 18 章），而涉入度的概念则属于认知的范围。当涉入度和依恋都做好准备去回应时（Park and Mittal，1985），涉入的准备与个人结果和避免风险的欲望相关，并且会对信息进行广泛、客观的加工处理从而降低风险。相反，依恋与品牌和自我间的联系相关，并且会对信息进行积极地加工处理以维持情感联系。

品牌依恋和品牌挚爱

品牌依恋与爱的构念有一定相似性（第18章）。毫无疑问，爱的大部分典型特征（如信任、关心、忠诚和友爱；见Fehr，1993）对强依恋来说也是典型的。然而，爱是有依恋关系特征的情感而不是依恋关系本身。因此，当某人对依恋的对象感觉到爱时，依恋不仅是这种感觉。另外，依恋有正的和负的效价，品牌挚爱只有正的效价。从概念上来说，依恋由一种或者正面的或者负面的（如过分地反品牌关系）关系来理解。它是比品牌挚爱（brand love）更高等级的构念。品牌挚爱仅仅类似于正效价的品牌依恋。爱有许多种类型，不同类型的爱在很多关键维度上是有差异的（Sternberg，1987；Fehr and Russell，1991）。例子包括友情的爱、家庭的爱、母性的爱、恋人的爱、迷恋和性爱等。不论是哪种类型的爱，我们把依恋看作自我与依恋对象的强联系反应。然而，不是所有类型的爱都有与品牌依恋相同的关键特征（即品牌—自我联结和显著性）。

384

品牌依恋和品牌相关行为

一系列研究支持了依恋和社会行为之间的关系（Mikulincer and Shaver，2005的讨论部分）。先前对于母子间依恋的研究定义了依恋的四种不同的行为指标（Bowlby，1979；Hazan and Zeifman，1999）：①寻求亲近（幼儿与母亲亲近的欲望）；②基于安全感的行为（当母亲在亲近距离内，探索不熟悉环境的意愿）；③拥有安全（当环境有威胁时寻求安全，来自母亲的保护和安慰）；④分离的失落（当实际与母亲分离或者被威胁要与母亲分离时，会感受到情感和身体上的失落）。

基于这些观点，依恋文献发展了依恋与行为间更通用的模型。具体而言，个体会为了预防与依恋对象分离的危险而采取"过度积极的依恋策略"（Mikulincer and Shaver，2005；Berman and Sperling，1994）。这种策略包括增强对威胁相关线索的警惕，以及对依恋人物不可获得性线索的阈值降低的警觉（Bowlby，1973）。在营销情境下这种过度积极的策略表现为，为了防止买不到产品而进行的囤积行为，以及对产品退出市场的过度警觉（如被新的品牌所替代）等。1985年新可乐的惨败就解释了品牌依恋和分离失落间的关系。值得注意的是，我们还需要更多的研究来确定消费者对品牌的依恋是否也揭露了这样过度积极的策略。

关于人类依恋的文献表明过度积极的策略可以引起自我防御动机[①]，这可以由认知终止和认知僵化，拒绝提高模糊性和挑战现有信念有效性的信息，对其他群体成员的诋毁，以及对与自己不同的人的偏见等方面表现出来。在人际交往中，对他人强依恋的个体对他人能保持忠诚（Drigotas and Rusbult，1992），并且抵制竞争对手（Johnson and Rusbult，1989）。在营销情境中，类似的行为包括对损害品牌的竞争信息的辩驳，它包括对使用竞争品牌的人的损害和对其代表意义的拒绝（如 Thompson，Rindfleisch and Arsel，2006）。对对方有强依恋的个体也会原谅对方的事故（McCullough et al.，1998）。研究需要探究品牌依恋的强度和关系维持行为之间的关系。

385 考虑到消费者对品牌的多种行为，我们必须用等级制度（hierarchy）的形式来理解它们。假定消费者对品牌有多种行为，与品牌依恋强度和不同行为之间的关系相关问题就包括了等级形式。我们注意到，个人愿意牺牲去维持品牌关系的意愿是对品牌依恋强度很好的实证鉴别器。为品牌牺牲个人资源的意愿可能是等级内依恋强度与行为连接的基础。

我们给出了个人资源牺牲的两个维度。第一个维度是消费者为品牌牺牲自我形象资源的意愿。自我形象（或自我意识）资源指的是自己真实的心理资源。它们包括自尊和自负。通过公开展示、防卫、拥护或是宣传他们对品牌的支持，消费者愿意面对社会的嘲弄、怀疑和社交上被拒绝的风险。第二个维度是消费者牺牲稀缺自由决定资源的意愿。为了支持一个品牌，消费者通常会牺牲个人自决资源，比如金钱、时间和精力。自我形象资源维度涉及其他人对此人自我形象的评价，而个人资源维度指的是个人为品牌消耗自由的自决资源的意愿。

未来的研究可以探究依恋是否与个体愿意为品牌消耗自我形象和/或个人自决资源相关。尤其当依恋程度高时，消费者会感知到品牌是他们的延伸。他们可能对品牌攻击和批评的言论有防御性并把这种批评当作对个人的威胁。因此他们可能愿意代表品牌做出某些行为，尽管这些行为可能承担与自我形象相关的风险。这些消费者对品牌的反应也更少以成本—效益为导向。因此，个体会更自动地牺牲个人的时间、金钱和/或精力等。

表 20.1 描述了品牌依恋强度、个人牺牲的两个维度以及行为特征和行为可能类型的潜在关系，今后的研究可以往此方向开展。它呈现了品牌依恋强度的三个水平（低、中、高）。低水平时，考虑到品牌—自我的弱联结，不太可能引起品牌—自我联结的自动检索。如果涉及品牌购买，那么可能与依恋没有联系。不

---

① 自我防御动机（Self-defensive Motivation）是指自我面对有可能的威胁和伤害时所产生一系列反应的动因。如当自我受到外界的人或者是环境因素的威胁而引起强烈的焦虑和罪恶感时，焦虑将无意识地激活一系列的防御机制，以某种方式来保护自我，缓和或消除不安和痛苦。

如说，这样的行为可以通过基于评价的机制（例如态度）来进行充分说明。此外，由于处于低水平品牌依恋的消费者会降低导致自我形象或个人自由决定的资源损失的意愿，他们不会参与先前描述的强品牌支持行为（见表 20.1）。

表 20.1　品牌依恋和行为

依恋	资源牺牲的类型		品牌支持行为
	自我形象资源	个体可支配资源	
低	低	低	无
中等	低	中等	重复购买行为伴随着价格溢价、推迟购买或延长品牌搜索
	中等	低	重复购买行为伴随着对某一品牌的公开炫耀、公开维护或向他人推荐
	中等	中等	重复购买意愿伴随着品牌社区的参与
高	低/中等	高	重复购买行为越强，伴随着支付价格溢价、推迟购买或延长品牌搜索的意愿越强
	高	低/中等	重复购买行为越强，伴随着向他人炫耀、维护、推荐一个品牌的意愿越强
	高	高	重复购买行为越强，伴随着参与品牌社区的意愿越强

在依恋的中等水平，品牌态度可能很强。这样中等的依恋水平可能引起品牌支持行为。然而，这种来自依恋的行为可能反映了牺牲个人形象和/或个人自决资源中等程度的意愿。因此，中等依恋程度的消费者可能显现出与牺牲相关的行为特征，如表 20.1 所示。另外，依恋处于中等水平的消费者由于他们维持与品牌关系的动机，可能表现出品牌忠诚（重复购买行为）和其他额外的品牌支持行为。

三种类型行为的第一种可能在消费者牺牲自我形象资源的意愿低而牺牲个人可支配资源的意愿中等时出现。这种类型的可能行为是支付价格溢价（金钱资源），当喜爱的品牌不可得时推迟购买（时间资源），当喜爱的品牌难以查找时延长品牌搜寻（精力资源）。第二种可能在消费者牺牲个人形象资源的意愿中等而牺牲个人可支配资源的意愿低时出现。这种类型的可能行为包括对品牌拥有权的公开展示，公开保护品牌不受批评，以及向他人推荐品牌。第三种可能在消费者牺牲自我形象资源和个人可支配资源意愿都为中等时出现。这种类型的可能行为是消费者对于品牌社区的参与。这样的行为涉及品牌宣传和贡献时间、精力甚至金钱来参与社区活动（Muñiz and O'Guinn，2000）。

最高水平的品牌依恋可能包括牺牲资源的更强意愿。相对中等水平的依恋，在这个水平上，消费者也显示出更强的品牌忠诚和更强烈的品牌支持行为（见表 20.1）。比如，消费者可能在重复购买行为上表现出更强的一致性。再者，品牌社区参与可能会更强烈。其中隐含的假设是两种资源的牺牲所带来品牌依恋程度会比一种资源带来的品牌依恋程度更强。

总体来说，品牌的最终目的是能使消费者愿意牺牲两种资源的最高水平品牌依恋。相较其他水平，当品牌获得了高水平的品牌依恋，它不仅能达到思想上的共享（基于认知的），还可以达到心灵上的共享（基于感情的）。值得注意的是，尽管这些观点很令人兴奋，但是它们还没有得到实证检验。

创造强品牌依恋的营销活动的局限

尽管强品牌依恋是营销人员的一个重要研究领域，今后的研究也需理解在创造这种依恋时营销活动的一些限制。如 O'Guinn 和 Muñiz（第 10 章）指出的，营销人员仅是培育品牌—自我联结的意义制造者来源之一。Sen、Du 和 Bhattacharya（第 10 章）也指出企业社会责任活动在培育这种联系上的局限性，Monga 和 John（第 13 章）认为营销人员缺乏对不同文化背景下与品牌延伸产生依恋的消费者意义的全面掌控。未来研究可以探讨参照群体、文化和亚文化——更不用说 O'Guinn 和 Muñiz 描述的其他观众——在创造强依恋中扮演的角色。

387　　**是什么创造了品牌依恋？**

以前关于品牌依恋的研究表明对特定他人产生强依恋的欲望是基本的人类需求（Bowlby，1973；Ainsworth et al.，1978；Reis and Patrick，1996），始于孩童对其母亲的依恋（Bowlby，1982），持续到成人阶段的爱情关系（Hazan and Shaver，1994），亲人关系和友谊（Trinke and Bartholomew，1997；Weiss，1988）。在人的幼儿时期，当主要的照顾者对幼儿的需求做出持续并一致的回应时，依恋就形成了。从幼儿开始，这样的需求包括了安慰和支持，它源于食物、睡眠、感官（口头的、味觉的、触觉的和视觉的）上的满足，以及缺乏感觉和生理上的不适。它们也包括知道某人是群体的一部分和不是群体的一部分所带来的安全感，以及可以依赖他来照顾自己的安全感。当幼儿长大时，依恋让幼儿能把自己和主要照顾者区分开来，做出探索和想要独立体验的行为。

388　同样地，当品牌满足了自我的关键方面时也可能形成品牌依恋：娱乐（喜悦或满意）自我（见第 5、14 章）；丰富自我（第 4、6 和 7 章）；自我激活（第 5 章）。因此，当品牌通过提供感官、享乐或审美上的快乐来娱乐自我时消费者把品牌和自我联结起来。当品牌通过呈现、定义或是表达了实际或想要实现的自我，或是为个体提供了所缺乏的资源时，消费者产生了依恋。当品牌通过解决问题或使消费者有某种体验能帮助到他们实现与自我相关的目标时，消费者产生了依恋。研究也可以验证能培育多个维度上联系的品牌相较于强调单一维度联系的品牌是不是能产生更强的依恋。

为什么依恋对品牌资产管理很重要？

今后的研究应该探究强依恋与企业财务结果（如品牌资产）之间的关系。根据不同的品牌度量（Interbrand 模型；Ailawadi, Lehmann and Neslin, 2003），品牌对于公司的价值受到品牌单位价格、单位营销成本（MC_t: Marketing Costs）和售出单位数量（Q）的影响。这三个因素直接相关，并反映了消费者对品牌的依恋和承诺的本质与强度。

强依恋下的品牌关系很可能正向影响这些因素。消费者对品牌的依恋越强，那么品牌可承受的单价就越高——即依恋可以与消费者支付价格溢价的意愿相关（Thomson et al., 2005；Van Lange et al., 1997）。强依恋也可以使竞争对手的价值降低（Johnson and Rusbult, 1989），可以引起原谅品牌灾祸的意愿（McCul-lough et al., 1998），以及引起抵制对关系灾祸做出毁灭性反应的冲动意愿。这些意图和行为可以影响 Q 因素的稳定性，并降低消费者保留的成本。最后，对品牌或个体的强依恋可以影响对对方的信任、传播正面口碑的意愿和对对方互惠行为的相对不敏感（如品牌加强或感谢消费者忠诚做出的积极营销努力）（Thomson et al., 2005；Wieselquist et al., 1999）。这些结果会影响 Q 因素，并使得单位营销成本有更强的成本效率。

另外，强品牌依恋的正面影响不局限于主要产品的市场份额上。它也影响到需求份额（所有替代产品市场中占得的份额）、消费份额（消费者为了生活每年的花费），甚至是股票投资份额（拥有某品牌的公司的股票投资的份额）。这些都是需要被探讨的一些实证问题。然而，有很多理由能让我们相信强品牌依恋的正面影响不局限在市场份额上。

品牌依恋何时以及会怎样减弱或是终止？

撰写本部分的一些作者（Fournier, Reimann and Aron, Ahuvia et al., Tam et al., O'Guinn and Muñiz, Aggarwal）指出了品牌关系中一个未经研究的问题，即，正如我们需要对关系是如何形成的进行更多研究一样，我们也需要对它们是如何演化、减弱和终止的进行研究。依恋的形成过程有趣且重要，它减弱和终止的过程同样如此。理解这点可以为如何防止关系减弱提供帮助。确实，Aggarwal（第 2 章）指出了营销人员如何在比典型基于交易的关系更深的关系中防止关系终止的一些相关课题。再者，由于依恋涉及经济、时间和精神上的成本（Kleine and Baker, 2004）以及可用于其他地方的资源的承诺，理解依恋是如何被减弱的可以帮助解决怎样去避免不健康的依恋关系等问题。因此，相关研究提出了一些问题，比如"强依恋和弱依恋的演化是怎样的？""减弱和终止过程是一样的吗？""依恋在某些情况下可以从爱转化为恨吗？""这些情况是什么以及怎样可以避免？"

和"意义创造者在加速或妨碍依恋的减弱和终止过程中扮演怎样的角色?"

　　Drigotas 和 Rusbult（1992）的依赖模型为依恋终止提供了一种可能视角。使用相互依赖理论的概念（Kelley and Thibaut，1978），作者发现处于或是自愿结束一段关系的决定与关系的依赖程度有很大关系。作者认为，个体有时愿意继续处于一段不满意的关系中因为它能满足其他关系不能满足的某些需求（Berman and Sperling，1994）。如此，不论关系令不令人满意，个体对关系对象都产生了依赖。Levinger（1979）的内聚力模型也认为去留决定受到关系吸引力和其他选择吸引力的影响，即吸引靠近关系或是远离关系的因素。当品牌失去令人满意、令人实现自我和丰富自我的能力时，依恋就减弱并终结了，特别是当有其他更好选择可得时。个体可能会留在不令人满意的关系中这一事实强调了区分依恋和重复购买的重要性。个体可能仍然会购买那些不能让他高度满足、丰富和激活结果的品牌，仅仅是因为更加令人满意的其他选择受到了限制。然而，当可以获得更好的选择时，个体会终止与该品牌的关系。

　　这些模型表明更令人满意关系的出现预示着一段关系的终结，依恋关系的终结可能通过对改变依恋对象评价的过程来实现。根据 Mikulincer 和 Shaver（2005），当寻求亲近没能减轻低落感时，就会采取降低依恋的策略。个体会与依恋对象拉开距离并试图独自解决低落感。Mikulincer 和 Shaver 认为降低依恋的策略包括：①解除与威胁和依恋相关的线索；②压抑与威胁和依恋相关的想法及情感；③抑制与威胁和依恋相关的记忆。通过采取依靠自我的态度来降低对他人的依恋并对个人的错误和弱点不予承认，可能会更加强了这种趋势。当意识到维持强依恋的负面效应时个体会采取这种类型的应对策略。在营销情境中，当品牌—自我联结不再受消费者欢迎，这种减弱可能会出现，这是由于品牌在维系这种联结上的失败（例如，不能提供愉悦的、丰富的或激活的结果）。

　　当个体感觉与依恋对象过于亲密时依恋也会减弱。近期研究表明当其他人限制了个人控制环境或是个人身份的能力时，自我（及其发展）会受到负面影响（Mashek and Sherman，2004；Aron et al.，2005）。由于不能区分自我和关系对象，个体会开始降低依恋的强度。这个观点类似于 Deci 和 Ryan（1991）的自我决定理论，它认为人类有三个主要的先天心理需求，其中一个就是人际上的关联。关联性包括亲密和其他社交活动，但是它要求人际间的交流是真心的（Reis and Patrick，1996）。根据 Deci 和 Ryan（1991）的观点，真心的联系仅针对那些出于自主意识建立社交关系的人们。对于关联性的基本需求不能通过那些控制的、受阻的、以权力为导向的、浅显的，或是曾限制了对方去公开诚实表达自己能力和意愿方式的关系得到充分满足。

　　在营销情境下，当品牌的思想或是价值观对某人扩张自我的欲望加以过度的束缚，可能因此对自我发展进行限制而不是促进，个体可能会终止与依恋对象的关系。

这些事项对于营销者用来维持高水平资源重要性关系的活动提供了很多有趣的启示。品牌依恋可以通过对品牌提供的享乐性、象征性和功能性资源加以战略思考而获得，而依恋最初是如何产生的可能会影响它的持续性。具体来说，当依恋是通过创造强烈、高激励的情感（例如，激情）这类策略行为产生的，那么依恋可能很难持续。对于品牌来说，通过中等激励情感（例如，温暖和满足的感受）来发展消费者与品牌的依恋；由可靠和基于一致表现的信任所允许的任务完成带来的能力胜任和有希望的感觉；和来自丰富自我的灵感、归属和怀旧的感情；依赖这些策略的品牌需要谨慎小心。尽管通过这些替代的情感途径得到的依恋过程会比能发出强感情的吸引注意力的策略花费更多时间，它们可能会持续更长时间。

另一种维持强依恋的方法可能是长时间通过创造性混合使用三种资源类型来强化品牌—自我联结和联系。这样的策略能扩张对于品牌和自我的记忆关联，使记忆能慢慢积累并且强化品牌记忆网络。这种更强的关联能加强品牌在记忆中的可获得性，利于与品牌相关想法和感受的自动激发。

最后，无论具体的资源类型定位如何，维持依恋可能需要品牌持续提高有形的具体产品利益。无论资源类型定位和策略多么好，除非有形的具体产品利益随着时间不断提高，不然品牌依恋是难以维持的。

总结

本章阐述的观点表明对品牌关系的研究还有很大潜力。未来研究需要探讨意义创造者在消费者赋予品牌意义的影响，连接品牌与自我的过程和动机，这些联结在不同情境和不同时间的稳定性，这些联结对消费者与品牌的关系本质和类型的影响等方面。未来研究还需要讨论不同维度、不同类型和不同演化阶段关系的心理和行为结果。总体来说，本书仅仅是从品牌关系研究中获得的关于潜在消费者和营销见解的浅薄之见。

参考文献

Ahluwalia, R., Unnava, R. & Burnkrant, R. (2000). "Consumer Response to Negative Publicity: The Moderating Role of Commitment," *Journal of Marketing Research*, 37 (2), 203–215.

Ailawadi, Kusum L., Donald R. Lehmann, and Scott A. Neslin (2003). "Revenue Premium as an Outcome Measure of Brand Equity," *Journal of Marketing*, 67 (October), 1–17.

Ainsworth, M. D. S., Blehar, M. C., Waters, E., and Wall, S. (1978). *Patterns of Attachment: A Psychological Study of the Strange Situation*. Hillsdale, NJ: Lawrence Erlbaum.

Aron, Arthur, and Elaine N. Aron (1986). *Love and the Expansion of the Self: Understanding Attraction and Satisfaction*. New York, NY: Hemisphere Publishing.

Aron, Arthur, Debra Mashek, Tracy McLaughlin-Volpe, Stephen Wright, Gary Lewandowski, and Elaine N. Aron (2005). "Including Close Others in the Cognitive Structure of the Self." In *Interpersonal Cognition*, ed.

Mark W. Baldwin. New York, NY: Guilford Press, 206–232.

Aron, Arthur, and Danny Smollan (1992). "Inclusion of Other in the Self Scale and the Structure of Interpersonal Closeness," *Journal of Personality and Social Psychology*, 63 (4), 596–612.

Aron, Arthur, Michael Tudor, and Greg Nelson (1991). "Close Relationships as Including Other in the Self," *Journal of Personality and Social Psychology*, 60 (2), 241–253.

Aron, Elaine N., and Arthur Aron (1996). "Love and Expansion of the Self: The State of the Model," *Personal Relationships*, 3 (1), 45–58.

Belk, R. W. (1988). "Possessions and the Extended Self." *Journal of Consumer Research*, 15, 139–168.

Berman, William H., and Michael B. Sperling (1994). "The Structure and Function of Adult Attachment." In *Attachment in Adults: Clinical and Developmental Perspectives*, ed. Michael B. Sperling and William H. Berman. New York, NY: Guilford Press, 3–28.

Bowlby, John (1973). *Separation: Anxiety and Anger.* New York, NY: Basic Books.

——(1979). *The Making and Breaking of Affectional Bonds.* London, UK: Tavistock.

——(1982). *Attachment.* New York, NY: Basic Books.

Cohen, J., and C. Areni (1991). "Affect and Consumer Behavior." In *Handbook of Consumer Behavior*, ed. T.S. Robertson and H.H. Kassarjian. Englewood Cliffs, NJ: Prentice–Hall, 188–240.

Collins, Nancy L. (1996). "Working Models of Attachment: Implications for Explanations, Emotion, and Behavior," *Journal of Personality and Social Psychology*, 71, 810–832.

Deci, Edward L., and Richard M. Ryan (1991). "A Motivational Approach to Self: Integration in Personality." In Richard Dienstbier (ed.), *Nebraska Symposium on Motivation: Perspectives on Motivation. Current Theories and Research in Motivation*, Lincoln, NE: University of Nebraska Press.

Drigotas, Stephen M., and Caryl Rusbult (1992). "Should I Stay or Should I Go: A Dependence Model of Break–ups," *Journal of Personality and Social Psychology*, 62 (1), 62–87.

Fazio, Russell H. (1995). "Attitudes as Object–Evaluation Associations: Determinants, Consequences, and Correlates of Attitude Accessibility." In *Attitude Strength: Antecedents and Consequences*, ed. Richard E. Petty and Jon A. Krosnick. Mahwah, NJ: Lawrence Erlbaum, 247–282.

Fehr, Beverly (1993). "How Do I Love Thee...? Let Me Consult My Prototype." In *Individuals in Relationships*, ed. S. Duck. Newbury Park, CA: Sage, 87–120.

Fehr, Beverly, and James A. Russell (1991). "The Concept of Love Viewed from a Prototype Perspective," *Journal of Personality and Social Psychology*, 60, 425–438.

Finkel, Eli J., Caryl E. Rusbult, Madoka Kumashiro, and Peggy A. Hannon (2002). "Dealing With Betrayal in Close Relationships: Does Commitment Promote Forgiveness?" *Journal of Personality and Social Psychology*, 82 (6), 956–974.

Fournier, Susan (1998). "Consumers and Their Brands: Developing Relationship Theory in Consumer Research," *Journal of Consumer Research*, 24 (March), 343–373.

Hazan, Cindy, and D. Zeifman (1999). "Pair Bonds as Attachment: Evaluating the Evidence." In *Handbook of Attachment: Theory, Research, and Clinical Applications*, ed. J. Cassidy and E Shaver. New York, NY: Guilford Press, 336–354.

Hazan, Cindy, and Phillip R. Shaver (1994). "Attachment as an Organizational Framework for Research on Close Relationships," *Psychological Inquiry*, 5, 1–22.

Johnson, Dennis J. (1991). "Commitment to Personal Relationships." In *Advances in Personal Relationships*, 3, ed. W.H. Jones and D.W. Perlman. London. UK: Jessica Kingsley, 117–143.

Johnson, Dennis J. and Caryl E. Rusbult (1989). "Resisting Temptation: Devaluation of Alternative Partners as a Means of Maintaining Commitment in Close Relationships," *Journal of Personality and Social Psychology*, 57 (6), 967–980.

Kelley, Harold, and John Thibaut (1978). *Interpersonal Relations: A Theory of Interdependence.* New York, NY: Wiley.

Kleine, Susan Schultz, and Stacey Menzel Baker (2004). "An Integrative Review of Material Possession Attachment," *Academy of Marketing Science Review*, 1, 1–35.

Levinger, George (1979). *Divorce and Separation: Context, Cues and Consequences.* New York, NY: Basic Books.

——(1980). "Toward the Analysis of Close Relationships," *Journal of Experimental Social Psychology*, 16 (6), 510–544.

Mashek Debra J., and Michelle D. Sherman (2004). *Handbook of Closeness and Intimacy*, Mahwah, NJ: Lawrence Erlbaum.

McCullough, Michael E., K.C. Rachal, Steven J. Sandage, Everett L. Worthington Jr., Susan Wade Brown, and Terry L. Hight (1998). "Interpersonal Forgiving in Close Relationships, II: Theoretical Elaboration and Measurement," *Journal of Personality and Social Psychology*, 75, 1586–1603.

Mikulincer, Mario, Gilad Hirschberger, Orit Nachmias, and Omri Gillath (2001). "The Affective Component of the Secure Base Schema: Affective Priming with Representations of Attachment Security," *Journal of Personality and Social Psychology*, 81, 305–321.

Mikulincer, Mario, and Phillip R. Shaver (2005). "Mental Representations of Attachment Security: Theoretical Foundation for a Positive Social Psychology." In *Interpersonal Cognition*, ed. Mark W. Baldwin. New York, NY: Guilford Press, 233–266.

Miller, Rowland S. (1997). "Inattentive and Contented: Relationship Commitment and Attention to Alternatives," *Journal of Personality and Social Psychology*, 73 (4), 758–766.

Mittal, Banwari (2006). "I, Me and Mine: How Products Become Consumers' Extended Selves," *Journal of Consumer Behavior*, 5 (6), 550–562.

Muñiz, Albert M. Jr., and Thomas C. O'Guinn (2000). "Brand Community," *Journal of Consumer Research*, 27 (March), 412–432.

Park C. Whan, and Banwari Mittal. (1985). "A Theory of Involvement in Consumer Behavior: Problems and Issues." *Research in Consumer Behavior*, 23, 201–232.

Petty, Richard E., Curtis P. Haugtvedt, and Stephen M. Smith (1995). "Elaboration as a Determinant of Attitude Strength: Creating Attitudes That Are Persistent, Resistant, and Predictive of Behavior." In *Attitude Strength: Antecedents and Consequences*, ed. Richard E. Petty and Jon A. Krosnick. Mahwah, NJ: Lawrence Erlbaum, 93–130.

Pimentel, Ronald W., and Kristy E. Reynolds (2004). "A Model for Consumer Devotion: Affective Commitment with Proactive Sustaining Behaviors," *Academy of Marketing Science Review*, 5, 1–44.

Reis, Harry T., and Brian C. Patrick (1996). "Attachment and Intimacy: Component Processes." In *Social Psychology: Handbook of Basic Principles*, ed. E. Tory Higgins and Arie W. Kruglanski. New York, NY: Guilford Press, 523–563.

Rusbult, Caryl E., Julie Verette, Gregory A. Whitney, Linda F. Slovik, and Issac Lipkus (1991). "Accommodation Processes in Close Relationships: Theory and Preliminary Empirical Evidence," *Journal of Personality and Social Psychology*, 60 (1), 53–78.

Sternberg, Robert (1987). "Liking versus Loving: A Comparative Evaluation of Theories." *Psychological Bulletin*, 102, 331–345.

Thompson, Craig, Aric Rindfleisch, and Zeynep Arsel (2006). "Emotional Branding and the Strategic Value of the Doppelgänger Brand Image," *Journal of Marketing*, 70 (January), 50–64.

Thomson, Matthew, Deborah J. MacInnis, and C. Whan Park (2005). "The Ties That Bind: Measuring the Strength of Consumers' Attachments to Brands," *Journal of Consumer Psychology*, 15 (1), 77–91.

Trinke, Shanna J., and Kim Bartholomew. (1997). "Hierarchies of Attachment Relationships in Young Adulthood." *Journal of Social and Personal Relationships*, 15, 603–625.

Van Lange, Paul A.M., Caryl E. Rusbult, Stephen M. Drigotas, Ximena B. Arriaga, Betty S. Witcher, and Chante L. Cox (1997). "Willingness to Sacrifice in Close Relationships," *Journal of Personality and Social Psychology*, 72 (6), 1373–1395.

Waugh, Christian E., and Barbara L. Fredrickson (2006). "Nice to Know You: Positive Emotions, Self-Other Overlap, and Complex Understanding in the Formation of a New Relationship," *The Journal of Positive Psychology*, 1 (2), 93–106.

Weiss, Robert S. (1988). "Loss and Recovery". *Journal of Social Issues*, 44, 37–52.

Wieselquist, Jennifer, Caryl E. Rusbult, Craig A. Foster, and Christopher R. Agnew (1999). "Commitment, Pro-Relationship Behavior, and Trust in Close Relationships," *Journal of Personality and Social Psychology*, 77 (5), 942–966.

关于编辑和贡献者

潘卡伊·阿加瓦尔（Pankaj Aggarwal）是多伦多大学 Rotman 管理学院管理系 395营销副教授。他于 2002 年在芝加哥大学商学院完成营销学博士学位，检验了关系规范在影响消费者行为和态度中扮演的角色。他已在 *Journal of Consumer Research* 上发表了多篇论文，主要探讨与消费者—品牌关系相关的不同话题。近期，他对产品和品牌的拟人化现象及其对消费者行为的影响产生了兴趣。他在 Ahmedabad 的印度管理学院（IIM）和芝加哥大学获得了 MBA 学位。在攻读博士学位之前，他在广告业工作了 14 年，曾任印度 J. Walter Thompson 公司①的副总裁。

阿伦·C.阿胡维亚（Aaron C. Ahuvia）是密歇根大学 Dearborn 管理学院的营销学教授。他还与密歇根大学 Ann Arbor 艺术与设计学院签订了合同，任职为 George Washington 大学 Creative and Innovative Economy 中心的教员和研究员。他荣获 2007 年杰出研究奖，这是密歇根大学 Dearborn 学院对学者最高的校园奖项，以及 2001 年密歇根大学 Dearborn 对教员在教学和服务方面的年度奖项。他是 Quality of Life Studies 国际社区在学术事务方面的前副主席，以及 *Journal of Economic Psychology* 的前副主编。他发表了超过 30 篇文章，其中 6 篇论文在经典研究中得到重新编辑或翻译。

阿瑟·阿伦（Arthur Aron）是纽约州立大学 Stony Brook 分校心理系的心理学教授。他的研究集中在个人关系中动机和认知的自我扩张模型，采用的方法包括实验法和现场干预行为实验，代表性调查和神经影像学。他担任 *Psychological Science*，*Journal of Personality and Social Psychology*，*Personal Relationships* 和 *Journal of Personal and Social Relationships* 等期刊编辑委员会成员，同时是美国心理学会、心理科学协会、人格和社会心理协会、社会事项心理研究协会的成员。他获得了 2006 年国际协会对关系研究颁发的杰出科研奖。

396

---

① 这是一家世界上最出名的营销传播公司，总部在美国纽约。

劳伦斯·阿什沃斯（Laurence Ashworth）获得了温哥华英属哥伦比亚大学市场营销学博士学位，现在是位于西安大略 Kingston 的女王大学市场营销助理教授。他的研究兴趣一般在于社交与情感对消费者评价和决策的影响，对公平、印象管理和情感尤为感兴趣。他的文章已发表在 *Journal of Marketing*，*Journal of Consumer Research*，*Journal of Consumer Psychology* 和 *Journal of Business Ethics* 上。

理查德·P.巴戈齐（Richard P.Bagozzi）是密歇根大学罗斯商学院的营销学 Dwight F. Benton 教授及药学院的临床社会管理科学教授。他是西北大学的博士毕业生，近年来他已经获得瑞士洛桑大学和比利时安特卫普大学的荣誉博士学位。他进行行动理论与思维理论的基础研究，把其得到的观点应用于消费者行为、情绪、社会身份、销售行为、组织研究、健康行为、自我管理、结构方程模型的研究中。

拉杰夫·巴特拉（Rajeev Batra）是密歇根大学罗斯商学院的市场营销 S. S. Kresge 教授。他的研究兴趣包括品牌资产的创造与管理；提高营销沟通生产力；情感广告；广告反复播放与预算；全球品牌化；新兴经济体中的营销。关于这些主题他有近 50 篇发表成果，包括在 *Journal of Consumer Research*，*Journal of Marketing Research*，*Journal of Consumer Psychology*，*Journal of Marketing* 等期刊上。他也是五本书的联合作者或联合编辑，包括一本广告管理的教材。他是 *Journal of Consumer Psychology*，*the International Journal for Research in Marketing*，*Journal of Advertising Research*，*Journal of the Academy of Marketing Science* 及其他期刊的编辑委员会成员。

詹姆斯·R.贝特曼（James R. Bettman）在耶鲁大学获得博士学位，目前是杜克大学工商管理的 Burlington Industries 教授和心理及神经学教授。他主要研究消费者决策、情绪、品牌及自我。他的出版物包括 *An Information Processing Theory of Consumer Choice*，*The Adaptive Decision Maker*，*Emotional Decision*，*Tradeoff Difficulty and Coping in Consumer Choice* 及其他百余篇文章。他指导了 30 余名营销学博士，曾是 *Journal of Consumer Research* 的联合编辑，目前是 *Journal of Consumer Research*，*Journal of Consumer Psychology* 和 *Journal of Marketing Research* 编辑委员会的成员。

397 **阿米特·巴塔查尔吉**（Amit Bhattacharjee）是宾夕法尼亚大学沃顿商学院的营销学博士生，他于 2007 年秋季进入博士生项目。在加入此项目之前，他获得了沃顿商学院的理学学位（经济），主修营销，辅修心理学。他的研究兴趣包括消费者通过消费行为的自我表达以及营销活动对消费者和社会福利的影响。

C.B. 巴塔查亚（C.B. Bhattacharya）是波士顿大学管理学院营销学教授以及 Everett Lord 杰出学者。他的研究兴趣是在营销战略创新和利益相关者营销的领域。具体而言，他研究公司如何使用诸如企业及品牌形象、会员制及品牌社区以及企业社会责任来增强利益相关者的关系。他是 *Journal of Marketing* 和 *Corporation Reputation Review* 的编辑评审委员会的成员，并且在如 *Journal of Marketing Research*，*Journal of Marketing*，*Journal of Applied Psychology* 和 *Organization Science* 等期刊上发表了多篇文章。

乔尔·B.科恩（Joel B.Cohen）是佛罗里达大学营销系的名誉退休杰出服务教授。他从 1974 年开始在佛罗里达大学营销系任职，并于 1974~1983 年任系主任。1972 年，他当选为第一任消费者研究协会的主席，近期被授予对 *Journal of Consumer Research* 做出杰出服务的终身成就奖。其他编辑工作包括从 2001 年到 2006 年作为 *Journal of Public Policy* 的编辑。他在能影响评价和决策的心理学因素和过程上发表了前沿的研究，尤其关注态度和情感。除了发表在主要期刊上的大量理论和实证文章，他还对 *Annual Review of Psychology*，*The Handbook of Consumer Behavior*，*Affect and Social Behavior*，*The Handbook of Consumer Psychology* 和 *Do Emotions Help or Hurt Decision Making* 及其他书籍中的重要章节做出了贡献。

彼得·达兹（Peter Dacin）是加拿大安大略省 Kingston 的女王大学的营销学 Kraft 教授。他从多伦多大学获得了营销学博士学位。他在多个营销主题领域的期刊上发表了文章，包括 *Journal of Marketing*，*Journal of Consumer Research*，*Journal of Marketing Research* 和 *Journal of the Academy of Marketing Science*。

伊迪丝·F. 戴维森（Edith F. Davidson）在田纳西大学获得了博士学位，现任奥本大学市场营销学助理教授。她的主要研究兴趣是与不同受众的营销沟通，重点在于理解与这些目标努力相关的社会影响和责任。第二研究兴趣包括品牌忠诚度和动态零售经历。

杜水丽（Shuili Du）是西蒙斯大学管理学院营销助理教授。她从波士顿大学管理学院获得了 DBA 营销学位。她的研究兴趣主要在于了解企业社会责任对消费者的影响。她的研究已经发表在 *Journal of Consumer Research*，*International Journal of Research in Marketing* 和 *Marketing Science Report* 上。她在国际重要学术论坛上介绍了她的研究，如 *Advances in Consumer Research Conference*，*Society of Consumer Psychology Conference* 和 *INFORMS Marketing Science Conference*。

詹妮弗·埃德森·埃斯卡拉斯（Jennifer Edson Escalas）获得了杜克大学的博士学位，在范德堡大学 Owen 研究生院管理学院任副教授。她的研究探讨了消费者如何使用品牌来表达自己，并把叙事过程的概念应用到广告如何影响消费者的研究中。她在 *Journal of Consumer Research*，*Journal of Consumer Psychology*，*Journal of Advertising* 和 *Journal of Public Policy and Marketing* 上发表了文章。她是 *Journal of Consumer Research*，*Journal of Consumer Psychology* 和 *Journal of the Academy of Marketing Science* 编辑评审委员会的成员。她加入了消费者研究协会（咨询委员会）和消费者心理学协会（网络管理员）。

　　莫妮克·A.弗莱明（Monique A. Fleming）是南加州大学心理学系研究助理教授，她从 2005 年开始在此担任教职。从斯坦福大学获得心理学学士学位后，她获得了俄亥俄州立大学社会心理学博士学位。她的主要研究领域在态度和说服方面，尤为关注重要群体会员资格和偏见对评价过程的影响。她也进行了社会认知过程、评价偏差和校正（特别是在陪审团情境下）以及有多个或较少重要群体成员在心理幸福感上的影响的研究。她已就这些问题发表了一些文章和书本章节。

　　苏珊·福尼尔（Susan Fournier）是波士顿大学的副教授以及 Dean 的研究学者。她的研究探讨了通过品牌和关系营销的价值创造和获取。她曾因在 *Journal of Consumer Research*，*Journal of Marketing* 和 *Journal of the Academy of Marketing Science* 上发表的文章获得最佳论文奖。她是 *Journal of Consumer Research*，*Journal of Relationship Marketing*，*Journal of Business-to-Business Marketing* 和 *Marketing Theory* 编辑委员会成员，Irving Oil 的首席运营理事会成员和哈雷车友会顾问委员会的长期成员。她对大量企业进行咨询以便进行教学、案例发展和研究。在加入波士顿大学后，她曾在哈佛商学院和达特茅斯大学塔克商学院任教职，并在 *Young & Rubicam Advertising* 任副总裁/主管。

　　苏珊·福克尔·古普塔（Susan Forquer Gupta）在蒙茅斯大学新泽西西龙分校任营销学助理教授。她从 Tennessee-Knoxville 大学获得博士学位，在密苏里—哥伦比亚大学获得学士和硕士学位。她的研究集中在管理决策的跨文化差异、消费者决策、文化测量和全球市场的品牌文化差异。她在 *International Marketing Review*，*Journal of Business and Industrial Marketing* 和 *Journal of Personal Selling and Sales Management* 等期刊上发表了文章。她目前在 Women in the Academy of International Business 担任主席。

　　亨里克·哈格维特（Henrik Hagtvedt）是波士顿大学的营销助理教授。他的主要研究领域包括图像、艺术、美学、设计、奢侈品。他的研究发表在 *Journal of Marketing Research*，*Journal of Consumer Psychology* 和 *Empirical Studies of the Arts* 上。在他的博士研究之前，他在意大利佛罗伦萨美术学院学习绘画，作为一个艺术家全职工作并进行几年国际展览。在乔治亚大学完成 MBA 学位并进行博士项目之前，他在挪威奥斯陆大学拿到了艺术历史领域的硕士学位（Cand. Mag. degree）。

　　明迪·F.吉（Mindy F. Ji）是爱荷华州立大学前助理教授，她的研究兴趣包括儿童和广告、消费者—品牌关系和消费者习惯性行为。

　　德博拉·J.麦金尼斯（Deborah J. MacInnis）是南加州大学 Marshall 商学院工商管理的 Charles L.和 Ramona I. Hilliard 教授。她的研究主要关注消费者行为中的情感、说服和品牌化。她是 *Journal of Consumer Research* 和 *Journal of Consumer Psychology* 的副主编。她曾在营销和消费者行为顶级期刊的编辑评审委员会任职。

她凭借品牌化和管理的文章获得了由 *Journal of Marketing* 颁发的 Alpha Kappa Psi 奖，以及 *Seoul National Journal* 颁发的最佳论文奖。她也是 *Journal of Marketing* 的 Maynard 奖的获奖人，并提名其他多个奖项，包括 Converse 奖。她是消费者研究协会的前主席，并获得了南加州大学的 Marshall 奖和国家教学奖。

阿洛克帕纳·巴苏·蒙加（Alokparna Basu Monga）是南卡罗来纳大学 Moore 商学院营销助理教授。她获得了明尼苏达州大学市场营销博士学位和英国兰开斯特大学工商管理硕士学位。她的研究关注于消费者如何将根据他们文化导向、分析性或整体性的处理风格及自我建构来应对品牌活动。她的研究发表或即将发表在 *Journal of Consumer Research*，*Journal of Marketing Research* 和 *Journal of Consumer Psychology*。她目前是 *Journal of Consumer Psychology* 编辑评审委员会的成员。她的教学兴趣包括营销战略、国际营销和品牌管理。

艾伯特·M.穆尼兹，Jr.（Albert M. Muñiz, Jr.）是德保罗大学营销副教授。他的研究兴趣在消费者行为和品牌化的社会学方面，包括消费者产生内容和消费社区的价值创造。他在消费者品牌社区领域已经进行了 10 余年研究，他的作品已经发表在 *Journal of Consumer Research*，*Journal of Advertising*，*Journal of Interactive Marketing* 和 *Journal of Strategic Marketing* 上。Muñiz 教授在伊利诺伊大学香槟分校拿到了他的学士、硕士及博士学位。在来德保罗之前，他在加州大学伯克利分校任教职。 400

达拉杰·纳亚堪库帕姆（Dhananjay Nayakankuppam）是爱荷华大学 Henry B. Tippie 商学院的副教授和 Tippie 的研究员，他于 2001 年以来在此任教职。他在密歇根大学获得了营销博士学位和心理学硕士学位。在此之前，他与一名工商管理硕士一起在广告业工作。他的研究兴趣在评估和判断领域。他对这些领域的探索出现在 *Journal of Consumer Research*，*Journal of Consumer Psychology* 和 *Marketing Science* 等期刊上。

托马斯·C.奥吉恩（Thomas C. O'Guinn）是威斯康辛大学麦迪逊分校品牌和产品管理中心的营销教授及执行董事。他出版的文章书籍较多，在许多编辑和顾问委员会任职，他研究的是消费的社会学。尤为值得关注的是，他在社区、社会品牌、品牌整合推广与品牌化和设计的视觉等方面的工作。他是 *Integrated Brand Promotion* 这本重要教材的联合作者。目前他领导了威斯康辛大学麦迪逊分校的一个设计/创新计划。

C.惠恩·帕克（C. Whan Park）是南加州大学全球品牌化中心的 Joseph A. De-Bell 营销教授和主任，他在如 *Journal of Marketing Research*，*Journal of Consumer Research*，*Journal of Marketing* 和 *Journal of Consumer Psychology* 等顶级期刊上发表了多篇文章。他当前研究领域在于品牌依恋、品牌战略、消费者的审美体验。他是 *Journal of Marketing* 编辑委员会成员。他活跃在全国和世界各地的管理者教

育舞台上。他目前是 *Journal of Consumer Psychology* 的主编。

凡妮莎·**M.帕特克克** （Vanessa M. Patrick）是休斯敦大学 C.T.Bauer 商学院副教授和 Bauer 营销教授。她在洛杉矶南加州大学获得了博士学位。她的研究兴趣包括研究情感（情绪和感情），在决策和消费时的美学和跨时期的问题。她的研究发表在 *Journal of Consumer Research*，*Journal of Marketing Research*，*Journal of Consumer Psychology*，*Journal of Retailing* 和 *Empirical Studies of the Arts* 上。在攻读博士之前，她在广告业和品牌咨询行业工作了数年。她在 Ogilvy and Mather 广告公司和 J. Walter Thompson 公司负责账户管理和规划工作，并在一个基于伦敦的品牌管理咨询公司 DMA 担任品牌咨询和项目经理。

马塞尔·保尔森 （Marcel Paulssen）是日内瓦 HEC 的工商管理教授，他的学位包括 BBA，史蒂文斯理工学院的管理科学硕士学位，柏林技术大学的工商管理硕士学位和营销博士学位。在任柏林洪堡大学教职之前，他在 Matshushita（松下公司）和 Daimler（戴姆勒公司）的战略营销领域有超过 4 年的管理经验。

劳拉·佩拉基奥 （Laura Peracchio）是密尔沃基威斯康星大学营销学教授。她的研究关注于说服、消费者决策、语言和文化、儿童消费行为和社会营销问题。她目前在 *Journal of Consumer Research* 担任副主编，并且是 *Journal of Consumer Psychology* 编辑委员会的成员。她在顶级期刊上发表文章，如 *Journal of Consumer Psychology*，*Journal of Advertising*，*Journal of the Academy of Marketing Science*，*Journal of Consumer Research* 和 *Journal of Marketing Research*。她被 the American Marketing Association，the Marketing Science Institute 和 Journal of Consumer Research 颁发了研究奖。

理查德·**E.佩蒂** （Richard E. Petty）是俄亥俄州立大学的杰出心理学教授。他从弗吉尼亚大学获得学士学位，从俄亥俄州立大学获得博士学位。他的研究重点在于对信仰、态度和行为的改变产生稳定作用的因素。他出版了 8 本书以及超过 250 篇期刊文章及章节。享有的荣誉包括 Society for Personality and Social Psychology 和 Society for Consumer Psychology 颁发的杰出科学贡献奖，现出任 SPSP 和 Midwestern Psychological Association 的主席。他是 *Personality and Social Psychology Bulletin* 的前编辑。

约瑟夫·**R.普里斯特** （Joseph R. Priester）是南加州大学 Marshall 商学院市场营销学副教授。他的研究侧重于品牌依恋、态度和创造力。他现任或曾任 *Journal of Consumer Research* 和 *Journal of Consumer Psychology* 的副编辑。他也是 *Journal of the Academy of Marketing Science* 编辑评审委员会的成员，同时还是马歇尔商学院教学奖的获得者。

阿梅里卡斯·里德·**II** （Americus Reed II）是宾夕法尼亚大学沃顿商学院的营销系副教授，他自 2000 年以来在此任教职。他在乔治亚州立大学获得组织行为和市场研究方法的双硕士学位和战略的学士学位之后，在佛罗里达大学 Warrington 商学院获得了博士学位（消费者行为和社会心理学）。他的主要研究和咨询领域在品牌资产方面，具体而言是身份认同驱动的营销——探讨超越产品实用性的建立深层次情感和社会联系的品牌社区的创建与培育。2005 年，他因在消费者行为领域顶级期刊上的文章的学术影响获得了此领域享有盛誉的 Robert Ferber 奖。他在此问题上已发表了多篇文章并被收录图书中。

马丁·赖曼（Martin Reimann）是南加州大学和斯坦福大学的研究员。他用以下方式评估消费者决策：历史、心理、行为和神经，他拥有 Technische Universität Bergakademie Freiberg（德国）的营销学博士学位。他任 *Journal of Neuroscience*，*Psychology and Economics* 和 *Neuro Psycho Economics* 的学术同行评议员。

德博拉·勒德·约翰（Deborah Roedder John）是明尼苏达大学 Carlson 管理学院的 Curtis L. Carlson 主席和营销学教授。她从西北大学获得了市场营销博士学位。她的专长在于消费者行为，特别是消费者品牌化和儿童消费行为。她的文章广泛出版，并在顶级营销期刊编辑委员会任职，包括 *Journal of Marketing*，*Journal of Marketing Research* 和 *Journal of Consumer Research*。她同时是 *Journal of Consumer Research* 的副编辑，也是消费者研究协会的主席。

布里奇特·萨迪诺瓦（Bridget Satinover）从坦帕大学获得 MBA 学位，是田纳西大学的市场营销博士生。她的研究兴趣包括营销传播、媒体使用、社会网络行为、人际采购中心动态和其他消费者行为的社会心理方面。在攻读博士学位以前，她在广告和媒体行业工作。

瓦妮莎·萨维茨基（Vanessa Sawicki）是普渡大学心理科学系的博士生。她的研究兴趣包括态度和态度的变化，态度强度和社会认知。更具体地说，她目前的研究探讨了影响信息加工活动类型和数量的与态度强度相关的属性。

戴维·W. 舒曼（David W. Schumann）从密苏里大学获得博士学位，是一位消费者心理学家，而且是田纳西大学市场营销和物流系的 William J. Taylor 教授。他的研究兴趣在于营销传播策略，特别关注目标市场细分，信仰结构、态度的形成，说服，选择性接触和偏见强化。他是消费者心理学协会的前主席，也是美国心理学会会员。

桑卡尔·森（Sankar Sen）是纽约城市大学 Baruch 分校 Zicklin 商学院营销学 403 教授，他的研究主要集中在消费者决策、企业社会责任和社会营销。他的研究发表在 *California Management Review*，*MIT Sloan Management Review*，*Journal of Consumer Research*，*Journal of Marketing*，*Journal of Marketing Research* 及其他刊物上。

利昂娜·谭（Leona Tam）是 Old Dominion 大学营销学助理教授。她的研究兴趣包括消费者习惯性行为、消费自我调节和消费者品牌关系。

马修·汤姆森（Matthew Thomson）从南加州大学 Marshall 商学院获得营销博士学位。在加入西安大略大学之前，他在安大略省 Kingston 的女王大学工作。他的研究关注营销关系的互动、品牌化和情绪，他近期的研究发表在 *Journal of Marketing* 和 *Journal of Consumer Psychology* 上。在加入学术界之前，他曾作为阿尔伯塔省信息、隐私及伦理委员会的信息管理顾问。

多恩·温克尔（Doan Winkel）是威斯康星—密尔沃基大学的博士生，他主要研究组织，也研究营销。他的研究关注于企业和在更广泛的工作场所环境的多样性（特别关注工作家庭间的互相影响和情商），以及跨文化营销问题。他是 Academy of Management，the Society for Industrial and Organizational Psychology 和 United States Association for Small Business and Entrepreneurship 的成员。

万中（Zhong Wan）是南加州大学 Marshall 商学院市场营销博士生。她的主要研究兴趣在于消费者情感，品牌依恋、应对和口碑沟通。她也对消费者情感和购物行为中的性别差异感兴趣。她在中国北京长大。她完成了营销学士学位，在摩托罗拉（中国）作为行政助理工作了几年。她还获得了亚利桑那大学的零售和消费者科学的硕士学位。

杜安·T. 韦格纳（Duane T. Wegener）是普渡大学心理学教授。他的研究重点在于影响说服情境下的信息加工过程数量和本质的因素。他还积极研究社会主体做出社会评价和尝试时的偏见以试图消除或避免这些偏见。他是 *Social and Personality Psychology Compass* 中态度/社会认知章节的联合编辑，他也是 *Personality and Social Psychology Bulletin* 和 *Basic and Applied Social Psychology* 的前副主编。他在 *Journal of Personality and Social Psychology* 和 *Journal of Experimental Social Psychology* 编辑委员会任职，也是 American Psychological Association，the Association for Psychological Science 和 Society for Personality and Social Psychology 的成员。他凭借对心理学（社会心理学）的早期贡献在 2001 年获得了 American Psychological Association 杰出科学奖。

404

温蒂·伍德（Wendy Wood）是杜克大学的心理学和神经科学 James B. Duke 教授。她的研究兴趣包括性别社会心理学，特别是性别差异的进化起源、习惯和态度作为行为的决定因素。她是 American Psychological Association，Association for Psychological Science 的成员，也是 Society for Research Synthesis 的联合创始人。

姓名索引

主题索引

(本索引所标页码为英文版页码，见本书边码；斜体页码表示图表)

译者后记

随着全球经济发展、消费者收入水平提高，人们的消费理念和消费习惯正在经历巨大变革，而消费升级已成为新时期营销环境的重要特征之一。消费升级代表的是更高品质、更优服务、更个性化的体验以及更便捷的消费方式。面对消费升级，如何建立并维系品牌关系这一话题受到营销学者和营销实践者的广泛关注。品牌关系不仅涉及经济学、管理学、社会学、心理学、人类学等诸多学科，更是与不同国家/地区的消费者、消费场景密切相关，研究领域宽、话题丰富。本书精选部分研究成果，系统梳理了品牌关系的研究脉络及发展现状，并为未来研究描绘出新的方向。

尽管品牌关系研究相对庞杂，但译者在拿到英文版书稿后能明显体会到本书作者在挑选相关研究成果时的良苦用心。全书结构合理、不同章节之间的逻辑性强，不仅为读者呈现出了清晰完整的品牌关系研究脉络，帮助读者理解品牌关系这一高产且重要的研究领域，还便于今后在此基础上开展更多的研究工作。本书研究的广度和深度相互交融且有所裨益。本书的广度能够帮助年青学者更快进入品牌关系研究的领域，并从中找到自己感兴趣的研究话题；本书的深度能够帮助学者理解品牌关系问题背后所涉及的诸多理论，为深入推进品牌关系理论研究奠定基础。本书此次翻译为中文，在中国国内发行也有其深意。中国虽然是全球制造大国，商品种类数量不计其数，但中国的品牌却尚未得到世界认可，有时甚至被作为"廉价、低质"的负价值品牌区隔对待。商品品牌正是国家品牌的一个缩影，商品品牌的弱小必然会制约国家品牌的发展，中国要成为品牌强国还需付出巨大努力。当前，中国正在推进"供给侧结构性改革"，促进中国品牌升级，树立中国品牌消费信心，释放消费潜力，是实现"供给侧结构性改革"的重要抓手。为推动品牌建设，从2017年起，每年的5月10日被设立为"中国品牌日"，以带动中国品牌建设、提升中国品牌价值。实践的发展需要理论的引导与支持，如何解读中国品牌现象、解决中国品牌建设问题，特别是如何立足于中国特定的文化背景，探讨品牌关系的相关主题（例如东方文化中的品牌拟人化、不同文化对消费者赋予品牌意义的影响等），构建和发展中国的品牌理论，这都是学者们肩负的重要使命和任务。

对于品牌关系的研究，不能仅仅依靠于工具性的解读，而走进这本书，能让读者收获重构品牌关系的思想和方法。

在翻译此书过程中，研究生陈鑫、曹倩兰、张俊芳、冯萍、郑名扬，本科生周琪、吕思阳等做了大量的工作，在此表示感谢。同时感谢经济管理出版社编辑及校对人员为本书出版所付出的辛苦和努力。

由于译者水平有限，译稿中难免会存在错误和不妥之处，恳请读者批评指正。

华中科技大学管理学院工商管理系

教授　博士生导师

贺远琼

2017 年 5 月于喻家山